"**大学堂**"开放给所有向往知识、崇尚科学，对宇宙和人生有所追问的人。

"**大学堂**"中展开一本本书，阐明各种传统和新兴的学科，导向真理和智慧。既有接引之台阶，又具深化之门径。无论何时，无论何地，请你把它翻开……

后浪

大学堂 064

Philosophy:
The Power of

IDEAS

（第 9 版）

思想的力量

［美］布鲁克·诺埃尔·穆尔 Brooke Noel Moore ——— 著

肯尼思·布鲁德 Kenneth Bruder ——— 著

李宏昀　倪佳 ——— 译

北京联合出版公司
Beijing United Publishing Co.,Ltd.

简　目

序　言
第一章　充满力量的思想　1

第一部分　形而上学和认识论：存在和知识

第二章　前苏格拉底哲学　19
第三章　苏格拉底、柏拉图　33
第四章　亚里士多德　65
第五章　希腊化时期和基督教时代的哲学家　75
第六章　近代形而上学和认识论的兴起　99
第七章　18 世纪和 19 世纪　135
第八章　大陆哲学传统　157
第九章　实用主义传统和分析传统　203

第二部分　道德哲学和政治哲学

第十章　道德哲学　249

第十一章　政治哲学　307
第十二章　当代的道德哲学和政治哲学　357

第三部分　哲学和宗教：理性和信仰

第十三章　哲学和对上帝的信仰　397

第四部分　其他声音

第十四章　女权主义哲学　443
第十五章　东方的影响　475
第十六章　后殖民思想　527
第十七章　四个哲学问题　557

译后记　589
出版后记　596

目　录

序　言

第一章　充满力量的思想　1

爆炸性的学科　3
什么是哲学？　4
哲学问题　5
对哲学的误解　7
哲学的工具　9
证　明　9
苏格拉底的方法　9
思想实验　10
归谬法　10
谬　误　11
哲学的分类　12
哲学的益处　13

第一部分　形而上学和认识论：
　　　　　存在和知识

第二章　前苏格拉底哲学　19

米利都派哲学家　22
毕达哥拉斯　23
赫拉克利特和巴门尼德　25
恩培多克勒和阿那克萨戈拉　27
原子论者　29

第三章　苏格拉底、柏拉图　33

苏格拉底　34
柏拉图　36
柏拉图的形而上学：理念论　37
柏拉图的知识论　40
柏拉图论爱与生成　43

原著选读 3.1　《申辩篇》柏拉图　44

原著选读 3.2　《理想国》柏拉图　48

原著选读 3.3　《美诺篇》柏拉图　57

第四章　亚里士多德　65

存在是什么?　66

实现和潜能　68

本质和存在　69

十个基本范畴　70

三种灵魂　70

亚里士多德和理念论　70

亚里士多德的知识论　72

逻辑学　72

原著选读 4.1　《形而上学》亚里士多德　73

第五章　希腊化时期和基督教时代的
哲学家　75

罗马帝国的形而上学　77

普罗提诺　77

基督教的兴起　79

圣奥古斯丁　80

奥古斯丁和怀疑主义　83

希帕蒂亚　85

中世纪和阿奎那　87

原著选读 5.1　《忏悔录》圣奥古斯丁　92

原著选读 5.2　《神学大全：关于上帝的问题》
圣托马斯·阿奎那　94

第六章　近代形而上学和认识论的
兴起　99

笛卡尔和二元论　103

怀疑是打开确定世界的钥匙　105

"清晰明确"是试金石　106

霍布斯和唯物主义　108

知　觉　109

康韦、斯宾诺沙和莱布尼茨的不同观点　110

安妮·康韦的形而上学　110

斯宾诺莎　112

莱布尼茨　114

洛克、贝克莱的唯心主义　116

约翰·洛克和表象的实在论　116

乔治·贝克莱和唯心主义　117

作为一束观念的物质　119

贝克莱和无神论　119

原著选读 6.1　《第一哲学沉思录》
勒内·笛卡尔　123

原著选读 6.2　《伦理学》斯宾诺莎　126

原著选读 6.3　《人类知识原理》
乔治·贝克莱　128

第七章　18世纪和19世纪　135

大卫·休谟　136

硬币实验　137

休谟论自我　138

休谟论因果关系　139

伊曼努尔·康德　141

心灵的秩序原则　141

自在之物　143

19 世纪　144

黑格尔哲学的要点　145

亚瑟·叔本华　147

原著选读 7.1　《人类理智研究》
　　　　　　　大卫·休谟　149

原著选读 7.2　《纯粹理性批判》
　　　　　　　伊曼努尔·康德　150

原著选读 7.3　《历史哲学》黑格尔　152

原著选读 7.4　《作为意志和表象的世界》
　　　　　　　叔本华　153

第八章　大陆哲学传统　157

对 19、20 世纪历史的简要回顾　158

存在主义　160

精神分析　164

两个存在主义者　166

阿尔贝·加缪　169

让－保罗·萨特　172

萨特、康德论伦理　176

你就是你的所为　176

现象学　177

埃德蒙德·胡塞尔　178

马丁·海德格尔　179

伊曼努尔·列维纳斯　182

怀疑的时代　183

尤尔根·哈贝马斯　184

米歇尔·福柯　187

结构主义和解构主义　187

雅克·德里达　188

吉尔·德勒兹　191

阿兰·巴迪欧　191

原著选读 8.1　《存在主义和人道主义》
　　　　　　　让－保罗·萨特　193

原著选读 8.2　《西西弗的神话》
　　　　　　　阿尔贝·加缪　197

原著选读 8.3　《原教旨主义和恐怖——与
　　　　　　　哈贝马斯对话》乔凡娜·博
　　　　　　　拉朵莉　198

第九章　实用主义传统和分析传统　203

实用主义　204

理查德·罗蒂　207

分析哲学　208

何谓分析　208

分析哲学概览　208

语言与科学　212

经验、语言与世界　215

反表象主义　220

维特根斯坦的转变　222

蒯因、戴维森和克里普克　223

威拉德·冯·奥曼·蒯因　224

唐纳德·戴维森　225

索尔·克里普克　225

本体论　227

元本体论　228

量子力学中的哲学问题　229

原著选读 9.1　《拒斥形而上学》
　　　　　　　艾耶尔　234

原著选读 9.2　《命名与必然性》
　　　　　　　索尔·克里普克　237

原著选读 9.3　《客观性问题》
　　　　　　　唐纳德·戴维森　239

原著选读 9.4 《什么是社会建构？》
　　　　　保罗·A·博格西安 242

第二部分　道德哲学和政治哲学

第十章　道德哲学　249

怀疑论、相对主义和主观主义　251

利己主义　252

快乐主义　253

五种主要的伦理学框架　254

古希腊时期　254

柏拉图　255

卢卡尼亚人爱沙若　259

亚里士多德　260

伊壁鸠鲁主义和斯多葛主义　262

伊壁鸠鲁主义　262

斯多葛派　263

基督教影响下的伦理学　266

圣奥古斯丁　266

宾根的圣希德嘉　267

爱洛伊斯和阿伯拉尔　269

圣托马斯·阿奎那　272

霍布斯和休谟　273

霍布斯　274

休谟　275

道德判断的基础是情感，而非理性　275

仁爱　276

休谟之后是否还能有伦理学？　277

康德　278

最高的道德原则　278

人为什么应当做该做的事　279

功利主义　280

边沁　280

穆勒　282

弗里德里希·尼采　284

原著选读 10.1 《高尔吉亚篇》
　　　　　柏拉图　285

原著选读 10.2 《尼各马可伦理学》
　　　　　亚里士多德　288

原著选读 10.3 《伊壁鸠鲁致梅瑙凯的信》
　　　　　伊壁鸠鲁　290

原著选读 10.4 《美诺篇》柏拉图　292

原著选读 10.5 《道德形而上学原理》
　　　　　伊曼努尔·康德　294

原著选读 10.6 《功利主义》约翰·斯
　　　　　图亚特·穆勒　296

原著选读 10.7 《善恶之彼岸》
　　　　　弗里德里希·尼采　300

第十一章　政治哲学　307

柏拉图和亚里士多德　308

柏拉图　308

亚里士多德　310

自然法理论和契约论理论　311

奥古斯丁和阿奎那　311

霍布斯　312

另外两位契约论理论家　317

约翰·洛克　317

让-雅克·卢梭　321

美国宪法理论　324

《独立宣言》中的自然法和自然权利　325

《美国宪法》中的自然法和自然权利 326

隐私权 326

古典自由主义和马克思主义 327

亚当·斯密 327

功利主义和自然权利 328

哈丽特·泰勒 328

约翰·斯图亚特·穆勒 330

格奥尔格·威廉·弗里德里希·黑格尔 331

马克思主义 333

马克思主义和共产主义 338

无政府主义 339

原著选读 11.1 《克里托篇》 柏拉图 340

原著选读 11.2 《理想国》 柏拉图 343

原著选读 11.3 《利维坦》
托马斯·霍布斯 348

原著选读 11.4 《论自由》约翰·斯图亚
特·穆勒 351

原著选读 11.5 《共产党宣言》
卡尔·马克思 弗里德里
希·恩格斯 353

我为什么应该接受罗尔斯的规定？ 366

罗伯特·诺齐克的自由主义 367

最低限度的国家是正当的 368

只有"守夜人"式的国家不侵犯权利 369

个人的权利 369

社群主义者对罗尔斯的回应 370

阿拉斯戴尔·麦金太尔和德性伦理学 373

玛莎·娜斯鲍姆 374

赫伯特·马尔库塞，一位当代马克思主义者
376

安·兰德的客观主义 379

各种"主义" 383

原著选读 12.1 《杀死和饿死》
詹姆士·雷切尔斯 384

原著选读 12.2 《正义论》
约翰·罗尔斯 388

原著选读 12.3 《无政府、国家与乌托邦》
罗伯特·诺齐克 390

原著选读 12.4 《正义的前沿》
玛莎·纳斯鲍姆 392

第十二章　当代的道德哲学和政治哲学 357

G. E. 摩尔 358

规范伦理学和元伦理学 359

情感主义及其他 360

约翰·罗尔斯，一位当代自由主义者 363

公正社会的基本条件 364

无知之幕和原始状态 364

社会正义的两个原则 365

个人的权利 366

第三部分　哲学和宗教：理性和信仰

第十三章　哲学和对上帝的信仰 397

两位基督教伟人 399

安瑟伦 399

阿奎那 401

神秘主义 406

17 世纪的观点 409

笛卡尔　409

莱布尼茨　411

18 和 19 世纪的观点　413

休　谟　413

康　德　417

克尔凯郭尔　419

尼　采　420

詹姆士　422

20 世纪的观点　424

上帝和逻辑实证主义　424

玛丽·黛丽：上帝的呈现　426

智能设计还是进化论？　428

上帝，微调师　431

相信上帝还需要理由吗？　431

原著选读 13.1　《宣讲》圣安瑟伦　432

原著选读 13.2　《神学大全》
　　　　　　　　圣托马斯·阿奎那　433

原著选读 13.3　《单子论》
　　　　　　　　莱布尼茨　435

原著选读 13.4　《快乐的知识》
　　　　　　　　弗里德里希·尼采　436

原著选读 13.5　《神学与证伪》
　　　　　　　　安东尼·福路　437

第四部分　其他声音

第十四章　女权主义哲学　443

第一次浪潮　445

第二次浪潮　445

第三次浪潮　449

女权主义道德理论　452

性别歧视和语言　454

女权主义认识论　456

法国女权主义哲学和精神分析理论　457

露丝·伊利格瑞　459

茱莉亚·克里斯蒂娃　461

埃伦娜·西苏　463

朱迪思·巴特勒：性别、性与表演性　466

原著选读 14.1　《为女权辩护》玛丽·沃
　　　　　　　　斯通克拉夫特　469

原著选读 14.2　《第二性》
　　　　　　　　西蒙娜·德·波伏娃　470

第十五章　东方的影响　475

印度教　476

佛　教　480

佛　陀　481

道　家　486

老　子　486

孙　子　490

庄　子　492

儒　家　494

孔　子　494

孟　子　498

荀　子　501

禅宗在中国和日本　501

慧　能　502

佛教在日本　504

紫式部　506

希玄道元　508

武士道哲学（约 1100—1900）　511

孔子的影响　516

禅宗的影响 516

东方哲学与西方哲学 518

原著选读 15.1 《论语》孔子 520

原著选读 15.2 《八正道》佛陀 521

第十六章 后殖民思想 527

历史背景 529

非　洲 531

口头哲学和传统哲学 531

美　洲 534

美国黑人思想 537

拉丁美洲思想 541

南　亚 542

Satyagraha 545

形而上学 546

原著选读 16.1 《治愈之剑》

　　　　　　　马丁·路德·金 547

原著选读 16.2 《存在主义和哲学的危机》

　　　　　　　卡洛斯·阿斯特拉达 548

原著选读 16.3 《边界女权主义：从性别政
　　　　　　　治到地缘政治》

　　　　　　　桑尼亚·莎第瓦胡 550

原著选读 16.4 Satyagraha 莫罕达
　　　　　　　斯·K·甘地 552

原著选读 16.5 《朝向宇宙之人》拉宾德
　　　　　　　拉纳斯·泰戈尔 554

第十七章 四个哲学问题 557

自由意志 558

心理学决定论 558

神经科学决定论 560

因果决定论 562

意　识 562

二元论 562

行为主义 563

同一性理论 565

功能主义 567

僵　尸 568

慷慨的伦理：礼物问题 569

什么是艺术以及相关的美学问题 575

什么是艺术？ 576

小说的悖论 578

音乐表达的困境 580

结束语 581

原著选读 17.1 《感知与大脑过程》

　　　　　　　J. J. C. 斯马特 582

原著选读 17.2 《自由意志》

　　　　　　　萨姆·哈里斯 584

译后记 589

出版后记 596

序 言

　　本书主要面向一、二年级的大学生，是一部简明扼要的哲学导论。其中包括对西方哲学各个主要门类的历史概览，分析哲学传统和大陆哲学传统都包含在内。此外还包括东方哲学、后殖民哲学以及女权主义哲学，还有一章专门讲述主要的哲学问题。我们想让读者诸君知道，对于各种事情，只要想得深了，都能进入哲学之门。

　　以下是第九版中做的重要变动：

· 新增了关于哲学问题的章节（第十七章），包括自由意志问题、意识问题、礼物问题（慷慨的伦理）以及美学问题

· 新增了关于朱迪思·巴特勒（Judith Butler）的小节

· 新增了关于量子力学的哲学讨论的小节

· 新增了关于东西方哲学比较的小节

· 扩充了关于安·兰德（Ayn Rand）的客观主义（objectivism）的内容

· 新增了关于僵尸的小节

· 联系哲学，对 19、20 世纪的文化做了简要的概览

· 扩充了关于甘地、非暴力不合作运动及印度教的材料

· 简要地概述了阿兰·巴迪欧（Alain Badiou）、吉尔·德勒兹（Gilles Deleuze）、米歇尔·福柯（Michel Foucault）、尤尔根·哈贝马斯（Jorgen Habermas）和马丁·海德格尔（Martin Heidegger）

· 修正、更新了第一章，提及了特雷沃恩·马丁（Trayvon Martin）案

· 更新了图片

· 更新了拓展阅读书目（可以上网查阅）

· 新增了来自萨姆·哈里斯（Sam Harris）作品的原著选读

哲学：充满力量的思想

我们在许多年前就得出这样的结论，要是人们能了解哲学，那么大多数人都会喜欢它；要是哲学文章不是写得那么晦涩难懂，那么大多数人都能理解它。在这本书中，在不过分简化哲学的前提下，我们力图使哲学变得平易近人些。

不过我们也早在很多年前就知道，有些人对哲学就是提不起兴趣。更糟糕的是，我们知道那是一群头脑清楚、聪明、见多识广，通情达理，常常对世界不乏真知灼见，判断准确，甚至非常值得一交的人们。哲学并不是为每个人预备的，没有一本课本、一个老师能改变这样的情况。

所以我们不指望接触哲学的每个学生、抑或每个聪明的学生都会被它深深吸引。但是我们衷心地希望每个上过哲学入门课的学生都能了解，哲学远远不是无关紧要的精神活动。哲学充满着有力的思考，它影响着人们实实在在的生活。因此，我们要用心对待哲学。这本书也表明了这一点。

哲学：在世界各地寻觅智慧和领会

直到 20 世纪中期，美国和欧洲大学里大多数哲学家和历史学家脑中还有这样一个观念：从古希腊发源至今的哲学思考只局限于受过严格训练的话语传统中。然而，这样的哲学概念已经有所改观，首先是人们对东方思想萌发了兴趣，特别是在 50 年代，掀起了一股禅宗热。其次，在接下来的几年间，一批西方传统外的文本有了高质量的翻译和评论，出版物逐渐增多。当然出现这样的文本并不意味着陌生的思想会使人们比较留意，或者甚至真的将会得到人们的关注。

在全世界范围内的哲学对话中，最具有挑战性的话题无疑是近几年来人们所讲的后殖民思想。勾画出这种理论的思路并非那么轻而易举——存在主义、现象学，还有哲学思想的其他流派也同样如此。不管怎样，全世界的各种文化和亚文化的思想者们都提出了有关方法论和基本信仰的探索性问题，意图产生实践和政治方面的影响。由于这些思想者的著作往往具有革命性，他们的思想也就冒着比通常更大地失去哲学界立身之所的风险。我们在这本书中只谈到了一小部分这样的作者。

哲学史中的女性

在 20 世纪后半叶之前，女性哲学家在哲学史中几乎难寻踪迹。在很长一段时间里，人们想当然地认为这是因为没有什么有影响力的女性哲学家。诸如玛丽·艾伦·维斯（Mary Ellen Waithe，著有《女性哲学家史》）这样的学者研究表明女性在哲学史中的地位要远比想象的重要。迄今为止，我们还没有女性哲学家著作的完全译本和现代版本。维斯说道，要是情况没有改观，我们很难准确地重构起这门学科的历史。

本书至少承认了某些女性对哲学史的贡献，在历史背景的描述中始终关注女性哲学家，还专辟一章介绍了女权主义哲学。

本书的特色

我们认为本书与众不同之处如下：

- 形而上学和认识论的专门史；大陆哲学、实用主义哲学和分析哲学的传统；道德哲学和政治哲学；女权主义哲学；宗教哲学
- 介绍了后现代主义和多元文化主义
- "其他声音"一部分包含了东方的影响、女权主义哲学和后殖民思想
- 认可女性对哲学史做出的特别贡献
- 提供了大量简单易读的原著选读，不会令新手望而却步
- 列出专栏突出一些重要的概念、原则和区别，其中也包含了一些有趣的轶事和历史插曲
- 众多哲学大师的个人简介
- 在网上列出了关键哲学家的清单，包含对哲学家主要思想的简明概括
- 每章末尾有供复习和思考的问题，网上有拓展阅读的清单
- 哲学家姓名的发音指南（中译本省略）
- 美国宪法理论的简略介绍
- 书后的索引可以帮助读者定位书中的重要概念
- 四部分的编写体例更利于教学：（1）形而上学和认识论，（2）道德哲学和政治哲学，（3）哲学和宗教，（4）其他声音
- 有一节专门讲述讨论和谬误
- 对于教师，网上为每一章都准备了详尽的教学视点

网上学习中心

- www.mhhe.com/moore9e 提供了网上学习中心并设有密码保护。请向麦格劳－希尔（McGraw-Hill）的代表查询登陆信息。
- 学生指南（Student Guide）里列出了每章要点、关键哲学家，还包括自我评估的测试以及

拓展阅读书目。

· 教师手册（Instructor's Manual）也包含每章要点、详尽的讲课建议、教学幻灯片以及哲学家主要作品清单。

本书有智能课堂（Course Smart）电子书的版本。智能课堂是搜寻、购买电子教科书的新途径。和印刷版的教科书相比，在智能课堂你可以省下 50% 的书价，还能减轻你对环境的影响并获得强有力的网上学习工具。智能课堂拥有最大规模的电子教科书资源，能提供数以千计的被广为使用的教科书，它们来自形形色色的高等教育出版商。诸位能够在一个标准的网上阅读器上搜索到智能课堂的电子书，其中包括完整文本搜索、注释和高亮功能以及用来分享注释的电子邮件工具。想了解更多细节请咨询你的销售代表或登录 www.coursesmart.com。

感 谢

我们要感谢安妮·达西（Anne D'Arcy）为本版做出的主要贡献。达西写作了关于朱迪思·巴特勒、礼物以及僵尸的新的章节，还帮助我们撰写或更新了关于阿兰·巴迪欧、吉尔·德勒兹、米歇尔·福柯、尤尔根·哈贝马斯、马丁·海德格尔以及"东方哲学与西方哲学"的部分。本书的图片、题辞及事实确认方面都不乏她的贡献。

还要特别感谢赞加·亚代尔（Zanja Yudell），他撰写了关于量子力学的哲学讨论的小节；以及雷切尔·施坦纳（Rachel Steiner），他为本版提供了三幅新的画作。

加州州立大学奇科分校（California State University, Chico）的诸位朋友和同事都对本版和早先的版本做出了贡献：玛丽安·贝塔姆（Maryanne Bertram）、朱迪·考琳斯-汉默（Judy Collins-Hamer）、马塞尔·达盖尔（Marcel Daguerre）、弗兰克·费凯拉（Frank Ficarra）、杰伊·加拉戈尔（Jay Gallagher）、艾力克·甘佩尔（Eric Gampel）、托尼·格雷伯仕（Tony Graybosch）、朗·赫奇贝（Ron Hirschbein）、汤姆·英霍夫（Tom Imhoff）、玛丽·诺克斯（Marie Knox）、司各特·马霍德（Scott Mahood）、克里福德·迈纳（Clifford Minor）、阿德里安·米维奇（Adrian Mirvish）、安妮·莫里西（Anne Morrissey）、吉姆·奥兹（Jim Oates）、理查德·派克（Richard Parker）、迪克·鲍威尔（Dick Powell）、迈克·里奇（Michael Rich）、丹尼斯·罗斯梅尔（Dennis Rothemel）、罗伯特·斯图沃特（Robert Stewart）、克瑞格·特罗匹（Greg Tropea）、阿兰·沃尔沃斯（Alan Walworth），以及黄伟雄（Wai-hung Wong）。

我们还要感谢这些朋友，他们为早先版本的手稿提出了宝贵的意见：曾在梅菲尔德（Mayfield）/麦格劳-希尔（McGraw-Hill）工作的肯·金（Ken King）、杜肯大学（Duquesne University）的约翰·迈克尔·艾瑟顿（John Michael Atherton）、彼马社区学院（Pima Community College）的斯图尔特·巴尔（Stuart Barr）、爱迪生州立学院（Edison State College）的罗伯特·比森（Robert Beeson）、宾夕法尼亚印第安纳大学（Indiana University of Pennsylvania）的谢里尔·贝格瑞斯（Sherrill

Begres）、彭萨科拉初级学院（Pensacola Junior College）的 W. 马克·科布（W. Mark Cobb）、巴克斯郡社区学院（Bucks County Community College）的葛洛丽娅·德·维克（Gloria del Vecchio）、麦当娜学院（Madonna College）的罗纳德·G·德罗西耶（Ronald G. DesRosiers）、爱迪生社区学院（Edison Community College）的马克·A·艾曼（Mark A. Ehman）、东思朝斯堡（East Stroudsburg University）的托马斯·艾什曼（Thomas Eshelman）、得克萨斯大学艾尔帕索分校（University of Texas at El Paso）的罗伯特·费雷尔（Robert Ferrel）、维斯特摩兰郡社区学院（Westmoreland County Community College）的小詹姆士·P·弗恩（James P. Finn Jr.）、西南得克萨斯州立大学（Southwest Texas State University）的劳尔·加西亚（Raul Garcia）、海兰社区大学（Highland Community College）的布兰达·S·海因斯（Brenda S. Hines）、凯洛格社区学院（Kellogg Community College）的克里斯·杰克威（Chris Jackway）、弗吉尼亚山间学院（Virginia Intermont College）的奥古斯特·拉吉曼（August Lageman）、埃尔斯沃斯社区学院（Ellsworth Community College）的小伯奈尔·柯尔森（Bernal Koehrsen Jr.）、圣何塞城市学院（San José City College）的亨利·H·里姆（Henry H. Liem）、印第安纳大学－普度大学韦恩堡分校（Indiana University–Purdue University at Fort Wayne）的肯尼斯·A·朗（Kenneth A. Long）、圣迭哥大学（University of San Diego）的阿德里安娜·莱尔斯－乔克力（Adrienne Lyles–Chockley）、印第安纳大学东南分校（Indiana University Southeast）的科蒂斯·H·彼特斯（Curtis H. Peters）、杰斐逊社区和技术学院（Jefferson Community and Technical College）的艾德里安娜·瑞吉娜（Adrienne Regnier）、拉西尔大学（La Sierra University）的理查德·莱斯（Richard Rice）、圣家学院（Holy Family College）的哈瑞·赛塔尼（Harry Settanni）、密歇根理工大学（Michigan Technological University）的威廉·C·赛维尔（William C. Sewell）、摩尔公园学院（Moorpark College）/ 奥克斯纳德学院（Oxnard College）的道格拉斯·泰尔（Douglas Thiel），以及中央奥克拉荷马大学（University of Central Oklahoma）的克里斯·韦根（Chris Weigand）。

对于第九版的新书，我们还要感谢：莫瑞麦克学院（Merrimack College）的爱德华·M·恩格尔曼（Edward M. Engelmann）、圣华金三角洲学院（San Joaquin Delta College）的威廉·菲拉伊奥罗（William Ferraiolo）、蒙哥马利学院（Montgomery College）的丹尼尔·G·简金斯（Daniel G. Jenkins）、乔治王子社区学院（Prince George's Community College）的冈萨洛·T·帕拉西奥斯（Gonzalo T. Palacios）、迈阿密戴德学院（Miami Dade College）的 A. J. 克雷德（A. J. Kreider）、得克萨斯州立大学（Texas State University）的詹姆士·克雷格·汉克斯（James Craig Hanks）、西北维斯塔学院（Northwest Vista College）的克林顿·F·道纳甘（Clinton F. Dunagan），以及湖区社区学院（Lakeland Community College）的克里斯塔·林·亚当斯（Christa Lynn Adams）。

我们还要感谢麦格劳－希尔的员工和自由作家们，感谢他们为本书第九版所做的卓越工作：阿帕纳·库玛莉（Arpana Kumari）、克雷格·莱昂纳德（Craig Leonard）、劳拉·威尔克（Laura Wilk），以及莉莎·布鲁弗洛德特（Lisa Bruflodt）。特别感谢安妮塔·思列维斯（Anita

Slivers）帮助我们联系到了多米尼克·麦基维尔·洛佩兹（Dominic Mclver Lopes），爱伦·福克斯（Ellen Fox）为我们提供了女权主义哲学的材料，格雷盖里·特罗匹（Gregory Tropea）提供了后殖民思想的材料，玛丽·艾伦·维斯为我们说明了一些哲学史上的重要女性，艾默林·格拉维卡（Emerine Glowienka）帮助我们理解了阿奎那的形而上学思想。

第一章
充满力量的思想

哲学家们要干的可是细活：从每一个未经充分考虑的信条中提炼出心照不宣的预设和沉埋已久的意蕴，但又不可沦为尖酸刻薄、吹毛求疵。

——丹尼尔·丹内特

2012 年 2 月 26 日夜，佛罗里达州奥兰多附近，28 岁的志愿者乔治·齐默曼（George Zimmerman）开着他的运动型多用途汽车穿过一个名为"双湖静居处"（The Retreat At Twin Lakes）的封闭式社区。看到一名陌生人在社区内走动，齐默曼给当地警察局打了电话。陌生人是个 17 岁男孩，名叫特雷沃恩·马丁（Trayvon Martin），那天他同父亲一起在社区内拜访某人，当时正从 7-11 区出来。马丁身着连帽衫，携带一包糖果、一罐冰红茶，还有他的手机。齐默曼注意到马丁正"在楼间穿行"，而且由于天气恶劣，他走得非常慢。

齐默曼一边和警察局的调度员通电话一边走下了车。然后是一场冲突。冲突结束后，特雷沃恩·马丁倒在地上死了，他在近距离遭到齐默曼枪击，胸部中弹。

马丁身上没有任何武器，但齐默曼对警察说是马丁先攻击自己，然后他出于自卫而开枪打了马丁。警察扣留了齐默曼，当时他鼻子和脑后的伤痕在流血。几个小时的审问过后，齐默曼被释放了。

这件事在国内引起了关注，部分由于其中可能包含种族歧视的动机，于是警方开始了进一步调查。齐默曼属于美国的拉丁美洲人种（Hispanic American），具有多种族背景，而马丁是美国黑人（African American）。

一位特别检察官被任命来主持调查。最终，她决定以二级杀人罪的罪名起诉齐默曼。齐默曼被拘捕并羁押。

本书写作之时，齐默曼尚未接受审讯。说到审讯，涉及的问题可多了。有些属于事实问题——齐默曼离开车后究竟发生了什么？齐默曼有没有跟马丁搭话？马丁攻击齐默曼了吗？有人听到了呼救声，但这是谁发出的？

还有一些属于法律问题：齐默曼违反法律了吗？法律问题的答案必须以事实为依据，而哪些属于相关事实，则是由法律决定的。

此外还有第三种问题，我们将聚焦于此。齐默曼的案例显然涉及佛罗里达州的坚守立场条例（Stand Your Ground law），这是个有争议的条例，它规定：当你有合理的理由相信自己受到威胁时，你可以使用暴力保护自己，没有撤退的义务。

这个条例好不好？公正不公正？这是一个哲学问题。在乔治·齐默曼的审讯过程中或许不至于探讨这个问题，但这样的问题由来已久，并且总会有人对它兴味盎然乃至殚思竭虑。在某种意义上，它和其他问题一样重要。倘若坚守立场条例能够令乔治·齐默曼免于被不公正地判为杀人犯，那么它是好的；倘若它为齐默曼开脱杀人罪责，那么它就不好。

哲学问题都事关根本——正如以上这个例子。当然，这并不必然意味着它们是紧迫的问题。"怎样让我的电脑正常运行？"那样的问题会是紧迫的，而哲学问题往往不会在这个意义上是紧迫的。你很少需要放下手头的活计特意去解答哲学问题。

但是，让我们仔细看看上面这个问题吧。怎样让电脑正常运行。这样的问题关系到你的生活质量。不会操作电脑，你就没法更有效率地发挥能力。这对于你的生活是不利的。

然而归根结底，怎样的人生是你应该过的？这又是一个哲学问题。在某种意义上它要比如何操作电脑更为根本，因为你也可能过那样的人生，其中没有电脑可用。

请注意，这个问题（你该过怎样的人生）暗示了你的人生取决于你。可事实真是如此吗？你的人生真的取决于你吗？

"抱歉，"你或许会说，"我的人生是否取决于我，这话是什么意思？显然它取决于我。我做什么都取决于我自己。比如说，没人强迫我读这本书。我读它就是因为我想读。"

无疑，大部分人都相信自愿的行为取决于我们自己。当我们说一个行为出于自愿的时候，意思多半就是这样。但是我们的欲望和价值观呢？这取决于我们吗？说到底自愿的行为出自一定的欲望和价值观。这个问题——欲望和价值观是否真的取决于我们自己——深深地属于哲学。做个实验吧，你可以试试，用意志行为来改变欲望或价值观。比如，试着让自己相信伤害小动物是对的或善的。你能做到吗？不能？那么试着想些你渴望得到的东西，你能否用意志行为使自己不渴望它？尝试过这样的实验以后，你还认为你的欲望、价值观、行为乃至人生真的取决于你吗？起码答案已经不那么明确了吧。

假如你关注政治或常听广播，那么你或许会知道，我们已经涉足政治领域。很多人相信人得为自己的处境负责，在他们看来，假如有人陷于贫困、疾病或失业，那么这都是（除了特定的例外）他或她自己的错。因此他们会认同这一观点：从富有者手里拿钱给需要钱的人是错误的。他们对不对呢？你怎么看？这些也是哲学问题。

所以诸位看到了吧，和对付电脑相比，哲学问题确实不那么迫切，但它们终究是重要而具有决定性的问题，我们几乎随时都会遇到。

爆炸性的学科

有些哲学信念深深地影响着人们，令人们甚至愿意为它们去死。2003 年 3 月 20 日黎明前，美国对伊拉克发动了全面轰炸。继而，当时的美国总统乔治·W·布什（George W. Bush）在电视上露面，向全世界宣称这样的袭击能把伊拉克从糟糕的非法政体中解放出来，并让世界免受大规模杀伤性武器的威胁。据乔治·W·布什说，轰炸伊拉克的重要根据之一在于，我们必须帮助伊拉克摆脱极权专制并让它拥有自由与民主。当伊拉克总统萨达姆·侯赛因（Saddam

Hussein）的支持者们、其他伊拉克反叛者们以及当地各教派领袖们抨击民主，反对新闻自由、宗教自由并将其称为"西方式的曲解"时，很多美国人都惊呆了。有些美国人感到困惑：难道这真是可能的吗，竟然有人认为极权专制不是恶而自由民主不是善？不幸的是，这样的"极端主义者"们显然不会停止反抗——他们拒绝拥有这些大部分美国人认为全人类都想拥有并且应当拥有的东西。

美国内战是为奴隶制度而打的，这又是一个价值冲突以流血告终的例子。还有"冷战"，它诚然一直是"冷"的，然而它也是以信仰体系的差别为界——一边是资本主义，一边是共产主义。战争常常为观念打响。哲学可不是无关紧要的事。

遭遇到如此尖锐的价值冲突，诸如在伊拉克战争、美国内战以及"冷战"中所发生的，我们或许会怀疑，究竟是否存在客观的标准或原则，可以让彼此对立的哲学观点各就其位。民主真的是善吗？当美国试图把自由传遍世界的时候，它是在做正确得体的事吗？当然，我们是这样认为的。乔治·W·布什说自由是"全能的上帝赐予全世界所有人类的礼物"，而在他看来，美国有道德上的责任向世界传播这一事实。[①]可是对美国开战的人却相信，是上帝命令他们抵抗的。伊拉克遭受袭击数小时后，萨达姆·侯赛因出现在电视上，宣称他们将通过上帝的恩典抗击侵略。总不可能两边都对；如果某一方是错的，我们又如何知道这一点呢？或许我们可以在全世界来个投票表决，看看大部分人怎么想；但是那些视民主为"歪曲"的人恐怕连民主的前提都不会接受——而投票这样的解决办法恰恰依赖这一前提。

像这样的问题，你就得到哲学中来找答案。读这本书的时候你会发现，许多哲学问题都是抽象的、理论性的，很少会诉诸物理手段保护自己。然而即便是抽象、理论的话题，也会同这样一些观点息息相关：人们为了巩固、守护和传播它们，会诉诸极端手段。正如哲学家范·米特·埃姆斯（Van Meter Ames）所说，哲学是和爆炸性的、危险的材料打交道。

什么是哲学？

哲学一词来源于两个希腊词语：philein，意思是"爱"；sophia，意思是"知识"或"智慧"。因为知识几乎无处不在，所以创立哲学的希腊人认为无论何种领域，无论何人，只要是追求知识的人都可以被称为哲学家。如此说来，哲学一度几乎涵盖了人类知识中的一切事物。

这样的哲学观延续了两千多年。伊萨克·牛顿爵士（Sir. Issac Newton）《原理》（*Principles*）一书的完整标题是《自然哲学的数学原理》（*Mathematical Principles of Natural Philosophy*）。那是在 1729 年，牛顿在书中提出了一系列举世闻名的力学、数学和天文学的理论。当时物理学仍然被视为哲学的一个分支。我们同样在某种程度上可以把当前大学概况手册上列出的各种学科

---

① 参见布什于 2004 年 4 月在纽约州布法罗做的演讲。

划入哲学的范畴。这也就是为什么心理学、数学、经济学、社会学、历史学、生物学、政治学和其他大多数学科的最高学位都是 Ph.D，也就是哲学博士的原因。

然而，对于那些已经发展壮大、自立门户的学科，哲学早已丧失了所有权。那么今天的哲学究竟是什么呢？2012 年，得克萨斯共和党把反抗技术教学作为纲领，"意图挑战学生们固有的信念并从根本上削弱家长权威"[1]。当然得克萨斯共和党并没有针对哲学本身，哲学也和削弱家长权威没什么关系，但哲学确实跟挑战固有信念息息相关。实际上，哲学正是对固有信念的挑战，它的方法是逻辑和审慎的思考。就拿当代哲学来说，这也不失为一个好的定义。

哲学问题

要了解一个学科，我们得知道这门学科试图回答些什么问题。传播自由好不好？我们如何知道？以及，何谓自由？这些都是哲学问题。如你所见，这些问题和经济学、物理学、历史学、传播学等学科所能回答的问题颇为不同。

以下是几个哲学问题的例子。

· 在何种程度上我们对素不相识的人负有道德责任？进而，在何种程度上我们对非人的生物负有道德责任？环境呢？我们对它负有道德责任吗？

· 从伦理上讲，政府的合法功能及界限何在？何种形式的政府是最好的？宗教与国家之间的适当关系为何？以上这些问题区分开了民主党和共和党、保守派和自由派、共产主义和资本主义，以及神权政治和民主政治。

· 人类是否拥有自然权利？倘若有，那你是如何知道的？它们源自何处？是什么使一个人的权利系列高于另一个人的？

· 上帝存在吗？同样重要的问题或许是，上帝存不存在，这真的有关紧要吗？

· 结果能否证明手段正当？

· 自我究竟是什么，倘若它毕竟是某种东西的话？人是否不仅仅是个肉体？人是否真的拥有自有意志？

· 何为真理？何为美？何为艺术？

· 是否可能绝对确定地知道一些东西？

· 宇宙有目的吗？生命呢？宇宙整体是否有独立于人类心灵的秩序？

· 时间是什么？

· 大爆炸之前是否有事物发生？

是的，我们可能度过一生却从未花一分钟想过类似的问题；不过我们中大部分人至少对其

---

[1] http://s3.amazonaws/texasgop_pre/assets/original/2012Platform_Final.pdf.

中某个问题有过片断的思考。实际上，回避哲学思考有时也很难实现。只要我们的思考、讨论花了足够长的时间，只要我们的思考、谈论稍有条理，那我们很可能就和哲学沾了边。现实生活中的伦理困境提供了最好的例子。你会遇到这样的处境，需要在自己的需求和你在意的他人的需求之间做出个平衡，例如，你需要照料上了年纪的父母。当然，我们会试图确定责任的边界。但我们还可能走得更远，追问这何以是责任；甚至追问更普遍的问题，责任何以成其为责任：它们如其所是地就被我们当成责任了吗？抑或责任意味着具体处境的某些具体特征，需要我们做出特定的应对？倘若我们开始思考这样的问题，那么接下来的大学课程会有所裨益。其他学科告诉我们事物是怎样的、它们如何运作，以及它们如何发生，但并不告诉我们应该做什么、为什么应该这么做。遗憾的是，大部分人思考到这个程度之后，就不知道如何更进一步了。

当然，能把人引向哲学思考的问题不仅有伦理困境。近日就有这么个争议：在关于进化的四个理论中，智能设计（Intelligent Design）能否算是科学的理论。诚然，有许多科学家打算来回答这个问题，他们也有这个资格，但实际上它不是个科学问题，在科学杂志中你多半找不到关于这个话题的文章。它是科学哲学的问题。

在日常语境中，哲学问题时时会不经意地出现。拿科幻作品当例子吧。这类作品常描述像人类一样思考的机器人。我们是否可能在某一天造出真正能够思考的机器人？这问题也需要哲学来回答。你或许会说，等着瞧就是了。但光这样就行了吗？你没法仅凭观察知道机器是不是真的在思考。即便有一天，科学家造出了《铁甲钢拳》（Real Steal）中的地铁（Metro）那样的机器人，能走能说能行动，你也照样有理由否认它会思考。你或许会说："它可不是有血有肉的。"但是，来自外星系的存在者可能不是由血肉构成的但依然能够思考，那凭什么电脑要能思考就非得由血肉构成？难道是因为电脑没有"灵魂"或没有生命？那么究竟什么是灵魂呢？我们何以认为电脑没有生命？有生命意味着什么？这些都是哲学问题。哲学家们花费了大量时间来分析并试图解答这样的问题。

综上所述，哲学问题的一个重要特征在于，我们没法通过实验方法来直接为之找到答案。最近，有实验科学家在一名瘫痪女子的大脑里植入了一枚芯片，能够从女子的脑神经向电脑输送电子信号。电脑对信号进行解码后再把信号传送给机械臂。这位名叫凯茜（Cathy）的女子没法运动自己的胳膊，却能用思想控制机械臂的动作。[①]于是问题来了：电脑芯片是物理事物，凯茜大脑中的电子运动也是物理事物；那么凯茜的思想是不是某种不同于或独立于电子运动的事物？这正是由来已久的哲学问题，即思想和大脑之间是何关系，而仅凭实验没法解决这个问题。

有时候，哲学家还会追问那样一些事情，它们看上去如此显而易见，以至于我们根本不会对之大惊小怪，例如，变化的本质。事物一直在变，这很显然；或许我们从未觉得这里边有什

---

① 参见 http://www.sciencenews.org/view/generic/id/340728/title/Paralyzed_woman_grips%2C_sips_coffee_with_robot_arm。

么令人困惑的。事物变化了，意味着它与之前不同。这又如何？

　　拿一件事物来说，假如我们拥有了不同的事物，那么看起来我们就是在和两件事物打交道：原初的事物和新的、与之前不同的事物。那么严格地讲，我们是不是不应该说事物变化了，而应该说事物被替换了？假如在很多年的时间里，你把你买来的普锐斯汽车的每个零件，包括发动机组、门板、螺帽、螺栓、每一片金属、玻璃、橡胶、塑料、电池等等任何东西，全都替换过了，那么你是否还拥有一辆同样的普锐斯？倘若你把原先的零件收集起来进行组装，那么你得到的是不是原先的普锐斯呢？

　　这样的问题看上去似乎只跟命名法或语义有关，没啥实际用处。然而在人的一生中，基本上全身每一个分子都被替换过。那么我们就会想了：有人在年轻时犯了谋杀罪，然后在监狱里一蹲四十年。这个老头和当年那个年轻人究竟是不是同一个人呢？假如老人身上的分子没有一个和年轻人相同，那么可不可以认为年轻人其实是被替换了？如果是这样，那么他的罪凭什么让老人承担呢，既然老人全然是另一个人？在此，问题的关键在于老人事实上有没有犯谋杀罪，而我们很难认为这仅仅是个语义学问题。

　　当我们的看法与希望彼此不相协调的时候，也会产生哲学问题。比如，我们认为事情发生都有一个原因。我们也相信原因使得结果发生——如果变质的肉引起你身体不适，那么它就使得你生病了。但是我们同样认为，当我们自由决定去做某事的时候没有什么可以强迫我们进行选择。这个想法似乎暗示着我们的决定是没有原因的。那么，到底哪一个是对的？每件事情发生都有原因吗？还是一些事情没有原因也会发生？或者我们的决定实际上可能不是"发生的事情"？你能找到走出困境的方法吗？如果你曾进行过类似的思考，那么祝贺你，你正在做哲学思考。

对哲学的误解

　　我们应该在开始的时候讨论一下人们对哲学的误解。

　　第一个误解是，在哲学中一个人的观点和另一个人的同样正确，任何对于哲学问题的见解和其他见解一样好、合理或者正确。当人们对价值问题发表意见时，这种看法尤为普遍。假设有人认为应该把收入的大部分拿出来赡养上了年纪的父母，而另一个人认为拿出一小笔收入就够了，你或许会说："行啊，前者的观点对前者来说是正确的，后者的观点对后者来说也是正确的。"或许你认为同性婚姻没什么错，而你的室友不这么认为。你可能说："嗯，我的观点对我而言没错，我室友的观点对他而言也没错。"

　　"我的观点对我而言没错，我室友的观点对他而言也没错。"这话的意思还远远没弄清楚呢。它是否意味着你和同性结婚是可以的，而你室友不可以这么做？你或你室友都不会认可这个建议吧。假如你室友认为同性婚姻是错误的，那么他或她的观点是，无论对于你还是对于他或她来说，这件事都是错误的，即，他或她认为同性婚姻错误。倘若有人认为同性婚姻没什么错，

倘若周围没有聆听的人，那么大树在森林中倒下是否发出了声音？别管它！倘若没有观察者，森林是否还存在？

那么在他看来，这事无论对于你还是对于你室友而言都没问题。

换句话说，假如对于同性婚姻是否有错这件事情，你和你的室友没有达成一致，那么你们两位不会都对。你和你室友的观点彼此矛盾，全对是不可能的。因此上述观点也没法对：在哲学中一个人的观点和另一个人的同样正确，任何对于哲学问题的见解和其他见解一样好、合理或者正确。对于像巧克力冰激凌是否好吃这个问题，这么办或许行得通，但这样对付哲学是不行的。

还有这么个误解，认为哲学无非就是意见。说实在的我们必须和这一观点保持距离，起码我们不能认同"无非就是"。这是因为哲学要求意见得到好的理由的支撑。假如你表达了你的意见但未能提供理由，你的哲学老师多半会说，"唔，这意见挺有趣的"，但他不会认为你说出了好的哲学。哲学要求意见得到支撑，而这可不是轻松的活儿。

初次接触哲学的人常有一个观念："真理是相对的。"这句话含义丰富。如果他或她单指人们的看法与他们的视角、文化有关，那没有什么问题。然而，如果说由于人们视角、文化不同，同一句话既可能是正确的也是错误的，那么他或她就错了。一句话不可能既对又错，一个人不管想用"真理是相对的"这句话来表达什么，它都没法表达上面这个意思。当然，两个来自不同文化或拥有不同视角的人对于同一词语的意义可能理解不同，不过那是另外一个问题了。

另外人们对哲学还有一种误解：阅读哲学轻松愉快。结束了一天所有严肃的工作之后，你可以借哲学阅读在晚上放松一下。实际上理解哲学著作经常要耗费大量的时间和精力。它们似乎都是用熟悉的、日常的语言来写作的，但那不过是假相。你最好做好精神准备，保持警觉，拿出对付数学、科学著作的态度来研究哲学著作。通读一本小说的时间只能在哲学著作中前进几页，这也应该在你意料之内。为了理解哲学著作，你必须反复阅读并且勤加思考。如果老师只给你布置了几篇看起来很短的阅读，别高兴太早。理解哲学要花费大量时间。

哲学的工具

哲学既不是消遣阅读，也不是随意发表的见解。哲学家向具有理性的人们清楚论证了为什么他们应该接受自己的观点。

证　明

如果你提供了让人接受自己观点的理由，你就已给出了一个证明（argument）。给出和驳斥证明（这本身就是个证明）是最基本的哲学活动；在这一点上哲学不同于纯粹的意见。逻辑（logic）则研究正确的推理，它考察的是理由能否以及在何种程度上支撑结论。

举例来说，你告诉大家你相信上帝存在，这并不是哲学。你只是在讲关于自己的事罢了。即便你说"我信仰上帝，因为生来就是天主教徒"，这也不过是传记而非哲学。然而，假如你说的是"上帝必须存在，因为宇宙不可能自己产生自己"，那么你就为上帝存在（或曾经存在）给出了一个证明——这个陈述不妨被看做哲学。

但是，倘若你想在哲学方面做得更好，那么你必须考虑对你的证明的挑战和批评。这类挑战就是所谓抗辩（counterargument）。设想一下，有人这样挑战你的证明："既然上帝可以是自己的原因，那么宇宙为何不可以呢？"这时你就得为自己的预设辩护了：宇宙何以不能是自己的原因。要做好哲学，就得有正确讲理的能力，以此来保证预设的准确性，预期并准备好应对各种驳难。

苏格拉底的方法

许多世纪以来，哲学家们花费了大量时间试图就以下这些重要概念达成适当的理解：真理、美、知识、正义，以及其他你即将读到的东西。古希腊的苏格拉底（Socrates，约公元前470—前399）是最著名的哲学家之一，他精于此道，后人将他的方法称为苏格拉底的方法（Socratic method）。这方法具体是如何操作的？请设想你正在和苏格拉底讨论何为知识：

> 你：你问我什么是知识？唔，当你坚定地相信某些东西，那就是知识。
>
> 苏格拉底：但这就意味着相信仙女的小孩子确实知道世上存在仙女，假如他们信得很坚定。

你：说得好。那么，知道某些东西，不光意味着你坚信，而且还意味着你的信念必须是真的。

苏：这话听上去依然不大对。照这么说，纯粹的预感也是知识了，假如人们坚信它并且它终究应验了的话。

你：好吧，又被你说对了。那么，人知道某些东西，意味着人必须坚信它，它必须是真的，并且它不能是纯粹的预感。换句话说，它必须以好的证据及坚实可靠的理性为基础……

这样的交流会一直继续下去，直到你对知识做出这么个分析，苏格拉底再也拿它没辙。

总之，苏格拉底所运用的苏格拉底的方法就是先提出定义，然后用反例驳斥它，继而根据反例修正定义，对修正版再进行辩驳，如此进行下去。不用说，一个人也可以在自己的头脑中运用这方法。显然，它能够增进我们对概念的理解，它也可以被用来增强论证或观点的力量。

假如你是把本书作为哲学课程的一部分来阅读的，那么你会看到老师在课堂上实践苏格拉底的方法。

思想实验

当我要求你试试用意志的力量使自己相信伤害小动物是好的，这就是在进行一个思想实验（thought experiments）。思想实验在科学中不少见，而在哲学中，它也是最常用的方法之一，可以用来确立某些事情。在本书中你也会遇上思想实验，有些看上去很不着边际，但你可别因为这个理由小看它们。例如，要知道时间旅行是否可能，有位哲学家会让我们设想自己走进时间机器，回到自己出生前的时间并意外地杀死了自己的父母。从这个思想实验可以看出，首先，这个走进时间机器的人，在他走进机器的那一刻是存在的；然后，由于他父母还没生过他，那么他在当时或其他任何时候都不可能存在。于是这个思想实验貌似可以告诉我们，时间旅行会导致矛盾，因此是不现实的。

归谬法

哲学家常常用归谬法（reductio ad absurdum）确立论点，即证明论点的反面是荒谬的，或能够推出（这就是"归"）荒谬。关于时间旅行的思想实验就是归谬法的例子，同时也是思想实验的例子。

在哲学史上，最著名的归谬法要数圣安瑟伦（St. Anselm，约 1033—1109）关于上帝存在的本体论证明。我们将在第十三章详细展开圣安瑟伦那著名的证明：为了论证，先假定上帝这个"比无法想象的东西更完美"的东西不存在；安瑟伦说，从这一假定可以推出荒谬的推论，即比无法想象的东西更完美的东西不如无法想象的东西完美——换句话说，上帝不存在这一观点可以"归"到荒谬的结论，所以上帝存在。类似地，在之前你和苏格拉底的对话中，苏格拉底说知识等于坚定的信念这一假定会推出荒谬的结论，所以知识并非等同于坚定的信念。

谬　误

谬误（fallacy），即讲理过程中犯的错误。有些错误非常普遍，因此它们获得了专门的名称，甚至是拉丁文名称。哲学家大概不至于常犯这等错误，但你会常常看到他们提及这类错误，所以你起码得对最常见的错误类型有所了解。

- 转换举证责任（switching the burden of proof）：从逻辑上说，你让反对方证伪你的观点，这没法帮你证实你自己的观点。比如，你挑战听众让他证明上帝不存在，这没法帮你证明上帝存在。

- 窃取论题（begging the question）：近来，常能听到人们说某些事"窃取问题"。一般来说这话指的是招来问题。哲学家或逻辑学家说的"窃取论题"并非这个意思。对他们而言，你窃取论题，意味着你预设了你试图去证明的东西，所以你的"论据"没有任何作用。例如，你试图为相信上帝存在找出理由，你说"《圣经》上这么说的，而《圣经》是上帝说的话"，这时你已经预设上帝存在了，而这恰恰是等着你去证明的。这就好比你要证明某人犯了罪，根据是"他就是个做这种事的人"。

- 人身攻击（argumentum ad hominem，即对人不对事的证明）：这一谬误意味着拿说话人的个人素质说事，以此评价他或她的洞见、论点、信念或立场。例如，因为一个人本身是骇人的，就认为他的立场是骇人的，这样讲道理就是个明显的错误，即人身攻击。

尤其需要指出的是，当一个人——我们就拿苏珊来说吧——改变了原有的想法，我们不该认为她现在的想法肯定不对。苏珊曾经和自己自相矛盾，这并不意味着她当下说的话自相矛盾。假如一位反战人士先前曾经支持过战争，那么这一事实不会令他对战争的批评无效。先前的支持与当下的批评在逻辑上彼此无关。有人改变了立场，这一事实是关于人的，并非关于立场。混淆这两件事，或许是这个星球上说理的人最容易犯的错误。

一次又一次地，你会听到有人这样诘问对手：你究竟信不信你说的？这个问题和说话内容的真伪并不相关。在《理想国》（Republic）中，柏拉图笔下的苏格拉底和雅典上将色拉叙马霍斯（Thrasymachus）交谈。苏格拉底问色拉叙马霍斯他是否真的相信自己的观点。色拉叙马霍斯的回答是："无论我信还是不信，这于你有何不同？你为何不针对观点本身？"[1]

对于苏格拉底提的那种问题，色拉叙马霍斯的回答百分之百正确。

- 稻草人（straw man）：当我们通过歪曲、误读或夸大来反驳一个观点的时候，我们就犯了"稻草人"的错误。爱尔兰哲学家乔治·贝克莱（George Berkeley）认为物质只是一束存在于心灵中的感觉。英国作家塞缪尔·约翰逊（Samuel Johnson）是这样"反驳"贝克莱的：他一脚踢飞一块石头并宣布，"我驳倒他了！"但是约翰逊实际歪曲了贝克莱的观点。

---

[1] Plato, *Plato in Twelve Volumes*, Vols. 5&6，translated by Paul Shorey. Cambridge, MA, Harvard University Press; London, William Heinemann Ltd. 1969.

贝克莱从未说过石头不是坚硬的；贝克莱说的是，像石头（还有腿和靴子）这类坚硬的东西仅仅存在于心灵中。

设想我们在探讨这样一个观点：不存在自由意志，因为我们的决定全都取决于遗传和环境。假如反对者说，人显然能够选择自己所做的事，那么他就是树起了一个稻草人。我们的立场并非人做不了选择，而是他的选择取决于遗传和环境。我们说的是 X，而反对者针对的是 Y。

哲学开始于惊讶和好奇。

- 假两难推理（false dilemma）：非此即彼的错误（either-or fallacy）。这个错误就是，在事实上有多种选择存在的情况下，只提供两种选择。假如有人说："要么上帝存在，要么无法解释宇宙。"这就是个假两难推理，因为它忽略了第三种可能，即不牵涉上帝而对宇宙做出解释。
- 诉诸情感（appeal to emotion）：试图靠引发同情、愤怒、恐惧等情绪来确立观点。假设我们试图通过"如果你不相信，你将在地狱中被焚烧至死"向你"证明"上帝存在，我们并不是真正给出了证明；我们只是想让你感到恐惧，从而认同我们的观点。
- 分散注意力（red herring）：把不相干的东西引入交谈，这就是分散注意力。如你所见，上面讨论过的很多谬误都是分散注意力。

倘若你把阅读本书作为课程的一部分，那么你会在课上遇到不少讨论，而讨论中当然会有不同意见。于是人们会用证明维护自己的立场。或许你能在听到的证明中找到上述谬误的例子，或许你在本书中也能找到一两个这样的例子。

哲学的分类

大部分哲学问题可以归入以下四类：

- 关于是或者存在的问题。形而上学（metaphysics）是关注这些问题的哲学分支。形而上学提出两个基本问题：什么是存在？什么是存在的基本特征和属性？本章开头列出的一些问题就属于形而上学这一范畴，它包括：上帝存在吗？人真的拥有自由意志吗？形而上学和神秘学、塔罗牌之类的基本不沾边。
- 关于知识的问题。认识论（epistemology）这一关于知识的理论，是关注这些问题的哲学分支。知识的本质是什么？知识的标准、来源和范围是什么？这是认识论的基本问题，它包括了本章开头列出的这些问题：什么是真理？有可能知道绝对确定的事物吗？

· 关于价值的问题。归入这一标题的主要内容有：（1）道德哲学（moral philosophy），即伦理学（ethics），它对道德判断加以哲学上的研究；（2）社会哲学（social philosophy），它是对社会以及社会制度进行哲学研究；（3）政治哲学（political philosophy），它将注意力主要集中在国家上，并试图确定其合法性以及合适的伦理组织；（4）美学（aesthetics），它对艺术及针对艺术的价值判断进行哲学研究。

· 关于正确推理的理论，即逻辑学（logic），它试图研究、建立有效推理以及证明的标准。

我看不到它，洗碗的活儿就不存在啦！

谁说哲学没实际用处？

本书的第一部分着重讨论了彼此紧密相关的形而上学和认识论问题。第二部分关注价值的问题，尤其是道德和政治的价值。本章前面的部分，我们稍微介绍了一些逻辑学知识。

尽管哲学有四大分支，每一部分的理论、概念以及词语的容量却不尽相同。你们图书馆内政治哲学的藏书量很可能远远超过其他的领域，而认识论和美学的书籍数量最少。

哲学的分类多种多样。许多大学开设了研究其他学科以及探索领域的基本假设和方法的哲学课程，比如说科学（科学哲学）、语言（语言哲学）和宗教（宗教哲学）。第一部分谈到了科学哲学和语言哲学，因为这两个领域的大部分问题不是属于形而上学，就是属于认识论。第三部分集中讨论了宗教哲学，特别是上帝存在是否可被证明这一问题。

本书第四部分名为"其他声音"，我们将在这部分思考一些哲学的前沿问题，以及西方哲学主流之外的其他影响和传统。

本版增添了新的一章即第十七章。我们将在那一章讨论四个重要的哲学问题：自由意志、何为意识、礼物问题，以及何为艺术（及与之相关的美学问题）。

哲学的益处

哲学背景的人可以干什么？正如我们的朋友特洛伊·乔利摩尔（Troy Jollimore）所说，哲学背景的人不能干的事可比能干的事少多了。有这么些技艺，拥有它们的人容易得到人生的青睐，而哲学专业的学生最不缺的就是那种技艺。你可以在谷歌中搜索"各专业 LSAT 得分"之类的信息。LSAT 是法学院的资质考试。你或许并不想成为律师，但你知道当律师首先得进法学院，而法学院对于心智能力的要求可不低。你还可以查查看各专业研究生入学考试（GRE）、医学院校入学考试（MCAT）或研究生管理科学入学考试（GMAT）的分数情况，结果是相似的。看看！你会发现，与其他人文学科、商科或政治科学专业——乃至你能想得到的其他任何专业——相比，哲学专业都要高出一筹。由此可见，在那些最有用的实际技艺方面，哲学专业学生都拥有杰出的资质；这些技艺包括分析思维、批判性思维、审慎的推理、解决问题，以及人际交流。诚然，正如你学哲学的时候会学到的，确立因果关系是很难的；究竟是哲学令学生善于思考呢，还是善于思考者起初就被吸引到哲学专业来了呢？这也是个开放性问题。但哲学训练确实强调上述技艺。要为哲学问题寻找答案，你得明于逻辑，善于阐述，能分辨细微差异，能认出微妙的异同，而且还要能识别未曾明言的假定。

除此之外，学好了哲学，就不至于像其他人那样流于肤浅或教条主义。哲学需要客观、理性及开放的心灵。这些整体素质，加上哲学证明的实践所带来的批判性思维技巧，将使我们在面对生活中经常出现的诸多问题时受用无穷。

■ 关键词

美学	诉诸情感	证明	人身攻击
窃取论题	抗辩	认识论	谬误
假两难推理	逻辑	形而上学	道德哲学（伦理学）
哲学	政治哲学	分散注意力	归谬法
社会哲学	苏格拉底的方法	稻草人	转换举证责任
思想实验			

■ 供讨论和复习的问题

1. 你为什么想学习哲学？

2. 读了本章之后，你觉得哲学和你的期望一致吗？

3. 为什么这么多领域的最高学位是哲学博士？

4. 本章提出的问题中你最感兴趣的是哪个？你认为答案是什么？

5. 一人说"两个同性别的人不该有权结婚"，而另一人说"两个同性别的人应该有权结婚"，他们是否可能都对？请用论证来阐述你的观点。

6. 当你成年的时候，你体内的每个分子已经被不同的分子所取代，作为成年人的你还是孩子时候的你吗？

7. 所有的哲学问题都无法回答吗？你觉得问题 4 中涉及的问题如何？

8. 上帝存在不存在是否重要？请采纳一个立场并用论证阐述它。

9. 正确的事物是否取决于你身处的社会认同的事物？当人们认为地球是一个平面的时候，地球曾是一个平面吗？

10. "2+2=4。"当人类（或其他存在者）如此认为之前，它是否是真的？请解释。

■ 链　接

http://www.jimpryor.net/teaching/guidelines/writing.html

这是哲学论文写作指南。强烈推荐你在写第一篇论文前阅读它。

http://www.ditext.com/encyc/frame./html

在这里你可以对主要的在线哲学百科全书中的词条进行比较。

http://plato.stanford.edu/contents.html

出色的哲学百科全书。在这里你可以查找大部分哲学主题。

http://www.askphilosophers.org

提问题，得回答，或许吧。

第一部分

形而上学和认识论

存在和知识

第二章
前苏格拉底哲学

你不能知道也不能表达不存在的东西，能被思想和能存在——它们是同一的。

—— 巴门尼德

同意万物是一，这是明智的。

—— 赫拉克利特

你会经常发现形而上学和认识论形影不离。形而上学（metaphysics），正如你在第一章中读到的那样，它是研究存在的本质及其基本属性的一个哲学分支。认识论（epistemology）这一哲学分支研究知识的来源、本质、范围以及标准。当今哲学家在提出一个形而上学主张的时候，他或她通常会考虑人们是否能够认识它；这就是形而上学和认识论形影相随的原因。然而，早期的哲学家主要是形而上学家，因此我们首先来探讨一下形而上学。柏拉图广博的哲学涵盖了所有学科，当我们讲到他的时候再来讨论认识论。

存在的本质

当哲学家问什么是存在的本质的时候，他或她的脑中可能有了以下的想法：

·存在是事物的一种属性吗，或者它本身就是某种事物？有没有第三种可能？

·从本质上来说，只有一种还是有很多种存在？

·存在是固定不变的还是不断变化的？存在和生成（becoming）是什么关系？

·一切事物都拥有同一种存在吗？

·所有存在的事物可以被归入哪些基本范畴？

·实在的基本特征是什么？

·是否存在一种构成其他事物的基本实体？如果存在的话，它有什么属性？它必须有属性吗？

·不依赖我们的感觉的世界本身是怎么样的？

·除了属性、关系和种类，具体事物的存在是怎样的？事件的存在是怎样的？数字、思想、物质、空间、时间的存在是怎样的？事实的存在是怎样的？

·具体的事物拥有某种属性——这是关于事物的事实吗？还是关于属性的事实？

我们还可以把一些更为具体的问题划入形而上学的范围，比如：上帝存在吗？事情是注定发生的吗？有没有来世？事件必须在时间、空间中发生吗？

其中有些问题至今迷雾重重，但是对于那些预备投身哲学、回答诸如存在有何本质之类问题的人来说，它们树起了前进的路标。由于我们可谈论的内容是如此之多，我们因此不得不对讨论的话题做些取舍。我们不能永远这样继续下去。

形而上学（玄学）一词的一般用法总会引起奇怪和恐怖的联想。举个例子来说，"形而上学（玄学）书店"专营各种神秘事物，从通灵（channeling）、协波汇聚（harmonic convergence）、金字塔的力量（pyramid power）、前世催眠回归术（past-life hypnotic regression）、灵媒外科（psychic surgery）到灵异相片（spirit photography），应有尽有。然而，形而上学真正的历史与此完全不同。如果了解这个词的起源，你会发现把它和神秘事物联系在一起实在有些滑稽。以下才是它真实的历史面貌。

亚里士多德（Aristotle，公元前384—前322）撰写了一系列涉猎广泛的著作，从生物学到诗学不一而足。他有一部著作名为《物理学》（Physics），书名源自希腊词语 physika，意思是自然的事物。他还有一部著作，亚里士多德从来没有给它起过一个正式的名字，只是偶尔用"第一哲学"或者"智慧"来称呼它。后世的作家，特别是公元前 1 世纪罗德斯岛的安德朗尼库（Andronicus of Rhodes），亚里士多德著作的编辑者，只是简单地称它为"谈论自然的书之后的书"（ta meta ta physika biblia）。那么形而上学一词大致可以被解释成"物理学之后"。

比起《物理学》里研究的问题，亚里士多德在这部著作中讨论的话题更加抽象与艰涩。后世的权威一致同意"物理学之后"确实是它们合适的位置，"形而上学"就这样被确定为这本原先无名的著作的正式名称。后来凡是书中讨论过的内容以及相关问题的研究都援引了"形而上学"这个笼统的名称。形而上学这一术语来源于亚里士多德的著作，不过他并不是第一个形而上学家。我们将在本章中介绍几位亚里士多德之前的哲学家，他们同样也思考过其中的某些问题。

亚里士多德的《形而上学》一书研究的根本问题，也就是最基本的形而上学问题可以这样表达：什么是存在的本质？许多内容都能和这个问题"挂上钩"，形而上学在当代哲学中的用法是相当宽泛且具有包容性的。不过对大多数哲学家来说，星界投射（astral projection）、灵媒外科以及 UFO 这类话题与此无关，它应该包括"存在的本质"一栏中列出的那些问题。

存在的本质是什么？本书的一位作者曾要求上哲学导论课的学生以一篇短文来回答这个问题。对此最常见的反应是"'存在的本质是什么'是什么意思？"常常伴着"啊？""什么？""你没开玩笑吧？""这节课你就这么上？"人们总对这个问题的含义感到困惑，也不知道什么是预期的答案。顺便说一句，对于诸多哲学问题，准确把握问题的内容或了解可能的答案，都令人感到困难重重。

解决这个问题有几种不同途径，我们在本章中将一一研究。

大约在公元前 6 世纪，第一代哲学家，至少是第一代西方哲学家，生活在小亚细亚海岸爱奥尼亚一带。他们被统称为前苏格拉底哲学家（pre-Socratic philosophers），这只是一个用来指称在苏格拉底（Socrates，约公元前 470—前 399）之前生活的希腊哲学家的笼统名称。大多数人只有残章断句传世或者干脆只字不留，因此学者们不得不根据他们同时代和后世作家的相关描述来再现他们的观点。

凭借经验我们知道和古人感同身受有时是相当困难的。然而，这些哲学先驱的思想对我们今天的世界产生了如此深远的影响。西方历史上这一时期——苏格拉底之前的古希腊时期——人们的视角发生了决定性的转变，这最终使得深刻理解自然世界得以可能。这种变化并不是必然的，今天仍然存在的原始社会中的许多成员还不具备这种眼光，他们搞不明白四季为什么更替。我们并不想证明先进的技术文明在本质状态中就比原始社会要优越，因为先进的技术文明需要各种有利因素的共同作用。但是先进的文明是一个事实，这一事实是两路思想发展的直接结果。其中一路我们不讨论，即希腊人创立的数学学科。我们关注另一路发展，即希腊人创立的哲学，特别是形而上学。

米利都派哲学家

　　西方哲学的传统应当追溯到泰勒斯（Thales，约公元前 625—前 547）。他是希腊爱奥尼亚富庶的海港城市米利都的公民，享有第一位西方哲学家的美誉。当泰勒斯思考是否存在某种构成万物的始基的时候，哲学起步了。今天我们是如此习以为常地认为我们经验到的复杂世界是由某些基本物质组成的（氢、氧、碳和其他元素），以至于当我们了解历史上一度有人并不这样认为时会感到十分惊奇。泰勒斯把一个崭新的、重要的观念引入了西方思想，实在是功不可没。

　　抛弃神话式的眼光来看待世界这一进步也该归功于泰勒斯。古希腊人认为他们的神掌管着各种自然力，比如，人们认为众神之王宙斯时不时要改变一下天气。我们现在认为自然依据自身一定的过程运动，管理着各种物质，这种看法大约在那个时期开始成形，泰勒斯的哲学思考对世界观的重大转变做出了自己的贡献。那么在泰勒斯眼中什么是始基呢？他的答案是万物皆水，这个答案显然并不正确，但是对泰勒斯来说这个回答并没有什么特别愚蠢的地方。请想象一下，泰勒斯观察周围复杂的自然世界然后进行推理："如果存在一个层面，比表面的世界更为根本，其他事物都由这个层面的某种物质组成，那么这种物质必然相当灵活，并且能以多种形式出现。"在泰勒斯身边可供备选的事物中，没有比水更具灵活性的了——它能够以三种不同的状态出现。因此我们可以想象，泰勒斯认为水既然能以我们所知的三种不同形式出现，那么它也可能以我们无法了解的其他形式出现。比如，当一片木头燃烧时，它冒出来的烟看起来就像水蒸汽。

传说中，泰勒斯成功地预见了橄榄丰收，由此暴富。

泰勒斯可能猜测到木头原本也属于水的奇特形式中的一种。

当然，我们只是在猜测泰勒斯的推理过程。不管怎么说，泰勒斯万物皆水的结论是错误的。不过泰勒斯的结论本身并不重要——重要的是泰勒斯提出的思想。他试图用更简单、更基础的实在来解释我们眼中复杂的世界。这一尝试标志着形而上学的开端，就这件事本身而言，也是科学的开端。科学从很大程度上来讲是致力于完成泰勒斯开创的传统。

泰勒斯的理论提出水是万物的始基，与此同时另两位米利都哲学家也提出了自己的不同看法。一位是泰勒斯的学生，阿那克西曼德（Anaximander，公元前 610—约前 547）认为万物的始基必须要比水和我们所掌握的其他物质更加基本。在他看来始基必定是永恒的、无限的以及不确定的。始基形成一团火和黑色雾状物混合的核子；随着雾状物在核子中心凝固的过程产生了世界万物。世界为火所包围，通过雾状物的孔，形成了我们所看到的星星和其他天体。当冷、热、干、湿的各种力量改变的时候季节也随之发生变化。正如你看到的那样，阿那克西曼德用自然的力量和过程提出了一个解释世界万物的宇宙理论。

第三位米利都的伟大哲学家阿那克西美尼（Anaximenes，全盛期大约在公元前 545 年）宣称气是万物的始基，它通过凝聚和稀薄的过程形成不同的事物。气稀薄的时候变成火；气凝聚的时候首先形成了风，然后（通过进一步凝聚）有了云、水、土，最后是石头。他说地球是一个平面，漂浮在空气中。不难想象为什么阿那克西美尼认为气是最基本的实体，毕竟它赋予万物生命。阿那克西美尼试图用他的理论来解释自然现象，与此同时他还努力确定万物的始基发生变化的基本规律，这种努力一直持续到了今天。

毕达哥拉斯

毕达哥拉斯（Pythagoras，约公元前 580—约前 500）提出了一个截然不同的答案。他和他的追随者居住在意大利南部的希腊城市克罗托那（Crotona）。由于毕达哥拉斯学派对书面的教义严格保密，这些教义的确切内容一直存有争议。据说毕达哥拉斯认为万物皆数，我们可以努力去理解这句话的含义。两点确定一直线，三点确定一平面，平面组成立方体，立方体组成物体。亚里士多德是一个了解早期哲学家情况的重要来源，他在《形而上学》中写道，毕达哥拉斯学派"用没有重量、颜色的数字构建有重量、颜色的自然物体"。然而，毕达哥拉斯的妻子西雅娜（Theano）却说了如下一段话：

> 许多希腊人相信毕达哥拉斯曾说一切事物是由数字产生的。这一断言却造成这个困难：我们如何想象不存在的事物还要产生其他事物呢？他没有说所有的事物来自于数字，而是说与数字和谐一致——由于最基本的秩序存在于数字之中，且正因为数字参与到了秩序之中，可记数的事物相继有了第一、第二和其余的秩序。

换句话说，事物之所以成为事物——一物结束，一物开始——正是因为它们是可数的。

人物简介 ｜ 毕达哥拉斯

毕达哥拉斯出生在希腊的撒摩斯岛（islands of Samos）。你大可以忽略掉他是太阳神阿波罗的后代这个说法。他的父亲是杰出的公民尼撒库（Mnesarchus）。

毕达哥拉斯生前的确切情况我们掌握得不多，尽管我们知道他最后旅行到了意大利的南部，在讲希腊语的克罗托那城建立了一所半神秘半科学的学校。毕达哥拉斯学派相信灵魂的轮回，奉行财产共有并且遵循一套严格的道德戒律，其中包括禁止吃肉。

不幸的是，毕达哥拉斯的团体拒绝了一个名叫塞隆的人（Cylon）加入的要求，他是克罗托那有财有势的公民。等到毕达哥拉斯到美塔庞同（Metapontium）养老的时候，塞隆让他的科罗托那同伙们攻击了毕达哥拉斯学派，他们放火把房子化为灰烬。更加糟糕的是，据毕达哥拉斯学派的人说，除了两个人幸免，无人生还。

毕达哥拉斯学校最终在雷吉乌姆

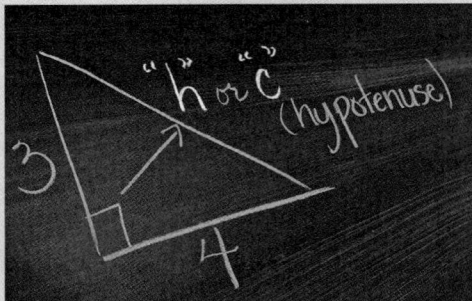

毕达哥拉斯定理：$a^2+b^2=c^2$。

（Rhegium）重建，学校进一步发展了数学定理、声音结构理论，和一种理解天文学与物理学的几何方法。这些思想多大程度上真正来源于毕达哥拉斯的哲学仍然需要考察。

尽管没有留下文字，毕达哥拉斯几个世纪以来一直是最负盛名的哲学家之一。今天，在哲学领域之外，他主要因为毕达哥拉斯定理为人们所铭记，实际上巴比伦人在很早之前已经发现了这条定理。

事物与事物不同，也是因为它们是可数的。在西雅娜的描述中也可以看到，一件事物是不是物理对象或思想并不重要。如果我们的描述可以使它区别于同一类型的其他事物——如果它是可数的——那么它就是一个事物；如果它是一个事物，那么它就是可数的。

因此，根据西雅娜的说法，毕达哥拉斯认为事物和数字之间存在着一种紧密联系。无论什么事物，不管它是不是物质，都参与到了有序、和谐的宇宙秩序之中：它能够被排序，被计算，被安排。在毕达哥拉斯的哲学中，有序与和谐的概念适用于一切事物。

毕达哥拉斯将数学和哲学加以结合，有助于提出一个我们经常面对的、形而上学的重要概念。这种观念就是：基本实体是永恒的、不变的，只能通过理性接近。有时人们认为这个基本实体的概念来自柏拉图，不过公平地说，毕达哥拉斯首先提出了这种观点。

赫拉克利特和巴门尼德

赫拉克利特（Heraclitus，约公元前540—约前480）也是一个重要的前苏格拉底哲学家，他是一名来自爱非斯（Ephesus）的希腊贵族。他提出了另外一种始基。赫拉克利特认为，万物皆火。赫拉克利特把火定为万物的始基并不仅是为了在泰勒斯的水和阿那克西美尼的气之外提供另外一种选择，他希望人们注意这一实在的基本特征，即它总是不断变化的。他认为，除了变化这一实在，没有其他实在：永恒是幻觉。因此，不停变化的火是宇宙的本源。

赫拉克利特认为变化的过程并不是任意或偶然的。相反，在他看来，宇宙的秩序，也就是所谓的逻各斯（logos），在希腊语中意为"言说"，决定了一切的变化。他教导学生每一件事物都包含了它的对立面，比如说，我们既年轻又年长，既进入存在又出离存在。他认为逻各斯将对立面和谐地统一起来。

赫拉克利特有句名言："你不能两次踏入同一条河流。"这句话提出了哲学中重要的同一性问题（problem of identity）或者"变中之同"（sameness over change）：既然昨天的河流没有一滴水存留在今天的河流中，今天的河流还和昨天相同吗？这个问题，显然不仅仅是针对河流的，它适用于在时间中变化的任意事物：河流、树木、鸡雏还有万维网。不可忽略的是，它也适用于人类，这就是人格同一性问题（problem of personal identity）：今天的你和昨天的你不完全相同，度过一生的时间之后，我们似乎应该抛弃"完全"这个修饰词。老布什身上的原子和小布什身

如今，游客们涌向希腊的海滨，他们不必阅读哲学。

上的原子不同，所以存在两个不同的人——但是 2005 年在老布什身上的原子同样和 1959 年在老布什身上的原子不同，那么我们为什么把他当成一个人而不是两个呢？

变化看来确实是实在的一个重要特征——是这样吗？与赫拉克利特同时代但更加年轻的巴门尼德（Parmenides）持不同意见。巴门尼德确切的生卒年份不详，但他大约生活在公元前 5 世纪的前二十五年。

巴门尼德既不对构成万物的基本实体感兴趣，也不想了解什么是实在最重要的特征。他整个的研究方法独辟蹊径，没有遵循前辈的传统。米利都的哲学家们，赫拉克利特和毕达哥拉斯学派大多通过观察周围的世界来选择基本的实体或者万物的始基，进而得出结论。相比之下，巴门尼德只是提出一些基本原则，他试图从这些原则中演绎出他认为存在必然具有的本质。对于巴门尼德来说，凭借观察世界来了解事物真实面目完全是浪费时间。

巴门尼德提出的这些原则在当代术语中表达为先验原则（a priori principles）或理性原则（principles of reason），意为先于经验的原则。先验的意思并非我们首先在时间中了解这些原则，而是说我们关于它们的知识并不依赖感觉。

举个例子来说，请思考一下"你不能无中生有"这一原则。如果你希望支持这一原则，你

论兔子和运动

巴门尼德最著名的弟子芝诺（Zeno，约公元前 495—前 430）想出了一系列精巧的证明来支持巴门尼德实在是"一"的理论。芝诺采取的基本方法是证明运动是不可能的。以下是两个他反对运动的证明：

（1）我们说有一只兔子，它要从自己的洞移动到另外一个洞。它首先必须到达两洞之间的中点。在到达中点之前，它必须先到达四分之一点。不幸的是，到达四分之一点之前，它必须先到达八分之一点。但在到达八分之一点之前，它必须先到达十六分之一点，以此类推。简言之，兔子或者其他任何事物，在去任何地方之前必须穿越无限数量的点。因为到达其中任何一点总需要时间，所以无论到哪里都会耗费无数的时间，这点有力地否定了运动的可能性。

（2）对于一只从第一个洞移动到第二个洞的兔子来说，它每一刻的运动必须占据和它体长相等的空间。当某物占据和它长度相等的空间时，它是静止的。因此，由于这只兔子——或者任何其他事物——每一刻都必须占据和它长度相等的空间，所以它必然每刻都是静止的。因此，它不能运动。

可是事物看起来显然是在运动的，要么芝诺的逻辑有问题，要么兔子和其他事物并不是我们所看到的那样。芝诺赞成第二种看法。你很可能会赞成第一种。那么芝诺的逻辑到底出现了什么错误呢？

是否会进行一个无中生有的实验来加以证明呢？事实上你不会这样做。你将以我们无法想象无中生有作为自己辩护的起点。

巴门尼德就把他的哲学建立在这样的基础上。他有一条原则是这样的：如果事物发生变化，它将成为不同的事物。因此他推理道，要是存在本身会变化的话，那么它将变成不同的东西。但是不同于存在的东西就是非存在，非存在的东西显然不存在。他得出结论，存在不发生变化。

此外，存在是唯一的——只有一个存在。如果还有其他存在，它就不是存在；因此，没有其他的存在（这个证明中预设的原则近于"第二个事物不同于第一个事物"）。

存在还是不可分的整体：它没有任何的部分。部分不同于整体，如果某些事物不同于存在，它就不是存在。因此，存在是不可分的。

最后，存在是永恒的：存在不能生成首先是因为不可能无中生有（还记得吗？）；其次，如果能够生成存在，就不能解释为什么存在在这一时刻来自于无而不是在另一时刻。由于刚才已经论证过变化是不可能的，因此存在不能出离存在。

巴门尼德试图根据相似的证明表明运动、产生和不同程度的存在都是不可能的。请看"论兔子和运动"一栏中对运动不存在的证明。

赫拉克利特认为存在不断变化，而巴门尼德论证了存在是绝对静止的。巴门尼德提出存在是一：它是永恒的、不变的、不可分的和无差别的。与此相反的表面现象只是粗糙的幻觉。

恩培多克勒和阿那克萨戈拉

巴门尼德的哲学（存在不变）和赫拉克利特的哲学（存在不停变化）看起来似乎针锋相对。下一个重要的希腊哲学家恩培多克勒（Empedocles，约公元前490—前430）认为真正的实在是永恒不变的。然而他同样认为把我们经验中的变化贬低为纯粹的幻觉是无稽之谈。恩培多克勒十分巧妙地赞同了巴门尼德的部分观点，也支持了赫拉克利特的部分观点。他可能是第一位试图去调和并结合两位早期哲学家明显对立的形而上学观点的哲学家。此外，恩培多克勒协调的结果是他对实在的理解在很多方面与我们今天很相似。

在恩培多克勒看来，经验的对象的确是变化的，但是组成这些对象的基本粒子确实是不变的。恩培多克勒认为基本粒子有四种：土、气、火、水。这些基本元素以不同方式组合在一起形成经验的对象以及这些对象的表面变化。

经验的对象以及它们表面在数量、质量、关系上的变化实际只是基本粒子位置发生了变化，我们对这一思想感到十分熟悉，它是现代物理的核心思想。恩培多克勒是首先提出这一思想的人之一。

恩培多克勒同样认为我们描述实在的时候不应局限于说明经验对象的变化是如何发生的，我们更要解释它们为什么发生。他试图对引起变化的力加以解释。他特别讲到，在两种力的作

神话学

西方哲学诞生在希腊神话的基础上，这并不仅仅是因为早期的哲学家们努力寻找一种更以观察为基础、更系统的理解世界的不同方式。泰勒斯曾说过所有的事物中都充满了神灵。色诺芬尼（Xenophanes）反对希腊神话将神人格化。赫拉克利特对荷马（Homer）和赫西俄德（Hesiod）充满反感，因为他们的神话使人们误解了事物的真实本质。与此相反，柏拉图经常大量地引用神话。《理想国》（Republic，见第三章）中的洞穴寓言就为理解他的形而上学和认识论提供了一把钥匙。在《会饮篇》（Symposium）中，天堂之爱和尘世之爱就像两个阿佛洛狄忒一样截然不同。柏拉图在《蒂迈欧篇》（Timaeus）中将自己的创造理论隐藏在神话语言中。

意大利哲学家詹巴蒂斯塔·维科(Giambattista Vico) 在他的著作《关于民族共同性的新科学原理》（Principles of a New Science Concerning the Common Nature of All Nations,1725）中将神话置于文明的早期阶段，即他所谓的"神的时代"。自19世纪中期始，神话有了更科学的解释，并且一直持续到现在。通过对希腊神话中的意义的重新发掘，西方思想源源不断地获得新的生命力。最近的例子包括西格蒙德·弗洛伊德（Sigmud Freud）以对俄狄浦斯神话的独特阐释为基础建立的精神分析学。美国的米尔恰·伊利亚德（Mircea Eliade）和约瑟夫·坎贝尔（Joseph Campbell）的神话学著作也有一大批追随者。

用下，基本的元素形成新的组合——爱和冲突——它们本质上是吸引和分解的力。

宇宙由各种基本物质粒子组成，并且在非人格的力的作用下运动，这种描述在我们今天看来仍然相当时髦，也很"科学"。是的，恩培多克勒是一名出色的科学家。举例来说，他理解日蚀的发生机制，他还通过实验确定了水和空气是不同的物质。事实上他知识渊博到他自称为神。当别人说他能够预知未来、控制风云变幻、显示奇迹的时候，恩培多克勒并没有什么不高兴。

阿那克萨戈拉（Anaxagoras，约公元前 500—前 428）是恩培多克勒的同代人，他并不像恩培多克勒那样自视甚高，但是他的历史地位并不逊于恩培多克勒。只需提一件事，正是阿那克萨戈拉把哲学介绍到了雅典，使这门学科在雅典真正欣欣向荣起来。此外，他在形而上学上还做出了一个重要区分：物质和心灵。

阿那克萨戈拉同意这样一个原则：一切经验对象的变化实际上只是基本粒子的排列发生的变化。与恩培多克勒不同的是，他相信任何事物都是无限可分的。他认为每种物质都有它相应的粒子，同时每种物质也包含了其他种类的粒子。哪种粒子占有优势就成为哪种物质。举个例子说，火就比水包含更多"火粒子"，而水可能几乎不含有这种粒子。

恩培多克勒相信两种力量相互作用引起运动，而阿那克萨戈拉认为运动的来源是某种名为"努斯"（nous）的东西。"努斯"这个希腊词语有时也被翻译成"理性"和"心灵"，阿那克萨戈拉所指的努斯显然更像是心灵和理性之间的一种平衡。在阿那克萨戈拉看来，由于心灵本身是不可混合的，它与物质截然不同。心灵无处不在，赋予万物生命，但它本身又不包含物质。它在"万物中最为完美，最为纯粹，它知晓一切，拥有最伟大的力量"。

阿那克萨戈拉认为在心灵作用于物质之前，宇宙是无限的、无差异的庞然大物。我们所了解的世界是经过心灵的作用之后，这个庞然大物发生旋转运动的结果。在这个过程中，太阳、星星、月亮和空气被逐渐地分离，接下来其他经验对象的微粒逐渐进行组合。

阿那克萨戈拉认为，心灵不会创造物质，只会对物质起作用。同样请注意，阿那克萨戈拉的心灵并不是出于某种目的或者由于某个目标对物质产生作用。阿那克萨戈拉的心灵和犹太－基督教的上帝有相当大的区别，尽管在某些方面两者有些相似。阿那克萨戈拉虽然是第一个在宇宙中为心灵找到位置的人，但是亚里士多德和柏拉图都对他提出批评，因为他仅仅把心灵看成现存秩序的机械原因。

最后要说的是，阿那克萨戈拉所说的粒子并不是像现代的原子一样的物理粒子。阿那克萨戈拉认为，如果每一个粒子是由更小的粒子组成，那么就没有最小的粒子，除非是把它当做抽象概念，无穷小或者无限过程的理想化"界限"。关于世界是由真实的物理原子组成的这一思想，我们必须谈到到前苏格拉底哲学的最后一批哲学家——原子论者。

原子论者

留基伯（Leucippus）和德谟克利特（Democritus，公元前 460—前 370）都是原子论者。关于留基伯的情况所知不多，据说公元前 5 世纪中期他住在米利都，原子论（Atomism）的基本思想要归功于他。今天德谟克利特名声更大一些，原子论的详尽阐释是他努力的结果。他同样也是一位杰出的数学家。

原子论者认为所有的事物都由物理的原子组成——微小、不可感、不灭、不可分、永恒的和不可创造的粒子材料一致，但大小、形状和重量不尽相同（在重量这点上还存有争议）。他们相信，原子的数量是无限的，并且永远处于运动的状态。它们以不同方式相互结合，构成了经验的对象。它们不断运动，不同的组合也随之不断变化。当然，在我们的经验中它们的组合、分散、重组感觉起来就是普通物体的产生、衰败、腐蚀和燃烧等各种现象。

原子论者认为普通物体的某些性质，比如颜色、味道，并不真正"在"对象中，还有一些性质，比如重量、硬度却存在于对象之中。直到今天，我们仍然可以在自己的常识中发现这种区分方式的影子。我们将在第六章讨论这个充满哲学困惑的问题。

不管怎么说，原子论者不同于阿那克萨戈拉，他们相信存在着一个最小的物理单位，它再不可能被进一步地分割。他们同样也不像阿那克萨戈拉那样认为原子的原始运动是心灵活动的结果；他们甚至不认为有必要首先解释一下运动的起源。就我们所知道的来讲，他们说原子实际上永远无处不在，只要它们散布在我们周围，就一直在运动。原子论者对世界的描述是相当现代的。直到20世纪我们理解了物质和能量的转换活动之前，不夸张地说，我们通常的科学宇宙观实际上不过是原子论的翻版。不过原子论者的理论碰到一个问题，值得我们简要回顾一下。

希腊哲学家通常认为任何形式的运动必须存在于一个虚空的空间，在这个空间内，运动的事物才可以改变自己的位置。但是巴门尼德强有力地论证了虚空不可能存在。虚空的空间将会是无——那就是非存在——因此它并不存在。

原子论者规避这个问题的方式实质上就是视而不见（尽管这点也是有争议的）。他们认为

物质的原子理论起源于古希腊哲学。

物体的运动对于感官来说是显而易见、无可否认的。因为物体在运动，虚空必然真实存在——不然运动如何可能？

我们有必要提一下原子论哲学的一个最终结论。人们有时因为原子论者认为原子的偶然碰撞使得它们结合在一起形成某种物体而指责他们。尽管原子论者相信原子并非为了达成某种目的而发生运动，他们也同样认为原子严格遵循物理规律而运动。他们说，如果我们掌握了有关原子形状、大小、位置、方向和速度的充分信息，任何人都可以预见原子运动的情况。从这个意义上来说，原子论者没有给偶然留下丝毫余地；根据他们的理论，完全随机的事件，仅仅从"发生"这一角度而言是不会出现的。

将来的状态和事件完全由先前的状态和事件来决定的观点被称为决定论（determinism）。在第十七章我们将讨论自由意志问题。决定论与自由意志的信念是相对立的。

让我们来总结一下本章内容，尽管前苏格拉底的哲学家提出种种不同的理论，他们的思考贯穿一个重要且普遍的线索，那就是：他们都认为，我们经验到的世界仅仅是一种更为原初、基础的实在的表象。

人们这一思想的诞生标志着人类历史的转折点，它也许比车轮的发明更为重要。如果它不曾出现，我们可能根本无法用科学的方法来理解任何自然世界的现象。

理解超越表象的实在的渴望并未使前苏格拉底哲学殊途同归。它带领着米利都派哲学家们思考万物的始基，而毕达哥拉斯学派试图确定万物所依赖的基本原则。赫拉克里特想弄清实在的根本特性，巴门尼德沉思存在的真实本质，恩培多克勒则尝试去理解因果关系的基本原理。最后，它带领着阿那克萨戈拉去思索运动的最初来源，带领着原子论者考虑自然世界如何构建。宽泛地说，这些探索的不同方式最终划定了科学探索的范围。科学和形而上学在大约两千年后才彼此走上不同的道路。

■ 关键词

先验原则 / 理性原则	原子论	决定论	认识论
自由意志和决定论	逻各斯	形而上学	神话
努斯	前苏格拉底哲学家	同一性问题	人格同一性问题

■ 供讨论和复习的问题

1. 说明形而上学一词的来源。

2. 为存在的本质提供几个可能的答案。

3. 将三位米利都哲学家的形而上学做个比较和对照。你觉得更能接受哪位的形而上学，为什么？

4. 毕达哥拉斯学派的理论认为一切事物都与数字和谐一致。请解释这个理论。

5. 将赫拉克利特和巴门尼德的形而上学做一比较和对照。

6. 巴门尼德证明了存在是一，是不可分的和永恒的，请解释并批判地评价这个证明。

7. 将恩培多克勒、阿那克萨戈拉和原子论者的形而上学做一比较和对照。你更能接受哪一种观点，为什么？

8. "原子的行为完全受物理规律的支配"和"人类拥有自由意志"这两种陈述矛盾吗？请加以说明。

9. 不能无中生有这种说法对吗？你是如何知道的？

10. "能被思想和能存在是同一的。"巴门尼德的这个信念正确吗？

第三章
苏格拉底、柏拉图

由于灵魂是不朽的，而且它已经出生过很多次，因此它见识过此世及彼世的所有事物并习得了一切。

——柏拉图《美诺篇》

爱在可朽和不朽之间……（它是）将可感世界和永恒世界联结在一起、融合成一个伟大整体的巨大精神。

——狄奥提玛（柏拉图《会饮篇》，202e）

我（苏格拉底）断言善就是美。

——柏拉图《吕西斯篇》，216d

如果你只对某个哲学家有所耳闻，那么他很可能是这三大人物中的一位：苏格拉底、柏拉图和亚里士多德。这三人是古希腊时期最重要的哲学家；从某种意义上说，他们身处最重要的时代。柏拉图师从苏格拉底，而亚里士多德则是柏拉图的学生。本章将首先介绍苏格拉底和柏拉图的情况，我们将在下一章讨论有关亚里士多德的内容。

苏格拉底

公元前 5 世纪，雅典既是一座城邦，又是一个民主国家，它是当时西方文明的中心。从这个时期向前推三百年，奥林匹克运动会首次召开，与此同时人们开始用字母书写；大约一百年后，亚历山大大帝向世人证明了征服整个世界——至少是当时人们眼中的全世界——并不是天方夜谭。雅典的五万公民统治着这座城市，同时统治着整个雅典帝国。雅典人不靠拳脚来解决争议，而是用讨论、辩论取而代之。依靠财富、武力和技艺并不能获得权力，言辞决定了权力。那些辩术超群的男男女女、那些修辞学家们，他们几乎能为任何命题提供合理的解释，他们也有偿教授他人辩论的技巧。

这些修辞学家，西方世界的第一批教授们就是智者（sophist）。他们只对实际事物感兴趣，形而上学的沉思几乎无人问津。他们通过"证明"那些看似无法成立的命题——也就是驳倒人们普遍的常识来卖弄自己的修辞学才能。由此带来的最终结果是雅典社会中的人们对固有的行为标准重新进行了思考和批判，道德哲学以这种方式起步了。我们将在第十章继续讨论这个问题。

公元前 5 世纪的同一时期，生活着一位体格健壮、思维敏锐的石匠，他就是苏格拉底（Socrates，公元前 470—前 399）。虽然苏格拉底未著一字，但是我们却通过柏拉图著名的"对话录"对他知之甚详，苏格拉底几乎始终都担任着书中的主角。（柏拉图后期的对话录虽然仍然借苏格拉底之口，却反映了自己的观点。我们可以根据柏拉图早期的对话提炼出一幅较为合理的苏格拉底肖像。）

假如我们考虑到那个时代的精神状况，那么我们发现苏格拉底的所思所行与智者存在着一些相似之处也就不足为奇了。我们可以想象苏格拉底在城中四处闲逛，找人讨论、辩论。他是一个出色的辩论者，被众多雅典的年轻人奉为偶像。

苏格拉底并不是单纯地参与到诡辩中——他并不是为了辩论而对辩论产生兴趣——他希望

发现一些重要的东西，即知识、正义、美、善，尤其是诸如勇气这样的美好品德的本质。他的研究方法烙上了他的名字，这就是"苏格拉底的方法"。到今天为止，苏格拉底已离开我们逾二十个世纪，许多哲学家仍然把熟练运用苏格拉底的方法（或辩证的方法）看做哲学领域的基本专业能力。

苏格拉底的方法如下：假如你和苏格拉底想知道什么是知识。你尝试着提出，知识就是坚定的信念。苏格拉底于是问这是否意味着有坚定信念的人，比如说坚定地相信仙女的人一定知道仙女是存在的。看到了自己的不足之后，你会重新加以思考，进一步修改自己的观点：知识不是坚定的信念，而是正确的信念。

那么苏格拉底又问："要是你说的知识，也就是正确的信念，它的基础只是侥幸的猜测呢？举个例子，假如我，苏格拉底让你猜我的车子是什么牌子的，你猜是沃尔沃。即使你的猜测正确，你认为那是知识吗？"

通过这样的回答，苏格拉底让你明白了知识同样不能等同于正确的信念。你必须试着做出更完善的分析。你最终会为知识下一个定义，苏格拉底对它无从反驳。

因此苏格拉底的／辩证的方法就是为事物寻找一个最恰当的定义，这个定义能经得起苏格拉

关押苏格拉底的监狱遗址。

底的质疑。这种方法并不意味着提问的人必然知道知识的本质，它只是向人们展示了提问的人十分善于通过提出恰当的问题来发现、揭示错误的想法。在许多情况下，这样的过程并不能真正揭示事物的本质，柏拉图的对话录只是一个象征，苏格拉底本人并没有许多现成的、终极的、令人满意的定义。然而，反复实践此方法的人们仍然会向着最终的知识不断迈进。

据说德尔斐神谕处（Delphi Oracle）曾宣布苏格拉底是最聪明的人①。苏格拉底认为德尔斐的神谕只是指出了这样一个事实：他与大多数人不同，他意识到了自己的无知。当一个人运用苏格拉底的方法之后，他就会善于发现错误的想法，也学会认识自己的无知。

苏格拉底并不是一个四处拉人辩论、以看别人出丑为乐的讨厌鬼。他不仅因为高超的辩论技巧而闻名于世，他在战斗中显示出的勇气和耐力也十分令人敬佩。他坚定不移地反对一切非正义的行为，有时甚至还冒着极大的风险。柏拉图对话录中的《申辩篇》、《克里托篇》以及《斐多篇》非常引人入胜，这些篇目描述了苏格拉底的审判、定罪，随后引鸩而亡的过程（他的罪名是"败坏青年，不敬城中的诸神"）。在这些对话中，苏格拉底鲜明的性格、无与伦比的勇气给人留下了十分深刻的印象。尽管他从狱中逃脱很容易，然而他却没有这样做，因为根据柏拉图的记述，苏格拉底认为既然选择在雅典居住，他也就默认了必须服从城邦的法律。

理查德·罗宾逊（Richard Robinson）概括了苏格拉底最伟大的品质，正如我们通过柏拉图的记述所看到的，正如苏格拉底通过理性向我们提出的明确要求所展现的那样：

> （苏格拉底）在文献中给我们留下来的印象比其他人都更为深刻，他十分强调尽全力思考的重要性，力图使我们的行为与思想协调一致。为了实现这一目标，他向人们反复灌输知识来自本心，发表自己的见解、探索它们之间的秩序和联系可能带来的快乐，以及无论得到何种结论都坚持论证自己的观点、公开承认自己的想法并听取他人意见将会产生何等的愉悦；与此同时要乐于反复思考，通过与自己目前的信仰保持一致而坚定自己的行动。柏拉图的《申辩篇》实际上将苏格拉底塑造成了一名理性的伟大殉道者，正如福音书将耶稣描述成了一位信仰的伟大殉道者。

柏拉图

当我们回想那些西方历史上的伟大人物的时候，我们会发现那些天才们的洞见使人类的思想往前推进了一大步。我们一定会立即想到苏格拉底最有名的学生柏拉图（Plato，约公元前

---

① 神谕处就是一个神龛，人们向神提问，祭司在此将神对人的回答传递出来。德尔斐神谕处在历史上最负盛名，它位于古希腊和希腊化时期的阿波罗神庙中。

428—前347）和柏拉图的学生亚里士多德（Aristotle，公元前384—前322）。他们两人的兴趣都包罗万象，每个人都对哲学问题发表过极其精妙的看法。柏拉图的形而上学为长达十五个世纪的基督教神学提供了原型。一直到公元13世纪，亚里士多德的著作重新被欧洲的哲学家和神学家发现，这才取代了这一原型。尽管基督教在许许多多方面仍然沿袭了柏拉图哲学的传统，但是亚里士多德的形而上学重见天日之后，在基督教思想中逐渐地占了上风。

柏拉图的形而上学：理念论

柏拉图的形而上学被称为理念论（Theory of Forms），柏拉图的对话录（Plato's dialogues）共有二十四卷，其中有多篇谈及这一理论。柏拉图最著名的对话是中期的《理想国》，这一时

人物简介 | **阿里斯托克勒，又名"柏拉图"**

柏拉图的肖像。

"柏拉图"原先是一个雅典人的绰号，他的真名叫阿里斯托克勒（Aristocles）。"柏拉图"意为"宽阔的肩膀"，这个绰号就这样和这个人紧密地联系在一起，它也恰好如实描述了他的哲学。柏拉图对西方思想的影响力几乎无人匹敌。

柏拉图起初跟随赫拉克利特的信徒克拉底鲁（Cratylus）学习，随后师从苏格拉底。柏拉图也深受毕达哥拉斯的影响，并由此培养起了自己对数学的崇敬之情。他认为数学知识是哲学必要的入门内容，据称他曾经把理解数学概念有困难的学生逐出学园。

公元前387年，柏拉图建立了学园（Academy），它是西方文明史上第一所多学科、多教师的高等教育机构。学园历经九个世纪，直到查士丁尼皇帝（Emperor Justinian）以保护基督教信仰为名将它关闭。

柏拉图的对话被分为三类。根据最近的权威研究，早期著作包括最重要的《申辩篇》，它描述并在哲学上分析了苏格拉底的审判和行刑；《美诺篇》讨论了美德是否具有教授的可能性；《高尔吉亚篇》关注善与恶的本质；《理想国》的第一部分。中期的对话包括《理想国》的其余部分，以及《斐多篇》《会饮篇》《斐德罗篇》《克拉底鲁篇》《巴门尼德篇》和《泰阿泰德篇》。《理想国》是最为著名的，柏拉图在其中阐述了正义、理想国家和理念论，并将它们相互联系在一起。柏拉图后期的对话包括值得关注的《蒂迈欧篇》，它阐述了宇宙的创造过程；研究非存在的《智者篇》；讨论优秀的制度应该包含何种法律的《法篇》。《法篇》在柏拉图的对话中篇幅最长，而仅在此篇对话中苏格拉底没有出场。

期是他天才的顶点。《理想国》中柏拉图对理念论的阐述最广为人知。

柏拉图的理念论说的是，我们感觉经验的对象并不是真正真实的，真正真实的应该是我们通过理性方能达到的理念（forms）。因此你一旦理解了什么是柏拉图的理念，你就会理解他的理念论和形而上学的精髓内容。遗憾的是，柏拉图终其一生谈论的理念，在他思想中并不总是完全一致。不过柏拉图提出的概念还是相当清晰的，我们可以举一两个例子加以说明。

古希腊人是杰出的几何学家，这不算出人意料，因为作为系统学科的几何学就是他们发明的。当一名古希腊几何学家在说明某些性质的时候，比如说，圆，他不是在说明某种可以在物理世界中找到的性质。毕竟在物理世界中，你是找不到圆的：你找到的是物体——各种各样圆的物体——接近完美的圆，但却不是完美的圆。即使你使用了精巧的圆规，画的时候屏息凝神，你的"圆"也不是完美的圆。因此，当一个几何学家发现了圆的一个性质，他是发现了理念上的物体的一个性质。圆并不存在于物理世界。圆是理念的一个具体范例。

再举一个例子。请思考两件美丽的物体：一座美丽的雕像和一座美丽的房子。两者相差很大，却又存在共同的东西——它们都称得上是美的。美是理念的另一个范例。请注意美和圆一样，你在物理世界中是无法直接遇到的。你在物理世界中遇到的总是这样或那样的物体，一座房子、一座雕像或其他任何东西，它们可能是美的或是不美的。美本身并不是你遇到的某样东西，而是你遇到了物体，它们拥有了不同程度的美，或者按照柏拉图的说法，"分有"了美的理念。美和圆一样只是理念的，而非具体的事物。

你很可能会猜想理念只是人们脑中的观念或概念。这可错了。在人类存在之前，就存在圆的事物、圆的木头、圆的石头等，也就是说，不同事物在不同程度上接近完美的圆。如果不存在人类，或不存在具有人类的概念的大脑，圆的事物仍然存在的话，那么圆似乎并不是人类头脑中的一个概念。不过要假设在人类把事物看成美的之前就存在美的事物看来更加困难，这可能是因为人们想当然地认为"美存在于观察美的眼睛中"。这个前提是否成立实际上是一个悬而未决的问题（这个问题属于哲学的分支美学）。

柏拉图的理念有时也被称为观念（ideas），理念论也被称为观念论。但是观念一词会让人产生误解，正如你看到的那样，柏拉图的理念不是存在于人身上的那种观念。我们还是坚持采用理念一词。

理念具有某些重要且与众不同的特征。我们将以提问开始：圆有多老了？你一听到这个问题就会意识到圆是没有岁数的。圆的事物，沙海胆、桥基等都是有年代的。但是圆本身却没有，理念的美同样如此。因此我们可以知道理念是没有年代的，也就是说，它是永恒的。

它们也是不变的。一座漂亮的房子可能会因为改变和时间的流逝发生变化，但是对于美本身来说，却不会发生这样的情况。你已经了解了圆周等于半径的 2π 倍，你无须担心有一天圆会发生变化——要是发生的话，圆周也就不再等于 $2\pi r$ 了。

最后理念是不动且不可分的。的确，如果假设它们可以运动，可以物理分割，这又有什么

洞穴寓言

在《理想国》中，柏拉图用一个寓言生动地解释了他的二元世界理论。他让我们想象一群囚犯被关押在一个山洞内，他们只能看面前的墙。囚犯身后是一堆火，火光将各种物体的影子投射在囚犯面前的墙上。由于囚犯自己看不到物体，他们就把影子当做真正的实在。一个囚犯终于从洞穴中逃了出来，他在阳光中第一次看到了真正的物体，他意识到它们和曾被当做实在的影像之间存在着多么大的鸿沟。

洞穴显然代表了我们凭感觉看到、经验到的世界，而充满阳光的世界则代表了理念的世界。囚犯代表了把可感世界当做真实世界的普通人，他们注定陷于黑暗、错误、无知和幻觉之中。逃离的囚犯代表了哲学家，他看到了光、真理、美、知识和真正的实在。

当然，要是哲学家返回洞穴告诉囚犯事物的本来面目，他们肯定会当他脑袋发昏。那些了解真理、决心向他人传播的人们时常会遭遇这样的困境。

意义呢？

当在你思考理念的各种特征时，请同时记住柏拉图把理念等同于真正的实在，你也许开始明白为什么我们说柏拉图的形而上学为基督教神学提供了原型。我们希望，你也会记起巴门尼德发表的关于真正的存在的观点（真正的存在是永恒的、不动的、不变的和不可分的）。当然你该牢记，对于巴门尼德来说只有一个存在，而对柏拉图来说，理念却有很多。

柏拉图为什么说只有理念是真正的实在？某物是美的源于它在某种程度上分有了理念美，正如某物只有分有了理念圆才是圆的。同样道理，某物只有分有了理念大才是大的，这条原则可以运用于事物的各种性质。因此，一个大的、美的、圆的事物——比如说一张美的、大的、圆的橡木桌子——要是理念美、大和圆不存在的话，它也不可能拥有这些性质。要是理念橡木、桌子不存在的话，橡木桌子根本不会存在。可感物体——也就是我们感觉经验碰到的事物——只有充分分有其相应的理念才能成其所是。可感事物的实在归于理念，因此终极的实在属于理念。

许多人抱怨哲学家、数学家和其他思想家总是关心抽象的事物和概念。"那都很有趣"，他们谈起一些哲学和数学理论，"但是我对真实的世界更感兴趣"。他们所说的"真实的世界"指的是凭感觉经验到的世界。从表面上看来，柏拉图至少让我们相信：这个世界根本不是真实的世界。

柏拉图意识到我们看到、摸到的物体同样也是真实的，甚至连表象也是真实的表象。但柏拉图的观点是我们看到、摸到的是一个低级的实在，由于它们只能接近相应的理念，所以某种程度的缺陷在所难免。任何具体的美的事物与理念美相比，总会存在不足。正因为美的事物分有了不同程度的理念美，理念美也就成了这种事物有限实在的来源。

因此可以说，柏拉图将二元世界（two-realms）的概念带入了西方思想。一方面，存在着一个由具体的、变动的、可感知的或"可感觉的"事物组成的世界。柏拉图把这个世界比作"洞穴"（见"洞穴隐喻"一栏）。这是一个由有缺陷的、低级的实体构成的世界。因此这也就成了那些关注可感事物的人们产生错误、幻觉和无知的来源。另一方面，存在着一个理念的世界——它是永恒的、固定的、完美的——是一切实在和正确知识的来源。柏拉图二元论（Platonic dualism）为基督教所吸收，历经岁月变迁仍然保存在我们现在的思想中，时时闪现，它几乎左右着我们对一切问题的看法。

柏拉图认为某些理念，尤其是理念的真理、美和善处于理念的较高等级。举例来说，你可以说理念的圆是美的，但是你不能说理念的美是圆的。因此理念的美高于理念的圆。当我们思考本书的第二部分中谈到的柏拉图的伦理学时，这点显得尤为重要。我们会在下面看到，柏拉图的理念论是和理想国家的理论联系在一起的。

柏拉图的知识论

柏拉图是哲学史上提出综合性知识论的第一人。当然许多柏拉图之前的人已经间接地提到过知识论，其中一些人曾经还对认识论的某些问题发表过明确的看法。有一些人对知识抱着相当怀疑的态度。怀疑论者（skeptic）就是抱怀疑态度的人，他们怀疑知识是否可能。色诺芬尼（Xenophanes，约公元前570—前480）曾经宣称即使有人说出了真理，也不能断定那就是真理。我们前面曾提到过的赫拉克利特和色诺芬尼生活在同一时代。他认为正如你不能两次踏入同一条河流一样，万物都处于流变之中；这一理论表明除了已经被表达的理论本身，我们不可能发现任何固定不变的真理（然而，赫拉克利特本人显然没有从他的形而上学理论中推出什么怀疑论的结论）。克拉底鲁（Cratylus，公元前470—前399）是和苏格拉底同时代的年轻人，他进一步发展了万物皆流的理论。他论证道，你一次也不能踏入同一条河流，因为你和河流都在不断变化。克拉底鲁似乎觉得那还不够彻底，他说我们的语言一出口，它们本身的意义就发生了变化，因此真正的交流是无法实现的。人们可以想到知识同样也是不可能的。据说克拉底鲁尽量避免与人交谈，别人和他说话，他就摇摇手指，可能他认为他对别人的话的理解必然不同于说话人想要表达的意思。

智者也曾谈论过怀疑的问题。如果你是一名雅典公民并想获得一定影响力的话，那么你就需要接受智者的训练，他们能为一切观点设计出证明的方法。无论你持怎样的观点，智者都能言之成理，因此他们似乎表明了一个观点和另一个观点一样合理，这个理论支持了怀疑论。

高尔吉亚（Gorgias，约公元前485—前380）是一位颇为著名的智者，他曾说："没有什么实在，即使有，我们也不能知道，我们即使知道，我们的知识也不能互相交流。"他的陈述类似于刚才提到的色诺芬尼的观点。

今天的大学都源自柏拉图的学园。

在众多智者哲学家中，普罗泰戈拉（Protagoras，约公元前485—前410）最负盛名，他曾说过："人是万物的尺度。"我们可以这样加以理解——柏拉图这样理解——没有绝对的知识：一个人对世界的看法与另外一个人的看法一样合理。柏拉图强烈反对这个理论。在《泰阿泰德篇》中，柏拉图指出要是普罗泰戈拉的观点正确，也就是一个人的观点要是确实和另外一个人的观点一样合理，那么反对普罗泰戈拉的观点就很合理。直到今天，刚上哲学课的学生还会赞同普罗泰戈拉的理论（他们并不知道这是他的观点），而且迄今为止哲学老师还会使用柏拉图的证明来反驳它。

在《泰阿泰德篇》中，柏拉图试图指出另一个让很多人误解的想法：知识等于感官知觉。柏拉图给出了很多理由。

知识不同于感官知觉，首先是因为知识涉及的范围显然要比感官知觉更加广泛。比如说，感官知觉本身告诉我们一根直的棍子在水中是弯的——思想却告诉我们棍子实际上是直的。此外，就算知道棍子存在或者具有一定长度都牵涉到思想。视觉赋予你颜色的区域，听觉赋予你声音，但是存在是一个同时牵涉到多种感觉并且依靠思想支持的概念。对长度的判断需要和直尺、卷尺做比较，比较也是思维活动。

在柏拉图的洞穴隐喻中，有一群囚犯被关押在一个洞穴中，他们背后有一堆火，火前的物体来回移动，他们只能看到墙上反射的影子。由于影子是他们所见的一切，这群囚犯就把影子当成了实在。

另一个知识不是感官知觉的原因是即使你不再感觉事物之后，你也能保留知识。最后且最为重要的是，柏拉图认为真正的知识是关于存在的知识。由于感官知觉的对象总在不停变化（还记得赫拉克利特吗），感官知觉和知识不可能是同一的。

柏拉图确信真正的知识一定和真正实在的事物有关。这当然就意味着，真正的知识的对象是理念，因为感官知觉的对象之所以是真实的源自于它在某种程度上"分有"了理念。

这实际上就是柏拉图的知识论，他在《理想国》中做了详细的阐述——特别是在线喻理论和洞穴寓言这两个部分。

柏拉图用线喻理论将知识和纯粹的想法、意见做一对比。柏拉图将线一分为二来说明自己的理论。线的上半部分代表了知识，下半部分代表了想法（意见）。知识只关心绝对的东西——绝对的美、绝对的善，等等——简言之，关心理念。这对柏拉图来说是完全合理的。如果你对美、善或者圆等事物的"知识"只局限于某辆漂亮的汽车、某种好的行为或某个圆盘，那么你还没有真正掌握绝对的美、善和圆的知识。你至多只是发表了一堆意见，它们即使算不上错误百出，也接近于无知，而不是真正的知识。

在柏拉图的分割线中，上半部分代表着知识，下半部分代表了意见。柏拉图将知识部分的线进一步分成两部分，意见部分也同样如此（如何理解这些分割的意义仍然存在争议）。你需要记住的是，柏拉图认为只能通过运用理性才能获得最高的知识，因为我们无法感知完美的圆、绝对的善或理想的三角形。

柏拉图论爱与生成

我们刚才提到，知识之所以真实最终是由于它是关于存在的知识。柏拉图认为知道这还不足以了解真理；一个人还应该努力身体力行地表现真理。柏拉图的认识论或者说真理论自此转化成了形而上学或存在理论。对于柏拉图来说，知识就是存在。你的知识越多，你自身也就越丰富，越完善。

正如我们看到的那样，柏拉图一开始就用洞穴寓言向我们展示了人类为何并且如何生活在真理的黑暗世界中。无知几乎无所不在——即使苏格拉底也承认自己一无所知。理念最终让人走入了真理之光。每个人在他/她不朽的灵魂中都有一系列可以被回忆（anamnesis）起来的理念，唯有理念才能形成真正的知识。回忆起理念就是了解作为绝对真理的知识，同时成为正直和智慧的人。凭借理念，所有怀疑论的疑虑都会烟消云散，个人在这个过程中更加完善。这种思考方式是如此充满力量，令人信服，以至于20世纪的哲学家马丁·海德格尔（Martin Heidegger）说柏拉图之后的一切西方哲学不过是柏拉图主义的变种。

柏拉图相信存在着两个截然不同的领域：影子的、不完美的、变化的存在组成的世界和完美的、永恒的、不变的理念组成的世界。问题是我们如何逃离洞穴进入理念的完美世界？在他的对话《会饮篇》中，柏拉图提出爱这一概念是人类从不完美的、无知的状态走到完美的、真正的知识世界的途径。他将爱定义为一种渴望，以及获得渴望对象的努力。爱试图去拥有美，并且重新创造美。人类喜欢去爱：人类在寻求爱的过程中真正感到了生命，不管爱的对象是一个人、想法、健康或者金钱。

在柏拉图看来，爱就是将所有事物连接在一起、变得美好的力量。这是一切存在，特别是人类向自我实现的更高阶段和完美提升的途径。柏拉图的爱在一开始是一种缺乏的经验。爱激发了追寻匮乏之物的思想和努力。思想越深刻，爱也就越伟大。

柏拉图一开始复述了雅典人的一种观念：人类之间最深厚的关系存在于两个男人之间，通常一人略为年长，一人略为年轻。女人不仅被视为弱势的性别，还常常被说成肤浅、容易激动、迷信。婚姻的目的就是养育子女，性爱是一种低层次的爱。柏拉图的爱并不排斥物理的美，但是"柏拉图之爱"开始于一个更高的发展阶段，也就是和一个美好的人分享美好的思想。柏拉图认为人年轻的时候应该经历这样的爱。只有思想和精神的爱才能让爱升华，最终永恒地拥有绝对的美和善。

对人类的爱，即使是对苏格拉底这样一个高尚的人，也是有限的思想之爱。它只是追求绝对的美的哲学之爱的第一步。要到达爱的更高阶段就要进入所谓的神秘（mysteries）。柏拉图借一个名叫狄奥提玛（Diotima）的妇女之口让苏格拉底重述了有关爱的理论。苏格拉底暗示几乎没人能跟得上推理的线索，他自己理解起来都有些困难，狄奥提玛的理论是这样的：最高的爱表达了追求不朽，生育不朽的"孩子"的意志，并不仅仅是肉体的孩子。一切的爱追求对美的占有并且生产美，创造不朽的孩子（就如荷马的创作）能够让创造者不朽。超越爱一个漂亮的人、产生美好的思想的第一步在于意识到一切事物的美是同一的，所有的爱也是同一的。接下来就是承认思想或精神上的美超越了物质的美。那么爱一定从占有具体个人扩展到对道德和法律的欣赏。个人是更大的社会群体中的一部分，每个人都有一定的义务。爱以欣赏、适当地参与诸如雅典这样的城邦组织的形式表现出来。无论一个人在爱的道德、社会领域参与多么广泛，这仍然不能代表最高级、最无所不包的爱。一个人只有首先看见整体的关于美的知识，至少是不同理念的知识，他才可能开始瞥见无所不包、联结一切的爱。这样做的结果是对整个世界的美或者万物中一体的美的欣赏和爱。一旦人们看到如此广阔的美便会心生幸福之感，产生美好的思想，说出美好的语言。最后这样的人将会完成到达美和真理的最后一跃，超越了一切可朽的事物。

最终和最高的爱存在于对终极神秘的发现中，也就是绝对的美。存在的美不再有任何变化。它没有出生，也没有死亡，既不会增长，也不会衰颓。它不是一部分好，一部分坏，它的完美、同一直到永远。所有不完美的事物只是分有了这个美，因此达到了少量的满足和自我实现。柏拉图指出一旦有人看到了绝对的美，这个幸运的人就不再为物质的美和其他可朽的无用之物所迷惑。他认为，对于人类来说，这就是最终的不朽。

因此，爱对于柏拉图来说是认识、了解真理的终极途径。对于可朽者来说，爱就是追求更高阶段的存在：物质的爱产生可朽的孩子；思想或精神的爱产生不朽的孩子。爱越伟大，就包含越多理性的成分。终生对更高阶段的爱的渴望与追求最终会让人拥有绝对的美。正是这种追求激发了最优秀的人类，产生了整个文明。追求最高的爱就是成为最好的人。

🔹 原著选读 3.1 《申辩篇》[①]　　　　　　　　　　　　　　　　　　柏拉图

公元前 399 年，苏格拉底以不敬神和败坏青年被雅典法庭判处死刑。这篇选读出自柏拉图对话录的《申辩篇》，苏格拉底在其中为自己做了辩护。

好吧，先生们，我必须开始申辩了。我必

---

①选自《柏拉图全集》，王晓朝译，北京，人民出版社，2002。

须试着在我可以说话的短暂时间里，消除多年来在你们心中留下的虚假印象。但愿最后我能够达到这样的结果。先生们，因为这样的结果对你们、对我都有益；但愿我的申辩是成功的，但我想这很难，我相当明白我的任务的性质。不过，还是让神的意愿来决定吧，依据法律我现在必须为自己辩护。

那么，让我们开始，请你们考虑使我变得如此不得人心，并促使美勒托起诉我的指控到底是什么。还有，我的批评者在攻击我的人品时说了什么？我必须把他们的誓词读讲一遍，也就是说，他们就好比是我法律上的原告：苏格拉底犯有爱管闲事之罪，他对地上天上的事物进行考察，还能使较弱的论证击败较强的论证，并唆使其他人学他的样。他们的讼词大体上就是这样。你们在阿里斯托芬的戏剧中已经看到，戏中的苏格拉底盘旋着前进，声称自己在空中行走，并且说出一大堆胡言乱语，而我对此一无所知。如果有人真的精通这样的知识，那么我并不轻视它，我不想再受到美勒托对我提出的法律起诉，但是先生们，事实上我对这种知识毫无兴趣。更有甚者，我请你们中的大多数人为我作证，听过我谈话的人很多，我呼吁所有曾经听到过我谈话的人在这一点上都可以向你们的邻居查询。你们之间可以说说看，是否有人曾经听过我谈论这样的问题，无论是长是短，然后你们就会明白事情真相，而其他关于我的传闻也是不可信的。

事实上，这些指控全是空话；如果你们听到有人说我想要收费授业，那么这同样也不是真话。不过，我倒希望这是真的，因为我想，

如果有人适宜教人，就像林地尼的高尔吉亚、开奥斯的普罗迪科、埃利斯的希庇亚一样，那倒是件好事。他们个个都能去任何城市，劝说那里的青年离开自己的同胞公民去依附他们，这些青年与同胞交际无须付任何费用，而向他们求学不仅要交学费，而且还要感恩不尽。

还有另一位来自帕罗斯的行家，我知道他在这里访问。我偶然碰到一个人，他在智者身上花的钱超过其他所有人的总和，我指的是希波尼库之子卡里亚。卡里亚有两个儿子，我对他说："卡里亚，你瞧，如果你的两个儿子是小马驹或小牛犊，我们不难找到一个驯畜人，雇他来完善他们的天性，这位驯畜人不外乎是一位马夫或牧人。但由于他们是人，你打算请谁来做他们的老师？谁是完善人性和改善他们的社会地位的专家？我想你有儿子，所以你一定考虑过这个问题。有这样的人，还是没有？"

他说："当然有。"

我说："他是谁？从哪里来？他要收多少钱？"

他说："苏格拉底，他是帕罗斯来的厄文努斯，收费五个明那①。"

如果厄文努斯真是一位这种技艺的大师，传授这种技艺而收费又如此合理，那真是可喜可贺。如果我也有这种本事，那我肯定会为此感到自豪并夸耀自己。但是事实上，先生们，我不懂这种技艺。

也许你们有人会打断我的话，说："苏格拉底，你在干嘛？你怎么会被说成这个样子？无风不起浪。如果你老老实实，规规矩矩，那么这些关于你的谣言决不会产生，你的行为肯

---

① 明那（minas），希腊货币名，约合银 436 克。——译者注

让哲学赏心悦目：弹出柏拉图

定有逾越常规之处。如果你不想要我们自己去猜测，那么给我们一个解释。"

这在我看来是一个合理的要求，我会试着向你们解释是什么原因使我蒙上如此恶名。所以请你们注意听。你们中有些人也许会想我不是认真的，但我向你们保证，我要把全部事实真相告诉你们。

先生们，我得到这种名声无非就是因为有某种智慧。我指的是哪一种智慧？我想是人的智慧。在这种有限的意义上，我好像真是聪明的。我刚才提到的这些天才人物拥有的智慧不止是人的智慧。我不知道其他还有什么解释。我肯定没有这种智慧的知识，任何人说我有这种知识都是在撒谎，是故意诽谤。

现在，先生们，如果我好像是在口出狂言，请别打断我，因为我将要告诉你们的这些话并非我自己的看法。我将向你们提出一个无可怀疑的权威，这个权威就是德尔斐的神①，他将为我的智慧作证。你们当然认识凯勒丰。他自幼便是我的朋友，也是一位优秀的民主派，在最近的那次放逐中，他和你们的人一起被放

逐，也和他们一起回来。你们知道他的为人，一做起事来热情百倍。有一天，他竟然去了德尔斐，向那里的神提出这个问题。先生们，我在前面讲过，请别打断我的话。他问神，是否有人比我更聪明。女祭司回答说没有。凯勒丰已经死了，但他的兄弟在这法庭上，他可以为我的话作证。

请想一想我为什么要把这件事告诉你们。我想解释对我的名声进行攻击是怎样开始的。听到这个神谕，我对自己说，神说这话是什么意思？他为什么不明明白白地把他的意思讲出来呢？我非常明白我是没有智慧的，无论大小都没有。那么，神为什么要说我是世上最聪明的人呢？神不可能撒谎，否则便与其本性不合。

困惑了很长时间，我最后终于勉强决定用这样的方法去试探这个神谕的真意。我去拜访一位有着极高智慧声望的人，因为我感到这样一来我就可以成功地否认那个神谕，可以反驳我那神圣的权威了。你说我是最聪明的人，但这里就有一个比我更聪明。

于是我对这个人进行了彻底的考察，我不需要提到他的名字，但我可以说他是我们的一位政治家。我与他交谈时得到了这种印象，尽管在许多人眼中，特别是在他自己看来，他好像是聪明的，但事实上他并不聪明。于是我试着告诉他，他只是认为自己是聪明的，但并不是真的聪明，结果引起他的忿恨，在场的许多人也对我不满。然而，我在离开那里时想，好吧，我肯定比这个人更聪明。我们两人都无任何知识值得自吹自擂，但他却认为他知道某些他不知道的事情，而我对自己的无知相当清

①指阿波罗，希腊神话中的太阳神和智慧之神。德尔斐是希腊宗教圣地，建有著名的阿波罗神庙。——译者注

楚。在这一点上，我似乎比他稍微聪明一点，因为我不认为自己知道那些我不知道的事情。

后来我又去访问一个人，他在智慧方面的名气更大，结果我得到了同样的印象，也把那个人和其他许多人给惹恼了。

从那以后，我一个接一个地去访问。我明白这样做会使别人讨厌我，也感到苦恼和害怕，但我感到必须将我的宗教义务放在第一位。因为我正在试着寻找那个神谕的意义，我必须访问每一个拥有知识名望的人。先生们，凭着神犬[1]的名义起誓，我必须对你们坦白，这就是我诚实的印象。当我服从神的命令进行考察的时候，我看到那些有着极大声望的人几乎全都是有缺陷的，而那些被认为低劣的人在实际的理智方面倒比他们要好得多。

我希望你们把我的冒险当做一种朝圣，想要一劳永逸地弄清那个神谕的真相。在结束了对政治家的访问后，我去访问诗人、戏剧诗人、抒情诗人，还有其他各种诗人，相信在这种场合我自己会显得比他们更加无知。我曾经挑出某些我认为是他们最完美的作品，问他们写的到底是什么意思，心里希望他们会扩大我的知识。先生们，我很犹豫是否要把真相告诉你们，但我必须说出来。我毫不夸张地说，如今在场的任何人都能够比诗歌的真正作家更好地解释这些诗歌。所以我也马上就有了对诗人的看法。我确定使他们能够写诗的不是智慧，而是某种天才或灵感，就好像你在占卜家和先知身上看到的情况，他们发布各种精妙的启示，但却不知道它们到底是什么意思。在我看来，诗人显然处在大体相同的状况下，我也观察到，

他们是诗人这一事实使他们认为自己对其他所有行当都具有完善的理解，而对这些行当他们实际上是无知的。所以我就结束了对诗人的考察，心中的感觉与我在对政治家进行考察后得到的感觉是一样的。

最后我去找那些有本领的工匠。我很清楚自己根本没有任何技术，也确信可以发现他们充分地拥有深刻的知识。我没有失望。他们懂那些我不懂的事情，在这个范围内，他们比我更聪明。但是，先生们，这些职业家似乎也犯了我在诗人那里观察到的同样的错误。我指的是，依据他们的专业能力，他们声称对其他行当也都具有完善的理解，而无论这些事情有多么重要，我感到他们的这个错误掩盖了他们的确定的智慧。于是我就代那神谕问我自己，我是愿意像我原来那样，既没有他们的智慧也没有他们的愚蠢，还是两方面都像他们一样呢？我自己代那神谕回答说，我最好还是像我原来那个样子。

先生们，我的这些考察使自己四面树敌，引来极为恶毒和固执的诽谤，这些邪恶的谎言包括把我说成是一名智慧的教师。因为，当某人声称自己在某个既定的主题中是智慧的，而我成功地对他进行了驳斥的时候，旁观者就假定我本人知道关于这个主题的一切。但是，先生们，真正的智慧是神的财产，而我们人的智慧是很少的或是没有价值的，那个神谕无非是他用来告诉我们这个真理的一种方式。在我看来，神并不是真的在说苏格拉底，而只是在以我的名字为例，他就好像在对我们说，你们人中间最聪明的是像苏格拉底一样明白自己的

---

①此处原文为"狗"，指埃及的神犬。希腊人发誓的一种说法。——译者注

智慧实际上毫无价值的人。

时至今日，我仍然遵循神的旨意，到处察访我认为有智慧的人，无论他是本城公民还是外地人；每想到有人不聪明，我就试图通过指出他是不聪明的来帮助神的事业。这个事业使我无暇参与政治，也没有时间来管自己的私事。事实上，我对神的侍奉使我一贫如洗。

还有另外一个原因使我遭人厌恶。有许多悠闲安逸的富家子弟主动追随我，因为他们喜欢听到别人受盘问。他们经常以我为榜样，也去盘问别人。借此，他们发现有许多人自以为知道某些事情，而实际上知道极少或一无所知。结果他们的受害者被惹火了，但不是对他们发火，而是冲着我。他们抱怨说，有个传播瘟疫的大忙人叫苏格拉底，他把错误的观念灌输给青年。如果你们问这些人，苏格拉底干了些什么，苏格拉底教了些什么，以至于产生这样的结果，他们说不出来，也不知如何回答。但是由于他们不想承认自己的困惑，于是就随口说些现成的对哲学家的指责，说苏格拉底对地上天上的事物进行考察，不信诸神，还能使

较弱的论证击败较强的论证。我想，他们很不情愿承认这个事实，他们在有些地方假装有知识，而实际上一无所知。所以我想，出于对我的妒忌，再加上精力充沛，人数众多，为了维护他们自己的名声，于是他们就对我精心策划了这样一个貌似有理的指控，你们的双耳早已灌满他们对我的猛烈批判。

这些原因导致美勒托、阿尼图斯和吕孔对我的攻击。美勒托代表诗人，阿尼图斯代表职业家和政治家，吕孔代表演说家，为他们鸣冤叫屈。所以我一开始就说，如果我能在我可以说话的短暂时间内消除你们头脑中根深蒂固的错误印象，那简直是奇迹。

先生们，你们已经知道了事实真相，我把它告诉你们，事情无论巨细，都没有任何隐瞒。我非常清楚我的坦率言论是你们厌恶我的原因，但这样一来反而更加证明我说的是实话，我已经准确地揭示了那些诬蔑我的流言蜚语的性质，指出了它们的根源。无论你们现在还是今后对这些事情进行检查，都会发现我方才说的是事实。

🔖 原著选读 3.2   《理想国》①   柏拉图

柏拉图对话录中，《理想国》是西方阅读史上拥有最多读者的文本之一。在这篇选读中，柏拉图将善比作太阳，提出了著名的线喻理论，也阐释了著名的洞穴隐喻。

他说，这是必然的。但是你本人，苏格拉

底啊，你认为善是知识，还是快乐，还是别的什么东西呢？

…………

我说，行。但我先要和你们沟通一下，提醒你们我在前面说过的话，以及在其他场合多次表达过的意思。

---

①选自《柏拉图全集》，王晓朝译，北京，人民出版社，2002。本书译者以此为底本做了修订。

他说，你有什么要对我们说？

我们说过有许多美和善的事物，并且说它们"存在"，在我们的语言中对它们做了这样的界定。

我们是这样做的。

另外，我们又说过美本身，说过唯一的善本身，相对于杂多的万物，我们假定每一类杂多的东西都有一个单一的"理念"或"类型"，假定它是一个统一体而称之为真正的实在。

是这样的。

我们说，杂多的事物可见而不可思，单一的"理念"可思而不可见。

确实如此。

那么，我们看那些可见的事物，凭的是我们的哪一个部分，用的是我们的哪一种能力呢？

他说，用视力。

我说，我们不是在用听力听可听的事物，用其他感觉力来感受所有可感的事物吗？

没错。

我说，但你是否注意到，感觉的创造者花费了多么大的气力使我们能够看，使可见的事物能够被看吗？

他说，没有，我一点都没有注意到。

那么就来看一下。听觉和声音是否需要另一种媒介才能使听觉能听见，使声音能被听，但若缺乏这第三种因素，那么听觉就听不见，而声音也无法被听见？

他说，它们并不需要。

我说，我以为其他许多感觉也不需要，但我们不说任何感觉都不需要。或者说，你知道有哪种感觉需要这种媒介吗？

我不知道。

但你难道没有注意到视觉和可见的东西有这种进一步的需要吗？

怎么会呢？

尽管眼睛里面有视觉能力，视力的拥有者也企图使用它，并且有颜色呈现，但若没有专门适合这一目的的第三种东西出现，那么你明白，视力仍旧什么也看不到，而颜色也仍旧是不可见的。

他说，你说的这种东西是什么？

我说，就是你称作光的那种东西。

他答道，你说得对。

那么，如果光是可敬的，那么联结可见事物与视力的这条纽带比起联结其他事物的纽带来说，就显得更加珍贵了。

他说，确实要珍贵得多。

你能说出天上的哪一位神是这件事的创造者和原因，他的光使我们的视力能够很好地看，使可见的事物很好地被看见吗？

他说，你这个问题的答案显然是太阳，你和其他人也都会这样说。

那么这就不就是视力和这位神的关系吗？

什么关系？

视力本身也好，视力所在的那个被我们称作眼睛的器官也好，都不等于太阳。

它们不是一回事。

但我认为，在所有感觉器官中，眼睛最像太阳。

眼睛确实最像太阳。

眼睛能放出一股射线，这种能力不就来自太阳的射线吗？

没错。

太阳不是视力，但它作为视力的原因又能被视力本身所看见，这不也是事实吗？

他说，是这样的。

那么你一定懂得我说善生下来的儿子与善本身具有某种关系是什么意思了。就好像善作为理智的原因在理智领域内与理智具有某种关系，同样，作为善的后代的太阳在可见世界里与视力具有某种关系。

他说，怎么会这样？你再解释一下。

我说，你知道，当事物的颜色不再被白天的阳光所照耀，而只是被夜晚的微光所照着的时候，物体会变得轮廓模糊，白天在阳光照耀下显然可见的颜色也不见了，这个时候眼睛几乎像瞎了一样，好像眼睛里的视觉已经不存在似的。

他说，确实如此。

但是，我认为，当眼睛被引导着朝向那些阳光照耀的物体时，眼睛就看得很清楚，好像视力又恢复了似的。

对。

让我们以这种方式把人的灵魂比作眼睛。当灵魂凝视着真理与实在所照耀的区域时，灵魂就能够认识和理解，好像拥有理智似的，但当它转向那个黑暗的区域，那个有生有灭的世界时，物体便模糊起来，只能产生动荡不定的意见，又显得好像没有理智了。

对，是这样的。

那么你必须说，把真理赋予知识对象的这个实在，使认知者拥有认识能力的这个实在，就是善的"理念"，你必须把它当做知识和迄今为止所知的一切真理的原因。真理和知识都是美好的，但是善的"理念"比它们更美好，你这样想才是对的。至于知识和真理，你绝对不能认为它们就是善，就好比我们刚才在比喻中提到光和很像太阳的视力，但绝不能认为它

们就是太阳。因此，我们在这里把知识和真理比作它们的相似物是可以的，但若将它们视为善，那就不对了。善的领地和所作所为具有更高的荣耀。

他说，如果善是知识和真理的源泉，而且比二者更加美好，那么你所说的是一种多么不可思议的美妙的东西啊！因为你肯定不认为善就是快乐。

我说，我决没有这个意思，不过还是请你进一步以这样的方式考察一下这个比喻。

怎么个考察法？

我假定你会说，太阳不仅使可见事物可以被看见，而且也使它们能够出生、成长，并且得到营养，尽管太阳本身并不等于生成。

当然不是。

同样，你会说知识的对象不仅从善那里得到可知性，而且从善那里得到它们自己的存在和本质，但是善本身不是存在，而是比存在更加尊严、更有威力的东西。

格老孔面带讽刺地说，天哪，没有比这更高的夸张了！

我说，这要怪你，是你强迫我把想法说出来的。

他说，别停止，至少把那个太阳的比喻说清楚，要是还有什么遗漏的话。

我说，我确实省略了很多内容。

他说，那你就全说出来吧。

我说，我想有许多内容不得不省略，但进到这个地步，我实在不愿意再省略。

他说，你不需要省略。

我说，那么请你这样设想，我说过有两样真实存在的东西，一个统治着理智的秩序和区域，另一个统治着眼球的世界，我们用这

个词，而不说"天界"，这一点我们就算已经同意了。你肯定明白这样两类事物：可见的和可理解的。

我明白。

那么请你画一条线来表示它们，把这条线分成不等的两部分，然后把它们按照同样的比例再分别分成两部分。假定原来的两个部分中的一个部分相当于可见世界，另一部分相当于可知世界，然后我们再根据其清晰程度来比较第二次分成的部分，这样你就会看到可见世界的一部分表示影像（A）。所谓影像我指的首先是阴影，其次是在水里或表面光滑的物体上反射出来的影子或其他类似的东西。你懂我的意思吗？

我懂。

至于第二部分表示的是实际的事物（B），即我们周围的动物和植物，以及一切自然物和人造物。

他说，就这样假定吧。

我说，你是否愿意说可见世界的这两个部分的区分相应于不同程度的真实性，因而其中的摹本与原本之比正如意见世界与知识世界之比呢？

我肯定愿意这样说。

请你再考虑一下划分理智世界的方法。

怎么个分法呢？

把这个世界分成两部分，在一个部分（C）中，人的灵魂被迫把可见世界中那些本身也有自己的影子的实际事物作为影像，从假设出发进行考察，但不是从假设上升到原则，而是从假设下降到结论；而在另一个部分（D）中，人的灵魂则朝着另一方面前进，从假设上升到非假设的原则，并且不用在前一部分中所使用

	事物	灵魂的状态
可知世界	善	
	理念	D 理性（noesis）或知识（episteme）
	数学的对象	C 理智（dianoia）
可见世界	太阳	
	实际的事物	B 信念（pistis）
	影像	A 想象（eikasia）

的影像，而只用"理念"，完全依据"理念"来取得系统的进展。

他说，我还没有完全弄懂你的意思。

我说，那么我就再试一试，等我做一些预备性的解释以后，你会理解得好一些。（C）你知道，那些研究几何与算术一类学问的人首先假设有奇数与偶数，有各种图形，有三种角以及其他与各个知识部门相关的东西。他们把这些东西当做已知的，当做绝对的假设，不想对他们自己或其他人进一步解释这些事物，而是把它们当做不证自明、人人都明白的。从这些假设出发，他们通过首尾一贯的推理，最后达到所想要的结论。

他说，没错，这我知道。

你不是也知道，他们进一步使用和谈论一些可见的图形，但是他们真正思考的实际上不是这些图形，而是这些图形所模仿的那些东西，不是他们所画的某个特殊的正方形或某条特殊的对角线，而是正方形本身，对角线本身，等等，是吗？各种场合莫不如此。他们模仿和绘制出来的图形也有自己的影子，在水中也有自己的影像，但他们真正寻求的是只有用心灵才能"看到"的那些实在。

他说，对。

这些东西确实就属于我说的可理解的那一类，但有两点限制：第一，在研究它们的过程中，人的心灵必须使用假设，但由于心灵不能超出这些假设，因此不可能向上活动而达到第一原理；第二，在研究它们的过程中，人的心灵利用在它们下面的那一部分实际事物作为影像，这些实际的东西也有自己的影像，并且和它们自己的影像相比，这些事物被认为更加清晰，更有价值。

他说，我明白你讲的是那些地位在几何学之下的学科以及与这些学科相关的技艺。

（D）至于可知世界的另一部分，你要明白，我指的是理性本身凭着辩证法的力量可以把握的东西。在这里，假设不是被当做绝对的起点，而是仅仅被用做假设，也就是说假设是基础、立足点和跳板，以便能从这个暂时的起点一直上升到一个不是假设的地方，这个地方才是一切的起点，上升到这里并且从中获得第一原理以后，再回过头来把握那些依赖这个原理的东西，下降到结论。在这个过程中，人的理智不使用任何感性事物，而只使用事物的理念，从一个理念到另一个理念，最后归结为理念。

他说，我懂你的意思了，但还没有完全弄懂，因为你心里想的这件事确实不简单。不过，我总算明白了你的意思，你想把辩证法所研究的实在和理智当做比那些所谓技艺和科学的对象更加真实、更加精确的东西，因为这些技艺和科学所使用的假设是一些人为的起点。尽管这些技艺和科学在思考它们的对象时也要使用理智而不是使用感觉，然而由于这些研究从假设出发而不能返回到真正的起点上来，因此在理解这些研究的对象与第一原理的关系时，你认为尽管它们的研究对象是可理解的，但从事这些研究的人并不拥有真正的理性。我想你会把几何学家和研究这类学问的人的心理状态叫做理智而不叫做理性，因为你把理智当做介乎理性和意见之间的东西。

我说，你的解释很充分。现在我们假定灵魂相应于这四个部分有四种状态：最高一部分是理性，第二部分是理智，第三部分是信念，最后一部分是想象，即借助图形来思考或猜测。你可以考虑到它们的清晰程度和精确性，以及它们的对象分有真理和实在的程度，把它们按比例排列起来。

他说，我懂了，我同意你的意见，也愿意照你的吩咐把它们排列一下。

我说，接下来让我们把受过教育和缺乏教育的人的本质比作下述情形。请你想象有这么一个地洞，一条长长的通道通向地面，和洞穴等宽的光线可以照进洞底。一些人从小就住在这个洞里，但他们的脖子和腿脚都捆绑着，不能走动，也不能扭过头来，只能向前看着洞穴的后壁。让我们再想象他们背后远处较高的地方有一些东西在燃烧，发出火光。火光和这些被囚禁的人之间筑有一道矮墙，沿着矮墙还有一条路，就好像演木偶戏的时候，演员在自己和观众之间设有一道屏障，演员们把木偶举到这道屏障上面去表演。

他说，好吧，我全看见了。

那么你瞧，有一些人高举着各种东西从矮墙后面走过，这些东西是用木头、石头或其他材料制成的假人和假兽，再假定这些人有些在说话，有些不吭声。

他说，你这个想象倒很新颖，真是一些奇特的囚徒。

我说，他们也是和我们一样的人。你先说说看，除了火光投射到他们对面洞壁上的阴影外，他们还能看到自己或同伴吗？

他说，如果他们的脖子一辈子都动不了，那么他们怎么能够看到别的东西呢？

还有那些在他们后面被人举着过去的东西，除了这些东西的阴影，囚徒们还能看到什么吗？

肯定不能。

那么如果囚徒们能彼此交谈，你难道不认为他们会断定自己所看到的阴影就是真实的物体吗？

必然如此。

如果有一个过路人发出声音，引起囚徒对面洞壁的回声，你难道不认为囚徒们会断定这个声音是在他们对面的洞壁上移动着的阴影发出的吗？

他说，我以宙斯的名义发誓，他们一定会这样想。

那么这样的囚徒从各方面都会认为实在无非就是这些人造物体的阴影。

他说，必然如此。

那么请你考虑一下，如果某一天突然有什么事发生，使他们能够解除禁锢，矫正迷误，那会是一种什么样的情景。假定有一个人被松了绑，他挣扎着站了起来，转动着脖子环顾四周，开始走动，而且抬头看到了那堆火。在这样做的时候，他一定很痛苦，并且由于眼花缭乱而无法看清他原来只能看见其阴影的实物。这时候如果有人告诉他，说他过去看到的东西全部都是虚假的，是对他的一种欺骗，而现在他接近了实在，转向比较真实的东西，看到比较真实的东西，那么你认为他听了这话会怎

么回答呢？如果再有人把那些从矮墙上经过的东西一样样指给他看，并且逼着他回答这是什么，在这种时候，你难道不认为他会不知所措，并且认为他以前看到的东西比现在指给他看的东西更加真实吗？

他说，对，他会这样想。

如果强迫他看那火光，那么他的眼睛会感到疼痛，他会转身逃走，回到他能看得清的事物中去，并且认为这些事物确实比指给他看的那些事物更加清晰、更加精确，难道不会吗？

他说，他会这样做。

我说，再要是有人硬拉着他走上那条陡峭崎岖的坡道，直到把他拉出洞穴，见到了外面的阳光，你难道不认为他会很恼火地觉得这样被迫行走很痛苦，等他来到阳光下，他会觉得两眼直冒金星，根本无法看见任何一个现在被我们称作真实事物的东西？

他说，是的，他不可能马上就看见。

那么我想要有一个逐渐适应的过程，他才能看见洞外高处的事物。首先最容易看见的是阴影，其次是那些人和其他事物在水中的倒影，再次是这些事物本身，经过这样一个适应过程，他会继续观察天象和天空本身，他会感到在夜里观察月光和星光比白天观察太阳和阳光要容易些。

那当然了。

经过这样一番适应，我认为他最后终于能观察太阳本身，看到太阳的真相了，不是通过水中的倒影或影像来看，也不借助于其他媒介，而是直接观察处在原位的太阳本身。

他说，必定如此。

这时候他会做出推论，认为正是太阳造成了四季交替和年岁周期，并主宰着可见世界的

所有事物，太阳也是他们过去曾经看到的一切事物的原因。

他说，这很明显，他接下去就会做出这样的推论。

如果在这种时候他回想起自己原先居住的洞穴，想起那时候的智力水平和一同遭到禁锢的同伴，那么他会为自己的变化感到庆幸，也会对自己的同伴感到遗憾，你难道不这样认为吗？

他确实会这样想。

如果洞穴中的囚徒之间也有某种荣誉和表扬，那些敏于识别影像、能记住影像出现的通常次序而且最能准确预言后续影像的人会受到奖励，那么你认为这个已经逃离洞穴的人还会再热衷于取得这种奖励吗？他还会妒忌那些受到囚徒们的尊重并成为领袖的人，与他们争夺那里的权力和地位吗？或者说，他会像荷马所说的那样，宁愿活在世上做一个穷人的奴隶，一个没有家园的人，受苦受难，也不愿再和囚徒们有共同的看法，过他们那样的生活，是吗？

他说，是的，我想他会宁愿吃苦也不愿再过囚徒的生活。

我说，再请你考虑一下这种情况，如果他又下到洞中，再坐回他原来的位置，由于突然离开阳光而进入洞穴，他的眼睛难道不会因为黑暗而什么也看不见吗？

他一定会这样。

如果这个时候那些终生监禁的囚徒要和他一道"评价"洞中的阴影，而这个时候他的视力还很模糊，还来不及适应黑暗，因为重新习惯黑暗也需要一段不短的时间，那么他难道不会招来讥笑吗？那些囚徒难道不会说他上去

走了一趟以后就把眼睛弄坏了，因此连产生上去的念头都是不值得的吗？要是那些囚徒有可能抓住这个想要解救他们、把他们带出洞穴的人，他们难道不会杀了他吗？

他说，他们一定会这样做。

亲爱的格老孔，我们必须把这番想象整个地用到前面讲过的事情上去，这个囚徒居住的地方就好比可见世界，而洞中的火光就好比太阳的力量。如果你假设从洞穴中上到地面并且看到那里的事物就是灵魂上升到可知世界，那么你没有误解我的解释，因为这正是你想要听的。至于这个解释本身对不对，那只有神知道。但不管怎么说，我在梦境中感到善的理念乃是可知世界中最后看到的东西，也是最难看到的东西，一旦善的理念被我们看见了，它一定会向我们指出下述结论：它确实就是一切正义的、美好的事物的原因，它在可见世界中产生了光，是光的创造者，而它本身在可知世界里就是真理和理性的真正源泉，凡是能在私人生活或公共生活中合乎理性地行事的人，一定看见过善的理念。

他说，就我能理解的范围来说，我同意你的看法。

我说，那么来吧，和我一起进一步思考，而且你看到下面这种情况也别感到惊奇！那些已经达到这一高度的人不愿意做那些凡人的琐事，他们的灵魂一直有一种向上飞升的冲动，渴望在高处飞翔。如果我们可以做此想象，那么这样说我认为是适宜的。

没错，可以这么说。

我说，再说，如果有人从这种神圣的凝视转回到苦难的人间，以猥琐可笑的面貌出现，当他两眼昏花，还不习惯黑暗环境时，就被迫

在法庭或在别的什么地方与人争论正义的影子或产生影子的偶像，而他的对手却从未见过正义本身，那么你会感到这一切都很奇怪吗？

他说，不，一点也不奇怪。

我说，但是聪明人都记得，眼睛会有两种不同的暂时失明，由两种原因引起：一种是由亮处到了暗处，另一种是由暗处到了亮处。聪明人相信灵魂也有同样的情况，所以在看到某个灵魂发生眩晕而看不清时，他不会不假思索地嘲笑它，而会考察一下这种情况发生的原因，弄清灵魂的视力产生眩晕是由于离开比较光明的世界进入不习惯的黑暗，还是由于离开了无知的黑暗进入了比较光明的世界。然后他会认为一种经验与生活道路是幸福的，另一种经验与生活道路是可悲的；如果他想要讥笑，那么应当受到讥笑的是从光明下降到黑暗，而不是从黑暗上升到光明。

他说，你说得很有理。

如果这样说是正确的，那么我们对这些事情的看法必定是，教育实际上并不像有些人在他们的职业中所宣称的那个样子。他们声称自己能把真正的知识灌输到原先并不拥有知识的灵魂里去，就好像他们能把视力塞入瞎子的眼睛似的。

他说，他们确实这样说过。

我说，但是我们现在的论证表明，灵魂的这种内在力量是我们每个人用来理解事物的器官，确实可以比作灵魂的眼睛，但若整个身子不转过来，眼睛是无法离开黑暗转向光明的。同理，这个思想的器官必须和整个灵魂一道转离这个变化的世界，就好像舞台上会旋转的布景，直到灵魂能够忍受直视最根本、最明亮的存在。而这就是我们说的善，不是吗？

是的。

我说，关于这件事情也许有一门技艺，能最快、最有效地实现灵魂的转向或转换。它不是要在灵魂中创造视力，而是假定灵魂自身有视力，只不过原来没能正确地把握方向，没有看它应该看的地方。这门技艺就是要促成这种转变。

他说，对，很像是这么一回事。

那么灵魂所谓的其他美德确实与身体的优点相似。身体的优点确实不是身体本来就有的，而是通过后天的习惯和实践养成的。但是思想的优点似乎确实具有比较神圣的性质，是一种永远不会丧失能力的东西，但是按照它转变的方向，它可以变得既有用又有益，或者再变得既无用又有害。你难道没有注意到，有些人通常被认为是坏人，仅却又非常精明能干？他们的灵魂渺小，但目光敏锐，能很快地察觉那些他感兴趣的事情，这就证明他们的灵魂虽然渺小，但视力并不迟钝，只不过他们的视力被迫服务于邪恶，所以他们的视力愈敏锐，做的坏事也就愈多。

他说，我确实注意到这种情况了。

我说，那么你再来看，这种灵魂的这个部分从小就已经得到锤炼，在我们出生的这个多变的世界里身受重负，被那些贪食一类的感官快乐所拖累，使它只能向下看。现在假定这种重负突然解脱了，灵魂转向了真实的事物，那么这些人的灵魂的同样的功能也一定会具有同样敏锐的视力去看较高的事物，就像灵魂没有转向以前一样。

他说，很像是这么回事。

我说，从我们已经说过的这些话里也可以得出一个必然的结论：没有受过教育和不懂真理的人都不适宜治理国家，那些被允许终生从事文化事业的人也不适宜治理国家。这是因为，没受过教育的人缺乏一个生活目标来指导他们的一切行动，无论是公共的还是私人的；而那些文化人不愿意采取任何实际行动，因为他们在还活着的时候就相信自己将要离世，去那福岛了。①

他说，对。

我说，那么作为这个国家的创建者，我们的责任是促使最优秀的灵魂获得我们说过的这种最伟大的知识，使它们具有能看见善的视力，能上升到那个高度。不过，等它们到了那里并且已经看够了的时候，我们就一定不能允许它们再呆在那里。

这是为什么？

我说，因为如果让它们继续待下去，它们就会拒绝返回下界，与那些囚徒在一起，分担他们的劳动，分享他们的荣誉，而无论这些事情有无价值。

你的意思是说我们要委屈他们，在他们能过一种比较好的生活的时候让他们去过一种比较差的生活？

我说，我的朋友，你又忘了，我们的立法不涉及这个国家中某个阶层的具体幸福，而是想要为整个城邦造就一个环境，通过说服和强制的手段使全体公民彼此协调合作，要求他们把各自能为集体提供的利益与他人分享。这种环境本身在城邦里造就这样的人，不是让他们随心所欲，各行其是，而是用他们来团结这个共同体。

他说，对，我确实忘了。

我说，那么请你注意，格老孔，我们这样做不会损害那些在我们中间产生的哲学家，我们可以公正地强迫他们管理其他公民，做他们的卫士。因为我们会对他们说：产生于其他城邦的哲学家有理由不参加辛苦的工作，因为他们的产生完全是自发的，不是政府有意识地培养造就的结果。完全自力更生的人不欠任何人的情，因此也没有想要报答培育之恩的热情；但对你们来说，我们已经把你们培养成为蜂房中的蜂王和领袖，这样做既是为了你们自己，也是为了城邦的其他公民，你们接受的教育比别人更加好，也更加完整，你们更有能力同时过两种生活②；因此你们每个人都必须轮流下去与其他人生活在一起，使自己习惯于观察那里的模糊事物；一旦习惯了，你们就会比原来住在那里的人更加善于观察各种事物，你们知道每个影像表示什么，它与什么原型相似，因为你们已经看见过美本身、正义本身和善本身。因此，我们的国家将由我们和你们来共同治理，我们的心灵是清醒的，而现今大多数国家都被一些昏庸的人所统治，他们为了争权夺利而互相斗殴，把权力当做最大的善，就好像在睡梦中与影子搏斗。事实上，由那些最不热衷于权力的人来统治的城邦能治理得最好、最稳定，而由相反类型的人来统治的城邦情况也必定相反。

他说，必定如此。

那么我们的这些被监护人听了这番话会不会服从我们呢？他们还会拒绝轮流分担治理国家的辛劳吗？当然了，在大部分时间里，他们

_____

① 在希腊神话中，人死以后灵魂下到地狱中接受审判，正义者的灵魂将被送往福岛居住。——译者注
② 指哲学生活和政治生活。——译者注

还是被允许一起住在这个比较纯洁的世界里。

　　他说，他们不可能拒绝，因为我们是在向正义的人提出正义的要求：他们会把承担这项工作视为义不容辞，这一点与我们这些城邦现在的统治者是相反的。

　　我说，我亲爱的朋友，事实上只有当你能够为你们将来的统治者找到一种更好的生活方式时，治理良好的城邦才有可能出现。因为只有在这样的国家里，统治者才是真正富有的，当然他们的富有不在于拥有黄金，而在于拥有幸福的生活，一种善的和智慧的生活。但若未来的统治者是一些乞丐和饿死鬼，一旦由

他们来处理公务，他们想到的首先就是从中为自己捞取好处，在这种情况下国家要想治理好就不可能了。因为一旦职位和统治成了竞赛的奖品，那么这种自相残杀的争夺不仅毁了竞争者自己，也毁了国家。

　　他说，你说得非常正确。

　　我问道，除了真正的哲学家的生活以外，你还能举出别的什么蔑视政治权力的生活方式吗？

　　我以宙斯的名义起誓，我举不出来。离开理性人没法拥有正确的信念，盲人要是找对了路那是碰巧的，不是吗？

✈ 原著选读 3.3　《美诺篇》① 　　　　　　　　　　　　　　柏拉图

　　这篇选读出自对话录的《美诺篇》，苏格拉底阐述了柏拉图关于知识的另一个理论：我们通过灵魂内的某种"回忆"而不是灵魂外的教授获得现实的知识。这篇选读同样表明了，在柏拉图看来，灵魂是不朽的。在这篇对话中，苏格拉底让一个对几何学一无所知的童奴画出一个面积是给定正方形两倍的正方形。在一、二次失败的尝试之后，这个童奴在并没有获得苏格拉底教授的情况下，成功地画出了图形。如果几何学知识不是已经存在于他的灵魂中，他如何做到这点呢？

　　美诺　但是你连它是什么都不知道，又如何去寻找呢？你会把一个你不知道的东西当做

探索的对象吗？换个方式来说吧，哪怕你刚巧遇着它了，你又如何能够知道你找到的东西就是那个你不知道的东西呢？

　　苏格拉底　我知道你这样说是什么意思。你明白你提出的是一个两难命题吗？一个人既不能试着去发现他知道的东西，也不能试着去发现他不知道的东西。他不会去寻找他知道的东西，因为他既然知道，就没有必要再去探索；他也不会去寻找他不知道的东西，因为在这种情况下，他甚至不知道自己该寻找什么。

　　美诺　对，你认为这是个好论点吗？

　　苏格拉底　不。

　　美诺　你能解释一下它错在哪里吗？

　　苏格拉底　可以。我听一些懂得宗教真

---

①选自《柏拉图全集》，王晓朝译，北京，人民出版社，2002。本书译者以此为底本做了修订。

理的人说……（他略作停顿，以示庄重）

美诺　他们说什么？

苏格拉底　我想他们说的事情是真实的，他们说得很好。

美诺　他们说了些什么，他们是谁？

苏格拉底　讲这些事的人是男祭司和女祭司，他们想对这种职业和所起的作用做一番解释。品达，还有许多受神灵激励的诗人，也谈论过这种事。他们说过这样一些话，看你是否把他们说的当做真理。他们说，人的灵魂不朽。灵魂在某些时候会死亡，在某些时候会再生，但决不会彻底灭绝……

既然灵魂是不朽的，重生过多次，已经在这里和世界各地见过所有事物，那么它已经学会了这些事物。如果灵魂能把关于美德的知识，以及其他曾经拥有过的知识回忆起来，那么我们没有必要对此感到惊讶。一切自然物都是同类的，灵魂已经学会一切事物，所以当人回忆起某种知识的时候，用日常语言说，他学了一种知识的时候，那么没有理由说他不能发现其他所有知识，只要他持之以恒地探索，从不懈怠，因为探索和学习实际上不是别的，而只不过是回忆罢了。

我们一定不能被你引用的这个争吵性的论证引向歧途。它就像意志薄弱者耳边响起的音乐，会使我们懈怠。而其他的理论会使人们产生寻求知识的冲动，使寻求者信服它的真理。我准备在你的帮助下探索美德的本质。

美诺　我明白了，苏格拉底。但是，你说我们并不在学习，所谓学习只不过是回忆罢了，这样说是什么意思？你能教我这是为什么吗？

苏格拉底　我说过你是个小无赖，而现在你又在要求我教你学习为什么没有学习这

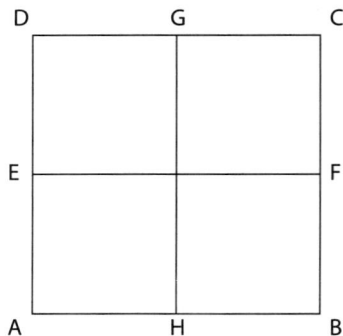

回事，而只有回忆。你显然是在伺机发现我自相矛盾的地方，以便把我抓获。

美诺　不，说老实话，苏格拉底，我不是这样想的。这只是我的习惯。如果你能以某种方式说明你的话正确，那么就请说吧。

苏格拉底　这不是一件易事。但这既然是你的要求，我还得尽力而为。我看到你有许多仆人在这里。随便喊一个过来，我会用他来向你证明我说的正确。

美诺　行。（他对一个童奴说）过来。

苏格拉底　他是希腊人，说我们的语言吗？

美诺　确实如此，他是个家生家养的奴隶。

苏格拉底　那么请你注意听，看他是在向我学习，还是在接受提醒。

美诺　好的。

苏格拉底　（苏格拉底在沙地上画了一个正方形 ABCD，然后对那个童奴说）孩子，你知道有一种方的图形吗，就像这个一样？

童奴　知道。

苏格拉底　它有四条相等的边吗？

童奴　有。

苏格拉底　穿过图形中点的这些直线也是相等的吗？（线段 EF，GH）

童奴　是的。

苏格拉底 这样的图形可大可小，是吗？

童奴 是的。

苏格拉底 如果这条边长两尺，这条边也一样，那么它的面积有多大？你这样想，如果这条边是二尺，而那条边是一尺，那么岂不是马上就可以知道它的面积是二平方尺吗？

童奴 对。

苏格拉底 但是这条边也是二尺长，那么不就应该乘以二吗？

童奴 是的。

苏格拉底 二乘二是多少？算算看，把结果告诉我。

童奴 四。

苏格拉底 现在能不能画出一个大小比这个图形大一倍，但形状却又相同的图形，也就是说，画一个所有边都相等的图形，就像这个图形一样？

童奴 能。

苏格拉底 它的面积是多少？

童奴 八。

苏格拉底 那么请告诉我它的边长是多少。现在这个图形的边长是二尺。那个面积是它两倍的图形的边长是多少？

童奴 它的边长显然也应该是原来那个图形的边长的两倍，苏格拉底。

苏格拉底 您瞧，美诺，我并没有教他任何东西，只是在提问。但现在他认为自己知道面积为八平方尺的这个正方形的边长。

美诺 是的。

苏格拉底 但他真的知道吗？

美诺 肯定不知道。

苏格拉底 他以为这个边长也是原来那个正方形的边长的两倍。

美诺 对。

苏格拉底 现在请你注意他是怎样有序地进行回忆的，这是进行回忆的恰当方式。（他接着对童奴说）你说两倍的边长会使图形的面积为原来图形面积的两倍吗？我的意思不是说这条边长，那条边短。它必须像第一个图形那样所有的边长相等，但面积是它的两倍，也就是说它的大小是八平方尺。想一想，你是否想通过使边长加倍来得到这样的图形？

童奴 是的，我是想这样做。

苏格拉底 好吧，如果我们在这一端加上了同样长的边（BJ），那么我们是否就有了一条两倍于这条边（AD）的线段？

童奴 是的。

苏格拉底 那么按照你的说法，如果我们有了同样长度的四条边，我们就能作出一个面积为八平方尺的图形来了吗？

童奴 是的。

苏格拉底 现在让我们以这条边为基础来画四条边。（亦即以 AJ 为基准，添加 JK 和 KL，再画 LD 与 DA 相接，使图形完整）这样一来就能得到面积为八平方尺的图形了吗？

童奴 当然。

苏格拉底 但它不是包含着四个正方形，每个都与最初那个四平方尺的正方形一样大吗？（苏格拉底画上线段 CM 和 CN，构成他所指的四个正方形。）

童奴 是的。

苏格拉底 它有多大？它不是有原先那个正方形的四个那么大吗？

童奴 当然是的。

苏格拉底 四倍和两倍一样吗？

童奴 当然不一样。

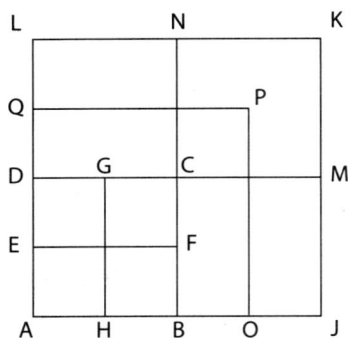

苏格拉底 所以使边长加倍得到的图形的面积不是原来的两倍,而是四倍,对吗?

童奴 对。

苏格拉底 四乘以四是十六,是吗?

童奴 是的。

苏格拉底 好。这个八平方尺的正方形的面积不正好是这个图形的两倍,而又是那个图形的一半吗?

童奴 是的。

苏格拉底 所以它的边肯定比这个图形的边要长,而比那个图形的边要短,是吗?

童奴 我想是这样的。

苏格拉底 对。你一定要怎么想就怎么说。现在告诉我,这个图形的边是二尺,那个图形的边是四尺,是吗?

童奴 是的。

苏格拉底 那么这个八平方尺的图形的边长一定大于二尺,小于四尺,对吗?

童奴 必定如此。

苏格拉底 那么试着说说看,它的边长是多少。

童奴 三尺。

苏格拉底 如果是这样的话,那么我们该添上这条边的一半(画 BJ 的一半 BO),

使它成为三尺吗?这一段是二,这一段是一,而在这一边我们同样也有二,再加上一,因此这就是你想要的图形。(苏格拉底完成正方形 AOPQ)

童奴 对。

苏格拉底 如果这条边长是三,那条边长也是三,那么它的整个面积应当是三乘三,是吗?

童奴 看起来似乎如此。

苏格拉底 那么它是多少?

童奴 九。

苏格拉底 但是我们最先那个正方形的面积的两倍是多少?

童奴 八。

苏格拉底 可见,我们即使以三尺为边长,仍旧不能得到面积为八平方尺的图形?

童奴 对,不能。

苏格拉底 那么它的边长应该是多少呢?试着准确地告诉我们。如果你不想数数,可以在图上比划给我们看。

童奴 没用的,苏格拉底,我确实不知道。

苏格拉底 请注意,美诺,他已经走上了回忆之路。开始的时候他不知道八平方尺的正方形的边长。他刚才确实也还不知道,但他以为自己知道,并且大胆地进行回答,并以为这样做是恰当的,并没有感到什么困惑。然而现在他感到困惑了。他不仅不知道答案,而且也不认为自己知道。

美诺 你说得非常对。

苏格拉底 与不知道相比,他现在不是处在一个较好的状态中吗?

美诺 我承认这一点。

苏格拉底 我们使他感到困惑,使他像遭到红色袭击那样感到麻木，这样做给他带来任何伤害了吗？

美诺　我认为没有。

苏格拉底　实际上，我们在一定程度上帮助他寻找正确的答案，因为他现在虽然无知，但却很乐意去寻找答案。到目前为止，他一直以为自己能够在许多场合，当着许多人的面，夸夸其谈，谈论如何得到某个相当于某个给定正方形的面积两倍的正方形，并坚持说只要使原有正方形的边长加倍就能得到这个正方形。

美诺　他确实是这样的。

苏格拉底　在产生困惑、明白自己无知、有求知的欲望之前，尽管他事实上并不知道答案，但他以为自己知道，在这种情况下他还会去试着寻求或学习吗？

美诺　不会。

苏格拉底　那么使他麻木一下对他来说是好事吗？

美诺　我同意。

苏格拉底　现在请注意，从这种困惑状态出发，通过与我共同探索真理，他会有所发现，而我只是向他提问，并没有教他什么。如果我给他任何指点或解释，而不是仅就他自己的意见向他提问，那么你就随时抓住我。

（此时苏格拉底擦去先前的图形，从头开始画。）

孩子，告诉我，这不就是我们那个面积为四的正方形吗？（ABCD）

童奴　是的。

苏格拉底　我们还能再加上另一个相同的正方形吗？（BCEF）

童奴　能。

苏格拉底　还能在这里加上与前两个正方形相同的第三个正方形吗？（CEGH）

童奴　能。

苏格拉底　还能在这个角落上添上第四个正方形吗？（DCHJ）

童奴　能。

苏格拉底　那么我们有了四个同样的正方形，是吗？

童奴　是的。

苏格拉底　那么整个图形的大小是第一个正方形的几倍？

童奴　四倍。

苏格拉底　我们想要的正方形面积是第一个正方形的两倍。你还记得吗？

童奴　记得。

苏格拉底　现在你看，这些从正方形的一个角到对面这个角的线段是否把这些正方形部分割成了两半？

童奴　是的。

苏格拉底　这四条相同的线段把这个区域都包围起来了吗？（BEHD）

童奴　是的。

苏格拉底　现在想一想，这个区域的面积有多大？

童奴　我不明白。

苏格拉底　这里共有四个正方形。从一个角到它的对角画直线，这些线段把这些正方形分别切成两半，对吗？

童奴　对。

苏格拉底　在这个图形中（BEHD）一共有几个一半？

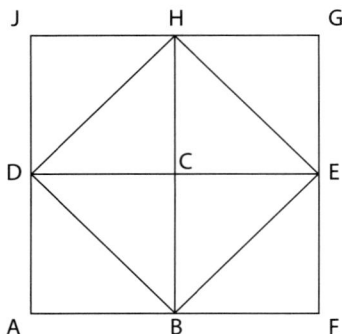

童奴　四个。

苏格拉底　那么，在这个图形中（ABCD）有几个一半呢？

童奴　两个一半。

苏格拉底　四和二是什么关系？

童奴　四是二的两倍。

苏格拉底　那么这个图形的面积有多大？

童奴　八平方尺。

苏格拉底　以哪个图形为基础？

童奴　以这个为基础。

苏格拉底　这条线段从这个四平方尺的正方形的一个角到另一个角吗？

童奴　是的。

苏格拉底　这条线段的专业名称叫"对角线"，如果我们使用这个名称，那么在你看来，你认为以最先那个正方形的对角线为边长所构成的正方形的面积是原正方形的两倍。

童奴　是这样的，苏格拉底。

苏格拉底　你怎么想，美诺？他的回答有没有使用不属于他自己的意见？

美诺　没有，全是他自己的。

苏格拉底　但是我们几分钟前认为他并不知道这个答案。

美诺　对。

苏格拉底　那么这些意见存在不存在于他身上的某个地方呢？

美诺　在。

苏格拉底　所以一个无知者可以对某个他不具有知识的主题具有正确的意见。

美诺　似乎如此。

苏格拉底　这些新产生的意见在目前阶段具有梦一般的性质。但若在许多场合以不同的方式向他提出同样的问题，你就能看到最后他会对这个主题拥有和其他任何人一样准确的知识。

美诺　很可能。

苏格拉底　这种知识不是来自于传授，而是来自于提问。他会为自己恢复这种知识。

美诺　对。

苏格拉底　在他身上发生的恢复知识不也就是回忆吗？

美诺　是的。

苏格拉底　要么说他在某个时候获得了他现在拥有的知识，要么说他始终拥有知识。如果他始终拥有知识，那么他必定始终知道；但另一方面，如果说他在从前某个时候没有获得知识，那么他今生就不可能拥有这种知识，除非某人教他几何学。他会以同样的方式表现出他所拥有的全部几何知识，对其他学问也是如此。那么，有人教过他这些东西吗？你肯定是知道的，尤其他就是在你家里长大的。

美诺　没错，据我所知，从来没有人教过他。

苏格拉底　那么他有没有这些意见呢？

美诺　我们似乎无法说他没有。

苏格拉底　如果他的意见不是今生得来的，那么岂不是马上就可以清楚地表明他是在其他时候拥有和学到这些意见的吗？

美诺 似乎如此。

苏格拉底 当他还没有具有人形的时候吗？

美诺 是的。

苏格拉底 如果他以现在这种形式存在，当他还不是人的时候，这种意见就已经在他那里存在了，那么我们可以说他的灵魂永远处于有知识的状态，是吗？很清楚，他要么是人，要么不是人。

美诺 这一点很清楚。

苏格拉底 如果关于实在的真理一直存在于我们的灵魂中，那么灵魂必定是不朽的，所以人们必须勇敢地尝试着去发现他不知道

的东西，亦即进行回忆，或者更准确地说，把它及时回想起来。

美诺 我似乎有理由相信你是正确的。

苏格拉底 是的。我不想发誓说我的所有观点都正确，但有一点我想用我的言语和行动来加以捍卫。这个观点就是，如果去努力探索我们不知道的事情，而不是认为进行这种探索没有必要，因为我们决不可能发现我们不知道的东西，那么我们就会变得更好、更勇敢、更积极。

美诺 在这一点上我也认为你的看法肯定正确。

■ 关键词

德尔斐神谕　　　　　理念 / 理念论　　　　　洞穴隐喻　　　　　柏拉图二元论

柏拉图对话录　　　　怀疑论者　　　　　　　苏格拉底的方法 / 辩证的方法

线喻理论

■ 供讨论复习的问题

1. 你能够两次踏入同一条河流吗？一次行吗？

2. 柏拉图的形而上学吸收了在他之前的哲学家的思想，我们在第二章曾经讲到过一些。请找一找这些哲学家和他们的思想。

3. 请举一个课文中没讲过的例子，来说明柏拉图的理念。请说明它到底是否存在，为什么。

4. 在具体的、个别的事物组成的世界之外还独立存在着一个理念的世界吗？请说明原因。

5. 请说明洞穴隐喻。

6. 感官知觉就是知识吗？

7. 美可以同时在多种事物中存在吗？请说明原因。

8. 柏拉图认为表象是真实的吗？那么它们实际上到底是否真实？

第四章

亚里士多德

运动是永恒的，要是存在第一推动者，它也将是永恒的。

——亚里士多德

亚里士多德（Aristotle，公元前 384—前 322）在柏拉图的弟子中最为出色，他深受老师的影响。亚里士多德后来被延请为亚历山大大帝的老师，亚历山大也把他的快乐归功于他的老师。然而我们有把握打赌，征服了世界的亚历山大对哲学并不怎么着迷。

我们在前面已经知道形而上学这个术语出自亚里士多德，或者说至少出自编辑他著作的人之手。不过形而上学只是亚里士多德广泛兴趣中的一个部分。从诗学到物理学，从生物学到友谊的知识，亚里士多德对出现的每门学科都感兴趣，且见解深刻。

从亚里士多德对自然不辞劳苦的关注中就可以看出，他的著作要比柏拉图更具有系统性。不过得告诉你，虽然柏拉图是许多高雅文学重要研究课题，但是亚里士多德却并非如此。西塞罗的确曾经赞扬亚里士多德"滔滔不绝、黄金般的雄辩术"，但是相当多的人发现他有点令人乏味。这也许是因为我们现有的亚里士多德的著作主要是他的学生校订的课程笔记。

然而，亚里士多德是细心的观察者和优秀的理论家，他的思想影响了后来的哲学。他死后的十五个世纪，人们把他看做宗教领域之外所有学科的绝对权威。这一事实可能更多地阻碍了而不是促进了科学进步，因为无论怎么样科学不能由于权威而认定一个结论，即使这个权威是亚里士多德。

亚里士多德把形而上学称为"第一哲学"。在亚里士多德看来，第一哲学在某种程度上比具体的学科更为抽象和普遍，它考虑的是最为基本的存在问题。最基本的存在问题是：什么是存在。那么我们从这里开始。

存在是什么？

在亚里士多德眼中，存在就是具体事物的存在。他认为每一件事物都是由形式（form）和质料（matter）组成的。比如说，一座雕像是具有一定形式的大理石块。其他事物同样如此。每件事物都有组成它的质料，每件事物也有它采取的形式。没有质料，事物不可能存在，因为你不能从无中创造事物。同理，没有形式，事物也不会存在。没有形式，事物不能成为具体的事物；它仅仅是质料。形式决定它是什么事物，它是事物的本质。

举例来说，雕像的大理石和采石场切割的石块没有什么区别。但是现在它有一个新的形式，这种形式使它区别于采石场的石块。是的，大理石总有某种形式，但是它转变为这种特定的形

人物简介｜亚里士多德

美工图案，据说是亚里士多德。

亚里士多德并非事事正确。他认为大脑与心脏比起来只是次要的器官，而鳗鱼是从土里自然生长出来的。他也认为防风草导致了勃起，妇女是低等造物。

不过他的确博学多才。事实上，亚里士多德将那个时候所知道的一切知识进行了系统整理，好像那还不够似的，他又扩展了几乎所有学科的界限，包括生物学、心理学、动物学、物理学、天文学，还有今天我们划入哲学领域内的伦理学、政治学、美学、形而上学和逻辑学。他的著作影响深远。

亚里士多德出生在斯塔吉拉（Stagira），马其顿海岸的希腊殖民地。他的父亲尼科马库斯（Nicomachus）是马其顿国王阿明塔斯二世（Amyntas II）的御医。亚里士多德18岁时去了雅典，在柏拉图学园跟随柏拉图学习了二十年左右。柏拉图可能最后对亚里士多德有些不满，而亚里士多德也终于发现在柏拉图的重要学说上与他存在分歧，不过他始终对老师充满敬意。

公元前342年，亚里士多德被马其顿的菲利普国王（Philip of Macedonia）任命为他的儿子，也就是十三岁的亚历山大的导师。当然，亚历山大后来几乎征服当时所有的文明世界，但是恐怕这和亚里士多德的教学并没有什么关系。不管亚历山大从亚里士多德那里学到了什么，他在旅途中都不忘给亚里士多德送去许多动物学标本，同时也资助他的研究作为回报。

公元前335年，亚里士多德在雅典的吕克昂（Lyceum）建立自己的学校，一些观点激进的柏拉图学园成员也加入其中。因为亚里士多德常在吕克昂散步的地方（peripatos）讲学，亚里士多德的追随者也被称为逍遥派（peripatetics），也就是"步行者"。

亚里士多德十分强调对自然的直接观察，他认为在建立理论之前，必须获得有关事实的真实数据。他也认为我们要对获得的知识进行描述、分类和原因的分析。尽管（正如我们在课文中解释的）亚里士多德强调的因果关系和与现代科学所强调的因果关系并不相同。

亚里士多德的著作经常被归在五个标题下：推理法（Organum），它包括六篇关于逻辑学的论文；修辞学和诗学；自然科学著作，包括最重要的《物理学》和《动物志》（De Anima，论灵魂）；形而上学；伦理学和政治学著作，包括《尼各马可伦理学》（Nicomachean Ethics）、《优德米亚伦理学》（Eudemian Ethics）和《政治学》（Politics）。

式决定了它成为一座雕像。因此，形式决定了事物，因此亚里士多德把形式等同于事物的本质。

根据亚里士多德的观点，事物既需要形式也需要质料，除了上帝（后面将讨论），形式和质料不能互相分离。

事物当然是变化的：它们生成新的事物。因此，另一个基本问题是：是什么导致了变化？亚里士多德认为每个变化都朝向某种目的，因此对每件事物都可以提出四个基本问题：

（1）它是什么？换句话说，它的形式是什么？亚里士多德称之为事物的形式因（formal cause）。我们不这么使用原因（cause）这个词，但是亚里士多德这么用，我们不得不接受。

（2）它由什么组成？亚里士多德称之为质料因（material cause）。

（3）什么创造了它？亚里士多德称之为动力因（efficient cause），就是我们经常所说的"原因"的意思。

（4）它为了什么目的？就是为什么它被创造，亚里士多德称之为目的因（final cause）。

请再来思考一下雕像，比如说，米开朗基罗的《大卫》。（1）它是什么？它是一座雕像。（2）它是由什么组成的？它由大理石组成。（3）什么制造了它？是米开朗基罗（或者说是米开朗基罗的凿子）。（4）它为了什么目的？它的目的是创造美好的事物。当然，自然事物并不是因为要满足人的目的而被创造出来的，但是它们仍然有"目的"，比如橡子的目的就是长成一棵橡树。

请更加仔细地考虑一下橡子的例子。橡子实际上不是橡树，它只是潜在的，对吗？因此在亚里士多德看来，变化作为潜在到实现的运动是可以预见的。因为实现是变化的来源，纯实现（pure actuality）是变化的终极来源。纯实现是不变的变者或者不动的推动者，简言之，是上帝。应该注意，亚里士多德称为上帝的纯实现不是犹太教或者基督教的人格神。

古希腊的形而上学家关心的事物五花八门，很难找到一个焦点，但是亚里士多德解释说，他的前人们都关心因果关系。比如泰勒斯关心的是万物的始基：事物的质料因。恩培多克勒和阿那克萨戈拉关心为什么存在变化，就是关心动力因。柏拉图在他的理念论中思考了形式因，剩下目的因由亚里士多德来提供充分的解释。因此，亚里士多德为我们提供了一种整合（和记忆）古希腊形而上学的简便方式。

实现和潜能

亚里士多德用潜能和实现来描述不完美的、变化的存在。它的一端是质料，它由潜能组成。正如我们看见的，质料必须被移动因为它不能移动或者形成自身。它的另一端是如纯实现的上帝，上帝无须移动或变化就可以移动事物。上帝是不动的推动者。上帝的任何移动都意味着不完美，因此上帝移动是不可能的。自然（physis）和宇宙间的一切事物在这两极之间。事物移动或者被移动是实现它们潜能的过程。每件事物有一种强烈倾向，呈现出存在的更高形式以便接近上帝不动的完美。这是事物对移动宇宙的完美上帝的爱或者渴望。上帝是不动的推动者。

亚里士多德认为星体是所有形状中最完美的，是超越人类智慧的存在。它们在存在的等级中十分接近上帝，是上帝的化身。由于星体比地球上的低级存在要有理性和有目的得多，它们会对地球上的物质产生善的影响。今天许多人每天还阅读报纸中的星象图，一些政治领导人甚至以此为根据来安排他们的行程。从这点上看，关注星体的远远不止亚里士多德一人。

对于亚里士多德来说，地球是一个可朽的世界。地球上的事物经历着生老病死。一切事物处于持续的、不稳定的生成状态。因此，尘世的事物渴望完美所带来的稳定和安宁。尽管它们不断努力，尽可能变得和上帝一样完美，它们却永远不能穷尽自己的潜能。既然只有上帝是纯粹的、完美的实现，自然世界的变化就一直没有尽头。

本质和存在

亚里士多德是用存在（existence）和本质（essence）这两个术语来讨论事物的第一位哲学家，更确切地说，是存在和实体（substance, ousia）。我们首先必须要判断的是事物是否存在，然后才能做出其他的判断。因此对存在的判断是第一步。我们接下来需要研究事物的实体和特征。如果事物存在，那么它是什么？亚里士多德赋予实体两层意义。"实体"首先指的是个别的、具体的事物。比如说，人作为与众不同的个体，都有名称来加以标识。亚里士多德把这种独特的性质称为"这个"（this-thereness, tode ti）。"实体"其次是指一个事物与其他事物具有某些共同点。在英语中，我们把它称为事物的本质，或者事物成其所是的东西。每件事物都有其

今天的雅典。古希腊给我们提供了柏拉图、亚里士多德、系统化的数学、奥运会、民主（民主排在最后，但并非最不重要）。

本质和定义，它们通常和类似事物具有一些共同点。举个例子说，我们都有人类的本质，或者如亚里士多德定义的那样，都有理性动物的本质。亚里士多德相信这些本质可以分为固定几类，我们可以进而加以判断并且按照等级排序。例如，物理世界可以被分为矿物、植物和动物三大类。存在的具体事物都可能在特定时间实现自己的潜能，它总在不断实现的过程中。这个过程构成了存在，使作为整体的个别事物得以可能。比如说，幸福就可以作为一个人是否成功地实现了他／她的潜能的一个衡量标准。其他重要的标准还有真理、美、一和正义。

十个基本范畴

亚里士多德认为人还有其他思考事物的方式。存在可以被分为十个基本范畴：实体、数量、性质、关系、地点、时间、状态、构造、被动、主动。亚里士多德认为所有可能的谓词或者归于事物的东西都包含在这些基本分类中。这些范畴让我们理解了事物的存在的不同方面。我们不仅想知道事物的存在，还想知道它是什么，它是如何运动的。亚里士多德同他的老师柏拉图一样，相信我们知道的越多，我们也就越幸福。你的老师或许会问你，能否把这基本范畴表列得更好？我们认为亚里士多德干得不错。

亚里士多德将人类定义为理性的动物。灵魂（psyche）是身体的原则，它避免身体四分五裂。人类的灵魂也为人类提供了追寻目的和终极的目标。尽可能实现自己的潜能是人的一部分自然倾向。奇怪的是，亚里士多德认为灵魂的首要器官是心脏，而大脑只是用来为过热的血液降温的。

三种灵魂

实际上，亚里士多德认为人类拥有三种灵魂，它组成了一个单一的整体。首先是植物灵魂，它是消化和繁殖的来源。其次是动物灵魂，执行着感觉、移动的功能。正是动物灵魂使得人类能够经历或者避免快乐、痛苦的感觉。最后一种灵魂就是努斯（nous），或称为理性或精神的灵魂。这种灵魂是纯洁和不朽的。它不分有身体的可朽性，而是与神相似。人和动物都拥有某些根植于动物灵魂的精神活动。但是除此之外，还存在一种更高级的、为人类所独有的思维活动，它激发人类追寻伦理学、认识论和形而上学各种知识。单凭着人类的灵魂就可以了解作为整体的存在的本质和上帝必然具有的本质。

亚里士多德和理念论

存在着这样一个重要的事实，那就是亚里士多德和柏拉图在理念论上有着重大分歧。柏拉图认为，两样或两样以上的事物，比如说硬币，都可以说它们是圆的，只要它们分有了第三样

亚里士多德、柏拉图论理念

　　这些硬币都是圆的。柏拉图认为因为分有了理念的圆，它们才是圆的，而理念是独立存在于具体硬币之外的。亚里士多德认为柏拉图的说法只是比喻性的，而且毫无意义。在他看来，像圆这样的共相是不能独立于具体事物存在的。

事物，理念的圆。在柏拉图看来，理念的圆在具体的硬币和其他圆的事物之外，正如我们前面提到的那样，理念的圆是具体的圆的存在基础。但是亚里士多德认为分有理念这种说法只是比喻性的说法，没有什么意义。此外，他认为柏拉图的这个看法是错误的：尽管具体事物依赖理念的圆而存在，反过来却不是这样。亚里士多德认为，实际上反过来也是成立的：如果没有个别的圆的事物，就没有理念的圆。

　　亚里士多德对柏拉图理念论最有力的反驳被称为"第三者证明"。证明如下。柏拉图说正是理念的圆将两枚硬币联系在一起，也是它们的共同点。但是亚里士多德问，是什么将理念的圆和硬币联系在一起？另一个理念吗？那么又是什么将这个理念和第一个理念联结在一起呢？还有另外一个理念吗？你可以看到症结所在。

　　亚里士多德的观点是理念是共相（universals）——多于一个个别事物的存在。许多个别的事物可以是美的、圆的、大的或者绿的，因此也有了美、圆、大和绿这些共相。但是你只有一个，亚里士多德也只有一个；你和亚里士多德都不是共相，而是具体事物。举例来说，圆和绿都不能独立于圆和绿的具体事物而存在（见"亚里士多德、柏拉图论理念"一栏）。

　　亚里士多德令人信服地指出了柏拉图理念论的不足之处，但是他在解释什么是共相这点上却也无能为力。亚里士多德（以及柏拉图和他的同代人）在提出令人满意的共相理论以及阐述共相和个体关系上遭遇的困难一直延续了几个世纪。

　　要是对柏拉图和亚里士多德的形而上学做出一个间接的总结注定是可笑的过度简化，除非你把句子写得极其复杂。不过我们这里还要做出过于简单的总结：柏拉图认为，存在着两个世界。一个是具体的、变化的、可感的世界，另一个是永恒的、固定的、不变的超然理念世界，是具体实在的来源。在亚里士多德看来，只有在具体事物中才能找到理念，体现为形式和质料的结合。亚里士多德并未因为具体、可感事物一直处于不断的变动而贬低有关它们的知识，他本人非常关注变化。这也使他提出了变化背后的四因说理论。

亚里士多德的知识论

亚里士多德认为我们通过感觉经验，运用推论的理性思考获得了关于事物的各种知识。举例来说，亚里士多德根据一个事物与其他事物的相同（属，genus）和不同（种，也就是种差，species or specific difference）来给事物下定义。亚里士多德的这种推论方法是根据事物的局限、相同点和不同点来下定义的。相关的事物以原因和结果、主观和客观、潜能和实现为基础形成一条事物链。这样的思维方式能够很好地解释我们人类居住其中的不完善的世界的活动方式。推论是自然科学的基石，它同时也为我们理解自身和日常生活提供了一种方法。但是亚里士多德认为我们有时还需要一种完全不同但十分必要的思维方式，那就是直觉。直觉是对真理的直接理解。比如说，很显然，我们能通过直觉直接知道上帝。我们大体上可以把上帝和自然的存在当做自然世界的原因。但是对上帝更深刻、更令人信服的理解却需要直觉。此外，理性的最高原则只能通过直觉来了解，因为通过推论你无法彻底地理解它。这包括了所有逻辑学、认识论、矛盾律（也就是一样事物在某方面不能同时既这样，又那样）的最基本原则。要是没有基本原则，推论根本不可能存在。

逻辑学

结束本章之前，我们还需要提一下亚里士多德哲学的另外一方面。亚里士多德对逻辑史做出了卓越的贡献。具体地说，亚里士多德是对合理推理的原则进行研究的第一人，特别是关于推理最重要形式之一——三段论的研究。

什么是推理？从一个命题推到另一个命题就是从一个命题中得出另一个命题。比如，"某些哲学家是希腊人"这个命题是从"某些哲学家生于希腊"和"所有生于希腊的哲学家都是希腊人"这两个命题中推导出来的。

从两个命题推出一个命题的特定推理是三段论。三段论是推理的绝对基础形式，亚里士多德是对三段论进行完整分析的第一个人。他的分析是如此智慧、充分，因此至今仍然是全世界大学中的教学内容，就好像欧几里得对几何原理的基础研究仍然是几何学的入门课程。亚里士多德对三段论的研究是逻辑学入门的基础，他被称为逻辑学之父。

亚里士多德也研究了逻辑学其他重要领域。他试图对思维的形式，或者说我们考虑现实的方式下一个定义。因为亚里士多德假设我们思考现实的方式代表了现实存在的方式，所以亚里士多德的逻辑和形而上学关系紧密——不过亚里士多德的逻辑学是另外一本书要讨论的问题了。

原著选读 4.1 《形而上学》①

亚里士多德

这一部分将告诉我们，亚里士多德在何种意义上将形而上学视为对存在之最普遍特性的考察。在此，亚里士多德并没有试图得出包罗一切的结论，而是描述了生成过程中诸多重要而有趣的方面。例如形式和质料的关系、形式的特性，以及生成变化的诸形态（即事物由之进入存在的诸方式）。

变化过程

一个生成的东西，总要被某物生成（我称它为生成的本原或始点），又要出于某物（让我们不称它为短缺，而称之为质料，对此我们做了说明）。正如载体，青铜是不可制作的，球形也不可制作。只有在作为偶性时，铜球作为球形而存在，它才是可制作的。制作这个东西，就是从一般意义上的载体中把这个东西制造出来。我们制作钢球，并不是制作一个球或圆形，而是另外的东西，即在其他事物中的这种形式。如果制作形式，那么我们就必须从另外的东西中把它制作出来，这是我们的前提。例如，制作一个铜球，就是从这种青铜的东西，把这个是球的东西制作出来。倘若是制作圆形自身，当然也须以同样方式来制作，而这种生成将步入无穷。

形式，或不论把感性事物中的形状叫做什么，反正很显然它是不能被制作的，它不能生成，它没有本原。事物的本质概念都是如此。它出现在他物之中，或者由于技术，或者由于

自然，或者由于潜能。确实可以制作铜球，就是从青铜和球形中制作，就是把形式制作到这种质料里面去，这个铜球就存在了。总的说来，如若作为球形而存在可以生成，那么，事物都是从某种东西生成的。生成的东西当然都是可分解的，存在着这个和那个，我说的是，存在着质料和形式。如圆球是个从中心到圆周均等的图形。所制作的东西，一方面是形式得以进入的质料，另一方面是进入质料的形式，合并起来就是那个生成物，例如，铜球。

从以上所说，就很清楚，作为形式或者本质，它是不生成的，而以此命名的组合物才是生成的；而且质料内在于全部生成物中，有时是这，有时是那。在这众多的球形之外，是否存在着某个球形呢？在这众多砖屋之外，是否存在着某个房屋呢？如若这样，个别东西将永不会生成。形式所表示的是这类，而不是这个。但是人们却从这个制作出、产生出这类来，然而一旦产生了，这个类也就存在。这个卡里亚，或者这个苏格拉底作为个体，正如这个铜球一样，而人和动物则相当于一般的铜球。

很显然，形式因，或者如某些人习惯地称之为形式，如若是些在个体之外的东西，对于生成和实体就毫无用处。并非先有了它们才有了它们的个体例证。在某些情况下，也可以看得清楚，生成者和被生成者是相似的；虽然决非相同，不是数目上的一，而是形式上的一。例如，在自然物中人生出人来；除非偏离本性，

① 选自《亚里士多德全集》，苗力田译，北京，中国人民大学出版社，1993。本书译者以此为底本做了修订。

马生出骡驹。就是在这种情况下，也还有相似之处。因为在马和驴之间，有一种无以名之的共同的东西，作为最接近的种，对两者是相同的，这便是"骡子"。

所以，用不着证明，没有必要把形式当做模型来使用（在以下的情况中，形式表现得最为突出，因为这些有生命的东西最是实体）。而生成者具有充分的制作能力，形式因就存在于质料之中。这样一类形式存在于这些肌肉和骨骼之中，就是卡里亚和苏格拉底。通过不同质料，产物在形式上总是相同的，因为形式是不可分的。

在生成的东西当中，有些因自然生成，有些因人工生成，有些因自发生成。所有生成的东西，皆被某物所生，并且出于某物，并成为某物。我所说的这个某物是就个别范畴而言，诸如实体、量和质或地点。

出于自然的生成就是自然生成。所由生成的东西，我称为质料；由某种自然物而生成，有的成为人，有的成为植物，以及其他类似的东西，我们统称之为实体。全部生成的东西，或者自然地具有质料，或者人工地具有质料。凡是生成的东西，每一个都可能存在或不存在，这是由于个体中的质料造成的。一般说来，自然即事物由之而生，自然即事物循之生长。凡生成的东西都具有自然，例如，植物和动物。而生成者是自然事物，它与被生成的他物在形式上相同。这形式亦在他物之中，如人生出人来。自然生成的事物就是如此生成的。

■ 关键词

存在和本质	形式因，质料因，动力因，目的因	属和种差
努斯	灵魂	实体（ousia）	第三者证明
共相		

■ 供讨论复习的问题

1. 怎样用亚里士多德的四因说来解释一个棒球？
2. 亚里士多德认为要是没有个别的马，也就没有理念的马，你认为正确吗？
3. 共相是真实的吗？它是在何种意义上存在的？
4. 如果没有存在，还有本质吗？
5. 有哪两种实体？
6. 解释亚里士多德是如何说明"直觉"的。人类拥有直觉吗？
7. 亚里士多德认为每个变化都是朝向某种目的的，你同意他的观点吗？
8. 说明为什么亚里士多德认为纯实现是变化的终极来源。
9. 为什么亚里士多德说上帝是不动的推动者？
10. 温习亚里士多德提出的存在十范畴。外星人也根据十范畴来思考吗？

第五章
希腊化时期和基督教时代的哲学家

尽管哲学家们在事物的本质、探索真理的方式以及我们行为应遵循的善这三大普遍问题上未达成一致意见，但是他们对此却耗费了全部的思考精力。

——圣奥古斯丁

公元前322年，亚里士多德的学生、马其顿国王腓力二世(Philip II)的儿子亚历山大大帝去世，在此之前，32岁的他已经征服了整个西方文明世界，摧毁了所有的对手，他用自己的名字给许多城市命名，好让他的丰功伟绩传遍世界。马其顿对希腊语世界的统治时期被称为希腊化时期（Hellenistic age，Hellene是希腊的意思）。数学和科学成了这一时期的最重要的收获。

大约在公元前335年，亚历山大开创了马其顿的霸权地位，在他之后，亚历山大的三位将军及其家族继续发展马其顿的事业，大约持续了一百五十年左右。直到公元前190年左右，新生政权罗马——击败了马其顿国王腓力五世（Philip V）和叙利亚的安条克三世（Antiochus III）。从那时起，整整七百年间，谈论西方世界就是谈论罗马帝国，这个以掠夺和刀剑立国的政权。

屋大维是尤利乌斯·恺撒的甥孙，也被称为"奥古都斯，第一个罗马皇帝和世界的救主"，从他公元前27年统治罗马开始，罗马帝国享受了两百年的和平、安全和政治稳定。不过在马可·奥勒留（Marcus Aurelius，161—180）上台之后，罗马政权渐渐堕落，陷入一片混乱。戴克里先

今天仍可见罗马时代的导水渠。也许当代意大利人的曾曾曾祖父就在这里游泳。

（Diocletian）延缓了罗马帝国的倾覆，他把罗马帝国分为东罗马帝国（拜占庭）和西罗马帝国（罗马）两部分。到康斯坦丁一世（Constaintine I）掌权之时，他对待宗教普遍都很宽容，他实际上认可了基督教的地位。然而，内部的混乱最终使得罗马国境向蛮族敞开了大门。尽管东罗马帝国政权持续到了 15 世纪，然而早在公元 476 年，西罗马帝国最后一个国王就被哥特人废黜，随之而来的是黑暗时代。

罗马人在工程方面的业绩令人惊讶。他们修筑了导水渠和下水道，最早拥有了玻璃窗。富足的罗马人住在城里，他们的房子装备有中央加热以及自来水系统。罗马的干道以四米宽的基层道路为基础，铺有牢固的方形石块。罗马的道路和桥梁今天仍在使用，也许有些使用寿命能超过州际公路。不过，它们已经崎岖不平了。

罗马人对于当代社会最重要的贡献，或许莫过于法律：罗马法为现代的民法奠定了基础。当然，罗马人在战争方面也很出色，所以罗马战争向来是当代史诗剧取之不尽的题材之源。在罗马人的眼里，看人们角斗至死是令人满足的消遣，尽管看人兽搏斗也非常有趣。和好莱坞不同，古罗马的斗士可是来真的。

罗马帝国的形而上学

在希腊化时期和罗马时期，有四大传统或者四大哲学"流派"；其中三个大约在亚历山大大帝时期形成，它们实际上是希腊文化而不是罗马文化的成果。这其中两个——斯多葛主义和伊壁鸠鲁主义——主要关心个体应该怎样最好地处理自己的事情。如果那个时候有超市的话，你肯定会在收银台找到正在出售的斯多葛学派和伊壁鸠鲁学派的平装指南手册。在形而上学方面，斯多葛派认为一切存在都是物质的；认识论方面，他们认为知识可以通过感官途径来获得，然后被理性检验。斯多葛派对逻辑学也有重要贡献，这超出了本书的范围。最重要的或许是自然法概念，它直接源自斯多葛派，即理性原则贯通整个宇宙，人类行为应当与它一致。我们将在第十、十一章讨论这个话题。

另外一个流派——怀疑主义（Skepticism）——关心知识的可能性（我们一会儿就会讨论）。与其他三个不同，剩下的一个流派在罗马时期形成，但是无论从意图还是效果来说，都只是做出修正的柏拉图哲学。这就是新柏拉图主义（Neo-Platonism），它对基督教的形而上学产生了相当大的影响。

普罗提诺

普罗提诺（Plotinus，205—270）是新柏拉图主义的伟大哲学家。普罗提诺生前，罗马帝国风雨飘摇，因瘟疫、蛮族游民而饱受折磨，而罗马的军队除了暗杀自己的领导人之外别无能耐。罗马文明几乎在深渊旁摇摇欲坠。然而，普罗提诺有意无视这些俗世纷扰，他发现只要凭着将

人物简介 ｜ 普罗提诺

普罗提诺 28 岁的时候，在亚历山大城（位于埃及，在以亚历山大大帝命名的城市中最为著名）萌发了对哲学的兴趣。他的第一个老师是被人们称为"麻袋搬运工"的阿摩尼阿斯（Ammonius），因为他以做园丁谋生。

大约 244 年，普罗提诺到了罗马，并在那里建立了一所声誉颇盛的新柏拉图主义学校。甚至连罗马皇帝加里恩努斯（Gallienus）和他的妻子萨隆尼娜（Salonina）也对学校庇护有加。普罗提诺鼓励学生提出问题，结果讨论常常相当热烈，有时甚至有些过于激烈。曾有一次，普罗提诺不得不阻止一个议员和一个富人之间的大吵大闹，他让双方都冷静一下，把思考都集中到"太一"（这方面内容将在课文中看到）这个概念上。

普罗提诺本身是一个安静的、谦虚的、无私的人。人们认为他有一种洞察别人品质和动机的神秘能力，因此人们总向他征询各种各样的实际意见。

然而，普罗提诺却不肯承认自己的生日。波斐利（Porphyry）曾写过普罗提诺的传记，根据他的说法，普罗提诺对于自己不朽的灵魂藏于会死的身体中感到羞愧，因此他的灵魂进入身体这件事让他懊悔不已。他也不允许为他的脸画像或者为他的身体塑像。事实上，他对身体的长期漠视导致了他的失声，他的四肢也由于脓疮而溃烂。由于普罗提诺会用拥抱来问候他的学生，这样做的连锁反应是入学率下降。

普罗提诺的哲学对圣奥古斯丁和其他神学家、教父产生了重大影响。要是没有普罗提诺的玄奥思想，基督教神学将是无法想象的。

注意力转向内心，他就能够与上帝融为一体。

现在先回想一下柏拉图。在柏拉图的形而上学体系中存在着两个世界。一方面是一个洞穴，即变动着的表象世界：充满了感觉、无知、错误、幻觉和黑暗。另一方面是光，即理念的世界：充满了智慧、知识、真理、实在和光明，这个世界存在和本质的终极来源是理念的善。普罗提诺进一步具体阐释了这个作为上帝或者太一的终极来源或者实在。对普罗提诺来说，上帝高于并且超越一切——它是完全超验的。

但是普罗提诺的上帝和柏拉图的善一样，并非基督教所讲的上帝，它们都是非人格的神。根据普罗提诺的说法，上帝无法定义，不可描述，因为定义或者描述都将对无限做出限制。关于上帝唯一能说的就是上帝存在。神秘的经验中，我们的灵魂与上帝结合在一起才能领会上帝。

神秘"触摸"上帝的那刻，我们"看见"的那刻，是我们生命的巅峰时刻。

基督教的兴起

就像人物简介中提到的那样，普罗提诺的思想对古代最后一个伟大哲学家奥古斯丁产生了深远影响。奥古斯丁同样也是历代基督教历史中最重要的两三个神学家之一。基督教在欧洲的优势地位最终划定了大多数西方哲学家思考的框架。紧随普罗提诺之后的西罗马帝国的重要哲学家几乎无一例外都是基督徒。

最早的基督徒，包括耶稣基督和他的信徒是犹太人。基督教由犹太教的一个派别逐渐发展成一个独立的宗教。在罗马人统治下，大体而言他们对于不同的宗教思想和活动还是持宽容的态度。但是犹太人，包括少数派的基督教信徒甚至不愿意向罗马的诸神致以象征性的敬意。此外，基督教徒还积极行动让别人改宗。因此，在罗马人的头脑中，基督徒不仅仅是嘲笑罗马诸神的

人物简介 | 圣奥古斯丁

奥古斯丁在北非长大。他的父亲是当地一名成功的商人，希望奥古斯丁也走一条相似的道路。因此，他在迦太基学习了修辞学。然而他在那里遇到一群叫"捣乱鬼"的学生，他们以夜袭没有防备的过路人这样的事情为乐。值得赞扬的是，奥古斯丁没有参与其中，尽管他曾出于偷窃的变态乐趣偷了邻居树上的水果。

作为一个年轻人，奥古斯丁同样沉溺于许多风流韵事。他找了一个情人并且生了一个儿子。他最终对自己的生活方式产生了怀疑，这样的想法逐渐占了上风。得到家庭的鼓励之后，他和一名显要家庭的年轻女子订了婚。但是奥古斯丁又渐渐失去耐心，重新找了一个情人。

与此同时，奥古斯丁到罗马、米兰学习，在那里他成了一名修辞学教授。奥古斯丁的母亲莫尼卡早已经加入基督教。在母亲的鼓励下，在和杰出的传道者圣安布罗斯（St. Ambrose）的交往中，奥古斯丁在33岁时接受洗礼，皈依了基督教。他回到北非，随后很快成了非洲希波（Hippo）地区的主教。

主教奥古斯丁将他的修辞学才华发挥得淋漓尽致，他猛烈抨击了他眼中的各种异端邪说。他的思想有两大支柱，那就是人类的罪恶和不可思议的上帝。72岁的时候，奥古斯丁告别尘世，自己选择在孤独死去。

无神论者，而且不同于正统的犹太人，他们是狂热的暴民，企图把罗马人眼中的粗俗迷信强加于别人。结果在几个世纪中，基督徒不断受到罗马国王的迫害，这种迫害有时候是相当残酷的。

然而，在公元前几个世纪的众多派别中，基督教最终成了最为流行的宗教。由于塔尔苏斯的保罗（Paul of Tarsus，后来的圣保罗）在管理上的努力，到4世纪前期，基督徒人数众多，基督教组织有序，罗马皇帝康斯坦丁正式宣布基督教合法。

基督教的具体教义我们无须关心太多，它的核心信仰广为人知：耶稣是上帝的儿子；耶稣的一生，钉死在十字架和复活是上帝爱人类和宽恕人类的罪的证明。此外，相信基督的人会被救赎也能够获得永生。人们（基督徒）认为上帝创造了万物，因此他不同于他的创造物。

圣奥古斯丁

圣奥古斯丁（St. Augustine，354—430）来自塔加斯特城（Tagaste），大概接近今天阿尔及利亚的安纳巴（Annaba）。他将柏拉图和新柏拉图主义的思想转换成了基督教的思想。一直到今天为止，这些思想仍然左右着基督教徒和非基督教徒。

"无论何时，"托马斯·阿奎那（Thomas Aquinas）后来这样写道，"对柏拉图主义学说了如指掌的奥古斯丁，只要在他们的著作中发现任何符合信仰的东西，他就会吸收进去；无论发现什么不符合信仰的东西，他都要修正。"通过奥古斯丁的努力，基督教始终和柏拉图思想紧密交织，正如英国主教威廉·英奇（William Inge）所说，如果不是"将基督教变得支离破碎"，今天已经不可能将柏拉图主义和基督教分离开来。

奥古斯丁认为在他在《圣经》中找到那些重要的基督教信条之前，普罗提诺和柏拉图已经让他做好了准备（但是普罗提诺和柏拉图都不是基督徒）。奥古斯丁一度十分倾向于怀疑主义，他认为"一切都不可知"。柏拉图和普罗提诺使他克服了这种倾向。

今天我们想当然地把独立的、非物质的实在这一概念当做超验的上帝。即使那些不信奉上帝的人也很熟悉非物质的上帝这一概念，也不会把这当成完全的废话（尽管有些人的确是这么想的）。经过仔细思考我们却会发现我们的经验不能导出这样一个概念，因为我们似乎只经验具体的、物理的事物。受到柏拉图和普罗提诺的影响之后，奥古斯丁意识到信仰一个不同的非物质实在并非是表面看来的盲目迷信。通过奥古斯丁的思考，基督徒对非物质上帝的信仰获得了哲学上的根据，没有这个根据，这个宗教（可能）也无法支撑几个时代以来思想者们的信仰。（其他对基督教上帝信仰的持久性的解释当然也是可能的。）

奥古斯丁接受了柏拉图的看法，"存在两个世界，一个是可用理性了解的世界，真理居住其中，还有一个凭借视觉和触觉来理解的感觉世界"。同前人柏拉图一样，奥古斯丁认为人类思想理解永恒真理的能力暗示了与可感世界不同的、无限的和永恒的事物的存在，这个本体从某种意义上代表了所有实在和真理的来源和基础。奥古斯丁把这个终极基础和最高实在等同于上帝，而不是柏拉图的理念。

奥古斯丁论上帝和时间

Ex nihilo 理论（上帝从无中创造世界）向基督教神学提出了一个棘手的问题：为什么上帝在这个时候而不是别的时候选择创造这个世界？多亏了柏拉图和普罗提诺，奥古斯丁才有可能做出一个比较合理的解答。

据奥古斯丁的讲法，这个问题建立在一个错误的假设上，那就是上帝（和他的行为）存在于时间之内。与此相反，奥古斯丁认为上帝不存在于时间之内而是时间在上帝创造世界的那刻开始。上帝是超越时间的。柏拉图所说的善以及普罗提诺的太一永恒不变的属性以这种方式被奥古斯丁转换成了基督教的上帝。

但是奥古斯丁感到疑惑的是，到底什么是时间？奥古斯丁在这里以一个充满吸引力的答案回答了这个问题，从而开辟了新的哲学基础。

他问："什么是时间？没有人问我，我倒清楚，有人问我，我想说明，便茫然不解了。"一方面只有当下的东西才存在，因为过去无法重现，而未来还没有到来。但是另外一方面，过去的确有事情发生，也有其他的事情会在未来发生，因此过去和未来都是真实的。过去和未来怎么可能既是真实的又是不存在的？

奥古斯丁对这个令人绝望的难题的回答是，过去和未来只存在于人的头脑中。"过去事物的现在就是回忆；现在事物的现在是景象；将来事物的现在是期待。"

奥古斯丁把时间分析为一种主观现象，它"只在头脑中"存在。（因此，在上帝创造我们之前没有时间。）我们将在第七章讨论，时间是主观的这一思想将被18世纪的哲学家伊曼努尔·康德进一步阐发为时间、空间、因果关系和其他存在的基本范畴都是思想主观强加于世界的。这一思想还被绝对观念论者发展成一个终极的结论——世界就是思想。

我们可以在奥古斯丁《忏悔录》第十一卷中看到他关于时间的思考。

然而，奥古斯丁接受《旧约》中上帝从无中创造世界的说法。当你想到"无中生有"（Creation ex nihilo），也就是从无中创造万物这个概念的时候，会觉得很吃惊，古希腊的思想者也曾觉得十分困惑，他们认为从无中产生他物是不可思议的。（"奥古斯丁论上帝和时间"一栏中就描述了奥古斯丁关于创造的想法。）

奥古斯丁同样接受福音书中关于耶稣基督出生、死亡和复活的故事，他相信上帝在耶稣身

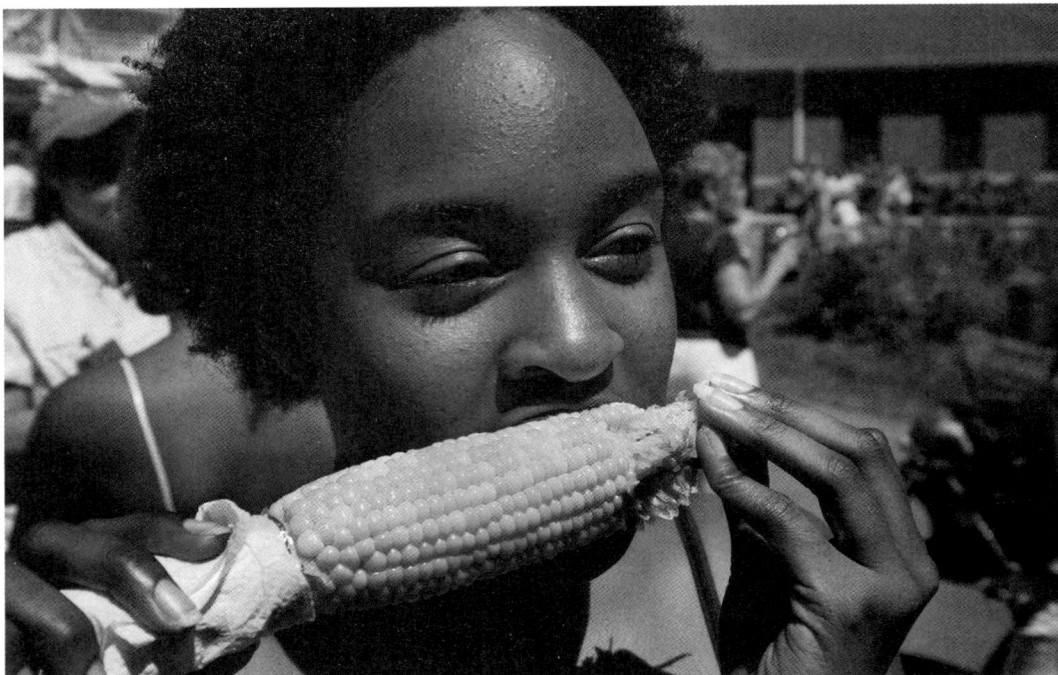

这位女孩能知道自己在吃玉米不？学园派和皮浪主义者说不能，而奥古斯丁说能。

人物简介 │ 皮浪

由于皮浪没有留下著作，所以我们对他生平知之甚少，皮浪主义传统是根据他命名的。公元 3 世纪的希腊传记作家第欧根尼·拉尔修（Diogenes Laertius，他记述了许多古代哲学家的故事，尽管内容散漫，也不尽可靠，但它们仍然是历史情况的珍贵来源）曾写到，皮浪对周围的事物完全漠不关心，意识不到身边发生了什么事情。第欧根尼·拉尔修讲了一个很有名的故事，皮浪的一位敬爱的老师陷进水沟里，皮浪从他身边经过，却不发一言。（这个故事也可能表明皮浪对周围的事物太在意了。）然而，根据其他的记述，皮浪是一个谦虚的、敏感的和头脑冷静的人。

不管怎么说，皮浪认为我们无法了解事物的隐蔽实体或真实性质。这是由于他认为对每个理论都可以提出一个同样合理的相反理论加以反驳，因此我们既不必接受也不必拒绝这些理论，而是应该悬置对一切事物的判断。对判断的悬置，即悬置判断（epoche），根据皮浪的说法，会导向宁静（ataraxia），就是安静和不受纷扰。皮浪显然主要因为他的模范生活方式（agoge）而闻名，尽管这种生活方式到底是什么还存有分歧。

上体现了道成肉身。因此，奥古斯丁的神学考虑了上帝作为人类的一面，这对于新柏拉图主义者来说这实在是难以想象的。他们认为非物质的世界是不容不完美的低级物质玷污的。

人们有时称奥古斯丁是基督教神学的奠基人。当然除了系统阐述大量基督教教义的圣保罗之外，奥古斯丁对基督教思想的影响无出其右。他对恶的概念的思考同样也是他思想的一个重要组成部分，柏拉图和普罗提诺的影响在这里再次凸显（我们将在第十章谈及）。

奥古斯丁和怀疑主义

彻底的怀疑论者（total skeptics）认为一切都不可知，或者宣称对一切事物悬置判断。修正的怀疑论者（modified skeptics）认为至少有些事物是可知的，但是对于是否可能了解某些特定事物的知识他们拒绝或者悬置判断，比如上帝，或如历史或伦理学的一些主观事物。柏拉图之后的希腊化时期和罗马时期，两派怀疑主义都发展壮大，彼此相互竞争：学园派（Academics，公元前 3—2 世纪时在早先的柏拉图学园里兴旺发展）和皮浪主义者（Pyrrhonists，爱利斯［Elis］的皮浪［Pyrrho，约公元前 360—前 270］的学生们）。学园派和皮浪主义者都是彻底的怀疑论者；他们之间的主要区别似乎只是表述的差异。学园派认为："无法理解任何事物"——也就是一切都不可知。然而皮浪主义者实际上说的是："我对事物悬置判断，我对于我的研究同样悬置判断。"简言之，皮浪主义者认为他们并不知道知识是否可能。

最为著名的怀疑论者是最后一位皮浪主义者，生活在 2—3 世纪的塞克斯都·恩披里柯（Sextus Empiricus）。尽管塞克斯都的著作卷帙浩繁，记叙了大量古希腊怀疑主义可靠的第一手资料，但是关于他本人的情况我们却知之甚少。我们不清楚他在哪里出生或者死亡，甚至不知道他生活在哪里，不过我们知道他是一名医生。

在塞克斯都的著作里，我们实际上可以发现他对每一个怀疑主义的论证都进行了精心的构思。塞克斯都提出了十喻表（Ten Tropes），它集合了古代怀疑论者否定知识可能性的十个证明。

塞克斯都的星号

法国伟大的喜剧作家莫里哀在 17 世纪写了一部作品叫做《被迫的婚姻》，一名怀疑论者在一场戏中被揍了一顿。当他挨揍的时候，别人提醒他说怀疑论者是无法确定自己是否正在挨揍或者感觉痛苦的。莫里哀显然并没有把怀疑主义看成严肃的哲学。

为了替塞克斯都辩护，我们必须注意塞克斯都的怀疑主义边上要打一个星号。他说他不"否认那些与我们被动的感觉印象一致的事物，我们不自觉地认同了它们"。我经历疼痛是一个非自觉的判断，因此塞克斯都说它不能算数。

我们把它留给你来决定塞克斯都的这种解释方法能否逃脱莫里哀的批评。

十喻表隐含了这样的思想：只有我们有充分根据相信实际的事物和我们所思考、观察的事物是完全一样的，知识才是可能的。但实际上我们并没有充分根据相信实际的事物和我们所思考、观察的事物是一致的。比如，只有当一件事物和我们发生了关联我们才会注意到它，否则我们不会意识到一件独立于我们之外的事物。因此，我们无法弄清事物的本来面目。

举个例子，请想象一根木棍。我们所想到的它的性质是我们通过感觉观察到的——但是不要太草率了。木棍是否只有那些向我们显现的性质？它有没有我们所不知道的其他性质？或者它的性质比我们看起来的更少？感觉本身不能告诉我们以上哪个选择是正确的，塞克斯都认为由于感觉不能告诉我们，思想也做不到。（17 世纪法国喜剧作家莫里哀曾对这个理论开过一个很有名的玩笑，你可以在"塞克斯都的星号"一栏中看到。）

现在让我们回到奥古斯丁。当罗马帝国基督教信仰盛行的时候，怀疑主义偃旗息鼓了，奥古斯丁通过罗马历史学家西塞罗的相关描述熟悉了学园派的怀疑主义。奥古斯丁得出结论，至少可以用三种方式来反驳彻底的怀疑主义。

首先，怀疑主义可以用不矛盾原则（principle of noncontradiction）来反驳，我们之前已经提

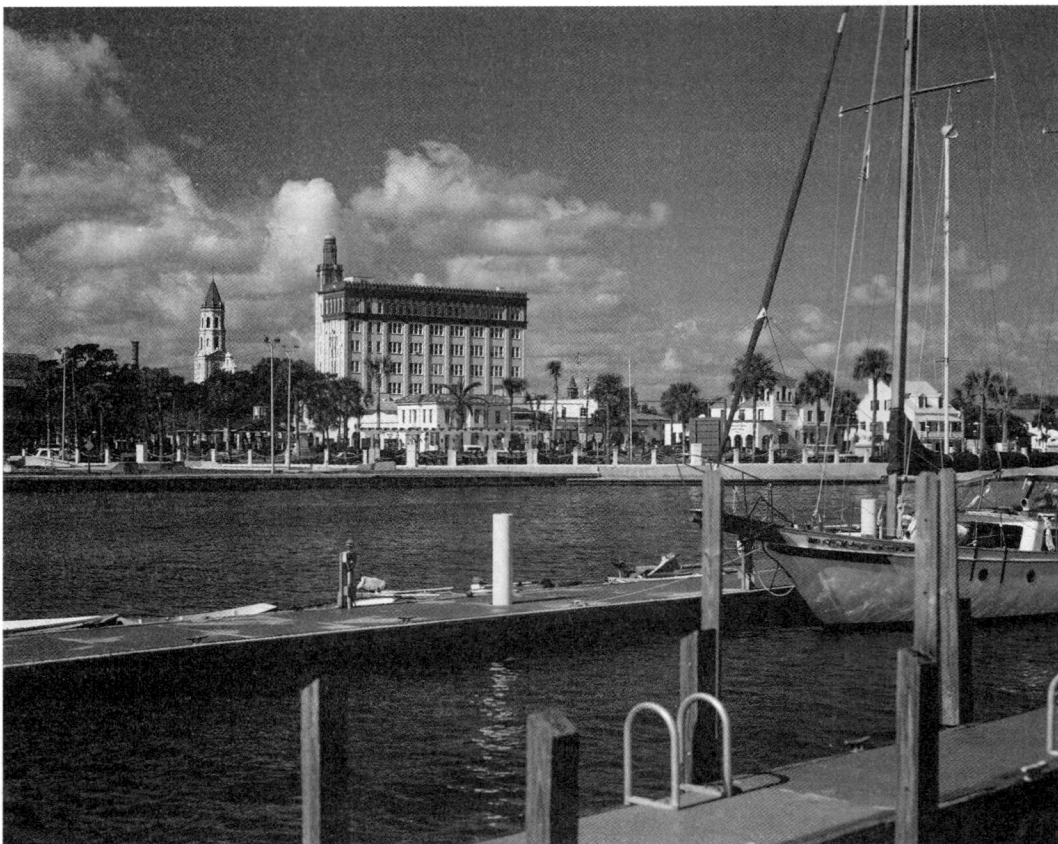

佛罗里达州的圣奥古斯丁，美国最古老的城市，创建于 1565 年。当时奥古斯丁已经去世一千多年了。

到过这条原则了。这条原则讲的是一个命题和它的对立命题不能同时为真——要么这个为真，要么另一个为真。命题"棍子是直的"以及"棍子是直的是错误的"不能都为真。因此，至少我们知道棍子不可能既是直的又是不直的。然而，并不是所有的当代哲学家都信服圣奥古斯丁的论证，它并没有正面挑战塞克斯都·恩披里柯采用的推理思路。

其次，奥古斯丁认为怀疑的行为揭示了人的存在是绝对确定的：从我在怀疑这个事实中可以自然而然地得出我存在（第六章将谈到法国著名哲学家笛卡尔曾经详细阐述了一个类似的方法来反驳怀疑主义）。然而，这个高妙的论证同样没有说服一些当代哲学家，因为它也没有直接对塞克斯都采用的推理提出批评。

最后，奥古斯丁还认为感觉认识本身是一种初级的知识。他说，仅仅当我们的"认同超越了表面事实的时候"，感觉认识才会欺骗我们。比如，木棍插入水中就变弯了。如果我们仅仅认同木棍的表象，说它看起来是弯的，我们就不会犯错误。只有当我们断定桨实际是弯的，我们才会出差错。

奥古斯丁把这三种理解方式看做对怀疑主义的反驳，并且给予了高度重视，但是他也没有试图从中推导出其他重要的东西。对奥古斯丁来说，只有通过启示和坚持信仰才能获得最重要的真理，这个基督教信条贯穿了整个中世纪。

希帕蒂亚

这一时期另一个关键人物就是希帕蒂亚（Hypatia，约 370—415）。最近的学术研究揭示了希帕蒂亚的重要地位，特别是她在当时的文化和学术中心亚历山大城的天文学教学和研究活动对西方思想产生了深远的影响。

希帕蒂亚的父亲塞翁（Theon）是一位著名的数学家和天文家。她与父亲一起教授托勒密的天文学。克劳狄斯·托勒密（Claudius Ptolemy）是 2 世纪一位专门研究天文学的学者（他的研究成果保持了一千多年，直到 16 世纪，尼古拉斯·哥白尼［Nicholas Copernicus］才推翻了托勒密的系统学说）。希帕蒂亚是最后一位托勒密著作的重要评论家。

希帕蒂亚几乎算不上是一名怀疑论者。她和她的父亲一起为托勒密著作做了补注，其中包括了托勒密去世后大量的天文观察记录。托勒密的理论假设地球是宇宙的中心，太阳围着地球转。他对天文事件做出了精确的预测，但并非百分之百地准确，观察者距离托勒密年代越远，他的预测就显得越不准确。希帕蒂亚完善了他的理论，把计算推进了许多位（用的只是算盘！）。计算的精确性也提高了天文预测的精确性。希帕蒂亚运用了比托勒密更丰富更巧妙的几何和代数方法，使得天文现象能与托勒密的理论更加一致，也与他用来阐述理论采用的几何和代数方法更加协调。她试图通过找到并填补定理的漏洞来进一步提高定理的严密性，从而使得理论变得更加完整。她有时还用直接证明代替从前仅有的间接证明来提高证明的可靠性。

尤其重要的是，希帕蒂亚在托勒密太阳绕着地球运转这部分的理论中发现了错误。（这无

人物简介 | 亚历山大的希帕蒂亚

希帕蒂亚在埃及的亚历山大城当时被称为"博物馆"的地方教书。那个时候，哲学仍然涵义丰富，像普罗提诺和希帕蒂亚这样的哲学家，并没有（如我们今天一样）对宗教学、数学和天文学加以区分，并把纯哲学部分称为形而上学。

希帕蒂亚年轻的时候就是个名人。到390年的时候，来自北非各个地方的学生都慕名拜她为师。（欧洲那个时候还是个未开化之地，而亚历山大城的地位相当于古代的硅谷。每个有名的科学家和哲学家都拜访过这里。）

希帕蒂亚是一个异教徒，但是她有很多基督教徒学生，还有一些犹太教徒学生。想想看，到410年的时候，不同宗教团体之间关系恶劣，时时发生暴乱，希帕蒂亚在讲课的时候不得不尽量采取中立的态度。她有一位来自希兰尼的学生（Cyrene，位于利比亚），他皈依了基督教，后来成了神父，并担任了主教。

在几千年后，对任何想为希帕蒂亚著述的人，编年史家总会告诉他她是如何对付男性学生的性骚扰的。据说她向这位学生扔了一样用过的东西，这件5世纪的物品相当于我们今天的卫生巾——这位学生从此销声匿迹。（显然博物馆当地没有对付性骚扰的司法程序。）

直到20世纪，人们通常认为希帕蒂亚写了三本著作，而且已全部失传。你能想象你一本书的副本在十五个世纪后重见天日，并且书中还有笛卡尔《第一哲学沉思录》的残篇吗？这就是希帕蒂亚著作的经历！就我们现在掌握的资料来看，她似乎写了六篇不同长度的学术文章。有一些文章直到最近才被学者确定为出自希帕蒂亚之手。她的著作被复制、编辑、翻译、再翻译，合并入别人的著作，被买入、卖出，在一千多年间从罗马转到巴格达，又辗转到英国学者的手中。她的著作有希腊文、拉丁文、希伯来文和阿拉伯文版本，但是没有英文译本。希帕蒂亚的著作包括补注丢番图的《算术》（*Arithmetica*）；以阿基米得（Achimedes）的《论球和圆柱》（*Sphere and Cylinder*）为基础的著作；论述单面形体的匿名著作；对阿基米得《论圆的度量》（*Dimension of the Circle*）的评论；她对阿波罗尼斯·佩尔吉斯（Apollonius Pergaeus）的《论圆锥曲线》（*Conics*）的评论为后来的相关著作奠定了基础，其中包括天文学家埃德蒙德·哈雷（Edmund Halley，因哈雷彗星而出名）的著作；对托勒密著作《天文学大成》（*Syntaxis Mathematica*）的一部分评论。

希帕蒂亚在415年被残酷地杀害了，据说是一群僧侣所为。她的尸体被砍成几块，并用火焚烧。

论在基督徒还是异教徒看来都是很重要的——希帕蒂亚是异教徒——因为两方的哲学都认为地球必然是宇宙的中心。)在哲学上同样重要的是,她努力说明托勒密天文学和丢番图（Diophantus,丢番图是古希腊一位重要的数学家）代数理论的完全性。一种理论只有解释了在它范围内的一切问题才是"完全"的。对完全性的证明存在着种种困难,但是大部分困难我们到今天才能够理解。在希帕蒂亚生活的时代,没有人知道该如何证明一个理论的完全性。希帕蒂亚的方法就是提出她所能想到的一个理论的全部反驳和反例。

对于希帕蒂亚来说,要搞清柏拉图、亚里士多德和普罗提诺等人对立于物理世界的哲学,就得靠数学和天文学来检验这些哲学的形而上学和认识论特征。比如,亚里士多德认为圆是最完美的形状。如果圆是最完美的形状,那么它的理念,即柏拉图意义上的理念,一定会由上帝的创造物反映出来,那就是这个宇宙。柏拉图和亚里士多德的思想可以在天文学中有关宇宙的各种形状的理论和发现中得到检验。

希帕蒂亚在哲学上赞同普罗提诺的形而上学和斯多葛主义（参见第十章）。她和所有普罗提诺的信徒们都相信只要揭开了太一的奥秘、实在的终极来源,就能够解释一切。它可以解释上帝的性质、宇宙的性质,以及我们在其中的位置。

希帕蒂亚的哲学不止于抽象的智力活动:它还体现着个人的伦理观、宗教观和生活方式。希帕蒂亚向初学者介绍柏拉图的形而上学和普罗提诺对柏拉图形而上学的解释,期望他们的日常生活能有新的面貌。数学和天文学被看成形而上学研究的必备要素之一,因此她为学生在数学原理、天文学证明方面准备好了精心而系统的讲解。

我们无法确定后世的天文学家是否注意到了希帕蒂亚对托勒密的评论,因为现在只有两份副本保留了下来。它们都保存在文艺复兴时期的洛伦佐·美第奇图书馆。一千多年之后,正在周游意大利、尽力阅读托勒密一切著作的年轻学生尼古拉斯·哥白尼可能看到过她的著作,但我们不能确定,也不能知道这是否对他重新思考地心宇宙模型产生了影响。

中世纪和阿奎那

430 年,奥古斯丁去世。46 年后（西）罗马帝国覆灭。罗马帝国掌握政权的最后几个世纪见证了基督教在社会各个阶层的广泛传播,教会最终与国家结成了同盟。与此同时,对恶魔、巫术、占星术和其他蒙昧迷信的信仰也大大增长。476 年,罗马最后一个皇帝被废黜,从此理智之光在欧洲熄灭。黑暗时代持续了约一千年。与同时代东方耀眼的文明相比,欧洲几乎算不上一个文明世界。

伴随着罗马帝国覆灭的是蛮族的轮番入侵,在帝国覆灭之后,游牧民族仍然不时光顾。在第一波的入侵中,日尔曼的一个部落占领了罗马。在后一个世纪（6 世纪）,拜占庭皇帝查士丁尼（Justinian）再次统一了部分西罗马帝国。但他死后不久,意大利又相继遭受伦巴族人、叙利亚人和埃及人的野蛮侵略，而西班牙则被穆斯林征服。在法兰克卡洛林王朝的查理大帝（Charlemagne）统治下，罗马重获短暂的稳定，（在 800 年的圣诞节）建立起了后世所称的神圣罗马帝国。但是不久之后，维京人和穆斯林再次入侵，给帝国带来了混乱和毁灭。这个时期斯拉夫人对巴尔干半岛的征服使得希腊和拉丁文化分离，希腊教会和拉丁教会也渐行渐远。

6 世纪的波爱修（Boethius，因叛国罪被处死）和 9 世纪的约翰·司各特（John Scotus，他的著作在死后被禁）这两个博学的思想者都是这个晦暗无光的时代中才华出众的哲学家，尽管在这个黑暗时代实际上不存在什么哲学创见。这两个人的思想实际上仍属于新柏拉图主义，不过颇具独创性和深刻性。

大约到 1000 年，侵略大致结束。北方各式各样的入侵者已经被基督教化，相对稳定的国家在欧洲扩展开来，教皇和不同的世俗权威也建立起了大致彼此依赖而平等的关系。

在后来被称为中世纪盛期（high Middle Ages）的这段时期中，教皇成为欧洲最有权力的领导者。教会是欧洲文明的统一机构，君主无法藐视，毕竟教会站在天堂的入口处。

黑暗时代之后社会渐趋稳定、繁荣，城市发展了起来，同时由于商业和军事上的接触带来了和希腊、阿拉伯、印度文化（这个更为间接）的交流，人们的精神生活以教会主办的大学为中心也渐渐丰富繁荣起来。

然而独立思想或异教思想并非安然无恙，尤其要是教会权威认为它支持了异端思想，它的处境就更加危险。在中世纪的宗教法庭上，被控为异端的人将会受到审判。这些秘密审判没有辩护权这一回事。控告者不具名，而刑罚以服务真理为名实行。令人关注的是，刑罚不仅针对被告，还要同样针对被告的支持者。你可以想象，找人为自己作证是多么困难的一件事。异端者认罪是常有的事。

尽管如此，中世纪盛期是一个个性解放、知识传播、思想活跃的时代。对那个时期的思想者来说，一个很重要而有趣的哲学问题是共相（universals）问题——无论对于亚里士多德（见第四章）还是对于当代分析哲学家（见第九章）而言，这个问题都不容忽略。简言之，问题是这样的：当一个词语（名词或名词短语）被用来指称多于一件的事物（即被用作"普遍"词语）时，它是否指称着人类心灵之外的存在者？举个例子。我们说"贝拉克·奥巴马是个男人"，第一个词语"贝拉克·奥巴马"指称一个存在于心灵之外的个体。但是"男人"这个词语呢？有人认为像"男人"这样的普遍词语指称的是存在于心灵之外的事物，他们就属于唯实论（realism）；有人认为这些词语仅仅对应于心灵中的概念，他们属于概念论（conceptualism）。还有人认为，既无须把共相看做世界中的真实存在者，也无须把它们看做心灵中的概念，人依然足以说明普遍词语——他们属于唯名论（nominalism）。这些理论中有正确的吗？正确者何在？这是哲学家中经久不衰的话题。或许你的老师会让你来对付一下这个问题。

中世纪盛期和阿拉伯世界的接触重新燃起了欧洲教会的领导人物对亚里士多德哲学的兴趣。几个世纪以来，穆斯林世界与基督教世界比起来享受着更多接触古代希腊哲学的便利条件。许

在中世纪盛期，大学纷纷建立，其中包括闻名遐迩的巴黎大学。这是索邦大学的照片，它是组成这所大学最有名的学院之一。它由法国神学家罗伯特·德·索邦（Robert de Sorbon）于 1247 年建立。

多基督教思想家首先是通过阿拉伯人对亚里士多德的评论以及由希腊文本的阿拉伯文译本进一步转译成拉丁文译本的著作才接触到亚里士多德的哲学的。因为亚里士多德对柏拉图的理念世界的否定似乎与表现为奥古斯丁和柏拉图哲学的基督教哲学并不一致，一些教会的思想者（著名的波纳文图拉［Bonaventura，约 1217—1274］）认为必须抛弃亚里士多德的学说。还有一些人（著名的大阿尔伯特［Albert the Great，1193—1280］）认识到亚里士多德是历代最伟大的哲学家，认为基督教信条和亚里士多德哲学之间在根本上必然是一致的。

在第二类思想者中，圣托马斯·阿奎那（St. Thomas Aquinas，1225—1274）是最为关键的人物。他的哲学在 1879 年被教皇列奥十三世定为天主教的官方哲学。直到今天，阿奎那的学说体系仍然是天主教学校里教授的正统哲学，因此阿奎那的思想仍然直接地影响着现在的人们。

阿奎那有机会接触从希腊文直接翻译过来的亚里士多德的著作（不是由阿拉伯文译本再转译的拉丁文译本），他对亚里士多德有精深的了解。就像奥古斯丁将柏拉图哲学和基督教结合在一起，阿奎那也把基督教同亚里士多德哲学融合了起来，他实际上是将希腊哲学家的原理和特征嫁接到基督教启示的真理上，其结果是建立起了一个由知识论、形而上学、伦理学、政治哲学、法律哲学理论构成的完整的基督教哲学。在本书中我们还会再碰到阿奎那。

阿奎那还有一方面值得一提。在阿奎那生活的时代，哲学和神学终于开始走上不同的道路。没有人能比阿奎那更关心两者之间的界限。他的主要观点是哲学建立在理性的认知上，而神学的基础是由信仰带来的启示真理。

阿奎那确信存在一个秩序井然的真实的外部世界，人类可以获得对这个世界的知识。他不相信实在出自人类的思想，他对人们攻击科学的价值也不抱以同情。然而，阿奎那认为我们即使可以获得关于自然世界正确的知识，这样的知识也是不充分的。它没有考虑另外一个世界——超自然的真理世界。阿奎那认为人类理性无法理解这个世界的大部分内容，包括基督教信仰最深刻的方面：三位一体、上帝道成肉身，以及耶稣复活。这些奥义超越了我们的理智，是我们的能力无法企及的。

尽管这些神秘的事物超越人类的理性，阿奎那认为它们并不与理性互相对立。真理只有一个，一部分可以通过理智达到，而一部分则要依靠信仰。对于阿奎那来说，人类理性能够知道上帝存在，也能知道有且只有一个上帝。然而，有关上帝存在的其他方面却不甚了了。最后一点，哲学只是神学的婢女——理性是信仰的工具。

阿奎那形而上学的主要观点可以总结如下。阿奎那认为，变化可以用亚里士多德的四因说理论来解释：动力因产生变化；质料因是变化的材料；形式因是事物的形状；目的因解释了为什么存在变化。（见"为什么人类直立"一栏）

他赞同亚里士多德的观点，所有自然物体都由质料和形式组成。质料就是组成物体的材料，在变化过程中保持不变，而形式决定了物体的种类。由于是不同的两团质料，两块石头不同，又由于形式相同，它们都是石头，因此两者相同。与柏拉图–奥古斯丁传统不同，阿奎那认为物体的形式不能独立于质料存在。

除了组成物体的质料和形式之外，阿奎那超越了亚里士多德的观点，他指出还有物体的本

为什么人类直立？

阿奎那说有四个原因：

（1）动物用它们的感觉器官来寻找食物。因为感觉器官大多在脸上，它们的脸朝着地面。相比之下，人类用感觉来寻找真理，为了这个目的，他们能够向上和向四周看就更好。

（2）大脑在身体其他部分之上时能够更好地运作。

（3）如果我们四肢着地，我们的手就不能空出来做别的事情。

（4）如果我们四肢着地，我们就不得不用嘴来拿食物，这样我们的嘴唇就会变厚，变硬，妨碍说话。

简言之，我们直立行走是因为这么做能最好地达成一些目的（交流，寻找真理，使用双手和大脑）。这是一种目的论解释，与第四章中的亚里士多德有关。类似这样的解释，如"目的因"一样，或许暗含着有一种具有规划能力的智能，它决定了物种的各种特征能达到某些目的。

质（质料加上形式）和它的存在。是什么（它的本质）不同于是（它的存在）；不然的话，本质总是存在，与事实不符。更进一步，如果存在等同于特定存在者，那么任何存在者都会是特定的那一种——这又与事实不符。由于阿奎那强调存在是一切物体最重要的现实性，没有它甚至形式（本质）不能成为现实，他对形而上学做出了特殊贡献。

此外，阿奎那还强调了没有事物可以成为自己存在的原因，因为在它存在（作为结果）之前已经有存在它的需要（作为原因），这是一个矛盾。因此任何将存在事物必须以已经存在的事物为自己存在的原因，而最终推至没有起始因的存在原因（Uncaused Cause of Existence）——上帝。因此阿奎那超越了亚里士多德把上帝理解为纯实现（Pure Act；因为上帝是不变的，没有起始）的概念，他把上帝理解成存在的纯实现（Pure Act of Existence）。

我们能知道上帝本质的一些方面。我们知道上帝是自在的完美存在，是我们所知的宇宙的来源。然而只有通过《圣经》，人们才能够知道创造物是如何代表着神圣理念的实现（经过实质变化的柏拉图哲学）。

托马斯的宇宙论（宇宙是一个有序整体的理论）建立在宇宙以地球为中心的观点之上，阿奎那的心理学也是如此。地球是宇宙的中心，人类是地球存在的中心。请记住亚里士多德认为质料是被动的，而形式是事物中有效的、主动的原则。对于阿奎那来说，人类身体的"本质形式"是灵魂。当然灵魂不是物理的东西；它是没有质料的纯形式。作为纯形式，灵魂是不灭的、不朽的，

根据阿奎那的哲学，这些石头是不同的几团质料，但是它们都有相同的形式，因此都是石头。同样，所有自然物体都由质料和形式组成。此外，是什么（它的本质：物质加上形式）不同于是（它的存在）。

是人类行动和生命的原则。个体形式的灵魂也是不朽的：他或她独有的灵魂都是不朽的。每一个灵魂都是上帝的直接创造，不是来自父母。它与身体互相依靠。人类的存在是身体和灵魂的统一。阿奎那认为没有灵魂，身体就没有形式，而没有身体，灵魂就不能获得来自感觉的知识。

阿奎那的认识论建立在亚里士多德灵魂三种力量的概念上，也就是植物（比如繁殖）、动物（比如感觉）和人类（比如理智）。阿奎那也同意亚里士多德人类的认知是相对被动和接受的思想。只有思想中的图像与呈现的现实一致的时候（adaequatio rei et intellectus），才能获得知识。这是经验的知识，因为它从经验中来，建立在感官的观察之上而不是分有神圣的理念。然而，感观经验达到个别的存在物体，发现表示事物定义的本质才能产生知识。发现本质需要想象和人类的智慧。

最后让我们来关注一下阿奎那思想中对上帝存在的证明。我们将在第十三章进行仔细的研究，但在这里先提一下。由于事物必须有一个终极原因、创造者、设计者、存在的来源或者善的来源，也就是上帝，对上帝的证明多种多样。然而我们凭借的是上帝不是什么来了解有关上帝本质的知识。比如，因为上帝是不动和不变的，所以上帝是永恒的。因为他不是物质的，不能分割，他是完全单一的。因为他不是由他物构成的，不是由本质和存在构成的：他的本质就是他的存在。

阿奎那认为一个聪明人的任务是找到自然世界的秩序和理性。现实虽然错综复杂，却安排得井然有序，显示着人类的伟大。阿奎那在教会和教皇权力极盛时期创造了哲学 – 神学体系。在 19、20 世纪对他的哲学的兴趣经历了一次有力的复活。这些思想在教会机构和以宗教为主导的日常生活中，仍然扮演了至关重要的角色。

⊣ 原著选读 5.1　《忏悔录》① 　　　　　　　　　　　　　　　　　　圣奥古斯丁

过去和未来都不存在，现在也不能持存，对此你是怎么想的呢？那么，到底什么是时间？我们节选了奥古斯丁著名的《忏悔录》，在这段文字中，他对这些相关问题做出了思考——并且也给出了解答。

第十一卷　时间与永恒

时间究竟是什么？谁能轻易概括地说明它？谁对此有明确的概念，能用语言表达出来？可是在谈话之中，有什么比时间更常见、更熟悉呢？我们谈到时间，当然了解，听别人谈到时间，我们也领会。

那么时间究竟是什么？没有人问我，我倒清楚，有人问我，我想说明，便茫然不解了。

但我敢自信地说，我知道如果没有过去的事物，则没有过去的时间；没有来到的事物，也没有将来的时间；并且如果什么也不存在，

---

①选自奥古斯丁：《忏悔录》，周士良译，北京，商务印书馆，1963。

则也没有现在的时间。

既然过去已经不在，将来尚未来到，则过去和将来这两个时间怎样存在呢？现在如果永久是现在，便没有时间，而是永恒。现在的所以成为时间，由于走向过去；那么我们怎能说现在存在呢？现在所以在的原因是即将不在；因此，除非时间走向不存在，否则我便不能正确地说时间存在……

（二十）有一点已经非常明显，即将来和过去并不存在。说时间分过去、现在和将来三类是不确当的。或许说时间分过去的现在、现在的现在和将来的现在三类，比较确当。这三类存在我们心中，别处找不到；过去事物的现在便是记忆，现在事物的现在便是直接感觉，将来事物的现在便是期望。如果可以这样说，那么我是看到三类时间，我也承认时间分三类。

人们依旧可以说：时间分过去、现在、将来三类；既然习惯以讹传讹，就这样说吧。这我不管，我也不反对、不排斥，只要认识到所说的将来尚未存在，所说的过去也不存在。我们谈话中，确当的话很少，许多话是不确切的，但人们会理解我们所要说的是什么。

（二十一）我上面说过：我们能度量经过的时间，我们能说这一段时间和另一段时间是一与二之比，或二者相等；我们度量时间的时候对每一段时间能做各种比较。

我也说过，我们是在时间经过时度量时间。如果有人问，你怎样知道的呢？我将回答说：我知道，因为我是在度量时间；不存在的东西，我们不能度量，而过去和将来都不存在。但现在的时间没有体积，我们怎样度量呢？在它经过之时我们进行度量，过去后便不能度量了，因为没有度量的可能。

我们度量时间时，时间从哪里来，经过哪里，往哪里去呢？从哪里来？来自将来。经过哪里？经过现在。往哪里去？只能走向过去。从尚未存在的将来出现，通过没有体积的现在，进入不再存在的过去。

可是度量时间，应在一定的空间中度量？我们说一倍、两倍、相等，或做类似的比较，都是指时间的长度。我们在哪一种空间中度量目前经过的时间呢？是否在它所自来的将来中？但将来尚未存在，无从度量。是否在它经过的现在？现在没有长度，亦无从度量。是否在它所趋向的过去？过去已不存在，也无从度量……

（二十四）是否你命令我赞同时间为物体运动的主张？不，你并未有这样的命令。我听说物体只能在时间之中运动。这是你说的。至于说物体运动即是时间，我没有听见你说过。物体运动时，我用时间来度量物体从开始运动至停止共历多少时间。如果运动持续不辍，我没有看见运动的开始，也看不到它的停止，我便不能度量，只能估计我从看见到看不见所历的时间。如果我看见的时间很久，也只能说时间很长。因为要确定多少时间，必须做出比较，譬如说：彼此一样，彼此相差一倍，或类似的话。如果我们能在空间中确定一个物体的运动自哪里开始到达哪里，或者物体在自转，则确定这一部分至那一部分的脱离，那么我们能说物质，或它的某一部分从这里到那里经过多少时间。

既然物体的运动是一件事，估计运动历时多少是另一件事，那么谁会看不出二者之中哪一样应名为时间？各种物体有时活动，有时静止，我们不仅估计活动的时间，也估计静止的时间，我们说："静止和活动的时间相等"，或"静止的时间为活动时间的一倍或两倍"，或做其他定断，或做所谓近似的估计。

所以时间并非物体的运动……

我们是在度量时间，但所量的不是尚未存在的时间，不是已经不存在的时间，不是绝无长度的时间，也不是没有终止的时间。所以我们不量过去、现在、将来，或正在过去的时间，但我们总是在度量时间。

"Deus creator omnium"①：这一句诗共有长短相间八个音，第一、三、五、七四个短音，对二、四、六、八四个长音而言是单音，每一个长音对每个一短音而言是有两倍的时间。我读后便加以肯定，而且感觉也清楚觉察到确实如此。照我的感觉所能清楚觉察到的，我用短音来度量长音，我觉察到长音是短音的两倍。但字音是先后相继读出的，前一个是短音，后一个是长音，在短音停止后长音才开始作声，我怎样抓住短音去度量长音，说长音是短音的两倍？至于长音，是否我乘它现在而加以度量？可是如果它不结束，我不可能进行度量，而它一结束，却又成为过去。

那么我量的究竟是什么？我凭什么来量短音？当我度量时，长音在哪里？长短两音响后即飞驰而去，都已不存在。而我却度量二者，非常自信地说：前者是一，后者是二，当然指时间的长短而言。而且只有在它们过去结束后，我们才能如此说。因此我所度量的不是已经不存在的字音本身，而是固定在记忆中的印象。

我的心灵啊，我是在你里面度量时间。不要否定我的话，事实是如此。也不要在印象的波浪之中否定你自己。我再说一次，我是在你里面度量时间。事物经过时，在你里面留下印象，事物过去而印象留着，我是度量现在的印象而不是度量促起印象而已经过去的实质；我度量时间的时候，是在度量印象。为此，或印象即是时间，或我所度量的并非时间。

……谁否定将来尚未存在？但对将来的期望已经存在心中。谁否定过去已不存在？但过去的记忆还存在心中。谁否定现在没有长度，只是疾驰而去的点滴？但注意能持续下去，将来通过注意走向过去。因此，并非将来时间长，将来尚未存在，所谓将来长是对将来的长期等待；并非过去时间长，过去已不存在，所谓过去长是对过去的长期回忆。

🔆 原著选读 5.2　《神学大全：关于上帝的问题》②　　　　圣托马斯·阿奎那

问题一（论文 12）：我们能否通过理性认识上帝？展示了两方面观点后，阿奎那做了回答。问题二（论文 13）：我们能否通过恩典更深地认识上帝？阿奎那也给出了两方面

---

① 引安布罗西乌斯的一句诗，意思是："天主，万有的创造者。"
② From Thomas Aquinas, *Summa Theologiae*, *Questions on God*, edited by Brian Davis and Brian Leftow, pp.134—137. Reprinted with permission of Cambridge University Press.

观点并做了回答。

论文 12　我们能否在此生通过我们的自然理性认识上帝？

1. 我们似乎没法在此生通过自然理性认识上帝。因为波爱修（Boethius）说："理性抓不住简单的形式。"而正如我已阐明的，上帝是至上的简单形式。因此，我们没法用自然理性获得关于他的知识。

2. 再者，亚里士多德认为，灵魂依靠自然理性理解任何东西都必须借助形象。而上帝是无实体的，所以我们的想象力无法获得他的形象。因此，我们没法通过自然理性认识他。

3. 好人和坏人都拥有自然理性，因为他们都拥有人性。但是只有好人拥有关于上帝的知识。正如奥古斯丁所说："人类心智的弱眼没法聚焦于那卓越的光芒，除非经历过信仰之正义的净化。"因此，我们没法通过自然理性认识上帝。

相反地，圣保罗（St. Paul）说："所知的关于上帝的内容（即可以用自然理性来知晓的关于他的内容）在他们中显现。"

回答：对我们而言自然的知识源自感官，因此只能延伸到感官所及之处。而从这一源头出发，我们的理解能力却没法让上帝的本质显现出来；因为可感之物是上帝产生出的结果，这结果并不等同于产生出它们的原因。所以，关于它们的知识并不能把我们引向关于他那整个大能的知识，我们没法由此认识上帝的本质。然而作为结果，它们在因果关系中取决于原因；因此，由它们出发，我们至少可以知道上帝存在，他是一切事物的第一原因，这原因超越于一切结果之上。

因此，我们知道上帝同造物之间的关系（他是一切事物的原因），知道上帝和造物之间的差别（他不属于任何造物）。我们还知道，上帝和他的结果之间的差别并非源于上帝的缺陷，而是由于上帝完全超越了一切。

因此：

1. 通过理性，我们能够知道简单形式存在，即使我们没法认识到它是什么。

2. 我们通过自然理性知道上帝，借助的是上帝的结果的形象。

3. 通过上帝的本质来认识上帝，这一知识仅仅属于好人，因为这是出自恩典的礼物。而来自自然理性的知识则既属于好人也属于坏人。奥古斯丁在他的《再考虑》（Reconsideration）中说："我现在不认同我在某次祈祷中所说的：'啊，只想让洁净的心灵认识真理的上帝……'因为人们可以辩驳说，很多不洁净的人也知道很多真理（通过自然理性）。"

论文 13　除了通过自然理性获得的关于上帝的知识以外，此生我们能否通过恩典获得更深的知识？

1. 通过恩典，我们似乎没法比通过自然理性获得更深的关于上帝的知识。因为狄俄尼索斯（Dionysius）说，那些在此生中最好地和上帝合为一体的人，是同完全未知的上帝合为一体。他说，即便是摩西——他得到了知识的伟大恩典——也是如此。而我们无须知道上帝是什么，就能够通过自然理性与上帝合一。所以，和自然理性相比，恩典没法给我们更多关于上帝的知识。

2. 再者，通过自然理性，我们只是借助想象的形象认识上帝。而我们通过恩典得来的知识也是同样的，因为狄俄尼索斯说："神圣的光不可能照射到我们，除非是通过那多彩的神圣幕布迂回地放映出来。"所以，较之通过自然理性，我们通过恩典获得的关于上帝的知识也不会更完整。

3. 再说，我们的心灵借助信仰的恩典来追随上帝。但信仰看起来并非知识，因为格里高利（Gregory）说我们对"不可见者"拥有"信仰而非知识"。所以，恩典并不增加我们关于上帝的知识。

相反地，圣保罗说，"上帝通过他的心灵向我们揭示了"智慧，这智慧"世上的统治者无人能知"——一条注释说这话适用于哲学家。

回答：和通过自然理性获得的关于上帝的知识相比，得自恩典的知识更为完美。前者依赖于两项条件：来自可感世界的形象，以及自然理性的光芒——我们用它从形象中抽象出可理解的概念。而通过恩典的启示，人的知识在这两方面都得到了帮助。恩典加强了理性光芒。在预言景象中这一点很清楚：和我们的源自可感世界的形象相比，上帝给我们的形象更适合表达神圣事物。而且，上帝有时候用可感的迹象及言辞向我们显现神圣——比如基督的受洗，当时圣灵以鸽子的形象显现，而且圣父的声音响起了："这是我的儿子，我所爱的。"

因此：

1. 在此生中，启示并不告诉我们上帝是什么；我们与上帝合一，恰如与未知者合一。但尽管如此，启示帮我们更好地认识上帝，因为它向我们显示出更多、更伟大的上帝之能，并教给我们那样一些东西，我们通过自然理性是不可能达到的——例如上帝既是三又是一。

2. 我们的理性光芒越强，我们能从形象中获得的认识就越深；无论这些形象是自然地得自感官还是借助神圣力量由想象力形成的。启示给我们提供了神圣的光芒，由此我们能从形象中获得更深的认识。

3. 信仰让心灵赞同某些可知的东西，从这一意义上说信仰是一种知识。不过，这里的赞同并非源自信仰者的显像而是源自被信仰者的显像。因此这里缺乏看的因素，信仰在严格意义上不成其为知识——因为严格意义上的知识令心灵通过所见，并通过对于第一原理的理解来赞同某些事物。

■ 关键词

学园派	生活方式	宁静	概念论
从无中创造世界	悬置判断	希腊化时期	新柏拉图主义
不矛盾原则	皮浪主义者	唯实论	怀疑主义
目的论的解释	十喻表	彻底的怀疑论者和修正的怀疑论者	
共相			

■ 供讨论复习的问题

1. 请比较学园派和皮浪主义者的观点。

2. 对于"无物可知"这个观点的反驳是什么？

3. "我不知道知识是否可能。"对这个观点加以辩护或者反驳。

4. 请为彻底的怀疑主义的某些观点进行辩护。

5. 什么是 ex nihilo 创造理论？请举出理由说明这个创造理论无法成立。

6. 请说明唯实论、概念论和观念论之间的区别。你觉得哪个理论最有可能成立？请说明理由。

7. 比利小子在某个特定时间只能在一个地方，但是比利小子的身高（五英尺四英寸）能同时在多个地方吗？请解释。

8. 我们仅仅能够说出上帝不是什么吗？

9. 请给为什么北极熊毛皮是白色的做一个目的论解释。

第六章
近代形而上学和认识论的兴起

宇宙的每个部分都是物体，不是物体的就不属于宇宙。

——托马斯·霍布斯

木头、石头、火、水、身体……都是我通过感觉感知到的；被感觉感知到的事物是直接被感知的；而直接被感知到的是事物的观念；观念不能在精神之外存在。

——乔治·贝克莱

文艺复兴（14—16 世纪）是中世纪到近代之间的过渡时期。文艺复兴时期看重世俗生活，推崇古典文化，使得欧洲从教会的思想桎梏中解放出来。随之而来的就是绵延了整个 19 世纪的近代历史（和哲学）时期。这一时期的文化和社会有了长足发展，其中包括民族国家的兴起、资本主义和工业化的传播、发现并定居新大陆、宗教衰落，以及作为最令人肃然起敬的知识源泉的科学确立了它的最终支配地位。科学的进步对于形而上学和认识论的历史来说最为重要，我们在"科学革命"一栏中有简要的介绍。

对今天大多数有教养的西方人来说，很容易理解这样一个简单的事实：有一个物理的宇宙，宇宙里的物体在时空上彼此关联。我们愿意相信，这些物体是由微小的原子和比原子更小的微粒组成的，我们可以用数学方法来描述它们相互之间的作用过程。

除了时空上的物理宇宙之外，我们也习惯认为还存在着人类的观察者（或许还有其他的观察者），他们能够在一定的限度内对宇宙的一角进行观察并且理解它。我们都愿意认为理解，以及这样的理解所在的理智，都不是物理实体。尽管我们也在某种意义上认同理解和理智依赖于物理实体，比如大脑和中枢神经系统。理解本身和包含理解的理智——不像大脑、神经冲动和能量场那样的自然物体——只在时间而不是空间中存在。它们与自然物体不同，不受制于物理规律，也无法分解成更小的部分。

因此，现实拥有双重本质在今天看来似乎是一个简单的常识。我们认为，世界或是宇宙，一方面是自然物体，一方面是精神。对一个有生命的普通人来说，精神和物质纠缠在一起，作用于身体的东西可以影响精神，作用于精神的东西也可以影响身体。身心互动最清楚的一个例子就是，精神通过意志的作用使得身体做出一些动作，而当身体碰到新的状况时，会引发脑中新的想法。

正如我们刚才所描述的那样，常识的形而上学是二元的。它假设有两个现象存在：物理的和思想的（经常被称为"精神的"）。二元论（dualism）本质上是柏拉图创造的"二元世界观"，经过奥古斯丁和其他人的改造为基督教所吸收，最后，早期现代哲学家将之转化成现代的这种形式传达给我们。

尽管常识的形而上学是二元的，但是这也不是必然的。我们也可以采纳不同的形而上学观点。主要有以下几个选项：

· 二元论：这种观点认为存在的事物不是物理的就是思想的（精神的）；一些事物，比如人，

科学革命

当我们想起科学时，总是把科学革命作为起点。哥白尼（1473—1543）颠覆了长期以来的传统观点，拉开了科学革命的序幕，他（在16世纪中期）提出了地球不是宇宙的中心，实际上它同其他的星球一样，一起绕着太阳旋转。科学革命的精髓包含以下几点：（1）理解世界怎样活动是十分重要的；（2）为了做到上面这点，你必须投身于研究世界本身的工作中，而不是去拜读亚里士多德的著作或查阅《圣经》；（3）通过实验去研究世界是最有收获的方法——这个思想弗朗西斯·培根（Francis Bacon, 1561—1626）表达得最为清楚；（4）世界是一个机械系统，可以用数学方法来描述——勒内·笛卡尔（1596—1650）旗帜鲜明地表达了这个观点。（在众多人中）以下几位的观察和发现（在某种程度上）对笛卡尔哲学的宇宙机械论做了详细补充：第谷·布拉赫（Tycho Brahe, 1546—1601）、约翰内斯·开普勒（Johannes Kepler, 1571—1630）、伽利略·伽利莱（Galileo Galilei,

1564—1642）和最重要的伊萨克·牛顿爵士（Sir Issac Newton, 1642—1727）。牛顿以重力概念为基础，将不同的发现整合在一起，对宇宙进行了整体性的解释。

一些新发明的工具也为早期科学家研究世界的工作做出了贡献，这其中最为有名的是望远镜、显微镜、真空泵和机械钟表。新科学的发现决不限于天文学和运动物体力学这些领域，还有比如威廉·哈维（William Harvey, 1578—1657）对血液的计算，威廉·吉尔伯特（William Gilbert, 1540—1603）对电和磁场的研究，以及罗伯特·波义耳（Robert Boyle, 1627—1691）——化学之父——对气体、金属、燃烧、酸碱和颜色本质的许多发现。

科学革命另外一个标志性的重要思想就是自然世界的基础组成要素是微粒和原子——物体是由微小颗粒组成的。近代科学家（实际上）宣布了德谟克里特的观点是正确的。

既有物理的部分（物理的身体），也有精神的部分（思想）。

· 唯物主义（materialism），或物理主义（physicalism）：这种观点认为一切存在都是物质的。因此所谓的精神在某种意义上只是根本的物理实在的表现形式。（不要把形而上学的唯物主义和以追求生活舒适和财富为最高目标的学说混淆起来。）

· 唯心主义（idealism）：这种观点认为只有思想（或者"精神"）存在。因此所谓的物质在某种程度上只是思想或者精神的表现形式。（不要把形而上学的唯心主义和理想高于实际考虑的梦想家混淆起来。）

· 其他观点：一些理论家认为存在的事物本质上既不是思想的也不是精神的；其他一些人

伽利略在罗马教庭上因为异端邪说受到审判。

则认为存在本质上既是精神的又是物质的。怎么可能既是精神的又是物质的？这种看法通常被称为双重观点理论（double aspect theory），这种观点认为精神和物质只是看待同一事物的不同方式——事物处于在这两种分类之间，本身是中性的。

由于希腊和基督教的遗产对西方文明不可磨灭的影响，二元论始终占据着人们的常识。然而，科学的进军似乎在哲学上削弱了形而上学的二元论，推进了唯物主义。原本三个关键的问题现在却显得岌岌可危：

（1）非物质的上帝存在吗？

（2）人类有自由意志吗？

（3）死后还有生命吗？

对于那些对这些问题更喜欢回答"是"

今天在哲学课中学到物质是不存在的。

他知道他的大脑是由物质组成的吗？

中世纪后的年表

为了便于参考，这里列出课文中提到 的中世纪后主要历史时期：

启蒙运动或者理性的时代：18 世纪

工业革命：18 世纪中期—19 世纪中期

文艺复兴：14—16 世纪

浪漫主义时期：18 世纪晚期—19 世纪早期

宗教改革运动和反宗教改革运动：16 世纪

技术的时代：20 世纪至今

科学革命：17 世纪（之后仍然继续）

的人来说有点不幸，科学的世界观倾向于告诉人们所有的存在都是物质的。这也是为什么人们说近代的形而上学家更关心充满力量的东西的一个主要原因：驰骋在几种观点（二元论、唯物主义、唯心主义和其他观点）的竞争之上的，是对上帝、自由意志和未来的合理信仰。

让我们来对出现在近代哲学时期的种种观点逐一进行思考吧。

笛卡尔和二元论

16 世纪的许多欧洲思想家对那些根深蒂固的清规戒律渐渐发生怀疑，尤其对那些充当真理裁决人的公众权威。某人说某事是正确的不再被大家自觉地当做事情的证明，无论是谁说的，说的是什么内容。质疑权威的潮流卓有成效地为科学革命和近代哲学登上舞台开辟了道路，以上两者都是 17 世纪的丰硕成果。（中世纪后的历史年表见上栏）

人们通常认为近代哲学是从勒内·笛卡尔（René Descartes，1596—1650）开始的，他是一名数学家、科学家，当然也是一名哲学家。我们对笛卡尔在西方思想史上的重要性不能夸大其词。我们提到的一些其他思想家可能并不亚于他，但他是无法超越的。他对生理学、心理学、光学、数学都做出了卓越的贡献。特别是数学，他创立了笛卡尔坐标（Cartesian coordinate；Cartesian 是 Descartes 的形容词形式。）和笛卡尔曲线（Cartesian curves），学生们现在学习的解析几何应当归功于笛卡尔；他把它介绍给了全世界。

笛卡尔是一名天主教徒，但他同样相信存在一些教会权威无法确定的重要真理，其中包括存在的终极本质。

于是他思考到，什么才是判定此类真理、知识的标准呢？而一个人又可能通过什么标准来区分实际事物的确定知识和诸如纯粹信念这样的低级产物？

当然对于哲学来说，这并不是什么新问题。在文艺复兴时期，古典的怀疑主义著作，尤其是塞克斯都的著作被"重新发现"、出版，受到高度重视——甚至在新教改革中促进了宗教信仰是否可知的争论。此外，在 16、17 世纪，各种各样的怀疑主义新作出现了。在这次怀疑主义

人物简介 | 勒内·笛卡尔

笛卡尔家境富裕，他继承的遗产每年带来丰厚收入，他过着舒适的生活。他十分珍惜时间。在去世之前，他在科学、数学和哲学领域都已颇有建树。笛卡尔创立了解析几何，对理解负根也做出了自己的贡献。他编写了生理学课本，对心理学同样很有研究。他的研究成果在光学、哲学领域有着举足轻重的地位。

笛卡尔年轻的时候，进入了基督会的拉弗来士（La Flèche）学校和普瓦提埃大学（the University of Poitiers）学习。他21岁的时候参加了荷兰军队，两年后，又加入了巴伐利亚的军队。他有如一名人类戏剧的观众，部队经历让他获得了丰富的第一手观察资料，也让他拥有了充足的自由思考时间。1628年，他退役回了荷兰，在这个远离宗教迫害的宽容国度整整居住了二十年。

笛卡尔是一位态度认真的哲学家，行事十分谨慎。尽管他不同意老师的中世纪思想，老师却没有发觉他的想法。在听说伽利略因为他的著作受到罗马教庭迫害后，

他决定让自己的著作在死后一百年再出版。之后他改了主意，但他为此后悔了。这是因为笛卡尔发表了自己的一些想法之后，受到了新教神学家的猛烈攻击，随后又是天主教的谴责。笛卡尔因此说，要是他再聪明点，就什么也不写，那么他就能更加心平气和地来思考了。

哲学课本总是提到笛卡尔一生中两件不相关的事件。一件是他在巴伐利亚服役的时候，他冬天在温暖的房间中休息，梦到了他哲学中的核心思想。另一件是1649年他收到一份邀请，瑞典女王克里斯蒂娜邀请他做哲学老师，他感到十分犹豫。这是一个严重的错误，寒冷的天气和一清早的授课实际上要了他的命。我们只能推测女王从这个事件中学到了点什么。

笛卡尔主要的哲学著作有《方法论》（*Discourse on Method*，1637）、《第一哲学沉思录》（*Meditations on First Philosophy*，1641）和《哲学原理》（*Principles of Philosophy*，1644）。

传统复苏的过程中，尤其值得注意的是比埃尔·伽桑狄（Pierre Gassendi，1592—1655）和马林·梅森（Marin Mersenne，1588—1648）。他们两人分别进行了种种怀疑主义的证明（这里我们限于篇幅无法讨论）来确定事物的真实本质无法可知。然而他们都认为，研究事物的表象能有益于人们在世界上的生存。

笛卡尔相当关心知识的可能性这类怀疑主义的问题，但是他并不是怀疑论者。他对数学的兴趣对他的哲学思考产生了显著的影响。他终其一生或多或少想去系统而完整地阐释一门和数学一样完全确定的自然学科。

然而，他的确把怀疑主义当成了获得确定性的方法。他的想法很简单：我怀疑可被怀疑的

一切，他推理道，如果还有什么不可怀疑的东西，那么它将是绝对确定的。那么我将考虑是什么使得它超越怀疑（如果有这样的事物存在的话），它将向我提供有关真理和知识的标准，我还能以此为标尺，来权衡那些传说中的真理，看看它们是否也是不可怀疑的。

怀疑是打开确定世界的钥匙

让我们看看笛卡尔的怀疑的方法论是如何发挥作用的。

笛卡尔用了两个著名的猜测来尽可能地怀疑每一个命题：梦境猜测（dream conjecture）和恶魔猜测（evil demon conjecture）。笛卡尔曾说，我所知道的一切，也许都是我的梦境——这就是他的梦境猜测。此外，他还说，一个恶魔总是在每一个转折点尽力欺骗我，于是我总是颠倒是非，这是笛卡尔的恶魔猜测。

是的，笛卡尔与你感同身受，觉得这两个猜测相当不可思议。但是这点很要紧，笛卡尔要寻找一种衡量确定性的方法，它必须避免可能出现的最难以置信和最不可思议的谬误。

当他轮流用这两个猜测来思考周围一切事物的时候，他发现除了一个明白无疑的真理外，他可以怀疑任意事物，那就是："我思想，所以我存在。"——cogito, ergo sum。记住这个短语，它出自笛卡尔的《方法论》。

笛卡尔的意思是任何质疑作为思考者的人之存在的尝试都是不可能的，因为怀疑就是思考，

笛卡尔的猜测

我所知道的一切，也许都是我的梦境。这是笛卡尔的梦境猜测，这很容易反驳，对吧？我只要拧一下自己就可以了。但要是我在梦中捏了自己一下呢？难道我现在清醒的证据不可能成为我梦境中的证据吗？我真的能确定我不会过一会儿醒过来，意识到我刚才只是在做梦？因此我能十分确定周围的一切事物，这张桌子和这本书，手和腿，存在于我的思维之外吗？

好吧，你也许说，即使我在做梦，仍然有很多事是不能怀疑的；比如即使我在做梦，也不能怀疑三加二等于五或者正方形有四条边。

但是这个时候笛卡尔的恶魔猜测就来了——当然，对我来说，三加二等于五或者正方形有四条边貌似是绝对确定的。但是某些对我来说似乎绝对确定的命题却被证明是错的。因此我如何确定这些命题（三加二等于五，正方形有四条边），或者其他对我来说似乎确定的命题同样也是错的？一个欺骗我、强大的智慧已经牢牢掌握了我，我认为绝对确定的命题实际上完全是错误的。

笛卡尔认为这两个猜测以这种方式结合在一起，使得他"承认自己过去信为真理的东西，现在没有一样是可以坚信不疑的"。

就是存在。你尝试去怀疑一会儿自己的存在，你就会明白笛卡尔的意思。怀疑自我存在的自我当然首先必须存在，然后才能怀疑。（在"笛卡尔的猜测"一栏里有对这个推理更加详细的描述。）同奥古斯丁一样，笛卡尔在不能怀疑自己的存在中发现了确定的真理。

"清晰明确"是试金石

笛卡尔的学说要比奥古斯丁深入得多。在作为思考者的自身存在中，据称他发现了确定的知识，于是他推理道：

> 我确定我是思维着的东西；但我不能同样了解什么能使我确定一个真理吗？我知道了作为思维者的我的存在，除了我说明的确定清晰又明确的感知之外，没有什么能使我确信它是真理。要是我清晰而明确地思考的事物也有错，它就不能让我确定我所说的话是真理。因此，我似乎已经建立了一个普遍的规则，那就是所有我十分清晰、明确感知到的事物都是真的。

换句话说，笛卡尔仔细研究了唯一的不可怀疑的真理，看看到底是什么确保了它是确定无疑的，他体会到，只要他能"清晰明确"理解的命题一样都是无可怀疑的。简言之，他在自己确定的存在中发现了真理的本质特征：任何如他的存在一样清晰明确的事物都将通过试金石的考验，必定都是确定的。

运用清晰明确的标准（clear and distinct criterion），笛卡尔十分满意地发现了过去他怀疑的东西现在可以确信无疑。这种怀疑的方法论就像几何学一样，一个起初似乎看起来正确的命题通过逻辑的规则从一些基本的公理演绎，最后证明出来是完全确定的。实际上，笛卡尔的定理是"我思故我在"，他的逻辑规则是"我清晰明确地感知到的一切都是确定的"。

笛卡尔为自己准备了一个绝对可靠的真理试金石之后，首先发现了上帝的存在（我们将在第三部分看一看笛卡尔证明上帝存在的详细内容）。同样，笛卡尔也确定自己知道，要是上帝真的存在，上帝不会用人们对外部世界的感知来欺骗思考的头脑——这是一个外在于思维的自然世界——如果这样的世界不存在的话。因此，对笛卡尔来说，在上帝之外，有两个独立的不同实体，实在有双重本质。一方面是物质实体（material substance），它的本质属性是广延（extension，占有空间），另一方面是心灵（mind），它的本质属性是思想（thought）。因为对于笛卡尔来说，一个实体的"存在除了自己不需要他物"，他进而推导出心灵和物质彼此是完全独立的。然而，他还是认为在有生命的人中身心是互动的，身体

我思考，因此我存在，我思考……

南特的奥丽娃·萨布科和身心互动问题

笛卡尔猜测身体和心灵通过松果腺相互作用。大约在笛卡尔猜测的六十年之前，南特的奥丽娃·萨布科（Oliva Sabuco de Nantes，1562—?　）提出，因为思维（或者她所称的"灵魂"）并不具备物理属性，它不可能位于一个具体的物理点上。因此，她推理道，身体和灵魂通过大脑发生联系。她认为大脑和身体的其他部分"就像房子的仆人为房子服务那样为灵魂服务"。她认为一个人就是世界的缩影（微型的版本），这表明灵魂控制了"人类的情感、活动和行为"，就如同上帝运转、控制和统治世界一样。

值得一提的是萨布科也认为灵魂和大脑之间的紧密联系意味着心理健康和生理健康、伦理和医学之间关系密切。举例来说，她说一旦像忧伤之类的负面情绪开始影响身体，我们就必须在它发展成不可控制的绝望之前加以节制。她说，道德的热情促进健康，不道德的热情引发疾病。为了加

以说明，她引证过度的性行为会引起大脑基本液体的过度流失，导致脑干脱水，以及梅毒、淋病恶化会导致精神错乱。她讲到伦理禁止乱交具有自然的、医学的基础（很容易想到关于这个话题的现代例证）。

萨布科出生于西班牙的阿尔卡拉斯（Alcaraz），年仅25岁就发表了重要著作《人类本性的新哲学》（*New Philosophy of Human Nature*）。当时正在西班牙宗教审判的末端——对客观研究并不友好——萨布科作为一个女性哲学作者是冒着一定风险的。然而她对古代和中世纪思想家相当熟悉，她的著作只做了部分修改就获得了教会的批准。她的著作影响深远，她生前和死后的每个世纪里都多次出版。

当然，萨布科没有解决身心互动的问题，但是她几百年前预见到今天所有的医学都强调了生理健康和心理健康之间的密切关系。

的行动有时受心灵的影响，心灵也受物理感觉的影响。（见"南特的奥丽娃·萨布科和身心互动问题"一栏。）不幸的是，在笛卡尔二元论形而上学中存在着一些让人头疼的问题。这些问题困扰着笛卡尔，有待人们提出比较合理的解决方法。在第九章中，我们将仔细谈谈这些困难。

针对可能出现的问题，笛卡尔思考道：

（1）物质的事物，包括一个人的身体完全受物理规律的支配。

但是他也认为：

（2）非物质的心灵能够移动人的身体。

困难在于如果非物质的心灵能够做到这点，那么人的身体明显并不完全受物理规律支配。既认同（1）又认同（2）似乎是互相矛盾的。你对（1）和（2）都赞同吗？

笛卡尔同样对非物质的事物如何能够影响物质事物的运动感到困惑。他说心灵与身体通过

大脑中的"生命之灵"（vital spirits）发生互动，但是他认识到这样的解释实在太模糊，几乎像个隐喻。简言之，他玩了一个诡计。

在身体受物理规律支配的前提条件下，笛卡尔的信徒们提出了一套身心互动的解决方案。这个解决方案被称为平行论（parallelism）。他们认为实际上并不是心灵引起了身体的运动。当我想让自己的手移动的时候，我的意识行为只是看起来好像让我的手移动了。

事实上这是两个平行、协调的系列事件：一方面是一系列精神事件，另一方面是一系列物质事件。因此，我用意志支配我的手移动并不能使我的手移动，只是意志的行为和手的行动正好同时发生，于是行动看起来像是意志的结果。

为什么这些事件恰好同时发生呢？为了解释精神和物理事件的巧合，笛卡尔的信徒们寻找到了上帝。他们说，上帝是精神事件和物理事件之间的神圣协调者。（偶因论［occasionalism］是平行论的变形，当我想我的手移动的时候，在这个情况下上帝恰好使我的手移动。）

平行论的确有点牵强附会。不过它也说明了解决身心互动问题难度有多大，既要解释完全受物理规律支配的物质，其中包括人的身体，又要解释能够移动人的身体的非物质的心灵。

迄今为止互动问题仍然没有找到一个令人满意的答案。

尽管存在着种种问题，笛卡尔仍然认为自己成功地建立起了绝对确定的形而上学二元论。他同样认为他已经证明了因为心灵不在空间中，所以它不能移动，也不受物理规律的支配，它本身是"自由"的。形而上学二元论起源于柏拉图，被奥古斯丁吸收入基督教，后来在笛卡尔的哲学框架中进一步发展，今天它作为"常识"留存了下来。昨天的哲学成了人人都知道的普通知识。

请注意笛卡尔研究形而上学的总体方式。他不问"什么是基本的东西？"或者"实在是由什么组成的？"他采用了间接的方式，他实际上问的是"我知道什么是基本的东西？"和"我能确定什么是实在的本质吗？"笛卡尔试图通过我们能知道什么的认识论问题来寻找关于形而上学的真理。

我们把这种形而上学研究方法称为认识论的迂回（epistemological detour）。在笛卡尔之后，很大部分是因为他的关系，现代哲学对认识论给予高度重视，形而上学的探索常常是经由认识论的迂回来实现的。

不幸的是，也许笛卡尔所有的推理中最没有争议的部分是他一开始就提出的两个怀疑论的论证（梦境猜测和恶魔猜测），这看起来使什么是真正的知识至今仍然争论不休。在笛卡尔之后，17世纪的哲学家们在克服怀疑主义的时候关于理性的力量分成了不同阵营（我们在本章的"理性主义和经验主义"一栏里有一个总结，见113页）。

霍布斯和唯物主义

托马斯·霍布斯（Thomas Hobbes,1588—1679）在笛卡尔《第一哲学沉思录》面世之前就已经阅读过并且提出了一些反驳意见，这些意见后来和笛卡尔的答辩一起出版。大约十年后，霍布斯于 1651 年出版了自己的重要著作《利维坦》（*Leviathan*）。

霍布斯与那个时期的许多优秀科学家和数学家来往密切，其中包括了最著名的伽利略。他们的发现似乎清楚地向霍布斯揭示了所有的事物都是由物质微粒组成的，所有变化都能被还原成运动。因此霍布斯的形而上学的基本前提是一切存在都是运动的物体，运动就是不断地让出一个位置，又获得另外一个位置。在霍布斯的眼中，由于存在着两大类机体——物理体（physical bodies）和政治体（political bodies），哲学因此也分成两类——自然哲学和公民哲学。我们这里关注的是霍布斯的自然哲学。我们后面将研究一下相当重要的"公民"哲学或政治哲学。

一切存在都是运动的物体似乎听起来有理，除非你想到了类似思想、意志或者情绪这类事物。思想真的是运动的物质吗？那么情绪呢？恨呢？霍布斯回答说，是的。

知 觉

霍布斯的策略是向人们展示有一种基本的精神活动，也就是知觉（perception），或他所谓"感觉"，所有其他的精神现象都是由它衍生出来的，而知觉可以被还原成运动中的物质。

他认为知觉是这样发生的：外部世界的运动引起我们内部的运动。这个内部的运动（霍布斯称为"幻影"）我们经验起来就好像一个具有某些性质的外部对象（或一群对象）。霍布斯说，这些性质实际并不存在于对象中；这些性质只是对我们来说好像存在。

真正外在于我们存在的事物是引起表象的那些运动。

因此外在的运动引起了我们内部的运动，这就是知觉。如果外部对象不再存在而内部运动仍然持续，那么这形成了想象或者记忆。他说，思考仅仅是一系列的知觉。（他对思考的描述有许多具体内容，我们这里就不再赘述了。）

人类，不同于动物（霍布斯说），能够创造出符号或名称（词语）来指称各种知觉，也正是这种能力使得人类拥有了理性。在霍布斯的观点中，推理不过是"普通名称系列的加、减"。比如，当你在众多事物中理解了圆的概念之后，你就可以推理到如果有画一条直线穿过圆心，那么圆就被分成两等分。

至于判断和其他自发的行动，比如走路，说话或者移动我们的手臂，这些都是由内部"努力"开始的，是知觉的结果。当努力朝向它的原因，那么这就是欲望（desire）；当努力远离它的原因，它就是嫌恶（aversion）。爱仅仅只是欲望，恨也仅仅是嫌恶。当一件东西成为欲望的对象时，我们说它是"好"的，而当它成为嫌恶的对象时，我们说它是"坏"的。斟酌（deliberation）也只是欲望和嫌恶的交替，留存在斟酌中的欲望或者嫌恶就是意志（will）。

我们省略了霍布斯描述中的细节部分，但是这应该已经向你展示了霍布斯如何试图表明人类心理学的方方面面只是知觉的衍生，以及知觉本身可以被还原成运动中的物质。

一切事物都是运动的物质这个理论可能让你感到难以置信，甚至会觉得有点可笑。然而，你在第九章将会看到，它以一种比较初级的方式表达了一个深深吸引许多当代哲学家和脑科学家的观点，这就是任何精神活动都是某种大脑活动的过程。

康韦、斯宾诺沙和莱布尼茨的不同观点

那么笛卡尔与二元论、霍布斯与唯物主义就讲到这里。我们还要讨论一下本章开头列出的其余两个观点：唯心主义和其他观点。历史地看，唯心主义是最后出现的，我们先看其他的观点——安妮·康韦、别涅狄克特·德·斯宾诺莎、哥特弗里德·威尔海姆·巴朗·冯·莱布尼茨的三种形而上学。必须说斯宾诺沙和莱布尼茨对后来的哲学发展产生了最为重要的影响，不过我们还是按照时间顺序来逐一讨论。

安妮·康韦的形而上学

安妮·康韦（Anne Conway，1631—1679）阐述的形而上学系统是单子论（monadology）：这个观点认为所有的事物都可以还原成单个的实体，而单个的实体本身不能再还原（直到20世纪发现了比原子还小的微粒，这大致就是原子理论的内容）。哲学史上最著名的单子论是莱布尼茨的单子。莱布尼茨很熟悉康韦的形而上学，学者们认为康韦是莱布尼茨的先驱。

在康韦看来，大多数物质实体和大多数思想实体或"精神"实体之间存在着某种连续。所有被创造的实体（康韦称它们为造物）在某种程度上既是精神的又是物理的。康韦也论证了所有被创造的实体取决于上帝创造它们的决定。此外，她说所有的造物都有一个单独的本质（这使得物体互相区别开来）又有普遍的本质。这个普遍具有的本质就是大家后来所知的de re模态（从物模态）。De re的概念实质上是指有一种属性（这里说的是既是精神又是物质的属性），它是上帝创造物的必有属性；不然的话，它就不再是它所是了。若不满足必然既是精神的又是物质的这个状况，它不可能存在。任何事物——人、动物、植物，无生命的对象（家具）——都是实体。任何事物都是部分物理的、部分精神的，不可能有其他情况。

当然，康韦认为上帝是另外一回事。上帝是非物质的、非物理的；上帝同样也是完美的。因此，上帝不能做的一件事就是改变他精神存在的主意。改变他的主意，一会儿成为物理的，过一会儿又成为精神的，也许再变回去，这将暗示着有一个状态是不那么完美的。上帝不得不变化是由于什么可能的原因？如果不是这样，又是怎样的情形？这并不意味着上帝不能是物质的；他只是不想是如此并且永远不想如此，因为这样将暗示着他在变化前是不完美的。我们都知道，如果上帝是什么的话，他都是完美的。上帝创造了基督（这就使上帝比基督更年长），基督，上帝自身第一次的物质显现（他第一个创造物体），总是在某种程度拥有物质的本质和精神的本质。

人物简介｜安妮·芬琪·康韦子爵夫人

同 17 世纪的大多数妇女一样，安妮·康韦，人们通常都这么称呼她，没有接受过正式教育。安妮的父亲是下院议长，在她出生前一个星期去世了。不过她的家庭仍然很有势力，她的同父异母兄弟后来担任了英国的大法官。安妮·芬琪是在一群同时代举足轻重、影响深远的知识分子中成长起来的。在家的时候，她就掌握了法文、拉丁文、希伯来文和希腊文。她同时还学习了数学和哲学。她对笛卡尔（他有时也被称为"卡尔"）、霍布斯和斯宾诺莎的著作都提出了自己的批评意见。她生前和英国本地和访问英国的著名哲学家一起探讨哲学问题。当时的哲学圈子很有限，几乎每个人都彼此认识。有一群被称为剑桥柏拉图主义者的哲学家，康韦和他们往来密切。

安妮·康韦受偏头疼之苦，这似乎可以解释她在《大部分古代和近代哲学的诸种原理》（The Principles of the Most Ancient and Modern Philosophy）一书中为什么那么字迹模糊不清。根据学者的研究成果，这本书写于 1671—1674 年之间或 1677—1679 年之间。

直到去世之前她都没有机会进行修改。她的丈夫当时在爱尔兰；她经常同她的朋友和同行弗兰西斯·默寇利·冯·赫尔墨特（Francis Mercury von Helmont）一起讨论哲学和宗教问题。她去世后，冯·赫尔墨特一直用红酒保存她的身体，直到她丈夫回来参加葬礼。

冯·赫尔墨特将康韦的著作翻译成拉丁文并且在 1690 年出版。两年后，她的著作又被名字首字母为 J. C. 的人翻回英文。冯·赫尔墨特是莱布尼茨的好朋友，他向莱布尼茨介绍了康韦的书。学者们研究了康韦的著作，认为她在许多方面都是莱布尼茨哲学的先驱。不过，在写于 2003 年的《斯坦福哲学百科全书》（Stanford Encyclopedia of Philosophy）中，萨拉·哈顿（Sarah Hutton）这样说道：

> 她的哲学被公开出版了，她作为 17 世纪的女性哲学家堪称不同凡响。不过她的作品是匿名的，可见她像大多数前现代的女性哲学家一样，都属于被忽略的。[①]

《大部分古代和近代哲学的诸种原理》的电子版本可以在 http://digital.library.upenn.edu/woman/conway/principles.html 找到。

① http://plato.stanford.edu/entries/conway。

康韦认为，因为上帝是完美的、不变的，所以他在时间维度之外。康韦的时间概念没那么技术性，但哲学上倒像是最近由当代的伟大物理学家斯蒂芬·霍金（Stephen Hawking）在《时间简史》（*A Brief History of Time*）中提出的观点，（大概就是）时间是事件的序列。康韦把事件称为创造对象（造物）的"运动"和"活动"。根据这样的理解，时间就是事物变化的度量。因为创造（创造造物）是上帝基础本质的一部分（必要的属性——上帝作为创造者是如此定义的），康韦的上帝是永恒的创造者。因此宇宙不是在具体某个时间点上被创造出来的：它总是存在的，因为上帝向来存在并且不断地在创造。过去和未来都是上帝的现在。

康韦的著作《大部分古代和近代哲学的诸种原理》令人想起斯宾诺莎的《伦理学》（*Ethics*，见下一节）和莱布尼茨的《单子论》（*Monadology*，见114—116页），因为康韦以一系列假设或"公理"（尽管她没这样称呼它们）开头并由此引出各种哲学推论或"定理"（尽管她依然没这样称呼它们）。你读了这三部著作就会发现，一旦你接受了那些假定，那么驳斥作者的推论会有多难。

斯宾诺莎

尽管人们认为别涅狄克特·德·斯宾诺莎（Benedictus de Spinoza，1632—1677）是一个无神论者，上帝仍然在他的哲学中扮演着核心角色。差不多在霍布斯把著作送往阿姆斯特丹出版的时候，斯宾诺莎正在那个城市埋头完成他的重要著作《伦理学》。那个时期的荷兰，在欧洲所有的国家中对文化最为宽容，好比是17世纪的加利福尼亚伯克利。这也许是唯一一个国家，它的政府能容忍斯宾诺莎的观点——和霍布斯的命运一样，他同样被人们看做无神论者，遭人厌恶。

斯宾诺莎的《伦理学》由250个"定理"组成，他试图通过严格的推理逻辑从八个基本界说和七个自明公则推导出每一个定理。根据斯宾诺莎对实体的界说和公则（它的概念并不依赖他物，换言之，它是自存的），他能够证明，笛卡尔所想的不对，不存在多种实体，只有一个无限的实体。斯宾诺莎把这个实体等同于上帝，但我们不要被他对上帝的证明误导了。斯宾诺莎的"上帝"只是基本实体（basic substance）：它不是犹太教和基督教共有的人格神，而是总有存在事物的总和。它是实在、自然。尽管人们认为斯宾诺莎是一个无神论者，实际上并非如此，相反，他是一个泛神论者：上帝是一切。

在斯宾诺莎眼中，因为只存在一种实体，思想和广延并非如笛卡尔所讲的那样是心灵和物质两个截然不同的实体的属性。在斯宾诺莎的哲学系统中，它们是统一的基本实体的属性——只是思考方式不同而已。

因此一个有生命的人，从斯宾诺莎的角度看，不是由两种东西组成的。人是一个单独的单位或者实体的"样态"（modification），它既可以被想象成思想又可以被想象成广延。你可以把"身体"当成一个具有广延属性的实体单位，把"心灵"当成一个具有思考属性的实体单位。

斯宾诺莎认为无限实体无处不在，它必然有无限的属性。因此，思想和广延不是实体仅有的属性。它们只不过是我们知道的属性——是我们能够描绘和思考实体的有限方式。也就是说，我们只能用这种"语言"来谈论和思索实在或者实体。

因此，对于斯宾诺莎来说，由于身体和心灵是同一样东西，所以他在解释身心互动问题的时候就不存在什么问题。想知道身心如何互动就好像你想知道两杯葡萄酒是如何混合的一样。心灵和身体是同一的，它们只是从不同的角度被概念化了。

在斯宾诺莎的学说中，人死后就没有了生命。此外，自由意志是幻觉，所有发生的事物都是由实体的本质所引起的。物质的身体受到物理规律的支配，身体发生的情况都是由先前发生的情况引起的。因为心灵和物质是同一的，在心灵中发生的状况也会不可避免地在身体中发生。一切事物过去、现在和将来都会成为它必须成为的那样。

斯宾诺莎的哲学当然不止于此，然而对于我们当前的目标却已经足够了。笛卡尔假设了两种不同实体，霍布斯和斯宾诺莎却都假设只存在一种实体。然而，对于霍布斯来说，只有物质存在；非物质的精神领域并不存在。对于斯宾诺莎来说，物质和心灵都存在，一切取决于它们如何被概

人物简介 | **别涅狄克特·德·斯宾诺莎**

和善的斯宾诺莎可以算得上是有史以来道德最高尚的人之一。"因此，"20世纪哲学家伯特兰·罗素（Bertrand Russell）曾经评论道，"他在生前死后的一个世纪内被人们当做一个十恶不赦的坏蛋是很自然的。"

斯宾诺莎的家庭是由于躲避宗教审判从葡萄牙逃到荷兰的众多家庭之一。他认真的天性和对学问的热爱受到众人的赞赏，直到有一天，他指出了《旧约》和《圣经》传统中充满了自相矛盾的内容。这引起了犹太教团体的极大愤恨。起初他每年都得到一份津贴企图让他收起种种怀疑。不过这么做还是失败了，接下来的一步就是：策划谋杀。他当然最后被逐出了犹太教会。

曾经一度，斯宾诺莎住在他拉丁文老师的家中，后来他在莱茵斯堡（Rhynsburg）也就是今天莱顿（Leyden）的郊区租了一个小房子里的房间，他在那里靠磨镜片为生。他过着简单清贫的生活，他在哲学研究上投入了最多的精力。

尽管斯宾诺莎生活低调而且离群索居，他仍然名声在外，后来获得了海德堡大学提供的教职。斯宾诺莎觉得接受教职可能会对限制他的学术自由，他的哲学也会引起德国社会的激烈反应，于是他拒绝了这一任命。他这样猜测很有可能是对的，从许多德国的教授把他称为"讨厌的怪物"这点上可见一斑。

他去世之后，一批最杰出的思想家终于认识到了他深邃的思想。黑格尔甚至说，后来的哲学都可以说是斯宾诺莎主义的。

斯宾诺莎44岁时因结核病去世。由于他工作时不得不吸入玻璃的粉末，他的身体状况渐渐恶化了。今天美国失业的哲学家们就被称为"磨镜片的家伙"。

念化。因此，尽管霍布斯和斯宾诺莎都不用面对笛卡尔身心互动的问题，霍布斯却要解决另外一个难题，如何说明精神领域的存在。我们都会问霍布斯要是精神领域确实不存在的话，为什么这个虚幻的精神领域如此清晰，以至于显得如此真实？对于斯宾诺莎来说，精神领域是真实的，没有什么解释的必要。

在结束斯宾诺莎的哲学之前，我们还应该提一下他的哲学不仅内容有趣，形式也同样生动。斯宾诺莎试图从某种程度上根据几何学原理来建立他的哲学，这一点无人能及。

欧几里得（Euclid）以一套基本定义和自明公理开始阐述他的《几何原本》（Elements），以此为基础他逻辑地推导出一系列几何定理。斯宾诺莎同样从定义（界说）和看似自明的公理（公则）入手，从中导出各种定理或者"命题"。

举个例子，斯宾诺莎的命题三说："凡是彼此之间没有共同之点的事物，这物不能为那物的原因。"在这个命题下，斯宾诺莎用两个公理（公则）支持了这个命题。因此要是根据斯宾诺莎的定义（界说）和没有疑问的公理（公则），并且他的逻辑也没有出错，那么他的每一个命题——他的整个哲学——就无可怀疑！斯宾诺莎不同于笛卡尔，他没有采取认识论的迂回方式，明确地问"我们能知道什么？"而是通过几何学方法来阐释自己的哲学，试图建立起一个绝对正确的形而上学系统。

莱布尼茨

许多有资格做出评判的当代哲学家都认为哥特弗里德·威尔海姆·巴朗·冯·莱布尼茨（Gottfried Wilhelm Baron von Leibniz，1646—1716）是他那个时代最有头脑的知识分子。特别值得注意的是，莱布尼茨和如日中天的伊萨克·牛顿爵士生活在同一个时代。莱布尼茨和牛顿各自创立了微积分学说——在同一个时候，究竟谁最早发明还有激烈的争论。莱布尼茨的微积分论文在1684年发表，比牛顿早几年，牛顿的学说在稍后发表。（他们两位的追随者之间另外一个争论将会在"牛顿学说、形而上学家和艾米莉·杜夏莱特"一栏中讨论。）

因为莱布尼茨的哲学技术性很强，我们很难在很短的篇幅内描述或者概括他的学说，在此就不详细介绍了。从根本上讲，它是一个相当复杂的形而上学系统，实在的终极组成要素是不可分的原子。但是莱布尼茨的原子不是不可分的物质单位，由于物质是可延展的，所以对于物质来说，无论多么微小，它总是可以被进一步分割。莱布尼茨把它的原子称为单子（monad），它是力、能量或活动不可分的单位。莱布尼茨在几个世纪之前已经预见到当代物理的观点——物质微粒是能量的一种形式。然而，莱布尼茨认为单子完全是非物理的，尽管不同于常识中的灵魂，他常常称它们为"灵魂"。

莱布尼茨的哲学不是随意或无聊的推测。他的整个形而上学系统似乎来自于一些基本和合理的公理或者原则。比如说，其中有一条原则是不可分辨者的同一性原则（principle of the identity of indiscernibles），它说的如果两个存在物性质完全一致，那么它们就是同一的。另一

牛顿学说、形而上学家和艾米莉·杜夏莱特

18 世纪最重要的学术争论之一恐怕就是超距作用是否存在。争论的一方是笛卡尔主义者（笛卡尔的追随者），他们说如果物体要移动，那么必然会出现另外一个物体来推动它。争论的另一方是牛顿主义者（伊萨克·牛顿爵士的追随者），他们认为超距作用是存在的——比如，两个物体即使在空间上是分开的，它们通过重力的作用仍然互相吸引。笛卡尔主义者通常把超距作用以及解释这种超距作用所假设的力量看得十分神秘和奇异。

这个争论只是更大规模的思想战中的一场小冲突。牛顿主义经验物理学的基础是观察、实验，而思辩的形而上学家则很大程度上依靠纯粹理性，以笛卡尔主义者和——更重要的——才华横溢的莱布尼茨为代表。形而上学家认为，即使牛顿式的科学描述了宇宙是怎样运转的，但它没有揭示出为什么要以这种方式运转。形而上学家感受到牛顿式的物理学缺少在笛卡尔或莱布尼茨哲学中的理性基础或确定性。

形而上学家们对牛顿主义学说还有别的批评意见，比如说在牛顿对宇宙的描述中，如何为上帝找到一个合适的位置。如果宇宙只是一个巨大的物理机器，上帝难道不能改变他的意志并且毁灭它——也许他会创作一个不同的机器？如果牛顿学说是正确的，人类的自由意志如何可能，人类难道只是上帝创造的庞然大物中的一个小零件吗？人类有自由意志吗？他们可以选择自己想做的事情吗？抑或他们只有身体，凭着对非物质的力量做出反应而运动？

在这场科学和形而上学的争论中，有一个重要的参与者，这就是艾米莉·杜夏莱特（Emilie du Chetelet，1707—1749）。杜夏莱特是伏尔泰的同事（情人），她既是一名科学家，也是一名哲学家，她的著作受到两方面的尊重。她翻译了牛顿《自然哲学的数学原理》（*Mathematical Principles of Natural Philosophy*，1759），共有两本并带有注释，这本书直到今天仍然是牛顿著作的经典法文译本。

在她三卷本的著作《物理教育》（*Institutions de Physique*，1740）中，她试图回答一些形而上学家提出的关于牛顿主义的不同意见。她实际上通过将莱布尼茨形而上学的原则（比如，充足理由原则和不可分辨事物的同一性原则）改造成牛顿式的科学来解决这些问题。她希望提供一种充满活力的形而上学的基础，也消除人们担心牛顿主义学说会抛弃重要的神学信条的担忧。尽管杜夏莱特可能不能解决所有的问题，但可以放心地说，在把注意力集中到问题的本质上这方面，她做得不比任何人少。

条充足理由原则（principle of sufficient reason）说的是必然存在一个充足的理由说明为什么事物是这样而不是那样存在。我们将在第十三章看到，莱布尼茨也运用了这个原则来证明上帝存在。

莱布尼茨最著名的著作是《单子论》（*Monadology*），可以在 http://www.rbjons.com/rbjpub/philos/classics/leibniz/monad.htm 上找到。

洛克、贝克莱的唯心主义

笛卡尔、霍布斯、康韦和斯宾诺莎都属于充满活力的 17 世纪，这个世纪不仅贡献了杰出的哲学家，也贡献除了历史上最重要的科学发现。你可以回忆一下你的历史课本，17 世纪也是发生三十年战争（1618—1648）的世纪，它是 20 世纪和英国内战之前最为血腥的欧洲战争。这个世纪同样见证了太阳王（法兰西的路易十四）、哈佛大学建校、宾夕法尼亚建州，以及抽烟的普及。

那个时候英国最为重要的哲学家是约翰·洛克（John Locke，1632—1640）。在他的杰作《人类理智论》（*An Essay concerning Human Understanding*）中，他希望了解人类知识的起源、确实性以及范围。他的很多观点肯定会得到本书大部分读者的赞同。洛克的认识论被人们广泛接受，以至于有很多内容成了我们现在的常识。然而，你应该做好准备——它可能看起来是如常识般不可怀疑，洛克的基本哲学立场却伴随着巨大的困难。

约翰·洛克和表象的实在论

洛克基本的观点是我们的观念来自经验。他写道（呼应了亚里士多德的观点）人的思想在出生的时候实质上是一块白板（tabula rasa）。经验在这块白板上留下了印记。外部的物体照亮了我们的感觉，将这些物体和物体的性质传递给了思想观念，或者用我们今天更常见的说法：知觉。简言之，感觉为思想提供了内容。凡在理性中的，没有不首先在感觉中的（Nihil in intellectu quod prius non fuerit in sensu）。我们当然对这很熟悉，看起来也可信。

洛克说，我们对于外部物体性质的观念或者知觉是对物体本身所有的性质的精确复制。他的意思就是如此。请想象一只篮球。它有一定的大小、形状和重量，当我们观察球，将球拿在手里的时候，我们的感觉器官为我们提供了如洛克所说的"第一性质"（primary qualities）的图像、形象、观念或者知觉。

篮球同样也能使我们产生"第二性质"（secondary qualities）的观念，比如棕色、皮革气味、拿在手中凉凉的感觉等。这些真的是篮球的性质吗？你会说，当然。洛克也正是这么说的。第二性质并不存在于篮球中，不过篮球具有使我们产生关于颜色、味道等等观念的能力——颜色和味道是纯粹主观的，它们只作为观念存在于我们的思想中——换句话说，在洛克看来——我打赌你也是这样想的——如果所有具有感觉能力的生物都远离篮球，那么就不会有任何棕色、皮革气味和凉爽的性质，而只存在一个有一定大小、形状和重量，由细小的微粒组成的物体。

洛克认为，当我们说我们正在观察一个外部物体的时候，实际上我们正在注意的是我们脑中的这个物体的"观念"或者"知觉"。比如说，篮球的大小、形状实际上只是篮球本身的性质。其他的知觉，譬如篮球的颜色和气味，并不来自篮球。

只有拥有感觉器官的生物存在，拿起篮球，看一看，闻一闻，这些微粒才一起产生皮革的味觉、凉爽的感觉和棕色的视觉。

洛克认同的理论经常被称为"表象的实在论"（representative realism）。用一句话来说，这个理论就是我们通过"表象"、观念或认知间接地观察事物，其中有一些是对"外部"事物、"外在于思想"的事物真实性质的精确复制、再现或者反映。这个理论广为接受，很可能许多人把它当成是不言自明的真理。几乎只要一打开所有的心理学入门教材，你就会在讨论知觉的这部分中隐约地看到洛克表象实在论的影子。

刚才所讲的表象的实在论显得如此完美、贴近实际，成了人们的常识，然而这个学说却面临着巨大的哲学困境，现在是时候来解释一下了。虽然洛克的理论看起来证据确凿，但是它受制于一个很大的障碍。对此，爱尔兰的主教和哲学家乔治·贝克莱生动地阐述了自己的观点。

乔治·贝克莱和唯心主义

如果洛克是正确的，那么对于篮球、花园的草耙这样的可感事物来说，我们的经验都是间接的——就是说，我们的观念或知觉是感觉它们的媒介。如果真是这样，乔治·贝克莱（George Berkeley，1685—1753）说，那么我们无法知道我们的观念或者感知是否准确地再现了这些可感事物的性质。为什么我们无法了解这点？贝克莱论证道，如果洛克是正确的，那么我们就不能直接经验到篮球本身（或者其他任何事物）。我们直接经验的是我们关于篮球的观念或者感知。如果我们没有篮球本身的直接经验，我们就不能把篮球的观念或者感知和篮球本身做比较，来看看它们是否真的"准确地表现"了篮球的性质。

的确，根据洛克的观点，贝克莱说，我们实际上甚至都不知道如篮球或花园里的草耙这类事物是否存在。洛克的理论认为，我们经验到的不是物体，而是我们关于它的感知和观念。

这就是贝克莱对洛克理论的批评。尽管常识很能够接受洛克的观点，他的观点也很接近怀疑论。如果我们认同洛克的理论，那么我们无法知道如篮球、草耙，甚至我们的手脚之类的"可感事物"是否真的存在。

人物简介 ｜ 乔治·贝克莱

贝克莱出生于爱尔兰，曾经在都柏林的三一学院学习，他在 1707 年担任了该校的研究员。尽管几乎没人能接受他除了心灵之外无物存在的思想，他的《人类知识原理》（*Treatise Concerning the Principles of Human Knowledge*，1709）却获得了很大成功，贝克莱的名声因此经久不衰。

贝克莱最终获得了一个收入丰厚的职位。不过由于他试图在百慕大群岛建立一所大学，使北美的印第安人皈依，他放弃了这一职位。但他的努力最后还是失败了。1734 年他被任命为克罗因地区（Cloyne）的主教。

贝克莱以慷慨仁慈的心灵而著称，他对焦油水（用松焦油做的水）的热衷同样很有名。他特别喜欢焦油水，因为它没有和酒精一样的危害。他撰写的一系列关于饮用焦油水对身体健康的好处的文章曾经在英国社会风靡一时。

除了刚才提到的那部著作，贝克莱的主要著作还有《视觉新论》（*Essay Towards a New Theory of Vision*，1709）和《海拉和菲伦诺的三篇对话》（*Three Dialogues between Hylas and Philonous*，1713）。

　　贝克莱通过指出人类知识由"观念"组成这点开始对洛克的理论进行批判：（1）观念通过感觉（感觉认识）被传递到思想中；（2）当思想对自己的活动进行反省的时候，思想理解了观念；（3）观念通过记忆和想象的帮助由思想来组合或者分割。"光和颜色，热和冷，广延（长度）和形象（形状）——总而言之我们看到和感觉到的事物——除了这么多的感觉、概念和观念或者感觉的印象之外，它们是什么呢？"

　　因此贝克莱说，只存在观念和拥有这些观念的思想。贝克莱观察到人们竟然有这种奇怪的想法，那就是在思想之外还存在着房屋、山脉、河流以及所有可感的物体。但是贝克莱提到，这奇怪的见解是自相矛盾的，"除了我们通过感觉观察到的事物外上述提到的物体还是什么？除了我们自己的观念和感觉之外还能认识什么呢？难道它们以及它们之间的结合竟然存在而不被我们观察到不是显然很矛盾的吗？"

　　在这点上，洛克的理论说我们关于第一性质的观念（广延、形状、运动等等）向我们呈现了或者模拟了一种在心灵之外、无生命无感觉的实体，这种实体被称为物质。"但是很明显，"贝克莱写道，"广延、形状和运动只是存在于我们心灵中的观念，因此不能存在于一种不能认知的实体中。"

当然常识告诉我们所谓的"第二性质"，比如味道、颜色仅仅存在于心灵之中，因为毕竟对于一个人尝起来甜、闻起来香或者看起来红的东西对另外一个人却会是尝起来苦、闻起来臭或者看起来绿的东西。但是，贝克莱论证道："无论让谁去思考颜色和味道仅仅存在于心灵中的证明，他也将发现广延、形状和运动同样如此。"换句话说，广延、形状和运动也和观察者有关。比如说饼干，也许一个人尝起来是甜的，而另外一个人尝起来就是苦的；从一边看形状是椭圆的，从上面看形状是圆的，而从远处看就会显得小一些。

当然我们倾向于把我们观察到的饼干的大小和形状和它"真正"的大小、形状区分开来。但是贝克莱指出，大小和形状（以及其他的性质）都是观察到的性质。讨论无法观察的大小和形状是无稽之谈。这就好比在讨论感觉不到的疼痛一样。因此可感知的物体，除了它们自身的性质之外什么也不是，它们本身仅仅是存在于心灵中的观念。

但是你仍然会（沮丧地？）坚持一定"在那里"存在一些物质的东西，它们有自己的大小、形状、质地等等！好，贝克莱已经回应了这种思路：假设存在于无法想象的物体的大小、形状和质地等等性质，其实是自相矛盾的。大小、形状、质地等等都是观念，假设这些观念在无法想象的事物中存在无疑是愚蠢的。

作为一束观念的物质

贝克莱唯心主义的理论是四种形而上学学说的最后一个。唯心主义还有其他的说法，但是贝克莱的观点是，桌子、椅子、树木、书本和青蛙之类的可感事物并不是存在于心灵之外的物质当中。它们实际上是一组被直接意识到的观念，只存在于心灵之中。因为它们是观念，我们不再怀疑它们的存在，正如我们不怀疑自己的疼痛一样（它们也是观念）。

然而，贝克莱的唯心主义并不意味着物理世界仅仅是一个梦境，或者说它是想象出来的、不可触摸且稍纵即逝的。英国著名的文学批评家和学者塞缪尔·约翰逊博士（Dr. Samuel Johnson，1709—1784）认为他只要踢一下石头就能否定贝克莱，他显然认为坚硬的石头就是对贝克莱的有力反驳。实际上，约翰逊只是伤了自己的脚，并且表明他不理解贝克莱。在贝克莱的哲学中，石头还是常识中那个坚硬的物体，石头存在于心灵之中并不能使它的坚硬消失。

至于梦境中的石头，贝克莱用和你我一样的方式来分辨梦中不真实的石头和现实中的石头。梦中的石头是以不规则和混乱的方式运动的——它们可以四处漂浮，变成鸟或是其他任何东西——可以和人清醒生活中的石头做一比较。另外，贝克莱通过缺乏生动性以及通过意志可以随心所欲让石头存在这两点区分我们想象出来的石头和真实的石头。

贝克莱和无神论

贝克莱的观点是可感事物不能独立于感知存在——存在就是被感知（esse est percipi）。那么当所有人离开房间之后桌子会发生什么情况呢？要是所有人离开森林会发生什么情况？如果

理性主义和经验主义

源于亚里士多德和圣托马斯·阿奎那（见第五章）认同、约翰·洛克也同样承认的原则是：Nihil in intellectu quod prius non fuerit in sensu，也就是说，凡在理性中的没有不首先在感觉中的。这个原则被称为经验主义（empiricism）的。还有一条原则，被称为理性主义（rationalism）的，它说的是理性所拥有的真理并不是通过感觉经验获得的。比如说，"没有东西来自于无"可以算是其中一条真理，因为经验只能告诉你一些东西迄今为止不来自于无，但是它不能告诉你这件事永远也不会发生（理性主义者会有类似的证明）。有时理性主义者会相信天赋观念的理论，它说的是，真理对于思想来说是"天赋"的——是理性原始的组成部分。

实际上，经验主义者是修正怀疑论者的一种——他或她否认任何不来自感觉经验的知识存在。相比之下，大多数理性主义者却不否认我们能够通过经验掌握一些关于世界的知识，但是另外一些理性主义者，比如巴门尼德（见第二章），否认经验会带来任何真正的知识。这类理性主义者同样也是一类修正的怀疑论者。

近代哲学中的古典的理性主义和经验主义主要是17和18世纪的产物。那个时代的理性主义是和笛卡尔（1596—1650）、斯宾诺莎（1632—1677）、莱布尼茨（1646—1716）紧密联系在一起的。这三个人常常被称为大陆理性主义者，而洛克（1632—1704）、贝克莱（1685—1753）、休谟（1711—1776）（休谟将在下章讨论）被称为英国的经验主义者。然而，一些其他时代的哲学家，根据他们强调理性或者经验在知识中的重要性，有时也将他们归为理性主义者或者经验主义者。本书中探讨过的早期哲学家，常常被列为理性主义者的有毕达哥拉斯、巴门尼德和柏拉图，被列为经验主义者的有亚里士多德、伊壁鸠鲁、阿奎那。伊曼努尔·康德（1724—1804）将在下章讨论。人们认为他综合了理性主义和经验主义，因为他认为所有知识由经验开始（经验主义者将同意这个观点），但是他也认为知识不仅限于经验中（理性主义者将同意这个观点）。

你将看到在近代认识论中，经验主义者占了主导地位。这是因为大陆理性主义者，以及后来的理性主义者，主要是形而上学家。也就是说，他们一般不太关心知识的可能性问题以及相关问题，他们更加重视关于实在的重要哲学理论。笛卡尔是一个特例，他是一个十分关注知识可能性的理性主义者。

没有人感知到可感事物的时候，究竟会发生什么呢？

贝克莱的回答是当你、我以及其他任何人都不能感知的时候，上帝的心灵感知使可感知事

加利福尼亚州贝克莱市的电报大街。因为乔治·贝克莱的诗句"帝国西进，踏上征程"，贝克莱市由此命名。

物的持续存在得以可能。因为可感事物不依靠人类的感知存在，它们是独立的。贝克莱写道："它们存在的地方一定有其他的心灵存在。"这个其他的心灵对于贝克莱来说就是上帝。

贝克莱认为他唯心主义学说最突出的优点就是它本身不会引起人们对上帝的怀疑。他认为由于二元论假设事物存在于心灵之外，使得这些事物变得无法掌握，它们的存在问题向怀疑主义敞开了大门；他认为怀疑主义关于可知事物存在的怀疑将不可避免地深入到对创造者的怀疑，也就是上帝的怀疑。他相信唯物主义使得可感事物独立于上帝存在；因此，它也导致了人们对上帝的怀疑。相比之下，他觉得自己的系统让可感事物的存在无可否认（就像你无法否认自己的观念一样）。这对于贝克莱就意味着，支持着可感事物存在的神圣思想的存在同样也不可怀疑。

因此，贝克莱认为当我们不能感知可感事物的存在的时候它们仍然存在，是对上帝存在的一个简短证明。在贝克莱的眼中，我们对桌子、椅子、山脉和其他可感知事物的观念并不来自于我们自身，这也是一个对上帝存在的证明。"因此，"他推理道，"存在产生它们的意志或者精神——上帝。"

贝克莱意识到他的理论，即我们所谓的物质观念既在上帝的心灵中也在我们的心灵中，会引起有关两者关系的奇怪问题。比如，如果山脉是上帝心灵中的一个观念并且为我们所感知，

我们会说，铁道看上去越来越小，相距越来越近，而在贝克莱看来，它们确实是越来越小，相距越来越近。

这是不是意味着我们拥有或者感知到了上帝的观念？

通过介绍贝克莱、霍布斯、笛卡尔和斯宾诺莎，我们讨论了近代哲学的四种基本的形而上学观点：实在完全是物质的（霍布斯），或它完全是非物质的或"精神的"（贝克莱），或它是二分的（笛卡尔），或"物质"和"心灵"是看待同一事物的不同方式（斯宾诺莎）。见"心－身理论"一栏。

"理性主义和经验主义"这一栏讲的是另一种哲学家分类，即认识论的分类。

心－身理论

物质	心灵		
+	−	既有物质也有心灵	笛卡尔的二元论
+	−	只有物质没有心灵	霍布斯的唯物主义
−	+	没有物质只有心灵	贝克莱的唯心主义
+	−	没有物质没有心灵	斯宾诺莎的另类主义

✦ 原著选读 6.1 《第一哲学沉思录》[①] 勒内·笛卡尔

笛卡尔的《第一哲学沉思录》是历史上读者最多的书籍之一——几乎与柏拉图的《理想国》不相上下。在这篇选读中，笛卡尔试图怀疑一切可以怀疑的东西，他发现他先前所有确信无疑的东西实际上都是值得怀疑的。

不过，理性告诉我说，和我认为显然是错误的东西一样，对于那些不是完全确定无疑的东西也应该不要轻易相信……

直到现在，凡是我当做最真实、最可靠而接受过来的东西，我都是从感官或通过感官得来的。不过，我有时觉得这些感官是骗人的；为了小心谨慎起见，对于一经骗过我们的东西就决不完全加以信任。

可是，虽然感官有时在不明显和离得很远的东西上骗过我们，但是也许有很多别的东西，虽然我们通过感官认识它们，却没有理由怀疑它们，比如我在这里，坐在炉火旁边，穿着室内长袍，两只手上拿着这张纸，以及诸如此类的事情。我怎么能否认这两只手和这个身体是属于我的呢……

虽然如此，我在这里必须考虑到我是人，因而我有睡觉和在梦里出现跟疯子们醒着的时候所做的一模一样、有时甚至更加荒唐的事情的习惯。有多少次我夜里梦见我在这个地方，穿着衣服，在炉火旁边，虽然我是一丝不挂地躺在我的被窝里！我现在确实以为我并不是用睡着的眼睛看这张纸……但是，仔细想想，我就想起来我时常在睡梦中受过这样的一些假象的欺骗。想到这里，我就明显地看到没有什么确定不移的标记，也没有什么相当可靠的迹象使人能够从这上面清清楚楚地分辨出清醒和睡梦来……

不管我醒着还是睡着，二和三加在一起总是形成五的数目，正方形总不会有四个以上的边；像这样明显的一些真理，看来不会让人怀疑有什么错误或者不可靠的可能。

和我有时断定别的人们甚至在他们以为知道得最准确的事情上弄错一样，也可能是上帝有意让我每次在二加三上，或者在数一个正方形的边上，或者在判断什么更容易的东西（如果人们可以想出来比这更容易的东西的话）上弄错。但是也许上帝并没有故意让我弄出这样的差错，因为他被人说成是至善的。……

因此我要假定有某一个妖怪，而不是一个真正的上帝（他是至上的真理源泉），这个妖怪的狡诈和欺骗手段不亚于他本领的强大，他用尽了他的机智来骗我。我要认为天、空气、地、颜色、形状、声音以及我们所看到的一切外界事物都不过是他用来骗取我轻信的一些假象和骗局。我要把我自己看成是本来就没有手，没有眼睛，没有肉，没有血，什么感官都没有，而却错误地相信我有这些东西。

可是有一个我不知道是什么的非常强大、非常狡猾的骗子，他总是用尽一切伎俩来骗

[①]选自笛卡尔：《第一哲学沉思录》，庞景仁译，北京，商务印书馆，1986。

我。因此，如果他骗我，那么毫无疑问我是存在的；而且他想怎么骗我就怎么骗我，只要我想到我是一个什么东西，他就总不会使我成为什么都不是。所以，在对上面这些很好地加以思考，同时对一切事物仔细地加以检查之后，最后必须做出这样的结论，而且必须把它当成确定无疑的，即有我，我存在这个命题，每次当我说出它来，或者在我心里想到它的时候，这个命题必然是真的。

可是，现在我假定有某一个极其强大，并且假如可以这样说的话，极其恶毒、狡诈的人，他用尽他的力量和机智来骗我，那么我到底是什么呢？我能够肯定我具有一点点我刚才归之于物体性的那些东西吗？我在这上面进一步细想，我在心里把这些东西想来想去，我没有找到其中任何一个是我可以说存在于我心里的。用不着我一一列举这些东西。那么就拿灵魂的那些属性来说吧，看看有没有一个是在我心里的。首先两个是吃饭和走路；可是，假如我真是没有身体，我也就真是既不能走路，也不能吃饭。另外一个是感觉；可是没有身体就不能感觉，除非是我以为以前我在梦中感觉到了很多东西，可是醒来之后我认出实际上并没有感觉。另外是思维。现在我觉得思维是属于我的一个属性，只有它不能跟我分开。有我，我存在这是靠得住的；可是，多长时间？我思维多长时间，就存在多长时间；因为假如我停止思维，也许很可能我就同时停止了存在。我现在对不是必然真实的东西一概不承认；因此，严格来说我只是一个在思维的东西，也就是说，一个精神，一个理智，或者一个理性，这些名称的意义是我以前不知道的。那么我是一个真的东西，真正存在的东西了；可是，是一个什么东西呢？我说过：是一个在思维的东西。……什么是一个在思维的东西呢？那就是说，一个在怀疑，在领会，在肯定，在否定，在愿意，在不愿意，也在想象，在感觉的东西。……

……我刚才说得虽然不多，可是我认为已经把我真正知道的东西，或至少是我直到现在觉得我知道了的东西，全部都说出来了。

现在我要更准确地考虑一下是否在我心里也许就没有我还没有感觉的其他认识。我确实知道了我是一个在思维的东西；但是我不是因此也就知道了我需要具备什么，才能使我确实知道什么事情吗？在这个初步的认识里，只有我认识的一个清楚、明白的知觉。老实说，假如万一我认识得如此清楚、分明的东西竟是假的，那么这个知觉就不足以使我确实知道它是真的。

笛卡尔在这里十分满意地证明了他清晰而明确地理解了上帝的存在，而且只要笛卡尔不对思想中未能清晰、明确呈现的事物下判断，上帝就永远不会让他受到欺骗。他于是写道：

因为我知道凡是我清楚、分明地领会的东西都能就像我所领会的那样是上帝产生的，所以只要我能清楚、分明地领会一个东西而不牵涉到别的东西，就足以确定这一个东西是跟那一个东西有分别或不同的，因为它们可以分开放置，至少由上帝的全能把它们分开放置；……从而，就是因为我确实认识到我存在，同时除了我是一个在思维的东西之外，我又看不出有什么别的东西必然属于我的本性或属于我的本质，所以我确实有把握断言我的本质就在于我是一个在思维的东西，或者就在于我是一个实体，这个实体的全部本质或本性就是思维。……不过，因为一方面我对我自己有一个清楚、分明的观念，即我只是一个在思维的东西而没有广延，而另一方面，我对于肉体有一个分明的观念，即它只是一个有广延的东西而不能思维，所以肯定的是：这个我，也就是说我的灵魂，也就是说我之所以为我的那个东西，是完全、真正跟我的肉体有分别的，灵魂可以没有肉体而存在。……

此外，在我心里有某一种受动的感觉功能，也就是说，接受和认识可感知的东西的观念的功能；可是，如果在我心里或者在别人心里没有另一种能动的功能能够形成和产生这些观念，那么这种受动的功能对我来说就是无用的，我绝对使用不上它。……可是，既然上帝不是骗子……给我一个非常大的倾向性使我相信它们是物体性的东西送给我的，或者来自物体性的东西的，那么如果事实上这些观念不是来自或产生于物体性的东西而是来自或产生于别的原因，我就看不出怎么能辩解它不是一个骗局。因此必须承认有物体性的东西存在。…… 不过至少必须承认凡是我领会得清楚、分明的东西，也就是说，一般来说，凡是包含在思辨几何学的对象里的东西都是真实的。

上帝肯定不是骗子，因而他没有允许在我的见解里能有任何错误而不同时给我什么能够纠正这种错误的功能，仅仅根据这一点来说，我就认为能够断言在我心里有确实可靠的办法认识它们。

可是没有再比这个自然告诉我的更明白、更显著的了，那就是我有一个肉体，当我感觉痛苦的时候，它就不舒服；当我感觉饿或渴的时候，它就需要吃或喝，等等。因此我决不怀疑在这上面有没有真实性。

自然也用疼、饿、渴等等感觉告诉我，我不仅住在我的肉体里，就像一个舵手住在他的船上一样，而且除此而外，我和它非常紧密地联结在一起，融合、掺混得像一个整体一样地同它结合在一起。因为，假如不是这样，那么当我的肉体受了伤的时候，我，这个仅仅是一个在思维的我，就不会因此感觉到疼，而只会用理智去知觉这个伤，就如同一个舵手用视觉去察看是不是在他的船上有什么东西坏了一样。……

我首先看出精神和肉体有很大差别，这个差别在于，就其性质来说，肉体永远是可分的，而精神完全是不可分的。因为事实上，当我考虑我的精神，也就是说，作为仅仅是一个在思维的东西的我自己的时候，我在精神里分不出什么部分来，我把我自己领会为一个单一、完整的东西，而且尽管整个精神似乎和整个肉体结合在一起，可是当一只脚或者一只胳臂或别的什么部分从我的肉体截去的时候，肯定从我的精神上并没有截去什么东西。愿望、感觉、领会等功能真正来说也不能是精神的一些部分，因为精神是全部从事于愿望、感觉、领会等的。可是物体性的或者有广延的东西就完全相反；因为凡是物体性的、有广延的东西，没有一个是我不能很容易用我的思维分成很多部分的，从而没有一个是我认为是不可分的。如果我还没有从别处知道，那么这一点就足以告诉我人的精神或灵魂是和肉体完全不同的。

我还看出，精神并不直接受到肉体各个部分的感染，它仅仅从大脑或者甚至大脑的一个最小的部分之一，即行使他们称之为"共同感官"这种功能的那一部分受到感染。

原著选读 6.2　《伦理学》[①]

斯宾诺莎

这段摘录会让你对斯宾诺莎在证明形而上学确定性（"命题"）时所使用的几何学方法有个清晰的了解。他从一些"界说"和自明的"公则"入手进行推论。

界说

一、自因，我理解为这样的东西，它的本质即包含存在，或者它的本性只能设想为存在着。

二、凡是可以为同性质的另一事物所限制的东西，就叫做自类有限。例如一个物体被称为有限，就是因为除了这个物体之外，我们常常可以设想另一个更大的物体。同样，一个思想可以为另一个思想所限制。但是物体不能限制思想，思想也不能限制物体。

三、实体，我理解为在自身内并通过自身而被认识的东西。换言之，形成实体的概念，可以无须借助于他物的概念。

四、属性，我理解为由知性看来是构成实体的本质的东西。

五、样式，我理解为实体的分殊，亦即在他物内通过他物而被认知的东西。

六、神，我理解为绝对无限的存在，亦即具有无限"多"属性的实体，其中每一属性各表示永恒无限的本质。

说明　我说神是绝对无限而不说它是自类无限，因为仅仅是自类无限的东西，我们可以否认其无限多的属性；而绝对无限者的本性中就具备了一切足以表示本质的东西，却并不包含否定。

七、凡是仅仅由自身本性的必然性而存在、其行为仅仅由它自身决定的东西叫做自由。反之，凡一物的存在及其行为均按一定的方式为他物所决定，便叫做必然或受制。

八、永恒，我理解为存在的自身，就存在被理解为只能从永恒事物的界说中必然推出而言。

说明　因为这样的存在也可以设想为永恒的真理，有如事物的本质，因此不可以用绵延或时间去解释它，虽说绵延可以设想为无始无终。

公则

一、一切事物不是在自身内，就必定是在他物内。

二、一切事物，如果不能通过他物而被认识，就必定通过自身而被认识。

三、如果有确定原因，则必定有结果相随，反之，如果无确定的原因，则决无结果相随。

四、认识结果有赖于认识原因，并且也包含了认识原因。

五、凡两物间无相互共同之点，则这物不能借那物而被理解，换言之，这物的概念不包含那物的概念。

六、真观念必定符合它的对象。

[①] 选自斯宾诺莎：《伦理学》，贺麟译，北京，商务印书馆，1983。

七、凡是可以设想为不存在的东西，则它的本质不包含存在。

关于实体的七个命题

命题一　实体按其本性必先于它的分殊。

证明　据界说三及界说五此理自明。

命题二　具有不同属性的两个实体彼此之间没有共同之点。

证明　这也是据界说三推来，其理甚明。因为每一个实体均各个在自身内并通过自身而被认识，因此这一个实体的概念不包含另一个实体的概念。

命题三　凡是彼此之间没有共同之点的事物，这物不能为那物的原因。

证明　假如两物之间没有共同之点，则据公则五这物不能借另一物而被理解，所以据公则四这物不能那物的原因。此证。

命题四　凡两个或多数的不同之物，其区别所在，不是由于实体的属性不同，必是由于实体的分殊各异。

证明　一切存在的事物不是在自身内必是在他物内据公则一，这就是说据界说三与五在知性外面，除了实体和它的分殊以外，没有别的东西。所以在知性外面除了实体以外，或者换句话说据界说四，除了实体的属性和分殊以外，没有任何东西可以用来区别众多事物之间的异同。此证。

命题五　按事物的本性，不能有两个或多数具有相同性质或属性的实体。

证明　假使有多数不同的实体，则其区别所在不是由于属性的不同，必是由于分殊的各异据前命题。如果区别所在仅仅由于属性的

不同，则须知具有相同属性的实体，只能有一个。但是，如果区别所在是由于分殊的各异，则按其本性实体必先于分殊据命题一，所以应当把分殊抛开不论，而考察实体自身，换言之据界说三与公则六即加以真正的考察，这样就可以知道，实在无法设想多数实体之间有什么区别，这就是说据前命题不能有多数实体，只有唯一的实体。此证。

命题六　一个实体不能为另一个实体所产生。

证明　按事物的本性，不能有两个具有相同属性的实体据前命题，这就是说，据命题二两个实体之间决无共同之点。所以据命题三这一个实体不能为另一个实体的原因，或者一个实体不能为另一个实体所产生。此证。

绎理　由此可以推知，实体不是任何别的东西所能产生的。因为宇宙间除实体及其分殊以外，不能有别的东西，这已经在公则一、界说三与五中说明。并且这一实体又不能产生另一个实体据前命题；所以知道实体决不是任何别的东西所能产生的。此证。

再证　试指出反面的不通，则这个命题更容易得到证明。如果一个实体可以为另一个实体所产生，则认识这个实体，必须依靠认识它的原因据公则四；这样据界说三，它就不是实体了。

命题七　存在属于实体的本性。

证明　实体不能为任何别的东西所产生据前命题的绎理；所以它必定是自因，换言之据界说一它的本质必然包含存在，或者存在即属于它的本性。此证。

原著选读 6.3　《人类知识原理》①

乔治·贝克莱

贝克莱的哲学——我们所谓的物质对象实际上只是心灵中的观念——对于哲学刚刚入门的人来说，他的哲学是十分荒谬和怪异的。在这篇选读中，贝克莱向反对他的人提出一系列证明和反驳来为自己的观点做辩护。请欣赏一下贝克莱那直率、有力又优美的文笔。

1. 人类知识的对象：人们只要稍一观察人类知识的对象，他们就会看到，这些对象就是观念，而且这些观念又不外三种。（1）一种是由实在印入感官的；（2）一种是心灵的各种情感和作用所产生的；（3）一种是在记忆和想象的帮助下形成的（这里想象可以分、合或只表象由上述途径所感知的那些观念）。借着视觉，我就有了各种光和色从及它们的各种程度、各种变化的观念。借着触觉我就感知到硬、软、热、冷、运动、阻力，以及这些情况的各种程度或数量。嗅觉给我以气味；味觉给我以滋味；听觉把调子不同、组织参差的各种声音，传到我的心灵中。心灵有时看到这些观念有几个是互相联合着的，因此，它就以一个名称来标记它们，认它们为一个东西。例如，它如果看见某种颜色、滋味、气味、形象和硬度常在一块，则它便会把这些性质当做一个独立的事物，而以苹果一名来表示它。别的一些观念的集合又可以构成一块石、一棵树、一本书和其他相似的可感觉的东西。这些东西，又按其为适意的或不适意的，刺激起爱、憎、喜、忧等等感情来。

2. 心灵——精神——灵魂：除了那些无数的观念（或知识的对象）以外，还有别的一种东西在认识或感知它们，并且在它们方面施展各种能力，如意志、想象、记忆等。这个能感知的能动的主体，我们叫它作心灵、精神或灵魂，或自我。这些名词并不表示我的任何观念，只表示完全和观念不同的另一种东西。这些观念是在那种东西中存在的，或者说，是为它所感知的；因为一个观念的存在，正在于其被感知。

3. 一般人的同意到了什么程度：人人都承认，我们的思想、情感和想象所构成的观念，并不能离开心灵而存在。而在我看来，感观所印入的各种感觉或观念，不论如何组合，如何混杂（就是说不论它们组成怎样一个对象），除了在感知它们的心灵以内就不能存在，这一点是同样明显的。我想，只要人一思考"存在"二字用于可感知事物时做何解释，他是可以凭直觉知道这一点的。我写字用的这张桌子所以存在，只是因为我看见它，摸着它；我在走出书室后，如果还说它存在过，我的意思就是说，我如果还在书室中，我原可以看见它；或者是说，有别的精神当下就真看见它。我所以说曾有香气，只是说我曾嗅过它，我所以说曾有声音，只是说我曾听过它，我所以说，曾有颜色，有形象，只是说我曾看见它或触着它。我这一类的说法，意义也

---

①选自贝克莱：《人类知识原理》，关文运译，北京，商务印书馆，1973。

就尽于此了。因为要说有不思想的事物，离开知觉而外，绝对存在着，那似乎是完全不可理解的。所谓它们的存在（esse）就是被感知（percepi），因而它们离开能感知它们的心灵或能思想的东西，便不能有任何存在。

4. 世俗之见含着一种矛盾：人们有一种特别流行的主张，以为房屋、山岳、河流，简言之，一切可感知的东西，都有一种自然的、实在的存在，那种存在是和被理解所感知的存在不同的。不过世人虽然极力信仰接受这个原则，可是任何人只要在心中一寻究这个原则，他就会看到，它原含着一个明显的矛盾。因为上述的对象只是我们借感官所感知的东西，而我们所感知的又只有我们的观念或感觉；既然如此，那么你要说这些观念之一，或其组合体，会离开感知而存在，那不是矛盾么？

5. 这个通行的错误是由何而起的：我们如果仔细思考这个论点，就会看到它归根到底是依靠于抽象观念的学说的。因为要把可感知的对象的存在与它们的被感知一事区分开，以为它们可以不被感知就能存在，那还能有比这更精细的一种抽象作用么？光和色，热和冷，广延和形象——简言之，我们所见和所触的一切东西，不都是一些感觉、概念、观念或感官所受的印象么？在思想中，我们能把它们和知觉分离开么？在我自己，这是不易做到的，就如我不易把事物和其自身分开一样。诚然，有些事物，我虽然不曾借感官知道它们是分离的，可是我也可以在思想中把它们彼此分开。例如，我可以把人的躯干和他的四肢分开；也可以离开玫瑰花而专想象出它的香味。在这种范围内我不否认，我能抽象（如果这可以叫做抽象作用）。不过在这里我们所设想为分离的

各种事物只限于那些实际能分开存在的（或被感知为分开存在的）各种对象。但是我们的想象能力并不能超出实在存在（或感知）的可能性以外。我如果没有实在感觉到一种事物，我就不能看见它或触着它，因此，我们即在思想中也不能设想：任何可感知的事物可以离开我们对它所产生的感觉或感知。事实上，对象和感觉原是一种东西，因此是不能互相抽象而彼此分离的。

…………

8. 不过，您或者会说，各种观念自身离了心灵虽然不能存在，但是也许有与它们相类似的东西，为它们所模拟、所肖似，而那些东西是可以在心灵外，存在于一种不能思想的实体中的。不过我仍然可以答复说，一个观念只能和观念相似，并不能与别的任何东西相似。一种颜色或形象只能和别的颜色或形象相似，不能和别的任何东西相似。我们只要稍一考察自己的思想，就会看到，只有在我们各种观念之间，我们才能设想一种相似关系。其次，我还可以问，各种观念所摹拟所表象的那些假设的原本和外物，本身也是可感知的不是？如果它们是可感知的，则它们也是观念，这正符合我们的论断；如果你说它们不能被感知，那么我请问任何人，要说颜色和一种不可见的东西相似，软和硬可以和一种不可触的东西相似，那是否是合乎情理的呢？说到其他性质，也是一样。

9. 哲学上的物质观念含着一个矛盾：有些人把各种性质分为第一性的和第二性的两种。所谓第一的性质是指广延、形象、运动、静止、凝固（或不可入性）和数目而言的。所谓第二的性质是指其他可感知的性质而言的，

如颜色、声音、滋味等。我们对后一种性质所获得的观念，他们承认不是心灵外（不被感知的）事物的肖像。不过他们却以为心灵对第一性质所获得的观念是心灵外存在的事物的摹本和图像，而且他们以为那些事物是在所谓物质的一种不能思想的实体以内存在的。因此，所谓物质就是一种被动、无感觉的实体，而广延、形象、运动真是在其中存在的。不过由我们前边所说的看来，我们已经知道，所谓广延、形象、运动，也只是存在于心中的一些观念，而且一个观念也只能和一个观念相似，不能和别的任何东西相似，因此，不论观念自身或它们的原型，都不能存在于一种无感知作用的实体中。因此，我们就看到，所谓物质（或有形实体）的概念本身就含着一个矛盾。说到这里，我本想不必再费时间来揭露它的荒谬了。不过物质存在的学说已经在哲学家的心灵中如此根深蒂固，并引起那么多的坏结果来，所以我就不避繁冗，而将凡可见充分揭发那个偏见而加以根绝的任何事情，一概陈述，不加省略。

10．反诘论证：那些人虽然主张形象、运动和其他第一的或原始的性质，都离开心灵存于不能思想的实体中，不过他们同时却也承认，颜色、声音、热、冷以及相似的第二性质，都不存在于心外。他们告诉我们说，这些都只是在心中存在的一些感觉，它们是依靠于物质中微细粒子的不同的大小、组织和运动的，而且是由它们所引起的。他们认为这是无疑的真理，而且以为这是可以无例外地证明出来的。不过那些原始的性质如果同那些别的可感知的性质不可分离，紧连在一块，而且即在思想中也不能分离，那它们分明只是在人心中存在的。不过我希望任何人都思考一下，试

试自己是否可以借着思想的抽象作用，来设想一个物体的广延和运动，而不兼及其别的可感觉的性质？在我自己，我并没有能力来只构成一个有广延、有运动的物体观念。我在构成那个观念时，同时一定要给它一种颜色和其他可感知的性质，而这些性质又是被人承认为只在心中存在着的。一句话，所谓广延、形象和运动，离开一切别的可感知的性质，都是不可想象的。因此，这些别的性质是在什么地方存在的，则原始性质也一定是在什么地方存在的，就是说，它们只是在心中存在的，并不能在别的地方存在。

11．第二次反诘论证：复次，所谓大、小、快、慢我们都公认为是在人心以外存在的，因为它们完全是相对的，是跟着感觉器官的组织或位置变化的。因此，存于心外的广延便不是大，也不是小，存于心外的运动，既不是快，也不是慢，它们是根本不能存在的。您一定又会说，它们是一般的广延和一般的运动。是的，这样就更可以见到，关于心外存在的有广延而能运动的实体的信条是怎样依靠于那种奇怪的抽象观念的学说了。这里，我还不得不说，现代哲学家被他自己的原则所限，对于物质（或有形的实体）所做的这个暧昧不定的叙述，正近似那个陈腐过时、被人嘲笑的原始物质（materia prima）的概念，就如在亚里士多德和他的信徒方面所见到的那样。离了广延，凝聚是不能存在的；我们既然说过，广延不能存在于不能思想的实体中，因此，关于凝聚我们也可以有同样的说法。

12．我们纵然承认别的性质是在心外存在的，我们也会清楚地看到数完全是心灵的产物，只要我们思考到同一事物可以按照心灵观

察它的方面不同，而有几种数的名称。因此，同一种广延，心灵如果把它参照于一码、一呎或一时，则它可以成为一、三、六等数。数显然是相对的，是依靠于心灵的，因此，人们如果认为它在心外有一种绝对的存在，那就很可怪了。我们虽说，一部书，一页，一行，可是它们都一样是单位。尽管其中有些单位包含着许多其他单位。在每个例证中，我们都可以看到，所谓单位只是指着人心任意所归拢起来的一些观念的特殊集合体。

…………

14．第三次反诘论证：我还可以补充说，现代哲学家既然由某种途径证明某些可感知的性质，并不存在于物质中，并不存在于心外，因此，我们也可以由同样途径，证明任何别的可感知性质也都是这样的。例如，人们说热和冷都只是人心中的感觉、它们并不是实在事物的摹本，并不存在于激起它们来的有形实体中，因为同一物体在一只手感觉为冷，在另一只手则感觉为热，不过我们何以不可说，形象和广延也不是存在于物质中的各种性质的摹本或肖像呢？因为同一只眼在不同的几个位置，或组织不同的几只眼在同一个位置，所见的形象和广延都是不一样的，因此，它们并非是心外存在的任何确定事物的影像。人们还证明，所谓甜并非真正是在甜物中的，因为同一种东西虽无变化，可是甜也会变成苦，就如在患热症时或上颚起了变化时就是这样的。既然如此，那么我们不可以一样合理地说运动也不是在心外存在的么？因为人们承认，心中各个观念的交替如果较为快些，则外物虽不变，运动亦会慢起来的。

15．这种说法在广延方面还没有结论：我

们已经用各种论证证明颜色和滋味只是在人心中存在的，任何人一思考这些论证，他一定就会看到，我们也一样可以应用它们来证明：广延、形象和运动只是在人心中存在的。我们自然承认，这种辩论方法可以证明我们不能借感官认识什么是对象的真正广延或颜色；而并不足以充分证明外物中没有广延和颜色。不过前边的各种论证已经表明，任何颜色、广延或其他一切可感知的性质，都不能在心外一个不思想的实体中存在，而且已经充分指示出，所谓外在对象之为物根本是不会存在的。

…………

18．外界物体的存在是不能证明的：不过凝聚的、有形的、被动的实体，纵然可以在心外存在，与我们所有的物体观念相符合，我们又如何能知道这一点呢？我们若不是借感官知道，就是借理性知道的。说到我们的感官，我们只能借它们来知道我们的感觉、观念或直接为感官所感知的那些东西；不过它们却不会告诉我们说，心外有一些东西存在着，虽不被我们所感知，却与所感知的东西相似。这一点，就是唯物主义者也是承认的。因此，我们如果尚能知道外界的事物，则只有借助于理性了，因为只有理性可以由感官直接所感知的东西推知外物的存在。但是我看不到有什么理由可以使我们根据所感知的东西来相信心外有物体存在，因为就在主张物质说的人们，也并不妄谓在外物和观念之间，有任何必然的联系。人人都承认，外界纵然没有相似的事物存在，可是我们也一样可以为我们现在所有的观念所刺激。睡梦中、疯狂中以及相似的情节中所发生的事实，已经使这一点无辩论的余地。因此，我们就分明看到，观念的产生，并不必要假设外界的事物。因为人们都承认，纵然没有外物与观念同时存在，观念有时也可以按照我们所常见的秩序产生出来，而且也可以永远产生出来。

…………

20. 难题：简单地说，如果有外界物体存在，那我们是不能知道它们的；如果没有，则我们仍有同样理由相信，自己会有现在所有的外界物体。假如有一种智能，没有外界物体的帮助，也可以感受到您所受的那一串观念或感觉，而且那些观念在他心中的地位和活跃过程，也正如在您心中一样。那么我就问，那个智能是否也有您所有的那些理由来相信那些有形体的实体存在，来相信它们是被观念所表象，是在他心中刺激起那些观念来的？这一点，是毫无问题的。任何有理性的人只要一思考到这一点，就可以相信，自己所以相信心外物体的存在，理由实在是很薄弱的。

…………

22. 我恐怕人们在这里或者以为我讲的这个题目太冗长了。因为我们既然可以向稍能思考的人们用一两行文字把这个真理极其明白地证明出来，那么我们又何必一再申述呢？你只要看看自己的思想，只要想想一个声音、一个形象、一种运动、一种颜色，是否能在心外不被感知而存在，您就会看到自己所争执的只是一个矛盾。我很愿意就此结束我们的争论，如果您能设想，一个有广延而能被运动的实体，或者（较一般地说）一个观念，或者一个与观念相似的东西，不在能感知它的心内也可存在，那我可以立刻放弃我的主张。至于您所坚持的那些外物组成的系统（compages），则我也可以相信它的存在，纵然您不能给我解释（1）您何以相信物质的存在，（2）纵然您不能指示出它如果存在时有什么功用。只要您的意见稍有一点真的可能性，并且作为您的意见的论据事实上是真的，我就可以承认它是真的。

23. 不过您又说，我们很容易想象，例如，公园中有树，壁橱里有书，并且不必有人感知它们。我可以答复说，您自然是可以如此设想的，这并没有什么困难。不过我要问，您这不是只在心中构成所谓树和书的观念么？您只是在同时没有构成任何能感知它们的人的观念罢了；实则您自己一向是在感知或想象它们的。因此，您这种说法是不中用的。您这种说法只足以表明您能在自己心中构成各种观念；可是它并不曾表明，您能够设想您的思想的对象可以在心外存在。要想证明这一点，则您必须想象它们是不被设想而能存在的，那就分明是一个矛盾了。我们纵然尽力设想外界事物的存在，而我们所能为力的，也只是思维自己的观念。不过人心因为不曾注意到自己，因此，它便错认自己可以设想；各种物体可以不被思想而能存在，或在人心以外存在。实则那些物体同时是为它所了解的，存在于它自身中的。任何人只要稍注意一下，他就可以发现我这话是真实而明白的，因此，我们也就不必再援引别的证明，来反驳物质实体的存在了。

■ 关键词

清晰明确的标准　　　我思故我在　　　　双重观点理论　　　梦境猜测

二元论	经验主义	认识论的迂回	存在就是被感知
恶魔猜测	广延（物质实体的本质属性）		唯心主义
唯物主义	单子	凡在理性中的，没有不首先在感觉中的	
偶因论	平行论	感知	充足理由原则
不可分辨者的同一性原则		理性主义	表象的实在论
白板	思想（心灵的本质属性）		

■ 供讨论和复习的问题

1. 分别对二元论、唯物主义和唯心主义下定义并进行说明。

2. 解释笛卡尔的梦境猜测和恶魔猜测，并做出自己的评价。

3. 既然笛卡尔怀疑一切事物，他是否应该怀疑有没有一个"思"不需要"我"仍然在思考？

4. "我们能思考，这证明了我们不仅仅是物质"，这句话对吗？

5. "物质，包括人的身体完全受物理规律的支配"，"非物质的心灵能够移动人的身体"，这两句话矛盾吗？请解释一下。

6. 斯宾诺莎是如何阐释身心关系的？

7. 为什么贝克莱说一切可感事物只存在于心灵中？

8. 可感事物的一切性质（比如大小、颜色和味道）都和观察者有关吗？

9. 贝克莱的哲学是不是把一切都当成了梦境？

10. 如果我们所有的只是都来自于经验，为什么我们就很难拥有外部事物的知识？

第七章
18世纪和19世纪

头脑中的世界与外部世界之间的关系这一问题，和道德自由问题一道，构成了现代哲学的突出特征。

——亚瑟·叔本华

18 世纪迎来了启蒙运动，尽管这一百年间爆发了法国大革命和美国独立战争，但随着生活水准的提高，个体自由进一步的解放，它仍然是一个相对和平、稳定的世纪。女巫迫害几乎销声匿迹，焚烧异端也渐渐退出历史舞台。宗教在政治、社会和思想上的影响力不复往日的辉煌。商业繁荣，财富增长。简单地说，一切都很好。亨德尔创作了《弥赛亚》（*The Messiah*）。

乔治·贝克莱之后，18 世纪最为重要的两位哲学家分别是大卫·休谟和伊曼努尔·康德。他们两人连承认形而上学的知识可能成立都感到十分勉强。休谟认为我们所有的知识都受到经验的限制，也就是说，受到感觉印象的制约（尽管他不愿意同意贝克莱可感事物只是一束感觉印象的说法）。我们将看到，康德对于我们所能了解的知识态度更为乐观一些。

大卫·休谟

同乔治·贝克莱一样（见前一章），大卫·休谟（David Hume，1711—1776）的认识论进一步发展了经验论者的观点，即一切观念来自经验——也就是说一切观念来自感觉或内部感觉（inner feelings）。休谟的怀疑在一些文章中表现得十分彻底，不过他大体上还是个修正的怀疑论者，他将注意力集中在几个范围更为狭窄的目标上，自休谟的时代以来，人们在认识论领域始终孜孜以求地探索着这些问题。

休谟的大部分认识论观点建立在四个前提上。看一看你是否同意这些前提，并在四个观点前标上对或错的记号：

（1）对或错　陈述存在就是在陈述事实（也就是说，当你声称某物存在的时候，你在表达它的存在是一个事实）。

（2）对或错　我们只有通过观察或根据观察结果进行因果推理才能得确认陈述的事实（举个例子来说，你可以通过声音来分辨引擎是否发生爆震，如果要知道轴承是否磨损，你就必须对爆震的原因做出推理）。

（3）对或错　思想、知识、信仰、概念和判断都存在于观念中。

（4）对或错　所有的观念源自、摹写感觉印象或内部感觉，也就是知觉。

如果你认同每一个论点，那么你也会同意休谟的观点。这四个前提会得出什么结论呢？

硬币实验

我们从（1）和（2）开始。首先，在你面前，这本书旁放一枚硬币，硬币存在，对吗？根据原则（2），只有通过观察或根据观察结果进行推理，这一断言才可能成立——也就是，获得证明或根据。

你观察到了什么？这枚硬币吗？不，事实上并非如此。请看看你所谓硬币的这样东西，把它放在桌子上，然后你站起来，稍微绕着房间走一下，始终看着硬币。当你四处走动的时候，你观察到的是一个随着你的移动，大小、形状不断发生变化的银色物体。举个例子来说，刚才你观察到的东西很可能是椭圆形的。但是，硬币可不是那种可以不断改变大小、形状的事物，也永远不会是椭圆形的（除非有人非法制造）。因此，你的观察改变了硬币的大小、形状而不是硬币本身。因此我们得出结论你观察到的并不是硬币。

你也许会这样反驳："我看到的是从不同的距离、角度出发，观察到的银色物体。"

然而实际上如果你仔细考虑自己的观察结果，这个银色物体的大小、形状的确发生了变化。从任意角度你都看不到始终不变的银色硬币。你的所见确实发生了变化。那么我们仍然得出以

人物简介	大卫·休谟

大卫·休谟 65 岁时因癌症去世。面对死亡，他始终表现得那么镇静、乐观，达到了古代怀疑论者的境界：ataraxia（宁静）。尽管如此，有人可能会问，他的怀疑主义是否造就了他沉着、善良的本质，显然他的一生都表现出了这种人格特性。

休谟在自传中说，他出生于苏格兰爱丁堡一个"高贵的家庭"。家里的人鼓励他学习法律，但是他"发现除了追求哲学和普遍的知识之外，对其他任何事物都充满了难以克制的厌恶感"。不到 30 岁休谟就发表了《人性论》（*A Treatise of Human Nature*），这是有史以来最重要的哲学著作之一。然而那个时候，休谟《人性论》一书就像他描述的那样"从印刷厂出来就死了"，"如此无声无息，甚至在狂热者中

也引不起一点波澜"。休谟坚信这次失败的根源是书的形式而不是内容，于是他修订了部分内容，在《人类理智研究》（*An Enquiry Concerning Human Understanding*）和《道德原理探究》（*An Enquiry Concerning the Principles of Morals*）两书中重新发表。休谟认为，后一本书无疑将成为他的代表作。休谟最后的一部著作《自然宗教对话录》（*Dialogues Concerning Natural Religion*）在他去世之后，于 1779 出版。休谟在《人性论》和《人类理智研究》这两部认识论著作中的观点存在着差异，哲学家对于孰优孰劣意见不一。尽管休谟生前主要是以一名历史学家而不是哲学家的身份而闻名，但他对后世哲学特别是英国及其他英语国家的哲学以及康德哲学的影响不可低估。

下结论：由于硬币不会变化，你看到的不是硬币。

　　那你观察到的到底是什么呢？休谟认为，你看到的正是你对硬币的感觉印象（sense impression）。如果你坚信硬币存在具有充分的理由，那么你的这个想法一定是凭借观察进行因果推理的结果——也就是说，从你的印象出发，推理到不同于你的印象并且产生印象的某些东西，即硬币。但是这里存在着一个关键问题：你从未经验或者以任何方式接触过不同于你的印象的事物。因此，你永远观察不到自己的知觉与硬币之间的联系，那么你如何能确定硬币引起了你的印象呢？休谟认为如果你不能证实这点，你就不能把硬币的存在当做是想当然的事情。

　　当然你可以推而广之，以用同样的方法思考一切外部存在。休谟用自己的话表达了自己的想法：

　　　　我们确定的唯一存在就是知觉……我们从一个事物的存在到另一个事物的存在中能得出的唯一结论就是通过因果关系它们之间产生了联系……但是除了知觉之外没有他物向心灵呈现，我们可以得出结论我们也许只是观察到了两种不同的知觉之间的因果关系，我们永远观察不到知觉和物体之间的因果关系。由于这是不可能的，因此从前者存在的属性中我们不能得出有关后者的存在的任何结论。

　　现在回到前提（3）和前提（4）。请注意从它们直接可以推出：外部物体（不同于对它们的感觉印象）的知识、信仰、概念、判断、思想甚至观念都不存在。休谟在这里再次进行说明：

　　　　既然除了知觉无物向心灵呈现，既然所有观念来自于先前向心灵呈现的东西，那么我们无法想象任何与观念、印象存在巨大差异的东西。让我们尽可能使自己的想象变得天马行空：让我们想象天堂或者宇宙的最辽远边界；除了那些已在狭窄范围内出现的知觉外，我们永远不能跨越自身一步，也无法想象任何存在。

休谟论自我

　　据说我们之中存在着一个不变的、非物质的实体，休谟仔细考察了自我或心灵这个概念后认为它们实际并不存在。休谟认为如果我们将心灵定义为我们自身之中不变的、非物质的实体，那么我们事实上没有拥有心这一观念。我们的观念不能超出我们的感觉印象，除非我们把心灵当做一堆印象，否则我们不可能有心灵的印象。

　　休谟说在一些哲学家的想象中，我们意识到了我们所谓的"自我"或"心灵"，感受到它们的存在，确信它们"完美的同一和简约"。但是，他问道："这个观念来自于哪些印象？"

　　每一个真实的观念必然来自于某个印象。但是自我不是某个印象，我们却认为许多印象和观念都与它有关。如果自我的观念来自于某种印象，那么这种印象必须在我们一生中始终保持不变，因为我们假定自我就是以这种方式存在的。但是没有印象是持存和不变的……没有这样的观念……

对我来说，当我最深入地接近所谓的"自我"时，我总是在一些特定的知觉面前踌躇不前：热或冷，明或暗，爱或恨，痛苦或喜悦。没有知觉，我一刻也不能抓住自我，除了知觉，我永远不能观察到任何事物……心灵有如一个剧场，知觉不断地上场；经过，再经过，溜走，以无数不同的姿势，在无数不同的情况下结合在一起。没有一次是完全单纯的，也没有一次在不同中达到同一……一定不要受剧场这一比喻的误导。它们仅仅是构成心灵的一连串知觉。

休谟论因果关系

休谟认为任何从某物的存在到另外某物的存在的推理都建立在因果关系的基础之上，他于是仔细地分析了这种关系。他发现我们的经验表明原因和结果之间没有必然的联系。

你在这里看到的是椭圆。硬币不是椭圆的。因此你看到的不是硬币，对不？

首先这一论点——我们的经验没有告诉我们原因和结果之间存在必然的联系——一眼看来并不正确。开过的汽车产生了你耳中的噪声，对吗？高尔夫球棒的作用使得高尔夫球滚下球道。拔下电插头让引擎停止工作。白色桌球撞击八号球的瞬间推动了八号球。每个例子都再清楚不过地表明了原因必然产生结果。

然而休谟仔细观察了自己经验中真正的因果关系后发现，他并没有经验到原因真的产生了结果。相反，他发现一个事件和第二个事件仅仅被连接到了一起。他看到白色球撞击了八号球，他也看到八号球滚动到一旁，但是他并没有看见白色球使得八号球移动。

如果你思考了因果关系中的某个具体事例，你也许会发现休谟不无道理。你真的看到汽车产生了你耳中的噪音吗？还是你只看到了一辆汽车和听到了噪音？你真的看到了火焰产生了热量吗？还是你只看到了火焰和感到了热量？请仔细地思考一下。哪一个才是对的？你看到 X 引起 Y 了吗？还是你只看到了 X 和 Y？休谟发现在每一个具体事例中，人们假设事件 X 引起事件 Y，他却没有真正地经验到 X 引起 Y，而仅仅只是 X 和 Y。他于是得出结论：我们所谓 X 和 Y 的因果关系实际只是 X 和 Y 的恒常联系（constant conjunction）。我们经验到了火焰和热量的恒常联系，所谓火焰中的因果关系只存在于我们的头脑中。

不仅如此，由于所谓的因果关系变成了一个所谓的原因和一个所谓的结果的恒常联系，所以我们也没有充分的理由来假设所谓的原因总是存在所谓的结果。举例来说，你经验到了火焰

你见过大头针"砰"的一声刺破气球吗？休谟认为他所看到的一切只是：（1）大头针在空间上接触了气球；（2）气球"砰"的一声爆破。他并没有看到大头针使气球爆破。

和热量之间的恒常联系。那么你有充分根据假设我们将来也会经验到火焰和热量之间的相似联系吗？

休谟的回答是你没有充分的根据。如果你说下次你碰到的火焰将会伴随着热量，这是因为你假设将来和过去类似。的确，所有建立在现在和过去经验上的推理都假设将来和过去相似。休谟突然灵光一闪，明白了这个假设本身无法依靠经验得到证实。如果试图依靠经验来证实这个假设，他说"显然一定会进入一个循环"。

作为一个灵光一闪的想法，我们很难夸大这个发现的重要性。所有来自过去和现在经验的推理都建立在一个显然无法证实的假设上（将来和过去类似）这一事实得出了比休谟本人所愿意赞同的还要彻底的怀疑主义结论。这就意味着对于那些我们自以为十分熟悉的事物，我们实际一无所知。你下次进餐的时候还会认为水和食物可以为你提供营养吗？我们今晚的名字还和现在一样吗？你读到句尾的时候，句首的词语意义会发生变化吗？尽管这些问题的答案看起来一目了然，但是它们只是我们实际上并不了解的纯粹假设。

也许你现在能明白休谟为什么在《人性论》（*A Treatise of Human Nature*）第一卷总结处这样反思他的著作：

> 当理智单独作用的时候，它根据自身最普遍的原则完全推翻了自己，在所有命题中，无论是在哲学还是日常生活中，都没有留下一丝证据。

因此休谟谈到他"愿意反对一切信仰和理性，不会把一个观点看得比另一个观点更加可信"。这一怀疑论没有修正的余地：它完全不可妥协，尽管休谟说真正的怀疑论者"在哲学疑问和信念上会有分歧"。换句话说，真正的（彻底的）怀疑论者也会怀疑他的怀疑。

你已经了解了大卫·休谟的哲学，你也许能够明白本书标题的含义了。如果休谟的观点正确，难道我们不会最终感到绝望，变成超然地看着世界摇摇手指的克拉底鲁（见第三章）？

伊曼努尔·康德

现在该来谈谈康德（Immanuel Kant，1724—1804）了。大部分学者都认为他是历史上最出色的知识分子之一。不过令人遗憾的是，他也被公认为最晦涩的哲学家之一。不管情况是不是这样，康德对休谟的怀疑论观点做出了重要且天才式的回应。用一句话来说，康德认为确定的知识的确存在，他要向我们证明这些知识何以可能，而休谟的论证方向恰好与他相反。

心灵的秩序原则

请稍稍回忆一下笛卡尔的学说。笛卡尔认为他自己能够证明桌子、拨弦古钢琴和行星之类的物体存在于心灵之外。但是他对诸如此类"外部"物体的"证明"并不直截了当。首先，笛卡尔必须证明他自己是存在的，然后他必须证明上帝是存在的，随后他还必须进一步论证上帝不会在桌子、拨弦古钢琴和其他外部物体真实存在这样重大的事情上欺骗他。这样的证明拥护者寥寥可能并不出人意料。

正如我们看到的那样，约翰·洛克认为知识来自于感觉或观念，它们经由经验向心灵呈现。这个理论的问题在于，它把我们的知识限制于感觉或者观念，乔治·贝克莱敏锐地看到我们的知识受我们的感觉或观念的局限——这意味着除了我们自己的感觉或观念外，我们无法知道他物是否存在。贝克莱接受了这个观点，他认为桌子和拨弦古钢琴必然只是一束感觉或者观念。大卫·休谟也同意我们的知识受感觉或者观念的局限，尽管他认为桌子和拨弦古钢琴等事物不仅仅只是感觉或者观念。休谟认为"想知道物体（外部物体）是否存在是徒劳的"——他试图发现是什么让我们相信物体的存在。

康德认为哲学退化成贝克莱的唯心主义和休谟的怀疑论实在是耻辱，于是他对外部事物的存在做出了自己的（极其复杂的）证明。证明外部物体存在通常都是从对外部事物的感觉着手的，康德却选择了不同的道路。他的方法大致是证明感觉流不能等同于经验，除非感觉流通过心灵被统一和概念化为外部物体的经验。（这类试图把某些事物确立为经验可能性之必要前提的证明被称为"先验证明"，当代哲学怀疑它是否真的证明了什么东西。）

康德把自己比作阐述日心说理论、最终推翻地心旧说的哥白尼（1473—1542）。在哥白尼之前，人们把太阳表面的移动当成了它真正的运动。哥白尼意识到我们的移动而不是太阳的移动才是太阳表面上移动的原因。康德的观点十分相似，他的学说被人们称为哲学界的哥白尼革命（Copernican revolution in philosophy）。康德认为世界上外在于我们心灵的物体所具有的基本性质或特征实际源自我们的心灵，而不是物体本身。

用戴蓝眼镜的人这个例子也许能最贴近地阐述康德的观点。在这个人的眼中一切都是蓝色

人物简介｜伊曼努尔·康德

康德是近代第一批以哲学教授这一职业为生的哲学家之一。尽管他几乎没有离开过他的出生地哥尼斯堡（Königsberg），他的思想却走得很远，他被公认为是历史上最伟大的哲学家。

早在 1770 年他担任哥尼斯堡大学逻辑学和形而上学教授之前，康德就因为他的首部著作，一本研究自然科学的书籍而名声大噪。接受教职之后，康德整整十年没有著作问世，这段时期中的思考最终体现在他的代表作《纯粹理性批判》（Critique of Pure Reason，1781，1787 第二版）中。他说写作这本书实际"只花了四到五个月的时间"，写作的时候"注意力完全集中在书的内容上，对措辞和深入浅出的表达不怎么关心"。世界各地的读者都知道他这些话的含义。

这本书的反响起初令人感到有些困惑，康德于是不得不为他的杰作发表一个更加简短、通俗的版本，名字叫《未来形而上学导论》（Prolegomena to Any Future Metaphysics，1783）。这本书是研究康德的认识论和形而上学学说的最佳入门读物。这样说大家会对日期更有概念：康德的《未来形而上学导论》发表的那年，美国独立战争结束。顺便说一句，人类首次成功进行了热气球飞行。

《未来形而上学导论》出版后两年，康德第一部伦理学力作《道德形而上学的基础》（Foundations of the Metaphysics of Morals）也发表了。这部著作相对较简短，然而它堪称伦理学历史上的经典著作之一。

康德的第二、第三部著作《实践理性批判》（Critique of Practical Reason，1788）和《判断力批判》（Critique of Judgment，1790）分别讨论的是道德和审美问题。除了三大批判、导论和基础外，康德还写了许多其他一些分量不那么重的著作。

康德的晚年总是受到德国年轻一辈哲学家的侮辱，他们说他其实根本不知道自己写了些什么，这种愚蠢的看法早已经淹没在历史的尘埃中。

的。为什么呢？因为眼镜将蓝色"强加"于这个人的感觉之上。那么我们经验外部物体的过程也同样如此。不仅如此，我们认为事物存在于时空之中，并且通过因果关系彼此关联。为什么呢？康德推理道我们的心灵将这些形式强加于我们的感觉之上，我们的心灵以这种方式处理我们的感觉材料，我们也由此获得了现在拥有的经验。这就好像那位戴蓝眼镜的先生通过他的眼镜以那样的方式处理了他的感觉材料，他也由此获得了那种蓝色世界中的经验。

康德革命性的理论——心灵以我们现有经验的那种方式处理了感觉材料——解释了我们为什么对自己肯定的事情如此确信无疑。比如说，在休谟看来，我们不能绝对地肯定我们下次碰到的火一定会伴随着热（也许这种火有些奇异，是一种新的合成物质）。然而，我们却能够肯定火至少一定将在时空中出现。这一知识并不来源于经验，因为经验只会告诉我们事物迄今为止存在的方式，而不是它们必然存在的方式。康德说，只有我们观察的心灵将时间、空间"强加"于感觉材料上，我们才能确定我们将来遇到的火必然会出现在时空之中。

你只需想象一下电动门或电视摄像机的情况。材料进入设备，但是设备经验不到什么。这个设备对光敏感——它有"感觉"——但是没有经验。我们当做经验的感觉同样如此，它们必须以某种特定方式获得处理。首先，这些感觉必须符合时空的规则。也就是说，心灵的观察部分必须把它们当做存在于时空中、在我们之外的物体来观察它们。其次，它们必须被概念化（conceptualized）——在概念下产生。对于那些作为经验的原始感官刺激，我们必须加以整理，当做人、车或者别的事物。康德说未经概念化的感官刺激是"盲目的"。

康德还进一步认为作为经验的感官刺激必须在单一、连续的意识中得到统一。要是它没有被统一，它永远也不可能成为经验。除此之外，他说统一和概念化必须符合认知的规则，正如知觉必须符合时空的规则一样。因此，感官刺激必须被组织成时空中的物体经验；同样，它必须被组织成符合因果关系和其他关系的物体经验。举例来说，变化一定要成为本质上数量保持不变的永恒实体的变化的经验。

康德说这个理论令人满意地解释了我们如何知道我们永远不会经验到没有原因的变化。解释这类知识的唯一途径就是假设心灵将因果关系"强加"到了我们经验的变化上。变化要成其为经验必须服从因果关系——就如不得不戴着蓝色眼镜的人看东西，那些被看见的东西一定都是蓝色的。

自在之物

这一部分大致是康德针对大卫·休谟的认识论观点做出的回应。休谟的观点有部分是正确的。休谟认为知识始于经验并没有错，但是他认为知识源于经验却存在问题。我们最好这样表述：我们的心灵被经验唤醒了，它并不像摄像机那样简单地接受或者积累刺激，它依据某些基本原则和范畴主动地进行处理，我们仔细研究之后就能明白。

然而——这是个很大的"然而"——在康德看来，我们的知识仅限于现象（phenomena）或可经验的物体——可以成为经验主体的物体。服从心灵分类、统一活动的事物是我们经验到的唯一事物。事物必须存在于时空中，彼此发生因果关系，或者服从认知原则才能进入我们的经验；但是我们不能把这些范畴、原则运用到"在自身之中"的物体上——也就是本体（noumena），或者说存在于经验之外的事物。由于这一"本体"世界超越了经验，在"自在之物"即 das Ding-an-sich（德语）的世界，康德无法躲避怀疑主义。当那些适用于经验世界的规则运用到超越经验的实在上时就会产生矛盾和错误。康德更愿意说三个"理性观念"——上帝、世界、自我——至少表明了本体界的可能性，不过这是我们无法了解的领域。康德的认识论把合法的形而上学理性限制在了这个世界中。

因此对于经验的世界，康德并不是一个怀疑论者。但是对于自在之物，他却并非如此。这不意味着他在休谟的学说上毫无进展。休谟的理论认为我们无法确定将来会和过去相似——因为休谟假设所有的知识都来自于经验。但这似乎不对：我们在某些方面是可以肯定将来与过去相似。我们可以确定我们永远经验不到没有原因的事件（尽管现代物理学家在亚原子层面谈到了没有原因的事件）。我们可以确定我们永远不会经验到时空之外的物体。我们可以确定我们永远不会经验到没有性质的物体。康德的理论看起来能够比休谟更好地解释这些事实。

19 世纪

康德于 1804 年，19 世纪的开端离开了人世。19 世纪的第一段时间是欧洲文学和艺术上的浪漫主义时期，它是对上一个世纪理性主义的反拨。这个时期的文学强调冒险和精神的幻想，交响乐气势宏大却渲染过度，视觉艺术崇尚异域情调。谨慎的理性已经过时，情感的自然流露登上了时代的舞台。

在哲学领域中，尽管康德的后继者并没有明确地否定他的学说，但是他们对他也没有那么亦步亦趋了。对康德哲学反应最激烈的是德国的绝对唯心主义（Absolute Idealism），代表人物有约翰·歌特利勃·费希特（Johann Gottlieb Fichte, 1762—1814）、弗里德里希·威廉·约瑟夫·冯·谢林（Friedrich Wilhelm Joseph von Schelling, 1775—1854）和格奥尔格·威廉·弗里德里希·黑格尔（Georg Wilhelm Friedrich Hegel，1770—1831）。

康德已经论证了心灵将范畴强加于经验的对象，这使得经验世界的知识成为可能。我们已经看到他的认识论观点是我们只能够获得经验世界的知识，却不能获得"自在之物"的知识。然而，绝对唯心主义将认识的怀疑论改造成了形而上学的唯心主义。他们问，我们心灵无法了解的事物究竟是什么呢？如果它是不可知的，他们推理道，那么它也是不可想象的；如果它是无法想象的，那它压根儿就不存在。因此思想或者意识并不是仅将实在归入几个范畴：范畴就是实在。他们说自在之物不可能存在，因为一切事物是具有认知能力的心灵的产物。

他们说实在不是对你们、我们或者任何特定的人的思想的表达，因为没有人能创造出存在于我们周围的独立的外部事物。实在是对无限的、绝对的思想或意识的表达。我们哲学地思考现实的时候，意识察觉到了自身，也就是成为了无限。

因此从黑格尔的观点看来，宇宙和历史是思想的具体表达。哲学家可以光明正大地涉足任何事情、任何人类的探索领域，他们能够独立地理解、解释从实在的任意方面到实在整体的真正关系。所谓的绝对唯心主义试图对一切实在形成一个彻底的、统一的概念，这一概念将为相关的各方面到总体带来意义。你将看到，这是形而上学沉思光辉的顶点，形而上学以及认识论领域中后来出现的一切情况实际上都是对它的回应。

人物简介 ｜ 格奥尔格·黑格尔

黑格尔身上有种难以置信的严肃气质，他还在德国的图宾根大学做学生的时候，就得到了一个"老头"的绰号。黑格尔对任何事情都一丝不苟，他甚至在喝酒的时候都显得很沉闷。他还在念高中的时候，就花了许多精力收集了大量他所认为是人生终极问题的笔记，这一事实无疑表明了他将来会成为一个哲学家。

黑格尔的大学同学弗里德里希·谢林年纪轻轻就已在哲学界在崭露头角，黑格尔却经历了重重波折。他曾经做过家庭教师、报纸编辑、中学校长、海德堡大学的教授，后来他到了柏林，最终声名鹊起。尽管他上课老是讲讲停停，有时会突然中断，狂翻一阵自己的笔记，但是他仍然吸引了一大批的听众。他的听众可以在讲课中感受到黑格尔深邃、闪光的思想。黑格尔很英俊，很受柏林社交界女士们的欢迎。这一切使他得到了极大的满足。

不过不是每个人都对黑格尔心存敬仰。我们后面将谈到的另一个著名哲学家亚瑟·叔本华，他把黑格尔描述成一个令人难以想象的、愚蠢的、让人作呕的、讨厌的江湖骗子，他败坏了追随他的整整一代知识分子。不过你应该记住，可怜的叔本华曾经试图在黑格尔上课的同一时间讲课——结果发现自己的教室空空如也。

黑格尔的主要著作有《精神现象学》（*Phenomenology of Mind*，1807），在这本书中他首次提出了他的形而上学体系；《逻辑学》（*Science of Logic*，1812 - 1816）；《哲学全书》（*Encyclopedia of the Philosophical Sciences*，1817）和《法哲学原理》（*Philosophy of Right*，1821）。

黑格尔哲学的要点

黑格尔哲学晦涩难懂，主要内容如下：

（1）"一切有赖于不仅把真理把握为实体，而且把真理把握为主体。"这就是说真理、现实不仅是被思想的东西，而且是进行思想的东西。因此最真实的东西——绝对——是思想着自身的思想。

（2）黑格尔的唯心主义不同于贝克莱的唯心主义。对贝克莱来说，客观世界实际上存在于个体的心灵中；对黑格尔来说，个体的心灵是对无限思想的表达或展开，它是无限的思想反思自身的工具。

（3）现实、绝对在黑格尔看来不是独立的具体事件或状态，这更像是一个类似数学的协调的思想体系，它被整合成一个整体，内部的每个命题（事件的每个状态）都与其余部分发生逻辑上的关联。事件的孤立状态从整体看来并不完全真实；关于实在某个方面或特征的命题也只是从部分的角度看来是正确的。完全正确（或完全真实，因为二者同一）的事物只有一样，那就是这个完整的体系。

（4）绝对（the Absolute），实在的整体，是一个三合一的概念体系。表达得更加形式化一些就是：命题 A 或者概念 A 存在一个否定，那就是 –A；在这两者之间，存在一个统一体或者综合体 B。然而 B 也有一个否定，那就是 –B，在 B 和 –B 之间还有一个综合体 C，以此类推。因此体系中较高的级别被较低的级别暗含着——比如说 C 和 B 都被 A 暗含着。思想和实在的整个体系——也就是绝对——以这种方式被整合成一个整体，其中的每个命题都与其余的部分在逻辑上发生关联。

请注意黑格尔的三一式并不是我们发现真理的手段，而是事物存在的方式：它是思想真正的结构。举个例子来说，最基本的范畴或概念是存在。但是如果没有它的对立面——不存在，那么存在就是无。这两个对立概念的综合体就是生成。黑格尔在每个阐释阶段都以同样的方式提出一个正题（thesis），它存在一个相应的反题（antithesis），正题和反题形成一个更高级的整体，也就是合题（synthesis）。体系中的较高级别总是包含着较低级别。

我们最终到达了黑格尔哲学中三一式的顶点："观念"、"自然"，以及它们的合题"精神"。观念和自然分别是两个较低级的对立概念的合题。观念是主体（思考者）和客体（被思考者）的合题。黑格尔所说的"观念"是自觉的思想，也正是思考者和被思考者的合题。黑格尔写道："绝对观念就是存在，永恒的生命，自知的真理，它是全部的真理。"

观念的反题是自然。换句话说，一方面存在着自知的或自觉的思想（观念），另一方面存在着我们所谓的独立世界（自然），对观念的外部表达，或观念自身之外的观念（黑格尔试图在他的自然哲学中将科学的各种概念都归入自己的体系）。

作为正题和反题的自然和观念也有它们的合题。正如我们刚才说的，这是黑格尔整个体系中最为重要的三一式合题，这就是黑格尔所说的"精神"。我们可以把"精神"解释成"思想既作为思想又作为客体认识自身"或者"观念回归到本身"。我们并不是说黑格尔哲学比较浅显。

精神哲学又可以分为三大部分：主体精神和它的反题——客体精神，以及它们的合题绝对

路德维希·冯·贝多芬

你可以看到，德国的大作曲家路德维希·冯·贝多芬（Ludwig van Beethoven）和黑格尔几乎生活在同一个时期。贝多芬是节制的、正统的古典音乐时期和热情的、狂暴的浪漫主义音乐时期之间的桥梁。黑格尔的哲学，也许是由于它的庄严和宏大总会让我们更多地想起浪漫主义时期的音乐。

精神。主体精神隶属人类心灵的领域；客体精神是心灵在社会制度中的外部表现。黑格尔对客体精神的分析包含了他的社会哲学、政治哲学的思想，他试图通过财产、契约、犯罪、惩罚、正义、人格、家庭、社会和国家这些概念来说明它们之间的关系（总是或多或少表现为三一式）。

最后我们知道了实在的每个部分在整体中扮演的角色，我们因此也知道了绝对的最高概念是精神。

黑格尔的体系的确眼界开阔，他将宇宙的历史和人类意识的历史看做无限理性的必然展开。这一体系声称涵盖了实在的各个方面及人类思想、历史每个组成部分的完整的概念框架。这个体系代表着形而上学沉思光辉的顶点。

亚瑟·叔本华

对黑格尔的绝对唯心主义的反拨迅速而有力。卡尔·马克思（Karl Marx，1818—1883）通过把经济因素解释为人类进化发展的原因（我们将在第十一章具体谈谈马克思的哲学）而将黑格尔哲学整个颠倒过来。索伦·克尔凯郭尔（Sren Kierkegaard，1813—1855）嘲笑了黑格尔浮夸的哲学体系。弗里德里希·尼采（Friedrich Nietzsche，1844—1900）否定了黑格尔的唯心主义以及所有类似的形而上学（我们将在下一章详细讨论克尔凯郭尔和尼采）。然而，对黑格尔强大理性最著名的批判出自亚瑟·叔本华（Arthur Schopenhauer，1788—1860）之手。叔本华把黑格尔本人看成是投机取巧的江湖骗子，把他的哲学当成是一堆废话。对叔本华来说，黑格尔的"理性"正表现了他无知的自我欺骗；他企图用理性的术语来粉饰这个世界，既显得可怜兮兮又让人误入歧途。叔本华并没有在黑格尔这里止步：他认为整个科学和人文学科都联合在一起，将宇宙描述成一个理性的、在人类理性智慧的掌控下受到规律支配的世界。他认为实在是相当复杂的。

叔本华特别指出人类行动极少具有理性。相反，他们常常受到意志的盲目驱动来追求利己的欲望。叔本华认为人们往往出于冲动行事之后才会运用理性来对既成的事实加以理性化的处理。叔本华生活的世界里充斥着各种奸邪小人，他们为了得到微不足道的东西而实施暴行。这是一个缺乏信赖的世界，你只有在枕头下放一把上膛的手枪才能睡上一个踏实觉。在叔本华看来，他们的任意妄为将自己变成了一出没有理性的闹剧的重要组成部分。

不管你信不信，叔本华研究哲学的初期将康德视为自己的偶像。康德论证了我们通过理智构建了世界，然而叔本华认为，意志构建了世界。这大概就是他的理论。

你是怎样认识到你自己的？你通过自己的决定和选择渐渐了解了自己的个性，对吗？好，这些就是意志活动的结果。从意志的角度来看，意志的活动以及身体的活动，我们通常说后者由前者引起，实际两者是同一件事情："意志的活动除了是意志的活动的客观化，即意志的活动被转化成知觉之外一无所是。"

这个理论看起来理由充分，叔本华不仅把一个人的身体，而且把所有的现象都看成意志的

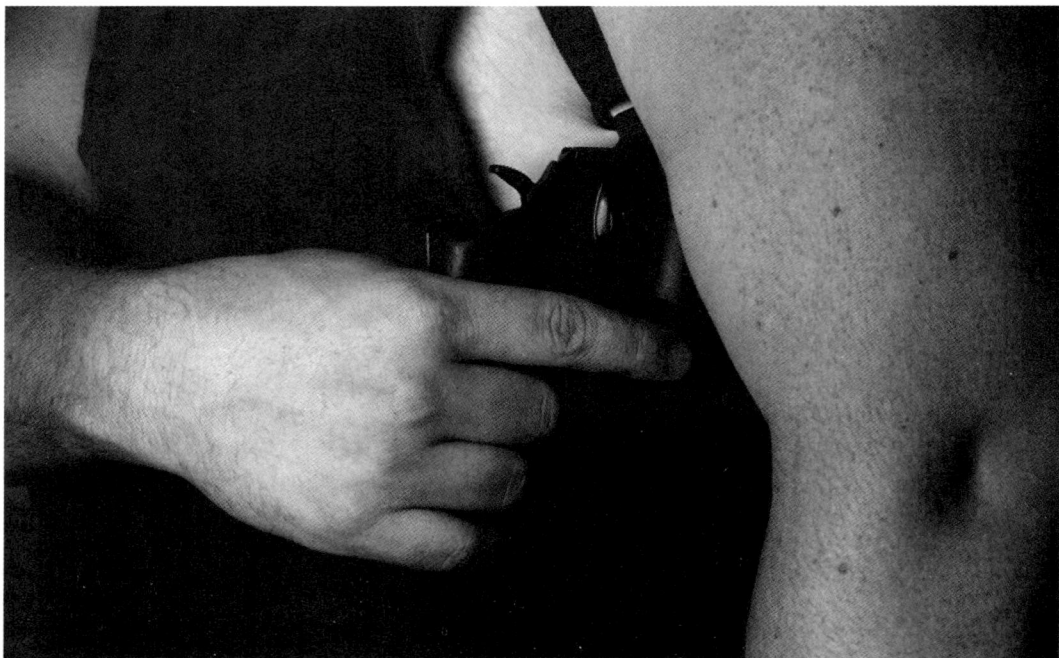

我们不认为叔本华像这人一样拥有肩部手枪套，不过他睡觉时，确实在枕头底下藏了把手枪。

客体化。在叔本华看来，正是意志的力量让植物生长、水晶形成、磁铁指向北极——简言之，它是一切的力量。

叔本华的整个理论与这部分一样复杂，因为他像康德一样对现象和本体做了区分。叔本华将宇宙的、非个人的意志即意志本体与它在现象世界的表现区别开来。意志本体是一切的来源，也不受他物影响。你可以说它是盲目的，无目的的。每个人既是意志本体的表现又受制于不停的抗争。因为我们是这个疯狂的、四处游荡的宇宙意志的仆人，所以世界是无序而悲惨的。叔本华说一个人根据他逃离意志的专制的程度可以获得一定的平静和快乐。只有超越对于个人主观意志的知识，客观地把握意志本身，在这种状态下，现象世界才可能变成虚空。他把这种超然状态看做人狂喜和痴迷的状态，他认为我们在艺术、音乐和审美经验中可以窥见一二。

西格蒙德·弗洛伊德（Sigmund Freud，1856—1939）曾经读过叔本华的著作。他将精神分析学的基础建立在这样一个观点上：人类的行为不是来自理性，而是来自无意识的欲望和本能，他称之为本我（id，it）。很明显他受到了叔本华的影响。

弗里德里希·尼采也读了叔本华的著作，他坚信世界受到宇宙意志而非理性的驱动。具体内容我们将留到下一章来讲。

⚡ 原著选读 7.1　《人类理智研究》[1]

大卫·休谟

休谟在《人类理智研究》的这段文字里论证了心灵的内容只能被归入两个范畴。一个范畴包括思想或观念，另一个包括"印象"——我们的感觉和经验提供给我们的材料。他说观念和印象之间的区别仅仅是思想和观念没有感官印象那么生动、有力，因此他写道，当我们对一个被使用而没有任何意义或观念的哲学名词发生疑问的时候（这是常见的），我们只须追问：所假定的那个观念是从何种印象得来的？如果不可能找到任何与它相应的印象，那就证实了我们的怀疑了。

将休谟的观点与下一篇选读中康德的观点做个比较。

第二章　关于观念的起源

乍看起来，没有任何东西像人的思想那样更不受限制，它不仅超出人类的一切力量和权威，而且甚至也不限制在自然和实在的范围之中，我们的想象要构成怪物的观念以及把各种离奇的形象和现象联结起来，其所费的力气并不比设想最为自然而常见的对象更多。我们的身体被限制在一个星球上，并在这个星球上痛苦而艰难地踟蹰；与此同时，我们的思想却能在刹那间使我们心荡神移于宇宙间最辽远的区域，甚至超出宇宙之外，进入无界限的混沌之中；在那里，自然界被假定是完全混乱的。

我们从来没有看到或听到的东西，依然是可以设想的。没有任何东西超出我们思想的能力之外，除非其自身包含着绝对的矛盾。

虽然我们的思想似乎享有无限制的自由，但如我们予以比较切实的考察，就会发现它实际上是被限制在一个狭窄的范围之内。心灵的全部创造力只不过是将感官和经验提供给我们的材料加以联系、调换、扩大或缩小的能力而已。当我们想到一座黄金山的时候，我们只是把以前所熟知的"黄金"和"山"这两个没有矛盾的观念结合起来。我们也能设想一匹有德行的马，这是因为我们凭自己的感觉设想到德行，而又可以把它与我们所熟悉的马这种动物的形象结合起来。简言之，所有思想的原料，或者是来自我们的外部感觉，或者是来自我们的内部感觉。心灵和意志只是将这些原料加以混合和组合而已。或者我们用哲学的语言来说，我们的一切观念或比较微弱的知觉，都是我们的印象或较生动的知觉的摹本。

要证明这一点，我想有下列两个论证就足够了。第一，当我们分析我们的思想或观念的时候，不管它们是何等的复杂或崇高，我们总是发现它们可以分解成简单的观念，而这些简单的观念又是先前的一种感情或感觉的摹本。即使有些观念乍看起来似乎与这个来源相去甚远，但是经过比较详细地考察，我们仍然发现是从那个始源得来的。上帝的观念，意思是指

---

①选自休谟：《人类理智研究》，吕大吉译，北京，商务印书馆，1999。

一个全智和至善的神，就是由于反省我们自己心灵的作用并无限地扩大善良和智慧的品质而产生出来的。我们可以任意把这种研究进行到任何程度，但在那里总会看到，我们所考察的每一个观念都是与其相似的印象的摹本。如果有人断言这个论点既不是普通地正确，也不是没有例外，那他们只有一个简便的方法来反驳它，就是拿出他们认为不来自这个源泉的那种观念来。如果我们想要坚持我们的学说，我们就有义务拿出与此相应的印象或生动的知觉来。

第二，如果一个人由于感官的缺陷而不能感受到任何感觉，那么，我们总是看到，他也感觉不到相应的观念，一个瞎子不能形成颜色的观念，一个聋子不能形成声音的观念。如果你治好了他们在感官上的缺陷，为他们的感觉打开了新的通道，那么，你也就为他们的观念打开了新的通道：他在设想这些对象时就没有什么困难了。同样，如果一个对象本来可以引起感觉，却从来没有与我们的感官接触过，那么，人们也就不会有这种感觉……

……因此，这个命题的本身不仅是简明的可理解的，而且如果使用得当，还可以使各种争论同样地可以理解，并驱散那种长期迷住形而上学的推理并使之丢脸的一切呓语。一切观念，特别是抽象观念，天然是暗淡的、模糊的，只是为心灵泛泛地把握，它们容易与其他相似的观念混淆起来。任何一个名词，当其经常被使用的时候，即使没有明确的意义，我们也容易想象它附带有一个确定的观念。相反，一切印象，即一切感觉，不管是外部的或是内部的，都是强烈的、生动的、它们中间的界限是比较精确的限定了的，对他们是不容易陷入任何错误和误解的。因此，当我们对一个被使用而没有任何意义或观念的哲学名词发生疑问的时候（这是常见的），我们只需追问：所假定的那个观念是从何种印象得来的？如果不可能找到任何与它相应的印象，那就证实了我们的怀疑了。在把各种观念置于这种明确的观点之下来考察以后，我们就可以合理地希望消除关于观念的本性和实在性的一切可能产生的争论。

✦ 原著选读 7.2　《纯粹理性批判》[①]

伊曼努尔·康德

在上一篇选读中，我们看到休谟认为所有的概念来自感官的"印象"，我们把这个观点转化成康德的语言：休谟认为所有的概念都是"经验的"，没有概念是"先验的"（这两句意义是一样的）。在这篇较有难度的选读中，康德论证了时间不是经验的（即时间是先验的）。换句话说，康德认为时间并不起源于感官印象，或者康德所说的"直观"。他也说明了什么是时间。

先验感性论 第二章 论时间

§4 时间概念的形而上学阐明

---

① 选自康德：《纯粹理性批判》，邓晓芒译，北京，人民出版社，2004。

1. 时间不是什么从经验中抽引出来的经验性的概念。因为，如果不是有时间表象先天地作为基础，同时和相继甚至都不会进入到知觉中来。只有在时间的前提之下我们才能想象一些东西存在于同一个时间中（同时），或处于不同的时间内（相继）。

2. 时间是为一切直观奠定基础的一个必然的表象。我们不能在一般现象中取消时间本身，尽管我们完全可以从时间中去掉现象。所以时间是先天被给予的。只有在时间中现象的一切现实性才是可能的。这些现象全都可以去掉，但时间（作为这些现象的可能性的普遍条件）是不能被取消的。

3. 在这一先天必然性的基础上，还建立起了时间关系的那些无可质疑的原理、或一般时间公理的可能性。时间只有一维：不同的时间不是同时的，而是前后相继的（正如不同空间不是前后相继的，而是同时的一样）这些原理不可能从经验中引出来，因为经验既不会提供严格的普遍性，也不会提供无可质疑的确定性。我们就只能说：通常的知觉告诉我们是这样；但不能说它必定是这样。这些原理作为使经验根本上成为可能的诸规则而起作用，并在经验之前教导我们，而不是通过经验教导我们。

4. 时间不是什么推论性的或如人们所说普遍性的概念，而是感性直观的纯形式。不同的时间只是同一个时间的各部分。但只能通过唯一的对象被给予的表象就是直观：甚至连"不同的时间不能是同时的"这一命题也不能从一个普遍概念中推出来。这个命题是综合的，不能单独由概念中产生。所以它是直接包含在时间的直观和表象之中。

§6 从这些概念得出的结论

（a）时间不是独立存在的东西，也不是附属于物的客观规定，因而不是抽掉物的直观的一切主观条件仍然还会留存下来的东西；因为在前一种情况下，时间将会是某种没有现实对象却仍然现实存在的东西。至于第二种情况，那么时间作为一个依附于物自身的规定或秩序就会不可能先行于对象作为其条件、也不可能通过综合命题而被先天地认识和直观到了。相反，这种事很有可能发生，如果时间无非是一切直观得以在我们心中产生的主观条件的话：因为这样一来，这一内直观的形式就能先于对象、因而先天地得到表象了。

（b）时间不过是内部感官的形式，即我们自己的直观活动和我们内部状态的形式。因为时间不可能是外部现象的任何规定；它既不属于形状，又不属于位置等等，相反，它规定着我们内部状态中诸表象的关系。而正因为这种内部直观没有任何形状，我们也就试图通过类比来补足这一缺陷，用一条延伸至无限的线来表象时间序列，在其中，杂多构成了一个只具有一维的系列，我们从这条线的属性推想到时间的一切属性，只除了一个属性，即这条线的各部分是同时存在的，而时间的各部分却总是前后相继的。由此也表明了，时间本身的表象是直观，因为时间的一切关系都能够在一个外部直观上面表达出来。

（c）时间是所有一般现象的先天形式条件。空间是一切外部直观的纯形式，它作为先天条件只是限制在外部现象。相反，一切表象，不管它们是否有外物作为对象，毕竟本身是内心的规定，属于内部状态，而这个内部状态却隶属在内直观的形式条件之下，因而隶属在时间之下，因此时间是所有一般现象的先天条件，也就是说，是内部现象（我们的灵魂）的直接条件，正因此也间接地是外部现象的条件。如果我能先天地说：一切外部现象都在空间中并依空间的关系而先天地被规定，那么我也能出于内感官的原则而完全普遍地说：所有一般现象、亦即一切感官对象都在时间中，并必然地处于时间的关系之中。

如果我们把我们的在内部直观自己并借这种直观也把一切外部直观包括在表象能力中

的方式都抽掉，因而把对象如同它们可能自在地存在那样来看待，那么时间就什么也不是了。时间只就现象而言才有客观有效性，因为现象是我们已经当做我们感官的对象的事物；但如果我们抽掉我们直观的感性，因而抽掉我们所特有的那种表象方式，而谈论一般的物，则时间就不再是客观的了。因此时间只是我们（人类的）直观的一个主观条件（这直观永远是感性的，即限于我们为对象所刺激的范围内），它超出主观就其自在来说则什么也不是。

🍂 **原著选读 7.3　《历史哲学》**[①]　　　　　　　　　　　黑格尔

在上一篇选读中，你看到了康德认为时间出自心灵的建构，在这篇选读中，黑格尔推进了一步：他说理性构建了世界。黑格尔在这里没有给出论证过程，只是声称它已经"被证明了"。

哲学用以观察历史的唯一的"思想"便是理性这个简单的概念。"理性"是世界的主宰，世界历史因此是一种合理的过程。这一种信念和见识，在历史的领域中是一个假定，但是它在哲学中，便不是一个假定了。思考的认识在哲学中证明；"理性"——我们这里就用这个名词，无须查究宇宙对于上帝的关系——就是实体，也就是无限的权力。它自己的无限的素质，做着它所创始的一切自然的和精神生活的基础，还有那无限的形式推动着这种

"内容"。一方面，"理性"是宇宙的实体，就是说，由于"理性"和在"理性"之中，一切现实才能存在和生存。另一方面，"理性"是宇宙的无限的权力，就是说，"理性"并不是毫无能力，并不是仅仅产生一个理想、一种责任，虚悬于现实的范围以外、无人知道的地方；并不是仅仅产生一种在某些人类的头脑中的单独的和抽象的东西。"理性"是万物的无限的内容，是万物的精华和真相。它交给它自己的"活力"去制造的东西，便是它自己的素质；它不像有限的行动那样，它并不需要求助于外来的素质，也不需要它活动的对象。它供给它自己的营养食物，它便是它自己的工作对象。它既然是它自己的生存的唯一基础和它自己的绝对的最后的目标，同时它又是实现这个目标的有力的权力，它把这个目标不但展开在

---

①选自黑格尔：《历史哲学》，王造时译，上海，上海书店，2001。

"自然宇宙"的现象中，而且也展开在"精神宇宙"世界历史的现象中。这一种"观念"是真实的、永恒的、绝对地有力的东西。它已经把它自己启示于世界，而且除了它和它的光荣以外，再也没有别的东西启示于世界——这些便是前面所谓在哲学中已经证明的，而这里又看做是已经证明的假定。

🔖 原著选读 7.4 　《作为意志和表象的世界》[②] 　　　　　　叔本华

对一些术语的说明：叔本华讲的"经验的"是指"能够被观察和经验所证实的，能在时间、空间中遇到的"；"理想"是指在意识或者思想中存在的属性；"现象"是指经验在时间和空间中的对象；"头脑中的现象"是指由大脑产生的经验。

论唯心论的基本观点

在无限的空间中，存在着无数发光的星体，星体的周围还有许多更小的发光体围绕着它们旋转。这些星体内核是滚烫的，表面覆盖着坚硬、冰冷的地壳；地壳上一层薄薄的腐土中诞生出了有生命、有知识的生物：这就是我们从经验中得到的真理，这就是我们这个真实的世界。无数星体在无垠的空间中随意地漂流，我们身居一隅，不知从哪里来，不知往哪里去，只是湮没于万千同类中，蜂拥而至，奋力前进，辛苦劳作，在无始无终的时间中无休止而如昙花一现般的生老病死，对于一个思考着的人类来说，这样的命运是险峻的。除了物质之外，没有什么是永恒的；各种生命形式以无可避免的方式重复地轮回着。一切的经验科学教授给我们的只是这些事件更为精确的本质和规则。但是这个时代的哲学，尤其是经过了贝克莱和康德之后，最终让人们意识到了这一切首先只是头脑的现象，世界受到许多重大且各异的主观条件限制，那些假设的绝对现实消失了，为一个来自现象的截然不同的世界秩序留下了空间，也就是说，两者之间的关系正如物自体之于纯粹的表象。

"世界是我的表象"，这个命题就如同欧几里得的公理，任何人只要一理解就必然会加以承认，尽管并非每个听见这个命题的人都会理解它。将这个命题与意识联系在一起，与理想世界和真实世界的关系联系在一起，换句话说，把它与头脑中和头脑外的世界这个问题联系在一起，和对道德自由的思考一样正是当代哲学的鲜明特色。几千年来，人们在客观的哲学思考上费尽了心思，他们只是发现，那些让世界感到迷惑、不安的事物，无论它们有多么庞大和不可计量，最紧要的是它们的存在总也理不出一个头绪来；而这个头绪正是它们存在于其中的现实的意识。世界的存在由于这个条件，必然受到阻碍，尽管存在着经验的现实，

---

①选自叔本华：《作为意志和表象的世界》，石冲白译，北京，商务印书馆，1982。

却留下了理想的标记，因此也就留下了纯粹现象的标记。因此从某方面来讲，我们必须承认这个世界同梦境相似，实际上可以把它和梦境放在同一行列。出于同样的大脑活动，我们在梦境中想象出了一个十分客观的、可感的、可触摸的世界，正如我们在清醒状态下世界所呈现出来的那样。尽管两者的物质不同，但是这两个世界显然是出自同一个形式。笛卡尔可能是根据这个基本真理的命令，达到这样的思考高度的第一个人；尽管他只是暂时地采取了怀疑的方式，把这种真理当做自己哲学的起点。他把"我思故我在"当做唯一确定的东西，暂时对世界的存在抱以怀疑的态度，这个时候一切哲学本质的、唯一正确的起点，同时也是确实的证据，真正地被建立起来了。这实质上就是主观，我们的意识。这也就是以下的情况，任何其他的事物，无论它是什么，首先都由意识思考，都为意识所决定，因而也依赖于意识。所以我们可以理所当然地认为笛卡尔是现代哲学之父。不久之后，贝克莱在这条路上走得更远，恰好到达了唯心论；换句话说，到达了在空间中延伸的知识，因此普遍意义上客观的、物质的世界仅仅存在于我们的表象中。将这个世界归于一个就其本身而言外在于一切表象和认知主体的存在，假设物质确定无疑地存在于自身之中实在是荒谬无比的。这点真知灼见构成了贝克莱总体的哲学；在这方面，贝克莱殚精竭虑。

因此，真正的哲学无论如何应该是唯心论的；我们必须十分坦率。没有什么比这点更确实：没有人会为了使自己与不同的事物达到认同而脱离自身；任何他确定的事物，因此获得了直接知识，存在于他的意识之中。除了意识之外，不存在什么直接的确定性；科学的第一原则便是确定。所有其他的科学站在经验的立场上假设确实存在着一个客观的世界也是相当恰当的；但是这个立场却不适用于哲学，它要回到基础和原始的地方。意识本身是直接给予的，因此哲学的基础就限于意识的事实；换句话说，哲学必然是唯心论的。表面上看来建立在事实基础上而把自己托付于一种粗糙理解的唯实论恰恰始于武断的前提，由于忽略、否定了最重要的事实，即我们所有的知识来自于意识，因此它成了一座空中楼阁。因为一切事物的客观存在都受到了呈现者的限制，作为表象存在的客观世界不再是一种假说、武断的看法或者是为了辩论或证明提出的似是而非的说法。相反，它是最确定也是最纯粹的事实……

即使能够认知的生物不存在，客观的世界也将存在，这一点似乎很自然地被看做确定的起点，因为你可以抽象地思考它，而找不出其中的矛盾。但是如果试图去理解这一抽象的思维，也就是把它还原成认知的表象，仅仅从这一点中（和每件抽象的事物一样），它就能获得内容和真理；如果我们相应地去想象没有认知主体的客观世界，在那一刻我们会意识到我们所做的和所想的正相反，也就是除了一个有认知能力的人想象一个客观世界之外，也就是除了我们先前想要排除的东西之外，什么也不存在。因为这个可感的真实世界显然是我们大脑的现象；因此假设世界本身独立于大脑存在是自相矛盾……

……因此我们很快把思考客观存在具体形态、方式的康德式的唯心论和关心一般客体的简单、贝克莱式的唯心论联系到了一起。这表明了在空间中延伸，通过时间的方式，使事物之间发生因果联系的物质世界以及一切依附于它的事物——并不是独立于我们思维的事物，它的基本前提就在我们大脑的活动中。通过大脑活动，也只有在大脑活动中，事物如此客观的秩序才得以可能。时间、空间、因果关系所有客观事物仰赖的基础只是大脑的活动；所以，事物不变的，提供了经验实在的标准和线索的秩序，本身首先来自于大脑，也只有在大脑中才能找到它的依据。康德彻底、详细地讨论过这个问题；尽管他并没有提到大脑这个词，而是用了"知识的官能"。他甚至试图去证明当我们把它视为自存的秩序，即物自体的秩序或者绝对客观和确实存在的秩序来认真思考时，现实世界一切事物所最终依赖的，在时间、空间、因果关系、物质等等中存在的客观秩序是不能想象的；因为我们思考到最后，不过导致自相矛盾……

除了仅在康德哲学中揭示出来的深刻洞见和敏锐观察之外，绝对唯实论的前提令人难以接受的却又紧紧依附的特征通过以下思考，单纯地对它的意义加以说明，可以得到论证，或者至少有些感受。正如我们知道的那样，唯实论假设了世界存在独立于相应的知识。现在让我们再一次让它远离有认知能力的人类，仅仅留下没有生物的和植物的自然。只有岩石、树木、溪流、蓝天；太阳、月亮和星星照亮这个世界，和从前一样，世界当然没有什么目的，因为没有观察世界的眼睛。接下来让我们在这个世界中放入一个有认知能力的人类。这个世界再一次在他的脑中呈现，精确地重复了大脑外部的世界。因此对于第一个世界来说，尽管第二个世界与第一个世界完全不同，一个一模一样的世界被加进来了。感觉的主观世界正如客观的世界在客观、无限的空间中那样，在主观、已知的空间中被建立起来了。不过较之客观世界，主观的世界仍然占有优势，即它知道外部空间是无限的；实际上，它能事先最为周密、精确地阐述那些在空间中无法实现，还未实现的所有关系与规律的一致性而无须首先检验一番。它同样能够充分地阐述时间的过程，在外部空间控制一切变化的因果关系。我经过深思熟虑后认为所有的一切都证明了十分荒谬可笑的一点，也因此让我确信我们起初以为我们已经知道的头脑外绝对客观的世界，独立于头脑，先于一切知识的世界，不过是我们主观上已经知道的第二个世界，表象的世界，这也是我们仅能思考的世界。因此我们也就不得自觉接受这样一个假设：这个世界，正如我们知道的那样，对应于我们的知识存在，因此只存在于表象之中，在表象之外不会再次出现。为了和这个假设统一起来，独立于我们的知识和一切知识之外的物自体，就要被看做完全不同于表象和表象的一切属性，因此也不同于一般意义上的客体的东西。

■ 关键词

绝对	绝对唯心主义	恒常联系	哲学的哥白尼革命
自在之物	将来和过去相似	本体	现象

正题，反题，合题

■ 供讨论和复习的问题

1. 你有过不同于自己知觉的经验吗？请做说明。

2. 解释一下休谟为什么质疑心灵／自我的观念。

3. "必然性在心灵中，不在对象中。"解释这句话的意思，以及休谟为什么这么说。

4. 未来和过去相似吗？你能够知道未来将和过去相似吗，抑或你仅仅能够假设未来将和过去相似？

5. 如果知识始于经验，知识一定来自经验吗？请做解释。

6. 我们可能将来有一天经验到既不在时间中也不在空间中的事件吗？如果不可能，为什么？

7. 外星人有可能经验到既不在时间中也不在空间中的事情吗？

8. 婴儿有经验吗？还是他们只有感觉？猫呢？鱼呢？说明原因。

9. 我们能获得关于自在之物的知识吗？请确定你搞清了"自在之物"的概念。

10. "一切有赖于不仅把真理把握为实体，而且把真理把握为主体。"这句话是谁说的，什么意思？

第八章

大陆哲学传统

我反抗，所以我存在。

——阿尔贝·加缪

对 19、20 世纪历史的简要回顾

19 世纪的上半叶依然受法国革命（1787—1799）影响不小。民主和平等的理念在高歌猛进，而君主制、极权体制风雨飘摇。这一乐观情绪体现在那个世纪的文化思潮上，就是所谓浪漫主义。它崇尚冒险、激情，以及对无限可能性的感受。贝多芬（1770—1827）认为艺术家该以完美为己任，这完美不仅限于作曲。法国画家欧仁·德拉克洛瓦（Eugene Delacroix，1798—1863）为自由观念而战，在摆脱桎梏的个人表达中，这样的观念能够得到最佳呈现。艺术上的巨匠们造就了伟大的作品，例如维也纳三杰海顿（Hadyn）、莫扎特（Mozart）和贝多芬的音乐杰作，此外还有舒伯特（Schubert）、舒曼（Schumann）、肖邦（Chopin）和勃拉姆斯（Brahms）。在魏玛，歌德（Goethe，1749—1832）和席勒（Schiller，1759—1805）的经典作品有着哲学上的深度和视野。在艺术方面，绝对的完美被认为是可能的，而且被奉为人性的至高成就。浪漫主义诗人约翰·弗里德里希·荷尔德林（Johann Friedrich Holderin，1770—1843）是黑格尔的伙伴，他把诗人描述成半神。

在 19 世纪早期的美国，文学方面同样充满着冒险感和异想天开的妙趣，例如詹姆士·费尼莫尔·库柏（James Fenimore Cooper，1789—1851）和华盛顿·欧文（Washington Irving，1783—1859）的作品所表现的。然而只有在赫尔曼·梅尔维尔（Herman Melville）的《白鲸》（*Moby Dick*，1851）中，美国才跨出了一大步，寻找到一条大鲸鱼来察看它的恐怖和野心勃勃。

对于 19 世纪的欧洲有着决定性意义的第二个历史事件，就是工业革命。19 世纪上半叶的主人公是不列颠。随着燃煤驱动蒸汽机的发展，不列颠成为首屈一指的制造业大国。而在 19 世纪下半叶，德国逐渐成为"第二次工业革命"——钢铁、电力、内燃机和化学发展——的领头羊。它还发展出了大规模"无形"输送的网络：银行业、保险业，还有航海。

工业革命既带来了机遇，也引发了社会问题。城市变得拥挤不堪，污染过度，比以前丑陋了。工人们往往拿着微薄的薪水，却不得不忍受长时间的劳作。事故司空见惯。童工被认为是必需的，而且被视为贫民的机会。这一社会变迁所伴随的文化运动全然不同于浪漫主义。作为艺术、文学运动的自然主义肇始于 1830 年左右的法兰西，继而蔓延至德国和意大利。它所呈现的世界是不断变化的，其中固然有美丽，但也充满了矛盾和丑陋。它传达出了忧郁和绝望，人类面对自然的伟力在做徒劳的抗争。

19 世纪下半叶的主流是社会思想，其中突出的有奥古斯特·孔德（August Comte，1798—1857）的实证主义和卡尔·马克思（Karl Marx，1818—1883）的《共产党宣言》（*Communist Manifesto*）。画家居斯塔夫·库尔贝（Gustave Courbet，1819—1877）及作家爱弥儿·左拉（Emile Zola，1840—1902）、奥诺雷·德·巴尔扎克（Honore de Balzac，1799—1850）和居斯塔夫·福楼拜（Gustav Flaubert，1821—1880）都致力于描绘穷人的社会困境。这就是所谓现实主义运动，它拒斥古典的和浪漫主义的乐观和狂妄自大，代之以对现实社会状况的准确传达。亨利克·易卜生（Henrik Ibsen，1828—1906）在戏剧方面做着类似的事情。人生被认为是史诗般的斗争，它不是结局美好的童话故事。

然而 19 世纪末是繁荣的，美国引来了所谓镀金时代，大不列颠处在维多利亚和爱德华时期，而法兰西则在享受着 belle epoque（美好时代）——所有这一切都转瞬即逝，继之以第一次世界大战的杀戮和恐怖。欧洲国家为了世界市场和资源所展开的激烈竞争以悲剧性的自我献祭告终，欧洲由此丧失了经济和文化上的统治地位。战争文学走上了前台，领头的是埃里希·马里亚·雷马克（Erich Maria Remarque）的《西线无战事》（*All Quiet on the Western Front*，1927）。1917 年俄国沙皇倒台后，欧洲上流社会开始恐惧共产主义及社会、经济革命的威胁。艺术与文学为表达对旧思维的反感、呈现粗砺鲜活的现实世界摸索着各种途径。归根结底，在第一次世界大战中，世界上最文明的国家暴露了它们最为野蛮的一面。前卫运动风起云涌，例如达达主义、超现实主义、未来主义以及德国的 Neue Sachlichkeit（新即物主义）。震惊成了新的表现手法。为了恰当地表现新形势，贝尔托·布莱希特（Bertolt Brecht，1898—1956）在戏剧中引入了表演与观众之间的"距离"，以免演员被肤浅地辨识出来。对于美国人和欧洲人而言，1929 年的大萧条对于人生有着额外的清醒效果。

在两次世界大战之间的时间里，年轻的美国思想家、作家、作曲家和艺术家想从欧洲——尤其从巴黎——寻求意义与真理。他们中的有些人被称为"迷惘的一代"：格特鲁德·斯泰因（Gertrude Stein，1874—1946）、欧内斯特·海明威（Ernest Hemingway，1899—1961）、F. 司各特·菲茨杰拉德（F. Scott Fitzgerald，1896—1940），还有亨利·米勒（Henry Miller，1891—1980）。由美国而加入英国国籍的 T. S. 艾略特（T. S. Eliot）写了《荒原》（*The Waste Land*，1922），描绘了一战后大萧条前 20 世纪世界的痛苦沮丧。以上这些人物大都在伍迪·艾伦（Woody Allen）2011 年的杰作《午夜巴黎》（*Midnight in Paris*）中出场。

第二次世界大战之后，哲学中的存在主义（我们接下来就会讨论）开始流行，影响遍及艺术与戏剧领域。在美国，存在主义转向表现为垮掉的一代。杰克·凯鲁亚克（Jack Kerouac，1922—1969）受亨利·米勒影响，纵游美国并于 1951 年写下了《在路上》（*On the Road*）。艾伦·金斯伯格（Allen Ginsburg）于 1955 年写下了《嚎叫》（*Howl*），同样表达了青年人在世界中的愤怒与绝望，他们认为这世界是荒诞的。

第二次世界大战意味着欧洲的大杀戮，从此欧洲丧失了世界市场和殖民地。战争文学及对战争的关注再一次影响欧洲和美国的文化。诺曼·梅勒（Norman Mailer）在 1948 年发表了《裸者与死者》（*The Naked and the Dead*）。约瑟夫·海勒（Joseph Heller）的《第二十二条军规》（*Catch-22*）发表于 1961 年。它们都表达了那个时代的沮丧情绪以及战争的愚蠢和非理性。战争之后是所谓"冷战"，与之相伴的是对于两大"超级力量"——美国和苏联——间紧张对抗的过度宣传。经济殖民取代了先前的殖民主义，但前者依然以武装干涉和军事力量为背景。

现在回顾 19 世纪和 20 世纪之交。我们说过，哲学分裂成了两个传统：一是分析传统，很大程度上出自英语国家及斯堪的纳维亚；一是大陆传统，源自欧洲大陆。我们可以在大陆哲学内部发现哲学思想的各种流派：存在主义、现象学、解释学、解构，以及批判理论。其中最有影响的是存在主义和现象学，我们就从这里开始。

存在主义和现象学都起源于 19 世纪，不过很多讨论的问题可以追溯到苏格拉底甚至前苏格拉底时期。马丁·海德格尔主要是一名现象学家，而萨特主要是一名存在主义者；不过两派的思想在相当程度上相互影响，因此他们两人在这两项运动中都扮演着举足轻重的角色。

存在主义

存在主义的主要命题如下：

· 传统、纯理论的哲学死气沉沉，脱离真实的生活。

· 哲学应当关注他或她个人对世界的对抗（confrontation）。

· 世界是非理性的（不管怎样，我们无法从整体上把握它，或者通过哲学对其进行精确的概念化）。

· 世界是荒谬的，因为我们无法对它为何如此存在给出终极的解释。

· 人类中弥漫着的无意义、空虚、琐屑、孤立（separation）、交流障碍，产生了焦虑、厌倦、自我怀疑和绝望。

· 个人面对一个问题：必然要选择如何在这个荒谬而又非理性的世界中生存，它是人类生存中最重要的一个事实。

存在主义者无法保证所谓的生存困境（existential predicament）有解决之道。他们的说法是如果不能诚实地直面人类的各种生存问题，生活只会越来越糟——如果不和这些困难顽强抗争，个人无法找到生命的意义和价值。

亚瑟·叔本华（见第七章）、索伦·克尔凯郭尔和弗里德里希·尼采等许多 19 世纪的沉思者们都已经在自己的思考中引出了这些问题。他们三个无一不对黑格尔过于乐观的唯心主义哲学表示出强烈的反感——对一般的形而上学体系也同样如此。在他们看来，这样的哲学忽视了人类的困境。整个宇宙，包括生活在宇宙中的人类极少是理性的，试图让事事变得理性化的哲学体系对于克服悲观和绝望来说只是徒劳。

人物简介 | 索伦·克尔凯郭尔

索伦·克尔凯郭尔是丹麦哲学家、宗教思想家，20世纪之前，他在丹麦之外还几乎默默无闻，然而他的思想最终对存在主义哲学和新教的神学都产生了深远的影响。

克尔凯郭尔的生活从表面看来平静如水。他曾在哥本哈根和柏林的大学求学，深受德国文化的熏陶。不过克尔凯郭尔曾猛烈抨击过黑格尔，他认为他的哲学根本不适用于个人。

谈到他的内心世界，克尔凯郭尔曾承认他从童年起就"笼罩在巨大的忧郁中"，又由于他父亲的忏悔——他精神上从未得到解脱——他曾犯罪，甚至咒骂过上帝，这一切使得克尔凯郭尔可怕的外表看起来更加阴郁。失去了感情依托的克尔凯郭尔把恐惧和绝望当做生命的核心问题，他认识到只有充满热情地献身于无限的上帝才能摆脱这一切。

尽管克尔凯郭尔曾经订过婚，但他不得不毁约，显然是因为他发现上帝在他生命中占了"第一位"，他的著作对这个话题讳莫如深。这段插曲无论怎么说都意义重大，以至于最简练的克尔凯郭尔传记作者都要提到这个女人的名字：雷吉娜·奥尔森（Regine Olsen）。克尔凯郭尔感到在上帝与雷吉娜之间必须要做出选择，这让他陷入极度的痛苦，这个选择也深深地影响了他。

克尔凯郭尔区分了三种生活：审美的、伦理的和宗教的生活，分别对应着英国哲学教授雷·布灵顿（Ray Billington）所说的观察者的、追随者的和教导者的生活。"审美"的生活由冲动、情感和性愉悦为主导，实际上并不包含选择。"伦理"的生活也不包含选择，那些做选择的人以某种道德规范为基础，就好像依靠着拐杖生活。在一个更高而且更困难的层面上，也就是"宗教"的层面上，个人意识到自己必须为自己做出所有的选择。他们面对的痛苦是一方面必须依靠自己的判断，而另外一方面他们却永远不知道自己的判断是否正确。一个人在这个层面上遭遇的痛苦只能靠"信仰的跳跃"，也就是对上帝完全的、无限的敬虔来克服。

克尔凯郭尔的哲学代表作有：《非此即彼》（Either/Or，1843）、《哲学片断》（Philosophical Fragments，1844）和《关于〈哲学片断〉非科学的最后附言》（The concluding Unscientific Postscript，1846），这些著作都是以笔名发表的。

索伦·克尔凯郭尔（Soren Kierkegaard，1813—1855）嘲笑黑格尔的体系把个人都消解成抽象的非实在。相比之下，克尔凯郭尔强调个人，尤其是个人的意志和做出重大抉择的需要。黑格尔学说中的抽象内容比如说数学，从某种程度上来说几乎和外界没有关联，而克尔凯郭尔则把大部分的焦点集中在了个体在面对疑惑和不确定时该如何选择以及选择什么这样的问题上。

在克尔凯郭尔看来，生存在这个现实的世界中必然会使敏感的人感到绝望。他认为人作为一个个体，在不得不面对重大而具体的伦理、宗教困境时，绝望是不可避免的结果。这是个人为自己且独自一人在必须做出具有永久意义的决定的情况下所产生的结果。

克尔凯郭尔认为，绝望是致死的疾病（sickness-unto-death），是哲学的核心。世界上或世界外有没有什么东西能让人紧握不放，免于被暗潮汹涌的绝望荡涤殆尽？对克尔凯郭尔来说，这就是最根本的问题。他最终的结论是：尘世中没有什么能拯救一个人脱离绝望的苦海。不再以抽象思考或理论推理为基础的主体只有献身于无限的上帝才能获得救赎。

克尔凯郭尔强调世界的非理性，与黑格尔完全理性的世界互相对立。世界就是痛苦、恐惧和厌倦之所在。在克尔凯郭尔眼里，这三者之中，厌倦最为可怕，因为他不清楚什么是厌倦明确的对象以及具体的原因。厌倦使我们虚弱不堪，无力抵抗。克尔凯郭尔十分讨厌那种认为哲学就应当关注普遍、理想的真理及抽象的形而上学原则的思想。哲学必须道出那些生活在非理性的世界中、不得不做出重大抉择的个体的生存之苦。

弗里德里希·尼采（Friedrich Nietzsche，1844—1900）阅读了亚瑟·叔本华（1788—1860）的著作，他深信世界受到宇宙意志而不是理性的推动。尼采抛弃了黑格尔的唯心主义以及所有类似的理性主义的形而上学学说。然而他在宇宙意志的本质这个问题上与叔本华存在分歧。对于尼采来说，权力意志（will-to-power）推动、决定了世界。在他看来，西方社会正变得日益堕落。人们的生活很少充满快乐和庄严。他们听命于只会对生命以及所有肯定生命的事物说"不"的奴隶道德。他们成了畜群和庸众的一部分，心甘情愿地听别人的吩咐。他认为畜群是懦弱的、保守的、胆小的、散漫的和爱报复的。西方文明的平庸正反映了这些品质。只有少数孤立的个体，超人（superman），德语是 übermensch——尼采哲学中的著名概念——能够逃离这琐屑世界的束缚。

在尼采看来，超人完全具备了权力意志，抛弃了顺从的、平庸的、在社会和宗教中无处不在的"奴隶"心理。超人完全具备了权利意志之后，他不仅过上了充实而激动人心的生活，还创造出了一种崭新的、肯定生命的道德。他是创造而不是发现了价值。曾是价值来源的、仁慈而怜悯的受人膜拜的上帝"死了"。

尼采同样认为我们无法到达绝对的真理——比如说柏拉图的理念和康德有关知识的先验原则。他认为事实并不存在，只有对事实的阐释。当我们在下文中碰到"解构主义者"雅克·德里达时，我们再来谈一谈这个观点的最新发展。

对于那些并不相信事实存在的人来说，形而上学很难站住脚，尼采的哲学有意地反对形

人物简介 | 弗里德里希·威廉·尼采

尼采的父亲是一名基督教路德宗的牧师。尼采4岁的时候，父亲因精神错乱而去世，他从小在女人包围下长大，包括他的母亲、妹妹、祖母和两个姑姑，这样一直持续到14岁。

尼采从小就表现得天资超群，在结束了波恩大学和莱比锡大学的学业后，他史无前例地在24岁那年，在还未完成博士论文的情况下，被任命为巴塞尔大学古典语言学的副教授。不到两年，他又被升为正教授。然而在1879年他因病不得不辞去教职，1889年，他同他父亲一样，无法挽回地发了疯。尼采的精神错乱可能是药物引起的。

对尼采的人生中有两样东西对他的思想影响深远：一是叔本华的著作，二是理查德·瓦格纳（Richard Wagner）的音乐，他把它们比作能缓解精神压力的麻醉药。尼采——那个世纪最伟大的哲学家，和瓦格纳——那个世纪最杰出的作曲家，一度结下友谊，不过这段友情未能持续多久。

尼采的著作对大陆哲学很有影响。他把自己看做一个积极的虚无主义者，他的任务就是要摧毁基督教文明中腐朽的"奴隶道德"。他寄希望于超人，超人的权力意志将会带他超越道德的传统规范，后来纳粹的拥护者误读误用了这一思想。

尼采在哲学界外的名声可能要归功于他许多名声不好的语录，这些语录展示了他思想的锋芒。他曾经问到："人是上帝犯的一个大错，抑或上帝是人犯的一个大错？"

而上学。然而，尼采却接受了一个形而上学概念"永恒轮回"（the eternal recurrence of the same）。它描述了一种理论：任何事情都会重现，一遍一遍同样地重复。那些具有奴隶心理的人轻视自己的生命，几乎对所有事物都怀有强烈的憎恨。他们渴望逃离此生，然后死后获得些许快乐和满足。他们用恐惧和忏悔之心来看待永恒轮回这个思想。相比之下，超人肯定、赞美生命，让生命屈服于意志。他没有丝毫懊悔地享受着同样周而复始的生命。

尼采、克尔凯郭尔和叔本华向19世纪沾沾自喜的欧洲哲学——还有文化——发出了警告，它掩盖了空洞和堕落。他们关心个体的境遇；鄙夷抽象的、不切实际的、（在他们眼中）没有意义的思想体系；否认世界的理性和生活在这一理性世界中的人们；意识到人类存在中的空虚、琐屑和渺小；竭尽全力为人类寻找一个理由避免陷于彻底的绝望——19世纪末和20世纪初，这些主题作为一个整体迅速波及文学领域（belles lettres）。达达主义、超现实主义、表现主义这类艺术运动无一不表达了对中产阶级固定生活、文化与价值的幻灭，他们试图挣脱陈旧的观念和稳定的生活方式所带来的种种束缚。生活没有无意义，充满空虚；个人孤独且孤立，除了在一些最无关紧要的层面上，人们几乎无法交流。这种感觉弥漫于那个时代的知识分子和学者中间，今天的艺术、文学和哲学仍然保留了它们的痕迹。

20 世纪文学另一个经久不衰的主题与害怕面对这个荒谬的世界有关——这个世界上的事情这样或那样发生却找不到显而易见的原因。弗兰茨·卡夫卡（Franz Kafka，1883—1924）是母语为捷克语的捷克人，然而他却用德语来写作（这个事实本身暗示了人类的错位）。他的短篇小说和长篇小说中的人物无一例外地发现自己陷入了难以理解的境遇，然而他们又不得不做出行动并且接受他人对此的评价。他们同样无法确定的是，他们所处的境遇是否是由自己造成的。比如说，卡夫卡的寓言《变形记》（Metamorphosis）就讲述了一名供养着自己的妹妹和年迈双亲的普通推销员的故事。一天推销员在家中醒来，他发现自己的身体变成了一只硕大的甲虫。他不明白为什么会发生这样的事，如果找不出原因的话他就会失去生命。一开始他得到一向信赖的家人的悉心照顾，不过很快家人因为他无力再供养他们而心生怨恨，最后他们把他看做甩不掉的包袱，家中难以启齿的秘密。有一次，失意、愤怒的家人扔来的水果嵌入了他的身体，发生了感染。变形人慢慢地却不可避免地停止了心跳，死去了。卡夫卡可能认为这个故事从某种程度上来说象征了全人类的命运。

精神分析

20 世纪的文学和哲学还有另一处源头活水，那就是精神分析（psychoamalysis），即西格蒙德·弗洛伊德（Sigmund Freud，1856—1939）发展出来的心理学理论和治疗术。古希腊哲学家把理性奉为至高准绳，视之为真理的终极标准。正如亚里士多德所说："人是理性的动物。"在古希腊思想家看来，正确的行为就是服从理性这一最高法庭的行为。弗洛伊德则给我们提供了截然不同的观点。他认为，我们选择和行为的真实原因深埋在审慎、理智或意识状态之下。在弗洛伊德看来，人之所以这般行为并非因为他做了理性的选择，而是因为他服从无意识的驱动；这无意识形成于儿时。弗洛伊德用故事和古代神话中的人物来解释这驱动力。例如，他用希腊神话中的俄狄浦斯来命名俄狄浦斯情结，这位主人公在不知情的状况下杀死了父亲并和母亲发生了性关系。用亚当·菲利普斯（Adam Philips）的话说，弗洛伊德"让狂野放肆的奥林匹斯诸神住进了我们的头脑，让我们一遍遍地重演他们那古老而永不能和解的争端"[1]。

弗洛伊德受叔本华影响，他提及后者的次数比提及任何其他哲学家的次数都多。叔本华认为人类行为的大部分都取决于黑暗的背景，那是一种盲目而无目的的宇宙意志，位于我们每个人的心中。弗洛伊德同样认为我们并未意识到行为的真正由来，他把这一源头称为本我（id，拉丁文的 it）——它是澎湃的海洋，其中充满了隐秘的驱动力、非理性的冲动、被禁止的欲望，以

---

[1] *The Penguin Freud Reader*，edited by Adam Philips. Longdon, Penguin. 2006，p.592.

及弗洛伊德用古代神话加以解读的动物本能。在弗洛伊德看来，由于我们受无意识的控制，因此人类行为无论对自己还是他人而言都具有破坏性。与叔本华一样，弗洛伊德也认为，只有理解那深藏人类行为背后的力量，文明才可能得到拯救。

尼采也影响了弗洛伊德。弗洛伊德也把上帝视为幻想，它是对父亲形象进行超人形态的复制。尼采把盛行的犹太－基督教世界观——枯竭的反身体、反生命、反快乐的精神状态——视为人类奴性的渊薮，而弗洛伊德则聚焦于人类自我欺骗中包含的心理奴役。弗洛伊德的理论认为，通过否认、压抑和拒斥，人类生存的真相被蒙蔽了。取而代之的是幻想的世界，它通过超我（superego）冷酷无情地惩罚我们。简言之，超我是良心和社会压力的混合物，它指引我们遵循那样一些不可能的理念，诸如彻底的诚实、绝对的真理、永恒的爱还有完美的快乐。

弗洛伊德认为，通过精神分析（它有点像苏格拉底探寻真理的方式，病人在分析师的帮助下实施这一过程），病人会逐渐地理解自己心底深埋着的恐惧、欲望和冲突。精神分析能帮助病人揭示出苦恼和焦虑的缘由并帮他用更积极、更智慧的方式对待后者；不过这一过程是缓慢而艰难的，它的结果是开放式的（正如苏格拉底的对话），它从不给出"绝对的真理"。它致力于拓展、加深人的理解和生存。

还有两位伟大的精神分析实践者，他们同样表述了哲学性的主题。卡尔·古斯塔夫·荣格（Carl Gustav Jung，1875—1961）发展出了以原型（archetypes）观念为基础的分析方法。荣格的原型类似于柏拉图的理念，正如柏拉图所说，理念是一切变迁的事物背后的真实。阿尔弗雷德·阿德勒（Alfred Adler，1870—1937）则以这样的理论为基础分析病人：人感受到自己的缺陷并试图对之进行补偿，这就是行为的动力所在。阿德勒认为这会导致过分补偿并伴生很多心理问题。阿德勒的理论重现了苏格拉底的爱的学说：爱是缺乏与试图克服缺乏。同时它也再现了亚里士多德的上帝观念：上帝是人类行为的终极原因，因为我们追求上帝般的完美。

精神分析理论对于此后的欧洲大陆哲学影响深远，其原因是多样的；尤其重要的一点或许是，它令我们感到我们对于自己本性的根本无知。精神分析还在以下观点上影响了大陆哲学：绝对真理、诚实和快乐什么的都是幻想和不可能达到的理念，实际上正是它们把人生弄得如此艰难。精神分析还强调实践（praxis），即把理论运用于现实生活，并把理论植根于具体事件和病人的真实体验。对于实践的强调也是此后大部分欧陆哲学的显著特征。

精神分析的另一个贡献在于，它把人的生命理解为从生到死的有机过程，早年生活对于成年生活具有决定作用。根据这一观点，当下的问题多半要到儿时的创伤体验中找原因。小说家马塞尔·普鲁斯特（Marcel Proust）观察到，当我们回忆起过往的事件和关系时，我们最富有活力并体验着最深的快乐。精神分析家会把这样的回忆视为对于自己的焦虑的意识，这一意识直达婴儿期的根源。精神分析的观点是悖论式的：通过有意识地处理心灵痛苦和创伤，病人可以体验到最深的快乐和自我实现。

两个存在主义者

存在主义这场哲学运动直接回应了人们观察到的社会问题，艺术家、作家与哲学家一样积极投身这项运动。那么两位存在主义大师阿尔贝·加缪（Albert Camus）和让-保罗·萨特（Jean-Paul Sartre）在撰写哲学著作的同时也创作了大量戏剧、小说和政论性短文，这也就不足为奇了。他们两人都十分强调要把自己整体思想传播到社会中间，这样才有希望产生直接的影响。在第二次世界大战中，他们两人都参加了法国反抗军（French Resistance），抵抗德国纳粹的恐怖统治。他们相信——尽管他们认为世界是荒谬的——负有责任感的社会行动却是必不可少的，因为它体现了我们是如何理解世界上正在运转的社会政治力量的。

加缪和萨特绝不是仅有的两位存在主义哲学家，其他著名的存在主义者还有：法国的伽普里尔·马塞尔（Gabriel Marcel）和西蒙娜·德·波伏娃（Simone de beauvoir，见第十四章）、瑞士的卡尔·雅斯贝斯（Karl Jaspers）、德国的马丁·海德格尔（Martin Heidegger，本章随后将会

文学和哲学

小说、诗歌和哲学论文三者泾渭分明。然而，我们经常遇到这样的情况：某些世界文学杰作的主题和思想被人们泛泛地描述为很"哲学"。文学毕竟人格化地表达了人们的观点、思想、志向、价值和关怀，它通常是人类当下处境和需求的直接回应。比如说，自19世纪晚期起，众多欧洲作家开始对自身的文化价值提出挑战，他们强调人是孤独和孤立的。存在主义也是这样开始的；加缪、萨特、德·波伏娃等一批作家兼哲学家后来主题化和描写了存在主义中的一些重要命题，比如荒谬、无意义等。

文学在多大程度上等同或者包含哲学，这本身就是个存有争议却颇具分量的哲学问题。我们提出的几个文学地看待生活的方式、观点以及态度显然也可称得上是"哲学地"。第一种方式以缺乏（absence）

的观点为基础。这种思维方式的出发点是这样的：因为世界无法为人类提供使他们真正感到满足或幸福的东西，所以这个世界从根本上存在着缺陷。这一类的作家有弗兰茨·卡夫卡、费奥多尔·陀思妥耶夫斯基（Fyodor Dostoyevsky）、阿尔贝·加缪、让-保罗·萨特和塞缪尔·贝克特（Samuel Beckett）。这类作家站在人类的本性和需求的立场上表达了自己的观点，尽管他们的方式常常显得比较含蓄。

第二种基本文学方式建立在充足（fullness）的基础上，它把生命看得无限充足和丰富。切莫浪费生命，尽情享受每个时刻。这一观点上承歌德、尼采、拜伦等人的浪漫主义传统之余绪。歌德曾写道："如果你想有所建树，你必须先成个人物。"美国在这方面的代表作家包括诗人沃尔

特·惠特曼（Walt Whitman）、作家拉尔夫·沃尔多·爱默生（Ralph Waldo Emerson）和亨利·大卫·梭罗（Henry David Thoreau），更近一些的有亨利·米勒（Henry Miller）和阿纳斯·宁（Anais Nin）。

第三种文学方式即悲剧立场。不管怎样，即使最好的生活也是悲剧性的，最差的则是痛苦。人们公认索福克勒斯和威廉·莎士比亚戏剧背后透露出的悲观主义是西方文学、文化的颠峰。就戏剧的力度和揭示的真理来说，《俄狄浦斯王》（*Oedipus Rex*）、《哈姆雷特》（*Hamlet*）与《李尔王》（*King Lear*）三部经典之作至今无出其右。莎士比亚在《哈姆雷特》一剧中强烈地表明了这一立场："生存还是毁灭，这是一个值得思考的问题。"斯特林堡（Strindberg）以及英格玛·伯格曼（Ingmar Bergman）的电影作品都以不同方式在现代表达着相同的思想。举两部美国的作品：阿瑟·米勒（Arthur Miller）的《推销员之死》（*The Death of a Salesman*，1949）和尤金·奥尼尔（Eugene O'Neill）的《进入黑夜的漫长旅程》（*Long Day's Journey into Night*，1956）。悲剧的立场和第一种观点有关：加缪曾断言最根本的哲学问题是我们是否有理由不去自杀。

第四种文学看待生活的方式是喜剧性的。生活在这里被看做一出喜剧，一个大笑话。对着生活微笑要比哭泣好得多。伊拉斯谟（Erasmus）在15世纪曾经写道："至福就是有些愚蠢地活着。"伊拉斯谟觉得

愚蠢并不难找，它在我们生活中无处不在。一位现代作家认识到了生活的荒谬，但是他拒绝向生活投降，那就是尤金·尤奈斯库（Eugène Ionesco）。他这样写道："意识到什么是残酷并且嘲笑残酷，我们就成了残酷的主人。"在美国的文学中，你可以在约瑟夫·海勒（Joseph Heller）的《第二十二条军规》（*Catch-22*）中找到这一态度的最佳诠释。这与第十章谈到的斯多葛主义存在某些相似之处。

第五种文学对待生活的方式经由海德格尔对诗人荷尔德林（Holderlin）、莱内·马利亚·里尔克（Rainer Maria Rilke）和格奥尔格·特拉克尔（Georg Trakl）的阐释发展而来。在海德格尔眼中，这类文学作品是对未知、未思、未言之物的寻求。诗性思考者的任务就是进入黑暗，尽可能深刻地经历人类的境况。

第六种文学方式就是运用某种媒介，向人们提供一些有关应当如何生活的规则、格言或意见。青春小说或者成长小说都属于这一大类，它们为年轻人或不那么年轻的人提供了人生的经验。实际上，几乎所有重要的作品都包含着对行为的后果的刻画以及道德教训的意味。这类作者数不胜数，我们只提两位最伟大的作家。塞万提斯（Cervantes）的作品是一座名副其实的谚语和智慧格言的宝库，比如"千万别去乞求你有能力挣得的东西"。另外一位发人深省的作家是查尔斯·狄更斯（Charles Dickens）。他写过："请想想你现在的幸

运，每个人都有许多，遗忘你过去的不幸，每个人都曾有过。"文学是普通读者接触哲学以及生活中更深刻的问题的门径。海因里希·海涅（Heinrich Heine）的《流浪者之歌》（*Siddhartha*）是一本讲述如何成为一个高尚的甚至是英雄式的人物的经典小说范本。罗伯特·梅纳德·波西格（Robert M. Pirsig）的《禅与摩托车维修的艺术》（*Zen and the Art of Motorcycle Maintenance*）是一本展现了禅和东方哲学是如何使人在当下获得幸福生活的畅销书，直到二十年后它仍然受到对这个问题感到好奇的年轻人的热烈追捧。另外一部经久不衰并且在全世界广为流行的虚构类哲学史作品是乔斯坦·贾德(Josten Gaarder)的《苏菲的世界》（*Sophie's World*）。在这本书中，西方哲学所有流派的知识都以一种轻松、浅显的方式呈现出来，同时也与当代的生活和问题息息相关。

讨论他的现象学著作）、西班牙的米盖尔·德·乌纳穆诺（Miguel de Unamuno）和约瑟·奥特加·加塞特（Jose Ortega y Gasset），以及意大利的尼古拉·阿巴格纳诺（Nicola Abbagnano）。不过加缪和萨特在这场运动中无疑最具代表性，他们是讨论的焦点。请注意一下，加缪极不情愿别人把他归为存在主义者，因为这样一来，他就与曾经发生过争执的萨特混为一谈了。

关于荒谬的艺术。

阿尔贝·加缪

阿尔贝·加缪（Albert Camus，1913—1960）从小在阿尔及利亚长大，家境贫寒，曾经参加过反纳粹的法国反抗军。加缪早在战前就亲眼目睹了生活中的种种痛苦、奢靡和死亡，那么他把人是否有理由不自杀看做最根本的哲学命题也就不足为奇了。加缪相信一旦人们不再欺骗自己，抛弃先入的错觉重新开始审视世界，这个命题必定就会浮现（见第171页"生活是荒谬的"一栏）。

加缪认为许多人活了一辈子却没有看见事物的本来面目。确切地说，就是他们没有看到"生活的悲剧本质"，他们将生命耗费在"愚蠢的自负"上。也就是说，尽管人们实际上在一个荒

人物简介 ｜ 阿尔贝·加缪

加缪1913年7月出生在阿尔及利亚的蒙多维（Mondovi）。加缪的父亲是法国人，从事农业工作。他的母亲是西班牙人，替别人帮佣。加缪出生没多久，父亲就在战争中去世，她的母亲不得不搬到阿尔及尔的贫困区，阿尔及尔旧城区的一角。加缪后来认为童年贫困的成长环境是他那些最深邃的见解的宝贵源泉。他身上西班牙人的骄傲和热情以及出众的才华得到了老师路易斯·热尔曼（Louis Germain）的欣赏，他相信加缪一定能进入一流的高中，而这样的高中通常只向富家子弟敞开大门。

加缪具有运动天赋，曾担任过阿尔及尔大学校足球队的守门员。一次比赛之后，他满头大汗地离开了球场，结果患上感冒，发展成了结核病。这意味着加缪虽然通过了国家哲学考试，他仍然不能成为一名老师。于是他转投新闻界，首先在《阿尔及利亚共和报》（Algeria Republican）担任记者。二十岁的时候，加缪已经历了结婚、离婚，加入和退出共产党一系列事件。他也成立了自己的戏剧团体"团队"（l'Equipe）。

加缪由于撰写文章抨击了某些省份贫困落后的情况而被驱逐出阿尔及利亚。第二次世界大战期间，他是法国反抗报纸《战斗报》（Combat）的主要撰稿人。战争结束后，他创作了如《局外人》（The Stranger）、《反抗者》（The Rebel）、《鼠疫》（The Plague）等一系列重要作品，他同时也一直参与各种戏剧活动。1957年，加缪获诺贝尔文学奖。1960年他在一场车祸中丧生。

加缪个性直率，毫不做作，他总是抽出时间来接待朋友、演员和初出茅庐的年轻人。许多人将他视为兄长。他为生为人类的一份子感到骄傲，他将自己的生命投入到这个世界的爱和幸福的事业中。他相信生活艺术的秘密在于阳光、大海和一颗年轻的心。

欧洲文学中的存在主义

我们在前面已经提到，欧洲的艺术家们从 19 世纪晚期就开始挑战欧洲社会的文化和价值观。他们的作品以不同的方式表达了这样的思想：生活是无意义的和虚无的，个人是孤独的和孤立的。这里有一些自 19 世纪晚期到 20 世纪中期的代表作品，我们来看看作家们究竟是如何表达这些主题的。

· 《地下室手记》（*Notes from the Underground*，1864），作者费奥多尔·陀思妥耶夫斯基（Fyodor Dostoyevsky），这个故事讲的是一个残缺的社会如何蚕食掉其中最优秀的成员的生命。"地下室中的人"生活在一个崇尚平庸的社会中，因此人们既不需要也不关心主人公身上的才华、敏感和力量。他注定只能眼睁睁地看着那些二流的同胞超越他，功成名就，而自己的才华只能慢慢地枯萎。他只剩下充满痛苦、无助和羞耻的生活。怨恨和报复成了他仅有的乐趣，不过它们大多只在想象而不是现实中存在。

· 《伊凡·伊里奇之死》（*The Death of Ivan Ilyich*，1884），作者列夫·托尔斯泰（Leo Tolstoy）。他在这个故事中以有力、感人的笔触向我们描写了无意义和徒劳的生活。伊凡·伊里奇过着他自认为成功、忙碌和志向远大的生活。尽管他处于盛年，他却发现自己患了绝症，此时他才意识到他的妻子和家人只关心遗产，他的随从已经开始谋划着取而代之。他发现没有人真正关心他，真心同

情他的处境。他无法理解他人的虚伪和冷酷，包括他自己的家庭成员；他无法理解为什么上帝如此残忍，在他最需要的时候离他而去。最令伊凡困惑不解的是为什么他如此孤独，被人遗弃，独自去承受苦难，面对死亡。他是否犯下什么过错让他罪有应得？伊凡呼喊道"我是无罪的"，但托尔斯泰补充道，伊万"对此并不确定"。

· 《审判》（*The Trial*，1925），作者弗兰茨·卡夫卡（Franz Kafka），他在这部小说中探讨了这样的思想：我们会为自己的处境感到责任，甚至是负有责任的（我们当然不知道是谁提出了诉讼）。一个名叫约瑟夫·K 的人在还没有搞清楚犯了什么罪的情况下，就遭受了被捕、审判和行刑一系列过程。他本人也搞不清楚自己到底有没有犯罪。他处于不断的自我怀疑的感觉中，永远也无法肯定他是否该受到惩罚。

· 《秃头歌女》（*The Bald Soprano*，1950），作者尤金·尤奈斯库（Eugène Ionesco），这部作品属于所谓"荒诞戏剧"的流派。两个陌生人在晚宴上相遇，开始攀谈。他们渐渐地发现两个人都在五个星期前曾经坐过同一节火车包厢，住在同一个城市，同一间房屋，他们都有一个一只眼睛红一只眼睛白的女儿。最后，让他们高兴的是，他们发现彼此竟然是夫妻。

· 《等待戈多》（*Waiting for Godot*，1953）是塞缪尔·贝克特（Samuel Beckett）创作的一出戏剧，它探讨了人类交流的困

境。两个流浪汉，一个叫低低（Didi），一个叫勾勾（Gogo），在类似沙漠的环境中等待一个名叫戈多的人的到来，他会告诉他们接下来该做什么。他们并非真有什么可说的，只是用闲谈打发着时间。他们似乎同时在讲完全无关的话题，对方也丝毫不在意。这并没有什么要紧的，因为这不会打断那些空虚的对话。

谬的世界绝望地或几近绝望地度过一生，这个世界始终无法满足人类真正的需求，他们仍然以一种强迫的乐观主义来掩饰这一事实。类似的虚伪的乐观主义"获利"越多就越根深蒂固。在加缪看来，我们中的许多人已经把自我欺骗变成了最主要的生存方式。这同样暗示着，对于自我，我们也常常感到陌生，我们无力去满足自己最基本的需求。

这些基本需求是什么？根据加缪的说法，它们有两种：对清晰或理解的需求以及对社会温暖、社会交往的需求。然而不幸的是，我们生存在一个连这些基本需求也得不到满足的荒谬世界中。清晰理解这个世界的需求由于"世界的不透明性和稠密性"而难以实现；失败的根本原因是：这个世界是荒谬的，因而它不能为事物这样或那样发生提供充分的理由。

生活是荒谬的

加缪有一个主要观点是：正如我们发现的一样，生活是荒谬的。荒谬这一概念意味着事物如此这般存在并没有什么终极原因。它同样意味着生活是不公正的，无法满足人们的需求。更为重要的是，对于加缪来说，荒谬的生活不能为价值提供任何绝对或必要的基础。我们在这样一个无价值和荒谬的世界中必然要做出选择，我们得决定如何行动——这通常被称为"存在困境"。

第二种基本需求是人对社会温暖、社会交往的需求，加缪认为它同样无法实现。生活在这个暴力的年代的人类彼此之间越来越隔膜（对于自身也同样如此）；他们孤独地存在着，彼此之间的关系只是出于习惯，而不是相互分享和理解。阻挠人类满足需求的荒谬生活意味着人类盼望的幸福经常转变成悲惨和绝望——尽管许多人把这样的悲剧隐藏在无根基的希望这一表象之下。

加缪在《西西弗的神话》中把生活比作西西弗的命运。西西弗触怒了诸神，被罚将一块巨石推上山顶，结果石头每次总是又滚回原地。这一行为永无休止地重复着。在加缪的眼中，人类接受了同样的惩罚，必须承受着"徒劳和无望的劳动"生活下去，他们无法看到一丝实现真正需求的希望。不管我们多努力去争取正义而有意义的存在，我们的付出不会有最终的结果。

在这样的背景下，我们很容易理解为什么加缪把自杀问题当做根本的哲学问题。在加缪描述的环境下，人到底为什么应该继续生存下去？然而，加缪认为自杀是不可取的。他觉得自杀懦弱地默许了命运的不公。也许看起来有些矛盾，加缪相信如果人们对西西弗的命运抗争到底，对生活的荒谬和悲剧抗争到底，这样的抗争可能会赋予生命以意义和价值。他的立场是只有通过与荒谬世界的抗争，个人才能与他人团结一致，感到心满意足并且获得"一份尘世的短暂之爱"。

加缪后来渐渐把注意力放在了被战争、纳粹耸人听闻的冷酷和暴行蹂躏得四分五裂的世界上。他认为文明正在在一场瘟疫中煎熬，这场瘟疫自然会有一些正当理由。这场瘟疫已经达到了流行性疾病的程度，无数人因此被夺走了生命，所有的人都承受着病痛（加缪最脍炙人口的作品也许就是写于1947年的《鼠疫》）。在这样一个不公的世界里，人们发现自己仅仅为了生存而实施暴力。加缪认为我们的世界实际发起了一场谋杀竞赛，在这个地方要是不杀死一个人简直就寸步难行。他认为死刑只是一个简单的例子，它向我们展示了"体面的公民"如何沦落成了杀人犯。在赤裸裸的战争中，暴力的道德失去控制，为所欲为。

加缪写道："人无法永远靠着谋杀和暴力生存。"凭着最低级动物的价值观生存一段时间之后，个人就会屈服于充满着愤世嫉俗、绝望的残酷力量。加缪厌恶现代社会那种"彻底的愤世嫉俗"，他表示，这只会将人类逼入绝望，无法"使他们对自己的生活承担起责任"。

加缪因此越发坚定地主张每个人必须终其一生和这场瘟疫——也就是世界的堕落进行斗争。每个人必须要经受起狡诈和暴力带来的诱惑；他称之为对现存"秩序"的"反叛"。加缪在战后更加关注社会和政治事件，也许这也是与瘟疫的战斗之道。这代表了他从早期的更关注个人的著作转向了社会现实。

但是加缪认为反叛一个反叛的世界必须要"慎重"且有节制。加缪在剧本《卡里古拉》（*Caligula*）中比较清晰地表达了他的思想。剧中的罗马皇帝卡里古拉作为人类的一个代表发现了人类身上暗藏的残酷和邪恶。为了不成为罪恶的牺牲品，卡里古拉通过自己残酷和邪恶的行为无节制地反抗着罪恶。加缪是无法接受这样过度的反应的，这意味着比野兽更充满兽性。简单地说，在加缪看来，我们反抗暴力的世界并不能为暴力行为开脱。

加缪因此指出，个人的最好状态就是终其一生有节制地反叛暴力和非正义现象。他认为我们付出的努力应该取决于这样一个前提"对人类的任何损害都是无法挽回的"。个人必须为正义和自由，反对一切专制而战——"让我们反抗到生命的最后一刻"，他如此写道。不过我们对自己的行为可能产生的结果不要抱有什么幻想或感到盲目乐观。我们很可能最后一无所获：在荒谬的世界中，没有什么是确定的。

让－保罗·萨特

阿尔贝·加缪是不可知论者，他不能确定上帝是否存在。让－保罗·萨特（Jean-Paul Sartre，1905—1980）是无神论者。萨特说，人是被抛的（abandoned），这句话的意思就是"上帝不存在"。在萨特的眼中，人类的被抛——也就是上帝不存在——具有极为深刻的哲学内涵。从根本上讲，共有四种含义（在了解了这四种含义以后，你可以再读一下"萨特只和无神论者有关吗？"这一栏）。

首先，由于上帝不存在，也就不存在什么人类的创造者和用来创造人类的人的神圣概念。萨特认为，这意味着世界上不存在什么人类共有的普遍人性，不存在什么可以界定人类的具体本质。过去的哲学家认为任何存在的事物都有确定、具体的本质，比如说亚里士多德认为理性是人类的本质。然而对萨特来说，因为不存在上帝根据人的神圣概念创造人类这一事实，所以人类必须创造出自己的本质。于是萨特就人类本身而言写道"存在先于本质"（existence precedes essence），意思很简单，你创造了自己。你就是你所创造的自己。

上帝不存在的第二层含义如下：因为上帝不存在，事物为什么这样发生而不是那样发生也就不存在什么终极原因。这意味着个体实际上在缺乏任何存在的真正理由的情况下，已经被抛入存在。这并不是说个体就像一块石头或一只跳蚤，（因为上帝不存在）而没有什么终极的理由或者解释。萨特说石头和跳蚤只有他所谓的"自在的存在"（being-in-itself，法语是 être-en-soi）或者纯粹的存在。但是在萨特看来人类不单是存在，即不仅拥有"自在的存在"，还拥

人物简介　**让－保罗·萨特**

让－保罗·萨特在巴黎高等师范学校学习哲学。他研究过胡塞尔和黑格尔哲学，并在柏林待过一年。萨特在大学期间就结识了西蒙娜·德·波伏娃。她在早期的妇女解放运动中扮演了十分重要的角色，特别是她出版了她的代表作《第二性》（The Second Sex，1948）。他们之间的友谊和相互的支持一直持续到萨特离开人世的那一天。不过在历史学家保罗·约翰逊（Paul Johnson）看来，"在文学史中，几乎没有比男人利用女人更糟糕的例子了"（萨特从未对两人的关系写过只言片语）。

在第二次世界大战期间，萨特在法国军队服役，曾当过德国的俘虏，不过他后来重获自由参加了法国的抵抗运动。萨特终其一生致力于支持政治事业和政治运动，其中包括了法国共产党。1951年，他试图建立一个激进的左翼却不亲共的新政党，不过计划最终失败了。

萨特的代表作有：小说《恶心》（Nausea，1939）、戏剧《禁闭》（No Exit，1944），以及哲学专著《存在与虚无》（Being and Nothingness，1943）。1964年，萨特据称以"个人原因"拒绝接受诺贝尔文学奖。

萨特去世的时候，五万群众在巴黎街道上追随灵柩送行。他的确是法国的财富。

有"自为的存在"（being-for-itself，法语是être-pour-soi），这就是说人不像没有生命的物体或者植物那样，他是有自我意识的主体，能够创造自己的未来。我们很快会再来讨论这个观点。

第三点，由于上帝不存在，因而也就不存在着规定什么必须发生的神圣计划，"决定论不存在"。萨特写道"人是自由的"；实际上，人是被判为自由的（condemned to be free）。我们的行为并不是强迫的结果。他说"我们独自一人，没有任何借口"，这句话的意思只是说我们不能把我们为环境所迫、受欲望驱使或者其他原因来当做借口，为自己的行为开脱。

第四点，由于上帝不存在，那么就不存在任何价值的客观标准："上帝不存在可相当麻烦，"萨特如此写道，"随着他的消失，寻找价值的种种可能性也一去不返……不再有任何先验的善。"其结果是由于无神的世界缺乏客观的价值，我们必须亲手建立或创造（invent）自己的价值。

请对人类"被抛"（abandonment）带来的种种结果稍加思考。我们发现我们身处一个没有天赋的"人性"也没有天赋的"本质"的世界中；我们是主动的、有意识的且具有自我意识的主体；我们是完全自由的，不受任何决定论的约束（也不能把决定论当做借口）；我们必须创造自己的价值——这些事实都意味着任何个体承担着可怕的责任。在萨特眼中，我们首先对我们的存在负有责任。"被抛表明我们选择自己的存在。"其次，我们必须创造自己的价值。再次也是最后一点，因为"要不是（同时）对全体（有益）的话，没有什么是对我们自己有益的"。在创造自身价值的过程中，我们也成了对与错、善与恶的普遍立法者。在选择自我的同时，我们也为人类全体做出了选择。"因此，我们的责任要比我们所想象的重大得多，因为它牵涉到所有的人类。"

萨特认为对某人的责任，进而对全体人类的责任都是我们极度痛苦的经历，显然这是因为：我们的责任是总体性的、重大的且绝对无法逃避的。你很可能会反对，许多人，甚至是大多数

萨特只和无神论者有关吗？

如果上帝真的存在，那么严格地说，我们没有"被抛弃"。不过如果我们不知道上帝是否存在似乎同样也会产生那些由被抛带来的主要问题。要是我们不知道上帝是否存在，那么我们也就不知道事情如此这般发生是否有其终极的理由，我们也不知道那些源自上帝的价值是否能具有客观的合法性。

实际上，即使我们知道了上帝是存在的，也知道我们的价值以上帝为基础，我们仍然可能不知道哪些价值是源自上帝的：我们也许对于绝对的准则以及对错的标准仍然感到茫然。即使我们知道了准则和标准，它们的含义仍然属于主观诠释的范畴。如此说来在上帝存在的情况下，人类面临的困境很可能和没有上帝存在相差无几。

非无神论者最好不要过于轻率地贬低萨特。

自欺之一种。

人看起来不怎么焦虑，更别说是痛苦。的确如此，萨特承认很多人并没有有意识地或者明显地感到焦虑。不过这只是因为他们在隐藏或者逃避自己的责任：他们在自欺（self-deception）或非本真（inauthenticity）的状态下行事、生存，萨特称之为"自欺"（bad faith）。他进一步说他们良心的安然自得会让他们感到内疚，"即使隐藏起了良心，痛苦仍然会出现"。

现在我们就不难理解为什么有人逃避对自己、进而对他人所承担的责任，正如萨特所描述的那样，这种责任是难以承受的。在萨特眼中，某些因素会使此项任务变得更加艰巨：一个人不知道他要选择什么，因为经验中的世界是荒谬的。萨特认为世界经验起来如此荒谬是因为既然上帝不存在，世界也就没有了必然性——缺少了这样而不是那样存在的终极原因。我们经验的这个世界就是无意义、无理由和无逻辑的，因此它"让人恶心"。它总是引起人们的强烈反感和厌倦。它是"完全无端的"（gratuit á parfaite），常常显得多余（de trop）。

因此，萨特认为我们只有承担起自己的责任才可能在本真（authenticity）的状态下生活。负起责任，本真地生活意味着我们要有意地对一个人的生活和未来做出选择。通过"介入"（engaged）这个世界，通过选择一个能够调动、引导一个人终生全部精力并且能让人做出自发选择的根本谋划（fundamental project），我们的选择才能最有效地发挥作用。简单地说，通过这个谋划，个体能够建立起一个尚未存在的世界，他／她的生活也因此获得了意义。

因此，萨特反对上帝、决定论、必然性和客观价值的形而上学（或者反形而上学），他实际上让人处在一个看似荒谬的处境中。没有什么事是人必须做的，也没有什么事是必须被做的。个体为了找到生活的意义必须通过本真的选择来创造自己的世界和价值。这些选择首先表现为指向未来事件的意图。然后它们变成人类世界中、政治（受到政治困扰的）世界中的存在介入的种种行动。我们的选择是为全人类做出的选择，狭义地说它们是"绝对"的伦理原则。尽管我们起初发现身处在不是出于自己选择的荒谬世界中，我们却能够通过选择和行动重新创造这个世界。尽管困难重重，我们却必须这么做。

萨特、康德论伦理

萨特曾写道："我永远在选择自我。"他这句话的意思是我们每个人都处于一个不断构建自我、价值和伦理的过程中。萨特相信当一个人确定了什么是对他／她而言正确的事，这个人也就确定了什么是对所有人都有益的事。

个人选择的普遍化让人想起了伊曼努尔·康德提出的道德的最高命令——定言命令（categorical imperative）。根据定言命令，你只能遵循能够成为普遍法则的原则行事。然而，我们在第二部分也可以看到，康德认为定言命令进而认为一切道德的根基都在于理性，这一事实先验地决定了孰是孰非。萨特认为先验的道德律并不存在，而且康德的形式法不足以成为日常生活中实际行动的指南。相反，一个人的日常行为决定了他的道德。萨特说："在选择我自己的过程中，我也选择了人类。"

然而这个原则（"在选择我自己的过程中，我也选择了人类"）对于萨特来说是不是道德蕴涵的普遍原则？这一点或许还有争议。

MCHUMOR.com by T. McCracken

NO EXIT

© T. McCracken mchumor@pioneer.net www.pioneer.net/~mchumor

萨特在剧中。

你就是你的所为

在萨特看来，你通过选择创造了你自己。但是请注意，对萨特来说这些创造自我的选择不仅仅存在于纯粹"哲学"的抽象概念或假设中。这些关键的选择是那些能够促进行动的选择。"只有在行动中才有实在"，他如此写道："除了整体的行为，人什么也不是。"

萨特这句话的意思是在你的行为背后并不存在着一个隐藏着的或者真实的自我。举个例子，如果你的行为表现出你是个缺乏耐心、斤斤计较的人，那么你心中的所想"如果有人能够看透我的内心，他们就会知道我其实很有耐心，十分善解人意"简直是天方夜谭。如果你表现得很懦弱，那么你相信"实际上"或者"在内心深处"你充满勇气就是自欺欺人。如果你从未创作过什么伟大的诗作，那么你自诩拥有了伟大诗人的灵魂不过是一个幻觉。

我们很容易理解为什么萨特认为自己的学说会让许多人感到不安。大部分人觉得自己的行为几乎不能反映出自己真正的性格，他们相信自己真正的性格在某方面要远远优于自己现在在行为中所展示出来的性格。萨特说这些人不过是在自欺欺人。

萨特阐述自己的思想时，主要集中在了他所谓的生存困境上。他的思想随着时间推移不断变化，他渐渐开始关注——如同加缪一样——社会和政治问题。萨特对马克思主义哲学的兴趣和迷恋使他对自己的存在主义立场做出了一些修正，但在本书中，我们就不再一一说明了。我们同样也不再具体介绍他的认识论、美学和精神分析学说。

现象学

现象学——这个振聋发聩的词语，诞生于埃德蒙德·胡塞尔（Edmund Husserl，1859—1938）的著作中。简单地说，现象学（phenomenology）关注的是意识经验流——现象流——中的本质结构，这些结构不依靠科学的假设和前提独立地显现自身。

较之存在主义，现象学更多地出自哲学家而不是艺术家和作家之手。同存在主义一样，现象学在哲学领域外产生了十分广泛的影响，特别是现象学对于神学、社会科学、政治科学、心理学和精神分析学的影响更是不可低估。现象学是一场由兴趣广泛、视野开阔的思想家群体发起的运动；现象学可以将自己的先驱一直追溯到康德和黑格尔（尽管这场运动本身极力要和黑格尔派划清界限）。康德在《纯粹理性批判》（*Critique of Pure Reason*）中论述到所有客观的知识都是以现象以及感观经验中的感觉资料为基础的。黑格尔在《精神现象学》（*Phenomenology of Mind*）中谈到存在被处理为意识的现象或者对象。

什么是现象（phenomena）？我们很难精确地表达这个术语所包含的意义，不过如果你思考一下直接经验某件事物的方式和它"存在"的方式之间的区别，也许会有点帮助。把一分硬币放在你面前的桌子上，看着它，看它的时候将注意力集中在你的经验上。你的头在移动的时候，经验中的硬币不断地改变着它的形状和大小。当然你会很习惯地认为，在这个不断变化着的经验中的硬币"之外"还有另外一个硬币，就是所谓的"真正的"硬币。你必须忽略这个假设。请忘了那个"真正"的硬币，关注经验中的硬币。当然不要把你的注意力局限在经验中的硬币，还可以想想经验中的桌子、经验中的房间，想一想此时你整个的经验。当你这样做的时候，请忘记你的习惯，忘记经验世界外还存在着另外一个世界（"真正的世界"）。祝贺你，你正在实践现象学的方法。请注意，只要你将注意力集中在经验世界上，你就能获得确定的知识。超越经验的世界，也就是自然科学假设的那个"真实"的世界实际上充满了未知和疑惑。然而探索经验的世界，纯粹现象的世界，就没有这样的限制，也不存在这样的疑惑。

埃德蒙德·胡塞尔

　　第一个伟大的现象学家埃德蒙德·胡塞尔（Edmund Husserl，1859—1938）试图提出一种有关意识的普遍现象学，一门研究各种意识中相同结构的"科学"来重新振作欧洲关于确定性之可能性的日渐衰颓的信仰。于是他提出了超越论的现象学（transcendental phenomenology），其目的是在没有假设的情况下就能对现象加以研究。现象的这种研究方式就是把关于存在或者关于一个"外部的"、"物理的"或"客观的"世界的本质的假设要么"放入括号内"，要么不予考虑。胡塞尔把这个过程称为"现象学还原"（phenomenological reduction），你在前面已经实践过了。这样做的目的是仔细地考察那些由纯粹非个人的意识所产生的意义，并且对那些在意识经验中发现的人类"生活世界"的本质（所有人类共有的）加以描述。

　　这听起来有点像心理学，但是胡塞尔辨析了超越论的现象学和一般的心理学之间的区别。一般的心理学只是用其他自然科学在研究"客观"世界时所采用的假设、方法来研究人类的精神。它（胡塞尔的现象学）听起来也有点儿像传统的唯心主义的形而上学，每件事物都被还原成了思维。但是传统的形而上学至少运用了自然科学的二元世界观来否定自然科学。现象学从理论上讲，只是研究意识经验而不提出任何形而上学的假设。

德国高速公路的修建始于 1931 年。这一年，埃德蒙德·胡塞尔在《笛卡尔式的沉思》（*Cartesian Meditations*）中发表了详细的对于主体间性的研究。简言之，主体间性就是想象他人躯壳中的你自己。

马丁·海德格尔

无论如何，胡塞尔相信现象学为我们打开了避免经验世界的不确定性和有条件性的研究新领域，他称之为"回到事物本身"（即现象）。马丁·海德格尔（Martin Heidegger，1889—1976）从胡塞尔回到事物本身的号召以及他的代表作《逻辑研究》（*Logical Investigations*，1900）中得到了鼓舞。海德格尔同样坚信我们必须以全新的眼光来看待事物，不要被现在和过去的种种假设所蒙蔽。他同样十分渴望将事物的基础建立在确定性更深厚的土壤中。但是海德格尔并不认同胡塞尔的看法，现象以及任何主观事物都不是确定性的来源。对于海德格尔来说，终极的来源是存在本身。

尽管存在不断在事物中显现自身，但是在海德格尔看来，存在本身被遗忘了。人类身陷自己的思想当中。存在被还原成了世界的"对象"，人类主体通过一系列人为的逻辑操纵、支配存在。逻辑等同于真理，而实际上，海德格尔认为它只是人类根据自己的计划控制和利用事物的方式。也就是说，逻辑学相当于物流学（logistics）。

海德格尔认为，肯定普罗泰戈拉的格言"人是万物的尺度"或者把自己当做自然的主人，既显得刚愎自用又将导致严重的后果。海德格尔觉得人性的绝对力量这一假设是导致 20 世纪文化贫瘠和社会崩溃的真正原因。他认为我们生活在一个思想贫困（dürftig）的时代，我们若不抛弃自己的自以为是回到存在本身的智慧中，情况只能越来越糟。这种回归必须倾听存在，而不是随意地对待事物。

海德格尔看来，我们从根本上忽略了最重要的事物：存在的真正本质。我们的一生应该如苏格拉底那样寻找一切事物失落和未知的来源。他认为意识到存在的重要性意味着哲学和西方文明将会展现一个崭新的开端。

海德格尔起初想建立起一种关于存在的科学研究，把它作为事物一切意义和必然性的根基。后来他的研究进一步扩展，希望寻找一种更加接近存在本身的研究方式。海德格尔早期的思想——比如说他第一部重要的著作《存在与时间》（*Being and Time*，1927）中——仍然采用了许多胡塞尔式和康德式的研究方法。他仍旧希望在人类精神的先验结构中找到真正的知识。只有在他的后期思想中——在他经历了所谓的"转向"之后——他希望超越先验的范畴以及人类的感知、思想中的结构而直接揭示出存在本身。尽管海德格尔这么做了，但他却无法保证我们可以把握绝对确定的存在。

可能是由于海德格尔的早期著作的关系，有时人们把他称为存在主义者。海德格尔拒绝这个头衔。他深受克尔凯郭尔和尼采的影响，他的早期著作中反映了一些存在主义关心的类似主题：忧虑、烦躁、无意义和死亡，等等。萨特曾于 20 世纪 30 年代到德国短暂地学习了一段时间，他受到了海德格尔的影响。萨特把被抛这一概念归功于海德格尔。萨特和海德格尔都关心自欺、本真、生活的谋划以及其他一些概念。

不过，海德格尔的哲学和萨特的哲学在一些核心的内容上并不相同。海德格尔从来没有抛弃过对他的哲学的根本原则——存在的信仰，但是对萨特而言，个体的存在才是至关重要的。萨特认为作为上帝不存在的结果之一，存在没有什么紧要的地方；海德格尔认为存在是绝对必要的。在政治上，萨特自认为是一名马克思主义者，他的历史观深受马克思主义历史观的影响，而海德格尔对马克思主义的世界观漠不关心。总的来说，尽管两人表面上有些许相似，但是海德格尔的哲学观点和萨特的哲学观点是大相径庭的。

海德格尔的《存在与时间》的核心是意义（Sinn）这一概念，生活缺乏意义就是人类的生存面临的问题。对于海德格尔来说，人是被抛到这个世界上（thrown into the world）的，当人面对无法理解的力量时，他很快经验到了烦与畏。他认为生命中较好的部分应该花在"头疼"上，意思就是尝试着发现各种表象的意义——它们所表明和隐藏的意义。

此外，人类是"在世的存在"（being-in-the-world），这意味着他们只能对世界视域内的一切敞开。人类存在于世并且在世界中意识着其他的存在，但是最初人们却没能够清楚地观察、彻底地理解过人的关系的意义。由于缺乏洞察和理解，许多人非本真地生存着。他们不知道自己究竟是谁，他们面对的是什么，因此他们为自己做出的选择要么不够充分，要么不够恰当。尽管人们在一个无法理解的世界中生活得并不如意，但是他们几乎没有为提升自己的理解做出

人物简介 ｜ 马丁·海德格尔

海德格尔出生于德国黑森林地区附近的梅斯基尔希（Messkirch）小镇上。他起先在弗莱堡大学（University of Freiburg）学习神学，但是他很快开始从事哲学研究。海德格尔十分认真地研读了胡塞尔的哲学，并且结识了胡塞尔本人。1916年，海德格尔在弗莱堡大学获得教职。

海德格尔从一开始就显得与众不同——不仅仅由于他带有乡村风格的穿着，还因为他表现出来的深邃思想。尽管海德格尔在1928年接替了胡塞尔在弗莱堡的哲学教授职位，但是随着时间的推移，海德格尔渐渐地对胡塞尔哲学提出了一些批评意见，他们的友谊走向了终点。

第一次世界大战之后，海德格尔颇受德国国家社会党（纳粹）的欢迎，直到第二次世界大战结束之前他还是一名纳粹党党员。这对纳粹来说是一件十分风光的事情，特别是海德格尔当时被任命为弗莱堡大学的校长。在海德格尔短暂的十个月任期内（他在十个月后辞职），他发表了许多演讲并且以其他方式积极地支持希特勒和他的运动。战争结束之后，海德格尔并没有站出来谴责希特勒的暴行。公众对于海德格尔真正的思想感情存在着很多争议。

尽管海德格尔在战后没有正式地教书，但他一直留在弗莱堡直到去世。他的著作正在陆续出版——一共有八十卷。

什么努力。他们承受着"原始"存在之苦，海德格尔称之为日常性（everydayness），因此也无法发挥他们真正的潜能。因此，海德格尔用日常性这个概念解释了为什么人类一直过着没有思想的生活。

海德格尔还经常把日常性的存在和另外一个典型的存在主义主题联系在一起，这就是交流的非本真方式，也就是闲谈（chatter）。言语被降低成为无意义的词语之流，它掩饰畏惧、阻碍理解和排除有意义的交流。真正有意义的事物无法被表达出来或者根本不允许被表达出来。

海德格尔认为，只要人能够完整地理解自己，就能找到本真的存在。只有当一个人直面人是有限的这一艰难事实之后，人才能以一个整体来看待自己。海德格尔说，我们是"向死之在"（beings-unto-death）。通过面对死亡，我们才能够了解、描述我们存在的局限。我们开始意识到有限的可用时间，也开始意识到我们不能挥霍无度。

海德格尔看来，人类最核心的本质是操心（caring）——关切世界上的存在。操心在时间中发生。思想也同样如此。因此在海德格尔眼中我们本质上都是时间性（temporal）的存在。

海德格尔认为人类的思想是"绽出"（ecstatic）的，意思是它指向一个预期的未来。他认为一个人拥抱未来最有效的方式就是向存在敞开，投入存在。这种筹划（project，德文 Entwurf）让人向已被遗忘的存在的根本真理敞开。因此，已经被投入世界的个人能够在敞开的真理和存在自身的真理之光中找到自我的根基。

正如我们先前所提到的那样，海德格尔认为 20 世纪的文化、思想贫困是一个普遍假设导致的直接后果，即事物的价值仅仅是由人类理性和意志所决定的（也就是人是万物的尺度这个假设）。他认为这个假设或者说形而上学的立场不仅带来了个体的孤独、异化和无法满足的感觉，还导致了社会的毁灭。对于海德格尔来说，这是自柏拉图以来就深植在西方文明中的形而上学的观点，它把理念看得比任何存在于"精神"之外的物理实在都要优越。海德格尔认为在尼采的权力意志中，意志完全决定着事物和人的价值，这标志着柏拉图主义的形而上学在哲学上达到了顶点。

诗　根据海德格尔的看法，我们无须把自己的想法强加在事物上，而是要以一种安静的、宽容的方式来一瞥存在的自我显现。与现象学传统中的其他人物形成对比的是，海德格尔认为我们不能把思想强加于存在，因为只有存在使得思想成为可能。因此海德格尔说，（与存在主义不同）我们必须为了启蒙采取一种新的思维方式来注意存在本身，而不仅仅是关注自身。海德格尔认为这种思维方式在诗中得到了最好的体现。诗性思维能够揭示那些迄今未见、未思和未表达的东西。因此，他说结构庞大、包含着身心以及其他二元分裂的、具有着形而上学性质和形而上学传统的系统哲学必须让位于更加本原的思想。海德格尔说，凭借着这更深刻的思想方式，我们也许可以在很久以后重新发现被遗忘之物的深邃——存在本身。

海德格尔为多位诗人写过文章，其中包括荷尔德林（Hölderlin）、里尔克（Rilke）、特拉克尔（Trakl）等人。他同样也写过诗来说明诗人如何将些许的光芒带入存在的黑暗之中。在海德格尔眼中，诗人敢冒险投身到未知之中去寻找"独特的思想"，为我们的未来带来必不可少的光明。

东方哲学　海德格尔晚年对东方哲学特别是老庄哲学（见第十五章）产生了浓厚的兴趣。也许海德格尔新的思维方式——倾听存在——体现了东西方哲学思想的汇合。东西方哲学当然会有一些共同的趋势和主题。两者都认为"天地不仁"（老子），所谓的人类"知识"大部分不过是人类的无知。双方都同意"既以为人己愈有，既以与人己愈多"（老子），我们应该把自然（存在）当做"向导"。这正如老子所说的"孰能浊以静之徐清，孰能安以动之徐生"（在精神的空明清静中，真理会展示自身）。

伊曼努尔·列维纳斯

伊曼努尔·列维纳斯（Emmanuel Levinas，1906—1995）出生在立陶宛的高纳斯（Kaunas），他的父亲是一名书店老板。列维纳斯自然而然成了一名废寝忘食的读者，尤其钟爱俄罗斯古典文学和希伯来《圣经》。1923 年他前往德国的斯特拉斯堡学习哲学，专攻胡塞尔哲学和海德格尔哲学。现象学进入法国主要归功于列维纳斯。第二次世界大战期间，他的父母都被纳粹杀害，而他自己成了战俘。战争结束后，他担任了一系列教职，最终在索邦大学获得教授席位。他的著作主要关注两大内容：《塔穆德》的注释，以及从意识到人类在这个世界上如何生存这个更广泛的意义上来理解伦理学。

我们从前面的内容中已经知道，马丁·海德格尔猛烈抨击了整个西方形而上学历史，后者被解释成了柏拉图主义哲学。对他来说，西方形而上学呈现出一个退化的过程，最终以尼采的虚无主义结束，完全遗忘了存在本身。海德格尔不仅宣布了形而上学的结束，而且还尝试着建立起关于存在的崭新思维方式，他起初称之为存在论（ontology）。

列维纳斯对海德格尔的批判主要建立在海德格尔早期重要作品《存在与时间》（1927）上。与海德格尔形成鲜明对比的是，列维纳斯试图使哲学挣脱存在的束缚。他努力建立起一种哲学，它植根于激进的他者性和无法逾越的分离性。他相信哲学与我们关于他者（他性，alterity）的可怕经历一起开始。他人是作为无法克服的他者存在的。时间、语言甚至存在本身都是作为他者的经验。对于列维纳斯来说，上帝，作为绝对的他者存在，作为分离永远无法破坏。在他看来，我们只有通过面对在一切分离性中的他者才能够达到我们自身真正的意义和理解。面对他者的努力代表着一种超越的行为，也是人类的中心事件。他者的存在"先于任何行动"。

因此，对于列维纳斯来说，存在论（对存在的研究）错误地将不可还原的他者还原成了同一，把他者仅仅还原成了意识的纯粹对象。这样的筹划注定失败，因为他者先于存在论存在。我们应该转向从事物的分离性和他者性来讨论存在，而不是从存在开始，试图解释存在。尤其值得注意的是，我们必须面对他人不可见和无法理解的地方。他者仍然是未解之谜，但是谜语仍然可以揭示出秘密。

他者的秘密既显明也隐藏在了人的脸（face，le visage）上。脸作为我们的神显（epiphany）方式进入了他者。首先，他者的脸对在我们和他者异化关系中建立起来的"我"提出了疑问。为了了解自身，我们必须了解他者。因此，对于我们的存在和对自我理解来说，我们成了他者的"人质"。

列维纳斯看来，他者是个体自我中的无限。当我们以脸的形式与之相遇的时候，它会要求我们为这个他者来安置我们自身。正是在此意义上，交流得以可能。它使我们向超越、绝对的他者、无限、上帝以及上帝的律法敞开。它把我们带向列维纳斯超验的伦理哲学。对于列维纳斯来说，伦理学优先于存在论。思考的责任就是不断地回应没有实现和最终无法实现的对他者的责任。

因此在列维纳斯眼中，善优于真。对于他者的责任是我们最根本的责任，它甚至超越我们对自己和对世界事物的责任。这种责任是对他者、对无限的自我牺牲。在面对他者的过程中，我们找到了自身的意义、存在的答案。

对于他者的警觉为我们的存在建立了基础，对世界呈现了最原始的敞开。随之而来对自我的遗忘会带来真正的交流和正义。列维纳斯把希伯来《圣经》奉为伦理先验哲学的典范。我们负有责任的绝对他者是上帝或者至高者（the Most High）。通过研究成文法，我们回应上帝的戒律的同时，我们对上帝的服从也消解了我们的自我。这使我们达到了真正的自由。

列维纳斯对法国思想界产生了深远的影响，其中包括让－保罗·萨特（我们前面已经谈到）以及后面将谈到的雅克·德里达。

怀疑的时代

尼采在他死后出版的《瞧！这个人》（Ecce Homo）中写道："我的种种经历让我深深怀疑所谓的'无私'的动机，或随时预备劝导别人、付诸行动的'邻人之爱'。"20世纪的最后三分之一的时间里，欧洲大陆出现了各种不同的声音，对正确与错误的意义、语言的本质、人类自我理解的可能性这些问题的前提产生了质疑。一些欧洲大陆的哲学家对西方形而上学的体系表现出了怀疑的态度，他们宣称西方的形而上学体系因此凌驾于自然之上，建立起了作为绝对真理的伦理观和文化观。一些人不再满足于语言在某种程度上表现了外部现实这一普遍的前提。还有一些人宣称他们在最"中立"的哲学观察中发现了意识形态上的深刻偏见。

法兰克福学派

法兰克福社会研究所成立于 1923 年，附属于法兰克福大学。纳粹上台期间研究所人员曾一度流亡纽约，1949 年返回法兰克福。学派的成员由于一个目标而被松散地结合在一起，那就是从马克思主义中发展出一种艺术和人类学科的批判理论，它一方面反对作为意识形态的粗糙的唯物主义决定论，另一方面也否定了任何价值中立的社会科学的可能性。法兰克福学派的人物包括赫伯特·马尔库塞（Herbert Marcuse，1878—1979）、西奥多·阿多诺（1903—1969）和尤尔根·哈贝马斯。

哲学家、社会学家尤尔根·哈贝马斯对人文学科中所采用的一些理性原则的合法性提出了挑战。法国哲学家米歇尔·福柯研究了根深蒂固的社会权力体制，它塑造了社会机构对待社会成员的性行为、病人、罪犯和疯子的方式。雅克·德里达进一步阐释了文学和哲学批判中运用的解构手法，以便表明他所说的语言的意义不能受到"束缚"，由此他宣布一些表达"真理"的文章实际上是令人怀疑的。最后，深受大陆哲学、美国的威廉·詹姆士和约翰·杜威的实用主义影响的美国哲学家理查德·罗蒂提出了哲学的新任务。由于学科永远也找不到"真理"，我们必须利用它为人类扩大眼界、实现更多可能性来服务。

尤尔根·哈贝马斯

尤尔根·哈贝马斯（Jürgen Habermas，1929— ），法兰克福大学教授，他也是深受法兰克福学派（见第 184 页"法兰克福学派"一栏）批判方法影响的众多思想家之一。在这个语境中，"批判"意味着反思、深思，尤其是针对科学或哲学的预设。他指出，科学只是看待世界的一种方法，并不足以研究我们日常生活中所经历的互动中的意义。这是因为科学做的是客观发现，而人类应当被处理为彼此相互作用的主体。哈贝马斯探讨了批判理论（critical theory）所关注的"解放的知识"（emancipatory knowledge）。阐明政治或社会秩序的主宰意识形态正是批判理论的任务。当人们反省他们根深蒂固的假设、发现其中的错误的时候，批判理论就能带来某种自由或解放。这种解放能改变人类互相交流的方式并最终改变社会。哈贝马斯提出了一种交流理论即理想言说情境（ideal speech situation），在其中人们可以自由地表达思想、倾听理性而无须担心受到限制。哈贝马斯最近的著作集中思考了新兴的反文化团体、女权主义和各种解放运动，他关注它们是否能够成为他所期望的自由社会的开端。

人物简介 | **尤尔根·哈贝马斯**

哈贝马斯出生在德国的杜塞尔多夫（Düsseldorf）。他在古伦梅巴斯巴赫（Gummersbach）小镇上长大，他父亲是当地工商联合会的会长。他16岁的时候，第二次世界大战结束了。他曾在波恩大学学习，对黑格尔、马克思和当代马克思主义思想家尤其感兴趣。1954年，他获得了博士学位，随后在法兰克福大学担任西奥多·阿多诺（Theodor Adorno）的助手。阿多诺和马克斯·霍克海默（Max Horkheimer）是法兰克福学派的领军人物，他们以号召人们将哲学、精神分析学、社会科学和文学批评众学科整合起来而闻名世界。哈贝马斯后来对这个学派的思想做出了巨大贡献。他的著作讨论的问题很广泛，但总的来说他还是关心怎样解放人类，怎样使思想从不必要而无用的规则、范畴以及约束中挣脱出来。哈贝马斯凭着自己的著作年纪轻轻便声名鹊起，其中有《理论与实践》（*Theory and Practice*，1962）、《社会科学的逻辑》（*The Logic of the Social Sciences*，1967）、《向着一个理性的社会》（*Toward a Rational Society*，1971）、《知识与人类兴趣》（*Knowledge and Human Interest*，1981）、《交往行为理论》（*The Theory of Communicative Action*，1981）和《社会行为理论》（*Theory of Social Action*，1984）。

实证科学能研究主体性吗？

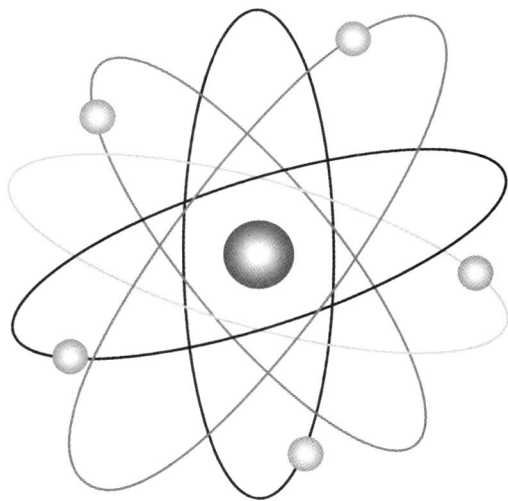

哲学人类学

当我们其中一位作者还是青涩的本科生时，他曾前往德国的图宾根大学学习了一段时间。他选修了一门叫做"哲学人类学"的课。他根本不知道课程的内容，不过他至少能翻译课程的名字，这就是他选这门课的原因。这是他在哲学方面上的第一门课。

上课的第一天，他坐在大演讲厅的中间——那间教室中的德国学生数量之多，是他回到美国后所有其他哲学课程来听讲的学生数目都无法与之相比的。尊敬的教授走上讲台，翻了翻笔记，摘下眼镜，像烟斗一样放在嘴里。他向上凝视了几分钟，陷入了深深的思考。"Was ist der Mensch？"他对着天花板问——人是什么？你们的作者被这个十分有趣的问题吸引住了——至少是开了个头——他等待着答案。

人是什么？人类是什么？这是哲学人类学最基本的问题，它和啤酒一起，成了德国大学中不可缺少的部分。

人类学（anthropology）这个术语可以追溯到古希腊时代，从那个时候起这个词就用来指称有关人类（anthropos）和人类社会的研究。早期的教父用这个词来区分上帝的研究和人类的研究；经过几个世纪——特别是在 16—18 世纪期间——人类学逐渐地从神学、形而上学和自然科学中分离开来。比如说，康德认为如果我们想获得生活的智慧，那么我们必须超越自然科学，从传记、历史、旅行书、戏剧诸如此类更广泛的来源中获得有关人类本质的知识。对于康德来说，这样一种人类学，尽管不是一种科学，却能够为我们提供什么是自由、自主的人类的实际学问。

19 世纪的时候，德国浪漫主义（这里的"浪漫"并不是指"情人"；它是 19 世纪重要运动的组成部分，强调文学和艺术中的想象和情感）期望洞察人类的全体。黑格尔区别了人类学和历史哲学。人类学以可能的眼光看待人，而历史哲学以现实的眼光看待人。黑格尔批判了人类学以及人类学空虚的历史根基，一群德国哲学家们将黑格尔的观点继续深化，一直延续到现在；如今我们会发现这一主题依然在前面所谈到的马丁·海德格尔和法兰克福学派的社会哲学学说中徘徊。今天对人类本质和存在进行哲学研究的"哲学人类学"正在渐渐远离历史哲学，试图建成一门独立的学科。它包括符号学和结构主义。

人是什么？不幸的是，教授用了整个学期来回答这个问题。同样不幸的是，你们的作者还是不明白答案的意思。实际上，这个问题本身，人是什么，是你们的作者在整个课程中唯一知道的事情，因为他的德语实在不怎样。（后来他读了教授讲课的英文翻译，他仍然不能肯定答案是什么。）

米歇尔·福柯

米歇尔·福柯（Michel Foucault，1926—1984）是一位法国哲学家、社会理论家、观念史家。他对哲学或科学的所谓真理抱着深刻的怀疑态度。福柯起先把自己看成一名考古学家，他挖掘着历史地层，使得塑造了社会的话语重见天日。这里的话语（discourse）一词指的是人们如何交谈以及作为其结果他们又是如何行事的。福柯相信自己发现了所谓知识型（epistemes），这是"被创造的现实"，它在每个时代充当着判别真伪的基础。但福柯继而发现，这样的方法同样依赖于研究者这一方的客观性，于是他抛弃了考古学。

他的第二个计划就是尼采所说的谱系学（genealogy）。在福柯看来，谱系学关注的并非知识，而是权力。在他后期的著作中，福柯较少关注社会创造的语言世界而较多关注活生生的身体，即身体化的意识。谱系学并不开出实践的药方。它对我们日常的社会习惯进行阐明，这习惯构成着你我并表达了身体权力的运作。

结构主义和解构主义

结构主义（structuralism）是一种方法论，它试图寻找支配着诸如语言、文化神话学这样庞大的社会体系的基本规则和习俗。它的源头可以追溯到瑞士的语言学家费尔迪南·德·索绪尔（Ferdinand de Saussure，1857—1913），他强调对语言系统本身（langue）而不仅仅是对特定言语（parole）的研究。索绪尔关注的是说话者习以为常的语言中的"深层结构"。他把语言学看成对符号的研究，将其定义为能指（signifier，指称他物的具体事物）和所指（signified，被指称的事物）的组合。一个句子是符号的序列，它的意义不仅仅取决于符号的秩序（"I can go"还是"Can I go？"），也取决于语言中那些缺席的符号与句中的符号形成的对比。因此，"I"在"I can go"这个句子里和其他可能的主语形成了对比：she，he，you 等等。正是"I"与那些不在场的符号之间的关系赋予"I"意义，因为我们对"I"的理解是根据语言的系统以及作为背景的相互关系产生的。"I"与其他主语之间的区别就是它的意义。这里请注意，索绪尔强调的是内部的语言系统和结构；他并不关心一个句子是否真实地表达了外部世界的情况。

法国人类学家克劳德·列维－斯特劳斯（Claude Lévi-Strauss，1908—2009）修正了索绪尔的方法，将其运用到自己的人类学研究当中。列维－斯特劳斯的兴趣在于寻找非工业社会以及人类共同体的神话中包含的普遍的基本思想结构。列维－斯特劳斯的结构主义方法的典型特征体现在《野性的思维》（*The Savage Mind*，1962；英译本，1966）等书中，它探索了能够说明甚至是所谓原始文化的社会复杂性的一系列规则和"规律"。文化（以及文学作品）可以被看做符号的系统，我们通过与系统自身内部符合与符号的特定关系找到它的意义。这意味着单独的个体是基本的、非人格的系统规则的一个组成部分。

1983年4月，福柯在加州伯克利大学告诉一群美国哲学家，尤尔根·哈贝马斯在巴黎拜访他的时候，他"被哈贝马斯对海德格尔问题洞察的深度以及他对海德格尔思想与其政治表现之间的重要而紧密的关联的观察所震惊"。哈贝马斯将海德格尔诠释成德国的新保守主义者，海德格尔的纳粹主义是以某种方式和他的哲学立场联系在一起的。

福柯告诉他的采访者，他相信"一个人的哲学观念和他具体偏好的政治态度存在'分析'上的微弱联系；'最好'的理论也不能有效阻止你做出灾难性的政治选择"。但是福柯补充道："我并不是说，这样一个人在理论的界限内就可以信口开河，其实恰恰相反，严苛的、审慎的、'实验性'的态度是必不可少的；在每时每刻，我们必须逐步地面对人的所思所想，所为所是。"

福柯死于弓形虫引发的脑损伤，这是艾滋病的后果。在1984年6月25日他去世之前，福柯将他大部分学术精力花在阐明权力关系的课题上，凭借这种关系社会采取驱逐、禁闭或者建立制度的方式来对待疯子、囚犯以及同性恋者——社会将这些人定义为"异类"。与哈贝马斯不同的是，福柯否认社会会把这些人从排他性的权力中解放出来；"理想言说情境"是不可能实现的。

福柯本身就是"上流"法国社会的丑闻。他的一位传记作者描绘了这位哲学家施虐受虐的色情活动，他在公共场合的皮革穿着，他对男性公开的喜好，以及他在旧金山的同性恋浴室里流连忘返。

福柯1926年10月15日出生在法国的普瓦利埃（Poitiers），他是家里的第一个孩子，他父亲是一名外科医生。他自1970年起担任法兰西学院的教授。福柯的主要著作包括《疯癫与文明》（*Madness and Civilization*，英译本，1965）、《临床医学的诞生：医学观念的考古学》（*The Birth of the Clinic: An Archaeology of Medical Perception*，1977）、《事物的秩序：人文科学的考古学》（*The Order of Things: An Archaeology of the Human Sciences*，1970）和《性经验史》（*The History of Sexuality*，三卷本，英译本，1978—1986）。

雅克·德里达

从广告标语到动物之间的交流，对不同类型的符号系统进行的分析现在都被称为符号学（semiotics，来自希腊词语 semeion，意思是符号）；几乎所有的结构主义方法论都可归入这门"符号的学科"。但是这样一门学科真的可能吗? 也就是说,语言或者文化系统中的意义真的如此稳定,足以为那些系统中的文本或者仪式提供一种确定的解释吗? 在 20 世纪 60 年代末,法国的哲学家和文学理论家雅克·德里达(Jacques Derrida,1930—2004)回答说"不"。他认为这样稳定的意义并不可能存在,一个文本也不可能存在确定的意义。实际上"确定的意义"这样一个概念暗示着某些关于文本、语言的未经过证实(和不可证实)的前提。

德里达的解构主义方法就是明白地列出那些和语言有关的前提,去"质询"文本可能存在的多重意义,通过这样一个过程展示出了他所谓的能指的自由游戏(free play of signifiers)。德里达在这里的意思是,作者对词语只拥有暂时的"特权";"享有特权"变成了能指的嬉戏的媒介——延异(différence)——而不是一个固定的语言体系(在德里达眼中,它根本不存在)的背景。它承接了赫拉克利特"人不能两次踏入同一条河流"这一传统的余绪;只是它现在的意思是"人不能两次踏进同样的语言"。因为意义只有作为经验才会发生,我们的经验不断地推翻("重写"),甚至抹去字典对词语中的定义,而定义本身也在流变之中。一本出版的辞典常常带给我们这样的错误印象:语言有稳定的意义,然而那些意义却在不断地"嬉戏"和变化。

人物简介 | **雅克·德里达**

德里达出生在阿尔及利亚的埃尔比哈(El Biar)一个中下层的赛法迪(Sephardic)犹太家庭中。早年的德里达对体育抱有浓厚的兴趣,甚至打算成为一名足球运动员。他在念高中的时候,由于反犹主义经历了很多挫折。他十几岁的时候就在北非的一些杂志上发表了自己的诗歌。在经历了几次失败之后,他终于在 19 岁的时候被久负盛名的巴黎高等师范学校录取。他在 1957 年结了婚。60 年代的时候,德里达是巴黎政治界的风云人物之一。在参加约翰·霍普金斯大学那次十分有纪念意义的学术报告会后,他逐渐声名远播。他最后几年在约翰·霍普金斯大学和耶鲁大学执教,出版了二十本多著作。

德里达一生中有一个令人十分好奇的插曲,那时他被提名为剑桥大学荣誉学位的候选人。出人意料的是,四位剑桥的导师提出了异议,不同意把荣誉学位颁发给德里达。19 名学者随后在《时代报》上发表了一封信,指责德里达佶屈聱牙的著作以及随处可见的法语文字游戏,这件事引起了一场轩然大波。这次事件的潜台词就是:德里达是个江湖骗子。在一阵喧闹过后,德里达最终在投票中获胜,他出席了活动并接受了这一荣誉学位。但是事情并没有结束,许多英美系(Anglo-American)的哲学家仍然疑心重重地审视着他的著作。

使用一个词语不仅会超越辞典的定义，也会"抹去"那些在我们意识之外活动着的各种力量。康德对自在之物（thing-in-itself，Ding-an-sich，见第七章）的描述是再好不过的了。那么从解构主义的角度看来，不存在什么可以确定语言中的意义的超语言（extralinguistic）关系。

德里达的评论让人想起了索绪尔的"差异"的系统，但是德里达把索绪尔的观察推向了逻辑的极限：因为所有的人类能够理解的事物都要通过他们的语言系统来实现理解，它们就不可避免地成了"文本"。因此，那就是说，只有通过探索能指的不断游戏的才能找到超验的理念的意义，因为柏拉图被人一遍又一遍地加以阐释。无法找到终极的意义——柏拉图到底说了什么，到底什么是理念——因为如果人类所有的理解都要通过文本性（textuality）来实现，那么也就找不到什么终极的意义。

德里达对结构主义语言学和结构主义人类学的批判只代表了他的一部分思想。他对哲学最深入的思考是和形而上学有关的。他的思想深受黑格尔、胡塞尔和海德格尔影响。他用他的解构主义方法有力地攻击了胡塞尔的超验唯心主义。

德里达一开始在形而上学被简化成本体论神学（onto-theology）——这一形而上学认为所有存在都衍生于神圣的逻各斯——这点上同意海德格尔的观点，由此开始他的批判。本体论神学这个术语是海德格尔用来形容形而上学自柏拉图以来的发展的。形而上学渐渐地将存在简化成了存在者、最高和第一存在或者上帝。自尼采宣称"上帝死了"以来，近代形而上学试图在人类主体和逻辑中寻找绝对确定的结构。对于海德格尔来说，这意味着形而上学到了终点，因为它完全遗忘了存在，而无效的逻辑和人类的傲慢却取而代之。德里达看到了这点，形而上学被人为地假定还原成假定先验的、绝对确定的逻辑。你或许会回忆起先验（transcendental）这个词，它是伊曼努尔·康德的观念：意识将感觉材料组织为时空中的客体，它们以因果关系及其他原则为媒介彼此关联。胡塞尔试图将人类的知识植根于逻辑的超验科学或者意识的普遍现象学（参见这章前面的部分）。德里达将这一发展过程详细描述为逻各斯中心主义（logocentrism）的过程，这个术语也适用于海德格尔的思想。逻各斯中心主义的世界观建立在对完全的存在或在场这一源始状态的怀旧上，这一状态现今已经失落。人们认为存在者从神圣的逻各斯上，从类似赫拉

德里达对媒体讲话

我没有和那个女人谈过话。

克利特在公元前6世纪首先提出的逻各斯（logos）概念，衍生出了它们的结构和意义。逻各斯在古希腊有许多意义，比如道、言语、思想、理性，但是对于赫拉克利特以及其后的思想家来说，他是宇宙中秩序、必然和理性的原则和来源。逻各斯中心主义的建立在对稳定、

有等级的必然世界的偏好上。这种世界的必然性和超验性只对于能够超验地思考的少数人存在。德里达用解构主义方法揭示了逻各斯中心主义思想的基础中没有根据的前提以及人为的对立。

思维和语言永远不能成为绝对确定、超验概念的封闭系统，即使它们暂时地受限，它们的结尾应该敞开。它们必须以某种方式处理事物的独特性——它们的可变性、不确定和不完整。解构主义的主张要谦逊得多，但是它们却能以更加积极的方式影响现实。德里达的哲学是对形而上学、人类学和语言学领域的理性抗辩。他将他的做法延伸到了哲学、伦理和心理学领域。在某种程度上，他是 20 世纪的苏格拉底，使我们不得不承认，绝对知识的大部分主张都是充满矛盾和站不住脚的。

德里达的著作有《论文字学》（*Of Grammatology*，1967；英译本，1976）和《书写与差异》（*Writing and Difference*，1967；英译本，1978）

吉尔·德勒兹

吉尔·德勒兹（Gilles Deleuze，1925—1995）是当代欧洲大陆哲学中的领军人物之一，他的写作涉及广泛的领域——电影、文学、逻辑学和政治——很难对其哲学思想做一概括。尽管如此，我们还是集中于最突出的一点：多样性（multiplicity）的观念，即概念的生成。德勒兹把对多样性的研究视为他思想的核心内容。他认为任何统一的或单一的实体、任何"一"都是从原始的多样性中抽象出来的。这一视角使得他对任何声称超越多样性的事物，任何"一"都抱有怀疑态度。

因此，德勒兹认为哲学的方法——哲学研究事物的方式——应该改变。德勒兹用了树状模型来批判传统哲学。他经常说，哲学家总是把研究的对象当做树一样的东西。这是怎么回事？哲学家常常假设他们思考的对象总是清楚的、明确的和有序的。然而，德勒兹说这只是理想化的观点，它忽略了事物的本来面目。这样研究事物的方式不能正确地考虑事物中的多样性。为了改变这种方法，德勒兹提出了以"块茎"（rhizome）来代替树状模型。块茎是水平而不是垂直生长的。块茎会四处伸展、生长，覆盖所有接触的事物，并且和其他块茎纠结在一起。请想一下草地，还有四处爬满的常春藤。如果哲学家如块茎一样来看待事物，那么他们会对事物产生完全不同的眼光。

我们可以拿语言作为例子。德勒兹的块茎方法指出英语实际上只是多样的方言，所谓"正确的英语"只是一种方言——更大的块茎的一小部分。这样的语言研究方法能够说明德勒兹主要的哲学思想，德勒兹把他的方法运用到了文学、政治、电影、精神分析甚至艺术。他的作品被各个领域的学者付诸应用，如建筑学、城市研究、人类学、地理学、音乐学、性别研究，等等。

阿兰·巴迪欧

阿兰·巴迪欧（Alain Badiou，1937—　），曾经是德勒兹课堂上的捣乱者。他一开始也对多样

人物简介 ┃ 吉尔·德勒兹

德勒兹出生在巴黎，尽管作为一个哲学家他更加欣赏差异和变化，他却拥有很典型的学术生涯。他几乎足不出户地过着宁静的生活。他经常被描绘成一个哲学界的圈外人，原因有很多：他的哲学兴趣在他的时代并不是关注的主流内容，比如说，他对英国的经验主义总是很感兴趣（在法国几乎从来没有十分流行过），他偏好写一些哲学史中被忽略的"小"人物，比如斯多葛学派、斯宾诺莎和亨利·柏格森（Henry Bergson，1859—1941。柏格森是一位重要的法国哲学家，他以研究自由意志和主观经验时间的关系而闻名）。德勒兹同样也从不投身于 20 世纪法国风起云涌的哲学运动：存在主义、现象学、结构主义和后现代主义。这使得他的哲学与众不同，但是几乎没有人会否认它的影响。米歇尔·福柯写道："也许有一天，这个世纪会成为德勒兹的世纪。"

德勒兹的一些影响广泛的作品是和他的同事费利克斯·瓜塔里（Félix Guattari）合著的。德勒兹的个人的著作倾向于研究单独的哲学家，而在与瓜塔里合作的书中政治倾向要明显得多，视野也更加开阔。其中最著名的书是《反俄狄浦斯》（Anti-Oedipus），70 年代早期这本书在热衷于政治的一代法国年轻人中极有影响。《反俄狄浦斯》探讨了欲望不该被看做渴求的不满足（这是自柏拉图以来的观点）。欲望应该像一台"机器"——它将内部和外部的世界联结了起来。德勒兹和瓜塔里研究了欲望联结起来的不同种类的事物。有时候这些事物会抑制欲望，比如社会习俗、家庭、教会或者军队。《反俄狄浦斯》中最重要的一个论断是欲望能够主动地找到自身的压抑。欲望也会联结一些另外的事物，它们会将它带到未知的领域。德勒兹和瓜塔里更愿意看到欲望这样行事，他们希望为欲望找到更多的方式帮助它完成新的联结。

人们认为德勒兹是后现代主义的中坚分子之一。他的著作包括《尼采和哲学》（Nietzsche and Philosophy，1962）、《差异和重复》（Difference and Repetition，1968）和《皱折：莱布尼兹和巴洛克》（The Fold: Leibniz and the Baroque，1988）。

性很有兴趣。不过他认为，把一切存在的事物都变成一个整体是不可能的。实际上，真正存在的是"无限"，甚至可以说，就是"无限的无限"。无限的问题将巴迪欧与欧洲大陆大多数当代哲学家区别开来，后者认为无限是抽象的，我们甚至不能想象、思考这东西。巴迪欧指出，尽管我们生命有限，不能拥有任何无限的经验，但是数学家思考且研究无限的历史已经长达一个多世纪（尤其是在集合理论中）。哲学家已经远远落后了。巴迪欧建议哲学家应该重新来看看数学家的工作，就像他们在柏拉图时代所做的那样。这也许会使得哲学家对存在做出非常不同的思考。

原著选读8.1 《存在主义和人道主义》[①] 让－保罗·萨特

　　这段选读通过事例和一系列说明相当清晰、直白地解释了什么是存在主义。

　　我们叫做的这个存在主义究竟是什么呢？……说实在话，在所有的教导中，这是最不招摇、最最严峻的：它完全是为专业人员和哲学家们提出的。尽管如此，它还是很容易讲清楚。问题之所以变得复杂，是因为有两种存在主义。一方面是基督教的存在主义，这些人里面可以举雅斯贝斯和加布里埃尔·马塞尔（Gabriel Marcel），两个人都自称是天主教徒；另一方面是存在主义的无神论者，这些人里面得包括海德格尔以及法国的那些存在主义者和我。他们的共同点只是认为存在先于本质——或者不妨说，哲学必须从主观开始……

　　我们说存在先于本质的意思指什么呢？意思就是说首先有人，人碰上自己，在世界上涌现出来——然后才给自己下定义。如果人在存在主义者眼中是不能下定义的，那是因为在一开始人是什么都说不上的。他所以说得上是往后的事，那时候他就会是他认为的那种人了。所以，人性是没有的，因为没有上帝提供一个人的概念。人就是人。这不仅说他是自己认为的那样，而且也是他愿意成为的那样——是他（从无到有）从不存在到存在之后愿意成为的那样。人除了自己认为的那样以外，什么都不是。这就是存在主义的第一原则。而且这也就是人们称做它的"主观性"所在……人确实是

一个拥有主观生命的规划，而不是一种苔藓或者一种真菌，或者一棵椰菜。在把自己投向未来之前，什么都不存在；连理性的天堂里也没有他，人只是在企图成为什么时才取得存在。可并不是他想要成为的那样……如果存在真是先于本质的话，人就要对自己是怎样的人负责。所以存在主义的第一个后果就是使人人明白自己的本来面目，并且把自己存在的责任完全由自己担负起来。还有，当我们说人对自己负责时，我们并不是指他仅仅对自己的个性负责，而是对所有的人负责……当我们说人自己做选择时，我们的确指我们每一个人必须亲自做出选择；但是我们这样说也意味着，人在为自己做出选择时，也为所有的人做出选择。因为实际上，人为了把自己造成他愿意成为的那种人而可能采取的一切行动中，没有一个行动不是同时在创造一个他认为自己应当如此的人的形象。在这一形象或那一形象之间做出选择的同时，他也就肯定了所选择的形象的价值；因为我们不能选择更坏的。我们选择的总是更好的；而且对我们说来，如果不是对大家都是更好的，那还有什么是更好的呢……

　　这就使我们能够理解诸如痛苦、听任、绝望——也许有点夸大了的——一类名词。下面你们就会看到，这原是很简单的。首先，我们说痛苦是什么意思呢？存在主义者坦然说人是痛苦的。他的意思是这样——当一个人对一件事情承担责任时，他完全意识到不但为自己

[①] 选自萨特：《存在主义是一种人道主义》，周煦良、汤永宽译，上海，上海译文出版社，1988。

的将来做了抉择，而且通过这一行动同时成了为全人类做出抉择的立法者——在这样一个时刻，人是无法摆脱那种整个的和重大的责任感的。诚然，有许多人并不表现出这种内疚。但是我们肯定他们只是掩盖或者逃避这种痛苦。的确，许多人认为他们的所作所为仅仅牵涉到他们本人，不关别人的事。而如果你问他们："若是人人都这样做，那怎么办？"他们将耸耸肩膀，并且回答到："并不是人人都这样做。"但是说实话，一个人应当永远扪心自问，如果人人都照你这样去做，那将是什么情形；而且除了靠自我欺骗外，是无法逃避这种于心不安的心情的。那个说"并不是人人都这样做"从而为自己开脱的说谎者，在良心上一定很不好受，原因是他的这一说谎行为无形中就肯定了它所否定的事情的普遍价值。他的痛苦恰恰是欲盖弥彰……

而当我们谈到"听任"——这是海德格尔最爱用的字眼——时，我们的意思只是说上帝不存在，并且必须把上帝不存在的后果一直推衍到底……存在主义者则与此相反，他认为上帝不存在是一个极端尴尬的事情，因为随着上帝的消失，一切能在理性天堂内找到价值的可能性都消失了。任何先天的价值都不再存在了。原因是没有一个无限的和十全十美的心灵去思索它了。"善"是有的，人必须诚实，人不能说谎，这些事迹哪儿也看不见，因为我们现在是处在仅仅有人的阶段。陀思妥耶夫斯基有一次写道："如果上帝不存在，什么事情都将是容许的。"这对存在主义说来，就是起点。的确，如果上帝不存在，一切都是容许的，

因此人就变得孤苦伶仃了。因为他不论在自己的内心里或者在自身以外，都找不到可以依靠的东西。他会随即发现他是找不到借口的。因为如果存在确是先于本质，人就永远不能参照一个已知的或特定的人性来解释自己的行动，换言之，决定论是没有的——人是自由的，人就是自由。另一方面如果上帝不存在，也就没有人能够提供价值或者命令，使我们的行为合法化。这一来，我不论在过去或者未来，都不是处在一个有价值照耀的光明世界里，都找不到任何为自己辩解或者推卸责任的办法。我们只是孤零零一个人，无法自解。当我说人是被逼得自由的，我的意思就是这样。人的确是被逼处此的，因为人并没有创造自己，然而仍旧自由自在，并且从他被投进这个世界的那一刻起，就要对自己的一切行为负责……

为了使你更加理解"听任"这个说法的意思，让我举我的一个学生为例。他是在下述的情况下来找我的。他的父亲正和他的母亲吵架，而且打算当"法奸"①；他的哥哥在1940年德军大举进攻时阵亡，这个年轻人怀着一种相当天真但是崇高的感情，发誓要替哥哥报仇。他母亲单独和他住在一起，对他父亲的半卖国行径和长子的阵亡感到极端痛苦；她唯一的安慰就在这个年轻儿子身上。但是她儿子这时却面临着一个抉择，那就是或者去英国参加自由法国军队，或者和母亲在一起，帮助她生活下去。他完全知道他母亲就是为他活着；他走掉——或者可能死掉——就会使她了无生趣。他也懂得，具体说来而且实际上也是如此，他为了母亲所采取的任何行动，肯定会取

———————————

①指第二次世界大战时同占领法国的纳粹德军合作的人。——译者

得帮助他母亲活下去的效果，而他为了出走和从军所采取的任何行动将是一种非常没有把握的行动，说不定会像水消失在沙里一样，毫无结果可言。比如说，要去英国他先得通过西班牙，并且得在一个西班牙的帐篷里无限期地等待下去；还有，在到达英国或者阿尔及尔之后，他说不定会被派在办公室里填填表格。因此，他发现自己面临着两种形态非常不同的行动：一种行动很具体，很直截了当，但是只为一个人着想；另一种行动的目标要远大很多，是为全国人民的，但是正因为如此，这个行动变得没有把握了——它说不定会中途夭折。与此同时，他也在两种道德之间踌躇莫决；一方面是同情，是对个人的忠诚，另一方面，忠诚的对象要广泛得多，但是其正确性也比较有争议。他得在这两者之间做出抉择。有什么能帮助他选择呢？没有。基督教的教义说：对人要慈善，要爱你的邻人，要为别人克制你自己，选择最艰苦的道路，等等。但是什么是最艰苦的道路？谁应当承受这种兄弟般的爱呢？是爱国者，还是那个母亲？哪一个目的比较有用呢？是参加整个社会斗争这个一般性的目的，还是帮助某一特定的人生活下去的具体目的？谁能够先天地回答这个问题？没有人。而且任何伦理学文献里也没有规定过。康德的伦理学说，永远不要把另一个人当做手段，而要当做目的。很好嘛；如果我和我母亲呆在一起，我就是把她当做一个目的，而不是当做一个手段；但是根据同样理由，那些为我战斗的人就有被我当做手段的危险；反过来也是一样，如果我去帮助那些战士，我将是把他们当做目

的，而犯了把我母亲当做手段的危险。

如果价值是没有把握的，如果价值太抽象了，没法用它来决定我们目前所考虑的特殊的、具体的事情，那就只有倚仗本能一法了。这就是那个青年人试行做的。当我看见他时，他说："归根到底，起作用的还是情感；情感真正把我推向哪个方向，那就是我应当选择的道路。如果我觉得非常爱我的母亲，愿意为她牺牲一切——诸如报仇的意志，以及一切立功立业的渴望——那么我就同她呆在一起。如果相反地，我觉得对她的感情不够深，我就走。"但是人怎样估计感情的深浅呢？他对母亲的感情恰恰就是以他站在母亲这一边来衡量的。我可以说我爱我的某个朋友爱到可以为他牺牲，或者牺牲一笔钱的程度，但是除非我这样做了，我是无法证明我爱他到这样程度的。我可以说，"我爱我的母亲爱到同她呆在一起的程度"，但只有我真正同她呆在一起时才能这样说。我要估量这种感情的深浅，只有付诸行动，以行动来说明和肯定我的感情的深浅。但是如果我再援引这种感情来为我的行动辩护，那我就是卷进一种恶性循环。

再者，正如纪德[①]说得好，一种伪装的情感，一种真挚的情感，两者是很难区别的。决定爱自己母亲而同她呆在一起，和演一出喜剧其结果是同母亲待在一起，这两者差不多是一样的。换句话说，情感是由人的行为形成的；所以我不能参照我的情感来指导行动。而这就是说我既不能从内心里找到一个真正的行动冲力，也不能指望从什么伦理学里找到什么能帮助我行动的公式。你可以说那个青年至少还

---

① 纪德（Andre Gide，1869—1951），法国小说家。——译者

找上一位教授向他请教。但是如果你向人请教——例如向牧师请教——你已经选上那个牧师了；归根到底，你多多少少已经知道他将会给你什么忠告了。换句话说，在你选择一个人向他请教时，你做这项选择就已经承担责任了。如果你是个基督教徒，你会说，去请教一位牧师；但是牧师里面有法奸，有参加抵抗者，有等待时机者；你选择哪一个呢？这个青年如果选择一个参加抵抗的牧师，或者选择一个法奸牧师，他事先就得决定他将会得到什么忠告。同样，在来找我之前，他也知道我将会给他什么忠告，而且我只有一个回答。你是自由的，所以你选择吧——这就是说，去发明吧。没有任何普遍的道德标准能指点你应当怎样做：世界上没有任何的天降标志。天主教徒会说："啊，可是标志是有的！"很好嘛；但是尽管有，不管是什么情形，总还得我自己去理解这些标志……

这就是"听任"的涵义，即决定我们存在的是我们自己。而随同这种听任俱来的就是痛苦。至于"绝望"，这个名词的意思是极其简单的。它只是指，我们只能把自己所有的依靠限制在自己意志的范围之内，或者在我们的行为行得通的许多可能性之内……超过这个限制，那些被认为不再影响我的行动的可能性，我就应当不去感觉兴趣。因为没有一个上帝或者什么先天的规划能使世界和它所有的可能性去适应我的意志……无作为论是那些说"让别人做我不能做的"的人的态度。我给你们陈述的这种学说恰恰和这种态度相反，因为它宣称除掉行动外，没有真实。确实，它还进一步补充说："人只是他企图成为的那样，他只是在实现自己意图上方才存在，所以他除掉自己

的行动总和外，什么都不是；除掉他的生命外，什么都不是。"正因为如此，所以我们不难理解为什么有些人听到我们的教导感到骇异。因为许多人郁郁不得志时只有一个给自己打气的办法，那就是这样跟自己说："我这人碰见的事情总是不顺手，否则我的成就要比过去大得多。诚然，我从来没有碰到过一个我真正爱的女人，或者结识过一个真正要好的朋友；不过那是因为我从来没有碰到过一个值得我结识的男人，或者一个真正值得我爱的女人；如果我没有写过什么好书，那是因为我过去抽不出时间来写；还有，如果过去我没有什么心爱的孩子，那是因为我没有能找到可以同我一起生活的男人。所以我的能力、兴趣和能够发挥的潜力，是多方面的，虽然没有用上但是完全可以培养的；因此决不可以仅仅根据我过去做的事情对我进行估价；实际上，我不是一个等闲的人。"但是实际上，而且在存在主义者看来，离开爱的行动是没有爱的；离开了爱的那些表现，是没有爱的潜力的；天才，除掉艺术作品中所表现的之外，是没有的。普鲁斯特的天才就表现在他的全部作品中；拉辛的天才就表现在他的一系列悲剧中，此外什么都没有。为什么我们要说拉辛有能力再写一部悲剧，而这部悲剧恰恰是他没有写的呢？一个人投入生活，给自己画了像，除了这个画像外，什么都没有。当然，这种思想对于那些一生中没有取得成就的人是有点不好受的。另一方面，这却使人人都容易理解到只有实际情况是可靠的；梦、期望、希望只能作为幻灭的梦、夭折的希望、没有实现的期望来解释人；这就是说，只能从反面，而不是从正面来解释。虽说如此，当一个人说，"你除掉你的生活之外，更无别

的"，这并不意味着说一个画家只能就他的作品来估计他，因为还有千百件其他的事情同样有助于解释他的为人。这话的意思就是说，一个人不多不少就是他的一系列行径；他是构成这些行径的总和、组织和一套关系。

⚡ **原著选读 8.2　《西西弗的神话》**[①]　　　　　　　　　　阿尔贝·加缪

加缪一开始就声称自己只能断定自己和自己之外的世界存在；其余假设的知识仅仅是"建构"。（特别有趣的是，他认为试图定义、理解自己这件事就如同指间的流水。）他最后评论道，由于一切都是非理性的，心灵渴望清晰的理解是如此荒谬。

对于什么人，对于什么东西我能真正地说："我了解这个！"我能感受到我这深藏的内心，我断定它存在着。这个世界，我能触摸它，而且还能断定它存在着。我的全部学识就到此为止，其余的需要再建设。因为，如果我试图把握这个我确定的"我"，如果我试图给它下定义并要概述它，那就只会有一股水流从我手指间流过。我能依次描画它能够表现的一切面貌，以及人们给予它的一切面貌：教养、出身、热情，或安静、伟大，或渺小。但人们并不把这些面貌相加起来。这颗心就是我的心，但我总是不能确定它。我对我的存在的确信和我企图提供给这种确信的内容之间存在着不可逾越的鸿沟。我对于我自身将永远是陌生的。在心理学中就像在逻辑学中一样，有一些事实，但却没有真理。"认识你自己"，苏格拉底的这句话与我们的布道者所说的"你要

有道德"的话具有同等价值。它们都表明着一种怀念，同时也表明一种无知。这是对伟大论题玩弄的贫乏的游戏。这些游戏只有在它们都是相近的严格范围内才是可以理解的。

这里还有一些树，我熟悉它们粗糙的树皮，还有这水，我感觉到它的味道。这草的香味，这些星星，这黑夜，这些使心灵舒展畅快的夜晚，怎么能否认这个我感到它的权力和力量的世界呢？但是，这大地的全部科学知识不会提供给我任何东西以使我确信这个世界是属于我的。科学啊，您曾向我描述过这些权力和力量，并教我把它们分门别类。您概括了它们的规律，这样，我在求知的渴望中感到它们是真实的。最后，您告诉我把这个奇幻无穷的宇宙还原为小小的原子，并把原子还原为电子。这一切都对。我等待您继续下去。您对我说过，有一个看不见的行星体系，其中电子围绕着一个核运转。您对我解释这个带有想象图像的世界。于是，我承认您从这个世界来到诗的世界，而我永远不会认识这个诗的世界。我是否有时间为此而气愤呢？您已经改变了您的理论。告知我一切的科学最终陷于假设，阴暗的清醒最终陷于隐喻，而犹豫不定则化解为艺术作品。为什么我曾需要花费那么多的力量呢？这些山丘柔

[①]选自加缪：《西西弗的神话》，杜小真译，北京，西苑出版社，2003。

和的曲线和晚上放在跳动的胸口上的手教会我更多的东西。于是又回到了我的开始。我知道。如果我能通过科学来把握现象并概述它们，我就不能同样地理解这个世界。当我熟知世界的全部地形之后，就不可能再进一步了。科学啊，您让我在确定无疑的然而于我毫无用处的描述与那些声称有教于我而又不确定的假设之间加以选择。我对我本身、对这个世界都是陌生的，装备了一套从它肯定自己时起就自我否定的思想，身处这个我在其中只有放弃求知和生活才能获得平静的环境，这个对成功的渴望和追求在其中处处碰壁的环境——它究竟是什么呢？欲求，就是引发起种种悖论。一切安排有序，为的是使这种被毒化的平静得以诞生。这种平静是无虑的情感、心灵的麻木或死亡的结果。

知以它的方式也告诉我这个世界是荒谬的，它的对立面——盲目的理性宣称一切都是清楚明白的，而这毫无用处，虽然我也曾期待着理性的证明，希望理性是正确的。但是，尽管经过了那么多的显赫盛世，尽管我们的先人中不乏能言善辩之才，我还是明白理性结论是

错误的。至少可以说，"如果我不能知，那就没有幸福"这个说法是错误的。诚实的人认为，这种实践或道德的普遍理性，这种决定论，这些用来解释一切的范畴很有滑稽可笑之处。它们与精神毫不相干。它们否认被禁锢着的深刻的精神真理。人在这个混沌不清、有限的世界里获得了他自身命运的意义。非理性的人们站了起来，并且始终不渝地围绕着这个意义。荒谬的感情由于重新获得业已变化的审慎的洞察力而变得清晰明确。我在前面曾说过，这世界是荒谬的，但论述得过于简单。这个世界本身并不合乎情理，这是人们所能说的一切。所谓荒谬的东西，是这种非理性因素的较量，是这种狂热追求光明的冒险，而对光明的召唤，则在人的灵魂深处震荡回响。

荒谬在于人，也同样在于世界。它是目前为止人与世界之间的唯一联系。它把人与世界互相联系起来，犹如共同的仇恨能够把诸个存在联系起来一样。这就是在我的遭遇并没有继续下去的情况下，我能在这个世界中辨别出来的一切。

✦ 原著选读 8.3　《原教旨主义和恐怖——与哈贝马斯对话》[①]

乔凡娜·博拉朵莉

原著选读 8.3 选自对尤尔根·哈贝马斯的访谈，话题是 2001 年 9 月 11 日世界贸易中心遇袭事件。访谈的主持者是哲学家乔凡娜·博拉朵莉，她是关于恐怖主义的哲学的专家。哈贝马斯认为"9·11"事件可以被称为历史上第一件世界性的事件。

博拉朵莉　……我们的题目是恐怖主义，在"9·11"事件之后，它似乎呈现出全新的意义和定义。

---

① 选自《恐怖时代的哲学：与哈贝马斯和德里达对话》，王志宏译，北京，华夏出版社，2005。

哈贝马斯　这种骇人听闻的行为本身就是新的。所指的不只是劫机者的自杀行为，他们把加满了油的飞机以及飞机上的乘客变成了活生生的武器，甚至也不是其数目令人难以承受的牺牲者和这场灾难的剧烈程度。我所说的新是指攻击目标的象征性力量。袭击者并不仅仅是从物质上使曼哈顿这两座最高的建筑变成废墟，他们还想破坏美国人民家喻户晓的意象中的偶像。只有在随之而来的爱国主义浪潮中，人们才开始认识到双子座在人民的想象中到底有多么重要的地位，它们在曼哈顿的空中轮廓线当中不可替代的深刻印象以及它们所强有力地体现出来的经济力量以及对未来的规划。照相机和各种传媒的在场也是新的，它们几乎在同时把某个地方发生的事件变成了全球的事件，把全世界的人都变成了呆若木鸡的见证人。也许在最严格的意义上，"9·11"事件可以被称为历史上第一件世界性的事件：撞击、爆炸、崩塌——所有这一切都不再是好莱坞的臆造，而是残酷无情、真真切切的现实，真实地发生在全球公众的"普遍目击"之前。在我的朋友和同事凝视着第二架飞机在世贸大厦最顶层爆炸时——那儿离他在 Duane 大街他家的房顶隔了只有几个街区之远，他们经验到了什么，也许只有上帝才知道。毫无疑问，虽然我们看见的东西别无二致，与我在德国坐在电视机前的经验相比，他们的经验肯定有天渊之别。

当然，对一件独一无二的事件的任何观察都不能提供解释本身：为什么认定恐怖主义自身有一些新的特征？在这一方面，在我看来，首先有一个事实是与此相关的：没有人真正知道他的敌人是谁。欧斯马·本·拉登这个人最

有可能充当了替身的功能。例如，把新的恐怖分子和以色列游击队的或者传统的恐怖主义者做一个比较。这些人也经常以分散的方式，以小型的、独立的单元参加战斗。但这些事件当中，也没有集中的力量，或者核心组织，这个特征使得他们很难成为靶子。但是游击队为了获得权力而战斗时是在熟悉的领地上，有着公开的政治目标。这是他们不同于恐怖主义者的地方，后者分散在世界各地，通过秘密的通讯方式构成一个网络。他们会让他们那种原教旨主义式的宗教动机广为人知，但是他们并不追求一种超越破坏和无保障的策划的纲领。目前我们把恐怖主义和"基地组织"（al-Qaeda）这个名称联系在一起的做法使得辨别敌人和对危险进行的任何比较务实的评判都成为不可能。这种让人捉摸不透的性质是导致恐怖主义具有新的质的东西。

可以确定的是，危险的不确定性属于恐怖主义的本质。但是，"9·11"事件之后的数日当中，美国媒体大段绘声绘色地渲染生化武器的场景，以及关于各种核恐怖主义的思考，所有这一切都只不过是显示出了政府在最低限度确定危险的级别时的无能。没有一个人知道任何关于恐怖主义的事情。在以色列，如果人们乘坐公共汽车，走进一家商场、迪斯科舞厅或者任何公开场合，他们至少知道发生了什么，或者事件发生是多么频繁。但是，在美国或者欧洲，没有人能估算出危险的程度；也没有比较务实的方法可以评估危险的种类、级别或者可能性，没有任何方式可以使可能受影响的地区逐渐变得越来越少……

博拉朵莉　从哲学上说，您认为恐怖主义完全是一项政治行为吗？

哈贝马斯 我将给你提供一个政治的回答，但却不是在下述意义上，即默罕默德·阿塔，这个埃及公民出身于汉堡，驾驶着两架肇事惹祸的飞机中的第一架。毫无疑问，今天伊斯兰教的原教旨主义也是政治主题的一个幌子。事实上，我们不应该忽略我们所遇到的以各种宗教狂热形式出现的政治主题。这就解释了这样一个事实，即就在几年以前，那些被无可奈何地卷入"圣战"当中的人有一部分一直是世俗的民族主义者。如果我们查看一下他们的生平经历，就可以揭示出其间存在着深刻的渊源与连续性。对民族主义的极权主义政权的失望有助于解释这样一个事实，即在今天，宗教为那些旧的政治定向提供了一套全新的、而又在主观上更让人心悦诚服的语言。

博拉朵莉 您又是如何切合实际地定义恐怖主义的呢？在国内的和国际的甚至全球的恐怖主义之间是否能够划出一条清晰可见的界限？

哈贝马斯 从某个角度而言，巴勒斯坦的恐怖主义依旧具有某些已经陈旧不堪的特征，因为它的主旋律是谋杀，是对敌人、妇女、儿童不分青红皂白，不做任何区分一律加以消灭——用生命换取生命，用死亡换取死亡。这就是它和以游击队武装斗争的泛军事方式出现的恐怖有所不同的地方。这种武装斗争的形式在 20 世纪的下半叶是许多民族解放运动的基本特征——例如，这种形式在车臣争取独立的斗争中留下了它的印痕。与此正相反对的是，在"9·11"袭击事件中发展到登峰造极的全球恐怖具有某种无政府主义的特征，从实用主义的角度而言，这种特征是针对不可能被打败的敌人而发动的根本没有胜算的叛乱所

具有的特征。它所能产生的唯一可能的效果是让政府和人民震惊与恐慌。从技术上来说，既然我们的复杂的社会很容易受到各种干扰和偶发事件的影响，它们当然也就会为突如其来的对于各种正常的活动的干扰提供很多理想的机会。这些瓦解活动以最小的代价而产生非常大的破坏作用。全球恐怖主义一方面缺少切实可行的目标，另一方面带着愤世嫉俗的眼光去看待各种复杂的制度当中的弱点，它在这两方面都走向了极端。

博拉朵莉 是否应该把恐怖主义和普通犯罪以及其他类型的暴力区分开来？

哈贝马斯 应该区分，也不应该区分。从道德的观点来看，恐怖主义行为没有任何借口为自己辩护，无论这些行为是在何种动机下或处境中做出的。任何东西都不能正当地证明我们可以"体谅"为了自身的目的而谋害他人或者使他人陷于痛苦当中的做法。但是，从历史的角度来看，恐怖主义和与罪犯法庭审判相关的犯罪行为分属不同管辖的区域。它也和私人的事件有所区别，因为，它引起公众的兴趣，例如，它需要的分析不同于一件因嫉妒而引起的谋杀。要不然，我们也不会进行这场采访。在政权的更替期间，政治恐怖与普通犯罪之间的区别变得显而易见了，在这期间，以前的恐怖分子执掌大权，而政治的转变只能指望那些恐怖分子了，他们以切实可行的方式追求各种政治目标；至少，通过回顾的方式，他们能够为他们自己的犯罪行为做出合法性辩护，以克服各种明显不公正的处境自任。但是，时至今日，我还不能设想出一个语境，有朝一日，这种语境会以某种方式使"9·11"事件中丧尽天良的行为成为某种可理解的或者说可理喻

的政治行为。

博拉朵莉 您认为把"9·11"事件阐释为某种宣战行为是否适宜？

哈贝马斯 即使"战争"这个词比"圣战"更少一些引人误入歧途的意味，或者从道德上来说，更少些争论，但是，我认为布什号召一场"反对恐怖主义的战争"的决定是非常错误的，无论从规范上说，还是从实用主义的角度上说。从规范上说，他是把这些犯罪分子提升到战争中的敌人的身份；而从实用主义的角度来看，如果"战争"这个词还有某种确定的意义的话，那么，人们就不可能发起反对一个"网络"的战争。

■ 关键词

被抛	本真	自欺	被判为自由的
大陆哲学	批判理论	解构主义方法	知识型
日常性	存在先于本质	生存困境	能指的自由游戏
根本谋划	谱系学	本我	理想言说情境
现象	现象学的还原	现象学	精神分析
符号学	意义	结构主义	超我
被抛入这个世界	超越论的现象学	超人	权力意志

■ 供讨论和复习的问题

1. 我们在多大程度上为自己的处境负责？责任是从何时开始的？

2. 人类能相互交流（别将交流和交谈混淆起来）吗？人类真的不是陌生人吗？请做出解释。

3. 什么是"自欺"？我们如何来认识自己是否存在"自欺"？

4. 我们是生存在一个荒谬的世界中吗？

5. 请解释西西弗的神话。这个故事在多大程度上真实地描述了我们的生活？

6. 说我们是被抛的是什么意思？

7. 信仰上帝能让我们脱离生存困境吗？

8. 为什么萨特说我们是被判为自由的？他说"我永远在选择自我"是什么意思？"在选择自我的过程中，我也选择了人类"是什么意思？

9. 你认为大多数人在非本真状态下生活吗？

10. 根本谋划能使我们脱离"迷失的生活"吗？请做解释。

第九章
实用主义传统和分析传统

"因为我们向来在使用'原子'一词，所以原子向来如其所是"，这种说法并不比"因为原子向来如其所是，所以我们向来在使用'原子'一词"更正确。这两种说法都是空洞的、无内容的。

——理查德·罗蒂

我们必须假定，那些被我们以当前的合理方式接受的论断都是正确的；否则的话我们就根本无法确认任何真理。

——希拉里·普特南

人类已经步入 21 世纪。上个世纪带给我们很多东西：空中航行、爱因斯坦、核武器、电视和电脑技术、无性繁殖、火星上拍摄到的落日、针对平民人口的战争、种族屠杀、艾滋病、苏联的诞生和瓦解、美国的种族融合，还有摇滚乐。在艺术和文学领域，传统的结构和手段被弃置一边。勋伯格（Schoenberg）和斯特拉文斯基（Stravinsky）给世界带来了无调性音乐，凯奇（Cage）则引入了无声音乐。在欧洲，存在主义哲学家们述说着人类处境的荒谬。在俄罗斯，马克思的追随者们声称要终结现存的秩序；继而，追随者的后人们宣布了马克思的终结。

就哲学领域而言，在 20 世纪的欧洲大陆上盛行的是对唯心主义的抨击；它肇始于叔本华、尼采的虚无主义路向（虚无主义是对价值和信仰的拒斥）以及索伦·克尔凯郭尔的宗教反唯心主义。反黑格尔主义在存在主义当中达到了顶峰。存在主义认为，生命不可能全然合乎理性，而且人生从根本上讲就是非理性的、荒谬的。与此同时，英美哲学家们所热衷的事业却和以上的全然不同——这就是本章要讲的内容。

实用主义

实用主义（pragmatism）可算是美国对于哲学的特出贡献，因此人们有时就把这一路向称为美国实用主义。实用主义中最显赫的人物就是以下几位"经典"实用主义者：C. S. 皮尔士（C. S. Peirce，1839—1914）、威廉·詹姆士（William James，1842—1910）和约翰·杜威（John Dewey，1859—1952）。就总体而言，实用主义者认为永恒不变的真理是不存在的。在他们看来，真理取决于时间、地点和具体意图，因此它是随情况更新而不断改变的。

为了进一步发挥、完善这一观点，在 19 世纪 70 年代，皮尔士和詹姆士在马萨诸塞州的剑桥创立了一个哲学协会，关于实用主义的讨论就源自这里。詹姆士把皮尔士奉为实用主义的创始人。皮尔士是美国最杰出的逻辑学家之一，在他看来实用主义是判定观念之意义的一个标准：一个理智观念的意义取决于，倘若这个观点是真的，那么由它可以得出怎样的实际效果；观念的意义无非就是它的实际效果的总合。皮尔士认为，以上的判定方法可以显示出，几乎所有关于本体论的形而上学命题都是无意义的或荒谬的。关于真理，皮尔士也提出了他的著名公式：最终注定会被所有的探究者一致承认的意见，就是我们所说的真理。

从历史角度而言，皮尔士固然可以被认为是美国实用主义的创始人；不过，对于这一哲学

人物简介 | 约翰·杜威

约翰·杜威的生命几乎延续了一个世纪。他出生于美国南北战争之前，逝世于朝鲜战争期间。他对于美国人的生活有着深远的影响。

杜威的父母共有四个孩子，他是第三个。杜威的父亲在佛蒙特州伯灵顿经营杂货、烟草，而杜威就是在这个地方长大的。作为一个高中生，杜威并没有表现出引人注目的才能；他的天赋觉醒于他在大学任教期间，当时他写的哲学论文受到了好评。杜威在约翰·霍普金斯大学获得了哲学博士学位，并曾于密歇根、明尼苏达、芝加哥、哥伦比亚等大学任教。1930 年他从哥伦比亚大学退休，在此后的很长一段时间里，杜威仍在继续写作、发表作品和做讲座。

杜威的工作中对于社会最具影响力的，应当是他的教育理论。杜威是教育改革的有力倡导者，他反对刻板的、灌输式的传统教育模式，主张让学生根据自身兴趣、通过实际操作来学习。在当今，整个美国乃至世界许多地区的教育模式都遵循着杜威的教育哲学所主张的基本理念。尽管美国的纳税人并非总能认同他的这个观点：学校应当是民主社会的核心机构。

杜威是个和善、博学、谦逊的人，他是一位颇有影响的社会评论家，还积极地参与社会改革运动。他在宣扬民主方面不遗余力，也无所畏惧；即使有些建议在当时还相当不受欢迎，例如妇女的选举权。在哲学观点上，他和罗素有着不可调和的分歧（这些将在本章的以下部分讨论）；但尽管如此，当 1941 年罗素被纽约城市大学取消教授职务时，杜威曾积极地支持罗素（见罗素的人物简介）。杜威还是美国公民自由联盟的创始人之一。

杜威的演讲并非很鼓动人心，在这方面他不属于世界一流水平。有个学生曾说，要理解他的讲座，必须课后自己阅读笔记。尽管风格上不甚令人满意，但这些讲座在整个世界范围内都颇受好评——仅此一点就足以证明杜威的思想是多么富有力量。

杜威作品的目录就有一百五十多页，内容几乎涉及了所有哲学课题。经统计，他一共写了四十本书和七百多篇论文。在整个 20 世纪初期，他的思想一直在美国哲学界占据主导地位。他曾经是并至今仍然是美国最著名的哲学家。

杜威最著名的作品包括《哲学的改造》（*Reconstruction in Philosophy*，1920）、《人性与行为》（*Human Nature and Conduct*，1922）、《经验与自然》（*Experience and Nature*，1925）、《确定性的寻求》（*The Quest for Certainty*，1929）、《作为经验的艺术》（*Art as Experience*，1934）、《自由与文化》（*Freedom and Culture*，1939），以及《人的问题》（*Problems of Man*，1946）等。

路向做了最有力的推动的，则是詹姆士——一般人往往把实用主义这一概念和他联系在一起。从思想史上来看，詹姆士的作品是相当明白易懂、引人入胜的。在詹姆士看来，哲学的全部功能应当就是对世界观做出考察：这个世界观或那个世界观为真，会对人生的特定层面造成何种明确的影响。要明白一个观念的意义或其中包含的真理，就得先评估它的有用性或实际作用——用詹姆士自己的话说，观念的意义、观念所包含的真理取决于它的"兑现价值"。这是因为，思想的用途原本就是：让我们同周遭环境建立起更为令人满意的联系。詹姆士认为，观念就是路径图；它的价值、意义和真理就在于它能让我们从自身经验的这个部分引向另一个部分，在事物之间建立令人满意的联系，有把握地开展工作，简化工作程序。

詹姆士认为，一般来说，被科学家共同体证实或证伪的观点能帮助我们更好地预测未来，因此我们可以认为这些观点具备最高的可用性。不过他还认为，在某种限度内，人可以愿意去相信某些东西；并且在某种限度内，假如如此相信有益于你，那么你让自己去相信就是明智的。他的意思并不是说你该欺骗自己。假如你抽烟，他并不会对你说，既然抽烟有益健康这种想法让你觉得舒服，你就应当相信它；因为从长远来看，相信抽烟有益健康是不会对你有好处的。然而当你面对那样一些观点，支持它和反对它的证据同样多，而人必须选择要么接受它，要么拒斥它——在这种情况下，詹姆士说，你就根据你自己的"活生生的善"来选择吧。比如，"根据实用主义观点，倘若上帝存在这个假定能起到令人满意（这个词得从广义上理解）的效果，那么它就是'真'的"。在第三部分，我们将对这一理论做更为仔细的考察。

在皮尔士看来，"真"意味着探究者的普遍认同；而观念的实际效果的总合则是观念的意义所在。和皮尔士相比，詹姆士的意义观与真理观显得更注重个性：大体上说，"真"就是对个人"起作用"。当然，詹姆士也认为，归根结底，科学探究者们共同认可的观点就是对个人有作用的观点。所以，詹姆士和皮尔士所认可的科学发现实际上是一致的。

至于约翰·杜威，他的实用主义也被称为工具主义（instrumentalism）。这个观点大致是说，人类的行为模式，包括思维在内，都是人使用的工具——人用它们来解决实际问题。在杜威看来，思维并不是对"真理"的寻求，而是这样一种行为：它的目标是解决某些个人问题或社会问题；它是一种手段，人力求通过它来和周遭环境建立起更为令人满意的关系。

从杜威的观点来看，表现在宗教仪式、宗教崇拜中的形而上学也是手段，人依靠它来"逃避现实存在的变化莫测"。形而上学家寻求永恒不变的普遍真理为的是获得安全感，这样就不必直面流变不止的世界中的不确定性了。

在杜威看来，自然就是经验。他的意思是说，我们的对象并不是固定不变的物质实体，而是充满意义的个别事物（他称之为"存在"或"事件"）。举例来说，一张白纸对于小说家来说意味着这回事，对于要点火的人则意味着另一回事；律师用它起草契约，孩子用它折纸飞机——白纸对于他们都意味着不同的东西。白纸是个工具，在特定背景中，它被用来解决特定问题。它在具体的行为背景中意味着什么，它就是什么。

　　杜威主张对象之所是就是它在特定行动中的意义，这并非将对象等同于关于对象的思想。杜威认为这个错误属于唯心主义。唯心主义把对象等同于关于对象的思想，这样就忽略了具体的个别事物。杜威认为对象不能被还原为关于对象的思想。在他看来，唯心主义完全忽略了事物的特殊性层面。

　　而这也并不意味着杜威主张世上存在着固定不变的物质或对象。认为有"独立于人"的对象存在于意识"之外"，这种实在论学说被杜威称为旁观者的知识理论（spectator theory of knowledge）。杜威认为它和唯心主义一样，都有所欠缺。他自己的观点是，事物被置入的用途是不断变化的，因此事物自身就是变化的。在前文的例子中，一张白纸同时是这二者：（1）一个特定的具体事物；（2）当它在纷繁复杂、不断变化的行动背景中被使用时，人们对它的想法。

　　从以上这样的形而上学观来看，对于所谓的永恒真理进行抽象思考无非就是逃避现实；因此我们就容易理解了，为什么杜威主要关注的是实际问题，为什么他如此积极地参与社会、政治和教育方面的改革运动。杜威是一位卓有成效的社会活动家。对于美国的教育、司法和立法机构，很少有人曾经产生像杜威这样大的影响。很有可能，你就是在这样的教育体制下成长起来的：强调的不是抽象的学习和灌输式的教学，而是实验和实际操作——这就是杜威影响的结果。

　　在 20 世纪，很多美国大学哲学系中的实用主义哲学被分析哲学取代了，后者源于不列颠（我们即将看到）。不过美国的实用主义传统被威拉德·冯·奥曼·蒯因（Willard Van Orman Quin）和希拉里·普特南（Hilary Putnam）等人发扬光大，其中最著名的人物或许就是理查德·罗蒂，我们接下来就要谈到他。

理查德·罗蒂

　　美国哲学家理查德·罗蒂（Richard Rorty，1931—2007）对哲学自称拥有找到"真理"的最佳途径这一传统说法抱着怀疑的态度。罗蒂采用了以威廉·詹姆士和约翰·杜威为代表的美国的实用主义方法，并将其运用于对文学在我们社会中的角色的分析上。罗蒂说，"最优秀"的文学能为读者打开更多的可能世界来创造有意义的生活。某些哲学作品可以归入这个范畴。有观点认为哲学应当聚焦于我们能知道什么、不能知道什么这类问题，而罗蒂对此持有异议。"真理并不在外边"，他这样写道。换句话说，真理和我们日常生活中的体验不可分割。真理是"在文化中经受住一切反对而存留下来"的一切。没有人能够说他是否达到了真理，除非是从他身处的文化立场上说。而且"没有办法来确认人是否达到真理，以及人何时更接近真理"。

　　早年的罗蒂专攻主流分析哲学，此后他试图融合美国的自由主义和欧洲大陆的文学、哲学。他借鉴了弗洛伊德、尼采、海德格尔、维特根斯坦、蒯因等人。随着时间的推移，他不再着迷于哲学教职；他相继在斯坦福担任人文学教授和比较文学教授。他的作品吸收了杜威、黑格尔和达尔文的观点，他创造出一个综合性的实用主义理论来驳斥传统哲学的一些定见。

　　罗蒂把证据、合理性、知识和真理的标准称为"起点"，他的实用主义观点认为标准是相对于文化而言的，因此起点是"有条件的"（contingent）。假如我们不再试图回避"起点的条件性"，那么"我们就将丧失尼采所说的'形而上的慰藉'。但我们或许能由此获得焕然一新的共同体验"。

　　尽管他的批评者不少，但罗蒂著作宏富，主题遍及思想、文化和政治——由此他成为一位被讨论得很多的思想家。

分析哲学

　　要理解分析哲学，我们先得知道什么是分析。

何谓分析

　　究竟什么是分析（analysis）？简言之，哲学上的分析就是把复杂的命题或概念解析为简单的。我们来看一个简单的例子。以下命题：

　　方的圆是不存在的事物。

　　它经过分析以后，就成了下面这个比较简单的命题：

　　没有方是圆。

　　第二个命题在哲学上更为"简单"，因为它只是说"方"这种东西没有"圆"的性质；而第一个命题涉及了两类不同的实体："方的圆"，"不存在的事物"。

　　再说，第一个命题在哲学上很令人困惑。诚然，它是一个可以理解的命题。因此，似乎"方的圆"和"不存在的事物"都必须（以某种方式，令人惊异地）在某些意义上是存在的。倘若它们不存在，那么这个命题就没有涉及任何对象，因而就无法被理解了。（正是出于以上理由，有些哲学家推出每一个思想对象都必须"在某种意义上"存在，或者说"持存"着。）

　　第二个句子所包含的信息与第一个相同，然而它不像后者那样有着令人迷惑的暗示。它不仅更简单，而且意思更清晰。第一句话经过这样的改写或分析之后，我们就完全可以认同它的内容，而不必承认"方的圆"和"不存在的事物""在某种意义上"存在。

　　以上这个简单的分析实例或许有助于我们明白，为什么许多分析哲学家都认为分析对于形而上学这个领域有着莫大的重要性。如果你已经理解了以上例子，并明白了我们关于它所说的一切，那么请继续跟随我们的讨论。

分析哲学概览

　　分析，作为一种哲学方法，何以会变得如此重要？要理解这一点，我们得追溯到康德（见第七章）。康德认为，只有把我们的研究限制在可经验事物的范围内，才能获取知识；因为知识就是意识把范畴加到经验对象上才形成的。而绝对唯心主义者——黑格尔是主要代表——则扩展了康德的理论，主张思想的范畴就是存在的范畴。绝对唯心主义很快就在西方哲学界占据了主导地位，就连19世纪末的英国也涌现出不少这一理论的拥护者。我们说"就连英国"，是因为在此之前，英国哲学是紧紧地植根于经验主义和一般常识的。

有一位英国人也曾经赞同过唯心主义的形而上原则，他就是伯特兰·罗素（Bertrand Russell，1872—1970）。罗素之所以对哲学产生兴趣，首先是因为他研究数学，并想要对"数"和"数学"做出令人满意的描述。他开始感到，绝对唯心主义哲学中有两个假定十分可疑，而它们又是互相关联的：首先，所有命题都具有主/谓结构；第二，一个对象同另一个对象的关系，属于这个对象的根本性质的一部分。罗素觉得这两个假定和以下事实不能相容：世界上的存在者是多而不是一（因此绝对唯心主义理论主张，存在者就是一，即绝对）——这就意味着它们和数学不能相容。当罗素读到黑格尔关于数学的论述时，他感到苦恼了，因为它觉得黑格尔的说法显得既无知又愚笨，于是罗素最终放弃了绝对唯心主义。

罗素说，他想要对"数"和"数学"做出令人满意的描述。他的具体想法是这样的：首先，罗素要求确认，数学中不可定义的、绝对基本的实体是什么，有哪些数学命题是最基本的、无法证明的。你或许会认为，数学中的基本实体就是"数"，而最基本的命题就是像"2+2=4"这样的命题。但是在罗素看来，那些貌似关于"数"的命题，其实只是在表面上或语法上关于"数"而已（正如前面提到的那个命题，它只是在表面上或在语法上关于"方的圆"）；这样的数学命题，在逻辑上是可以从更基本的命题推导出来的。

数学概念可以用逻辑概念来定义，所有的数学真理都可以通过形式逻辑的原则来证明，这种理论就是所谓的逻辑主义（logicism）。这个理论的第一部分（数学概念可以用逻辑概念来定义）涉及我们已经熟知的手段，即分析：通过分析，包含"数"的命题就可以被转化成包含逻辑概念的命题——就如同我们把关于"方"和"不存在的事物"的命题解析为关于"方"和它的属性的命题。至于分析操作的具体细节，以及如何从形式逻辑原则推导出数学真理，这些过于技术性的内容就不在本书中讨论了。

罗素并不是逻辑主义的唯一倡导者。比他略早几年，有一位德国数学家戈特洛布·弗雷格（Gottlob Frege，1848—1925）设计了这样一种"语言"：它由一系列符号构成，逻辑性质可以在其中得到清晰明确的表达，而不会像日常语言那样造成歧义。当代符号逻辑就起源于弗雷格的这种语言，而罗素可能是继弗雷格之后第一位发现其重要性的人。弗雷格不光关注数学的逻辑基础，他还研究词语如何能够具有意义的问题——对于整个20世纪哲学来说，这一问题向来处于核心地位。由于以上这些原因，许多历史学家都认为弗雷格比罗素更有资格当上分析哲学的"创始人"。不过，至少在20世纪上半叶，英语国家更为熟知的是罗素的著作；而且，罗素和阿尔弗雷德·诺斯·怀特海（Alfred North Whitehead）合著的《数学原理》（*Principia Mathematic*，最后一卷出版于1913年）被英语国家认为是逻辑主义的巅峰之作——无论如何，这是一部富有震撼力的智慧杰作。

人物简介 ｜ 伯特兰·罗素

伯特兰·罗素的家世背景相当显赫。他的祖父是约翰·罗素勋爵，曾经两次出任英国首相；他的教父就是约翰·斯图亚特·穆勒，本书后面将有章节详细叙述他的情况；而他的父母都是卓越的自由思想者。罗素年幼时就父母双亡，因此他是在祖父罗素勋爵的家中长大的。这个家庭中有着严酷的新教徒氛围，这使得罗素的幼年在寂寞孤独中度过。十来岁时，罗素凭直觉认为上帝并不存在，这令他的心灵感到极大的安慰。

到了 19 世纪 80 年代末，罗素来到剑桥学习数学和哲学；当时还有几位显赫的哲学家都在那个地方。罗素有许多重要的哲学著作和数学著作都是在剑桥期间完成的，开始是作为学生，后来是作为学会会员、讲师。他的剑桥生涯结束于 1916 年，当时是第一次世界大战期间，他因为参与反战运动而被开除了教职。到了 1944 年，他才再次被剑桥接受。

战争期间，普通人的狂热令罗素苦恼沮丧，而他自己的反战思想却招来了许多怨恨。被剑桥开除后，罗素因为反战而坐了六个月的牢；此后他一直没有担任学院职位，直到 1938 年，他在美国开始了自己的教学活动。

罗素认为，倘若缺乏适当的教育，人就会被构成常识的偏见所禁锢。他想要创造的是这样一种教育：不光在哲学上站得住脚，而且还不造成压力——这种教育是轻松愉快、令人振奋的。为了这个目的，在 1927 年，他和妻子朵拉共同创办了皮肯·希尔学校；这件事对于英美类似学校的建立是颇具影响力的。

除了在两次世界大战之间创作的教育学著作，罗素还就社会和政治哲学等问题进行了广泛的写作。在他写的大众读物中，最为声名狼藉的一部是《婚姻与道德》（*Marriage and Morals*，1929）；书中对于性行为的态度相当开放，正是由于这个原因，纽约城市大学于 1940 年取消了对罗素的任命。该大学一位学生的母亲把罗素告上了法庭，法庭最终"为了公众的健康、安全与道德"解除了罗素的教授资格。很明显，对于罗素最为不利的证据在于，他在书中主张，手淫的孩子不应该受到体罚。

第二次世界大战，以及纳粹的迅猛扩张，这一切令罗素不得不放弃他的反战思想。然而到了 1961 年，罗素再次入狱，这次是因为他参与核裁军游行。到了 1967 年，罗素组织了一个战争罪行法庭，指控美国在越南犯下的战争罪行。

罗素在 1950 年获得了诺贝尔文学奖，这是他所获得的许多荣誉中的一项。罗素在自传中说，有三种激情贯穿了他的整个人生：对爱的渴望，对知识的追求，还有对人类苦难的深切悲悯。罗素通过他的一生展现了他那杰出的才智，还有非同寻常的个性与胆识。

剑桥的摩尔（G. E. Moore，1873—1958）是罗素的朋友、同事。在摩尔的影响下，罗素开始认为分析方法适用于整个哲学；其他哲学领域都和数学哲学领域一样，通过分析就能得出清晰明确、无可辩驳的结论。在 1910 年前后，罗素开始试图把他在数学领域尝试过的方法运用到认识论上：在我们对于永恒的物理世界的知识中，确认绝对基本的、不可定义的实体，确认最基本、无法证明的命题。

摩尔也关注我们对于外间永恒世界的知识；关于物理对象，我们拥有一些日常信念，摩尔曾致力于对这些信念进行分析。摩尔还把分析方法扩展到道德哲学的命题中（详见第二部分）。在此之后，又出了一位分析技术的重要实践者叫吉尔伯特·赖尔（Gilbert Ryle，1900—1976），他认为传统的哲学问题植根于"语言混淆"。他用分析技术解决了几个长久以来令人困惑的哲学难题，表述明晰，令人印象深刻。路德维希·维特根斯坦（Ludwig Wittgenstein，1889—1951）是罗素的学生，后来他们成了同事。维特根斯坦认为通过分析，哲学可以揭示出构成真实世界的最终的逻辑元素，以及它们之间的相互联系，乃至它们和经验世界的关系。在他看来，分析的目的就是把所有复杂的描述性命题都解析为由最终的简单命题构成，而这些简单命题则由"名称"联结而成，"名称"代表着构成真实世界的最终的简单元素。

到了 20 世纪 20 年代，维也纳大学的一位哲学家莫里茨·石里克（Moritz Schlick，1882—1936）发起了一个学术团体叫维也纳小组（Vienna Circle），其成员深受罗素、维特根斯坦作品影响。他们把自己的哲学称为逻辑实证主义（logical positivism），主张哲学不是一种理论而是一种活动，其任务就是对思想进行逻辑上的澄清。逻辑实证主义者们提出了"意义的可证实性原则"（verifiability criterion of meaning）。根据这一原则，倘若你说了什么，却没有人知道怎样的观察能够证实你所说的东西，那么你就根本没有做出一个有意义的经验陈述。因此逻辑实证主义者们主张，传统形而上学的表达都不是有意义的经验陈述。比如，黑格尔说理性是整个世界的本质。这个如何能够被证实呢？根本不能。所以它不是真正的事实陈述，它在经验上是没有意义的。在本章末尾的原著选读中，维也纳小组的一位最著名的英国成员艾耶尔（A. J. Ayer，1910—1989）将对意义的可证实性原则做更详细的阐释。

逻辑实证主义者们认为，道德陈述和价值陈述从经验上说也都没有意义。与其说它们是正当的陈述，不如说，它们最多是情感的表达。在他们看来，哲学唯一有用的功能就是对日常语言和科学语言进行分析——它无权涉及和语言不相干的世界，因为那是科学研究的对象。

20 世纪 30 年代末纳粹控制了奥地利，维也纳小组就此解散；不过直到今天，仍有许多人把分析哲学等同于逻辑实证主义。而事实上，如今那些自称为分析哲学家的人当中很少有人认同意义的可证实性原则，逻辑实证主义的另外一些基本假定也很少被接受。

　　对于当今许多自称为分析哲学家的人来说，分析方法是否依然是唯一适当的哲学方法？事实上，这一点已经相当可疑。确实，他们当中很少有人承认自己日常的哲学工作主要就在于分析。除了分析以外，还有许多其他的哲学工作可以做；有些哲学家已经丧失了分析方面的兴趣而转向这些工作，但他们还是毫不犹豫地称自己为分析哲学家。还有些人——例如维特根斯坦——已经对"分析是适当的哲学方法"这一点做了明确否认。维特根斯坦的《哲学研究》（*Philosophical Investigations*）出版于 1953 年，这部影响深远的著作意味着维特根斯坦的转向。

　　再说，现在这一点已经得到了广泛认同：有许多主张和表述，它们富于哲学趣味，但我们却无法将它们视为可解析的复合对象，无法将它们解析为更简单、更不容易引起误解的表达式而又不丧失原有的趣味。确实，只有当分析足以确认表达式的"真实"内涵或"真正"意义时，我们才可以用较不容易引起误解的形式来重现原表达式的含义。但这里又有个问题：在绝对而非相对的意义上指出一个表达式的真正含义，这究竟是否可能？蒯因（W. V. O. Quine，1908—2000）对于这一问题的表述或许是最为引人注目的。而且对于许多表述而言，首先谈论它们的"意义"，似乎就显得不太适宜。有许多这样的表达式，当你想要对它有明确的理解时，你需要问的是"它是如何被使用的"或"它被用来干什么"，而不是"它有何含义"；除非你认为，第三个问题所表达的东西和前两个问题没什么区别——确实，它经常就是如此。

　　所以人们都开始相信，除了语言分析以外，有用的哲学方法和技术还有很多；好的、有分量的哲学作品也未必总是某种分析的产物，这一点得到了颇为广泛的认同。有许多当代分析哲学家会否认他们的关注焦点只在语言上（尽管他们中的大部分人都很在意语言表达的明晰性）。而且，"分析"在各个不同的分析哲学家那里所包含的意思也不尽相同。从最广泛的意义上讲，当今世界所推崇的"分析"，其实不过是对于明晰性的追求；确实，当代的分析哲学家们表现出（或希望表现出）对于思想和表达之明晰性的强烈渴望，还有对于细节的高度重视。他们中的大部分人都倾向于认为，早先的那些哲学家们，至少其某些观点在表达上有所欠缺——即使不是赤裸裸的逻辑谬误，也属于语言上的混淆；但是在这之上，并不是所有的分析哲学家都运用着共同而独特的哲学方法，而且他们的兴趣所在以及解决哲学问题的标志性方式都不尽相同。当今世界的有些哲学家喜欢称自己为"分析的"，这话想要表达的不过是，对于欧洲大陆哲学，他们没有太多的涉猎或兴趣。

　　因此，从它的一切意图和目的上看，分析哲学的历史就是 20 世纪盛行于英语国家的一系列哲学的历史；罗素、摩尔、弗雷格、维特根斯坦和其他一些人的作品和讨论都属于这一历史的源头部分。

语言与科学

　　弗雷格对于数学基础以及数学用语之确切意义的研究，把弗雷格和随之而来的罗素引向了更为广阔的问题领域，其中包括语言的性质、语言如何能具有意义等问题。在弗雷格和罗素的影响下，有许多 20 世纪的分析哲学家都被语言问题迷住了——词语和句子如何能够具有意义？它们有意义这件事意味着什么？它们是如何与世界相联系的？许多分析哲学家甚至认为，语言哲学（它关注的就是以上这样的问题，而不是对有趣的或重要的个别命题进行具体分析）比形而上学或认识论更根本，更重要。他们何以会有这样的观点？这并不难理解。举例来说，根据逻辑实证主义者提出的意义的可证实性原则，对于一个意图对真实世界有所陈述的命题来说，只有当它有可能被观察所证实的时候，它才具有意义。这一理论使得实证主义者们拒斥形而上学，他们认为形而上学的命题没有意义。

　　一个词语或短语具有意义，这意味着什么？当你试图回答这个问题的时候，你或许会从最简单的词语或短语入手，比如"马克·吐温"这样的名称，或"《艰苦岁月》（*Roughing It*）的作者"这样的命名短语——它们是直接指称对象（在这个例子中，对象是一个人）的。确实，许多语言哲学家的起点都是这个；对于"名称或命名短语有意义究竟意味着什么"这样的问题，整个 20 世纪产生出来的文献浩如烟海。关于这个问题的文献如此浩繁，其原因不仅在于这样的词语或短语是最简单、最基本的语言单位，而且还在于，它们具有意义这一点究竟意味着什么，这个问题一直晦涩不明。看起来，这个起点的位置已经足够幽深了。

　　在这本书中，我们无法详细讨论这个问题，不过可以让各位对这里的难点有个初步印象。"马克·吐温"的意思是什么？这个问题看上去是足够直白了，同样直白的答案是："马克·吐温"的意思就是这个名称所指称的人，即马克·吐温。但是这个答案显然站不住脚，因为马克·吐温这个人已经不存在了，而"马克·吐温"这个名称却仍旧有意义。再说，既然"马克·吐温"和"塞缪尔·克莱门斯"指称的是同一个人，那么倘若前面的理论是正确的，这两个名称就具有相同的意义。由此可以推出，"马克·吐温就是塞缪尔·克莱门斯"这句话的意思和"马克·吐温就是马克·吐温"完全相同——这个结论是荒谬的，可见上述理论不能成立。

　　看起来，名称的意义似乎不仅限于它所指称的对象；但是还有什么呢？弗雷格把这个多出来的部分叫做名称的"含义"，他和罗素都认为，名称的含义得与之相关的"限定摹状词"；就拿"马克·吐温"来说，它的限定摹状词可以是"创作了《汤姆·索亚》（*Tom Sawyer*）的美国作家"。关于限定摹状词如何能够有所指称，罗素发展出了一整套理论——罗素自己曾经说过，摹状词理论是他在哲学方面最重要的贡献。不过这些都是技术性问题了；我们想要说明的只是，即使是像"作为基本语言要素的名称是如何具有意义的"这样的问题，都尚未得出确切答案。

　　下面这个问题看起来也非常简单，但实际上也颇具难度：一个句子有意义意味着什么？就拿"我们的白鹦鹉在笼子里"这句话来说，似乎它应该在某种意义上"表现"了这一事实：我们的白鹦鹉在笼子里。但如果是这样，那么"我们的白鹦鹉不在冰箱里"这句话的意义又何在？难道说，它表现了一个"否定的"事实，即白鹦鹉不在冰箱里？那又是一种怎样的事实？而且，即使以上说法可以成立，一个句子"表现"一个事实又是怎么一回事呢？顺便还可以问，究竟

这幅画中有多少个对象？两个？真的吗？那么女孩的头发或篮球上的缝呢？它们是对象吗？分析哲学有助于厘清这类困惑。

什么是事实？我们不久就将看到，维特根斯坦认为句子是事实的"图像"——由此出发，他推演出了一个宏大的形而上学体系。

再说，前文中已经指出过了，对于许多表达式来说，决定其意义的与其说是它所包含的词语的指称，不如说是这个表达式的具体用法。比如说，威胁，还有许诺，这些表达式显然属于以上范畴。因此就有许多作者更关注语言的"语用学"，即社会性层面、具体用途。总而言之，在当代分析哲学中，语言、意义，以及语言和世界的关系，这些问题依然被积极地讨论着。

还有一个主题也是许多分析哲学家感兴趣的——那就是科学。许多科学哲学的问题是由维也纳小组的哲学家——逻辑实证主义者——首先提出的；维也纳小组中不光包括哲学家，还包括科学家和数学家。当哲学家对科学进行思考时，他们会想些什么呢？他们会提出这样的疑问："科学实体"（例如基因、分子、夸克）是不是"真实"的？它们在何种意义上是"真实"的？它们与感官经验有何联系？他们会追问科学解释、科学理论、科学法则的本质，并试图弄清楚以上的每一项是如何同其他项区分开来的。科学观察能否不依赖于理论假设？这也是他们要问的问题。此外还有：科学和其他探询方式——例如哲学、宗教——区别何在（是否可以说，它们在某些层面总是不得不"凭信念"接受一些东西）？科学与伪科学区别何在？在类似基调下他们还会问，是何种思维方式（如果有的话）使科学成其为科学？他们还会研究，自然科学（倘若不是所有专门科学的话）在何种程度上可以"还原"为物理学？

逻辑实证主义者们曾关注过这样一个问题：那些涉及理论上的科学实体——如中子、质子等——的命题和记录我们观察所得的命题之间有何联系？无论如何，我们无法观察到质子；而根据意义的可证实性原则，无法被观察证实的命题是无意义的。因此有些实证主义者认为，关于质子的命题（比如说）必须在逻辑上等同于某些描述观察所得的命题；倘若不是这样，那么它们就和形而上学的表述一样，都是无意义的废话。不幸的是，这个"可译性理论"显得颇为可疑，而理论和观察之间的确切关系依然是个有待探讨的问题。

在实证主义者看来，记录观察所得的命题总归和理论命题不同，因为前者是可以直接用经验来证实或证伪的。但是最近有些科学哲学家——例如著名的 H. R. 汉森（ H. R. Hanson ）——提出，人的观察依赖于他所主张的理论，因此理论和观察之间的区别即使存在，也是微乎其微的。有些理论家甚至还追问，究竟是否存在不依赖于理论的"事实"。

一位当代的科学哲学家托马斯·库恩（Thomas Kuhn），他眼中的科学事业并非对理论的确证，而是在已有的科学"范式"当中解决所存在的谜题；所谓"范式"，指的是特定的科学传统、科学视角，例如牛顿物理学、托勒密宇宙论，或基因理论。因为库恩认为，观察当中必然渗透着理论假定，我们不可能用某些普遍而中立的观察所得来证明这个理论范式优于别的理论范式；不同的范式之间无法比较，不可通约。在后文中你将看到，这个理论和所谓的反表象主义（antirepresentationalism）是相通的。

在分析哲学概览部分，还有件事值得一提。哲学的历史，在很大程度上曾经是由一系列大哲学家构成的：柏拉图、亚里士多德、康德，等等。不过在罗素、摩尔、维特根斯坦之后，这个情况改变了。对于 20 世纪哲学，尤其在分析哲学领域，哲学史常常被处理为特定观点的历史，正如前文中所说的那样。20 世纪的哲学史中也会提到具体人物，但这在很多情况下只是在为当前观点提供认同者的例子。重要的是观点，而不是具体的哲学家。

此外，尽管有几位"大"哲学家的观点对分析哲学影响深远，但分析哲学的路向主要还是取决于学术杂志上发表的论文，它们的作者基本上都是职业哲学家。不可否认，这些文章都很富于技术性，它们往往针对相应领域的其他同行，所处理的问题通常是大问题的特定方面。相比之下，大规模地对付大问题（例如，什么是心灵？什么是知识？人生的意义是什么？理想的国家是怎样的？何谓真理？）的文章和著作非常稀少。由于以上的理由以及另外一些理由，圈外人往往觉得分析哲学狭隘、空洞、不切实际、枯燥无味。当然，20 世纪数学家的著作同样不是普通人能读懂的，但公众对于哲学家的期待显然不同于对数学家。

经验、语言与世界

分析哲学的认识论与形而上学是由交错、分叉的小径构成的迷宫，不过它所关注的领域主要可以分为两大方面。一方面是经验、语言与世界之间的相互关系，另一方面则是关于意识之本质的探讨。在这一小节中，我们要讨论的是植根于第一方面的形而上学与认识论理论。

分析哲学的第一套重要的形而上学理论就是逻辑原子主义（logical atomism），它主要来自伯特兰·罗素和他的学生兼同事路德维希·维特根斯坦。罗素把这一形而上学理论和一套认识论联系在了一起，这认识论就是所谓的现象主义。原子主义者们（罗素、维特根斯坦以及其他认同他们观点的人）认为世界并非如黑格尔主义者所说的那样，是无所不包的一；世界是"原

人物简介 ｜ 路德维希·维特根斯坦

在 20 世纪 50 年代和 60 年代，投向哲学杂志的以维特根斯坦哲学为主题的文章是如此之多，以至于有那么段时间，有些杂志曾经拒绝接受此类论文。在 20 世纪的哲学家当中，没有谁比维特根斯坦更有力地影响了整个英美哲学。

维特根斯坦出生于维也纳的一个富裕家庭，他最初打算当工程师。在学习工程学的过程中，他逐渐对纯数学、继而对数学的哲学基础产生了兴趣。不久，他就放弃了工程学，来到剑桥。在 1912—1913 年这段时间里，他跟随罗素学习哲学。在接下来的一年中，他来到挪威独自隐居，并继续自己的哲学研究——这样做的理由之一是，他感到自己的神经质个性会令他人恼火。在第一次世界大战期间，他加入了奥地利阵营；在这段时期内，他完成了平生两部主要著作当中的一部——《逻辑哲学论》（*Tractatus Logico–Philosophicus*，1921）。本章中所说的逻辑原子主义就是在这里提出的。

维特根斯坦的父亲曾留给他一大笔遗产。在战后，维特根斯坦把这笔遗产分给了两个姐姐，然后自己去山村做了小学教师。1926 年，他当上了一位园丁的助手——作为有史以来最杰出的思想家之一，这样的生涯是令人惊异的。1929 年他重返剑桥并获得了博士学位，作为博士论文提交上去的就是《逻辑哲学论》。1937 年，他接替了 G. E. 摩尔的哲学教授职位。

第二次世界大战期间，维特根斯坦认为自己不该袖手旁观。于是他当了两年战地医院的护理员，还在医药实验室中当过一年助手。拥有巨大财富和天赋的维特根斯坦再一次把自己放在了最谦卑的地位。

从 1944 年开始，维特根斯坦继续在剑桥任教。不过他感到自己对学生的影响并非有利，而且学生对他思想的理解也相当贫乏——这令他深受困扰。到了 1947 年，他辞去了教授职位。他的第二部主要著作《哲学研究》（*Philosophical Investigations*）出版于 1953 年，那是在他逝世的两年以后。

1951 年 4 月，维特根斯坦身患重病，医生告知他时日已经不多。据说当时维特根斯坦的回答就是："好。"几天以后他与世长辞，留下的最后一句话是："告诉他们，我度过了美妙的一生。"

子事实"构成的总体。世界最终是由事实构成的，这话的意思是说，构成世界的不光是事物，而是具备各种属性并且相互之间有着各种关系的事物。例如，在你周围有椅子、桌子、台灯等事物，它们以某种方式被配置在一起；它们处于如此这般的配置中，这不是一个事物，而是一个事实。

罗素和维特根斯坦这样的原子主义者都认为，最基本的事实就是原子（atomic）事实：它们是复合事实的组成部分，而它们自身却不能被分解为更简单、更基本的事实；而且，它们在逻辑上独立于任何其他事实。（逻辑上的独立意味着即使所有其他事实发生了变化，基本事实或原子事实的状态依然可以保持不变。）

在原子主义者们看来，深奥的形而上学理论就包含在以下这个公认的真理中：关于这个世界，我们可以说出真实的命题；其中有些命题是由其他命题复合而成的，而复合命题原则上可以被解析为较简单的命题。例如"共和党员当选为美国总统"这个命题，它在原则上可以被解析为关于许多个人和他们的行动的命题。而当人们在投票时，他们是通过身体来做出举动的；因此，一个关于人们投票的命题在原则上又可以被解析为关于这些举动的命题——走进一个围起来的小亭子，拿起一支记号笔，在一张纸上做记号，如此等等。甚至就连"约翰·史密斯拿起一支记号笔"这样的命题，理论上也可以被继续解析：约翰·史密斯的身体动作，一块具有某些属性的塑料，等等，这些都可以构成解析后的命题内容。把复合命题解析为简单命题的理论进程几乎无穷无尽，至少我们现在还离终点远得很。

在原则上，复合命题都可以通过分析被解析为较简单的命题；因此从理论上讲，必须存在最基本的、绝对非复合的（即简单的）命题，对它不可能再做解析了。和这些绝对简单的"原子"命题相对应的，就是基本事实或原子事实。（命题和事实之间的"对应"究竟是怎么回事？这也不是个容易解答的问题。在维特根斯坦看来，命题是事实的图像。）每一个原子事实在逻辑上都独立于任何其他事实，因此唯心主义者们所说的"一切是一"被认为是站不住脚的。再者，因为原子事实在逻辑上是相互独立的，因此和它们相对应的命题也在逻辑上相互独立。

那么，怎样的事实是原子事实？你或许想看一两个具体例子。也许你会问，究竟什么是基本事实？这样的事实关涉的是意识还是物质？是中子、夸克还是别的什么？

请别忘了，逻辑原子主义者们着眼的是逻辑，也就是说，他们未必都在意原子事实实际上是什么。有些逻辑主义者——比如其中最著名的维特根斯坦——的注意力只在于提出真实世界在逻辑上的基本结构，至于世界的具体内容是什么，这不是他们要研究的事。在他们看来，指出真实世界的逻辑结构，这本身已经是个很有分量的任务了。

而对于罗素来说，较之实际存在，他向来更关注这个问题：我们必须假定哪些东西存在？他说，据他所知，认为奥林匹斯诸神全都存在也未尝不可；但关键在于，我们没有任何理由使我们必须假定他们存在。

那么我们必须假定其存在的东西是什么呢？在罗素的一生中，他对这个问题的解答一直在

哲学家在罢工

支持认识论者
本地 191

哲学家联盟

除非我们的要
求得到满足，
否则不再分享
真理。

我们是对
的并且我
能从逻辑
上证明它。

变。不过就总体而言，他的观点是：我们必须假定的最低限度存在中，不包括那些"常识"中的存在者——例如自然对象、原子、亚原子微粒，等等。在罗素看来，我们所说、所想、所信的那样一些东西——我们可以称之为常识和科学的对象——在理论上都可以用仅仅关涉知觉——感觉材料（sense-data）——的命题来表达。他认为，从哲学上讲，我们没必要相信椅子、石头、行星、原子这些东西的存在；也就是说，没必要认为它们是感觉材料以外的某种实体。在这里，一方面是感官知觉实际给予我们的"材料"；另一方面则是外部对象，我们深信它们存在于外部世界，而且科学关于它们说了很多。那么，我们是如何从对于感觉材料的知识得出关于外部对象的知识的呢？罗素说，我们实际上知道的无非就是自己的直接经验，即感觉材料；因此，我们相信其存在的那些东西（自然对象和科学对象，如原子、电子等）必须可以用感觉材料来定义，这样才能确保我们对物理对象和科学对象的信念在哲学上正当、可靠。很显然，这一观点和前文中讨论过的逻辑实证主义者的观点是相通的。

自然对象和科学对象可以用感觉材料来"定义"——更确切地说，关于那种理论对象的命题可以用仅仅涉及感觉材料的命题来表述——这一观点就是所谓的现象主义（phenomenalism）。大约在 20 世纪的前四十年当中，现象主义得到了许多分析哲学家的认同，他们都认为这是确证我们关于外在对象的知识的一种方式。然而在当今时代，认同现象主义的哲学家就很少了。在 20 世纪中期，这一理论面临着强有力的批评，而批评的理由多种多样。首先，人们普遍都认为，并没有这样的感觉材料，你拥有它们就能逻辑地得出你正在经验着某种物理对象。其次，涉及特定时间和地点的、关于物理对象的命题，究竟能否被表述为仅仅涉及感觉材料的命题？这个问题至今尚未有定论。最后，人们认为现象主义者不得不先认定所谓的私人语言（private language）是可能的，但这一语言的存在是否说得通？这个很成问题（见"我用'蓝'指称什么？"一栏）。

让我们回顾一下笛卡尔以来的认识论和形而上学的历史。我们可以把这一历史描述为对形而上学真理的持续不断的追求，而追求者们认为这一真理的源头必须是不可纠正的知识基础（不可纠正的命题就是这样的：倘若你相信它是真的，它就不可能有错。）因此，从前苏格拉底时期一直到当代，哲学家们一直在坚持不懈地寻求这样的确切无疑的基础。他们到处寻找不可动摇的基石，以便把整个知识结构——尤其是形而上学知识——建立在上面。奥古斯丁认为基础就在天启的真理中。笛卡尔认为基础在于自我存在的确定性。经验主义者们认为，知识的基础应当以某种方式存在于直接的感官经验中。康德认为，基础在于那些出自人类心灵的原则，人通过这些原则才能经验整个世界。

但是，一个信念真的必须建立在不可纠正的基础上才能被承认为知识吗？更根本的问题是，

我用"蓝"指称什么？

"我用'蓝'这样的词语所指称的东西，一定和你用'蓝'指称的东西全然不同，你我之间不可能有真正的相互理解。"

或许大部分人都认同这个观点：人不知道他人用一个词指称什么。他们会认为，词语所代表的观念就是这个词的意义；而词的意义是封锁在头脑里的，所以我们每个人用词指称的东西都仅仅属于私人。

在《哲学研究》（出版于 1953 年，许多分析哲学家认为它是 20 世纪最重要的哲学著作之一）中，路德维希·维特根斯坦对私人语言——只有言说者自己能懂的语言——的可能性做了一系列概览式的反思。

维特根斯坦认为词语的意义并非内在于心灵，而在于它们的实际使用；而词语的使用是受规则约束的。这些规则不是属于私人的规则，因此别人可以检验我对于词语的使用是否正确。我们不拥有私人语言，而且不可能拥有；因为在这样的"语言"中，词语运用的正确性无法在公共领域中得到确证。在"私人语言"中，"词语"只不过是被人随意使用的声音。

约翰·洛克式的经验主义及其衍生物如现象主义，看起来预设了这样的前提：我们都在说着私人语言，其中的词语指称的是头脑中的观念。维特根斯坦的讨论显示出这样的论点站不住脚。

它真的必须建立在基础之上吗？近来的哲学家们已经开始追问：知识是否需要基础？要知道，传统认识论的大部分内容都建立在上述假设之上。

基础主义（foundationalism）主张，信念要成其为知识，就必须在逻辑上源于不可纠正的命题（就是说，只要你相信这命题是真的，它就不可能错）。让我们再拿硬币作例子。在来自经验主义传统的基础主义者看来，只有当那些描述我当前感觉材料的命题可以确切无疑地推出我面前是一枚硬币时，我才算知道我面前是一枚硬币——因为只有描述感觉材料的命题才是不可纠正的。但是，反基础主义者们会这样反驳：为什么不能说，我对于面前有一枚硬币的信念自动地成其为知识，只要没有明确的特定理由认为这信念是错误的？

近来，认识论的研究者们对知识是否需要基础的问题进行了广泛的讨论。对讨论可能会有的结果进行预测还为时过早。

目前有许多抨击基础主义立场的人开始认同所谓的自然化的认识论（naturalized epistemology）。这个观点认为，传统认识论应当让位于心理学研究，研究的是信念的获取和修正过程中所包含的实际心理学进程。这一观点——其最强形态是，认识论应当完全被心理学取代——至今仍颇受争议。无论如何，近来有许多认识论方面的文献体现了对心理学发展状况的浓厚兴趣。

反表象主义

在 20 世纪上半叶，有许多哲学家（至少在分析哲学传统中）都认定自然科学给予我们（或最终能给予我们）关于真实世界的正确描述。换句话说，他们认为自然科学——以及科学渗透于其中的那些日常信念——都是真实的形而上学。在他们看来，哲学的任务就是对科学知识进行认识论上的确证。而这么做的具体方式，就是把科学的命题——关于物理对象及它们的原子构成的命题——"还原"为关于感觉材料的命题，也就是用叙述感官经验的语言来对科学命题进行分析。然而我们已经看到了，哲学家们最终开始怀疑，如此完美的还原工作究竟是否可行，即便仅仅是在原则上？有许多人开始质疑：知识真的需要基础吗？

如上文所说，在认识论中，基础主义以外的一条主要的认识论路向就是自然化的认识论，就是对知识的获取过程中所包含的各种进程进行科学研究。在形而上学领域，现象主义认为物理对象是由感觉材料构造而成的；而在 20 世纪后半叶，不同于这一理论的观点正在被广泛接受。这一不同于现象主义的理论认为，物理对象都是理论预设（theoretical posits），我们假设这些实体存在，为的是对感官经验做出解释。这种把物理对象视为预设实体的非还原主义观点和自然化的认识论一样，都和蒯因的工作有关。

从常识和科学的观点来看，物理对象是独立于知觉和认知意识的；"独立于"的意思是说，无论意识如何看待它们，它们总归是如其所是地存在着。认为真实世界由独立于人的对象构成，这样的观点就是实在论（realism）。从实在论的观点看，有以下两种认识论上的可能性：（1）我们能够知道这个独立于人的真实世界；（2）我们无法知道它，因为真正的真实可能和我们所认为的真实全然不同。第二种观点就是怀疑论，现象主义被认为是对怀疑论的一个回答。但是，即便现象主义是对的，它也只有在摒弃实在论的前提下才能反驳怀疑论；也就是说，它必须认为对象并非独立于意识——至少并非独立于我们的感觉材料——这样才能反驳怀疑论。蒯因把对象视为理论预设的观点则可以和实在论兼容；而且，它和怀疑论也能兼容，因为怀疑论者可以说，理论预设并非实际存在。

看起来，对象要么存在于意识之外，要么是某种形式的意识构造物；也就是说，要么实在论是正确的，要么某种形式的唯心主义是正确的。不过，近来有些哲学家在考虑另外一条可能的路径。要理解这第三条路径，我们先得明白实在论的概念根基处有何内容。实在论的基础是这样一个观点：当意识在对外在世界做正确的思考时，世界的确切形象就位于意识之中。换句话说就是，真实的信念是对真实世界的确切描绘或表象：使信念成其为真实的，是它们所"符合"或"反映"或"叙述"或"描绘"的事实状态。这一观点——把对于世界的信念视为世界的表象（真实的信念是正确的表象，错误的信念就是不正确的表象）——就是所谓的表象主义（representationalism）。从表象主义的观点看，只有真实的信念才称得上知识；而只有当信念是它所涉及的事实状态的正确表象的时候，它才是真实的。表象主义是罗素哲学的基础，而前面一栏中提到的维特根斯坦的《逻辑哲学论》就是表象主义的伟大杰作（magnus opus）。

然而，表象主义的整个前提是可以被质疑的，而这正是几位当代分析哲学家所做的事情，其中最著名的就有理查德·罗蒂，我们在前文中讨论过。反表象主义（antirepresentationalism）有多种形式，其根本特征在于，否认意识、语言含有或构成真实世界的表象。根据表象主义者的那个"旧"世界图景，一方面是意识及其信念，另一方面是世界或"真实"；倘若我们的信念如其所是地表现真实世界——也就是说，表现那不依赖于任何视角或观点的"世界自身"——那么这些信念就是真实的。反表象主义者则认为，这样的图景根本不可理解。在他们看来，"信念是真实世界的表象"这一观念没有任何实质内容（"错误的信念未能表象真实世界"这样的观念也同样无内容）；而且"世界之如其所是"——不依赖于任何视角或观点的世界本身——这种说法也毫无意义。反表象主义者的观点是，真理并不在于信念与意识之外的"实际"事实状态的符合，不在于前者对后者的确切表象。他们认为，当我们把一个信念描述为真时，我们的意思仅仅是，这个信念在我们的理性标准内得到了确证。我们也会说某些信念"绝对是真的"，这话的意思是，在我们的标准下，接受这个信念是如此合理，以至于我们目前想象不出还能有什么更进一步的确证。

从这样的真理观似乎可以推出，不一致的甚至明显互相矛盾的信念可能同时为真——只要它们在各自的理性标准内得到完全的确证。或许你会认为，尽管两个互相对立的信念可以都被认为是真的，但它们不可能全都是真的。但是你之所以这么想，或许就是因为你是个表象主义者，在你看来真理就在于信念确切地表象真实世界——如其所是的、独立于任何人类视角及社会视角的世界。反表象主义者却不理解——或声称不理解——所谓信念确切地、"如其所是"地表象世界究竟算是怎么一回事。他们说，没有人能跃出自己的视角，而所谓"如其所是的、独立于任何视角或观点"的世界只不过是人类生造的虚妄之物。经过蒯因、希拉里·普特南等当代美国分析哲学家的工作，反表象主义这个主题进入了分析哲学领域。

维特根斯坦的转变

我们还应该讨论一下维特根斯坦。许多人认为维特根斯坦是 20 世纪最重要的哲学家。他的哲学可以分为两个阶段，分别都对他的同时代人有着深远影响，而第二阶段——《哲学研究》（1953）中的哲学——在很大程度上拒斥了第一阶段表述于《逻辑哲学论》（1921）中的核心思想。这种现象在哲学史上很独特，不过倒也不是唯一的；也有别的哲学家曾拒斥自己早年的立场。

在上述两部作品中，维特根斯坦都涉及了语言与世界之间的关系问题。《逻辑哲学论》所主张的是一种单一的、本质性的关系；而《哲学研究》则否定了这一设想。在《逻辑哲学论》中，维特根斯坦主张语言的功能就是描述世界；他首先要搞清楚的是，语言、思想是如何同真实世界挂钩的。

那么，语言是如何同世界挂钩的呢？我们知道，维特根斯坦认为命题（或思想）是它所叙述的事实的图像。它之所以能成为事实的图像，是因为它与事实分享着共同的逻辑形式；哲学分析能够展示这一形式。维特根斯坦主张，所有真正的命题都可以被还原为逻辑上最基本的命题，而这些基本命题由指称基本对象的名称构成。一串名称的组合（即一个命题）就是世界上一系列对象组合（即一个事实）的图像。《逻辑哲学论》花费了很大一部分篇幅来解释这一意义的图像理论，并指出它在哲学诸种论题领域中的理论后果。最终的产物就是前文中所说的逻辑原子主义。

但是在《哲学研究》当中，维特根斯坦完全抛弃了意义的图像理论，也抛弃了《逻辑哲学论》所包含的基本预设：语言具有某种普遍性的功能。他在《哲学研究》中指出，图像有何意义，归根结底取决于图像是如何被使用的——同样的一幅画，它的意义可以是一个男人拿着把吉他，可以是教人如何拿吉他，可以是表现吉他的外形，也可以是表现比尔·琼斯手指的外形，如此等等。类似地，句子的意义取决于它在相应的语境或语言游戏（language game）中是如何被使用的。此外，后期的维特根斯坦还说，语言的使用是千差万别的，它们没有普遍的共同点；也根本不存在所有命题都能还原到它的那样一种理想的基本命题。总而言之，在维特根斯坦的后期哲学中，早期的工作几乎被全盘否定了。

维特根斯坦在《哲学研究》中说，当哲学家忽视语言在其中被运用的"游戏"时，他们就让语言进入了"休假"；这时哲学家们就是在用某些预先形成的理想化观念来理解语言的"本质"，试图把千差万别的语言归入齐一的属性——这么做的结果就是不必要的混淆，而所谓的哲学问题就是这样形成的。从这个观点来看，整个哲学史就是一系列的混淆，混淆的原因就是让语言进入了"休假"。

起初维特根斯坦认为，像"狗在冲浪板上"这样的命题是事实的图像，正如这张照片是事实的图像。后来他否定了这个"意义的图像理论"。

让语言进入休假，这会导致怎样的古怪结果？或许，维特根斯坦的早期著作《逻辑哲学论》的末尾所包含的悖论就是最好的实例。在这部作品中，维特根斯坦被某种关于语言如何与世界相联系的理论迷住了，而他关于这一问题所做的讨论是用语言来表达的。这就让维特根斯坦陷于悖论般的境地：他在用语言来表述语言如何表述世界。维特根斯坦的结论是，这样的事是不可能做到的——尽管他自己做了这样的事。他说，语言能够被用来表述世界，但我们不能用语言来表述语言如何表述世界。"在语言中显示自身的东西，我们无法用语言来表述它。"

于是，维特根斯坦用一个赤裸裸的悖论总结《逻辑哲学论》——"我的命题应当是以如下方式来起阐明作用的，"他这样写道，"任何理解我的人，当他用这些命题为梯级而超越了它们时，就会终于认识到它们是无意义的（可以说，在登上高处之后他必须把梯子扔掉）。"后期的维特根斯坦正是这样把《逻辑哲学论》完全扔掉了。

蒯因、戴维森和克里普克

在哲学系之外，威拉德·冯·奥曼·蒯因（Willard Van Orman Quine，1908—2000）、他的学生唐纳德·戴维森（Donald Davison，1917—2003）以及索尔·克里普克（Saul Kripke，1940— ）并不十分出名。不过他们三位属于当代最重要的美国哲学家；在美国，要是读哲学读到研究生的程度，就不可能不熟悉他们的作品。他们都在逻辑学、形而上学和语言哲学方面做出了重要而独到的贡献。

威拉德·冯·奥曼·蒯因

蒯因的逻辑学成就技术含量比较高，一般的介绍性读本不便介绍。我们要说的是蒯因在语言哲学方面的贡献。在这个领域，他最著名的作品就是论文《经验主义的两个教条》（"Two Dogmas of Empiricism"，1951）和著作《语词和对象》（*Word and Object*，1960）。

在《经验主义的两个教条》中，蒯因仔细检验了经验主义者的两个观念：（1）"分析/综合之间的截然区分"；（2）"还原主义"。

蒯因所说的还原主义指的是：任何有意义的命题都可以被"还原"为经验，后者可以证实或证伪前者。读过第七章你就会熟知这一观点，它正是经验主义的指导原则。约翰·洛克就主张一切观念源自感官经验，而 20 世纪早期的经验主义哲学家则认同可翻译原则（translatability thesis），即关于世界的命题（理论上）可以被"翻译"成关于直接感官经验的命题。对此，蒯因的异议是，预设孤立的命题可以被证实或证伪，这是错误的。在他看来，"我们关于外间世界的命题所面对的裁决并非来自个别感官经验，而只能来自经验整体"。这话的意思在下文将更加明白。

蒯因加以拒斥的另一个经验论教条就是："综合"命题与"分析"命题之间有清晰的界线。这个有待进一步阐明。

蒯因认为，真正的综合命题就是"有条件地"正确的命题，而真正的分析命题就是"无论如何"都正确的命题。举例来说，"贝拉克·奥巴马结婚了"就是个真正的综合命题；它是真的，但它曾经是假的。它的真实性是偶然的，或者说依赖于世界实际上是什么样的。分析命题则与此相反："如果贝拉克·奥巴马结婚了，那么他有个配偶。"我们会说，这个命题必定是真的，无论世界上发生什么。

但是别忘了，在蒯因看来，谈论对单独命题的证实或证伪，这是无意义的。因为在蒯因看来人的知识是信念的连锁体系，倘若你愿意在体系的其他地方做出调整，那么"没有任何命题是不能被修正的"（换句话说，即不存在无论如何都必定是真的命题）。例如，你可以主张地球不是圆的，假如你愿意相信地球是圆的的证据来自错觉。你可以相信 2+2 不等于 4，假如你愿意对数学原则"做出调整"。你也可以相信结了婚的人没有配偶，只要你愿意相信你对"结婚"和"配偶"的意义记忆有误。

由此产生了这样一个问题：何种信念的连锁体系——或本体论（ontology）①——是正确的？

①本体论是形而上学的一个分支，力图确认最基本的范畴和实体。例如，当今很多人认为最基本的实体是夸克或弦和电磁力之类的东西。这些范畴就是物理"本体论"的一部分。

蒯因认为本体论不在任何绝对的意义上"正确"或"不正确"。在他看来，具备科学头脑的人以实践或"实用"为基础来接受或拒绝信念。因此，并非物理本体论（夸克、原子、电磁等等）比希腊诸神本体论更"真实"；只是前者证明了自己更实用罢了。当我们要预测未来经验的时候，相信夸克、原子及物理学规律，我们就能得到更好的结果。

在之后的论文以及他最有名的著作《语词和对象》中，蒯因走得更远。在这部著作中他主张，不光不能把本体论在任何绝对意义上认作"正确"，甚至也不存在关于它所指涉的对象的"事实真相"。他认为任何理论甚至任何语言都逃不出翻译的不确定性（indeterminacy of translation），大致来说，即彼此不相容的翻译可以同等地相容于追随者或言说者的语言行为。蒯因还提到指涉的不可测（inscrutability of reference），大致是说，关于理论所指涉的对象，彼此不相容的概念可以同等地相容于物理事实总体。由此蒯因说，他认同"本体论的相对性"[①]。

唐纳德·戴维森

戴维森的著名成就是在形式逻辑发展的基础上为自然语言设计了一套意义理论。技术性细节这里就不展开了，戴维森要做的就是发展出针对自然语言的意义理论。（"自然语言"就是从人类的交流意向中自然生成的语言，例如英语或手势英语。而与此相对的形式语言则包括计算机程序语言和符号逻辑。）戴维森认为，语言的意义理论能指明语言中每个句子的意义，并足以解释这一事实：从有限的词汇出发，语言的使用者能够理解无限数量的句子。在戴维森之前，重要的波兰逻辑学家阿尔弗雷德·塔斯基（Alfred Tarski）已经发展出一套针对形式语言的真理理论。细节这里就不详说了，戴维森认为塔斯基那针对形式语言的真理理论可以用于自然语言。由此，戴维森在形式逻辑的发展和哲学家对自然语言意义问题的关注之间架起了桥梁。

在本章末尾，我们会提供一段技术性不那么强的戴维森作品。诸位应该记得，笛卡尔试图从人无法怀疑自己在思考出发，揭示出种种理论后果。戴维森则提出了这么个有趣的问题："思考"这样的事情是何以可能的？

索尔·克里普克

克里普克在逻辑学方面做出了重要贡献，不过他最知名的著作是《命名与必然性》（*Naming and Necessity*，1972；1980），它是关于语言哲学的。这本小书是克里普克在普林斯顿大学做的三次演讲（没有笔录）的底稿。书中，克里普克批判了描述主义（descriptivism），从这一理论哲学家往往会想到弗雷格、罗素以及更新近的一些作者。描述主义认为，专有名称的意义（或指称）是和对于事物的摹状（description）相联系的。例如，与"莎士比亚"相联系的是"写了《哈姆雷特》的男人"这样的摹状。然而克里普克认为，像"莎士比亚"这样的专有名称是一个严

[①] 1968 年，蒯因在哥伦比亚大学做了两次名为"本体论的相对性"的讲座。

格的指示词（rigid designator），它在一切可能世界——只要这名称在其中有所指——中都指示着同样的实体。但是像"写了《哈姆雷特》的男人"样的摹状词，克里普克认为它不是严格的，它在不同的可能世界中可以指示不同的事物。因此，由于莎士比亚不可能不是莎士比亚，而莎士比亚可能没写过《哈姆雷特》，也可能没做过其他被用来摹状他（莎士比亚）的事情，所以"莎士比亚"和对于莎士比亚的摹状并非同义。

克里普克还批判了描述主义的一个更微妙的版本：摹状词并未给出名称的同义词，但它依然决定着名称的指涉。不过对此我们就不详细展开了。

那么在克里普克看来，当有人给特定对象命名的时候，某些东西就在语言中成为名称。例如，你父母给你取名叫苏珊·波波夫斯基。对于"苏珊·波波夫斯基"的未来使用通过一系列指称的因果链条同你最初的名字相联系，这链条在言说者的共同体中流转；如此一来，这未来的使用就指称着你。请设想，你父母把你的名字教给你，你遇到他人并告知他人你的名字，你长大了，变得有名了，于是有人听说你的名字并把它告知他人，如此等等。这么一条使用你名字的链条是由因果关系维系的；这就是所谓指示的因果理论（causal theory of reference），克里普克用以取代描述主义的理论。

谁在乎这个呢？在意义和专有名称的指涉这个被讨论了几十年的哲学课题中，克里普克对描述主义的驳斥是十分重要的。它的重要性还在于，它动摇了哲学家们广泛认可的一个信念：一切必然的真理必定是先验的真理。我们来简要地阐释一下这些概念。

所谓必然的真理（necessary truth），就是不可能错误的命题，即在一切可能世界中都为真的命题。与必然的真理相对的就是有条件的真理（contingent truth），这样的命题目前是真的，但它可能是假的——如"贝拉克·奥巴马结婚了"。先验的真理（a priori truth）则是指这样的命题，它的真实性无须依赖任何经验，如"正方形有四条边"。与之相对的是后验的真理（a posteriori truth），即其真实性取决于经验的命题。于是，在我们面前，一边是必然／有条件的对立，另一边是先验／后验的对立。在克里普克之前，很多哲学家都把这两种区分混为一谈，认为必然的真理必定先验地真，而有条件的真理只能后验地真。克里普克对此持有异议。

一个简单的例子就足以解释他的立场，即便不考虑它在哲学史中的地位，它也是十分有趣的。设想有一件东西，它有两个不同的名称，x 和 y；设想你最初并不知道 x 和 y 是同一件东西的不同名称。举例来说，在夜晚，你认为你正在看东方天际的星星 x；而到了黎明前，你认为你在看西方天际的另一颗星星，即星星 y。设想有一天你搞明白了，x 和 y 指称的是同一个对象。（事实上，据说人们曾经认为黄昏星［Hesperus］和启明星［Phosphorus］是两个不同天体的名称；后来人们知道了它们是同一个天体即金星的不同名称。）由于名称 x 和 y 都是严格的指示词，因此当你得知"x 和 y 是同一个东西"的时候，你的发现实质上就是后验地揭示出了必然的真理。可见"必然"并非永远和"先验"相伴。

有一个与此相关的重要的形而上学论题，克里普克也做过讨论，那就是本质主义

（essentialism）。本质主义认为事物具有某些本质属性，即它不能没有的属性。克里普克认为，只有在区分先验的真理和必然的真理这一前提下，本质主义才能站得住脚；而他做的正是这样的区分。例如，这张桌子的本质属性之一是，它是用木头做的；由此可见它不可能是用冰做的。假如它是用冰做的，那么它不可能是这张桌子而是什么别的东西。因此，这一命题是必然的真理：这张桌子——假如它存在的话——不是用冰做的。但是它并不是先验的真理，因为我们需要经验才能知道它是用木头做的。

这一点在身 / 心问题上也有回响，这也是克里普克讨论过的问题。同一性理论（identity theory）认为每一个心灵状态都等同于某一个大脑状态，认同这一理论的哲学家往往会说，这样的同一性是有条件的。然而，在克里普克看来，心灵状态的名称（如"沮丧"）和大脑状态的名称（如"大脑活动 X"）所指称的东西有着不同的本质属性。这就意味着，被它们命名的东西一开始就不能彼此等同。

同一性理论家说心灵状态 / 大脑状态间的同一是有条件的，这是有理由的，而克里普克认为，这些理由足以说明它们并非同一。

以上这些或许都偏技术了，不过《命名与必然性》倒是颇为易读的，而且它在哲学上相当重要。如斯科特·索姆斯（Scott Soams）[1]所说："在语言哲学领域，《命名与必然性》是最重要的著作之一……超越了语言哲学领域，它从根本上改变了很多哲学的研究方法。"

本体论

读过本书第一章的诸君想必知道，形而上学是关于存在之本性和基本特性的哲学研究。而在分析哲学中，本体论是形而上学的一个分支，它关注的问题是：何物存在。物理对象存在吗？事实呢？原子事实呢？我们已经接触过这些本体论问题。

从传统上讲，本体论对这样的问题感兴趣：像数、类、点、瞬间、属性、关系、种、命题和意义这样的东西，它们是否存在？在何种意义上存在？在此我们有必要补充一点，紧迫的问题在于：它们是否不依赖于心灵、思想而存在？

在 20 世纪中叶，很多分析哲学家认为，像何物存在这类问题不妨留给科学家。在他们看来，形而上学家能做的事情不过是通过哲学的分析，把科学家、数学家、心理学家及一般常识中所预设的本体论揭示出来。斯特劳森（P. F. Strawson，1919—2006）、迈克尔·达米特（Michael Dummett，1925—2011）等人用康德式的术语表述这一任务，认为形而上学的任务就是展示出关于世界的思想的基本"结构"。在《个体：论描述的形而上学》（*Individuals: An Essay in*

---

[1]索姆斯是（当然不仅是）《分析哲学：20 世纪的哲学分析》（*Analytical Philosophy: Philosophical Analysis in the Twentieth Century*）一书的作者。这部新近的著作对分析哲学做了广泛而精到的批判性展示。

Descriptive Metaphysics，1959）一书中，斯特劳森阐发了在他看来为一切经验所必需的基本概念。例如，他认为一切经验都需要对可重复识别的个别物（reidentifiable particulars）进行认知，这样的个别物被归入普遍概念。《个体》一书所采用的路径试图显示出，不包含上述认知的"经验"是不可想象的。至于实际上是否存在这样的东西，它们独立于人的心灵并同普遍词或可重复识别的个别物的名称相应，这就不是斯特劳森愿意探究的问题了。

　　然而，为独立于思想的存在建构形而上学理论，这件事情富于诱惑，很难扼止。看上去确实存在着科学尚未接触到的真正的本体论问题。所以，近来旧式的、前康德式的形而上学讨论数量有所增长，这并不令人吃惊。在这些讨论中，有人提出某些哲学上颇有趣味的实体，它们具备确实外在于心灵的本体论特征。下面列出当今的本体论讨论中涉及的一些实体：

- 自我
- 因果关系和物理规律
- 普遍者（普遍词语即概括性的词语，如树或圆，它们被应用于多于一个的事物。）
- 赤裸的个别物（Bare particulars）（任何个别物都具有属性。那么，拥有属性的那个东西究竟是什么？赤裸的个别物，就是区别于它所呈现的任何属性的个别物。）
- 必然性、条件性、不可能性，以及可能世界（"可能世界"的概念被用来解释可能性、必然性和条件性。）
- 模糊性（模糊性仅仅是语言的特征吗？抑或它同时也是现实世界的特征？这个问题显得异常困难。）
- 社会建构（社会建构是来自文化传统、习俗、道德观念及法律的人造物，它并非来自自然。例如，"家庭主妇"、"研究生"指称的就是社会建构而非生物学范畴。还有一些范畴在哲学上更具争议性，如"男性"、"女性"、"改变性别者"，这些是社会建构吗？有没有可能任何范畴都是社会建构？有没有可能现实就是个社会建构？）
- 部分的总和与构成的对象（由两个或多个个别物组成的部分的总和［mereological sum］，即个别物构成的整体。布鲁德的福特车是一群原子构成的部分的总和。这福特车也是由汽车部件构成的。它还是用钢铁造就的。福特车与各种成分、部件之间的关系是什么？）

元本体论

　　成为哲学论争话题的，不光是普遍物的本体论性质等问题。如今本体论自身也是讨论的对象：本体论研究能揭示出客观真理吗？

　　本体论实在论（ontological realism）认为它能，而本体论反实在论（ontological anti-realism）认为它不能。反实在论者中就包括斯特劳森这样的"描述的形而上学家"，他把形而上学限制在概念研究的范围内。反实在论者还包括这样一些人，他们把形而上学问题看成琐碎的语义学问题而予以忽略。孰是孰非至今尚未有定论。

量子力学中的哲学问题①

量子力学堪称人类所创造的最为成功的科学理论之一。它所做的无数的大胆而精确的预言一次又一次地被实验所证实。它能解释各个领域的现象，从天空为什么是蓝色的到放射性到原子的结构。不仅如此，它还直接导致了大量技术上的奇迹，如硅片、激光和磁共振成像，倘若没有量子力学，它们根本不可能被发明出来。量子理论和爱因斯坦的相对论一道，构成了当代物理学的基础。但量子力学不光是最成功的科学理论之一，它也是最为古怪的。它和我们常识中关于世界的图景大相径庭，同先前的经典物理学理论也格格不入，以至于物理学家面对量子力学的主流态度基本上可以用一句话来概括："闭上嘴，只管计算吧。"②也就是说，很多物理学家并不追问这个理论关于世界说了什么，他们专心致志地解方程，这方程可以给出准确的预言，也可以让工程师们造出智能手机、DVD 播放器等好东西。然而哲学家们关注的，恰恰就是量子力学关于世界说了什么，尤其是当它和我们习以为常、不加反思的日常观念产生冲突的时候。在这一小节，我们将讨论一些和量子力学相关的问题并给出一些可能的回答。

量子力学中的古怪可多了，与之相关的饶有趣味的哲学问题也很不少，在这短短的一节中我们不可能穷尽它们。我们将聚焦于量子力学的这样一些特征，无论对于哲学家还是对于其他认真思考过这一理论的人而言，这些特征都至关重要。

量子力学有这么个特征，可以说这一理论所产生的大部分哲学难题都与此有关。为了阐明这一点，我们不妨设想这样一个简单的系统，它由两个盒子和一个粒子构成。倘若我们知道盒子中的某个地方有个粒子，一般来说，我们会认为这里存在着两个可能性：粒子不是在第一个盒子里，就是在第二个盒子里。可以说，以上两者都是这一系统的可能状态。由此，一般观点是这样的：这一系统有两个可能状态，我们可以称之为粒子在盒子 1 中、粒子在盒子 2 中。在量子力学中，我们可以写成"|粒子在盒子 1>"和"|粒子在盒子 2>"。从此处开始，我们将一直使用这样的符号。

对于这么个简单系统，量子力学说的就有点特别了。上文说的两个状态固然是可能的，而量子力学还允许它处于无限个其他状态，即上述两个状态的"联合"。例如，有这样的状态，我们可以描述为 50%|粒子在盒子 1> 和 50%|粒子在盒子 2>。③还可以有 75%|粒子在盒子 1> 和 25%|粒子在盒子 2>，10%|粒子在盒子 1> 和 90%|粒子在盒子 2>，如此等等——总之你能想象得到的一切联合都属于可能状态。由两种原始状态构成的每一个联合都被称为一个叠加

---

① 这部分的作者是赞加·亚代尔（Zanja Yudell）。

② 可能出自大卫·默明（David Mermin），见 http://physicstoday.org/journals/doc/PHTOAD-ft/vol_57/iss_5/10_1.shtml?bypassSSO=1。请注意，并非所有物理学家都对量子力学采取这一态度。

③ 实际上这样的状态有两种，不过要说清楚这两种状态的区别就过于复杂了。

（superposition）。把叠加描述成状态的"联合"，这只是个权宜的说法；这一观念在数学上是十分严格和明晰的。我们来看看，一个系统处于叠加态，这意味着什么。

说一个系统处于上述这些叠加态中的一个，这究竟是什么意思？这是量子力学中最具争议性的问题之一。请看第一个叠加态，即50%|粒子在盒子1> 和50%|粒子在盒子2>。一个想法是，这里有两个粒子，一个在盒子1，另一个在盒子2；而每一个粒子都"灰化"了，正如马蒂·麦克弗莱（Marty Mcfly）在《回到未来》（*Back to the future*）中的样子。或许在10%|粒子在盒子1> 和90%|粒子在盒子2>的系统中，盒子1中的粒子比较"微弱"而盒子2中的粒子比较"结实"。不过，这样来思考叠加态却是个误导：实际上，只有一个粒子。说白了，只要你打开盒子看，你就只能看见一个粒子，不是在盒子1就是在盒子2。叠加态是你永远看不见的。

所以量子力学描述的叠加态是难以理解的，当我们观察或测量这一系统时，我们永远观察不到它。解释叠加态究竟是什么，以及它何以在我们测量的时候貌似消失，这或许是量子力学的哲学中最令人困惑的问题——我们称之为测量问题（measurement problem）。

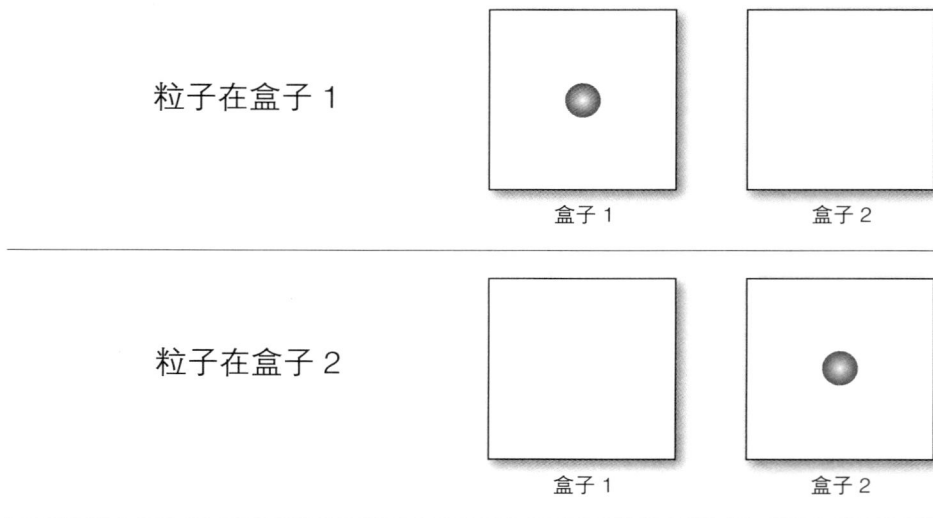

粒子在盒子1

盒子1　　　　盒子2

粒子在盒子2

盒子1　　　　盒子2

诸位或许会有这样的疑惑：既然物理学家从来看不见叠加态，而且叠加态又如此令人困扰，那么他们何必预设这么个状态呢？在此，只能给出一个简短的回答：对于量子力学的数学而言，叠加态是个必要的特征；只有这样，才能在数学中重现无数次实验的经验结果。放弃叠加态，你就能轻松摆脱测量问题；但这样一来你就得面对精确性问题——因为缺少叠加态的理论没法做出精确的预测。

对测量问题的回答，就是对量子力学的诠释。诠释的方式多种多样，它们在古怪的方向上各异其趣。标准的或正统的诠释通常被称为哥本哈根诠释（Copenhagan interpretation）[①]，接受

①实际上不存在单一的哥本哈根诠释，而本书中描述的观点就是通常被称为哥本哈根诠释的观点。

这一诠释的物理学家为数最多。哥本哈根诠释认为，当系统处于 50%| 粒子在盒子 1> 和 50%| 粒子在盒子 2> 这一状态时，就粒子究竟是在盒子 1 还是在盒子 2 这个问题而言，并不存在与之相应的事实；也就是说，这时追问粒子在哪个盒子里是没有意义的。然而，当有人决定打开盒子中的一个以此来测量这个系统的时候，系统便会在状态 | 粒子在盒子 1> 和状态 | 粒子在盒子 2> 之间"选择"一个。当系统完成了二选一之后，我们就说它坍缩（collapse）到了那个状态。至于系统如何选择，这是个神秘过程，仅仅服从概率规则。拿眼下这个情况来说，我们有 50% 的机会看到粒子在盒子 1，50% 的机会看到粒子在盒子 2。也就是说，假如你设置一群系统，让它们都处于上述叠加态；然后你打开一个个盒子进行测量，那么你将有大约一半的次数看到粒子在盒子 1，也将有大约一半的次数看到粒子在盒子 2。假如你最初设置的是另一种叠加态，如 10%| 粒子在盒子 1> 和 90%| 粒子在盒子 2>，那么你看到粒子在盒子 1 的机会就只有 10% 而看到粒子在盒子 2 的机会有 90%。

哥本哈根诠释的好玩之处在于，它给测量行为赋予了一种因果效力。当你测量一个系统并因此让它坍缩至两个状态中的一个时，你让它的物理状态发生了变化，正如点燃炸药让炸药的物理状态发生了变化；而这变化对于系统的未来行为是有实际影响的。于是自然就有了这么个疑问：测量究竟是什么？是什么使得它如此特别，以至于它竟能有如此力量来影响世界？许多物理学家乐于采用斯图尔特法官（Justice Stewart）的测试标准（"我看到它我就知道了"）来确定测量是什么，但是这样的标准依然让事情留在神秘中：这样一个叙述含糊的、显然是非物理的过程何以能够影响现实状态？有一条路径是由物理学家约翰·冯·诺依曼（John von Neumann）和尤金·维格纳（Eugene Wigner）提出的，他们主张，在观察者的性质中，有那么些东西引发了量子系统的坍缩。我们通常把意识设想为非物质的存在，而在上述路径中，意识具备某种特殊的能力，这种能力是单纯的物理事物——如电子、质子——所不具备的。于是有人就把量子力学看成是身心二元论的一个证据，不过也有对量子力学的其他诠释，认为坍缩的产生和意识没什么关系。电影《我们到底知道多少！？》（*What the Bleep Do We Know！？*）可算是对这一观点的通俗描述。在电影中，意识观察能够直接影响现实，甚至能根据自己的意志塑造现实。不过说实在的，这是对量子力学的赤裸裸的误读。哥本哈根诠释固然认为你的行为能够影响现实，但那只是以概率为基础的影响。你可以选择看或不看盒子，由此造成系统坍缩与否的差别；但是你没法选择让粒子出现在盒子 1 中。

哥本哈根诠释的另一个重大特征在于，概率成了现实的基本特性。在量子力学之前，经典物理学家把概率概念视为本质上属于认识的（epistemic）（"认识的"概念是说，这概念涉及的是认识论）。投掷硬币时，我们说正面朝上的概率是 50%；在经典物理学家看来，这只不过反映了我们对于事实的无知，而事实本身实际上是确定的。我们固然不知道硬币会正面朝上还是反面朝上，但是假如有一台足够强大的计算机，它配备了一切物理法则也配备了硬币落地前的一切事实，那么它就能够精确地预测接下来会发生什么。从这一经典视角看，世界上发生的一切全都是决定论（determnistic）的，也就是说，完全由先前状态决定。然而，哥本哈根诠释下的量子力学却让世界成了非决定论（indeterministic）的。也就是说，在硬币落地前，不存在任何事实能够决定硬币是正面朝上还是反面朝上。它彻底地成了一个偶然事件。量子力学的这一特征是对经典物理学的极大背离，爱因斯坦所说的"上帝不掷骰子"便是由此而来。非决定论让很多人感到惊异，但也有些哲学家从中看到了恢复自由意志说的希望。假如一切物理事件根本上是非决定论的，而我的行为也是物理事件，那么或许可以说我的行为是自由的并且我对自己的行为负有最终责任。但不幸的是，这事没那么顺理成章。有人会说，和被决定的事件相比，随机事件并不显得更自由。设想我在决定说谎还是讲真话的时候，一个电子在我的大脑中随机地坍缩至某个状态，于是我讲了真话——和我的大脑状态决定论地导致我说真话而我得为之负责相比，让我为随机事件负责任并不显得更有道理。这方面的论争还远远没有定论，不过很显然，量子非决定论并不能自动解决自由意志问题。

大家都知道爱因斯坦反对量子非决定论，而他对于量子力学最深刻的挑战在于，他认为这一理论不完备。爱因斯坦与他的合作者波里斯·波多斯基（Boris Podolsky）、内森·罗森（Nathan Rosen）一起提出了一个思想实验，我们称之为 EPR。这一实验旨在表明有些物理现象是量子力学没法表现的。这个思想实验让我们对量子力学、对我们身处其中的世界有了更深的洞见。在 EPR 思想实验的一个版本中，有两个粒子从共同的源头出发朝着相反方向行进，一个往左，一个往右。在他们行进过很长距离之后，左手粒子进入了一个装置，会把它放进盒子 1 或盒子 2；而右手粒子进入了另一个装置，会把它放进盒子 3 或盒子 4。根据量子力学，我们可以如此设定粒子，让左手粒子最终处于叠加态 50%| 左手粒子在盒子 1>+50%| 左手粒子在盒子 2>，而右手粒子最终处于叠加态 50%| 右手粒子在盒子 3>+50%| 右手粒子在盒子 4>。然而理论中还说，这两个粒子可以是彼此相关的，即当左手粒子在盒子 1 时，右手粒子就在盒子 3；当左手粒子在盒子 2 时，右手粒子就在盒子 4。这样一来，整个状态可以被描述为 50%| 左手粒子在盒子 1>| 右手粒子在盒子 3>+50%| 左手粒子在盒子 2>| 右手粒子在盒子 4>。

那么，根据哥本哈根诠释，倘若你打开左手边的盒子，你就令叠加态坍缩了，于是左手粒子不是在盒子 1 就是在盒子 2。我们就当它在盒子 1 吧。由于两个粒子彼此相关，因此假如你的朋友看右边的盒子，她就会看到右手粒子在盒子 3。如果你看到你的粒子在盒子 2，那么你的朋友当然就会看到她的粒子在盒子 4。我们刚才忘记说了，你在地球上的实验室里，而你朋友正在宇宙飞船里绕着半人马阿尔法（Alpha Centauri）航行，距离你四光年开外（这实验可费工夫了）。于是在爱因斯坦看来，当你看你的盒子时，根本没有路径能够使叠加态的坍缩影响到半人马阿尔法附近的盒子。所以爱因斯坦主张坍缩根本不存在——你的粒子在你看之前就在盒子 1，而你朋友的粒子在她看之前就在盒子 3。量子力学没能说出粒子在哪里，因此这个理论不完备。

面对爱因斯坦，一位名叫约翰·贝尔（John Bell）的物理学家扭转了局势。他用数学显示出，假如一个理论在爱因斯坦的意义上是完备的，那么它做出的经验预测将和量子力学的预测截然相反。此后，艾伦·爱斯派克特（Alain Aspect）等人对预测进行了测试（思想实验成了真的实验！），结果和量子力学的预测相符。爱因斯坦的错误在于，他假定你在地面上的观察所引发的坍缩没法影响发生在半人马阿尔法附近的事。他这么想是因为，他认为一切物理上的相互作用都是定域的（local）——大致意思是说，它们只能影响附近的事物。地球上的事件固然能影响到半人马阿尔法附近，但是那得经过四年的时间，让影响力在空间中定域地传送并最终抵达半人马阿尔法。爱因斯坦相信物理现象的定域性，因为他自己的相对论看上去要求定域性。但事到如今，非定域性（nonlocality）作为量子力学的本质特征已经被广为接受，尤其在哥本哈根诠释这样的涉及坍缩的版本中。换句话说，当你看地球上的盒子时，你在瞬间就导致了半人马阿尔法附近的物理变化。非定域性造成了量子力学和相对论之间的紧张，而且它还颠覆了我们对于自然的直觉。倘若我们的宇宙具有非定域性，那么在超出我们可见范围的极远的宇宙发生的事件就能立即对我们身边的事件产生直接的影响。不过，由于量子非决定性，这样的影响是独特的，没法付诸实用——例如，用来进行信号的即时传送。假如我们真的有宇宙飞船开往半人马阿尔法，那么它安全抵达的消息还是得经过四年时间才能传到我们地球上。

在哥本哈根诠释之外，最重要的诠释路径之一是多世界诠释（many-worlds interpretation）或埃弗雷特诠释（Everett interpretation）。根据这个多世界诠释，叠加态从不坍缩。可是当你打开盒子看的时候，你看不到叠加态。那么究竟发生了什么？你自己成了叠加态的一部分！具体说来是这样的：在叠加态的一个部分中，你看到粒子在盒子1；而在叠加态的另一个部分中，你看到粒子在盒子2——这两个事件同等真实并发生于相同的时空。你所经历的是看到两个盒子中的一个，但是还有"另一个你"在看着另一个状态。这两个不同的可能性被称为分支（branches），因为它们就如同一棵树的两根枝杈，这树是从最初的观察生长出来的。当你从分支出发观察更多的叠加态，更多的分支就被创造出来了。每一个分支事件创造出的不仅是新"版本"的你，它创造出的是完整的新世界。现在诸位该明白了，这个诠释为何叫多世界诠释——你观察的每个叠加态都导向新世界，我观察的每个叠加态也都导向新世界，对每个观察者而言都是如此。将存在的世界不计其数。

和从哥本哈根诠释导出的观点相比，诸位或许会觉得上面的观点更加古怪。但是这么个诠释在物理学家和哲学家当中都颇受欢迎，你说这是为什么呢？它确实具备优势。首先，多世界诠释是决定论的。在测量事件发生后，会发生的只有一件事：粒子将被看到位于盒子1和粒子将被看到位于盒子2！再者，多世界诠释并不对测量概念做本质性使用，所以它无须对付这么个缠人的问题：意识是否在物理现象中扮演特别的角色。而且，多世界诠释可以是定域性的，因为这里不存在坍缩事件所以无须非定域影响。不过，这样的优势依然未必足以说服人，毕竟我们被它逼得去相信有大量彼此相似的世界在共存，而它们彼此都互不相见。我们该如何来比较如此奇异的世界图景的得与失呢？

除此之外，还有许多其他的量子力学诠释版本，我们没法一一细说了——例如波姆力学（Bohmian mechanics）、模态诠释（modal interpretations）、杰拉迪－里米尼－韦伯理论（Ghiradi-Rimini-Weber theory），如此等等。每一个诠释都会导出古怪的结果，挑战着我们对于世界的直觉。让我们稍作回顾：量子力学告诉我们的就是，世界比我们所能梦想的样子还要怪异得多——我们根本不知道在那么多匪夷所思的世界版本中，究竟哪一个是真的。

⤴ 原著选读 9.1　《拒斥形而上学》① 艾耶尔

艾耶尔是英国逻辑实证主义传统中的著名代表人物。在以下部分中，艾耶尔提出了意义的可证实性原则，并将它进一步精练化。

哲学家们的那些传统争论，大部分是没有道理的，正如这些争论是没有成果的一样。结束这些争论的最可靠方法是毫无疑问地确定什么应当是哲学研究的目的和方法。而这决不是如哲学史引导人们所想象的那么困难的一项工作。因为，如果有任何问题是科学留给哲学去解答的，那么通过直率的拒斥过程，就必然会导致发现这些问题。

我们可以由批评这样一个形而上学的论题来开始我们的讨论，这个形而上学的论题认为，哲学供给我们以关于超越科学世界和常识之外的一种实在的知识。以后，当我们讨论到给形而上学下定义，并说明它的存在时，我们就会发现，成为一个形而上学家而不相信超验的实在，是完全可能的；因为，我们将见到，许多形而上学的言辞与其说是发表这些言辞的人为了有意识地企图超过经验界限，不如说是由于他犯了逻辑错误。但是，对我们来说，把那些认为具有超验的实在的知识是可能的

人的立场作为我们讨论的起点是合宜的。我们用以驳斥他们的那些论证，以后会被人们发现是适用于整个形而上学的。

攻击一个自称为具有超越于现象世界的实在知识的形而上学家的一种方法，是去探讨他的那些命题是从什么前提演绎出来的。他一定不是像其他人那样，从他的感觉证据开始吧？如果是这样的，那么，什么有效的推理过程可能把他引导到超验的实在概念呢？从经验的前提的确不能正当地推演出任何超验事物的属性，或者甚至推演出任何超验事物的存在。但是，这种诘难会遭到形而上学家的反驳，即否认他的断定是最后依据于他的感觉证据。他会说，他赋有一种理智直觉的能力，这种理智直觉的能力使他知道那些用感觉经验所不能知道的事实。即使我们可以证明他是依赖于经验前提，因此，他的进入非经验世界在逻辑上就证明是没有理由的，但是这也不会推论到他所做出的关于这个非经验世界的那些断定不可能是真实的。因为，一个结论不是从它的设想前提演绎出来这个事实，并不足以表明这个结论是错误的。因此，不能仅仅靠批评一种超验的形而上学体系的产生方式来推翻它。我们

---

① 选自艾耶尔：《语言、真理与逻辑》，尹大贻译，上海，上海译文出版社，2006。

要求做的是对构成那个体系的那些实际陈述的性质做出批判。这就是我事实上将要遵循的论证线索。因为，我将坚持，没有一个涉及超越一切可能的感觉经验界限的"实在"的陈述能够具有任何字面上的意义；从这一点就可推论出，那些努力描述这样的实在的人都是在制造一些没有意义的话……

……我们对形而上学家不是指责他企图把知性用在它不能有效进入的领域，而是指责他提出了一些句子，这些句子不符合于唯一能使其有字面意义的那些条件。为了表明某一类型的一切句子都必然是没有字面意义的，我们自己也不必说没有意义的话。我们只需要提出能使我们检验一个句子是否表达一个真正的事实命题的标准，然后指出我们考察的那些句子没有满足这个标准。而这一点，我们现在就将着手去做。我将先用某些含糊的词句去表述那个标准，然后为了使其明确而做一些必需的解释。

我们用以检验明显的事实陈述的真伪标准就是可证实性的标准。我们认为一个句子对于任何既定的人都是事实上有意义的，当且仅当他知道如何去证实那个句子所想要表达的那个命题，那就是说，如果他知道在某些条件下什么样的观察会引导他因其真而接受那个命题，或因其假而拒绝那个命题。另一方面，如果那个设想命题具有这样一个特征，即那个命题的真或假的假定，是与任何涉及他的将来经验的性质的任何假定没有矛盾的，那么，就他来说，那个命题如果不是重言式命题，那就只是一个妄命题（pseudo-proposition）。表达那

个命题的句子从情感上说对他可能是有意义的，但是那个句子在字面上是没有意义的。就问题而言，我们进行检验的过程是同样的。在每一种情况下，我们总是探问什么样的观察会引导我们用这一种方式或另一种方式去回答那个问题；如果不能发现这样的观察，我们就必须得出结论：就我们而言，我们所考察的那个句子并不表达一个真正的问题，无论这个句子的语法外表（grammatical appearance）多么强烈地暗示出它是一个真正的问题。

因为这个检验过程的采用，在本书的论证中是一个重要的因素，对它需要做详细的考察。

第一，必须在实践的可证实性与原则的可证实性之间做出区分。对那些我们事实上没有采取步骤去证实的命题，我们大家都是清楚地了解的，在许多情况下我们是相信的。在这些命题之中，有许多是只要我们不辞辛劳就可以证实的。但是还留下一些有意义的命题，即使我们想去证实也不能证实；这只是因为我们缺少一些实际的方法使我们有可能完成那些有关的观察。这样的命题的一个简单而熟悉的例子就是：在月亮的另一面有一些山脉。[①]因为还没有发明一种火箭使我能达到和看见月亮的另一面，所以我不能用实际的观察去判定那个问题。但是，正如在理论上是可以想象的，如果我一旦在那个可以做出这种观察的地位上，我就知道用什么样的观察会使我判定它。因此，我认为，那个命题如果不是在实践上可以证实的，那么，它是原则上可以证实的，因此，那个命题就是有意义的。另一方面，这样一个形而上学的妄命题，如像"'绝对'参加

①这个例子曾被石里克教授用来说明同一个论点。

在演化和进展中，但是它本身不可能演化和进展"①这个命题甚至在原则上也是不能证实的。因为，不能设想有一个观察使我们能决定"绝对"是否参加在演化和进展中。当然，说这样话的人使用英语字眼的方式可能不是说英语的人们所共同使用的方式，并且事实上，他是企图断定某种可能从经验上加以证实的东西。但是，在他使我们了解他所想表达的那个命题如何会被证实之前，他没有传达任何东西给我们。并且，如果他承认（我认为说那个话的人会承认）他的话不企图表达一个重言式命题，也不表达一个至少在原则上能被证实的命题，那么，必然可推论到他所说的话甚至对他自己来说，也是没有字面意义的。

我们必须做出的其次一个区分，是"可证实的"这个词项的"强"意义与"弱"意义的区分。一个命题被认为是在那个词的强意义上可证实的，如果并且仅仅如果它的真实性是可以在经验中被确实证实的话。但是，如果经验可能使它成为或然的，则它是在弱意义上可证实。当我们说，一个设想命题仅当它是可证实的，它才是真正的命题，我们是在哪一种意义上使用可证实的这个词呢？

我认为，如果我们像某些实证主义者建议的采取确实可证实性作为我们的有意义的标准，②那么，我们的论证将会表明太过头了。举个例子来说，让我们考察一下关于规律的一些普遍命题——如"砒霜是有毒的"、"一切人都是会死的"、"一个物体在加热时就会膨胀"之类的命题。这些命题的本性是，它们的真实性不可能由任何有限系列的观察来确定地证实。但是如果承认，这样的关于规律的普遍命题被预定为适用于无限多的情况，那么，就必须承认，这些普遍命题甚至不能在原则上加以确实证实。因此，如果我们采取确实的可证实性作为我们的有意义的标准，那么我们在逻辑上就不得不以对待形而上学家的陈述同样的方式来对待这些关于规律的普遍命题。

面对这个困难，有些实证主义者③已经采取了果断的办法，宣布这些普遍命题的确是没有意义的，虽然，从本质上说，这些普遍命题是那些没有意义的命题中的一种重要类型。但是在这里引进"重要的"这个词只是企图留个后路。它只用以指出：说这话的人承认他们的观点似乎太具有某种悖论的气息，但是，又无论如何没有解决这种悖论。此外，困难并不限于有关规律的普遍命题这一种情况，虽然，困难在这里被揭露得最明显。在关于遥远的过去的命题情况下，这简直是同样明显。因为无论历史陈述的证据可能是多么有力，它们的真实性决不会超过高度或然性，这一点必须确实无疑地被承认。而且坚持认为这些命题也构成没有意义的命题的重要的或不重要的类型，这至少会是说不通的。事实上，我们的论点是：除了重言式命题之外，没有一个命题可能比或然的假设有更大的确定性。如果这是正确的，那么，一个句子仅当它是表达可以确实证实的命题时才是

---

①这是从布拉德雷的《现象与实在》中随便引出来的一句话。
②参阅石里克：《实证主义与实在主义》，载《认识》，第1卷，1930年；魏斯曼：《或然性概念的逻辑分析》，载《认识》，第1卷，1930年。
③参阅石里克：《现代物理学中的因果性问题》，载《自然科学》，第19卷，1931年。

事实上有意义的这个原则，作为有意义的标准就是自我愚弄。因为，这个原则引导到这样的结论：完全不可能做出一个有意义的关于事实的陈述。

🦅 原著选读 9.2 《命名与必然性》①

索尔·克里普克

克里普克所说的与这一观点有关：心理状态、心理过程与大脑状态、大脑过程是"有条件的同一"。术语：同一判断，即将"X"所指之物与"Y"所指之物等同起来的命题。换句话说，即"X=Y"；例如"马克·吐温是塞缪尔·克莱门斯"。有条件的判断就是，即使它是真的，它在理论上仍可以是假的；也就是说，它并非一切可能世界中都真。例如"莎士比亚写了《哈姆雷特》"，固然是真的，但它曾经是假的。要想知道一个后验判断是真是假，你得知道词语的意义以外的东西。

……我们来看热和分子的运动。这情况当然属于有条件的同一！近来的哲学家一再地强调这一点。那么，既然它是有条件的同一，我们就来想象一下它在何种情况下为假。哲学家们显然认为有些情况能令这一同一为假，但在我看来并非如此。首先，人们认为"热是分子的运动"是个后验判断，诚然——因为科学研究也可能有别样的结果。但我之前说过了，从这并不能推出这个判断不是必然的，假如我说得对的话。不过，人们头脑中肯定有那么些特别的场景，他们认为在那些场景下"热是分子的运动"是错的。这具体会是怎样的场景？

我们通过经验得知热是分子的运动，可以从这一事实把场景提炼出来。如何做到呢？当我们得知热是分子的运动的时候，我们最初发现的是什么？这是一个具体的外部现象，我们可以用触觉感知到它，它产生了我们称之为"热的感觉"的感知。继而我们发现，产生了我们的触觉感知的特定外部现象，实际上就是位于我们所触摸的事物当中的分子运动的外部现象——这分子运动得十分激烈。于是人们会这样想：若要想象热不是分子运动的场景，我们只须想象我们感知到了热而它不是由分子运动产生的。类似地，我们要想象光不是一束光量子的场景，就只须想象我们以同样的方式感知着某物，产生出了我们所说的视觉体验，但这某物并非一束光量子。为了强化这个例子或者说为了看到硬币的另一面，我们也可以考虑这样的场景：我们确实在关注分子的运动，但它没有给我们热的感知。还可以想象一下，我们——或这个星球上的某种生物——也许具有这样的性质，分子运动程度的增长不能令我们感知到热而分子运动程度减缓能使我们感知到热。人们会认为，上述这些情况下热就不是分子的运动——准确地说，即温度不意味着分子的动能。

---

① From Saul Kripke, *Identity and Necessuty*, in *Identity and Individuation*, edited by Milton K. Munitz. New York: New York University Press, 1971. Reprinted by permission of Saul Kripe.

但是我认为事情并非如此。请进一步考虑上述场景。首先让我们想象现实世界中发生了这样的事：一群火星人入侵了地球，当他们摸冰块——这里面分子运动很慢——的时候他们确实感知到我们所说的"热的感觉"，而当他们接近火——火导致分子激烈运动——的时候却感受不到热或感觉与我们截然相反。我们会不会说"啊，这样一来热是分子的运动这个命题有点可疑了，因为有些人和我们的感觉不同"？显然不会，没有人会这么想。我们会说，当火星人感受冷的时候他们的所感和我们感受热时相同，而它们感受热时的所感和我们感受冷时相同。我们再设想一个反事实场景。设想在很久很久以前，地球上居住着这样的生物。请想象，最初没有任何生物，即没有任何生物来感知热。但是我们不会说在这样的场景中热必然不存在；我们会说热也可以存在，例如，会有火加热空气。

让我们设想在那里物理定律和此处并无不同：火确实加热空气。那么，即便周围没有生物感知到它，热也是存在的。现在我们来想象进化发生了，生命出现了，周围有生物了。但是它们和我们不一样，它们更像火星人。这时我们是否会说，热忽然变成了冷，因为这星球上的生物是如此感知它的？不，我想我们会这样来描述这一场景：尽管这些生物的所感和我们的热的感觉相同，但它们并非在面对热的时候获得这一感知。它们在面对冷的时候获得这一感知。我们可以很确定地想象上述场景。我们想象这样的场景，正如我们想象被那样的生物入侵。请分两步来思考它吧。起初，没有任何生物，但可以想象星球上依然存在冷和热，尽管周围没有生物来感知它们。接着星球上经

历了进化过程，出现了生理结构和我们不同的生物。这些生物对于热的感受与我们不同，而它们对冷的感知和我们对热的感知相同。在这种情况下，热依然是热，冷依然是冷。尤其是，我们依然可以说，在这样的反事实场景中热是分子的运动，是由火产生的，如此等等——正如当这星球上不存在生物的时候一样。类似地，我们还可以想象星球上有这样的生物，它们面对空气中的声波感知到的是视觉形象。对此我们不会说"在这种情况下声音变成了光"，而会说"这星球上住着这样的生物，它们以视觉感知声音，或许也以视觉感知光"。假如上面说的没错，那么像热是分子运动、光是一束光量子这样的命题就仍是并且仍将是必然的真理。

简单总结一下我的观点："热"和"分子的运动"都被我们用作严格的指示词，指的是特定的外部现象。热在事实上就是分子的运动，而我的上述讨论说明这个词的指示是严格的，所以热是分子的运动就是必然的。为什么我们会把它看成是有条件的呢？假象的由来是，我们用这么个有条件的事实来定义热：碰巧有本星球的生物（即我们）以这样的方式感知热，感知热或分子的运动——这两者是一回事。这个事实是有条件的。所以，我们是用"引起如此这般的感知或我们以如此方式感知的某物"这样的摹状来定义热。而当我们这样使用这一事实时，我们使用的是热的一个偶然属性，正如我们用偶然属性来定义西塞罗，把他定义为写了某些作品的人。然后，我们用"热"或"西塞罗"这样的词语严格地指示它们所代表的对象。而"分子的运动"这样的术语当然是严格的；它永远代表分子的运动，从不代表

任何其他现象。所以，正如巴特勒主教（Bishop Butler）所说："任何事物都是其所是，不是其所不是。"因此"热是分子的运动"就是必然的而非有条件的。有条件性只是个假象，正如人们也可以有这样的有条件性假象，认为这张桌子或许是用冰做的。我们会认为我们可以这样想象，但只要这样尝试一下，仔细思考后就可以发现我们实际上想象的是：这个位置上有另一个讲台，它才真是用冰做的。把这讲台等同于我们在这个位置看到和触摸到的对象，则是另一回事。

以上如何与身心问题相联系呢？人们通常主张身心同一就像"热是分子的运动"一样，是个有条件的同一判断。但它不是。它不能像"热是分子的运动"一样是个有条件的同一判断，因为——假如我没弄错——"热是分子的运动"根本不是有条件的同一判断。

➡ 原著选读 9.3　　《客观性问题》[①]　　　　　　　　唐纳德·戴维森

笛卡尔试图从他在思考这个事实推演出整个知识，而唐纳德·戴维森在此讨论的问题是：思考或"命题态度"是如何可能的。

……竟然有"思考"这样的东西，我们该为此感到惊讶……

我不打算为思考的存在做科学的阐释；我感兴趣的是，思考是如何可能的。让我把这个问题表述得更加审慎些。所谓思考，至少部分地是由这一事实定义的：它拥有内容，这内容可以是真的也可以是假的。思考的最基本形式是信念。而当人不懂得信念可错——信念的真实性一般来说得不到任何内在于我们自身之物的保证——时，他就拥有不了信念。有人相信壁橱里有一条龙；他打开壁橱，看到里面没有龙。他吃惊了，因为这并非他期待的。对吃惊的可能性以及对期待被满足的可能性的觉察，是和信念本身相伴而生的。

认识到我们可能犯错，即认识到信念是可以被检验的——信念属于个人，在此意义上它是主观的，而真理则是客观的。问题在于，我们何以拥有客观性——独立于我们的意志和态度的真理——这一概念。我们能从何处获得这一概念？我们没法占据自身心灵之外的位置；不存在这样的有利位置，可以让我们由此比较自己的信念和信念的相关物。吃惊是期待的受挫，它解释不了我们何以拥有客观真理这一概念；除非我们已然驾驭了这一概念，不然我们不可能吃惊或有所期待。所谓吃惊，即认识到我们所想的和实际所是之间的差异。有所期待，即承认这期待可能出错。

不妨用更切近的方式看这个问题。倘若没

① From Donald Davidson, *Problems of Rationality* (Oxford: Oxford University Press, 2004), pp.6–11, 12, 15–16. This Article first appeared in Tijdschrift voor Filosofie, vol. 57 (June 1995). Reprinted by permission of Marcia Cavell, Literary Executor for the Estate of Donald Davidson.

有感官接受到的刺激，我们就没法知道关于周遭世界的任何东西。（或许有例外，但例外在这里不重要。）这样的刺激为何应当产生关于外部事物的思想？或者说，何以会产生这样的思想？有了关于外部事物的信念后，对于这信念是真是假，我们能有怎样的可靠的检验方式呢，既然这检验包含的无非是更多的感官刺激？（这就仿佛我们所知的关于外部世界的一切都是信使带给我们的。倘若我们怀疑信使的诚实，那么询问更多的信使又有何用？假如第一批信使不值得信赖，那后来的信使凭什么会诚实些？）有观点说，感官刺激并非出自我们的意志，所以我们必须假设它们出于外部原因；但这个观点解决不了问题——这原因得距离我们多远呢？为什么它不能位于皮肤表面甚至位于大脑内部呢？不解决这个问题，就没法回答我们的信念是关于什么的；这样一来，讨论信念——乃至思想——就没有意义了。

有很多人——其中包括哲学家、心理学家，尤其是那些惊讶于没有语言能力的动物竟有如此聪明的人——把辨认拥有特定性质的对象的能力同概念能力混为一谈；后者意味着就这般对象的存在拥有概念。而我不打算这样使用"概念"一词。我拒绝这种用法的理由是，假如认可这样的用法，那就意味着承认连最简单的动物都拥有概念：比如蚯蚓，它的脑袋如此简单以至于即便被切成两段每一段都能照常存活；可是连它都拥有概念，关于干燥和湿润，关于可食用和不可食用。我们甚至可以把概念能力授予西红柿和向日葵，它们拥有白天和黑夜的概念。

所以，在我这里"概念"这个词仅仅用于这样的情况：在这些情况中我们说犯错具有明晰的意义，不仅仅在智慧的旁观者眼中是犯错，而且在当事的生物自己眼中也是犯错。蚯蚓吃了毒药，根据上述意义这不是犯错，因为它并没有把一件东西错当成别的东西；它只是根据本能设定的程序来动作罢了。它没有错误地把毒药归入可食用的范畴，而是毒药提供了刺激，使得它去食用。即便有生物具备了学习避免特定食物的能力，我们也不能仅仅因为这就说它拥有可食用和不可食用的概念。生物能够就自身所处的世界构建"地图"，为此它无须拥有这样的观念：这是关于某某事物的地图，这是地图，因此它是可错的。

运用概念意味着做判断，意味着以特定方式对对象、事件、处境进行归类或描绘，而这就必须要用到真值（truth）概念，因为对事物的归类或描绘总可能犯错。从我要给予这个词的意义上说，拥有概念，就意味着有能力考虑命题内容：只有当一个生物能够在一个判断的语境中运用概念时，它才拥有概念。看起来，人似乎可以拥有一个——比如说——树的概念，而无须有能力思考某些事物是树、质疑某物是不是树或渴望眼前有棵树。可是这样的所谓概念化并不比有能力辨认出树——以及针对树做出特定行动——多出什么，而正如我所说，我不把这种情况称为拥有概念……

因此，以下这些心灵属性是等价的：拥有概念，考虑命题，有能力形成判断，能驾驭真值概念。一个生物只要拥有以上属性中的一种，它就拥有以上全部。接受这一论点是认可整体论——心灵的各个方面本质上是相互依赖的——的第一步。

我来简短地阐述一下真值概念的中心性（centrality）。把握或考虑一个命题，而不知道在何种情况下它为真，这是不可能的；倘若没有这一知识，那就根本没法知道被把握或被考虑的究竟是哪个命题……

要理解一个命题，我们必须知道它的真值条件是什么；至于它是真是假，我们可以关心也可以不关心。请看这样一个命题：1912 年 5 月 1 日，澳大利亚的珀斯下了雨。我知道这命题为真的话情形是怎样，但我并不在乎在那个时刻那个地点究竟有没有下雨。1912 年 5 月 1 日珀斯下了雨，对此我既非相信亦非不相信；我甚至并不考虑它。我对于命题的态度——如相信、怀疑、疑问、希望或恐惧——决定了我如何看待它的真值。只要我对于它有任何一种态度——即便是漠不关心也是一种态度——我就必须知道它的真值条件。总之，对于任何一个我能够表述、能够思考的命题，我都知道它的真值条件，这一点是很请楚的。

要知道命题的真值条件，我们必须有真值的概念。没有什么概念比真值概念更加核心了，因为若要拥有概念，我们就得知道把这概念应用于事物意味着什么——当然，得是正确的应用。对于真值本身的概念也是如此。拥有真值的概念，意味着拥有客观性概念，即一个命题独立于人的信念或兴趣为真或为假的观念。尤其是，当人拥有信念时，他认为某些命题为真或为假，这时他知道自己的信念可真可假。要想为真或为假，人首先必须知道为真或为假都是可能的。

考虑任何命题，都蕴涵着相信一堆其他命题，无论人对于该命题的态度是什么。假如你在怀疑你看到的是不是一条黑蛇，你就必须就蛇是什么有个概念。你必须相信这些：蛇是种动物，它没有腿，它蜿蜒前行，它比一座山小。

假如它是黑蛇，那么它是蛇并且它是黑的。假如它是黑的，那么它不是绿的。既然你对自己看到的是什么有疑问，你就必须知道看意味着什么：看需要用眼睛，你可以看一件东西而无须接触它，如此等等。我的意思并不是说，为了可以怀疑自己看到的是不是黑蛇，你必须相信这一大串东西，对此我们可以开列出详尽的清单。清单的篇幅即便不是无限，也是非常长的；但清单中成员是不确定的。清楚明白的一点是，倘若没有许多类似于我上面说的那样的信念，你就没法考虑这么个命题：你看到一条黑蛇；你没法相信它也没法不相信它，你没法希望它是假的，没法询问它是不是真的，也没法要求别人把它搞成假的……

我们的结论是，一个生物不可能拥有单独、孤立的思想……

从我上文说的可以推出，我们的很多信念必须是真的。理由简言之（可能不无误导）就是，信念的特性部分地依赖于它与其他真信念的关系。假设我关于我称之为蛇的事物的大部分信念都是错的，那么，"我看到了我称之为蛇的东西"这一信念就没法被正确地描述成是关于蛇的。因此，我的信念若想和蛇有关，那么它就有赖于真信念构成的背景，这背景中包括和蛇的性质、动物的性质以及世界上的物理对象相关的真信念——无论我这信念本身是真是假。可是尽管很多信念必须是真的，大部分信念却可以是假的。这最后的论点有模棱两可之嫌。它的意思是说：就我们的大部分信念而言，任何一条具体信念都可能为假。而它的意思并不是：就我们的信念总体而言，大部分都可能为假。因为假信念的可能性依赖于真的环境。

🔄 原著选读 9.4　《什么是社会建构？》①　　　　　　　保罗·A·博格西安

科学所预设的实体仅仅是社会建构吗？对于这些事物的信念或对于这些信念的辩护都是社会建构吗？在此，科学哲学家保罗·A·博格西安（Paul A. Boghossian）说它们不是。

社会建构的事物

钱、公民身份、报纸，这些显然是社会建构，因为它们显然没法在社会之外存在。同样显然的是，任何能够——或曾经——不依赖于社会而存在事物都不是由社会建构的，如恐龙、长颈鹿，还有那被认为构成了一切事物的基本粒子，即物理学家说的"夸克"。既然它们存在于社会之前，那么它们怎么可能是社会建构的呢？

可是来看看社会建构方面那些最显赫的文献吧。我们可以发现一大堆主张，恰恰就把这些看上去不依赖心灵和社会的事物视为由社会建构的……

把基本粒子或恐龙看成科学理论的结果，这个观点不那么容易明白。科学理论如何能够令恐龙或夸克的存在成其为真的？当然，科学让"我们相信恐龙和夸克存在"成为真的。由于我们相信如此这般，所以我们就如恐龙和夸克存在那般行动。假如愿意把话说得华丽些，我们可以说在我们的世界中恐龙和夸克是存在的，正如我们说奥菲利亚在莎士比亚《哈姆雷特》的世界中淹死了。沿着这个思路，我们可以说科学令我们的世界中存在恐龙和夸克这一点成其为真的。但是，这话所表达的意思无非是，科学让"我们相信恐龙和夸克存在"成为真的。对此想必没人持有异议。尽管有利于这一信念的证据不少，但是信念仍有可能是错的；而可以使信念为真的只有这一事实：外部世界到底是不是存在恐龙和夸克。可以肯定的是，科学没法建构那样的东西；科学最多能发现它们……

社会建构的信念

假如以上考量没错，那么把社会建构这类说法运用于自然科学研究的事实就没法令人信服。那么，把它们用于对科学所生成的事实的信念，情况是不是好些呢？

问题并不在于，科学是不是社会性事业。它当然是。科学是由人类集体经营的，这些人具备各自的价值观、需求、兴趣和偏见。这些会以各种潜在而深刻的方式影响他们的行为：他们会对何种问题感兴趣，会采取何种研究策略，愿意在哪个方向投资，如此等等。

然而通常的观点是，以上这些因素不会影响科学作出的具体断言的可信度，只要断言得到了事实证据的充分支持。开普勒对行星运动感兴趣，这或许是他那宗教信仰和神秘主义兴趣的结果；据我所知，他为了取得确定的成果

---

① From Paul Boghossian, "What is Social Construction？" *Times Literary Supplement*, February 23, 2001, p.6-8. Reprinted by permission of Paul Boghossian.

投入极大。最终他的结论即行星沿椭圆轨道运行得到了他所提供的证据的支持，如此一来他为何对这感兴趣、他如何投资等等问题就都无关紧要了。观点就在那里，我们可以注目于这一断言。要想拒绝它，唯一的办法就是驳倒有利于它的证据。倘若不是因为我们不具备的神秘兴趣开普勒就不会投入这项研究，期待确定成果时他会有证据以外的动机，这些都与科学的结论无关。

换句话说，我们通常把科学哲学家所说的"发现语境"和"验证语境"区别对待。说社会价值在发现语境中扮演角色，这无可厚非；说社会价值在验证语境中扮演角色就令人不敢苟同。可是知识的社会建构主义者否认这一点。在他们看来，认为社会价值进入前者而不进入后者是肤浅幼稚的。

那么，社会价值如何进入验证语境？对于建构主义者可能有的想法，这里有四种不同的表述；这四种都在文献中出现过，它们彼此之间的差别有时候并非足够明显。

首先，建构主义者或许会主张，起验证作用的不是事实证据而恰恰是社会价值背景。竟然有人一本正经地持有这样的观点，看起来颇为不可思议；但是确实有些断言引得人做这般解读……不过，倘若有人真心认为验证麦克斯韦的等式得诉诸麦克斯韦——或其他任何人——的社会或政治信念，那么这就是赤裸裸地暴露了他对于验证这一概念的全然无知。一项信息给出了一个信念为真的可能性，从而验证了这个信念；不可否认，这样的概念并非毫无问题。但是这一点是明白无疑的：人不能指望通过诉诸人的政治信念或职业兴趣或任何这一类的东西来验证电磁学的基本规律——

否则就等于把一切抛到九霄云外了。

假如人铁了心要往这条道上走，那么稍许说得通的路径就是四个选项的第二项，即社会价值固然并不验证我们的信念，但是我们之所以那样相信，实际上并非因为用来验证之物；导致我们相信的是我们的社会兴趣。

这一观点在所谓"科学之研究"的实践者中可算是正统观点，其优势在于，它没有就验证本身说什么荒谬的话；但是它并不因此就正确。经过最仁慈的解读，可以认为它出自一种无辜的混淆，关于社会学地处理科学知识究竟需要些什么……

……对信念的好的理由这一观念持怀疑态度，却缺乏论据来支持这一怀疑；即便有这样的论据，它又怎么可能不立刻消解自身呢？——我之所以相信我所相信的，可能的原因之一就是，我有好的证据支持这一信念。一个解释框架，假如它不仅对称地处理真信念与假信念，而且对称地处理被证明的和未被证明的信念，那么它就欠我们一个解释：信念的证据何以被排除在信念可能的原因之外？它必须为此做出解释，而且还不能消解自身的基础——作为一个观点，它是经过证明才被推到台前的。

当然，我并不是说科学信念永远必须用与之相关的强有力的证据来解释；科学史上充满了各种观点的例子，比如骨相学，就从来不曾有过好的证据。我们不妨坚持说，科学信念有时候得用强有力的证据来解释，而恰当的科学史和科学社会学无须冒否认这一点的风险。

于是我们就有了第三种较为温和的概念，主张社会价值在科学信念的验证中是不可或缺的。这一观点认为，要解释一个具体观点何以被相信，证据固然会起作用；但光有证据是不够的。我们所掌握的证据永远只能在自身基础上证据不足地说明（underdetermines）我们所达到的具体信念。我们对之有证据的东西和我们实际上相信的东西之间有一道鸿沟，填满这道鸿沟的东西来自思想者背景中的价值和兴趣。

科学中的证据永远在其自身基础上证据不足地说明我们所相信的理论，这一观点对于科学哲学影响颇大，甚至波及非建构主义者的圈子。它的现代形式来自世纪之交的法国物理学家、哲学家皮埃尔·迪昂（Pierre Duhem）……

迪昂认为，光凭理性永远无法决定需要做怎样的修正，因此科学中的信念修正不可能纯粹关乎理性：必须有其他东西起作用。社会建构主义者增补说，这额外的因素就来自社会。

这是个聪明的论点，但它的困难之处不容掩盖。为了回应经验同理论的不符，我们真的永远找不到更多的理由来修正这一个理论而非那一个理论吗？请思考一下迪昂的例子：一位天文学家通过望远镜观察天空，看到他观测至今的星系中出现了一颗迄今未曾出现过的星星，于是他惊讶了。迪昂认为，面对这一发现，天文学家可以修正他的天体理论也可以修正他关于望远镜如何运作的理论。关于确定信念的理性原则没法告诉他该修正哪一个。

以上观点是说，当我们通过望远镜观察天空的时候，我们在测试关于望远镜的理论，正如我们在测试天文学理论——可这是荒谬的。早已有无数地面上的实验为望远镜的理论打下基础，而且我们所知的关于透镜、光和镜子的无数事实也都符合这一理论。观察到与期待不符的天体，就去修正关于望远镜的理论，这实在不能算合乎理性！我的意思并不是我们永远不可能需要对望远镜的理论做出修正，在有些情况下我们恰恰需要那样做，起码那样的情况是可以想象的。关键在于，并非每一个预设了望远镜的处境都构成对望远镜理论的测试；所以，说单凭理性思考不足以决定如何对待期待之外的经验，这个结论是站不住的。

或许——我们来看看第四种即最后一种信念和社会价值彼此缠绕的方式吧——正确的观点是，不该用社会来填补理性留下的鸿沟，因为理性本身的本质构成就是社会的。根据这个思路，相信一件事物的好的理由，仅仅在其同诸种多变的社会因素的彼此关系中才有自己的位置——理性与社会之间的截然二分只是个幻觉。

时至今日，在建构主义者的圈子中，这或许是唯一最有影响的对于理性与社会之关系的解释了。它把好的理由相对化为多变的社会环境，于是在某些社会环境、某些文化中，我们可以准确地说某项信息验证了一个具体信念；可是在其他环境、文化中同样的信息起不到这个作用……

不过对于信念的理由而言，这样的解释是行不通的，柏拉图早就懂得这一点了（见他的《泰阿泰德篇》）。若如这一解释所说，信念、断言的一切理由都不可避免地依赖于多变的背景视角，那么我们便无法自相一致地相信、断言任何东西。要讲清这个道理办法有很多，最明白的或许是这样：即便是相对主义者，也没法对自己的观点采取这一态度。相对主义者认为理由的可验证性是相对的、依赖于每人自身的视角；但他能认为自己的这一观点是相对的吗？假如他这样认为，那么他何必要把这个观点介绍给我们这些视角和他不同的人呢？

当我们有所相信的时候，我们相信是因为有理由认为它是真的；我们认为这理由足够普遍，足以让和我们视角不同的人也心悦诚服。如此我们才感到自己有资格把信念公之于众。很难想象如此来思考信念和断言，把此种普遍性的可能拒之门外……

结　论

在其最佳的表述中——例如在德·波伏娃（de Beauvoir）和阿皮亚（Appiah）的作品中——社会建构主义者的思想展示了社会实践的情境因素，我们曾错误地认为那样的实践是必然的。有赖于好的科学理性的标准规范，它才能够做到这一点。当它想要成为普遍的形而上学或普遍的知识理论时，它便误入歧途了。作为前者，它退化为一种形式上不可能的观念论；作为后者，它在错误地试图相对化理性观念这

一漫长历史中占有一席之地。这些观点在历史上早已不足信了，谁也增添不了什么新东西；如果有的话，那就是社会建构主义者比他们的传统伙伴更晦涩，更混淆。难点在于，对社会建构的如此普遍化应用何以能诱惑这么多人？

吸引力的来源之一，无疑在于其效果。假如我们预先就能知道，任何知识成其为知识，都仅仅是因为它得到了社会价值的偶然认同；那么只要我们碰巧不认同它被声称依赖的价值，就可以把任何知识打发掉了。于是就无须深究那往往是错综复杂的细节……

直觉的观点是，事物有那么种存在方式，是独立于人的意见的；我们有能力就事物如何存在达到那样的信念，信念的内容是客观上可理解的，并且任何人都有能力鉴别与之相关的证据，无论他们的意识形态视角为何。这些观点固然有难度，但我们并不能因此就认为当今哲学给我们揭示了什么好的理由来拒斥它们.

■ 关键词

先验 / 后验	精确性问题	分析	分析 / 综合 211
反表象主义	哥本哈根诠释	基础主义	非决定论 219
翻译的不确定性	指涉的不可测	工具主义	语言游戏 209
逻辑原子主义	逻辑实证主义	逻辑主义	测量问题 217
部分的总和	自然化的认识论	必然 / 有条件	虚无主义 190
本体论反实在论	本体论实在论	本体论	现象主义 204
实用主义	私人语言	实在论	还原主义 211
表象主义	感觉材料	旁观者的知识理论 193	
叠加	理论预设	可翻译原则	
维也纳小组	意义的可证实性原则		

■ 供讨论和复习的问题

1. 哲学上的分析做的是什么？请解释哲学上的分析。

2. "方的圆是不存在的事物。""没有方是圆。"从哲学上说，这两个命题中哪一个更简单？为什么？

3. 什么是意义的可证实性原则？

4. "美国的第一位女性总统没有结婚。"这句话是真是假？抑或非真非假？请做解释。

5. 说世上存在着"原子"事实，这意味着什么？

6. "倘若 X 可能存在，但我们又没有理由认定它确实存在，那么作为形而上学家，我们就无须理会 X 了。"这话对吗？为什么？

7. 请把上帝、鬼魂、外星人代入上述原则中的 X，评述其实际效用。

8. 对于物理对象来说，倘若没有人感知到它们，你还能知道它们的存在吗？

9. 逻辑实证主义者为什么认为一切形而上学都没有意义？请做阐释。

10. "至少从某方面来说，一件事物在它被使用的各种语境背景中被认为是什么，它就是什么。"这话是什么意思？

11. 课本中说到电影《我们到底知道多少！？》错误地描述了观察在量子系统中的作用。请观看这部电影并举出这种误解的例子。电影中还有没有其他因素和我们的课本不相符合？电影中的哪些主张符合课本？

第二部分

道德哲学和政治哲学

第十章

道德哲学

故而，幸福是某种终极的、自足的东西，它是行为的结局和归宿。

——亚里士多德

严格地讲，道德并不教导我们如何能够活得幸福。它告诉我们的是，如何使自己配得上幸福的生活。

——伊曼努尔·康德

日常生活中，我们向来都在接受着种种劝告和建议；但也许，这些劝告和建议并非都那么有益，站得住脚的也并不太多。

在这些你所得到或给予的建议中，大部分是实际应用上的——"如果想活得长命些，"有人会说，"你就别抽烟了。"或者"我如果是你，就会在年轻时买人寿保险"。

然而建议未必总是这样仅仅关乎实际操作。也有道德上的建议。有人——或许是你的朋友、上司，抑或亲戚——会劝你做这样一些事，并非因为这么做会使你自身受益，而是因为这样做在道德上是正确的。"你应当为慈善事业捐款。"他也许会这么说。或者是"你得对动物好些"。像这些建议，它们所表达的就是道德判断。

伦理学，或道德哲学，就是关于道德判断的哲学研究。道德判断涉及价值：何为美德，何为根本，什么是正义或非正义，还有什么是道德上的正确和错误、好和坏、恰当和不恰当。我们之所以讲道德上的正确、道德上的好，如此等等，那是因为像正确、好还有恰当这样的用语（还

好的生活

我们说，哲学对于实际生活是有意义的，而且有用。这个很可能是偏见，因为毕竟咱们就靠搞哲学糊口。但无论如何，以下的事实能够对上述观点提供支持。

在第二部分中，你将读到柏拉图、亚里士多德以及其他思想家的道德哲学。你会注意到，在绝大部分情况下，他们都关注着这个问题：人类的幸福、安康，或者说美好生活，这些究竟包含些什么内容？这个问题不见得就是伦理问题的核心，但它离核心很近。在本书的这一部分所提到的那些哲学家中，绝大多数人都为这个问

题提供了一个可能的答案。就实践层面而言，这一问题也具有相当的重要性——我们有必要在当下就来关注它。归根结底，我们都终有一死；而且不幸的是，死亡来得很快，常常快得超出人们的预期。对此有了清晰的体察后，我们就会明白：倘若人因为醒悟太迟而对这一事实无能为力，那将是莫大的悲剧。

通过阅读这一章和下一章，你或许能有所收获，对于所谓"美好的人生"形成自己的看法。

有它们的反义词：错误、坏、不恰当）也可以用在非道德的价值判断上，比如说坏的酒，又比如说传球的正确方式、恰当手法，等等。

关于道德判断，可以提的问题是很多的，所以研究伦理学的哲学家们所涉猎的题材颇为广泛。其中，有一个根本问题就是：什么是道德判断？换句话说，当我们在说某某事情道德上正确或错误、善良或丑恶的时候，我们所意谓的究竟是什么？我们说这事该做，那事不该做，这又有何意义？要不，也可以这样问：是什么使道德判断成为道德判断？道德判断和别的那些价值判断、事实陈述及实践上的忠告有何不同？关于道德问题的论述和关于其他事物（比如，关于物质结构，或关于上乘艺术品的特性）的论述区别何在？这些都是伦理哲学家们要问的问题。

伦理学当中最重要的问题却是简单的：哪些道德判断是对的？也就是说，哪些事是好的、正义的、道德上正确的、应该去做的？总而言之，"道德法"究竟为何物？这个问题很重要，因为它的答案关系到我们如何处理日常事务。也许它不仅是最重要的伦理问题，也是最重要的哲学问题。也许它是所有问题当中最最重要的。

伦理学的另一个问题不那么显而易见，但它在逻辑上更根本：世界上有没有道德法？换句话说，道德义务究竟是否存在？真的存在好或者坏、正确或错误这样的东西吗？如果存在，那又是什么使得这样做是正确的，那样做是错误的？即，道德标准的最终根据是什么？

以下我们将开始探讨这些话题，以及相关问题，看看它们在哲学史上是如何被处理的。但在开始探讨之前，先得了解一下几个概念，这几个概念在道德哲学的历史上是相当重要的。

怀疑论、相对主义和主观主义

这就是三种重要的道德观，哲学的初学者们很容易接受其中的某一个甚至多个。首先，伦理学的怀疑主义（ethical skepticism）是指这样一种学说，它认为我们关于道德一无所知。这种怀疑论认为，我们不可能知道世上究竟有没有道德标准；即使有这样的标准，我们也不知道它们是什么。

这一点请务必注意：怀疑论并不意味着这样的信念，坚信世上无所谓对与错，"一切皆被允许"（先前的章节中曾经提到过）。只要一个人持有这样的主张，那就意味着他或她已经拥有关于道德的知识。

关于伦理学，另一种观点也颇为流行，就是描述性的相对主义（descriptive relativism）。它认为，人们所认同的道德标准随各自文化的不同而不同。这一观点乍一看好象毫无疑问是对的，但你要知道，不同的行为并不一定源自不同的标准。比如说，"文化"这个东西是先于人的自由选择的，它也先于人的生活；看起来，不同文化确实包含不同的道德标准——也许如此吧。但从另一方面讲，它们或许全部都认同这样的标准：把一个活人杀死是错误的；可以争议的地方在于，胎儿究竟算不算是活人。

无论如何，描述性的相对主义还算不上伦理学说。它说的仅仅是，关于什么是道德上的对或错，不同文化中的人们持有不同的信念；而对于在道德上何为正确、何为错误这件事本身，它什么也没有说。有一种观点是这样说的：如果某种文化相信某件事在道德上是正确的或错误的，那么对于这一文化中的人来说，这件事就是道德上正确或错误的——这就是文化相对主义（cultural relativism），它在哲学的初学者中间也很有市场。比如说，很多人都倾向于这样想：一个人是否该自私地行动，完全由他的文化是否认同这种自私所决定。持文化相对主义观点的初学者有时也会倡导人们去接受那些来自别的文化的人类行为；然而，这种倡导和文化相对主义观点是矛盾的，倘若他或她自身的文化不认同那种行为的话。

还有一种相对主义的学说，叫个体相对主义（individual relativism），它认为所谓对与错都取决于个人的信念。如果你持这种观点，那么你就不得不这样认为了：任何人的行为都不会有错，因为他或她所做的无非就是他或她自己认为是正确的。有时候，个体相对主义和文化相对主义都被称为主观主义（subjectivist）伦理哲学，因为在这些学说中，对或错都完全取决于一个人（即一个"主体"）或一个文化（即一群"主体"）的信念。

利己主义

利己主义（egoism）也是一种被广为接受的伦理学说，它分为两种形态。首先，是描述性的利己主义（descriptive egoism），它认为，人在一切有意识的行为中都把自己的利益看得高于一切。另一种是规范性的利己主义（prescriptive egoism），说的是人在一切有意识的行为中应当把自己的利益看得高于一切。比如说，伊壁鸠鲁主义（Epicurean）的伦理哲学就是规范性利己主义当中的一种。

哲学的初学者们常常乐于接受描述性的利己主义，他们会觉得这几乎是自明的。还有许多人会偏爱伦理哲学中的规范性利己主义。当然，我们总是在为着自身的目的行动着！并且这正

合乎伦理的行动，是否意味着压制住"自身利益"这个恶魔，而把追求转向更为崇高的目标？规范性的利己主义持这样一种观点：你应当为你自身的利益而行动。

是我们应当做的，难道不是吗？

不过有些哲学家看出来了，若要同时接受描述性的和规范性的利己主义，那就会有一个困难：倘若你认为人们无论如何总是这样行动的，却还不厌其烦地告诉人应当这么做，这种劝告就根本毫无意义。这些哲学家们说，这就好比你这样劝告别人：你有这样的道德义务，动作上严格遵循物理定律，在任何时候都保持形体可见，都占据空间，诸如此类。

更进一步讲，假如你觉得你自己和许多人一样，也是规范性利己主义（就是主张人应当把自己的利益看得高于一切）的拥护者，那么你就得考虑一下这个问题了：对你来说，鼓吹推行你那套利己主义哲学，这是否有意义？既然你应当把你自己的利益看得高于一切（正如规范性利己主义所主张的），那么，你是否有必要跑到大庭广众去逢人便劝他不顾一切地追求他们自己的利益？难道这么做对你自己最有利？倘若你能说动别人全都去促进公共利益，这样岂非对你自己更好吗？

快乐主义

快乐主义（hedonism），即追求快乐。它在哲学家中也分成两类，一类是描述性的学说，叫心理学的快乐主义（psychological hedonism），主张人所渴求的归根结底是快乐；另一类是伦理性的学说，叫伦理学的快乐主义（ethical hedonism），主张人应当追求快乐而非别的东西。以上这些先请大家记住。

初看起来，那种描述性的学说貌似很合理；但细心思量以后，我们会发现并非如此。除了快乐以外，人确实还追求些别的东西，比如说粮食、健康、松弛、休养、行动的正确性、成功、友谊等，不一而足。正如英国伦理学家兼教士约瑟夫·巴特勒主教（Bishop Joseph Butler）指出的：倘若我们不欲求快乐以外的东西，那就根本无法追求快乐，因为所谓快乐就是对那些欲求的满足。另外，爱尔兰历史学家莱基（W. E. H. Lecky）曾这样写道："美德带来的快乐只有在这样的条件下才能获得，即快乐不是你行动的目的。"换句话说就是：倘若你仅仅为了与美德相伴而生的快乐而去做好事，那么你就根本不具备美德，因而也得不到快乐。

就伦理学的快乐主义而言，它区分为两种：利己主义伦理学的快乐主义（egoistic ethical hedonism），主张人应当把追求他或她自身的快乐放在第一位；以及普遍主义伦理学的快乐主义（universalistic ethical hedonism），亦称功利主义（utilitarianism），主张人应当首先追求最大多数人的快乐的最大化。

功利主义面临这样的问题：它必须解释，一个人为什么该替别人寻求快乐？常见的回答是，只有通过替别人寻求快乐，你才能完美地体会到属于自己的那一份快乐。不过这个答案似乎预设了这样的前提：一个人最根本的伦理义务，归根结底还是针对他自己。

五种主要的伦理学框架

　　一个人到底应该过这样的生活？对于这个问题，当代道德哲学家们所发表的伦理、道德理论通常都跳不出以下五个伦理学框架。为了便于各位阅读、理解本章所涉及的那些哲学家，咱们把这几个框架列在下面，并在每个框架后面附上相关范畴的倡导者，作为典型例子。排列次序不分先后。

- ·第一，神意伦理学（divine command ethics）：我该做什么？这由上帝说了算。奥古斯丁和阿奎那是典型例子。
- ·第二，效果论（consequentialism）：我该做什么？这取决于何种行为的效果最令人满意。伊壁鸠鲁主义、斯多葛主义以及功利主义（utilitarian）都是好例子。
- ·第三，义务伦理学（deontological ethics）：我该做什么？这由我承担的道德义务决定（与行为的后果无关——至少在有些情况下）。康德是个恰当的例子。
- ·第四，德性伦理学（virtue ethics）：我该做什么？应该像一个有德者那样去行动。（对于德性伦理学而言，根本问题不是我该做什么，而是我该成为怎样的人。）柏拉图和亚里士多德都是好例子。
- ·第五，相对主义（relativism）：我该做什么？这取决于我所处的文化或社会。本章所提及的哲学家中没有相对主义者（尽管学生当中不乏其人）。

　　有时候，契约论（contractarianism，亦作contractualism）也被算作一种基本的伦理学理论。不过，通常它被看成一种关于社会正义的理论。它认为，只有通过代表我们之间开诚布公、集思广益、深思熟虑的会谈、磋商，最好的正义原则才能被建构起来。在第十一章即谈论政治哲学的部分，我们将探讨这一话题。

　　以上五种不同的伦理学视角在道德哲学的历史上渐次登场。让我们走近它们，做个仔细的考察。

古希腊时期

　　道德判断必须以理性为基础，这一观点源自智者学派（Sophists）——就是那一群活跃于公元前5世纪的希腊的职业教师，也源自苏格拉底（Socrates，约公元前470—前399）。智者学派抨击了古希腊贵族政治所奉行的传统道德，他们认为行为准则必须由理性使之合法化，苏格拉底也持同样观点。这样的要求，以及苏格拉底在讨论德行时所表现出来的对辩证方法的熟练驾御，这一切共同标志着关于道德问题的哲学论辩的开端。

　　也许到了某一个时刻，总会有人跳出来，坚持道德要求必须得到理性的辩护——又或许，这样的事并非不可避免。为什么大人认为对的事情孩子就必须做？孩子们会问出这样的问题。"因为事情向来如此。"这样一个简单的答案或许就能让大人和孩子都满意。显然，在某些社会中，价值判断是被不假思索地接受的；至于道德要求的合法性依据之类，根本还没有成为问题。我们的社会通常不是这样，而这正是智者学派和苏格拉底留给我们的精神遗产。

苏格拉底坚持用理性来考量道德问题，这方面他的表现异常突出。他提出了许多好问题，问题中包含着一些至今仍流行于世的道德观念，比如：好就是讨人喜欢，强力造就正义，以及无情才能快乐，等等。

对于那些指称美好品德的词语，比如正义、虔诚、勇气，苏格拉底用心考察了它们的意义。因为这些道德用语可以被用来指称各种行为——举例来说，许多不同的行为都可以算是勇敢的；而苏格拉底相信，倘若某类行为可以被统摄在一个特定的道德术语下面，那么它们一定拥有某种共同点。于是，他便着力寻找最根本的共性（遗憾的是，他没有取得像样的成功）。每种美德都具有它的根本特性，而这种特性可以通过理性的追问被揭示出来——这是苏格拉底做出的假定。许多哲学家都采纳了这个假定，而且它构成了几个著名的伦理学理论的核心，例如柏拉图的理论——我们马上就要看到它。

苏格拉底还认为，只要一个清醒的个人拥有关于美德之本质的知识，那么他就不可能作恶。因此他也相信，卑劣的行为要么出自彻底的疯狂，要么出于无知。柏拉图也持这个观点，而且至今仍有人相信它。

柏拉图

一个特定术语（包括任何道德术语）所指称的一切事物必定分享着一个共同本质或"决定性"特征，这是苏格拉底的观点，而柏拉图接受了这个观点。比如说，一切被称为英勇的行为必有共同点，正是这一特征使我们可以用"英勇"这个共同的名称来指称它们。一切勇敢的行为也有共同点，它使勇敢成为勇敢。这种根本性、决定性的特征，柏拉图将之称为一类事物的理念（form）；并且，由于许多看起来令人信服的理由，柏拉图认为理念比它所统摄的具体事物更真实。以上这些我们在第三章就已经谈论过了，现在将再一次来考察柏拉图的论述，因为这个和他的伦理学息息相关。

我想各位都会同意，一个东西要成为椅子，它必须拥有某种特性，这特性使椅子成为椅子。我们就把这种特性称为椅子性吧——这就是柏拉图所说的理念。由此，则一个东西要成为椅子，它就必须拥有椅子性。也就是说，为了让任何东西可以成为椅子，椅子性这个理念必须存在。所以说，理念比你坐在上面的这把椅子以及任何别的椅子都更根本，更"真实"。

在柏拉图看来，人的感官感知不到理念；因为感官所能感知的是个别事物：特定的椅子、特定的人、特定的勇敢行为，等等。我们不通过感官来接受理念。我们无法看到椅子性，正如我们无法触摸和捕捉勇气或人性。因此，柏拉图主张，我们只有通过理性才能知道理念。

再者，柏拉图说，我们用感官感知到的个别事物都永远在变化。有些东西，比如石头，变化得很缓慢；而别的东西，比如人，就变化得快得多。就是说，由感官得来的知识是不确定、不牢靠的。关于理念的知识就不是这样。关于理念的知识是确定的、牢靠的，因为它的对象——理念——是永恒不变的。

对于这些不同的理念而言，柏拉图认为（到这里我们就能看出以上这些和伦理学关系何在了）它们构成了一个等级序列，因为理念的内在价值是不一样的。这个观点很容易理解。比如说，在你看来，美的理念（就是美的东西的本质）是不是比瑕疵性的理念（就是瑕疵的本质）更具有内在价值呢？

柏拉图说，在所有理念的顶峰，就是善的理念，也就是通常所说的至善，这个理念具有最高的价值。于是，对于柏拉图来说，因为

a. 理念决定了真正的现实，并因为

b. 至善的理念是所有理念中最高的，所以

c. 个别事物之所以是真的，仅仅是因为它们分有了这个终极理念，或者说，是这一终极理念的具体化。

从 c 可以得出的一个推论是，事物对于至善分有得越少，它的真实性就越少。还有一个推论是，恶是不真实的。请记得这第二个结论。后面你将再次遇到它。

由于至善之理念是一切价值和真实性的源泉，故而柏拉图相信，我们必须尽力去获取关于它的知识，努力去理解它。再者，既然（前面说过）只有理性能够理解理念，那么我们就必须

这些事物有怎样的共同特性，使它们都成为椅子——扶手？腿？木头？不，它们都分有共同的理念，这使它们成为椅子。

让自己服从理性的支配——这就使柏拉图的主张。同样地，他还认为管理国家也得靠理智，这些是第十一章的内容。

总而言之，柏拉图的观点是这样的：个别事物的真实性存在于理念之中，前者是后者的具体化；感官无法把握理念，而理性能够；具有最高价值的理念是至善之理念。因此，人必须尽力去获取关于至善的知识，让自己服从理性的支配。

事实上，柏拉图给我们下了这样一道伦理命令："服从理性的支配！"但细想之后，我们会不会觉得它有点过于抽象了？对于一个人该做什么，不该做什么，这样的命令是不是无法做出任何具体的指示？

对于这两个问题，柏拉图都会回答"不"。他说，人类的灵魂（大约两千年后，弗洛伊德提出的自我、本我、超我理论与这个颇为类似）由三个部分组成：一部分是赤裸裸的欲望，一部分是冲动（比如怒火、野心），还有一部分是理智（就是用于理性思考的部分）。当这些部分服从理性支配——也就是当你自己服从理性支配的时候，每个部分都能够获取一种特长或美德。当欲望服从理性支配的时候，我们就表现出节制这种美德；当冲动服从理性支配的时候，我们就表现出勇敢；而当理智自身服从理性支配的时候，我们就表现出智慧。

由此，柏拉图相信，一个处于良好的自我控制之下的人，即一个受理性支配的人，就表现出四种基本美德：节制、勇敢、智慧，还有"正义"。"正义"为什么也在这个列表中出现？当灵魂的每个部分都服从理性支配，都履行起它们应负的职责的时候，正义这种美德就被获得了。

柏拉图和神意伦理学

神意伦理学认为，什么在道德上是正确的、善的，这取决于神圣命令，也就是说，取决于上帝的命令或宣判。这一观点在当今的西方社会及别的社会都颇为流行。柏拉图对此进行了考察，考察的结果是这样一个问题：究竟是众神或上帝的宣判使一件事成为正确的或善的，还是因为这事是正确的、善的，众神、上帝才如此这般地宣判它？倘若你对这个问题感兴趣，那就可以去读柏拉图的一篇十分短小的对话——《游叙弗伦篇》（*Euthyphro*）。

有些"神圣命令"理论的批评者认为，柏拉图的问题把这一理论的拥护者们放在了一个尴尬的境地。倘若你说，因为某事是善的，所以上帝就宣布它是善的，那你就是在暗示上帝并非终极的权威，或者说上帝不是善的最终源头：你在暗示某些高于上帝的存在，是它让善成为善。倘若你说，因为上帝宣布某事是善的，所以它就是善的，那你就是在暗示上帝的宣判是武断的、任意的；他完全可以反过来，宣布这事不善。

简言之，这个问题暗示了（它的可争议处就在这里）：要么上帝的道德指令是武断的、任意的，要么上帝并非善的终极源头。

明白了柏拉图眼中的灵魂以后，我们就容易懂得了：由理念论推出的原则"服从理性的支配"，其实就是指示我们应当节制、勇敢、智慧和"正义"。至于这些指令更具体地意指什么，柏拉图做了更详细的讨论，不过我们就不用走那么远了。更进一步，他说，只有通过美德——拥有以上四种德性——你才能够拥有一个秩序井然的灵魂，如此方能获得美满的心理状态，而这才是真正的幸福。柏拉图用这种方式把德性和幸福联系在了一起。当我们说"美德的报酬就是它自身"的时候，我们就是在确认这种关联。

人要得到幸福，是否真的必须拥有秩序井然的、"正义"的、具备高尚德性的灵魂？对此，柏拉图所做的并不仅仅是断言，他不希望我们囫囵吞枣地接受这个结论。他和别人同样明白，看起来情况好像恰恰相反：那些活得最滋润的人往往品行恶劣。因此柏拉图对这个问题做了更细心的考察，尤其是在《理想国》（*Republic*）中。在这篇对话中，柏拉图尽其所能地为以下观点做了阐释和辩护：倘若一个人能够用聪明狡猾的方式来损人利己，那么这样的生活会比有德者的生活更令人满意。当然，作为苏格拉底的信徒，柏拉图坚信这个观点是错的，他不遗余力地要证明它的错误——这正是《理想国》的主题。他究竟成功与否？这个可以由各位去见仁见智。无论如何，柏拉图在《理想国》中为不正义的、道德败坏的生活提供了一个非常强有力的辩护（并试图对之做出驳斥），比这更有力的辩护似乎还没有被发明出来。

当然，也许你会同意柏拉图的结论，即有德的行为对于你自身的美满安康最为有利，因为你相信死后有上帝来裁断：上帝会奖赏你生前的美德，惩罚你生前的邪恶。但是请注意了，如果你接受的是这样的信仰，那么你就是在假定：有德的行为在现实的这一生中并不带来什么报

阿瑞斯提普斯的"把握当下"（Go-for-It）哲学

古希腊的塞伦尼（Cyrene）有个人叫阿瑞斯提普斯（Aristippus，公元前 435—前 350），差不多和雅典的柏拉图处于同一个时代。他所倡导的伦理学说和柏拉图的全然不同。阿瑞斯提普斯说，我们的人生应当永远致力于寻求尽可能多的快感，快感越强烈越好，只要我们有能力获得。即使强烈的快感会引发痛苦，它仍然应当被追求，因为阿瑞斯提普斯认为没有快感或痛苦的人生就是彻头彻尾的无聊。在他看来，当人能够掌控他的周围环境、掌握别人并

将之用于促进自身利益的时候，他就能最好地获取快感。

也许你认识某些人，他们会同意阿瑞斯提普斯的观点。

这种享乐主义（即寻求快乐）哲学名叫居勒尼主义（Cyrenaicism），它在历史上先于伊壁鸠鲁主义（Epicureanism）。你将会看到，伊壁鸠鲁那套以快乐为目的的哲学比阿瑞斯提普斯的要温和得多。伊壁鸠鲁劝人避免过于强烈的快感，因为这种快感逝去以后是极度的痛苦和失落。

偿（比如快乐）。但柏拉图相信，只有有德的行为才最能促进你此生的美满安康。（请看 "柏拉图和神意伦理学"一栏。）

最后要说的一点是，柏拉图对以下这样的流行观点（它们在过去和现在都很流行，也许会永远流行下去）也很感兴趣：善即快乐，自我控制并非获取快乐的最佳途径，以及与其受人利用，不如利用别人。在他看来，只要对这些观点进行仔细考察，就可以发现它们都是错的。所以，假如上述观点对你颇有吸引力，让你觉得有同感的话，那么我们给你这样的建议：在你秉持这样的信念去安排生活之前，可以先去读一下《理想国》，以及另一篇著名的柏拉图对话——《高尔吉亚篇》（*Gorgias*）。"阿瑞斯提普斯的'把握当下'哲学"一栏你也得读一下。在本章结尾，你可以读到从《高尔吉亚篇》中节选出来的一小段。

卢卡尼亚人爱沙若

古希腊的卢卡尼亚（Lucania，在意大利南部）有位哲学家叫爱沙若（Aesara），她对柏拉图的主题做了强有力的回应。爱沙若生活在公元前 350 年左右。她的作品如今只留下一个残篇。哲学教科书里很少提到她，也许因为她的作品保存下来的太少，也许还有别的原因。但她是有趣味的，值得阅读。

和柏拉图一样，爱沙若也关注人类的美满安康，关注好的生活的本性。她认为这个问题的关键在于秩序井然的、德行完善的、"正义"的灵魂，即均衡而和谐地运作的心灵——这个也和柏拉图的观点相似。同柏拉图一样，她也认为，运转良好的国家是运转良好的灵魂的复制品，它们当中都存在着均衡和秩序。

爱沙若对于人类心灵或灵魂所做的分析和柏拉图的理论很相似。她认为灵魂分为三个部分：意识（mind）、精神性（spiritedness）和渴望（desire）。意识负责分析观点，做出决定。灵魂的精神性部分让人有能力履行他的决定；它就是我们所说的意志（will）。渴望则包含道德情绪，比如爱。

有一点值得一提：在古希腊社会中，妇女的角色就是在家里养育品行优秀、心智健全的后代，而男性就在政府或市场干活——男性属于家庭以外的世界。作为一个女人，爱沙若敏感地意识到了这一点：男人们，甚至男性的哲学家们，常常倾向于认为正义仅仅适用于家庭以外的世界。那么，道德哲学是否需要两条不同的路径，一条用于家庭，另一条用于应对家庭以外的人际关系和公共机构？到了 20 世纪，我们仍将再次遭遇这个问题。但是很显然，爱沙若对于这个问题将回答"不"。一切具备道德上的重要性的决定都应当如此：理性、意志力还有积极的情绪波动诸如爱情，这一切共同表现出恰如其分的比例——无论这个道德决断针对的是家庭还是国家。

爱沙若的作品如今只留下一个残篇。爱沙若对于哲学史的影响固然不如柏拉图、亚里士多德这样的人物，但我们仍然相信在这里提及她的思想是有价值的。对于以下两条古希腊观点，没有谁表达得比爱沙若更优雅。观点之一是，美德源自那秩序井然的灵魂，在这样的灵魂中它的各个组成部分以恰当的比例和谐运作；观点之二是，人的灵魂是社会的模型。倘若你理解了灵魂的本质，那么你就会明白社会和社会正义应当成为什么样子。

亚里士多德

对于柏拉图而言，一切价值的终极源头就是至善之理念；它是不同于现实世界中任何特殊事物的独立实体，它不属于我们的感官所感知到的世界。一切价值都建立在一个非自然的源头之上，这种柏拉图式的观点是柏拉图哲学的组成部分。我们在很多伦理学体系中都能找到这样的观点，在基督教伦理学中则尤为显著。但是，并非所有伦理学体系都主张价值有一个非自然的源头。

那种不主张价值有非自然源头的伦理学体系，我们称之为自然主义的伦理学体系。这种伦理学的自然主义（ethical naturalism）认为，所谓道德判断，其实就是对于自然世界中的事实所做出的判断。例如，第一位伟大的伦理学自然主义者亚里士多德就相信，对于我们而言，善取决于我们自然本性，即我们天生就有的目标。

那么，我们天生就有的原则或最高目标是什么呢？亚里士多德说，那就是获取幸福，因为只有幸福是我们仅仅因其本身而追求它的。并且，因为获取幸福是我们天生就有的最高目标，所以幸福就是我们最高的善。

那么，作为最高的善的幸福包含哪些内容？亚里士多德说，要回答这个问题，我们先得思考一下人类是为何而存在的。要知道一把斧子或一个凿子的好意味着什么，我们先得考虑它的功能，即它实际上是用来干什么的。那么就人这种动物而言，他们作为人这种动物究竟在干什么？我们看到，从根本上讲，他们（a）生活并且（b）用理性思考。

由此亚里士多德推出，幸福包含两部分内容：享受（快感），以及理性能力的运用和提高。之所以包含享受，是因为人类作为生物性存在，他们有生物学上的需求和冲动，对这种需求和冲动的满足会带来快感。它还包含理性能力的运用和提高，这是因为只有人类有这种能力，别的生物没有。是这种能力让人区别于其他生物，所以亚里士多德强调说，对于理性能力的运用是幸福的最重要组成部分。他坚持认为，仅仅快感还不足以构成幸福。

对理性这种独特能力的运用，就是亚里士多德所说的德性。由此引出了他那个著名的论断：幸福就是合乎德性的行动。德性分为两种：积极运用理性能力，去研究自然或就某事做出计划，这个是理智的德性；而运用理性能力来调节、平衡冲动和欲望，这就是亚里士多德所说的道德的德性。

亚里士多德有一部主要的伦理学著作叫《尼各马可伦理学》（*Nicomachean Ethics*），这里面有很大一部分就是在分析特殊的道德德性，亚里士多德说那就是两端之间的中道（mean between extremes）（比如，勇气就是恐惧一切和毫无恐惧之间的中道）。他还强调说，德性必须成为习惯：一把斧子倘若只是偶尔是锋利的，那它的功能就不完备；所以说，一个人如果仅仅是偶尔地运用他的理性能力，他就没有承担起他应负的职责——就是说，他没有德性。

亚里士多德有一个重要洞见：人的幸福揭示了他真正的道德品性。他说："倘若一个人面对危险仍保持愉快，或者至少，他在某种程度上并不痛苦，那么他就是勇敢的。倘若他面对危险感到痛苦，那么他就是懦弱的。"当然我们可以这样反驳他：倘若一个人即便感到痛苦仍然愿意面对危险，那么他就是最勇敢的——不过，这个看起来像诡辩。

亚里士多德还区分了工具性目的和自为的目的。倘若我们做某件事是把它当做达到别的目的的手段，那么这就是工具性目的（instrumental end）；倘若我们为了这件事本身而做这件事，那么这就是自为的目的（intrinsic end）。

比如，当我们坐下写这本书的时候，我们的目的是写完它。不过这个目的对别的目的而言仅仅是工具性的：我们写书为了让读者能够更好地理解哲学。

但是请注意，以上所说的最终目的，即让读者更好地理解哲学，它对于更远的目标而言仍是工具性的：为了塑造一个开明的社会。

不仅如此。当你的老师为你和班上别的同学打分的时候，这个行为对于你的学习而言是工具性的，而这个对于塑造一个开明的社会而言仍是工具性的。

事实上，大学中的一切行为都是为了塑造一个开明的社会。比如，你的老师可能最近要升迁了。升迁是为了让大学中的教学更有效果，它是工具性的；而有效的教学对于塑造开明的社会而言又是工具性的。

更进一步讲，塑造一个开明的社会，这对于另外的目标而言仍旧属于工具性——至少亚里士多德是这样认为的。为什么要有开明的社会？亚里士多德会说，开明的社会是好的，因为在这样的社会中人能够完成他们作为人所负有的天生的使命。因此他会这样说：只要我们懂得了人天生的使命是什么，我们也就知道了什么是自为的善，它因其自身而成为善。这样我们就能明白何谓"人性善"（Good of Man）。

总而言之，亚里士多德的伦理学在根本上是自然主义的：人的善取决于人的自然本性。柏拉图的理论是非自然主义的：任何形态的善都源自善之理念。但尽管有这样的差别，对于怎样的行为值得赞扬、怎样的行为应当受责难这样的具体问题，亚里士多德和柏拉图无疑会在很大程度上意见一致。亚里士多德也认为基本的美德有勇敢、节制、正义、智慧，而且他和柏拉图都推崇理智的生活。

还有，柏拉图和亚里士多德都相信，伦理的关键不在于为行为设定规矩（比如"你愿意别人如何待你，你就该如何待别人"），而在于个体身上的好的性格特征，即德性。在第十二章中我们将看到，在 20 世纪的最后几十年中，有许多英美哲学家对这种形态的伦理学理论——德性伦理学——颇感兴趣。在德性伦理学看来，伦理学的根本问题不是我们应当干什么，而是我们应当成为怎样的人。

尽管有这样的类似，我们还是应当记得，一切道德价值的终极源头——至善——对于柏拉图而言是非自然的"理念"；而亚里士多德则这样来定义人类的善：它取决于人类这种生物天生所追求的——那就是幸福。

从亚里士多德的时代以来，伦理学体系往往跳不开以下两个范畴中的一个：要么认为道德上至高无上的善是超越自然的，这就是继承了柏拉图的传统；要么认为道德的基础在人的本性之中，他们就是亚里士多德的信徒。

伊壁鸠鲁主义和斯多葛主义

在亚里士多德之后的希腊和罗马时代，存在着四个主要的哲学"学派"：伊壁鸠鲁学派、斯多葛学派、怀疑论者、新柏拉图主义者。新柏拉图主义和怀疑论我们已经在第一部分讨论过了。

怀疑论者否定了一切知识的可能性，于是关于道德的知识也被否定掉了。他们认为，人无法做出判断，无论是事实判断还是价值判断（价值判断把价值赋予事物）。由此，他们崇尚宽容地对待他人，对别人的事漠然置之，对自己的事则谨言慎行。既然怀疑论者认为人无法做出道德判断，那么他们宣扬容忍、漠然、谨慎，这是否自身一致呢？你可以自己来判断。

这一章我们将讨论伊壁鸠鲁主义（Epicureanism）和斯多葛主义（Stoicism）。它们都属于自然主义的伦理哲学，而且都对哲学和伦理学保持着持久的影响力。时至今日，"以哲学的态度对待事物"就意味着像斯多葛主义者那样面对失落；而 epicure（饕餮之徒）这个词语仍风行于哲学课堂以外的日常英语中。

伊壁鸠鲁主义

伊壁鸠鲁主义理论认为，个人的快乐就是最高的善。它是伊壁鸠鲁（Epicurus，公元前341—前270）提出的，在公元前 2 世纪和前 1 世纪达到了鼎盛。它流传到了罗马，作为一个学派一直持续到将近 3 世纪。尽管今天很少有人会自称是伊壁鸠鲁主义者，但毫无疑问，这套哲学中的有些核心主张至今仍不乏拥护者。也许你是其中之一，我们也是。

伊壁鸠鲁认为，把追求快乐的生活看得高于一切，这是我们的天性。因此他推论说（或许你也会这样想），我们就应当把追求快乐的生活看得高于一切。从这个意义上讲，伊壁鸠鲁在伦理学上是个自然主义者。

伊壁鸠鲁说，当你的欲望得到了满足，你就获得了快乐的生活。他把欲望分为三种：

· 天生的、必须得到满足的欲望，否则人就不可能拥有快乐的生活（比如对于食物和住所的欲望）

· 尽管是天生的欲望，但对于快乐的生活而言，它并不是非得到满足不可的（比如对于性快感的欲望）

· 既不是天生也不是非满足不可的欲望（比如对于财富或名声的欲望）

伊壁鸠鲁相信，我们应当忽略第三种欲望，仅仅去满足第一种欲望（伊壁鸠鲁说，第二种欲望也可以去满足，倘若它不会导致不快或痛苦），这样就能最完美地把握快乐的生活。他说，试图去满足那些不必要／非天然的欲望，这永远是不明智的，因为从长远的角度来看，这么做会使人感到失望、不满、不舒服，还会损害健康。这个哲学当然是很有见地的，尽管总是有那么多人在徒耗时间精力只为满足那样一些欲望——在伊壁鸠鲁看来，那些欲望恰恰就是既不必要又非天然的。

显然，伊壁鸠鲁喜欢的是快乐的人生，而不是短暂的快感；在他看来，避免痛苦对于快乐的人生而言是很重要的。但哲学常常显得很讽刺：epicure 这个词通常被用来指称贪得无厌的人，这种人毫不节制又吹毛求疵地追求高档、奢侈的享受——活脱脱一个势利鬼。伊壁鸠鲁当然不是这样的 epicure，因为他劝导人们过一种轻松、安宁、温和的生活，还劝人避免肉欲和强烈的激情。他肯定不曾喜欢过昂贵的香槟或鱼子酱。

斯多葛派

如果伊壁鸠鲁并不是一个 epicure（至少，就这个词的某个特定含义而言），那么，斯多葛主义者是不是坚忍的（stoical）呢？斯多葛主义者就是面对痛苦、折磨保持冷静、镇定的人，那么，他们确实是坚忍的。

运动员们常常认同这样的观点：对于肉体上的不适，应当以斯多葛式的态度去面对。没有痛苦就没有成长。

这个学派的创立者是芝诺（Zeno，约公元前 335—约前 263；他不是第二章中提到过的那个芝诺）。他在 stoa（希腊文，意为"门廊"）接见学生，这个学派由此得名。斯多葛主义也流传到了罗马，作为一个学派持存到了将近 3 世纪。除了芝诺，它还有以下几位著名的信徒：爱比克泰德（Epictetus，约 55—约 135）、罗马执政官西塞罗（Cicero，公元前 106—前 43），还有罗马皇帝马可·奥勒留（Marcus Aurelius，121—180）。

和伊壁鸠鲁主义者一样，斯多葛派也相信追求快乐是人的固有本性，因而人应当追求快乐的生活。不过斯多葛派受犬儒派（Cynics，详见"犬儒第欧根尼"一栏）影响很大。犬儒派故意违逆天性去寻求苦难。斯多葛派发现，通过积极地寻求苦难，犬儒派获得了这样一种能力：面对生活中的痛苦和失望能够保持平和镇定。这个让斯多葛派觉得颇受启发。他们发现，平和、宁静的状态是最值得追求的。

犬儒第欧根尼

犬儒是极端的个人主义者，他们认为智慧的人应当拒斥最基本的生活必需品，追求彻底的独立自主。为此他们把需求减小到了最低限度，并放弃来自社会的任何便利条件和有利因素。最著名的犬儒就是公元前 4 世纪的第欧根尼（Diogenes）。据说他身穿破衣烂衫，住在一个空木桶里。有一次他发现有个小孩用手捧水喝，于是他便把自己的水杯也扔掉了。亚历山大大帝很羡慕第欧根尼。相传他曾经来到第欧根尼面前，宣布自己愿意满足后者的最大愿望。第欧根尼的回答是，他最大的愿望就是亚历山大走开些，别挡着他的阳光。

传说中，第欧根尼曾经在大庭广众下手淫。当时他发现用同样的方式摩擦胃部无法减轻饥饿，而这是颇为遗憾的。他这么做，一部分是为了表达对传统习俗的蔑视，同时，他显然也借此展示了性欲和食欲的差异。

还有一个故事说，第欧根尼有一次到一个富人家里去拜访他。那富人叫第欧根尼不要往地板或家具上吐唾沫，因为这些都很值钱。于是第欧根尼把唾沫吐到了富人脸上——他解释说，这是这间房子里唯一不值钱的东西。

这些故事的真实性姑且不论，它们所表达的对于物质世界的超然态度是斯多葛派所赞赏的。不过，尽管斯多葛派认为以犬儒的方式来缩减生活需求是有益的，他们的所说所做却不那么显赫。犬儒的言行常常只为哗众取宠。

附带说一句，在当今的语境中，犬儒往往指这样的人，他们蔑视真诚，蔑视助人为乐，还蔑视别的合乎道德的举动——在他们看来，这些举动背后都有阴暗的动机。犬儒向来就很轻视传统的社会机构和世俗行为，所以这个词获得了这样的意思也就不奇怪了。

不过斯多葛派做得比犬儒派更多。他们为自己的伦理学提供了一个形而上的证明。斯多葛派相信，一切发生的事件都符合自然法则，而在他们看来自然法则即理性。他们说，自然法则（natural law）是一种生命力量，它使事物运动——用我们的话说，它把活力赋予一切事物。由此可以得出：

（1）一切发生的事件都是由宇宙逻辑所得出的不可避免的结果。

（2）一切发生的事件都有它的理由，因此它总是最好的。

因此，根据斯多葛派哲学，你对于事件的发生无能为力，因为它们早就被自然法则规定好了。所以他们说，对于必然的事情不要抵抗，不要挣扎。你应当理解，正在发生的事情总是最好的；你应当接受它。

对于斯多葛派而言，智慧的人会把生活看做一场戏剧，而把自己看成是扮演某个角色的演员。你会明白，对于情节和角色的安排你自己是无能为力的；因而，对于那些发生在你所扮演的角色身上的事件，你可以淡然处之。在这出戏中，你所扮演的角色会生病不是？好，那就尽你所能地扮演好这个角色。但是，不要让自己的心灵屈从于病痛的折磨。在剧中，你的朋友会死去，你自己也会死去，但这一切都是最好的，因为情节就是这样安排的。

或许你会问，既然我无法支配发生在我身上的事件，那么我又如何能够控制自己面对事件时的态度呢？如果一切发生的事件都是无法避免的，那么我自身的态度也早就被注定了，难道不是吗？但斯多葛派有这样的教义：你能够把握自己的态度。应当对自己的命运保持超然，这样你就能拥有平和安宁的人生。

斯多葛派哲学还包括一套政治伦理，它认为斯多葛主义者有义务为他人服务，并且应当尊重他人的内在价值——因为根据自然法则，每个人都是平等的。所以斯多葛派认为，尽管你应当追求属于自己的平静的人生，你的伦理关怀不应该仅限于自己的福利。斯多葛主义的这个社会性层面能否和这套哲学的其他部分和谐一致，这个还颇成问题——因为这套哲学毕竟在宣扬情感上的不介入，宣扬对自然法则的接受，倡导人们追求自己内心的平和安宁。关注自我利益的哲学能否和关怀公众福利的思想协调起来？其实，这是伦理学中最重要的问题之一；如你所知，时至今日它仍是个富有生命力的主题。

我们对这个部分做一下总结吧：伊壁鸠鲁主义认为，人的终极伦理目标就是用温和的方式度过一个愉快的人生。斯多葛派认为，人生的目标就是保持平和安宁的心灵，而要做到这个就得接受理性法则或事物的自然秩序，同时还要记得，人有义务为同类服务。斯多葛主义对基督教思想尤其有影响，这影响的主要媒介是圣奥古斯丁的哲学。这就是接下来要讨论的内容。

本章的最后有一段文字节选自爱比克泰德的作品，他是最著名的斯多葛主义者之一。在哲学家中，爱比克泰德也是不同寻常的：他在儿时就被卖作奴隶，但他接受过教育，后来恢复了自由。此后，他成了一位有影响的哲学教师。读了我们的介绍，你会觉得斯多葛主义和伊壁鸠鲁主义十分相似；不过在爱比克泰德看来，他所倡导的生活道路和伊壁鸠鲁主义全然不同。

基督教影响下的伦理学

基督教是如何地影响、塑造了古代的伦理学观点？有哪些人物对此做出了最重要的贡献？这就是下面要讨论的内容。

圣奥古斯丁

圣奥古斯丁的伟大之处在于，对于让基督教信仰具备哲学上的重要性和实质内容这件事，他做出了很大贡献。

在柏拉图的形而上学——当然经过了新柏拉图主义者普罗提诺的重新解读——中，奥古斯丁找到了对基督教信仰的哲学证明。基督教信仰的基础是相信一个超越性的上帝，而借助柏拉图的形而上学，圣奥古斯丁就让超越性领域（transcendent realm）这样的概念变得可以用哲学来理解了：这一领域存在于时空之外，它包含（或它就是）一切真和善的源泉。对于恶的问题，他也在柏拉图和新柏拉图主义的学说中找到了解答。这个问题可以被简单地表述为：既然这个世界是由完美的、善的上帝创造的，那么世上怎么会有恶？

奥古斯丁设想的一个答案是，恶源自上帝以外的创造性力量——可以说，那是一股黑暗力量。但是，造物主难道不是唯一的吗？奥古斯丁相信造物主是唯一的，所以这个答案不成立。

在柏拉图看来，至善之理念是一切真实性的源泉；从这一原则可以推出，一切真实之物都是善的。由此就得出了柏拉图的原则：恶是不真实的。圣奥古斯丁觉得用这种方式来解决恶的问题十分令人满意。因为恶不是任何东西，所以它不是上帝创造的。

就特定的"机体上"的恶——比如双目失明或干渴（但是还有别的恶，比如疼痛，它看起来是足够真实的）——而言，这种恶的理论貌似足以令人信服。失明无非就是光明的不在场，而干渴无非就是缺乏水分。

但很不幸，用这种"缺失"理论来解释道德上的恶——人类的不正当行径——看来无法令人满意。对于道德上的恶，奥古斯丁是怎么说的呢？他把柏拉图的另一个观点略作变动，用来解释道德上的恶。柏拉图说，人不可能明知一件事是恶的还去做它，所以恶的行为出于对善的无知，换句话说，出自人所受的错误教育。而奥古斯丁对这个观点做了修正。他说，道德的恶并非出自错误的教育，而是出自错误的爱。到这里，我们就接近了奥古斯丁伦理学的核心。

奥古斯丁和斯多葛派一样，认为自然法则支配着一切道德，而人类行为必须与之保持一致。但是对于奥古斯丁来说，规定宇宙命运的自然法则并不是一个无人格的理性原则。奥古斯丁的自然法则指的是上帝的永恒法则，它被书写在了人类的心灵中，通过人的良知被而被理解、把握。这永恒法则就是"上帝的理性和意志"。

所以在奥古斯丁看来，一切善的终极源泉是上帝，而上帝自身就是本真的善。因此对于我们而言，爱上帝，这就是最高的道德律令。个人的德性无非就是上帝之爱的不同侧面。

奥古斯丁并没有说，你必须仅仅爱上帝。他的意思是说，爱上帝以外的东西固然没错，但你不能把它们当做自身是善的东西来爱，因为只有上帝是自身即善的。如果你把上帝以外的东西当做自身即善的来爱——比如说，爱钱财，爱成功，仿佛这种东西本身就是善的——你的爱就是扭曲的爱：它远离了上帝。然而，道德上的恶无非就是这种扭曲的爱。

看了以上这些内容，你或许会误解奥古斯丁，以为他完全不把快乐放在心上。然而事实上，他认为我们应当追求快乐。在他看来，快乐就是：拥有你所欲求的，并且不欲求恶。初看起来这个观点比较奇怪，但细想就会觉得这里面丝毫没有荒诞之处。奥古斯丁认为，在任何情况下，若想拥有你所欲求的而且不欲求恶，那么你就只有把上帝当做你的爱的最高目标——这是唯一可行的道路。

所以，在奥古斯丁的理论中，当人类远离了上帝，道德上的恶就产生了。因此，道德的恶不是上帝创造的，是我们自己创造了恶。但这是不是能够推出，我们也能创造善？不能。请记住，上帝是一切善的源泉。奥古斯丁说，只有通过上帝，我们才能行善。

总之，奥古斯丁从柏拉图那里借来了这样的论点：机体的恶总能被解释为某物的缺失；奥古斯丁认为道德上的恶源自扭曲的爱，这也可以看成是对柏拉图观点——道德上的恶就是对善的无知——的一个修正。奥古斯丁觉得，这样他就既解决了恶的问题，又没有破坏基督教信仰的原则。

在奥古斯丁的道德哲学中，还有一个侧面必须强调一下。奥古斯丁认为，我们的最高的善，或德性，就是爱上帝，拥有上帝。反之，罪恶就是扭曲、错误、混乱的爱。所以在奥古斯丁那里，德性或罪恶都是灵魂的状态。在奥古斯丁看来，重要的是怀着对上帝的爱投入生活，所谓的做好事、行善举之类，这类事情都是次要的。故而，当我们衡量一个人的道德价值时，要看的不是他的成就，而是他的精神状态，看他是以何种精神状态去行动的。人的意向具有道德上的重要性——我们将会看到，这个观点将在道德哲学中扮演重要角色。

宾根的圣希德嘉

奥古斯丁是古代伟大哲学家中的最后一位。正如我们已经在第五章中讨论过的，从 6 世纪到 11 世纪，欧洲处于黑暗时代，而希德嘉（Hildegard，1098—1179）就是黑暗尽头的一道闪光。她的伦理学著作标志着宗教神秘主义的开端，而这种神秘主义传统从没有真正中断过，只是那肇始于笛卡尔（见第六章）的理性主义的兴起让它不再风行了。也许我们应当说明一下：神秘主义就是对于一个神秘领域的信仰或经验，这是一个高于现实的灵性的领域，通常在恍惚或梦境中被感知到。

毫无疑问，希德嘉是哲学史上的一个重要人物（请看她的人物简介）。诚然，她和别的宗教神秘主义哲学家通常都被称为"神学家"，但他们所说的对于伦理学和道德认识论都有重要意义。他们为道德知识的本性提供了理论。

对于许多神秘主义哲学家来说，神秘体验提供了一种特定形式的知识，正如纯粹理性的内

人物简介 | 宾根的圣希德嘉

希德嘉生于11世纪末的德国莱茵河谷。她是那个家庭的第十个孩子，因此被作为"什一税"献给了上帝；七八岁的时候，她开始和一群女子住在一起隐修，这就是后来的底斯勃登堡（Disibodenberg）本笃会女修士团。希德嘉学习了拉丁文，并研读《圣经》；她还阅读了早期教父们的哲学著作，包括圣杰罗姆（St. Jerome）和圣奥古斯丁的著作。

在孩提时代，希德嘉就经历过神秘的视觉幻象。后来她成了底斯勃登堡女修道院的院长。三年后，上帝在一次视觉幻象中现身了，并命令她把这些神秘体验写下来传授给别人。这个把希德嘉置于尴尬境地，因为当时的教会和社会都认为女人不具备宗教、神学和哲学上的权威。不过，美因茨（Mainz）教区（属于德国）的主教被她写的东西深深地打动了，并向教皇尤金尼乌斯三世（Pope Eugene III）推荐了它们。教皇看了以后，确信这些幻象的确是来自上帝的消息。在1147—1148年冬季举行的特里尔宗教会议（Synod of Trier）上，教皇向来自欧洲各地的主教们宣读了希德嘉作品的一部分。

如今，希德嘉和她的女修士团比毗邻于她们的修道院更为著名。随着希德嘉的名声远播，有越来越多的女子涌向她的团体。但是当时修道院中的修士拒绝给她们提供更多的住所和图书馆空位，于是希德嘉带着女修士团进行了迁徙。那些修士的手里掌握着修女们的财物，他们想把值钱的东西据为己有。但如今的希德嘉是有名望的，她说服了主教，让修士们把大量的财宝交了出来。为了在宾根建设新的修道院并养活那些修女，这些资金和人工制品都是必须的。希德嘉为女性教育做出了无法磨灭的贡献：她建立了两座修道院，里面藏有古代哲学、宗教书籍的手抄本——这些都是学会了拉丁文的修女们誊写的。

希德嘉是个多产的写作者。她所涉猎的主题包括自然科学和医药学（据说她发展了疾病传播理论，她说污水会传播疾病。这一理论促进了德国大规模下水道系统的建设）。她还谱写音乐（近来被制成了CD！）。她写了大量宗教哲学著作，在里面她不厌其烦地描述视觉形象来说明问题——正是这些视觉形象构成了这些著作的基础。

作为思想家，她影响深远。她在德国各地奔走，把她那些幻象的意义到处传播。先后四代教皇都定期地咨询她。她和许多人过从甚密，这些人当中包括两位皇帝、一位国王，以及两位王后。尽管一生都在被周期性的疾病折磨，而布道的漫漫旅途又是如此艰苦，希德嘉仍旧得享天年。

省所能提供的。他们的神秘体验通常是以视觉形态出现，有时也会以观念、思想的形式出现；有时甚至会出现一整本书，它仿佛直接来自某些神圣的源泉。这些事情是否真正发生过，我们这里不做评判，只谈它们的具体内容。

在一本著作中，希德嘉列举了三十五种罪恶，以及与它们相对应的美德。这种并列式结构是探讨善与恶的传统模式，它是从毕达哥拉斯那里流传下来的。比如，无节制（immoderation，即缺乏对欲望的节制）就是一种恶，和它对应的善就是明辨而自制（discretion，让事物合乎各自的分寸）。对于无节制这种恶，希德嘉是用这样的比喻来描述的：

> 她像一匹狼。她残暴而狡诈，肆无忌惮地追逐着一切形式的恶。她屈着腿潜伏在地面上，游目四顾，她要把任何触手可及之物都吞噬殆尽。她对一切低下的东西都怀有好感，因为她心灵扭曲，品味恶劣。任何空洞、无价值的东西都令她着迷。

请不要过早地对这位中世纪的本笃会修女做出结论，也不要轻易就认为她的善恶观点是狭隘的、受压抑的。来看看她关于人类性行为的论述吧。以下段落选自她的医药哲学著作《原因和治疗》（Causa et Curae）。在她看来，健康的男女性体验就是这样的：

> 有那么些男人更富于雄性，他们拥有强健坚韧的神经。当欲念之风起于腹股之间，两道血肉的帐篷便随风鼓动；风在其间聚拢，如同涌向幽深的隧道。帐篷的中间便是汇聚了一切男性力量的雄性之根。它依赖帐篷的庇佑，帐篷就如同高塔周围的建筑群落一般拱卫着雄性之根。因此帐篷得有两座，它们赋予雄性之根以力量，并为之指明方向；它们戮力同心，勇往直前。风被吸引到此间，然后被释放出去，俨然有风箱在鼓动着火焰。于是乎雄性之根便昂起高傲的头颅，以华丽的姿态挺立于帐篷之间。随着时间的流逝，花朵将在这里绽放，化为果实。

还有：

> 女性的快感犹如温煦的阳光轻柔地爱抚大地，把热量持续不断地释放到大地上，让大地孕育出果实。倘若如此这般持续的热量过于猛烈，它就会伤害果实，而不是促进果实生长。所以女性的快感是温馨柔和而持续不断的，它循序渐进地提供热量，于是果实便得以孕育、生长。快感在女性身上的涌动荡漾要比在男性身上轻柔得多。

显然，在这位修女的列表上，性的快感肯定不是罪恶。

爱洛伊斯和阿伯拉尔

在希德嘉那个时代还有一位重要的思想家，那就是法国的女修道院长爱洛伊斯（Heloise，1100—1163）。同希德嘉一样，爱洛伊斯也关注善恶问题，不过爱洛伊斯特别关注的是一种特殊形式的善。

对于爱洛伊斯而言，哲学就是生活本身。如果你相信某种道德理论是真的，你就得按照它的原则来生活。仅此而已。爱洛伊斯关于道德哲学的著述见于她的《问题集》（*Problemata*）和《书信集》（*Epistolae*）。那些书信是爱洛伊斯三十来岁的时候写的，全部都写给彼得·阿伯拉尔（Peter Abelard，1079—1142）——那是伦理哲学史上的另一位重要人物，也是那个时代最重要的逻辑学家。在"爱洛伊斯和阿伯拉尔的真实故事"这一栏中，你可以了解他们两人之间的那段著名的爱情故事。

爱洛伊斯的伦理学有两个基本要素。第一个要素源自罗马的斯多葛派哲学家西塞罗，由她做了改造，就是认为超然无私的爱（disinterested love）具有极高的道德价值。爱洛伊斯相信，对于他人的真正的爱应当是完全无私的、无所求的，无论这爱是否涉及性欲。爱者之所以爱被爱者，原因仅在于被爱者这个人本身。真正的爱者应当支持被爱者去追求自己的目标，实现他自身的最高道德潜能。在理想的爱情关系中，被爱者对爱者的感觉和爱者对被爱者的感觉如出一辙：他爱她，也是因为她这个人本身。他也尽力地帮助她实现她最高的道德潜能，支持她追求她自身的目标。他不能有自私自利的欲望。

爱洛伊斯的道德哲学还有第二个要素，那就是意向的道德（morality of intent）——这个她基本上是从阿伯拉尔那里学来的。我们先来回忆一下奥古斯丁的理论：重要的不是你做了什么，而是你做这件事的时候的精神状态（从本质上讲，美德就是拥有一个倾向于做好事的心灵）。从黑暗时代一直到中世纪，这个理论一直被认为是对的。在圣托马斯·阿奎那之前，有人就相当细致地考察了这个理论——他就是阿伯拉尔。

阿伯拉尔把道德上的缺陷同别的心灵缺陷——比如智力低，或记忆力差——做了区分。道德缺陷会使人做不该做的事，或不做该做的事。他还对道德缺陷和罪恶做了区分。罪恶就是"蔑视上帝"——也就是没有去做应该做的事，或拒绝做应该做的事。

以这些区分为前提，阿伯拉尔认为，罪恶并不意味着怀着恶的欲望去行动。事实上，罪恶甚至也不是拥有恶的欲念。罪恶就是，愿意根据恶的欲望去行动。此外，一个错误的行动——不该去做的事情——比如杀人，也可以根本不包含恶的欲念。在这种情况下，尽管这件事是错了，但这么做的人无须受什么道德上的谴责。

由此，亚伯拉尔认为，美德并不意味着不怀有恶的欲念，而在于不愿意根据恶的欲念去行动。还有，"当恶的欲念被遏止住了，尽管它可能还存在着，拒绝恶念的人已经因此获得了荣耀"。

爱洛伊斯也认同这样的观点："在恶行中，事情的正当与否并不在于这件事的后果，而在于当事人的性情倾向；重要的不是发生了什么，而是使事情发生的那个意向。"

这一伦理概念在阿伯拉尔和爱洛伊斯两人的关系中扮演了相当重要的角色。爱洛伊斯认为，如果她心甘情愿地和阿伯拉尔结婚，那么阿伯拉尔的圣职任命便会受阻碍。她不愿意为这个后果承担道德责任。她觉得是阿伯拉尔强迫、诱骗自己和他结婚，而这一切是因为她怀孕了——

爱洛伊斯和阿伯拉尔的真实故事

爱洛伊斯是法国哲学家、诗人。她早年在阿尔让特耶（Argenteuil）的本笃会修道院里接受教育。16 岁那年，她就被认为是法国最有学问的女人了。爱洛伊斯的叔父富尔伯特是她的监护人，也是圣母院的一位教士。他雇用了一位尚未被授予圣职的修士皮埃尔·阿伯拉尔来教授爱洛伊斯哲学。

传统的文字记载总是倾向于把爱洛伊斯和阿伯拉尔的关系描述成有史以来最了不起的爱情故事之一，犹如罗密欧与朱丽叶。在某种程度上，事情确实是这样。爱洛伊斯真的爱上了她的哲学老师——不过，她拒绝和他发生性关系。

阿伯拉尔承认，爱洛伊斯不光口头上拒绝了他，身体上也反抗了他。用他自己的话说："我常常用恐吓和殴打逼迫你就范（因为你毕竟是弱者）。"倘若在当今，他被带上了法庭，我们就会这样说：在有些情况下，他殴打并强暴了她；而在另一些情况下，他用恐吓逼迫她停止反抗。

爱洛伊斯怀孕了。阿伯拉尔要同她结婚，但爱洛伊斯拒绝了。和往常一样，阿伯拉尔并没有把这个拒绝当回事。生产期临近了，他把她带到他姐姐的农场里，在那儿她生下了一个男孩。他们给这孩子取名为阿斯特拉比（Astrolabe，这是一种天文学仪器的名字）。阿伯拉尔说服了爱洛伊斯和自己结婚，因为否则的话他们的儿子就成了私生子。非法的孩子是不能受洗的，所以，如果爱洛伊斯不和阿伯拉尔结婚，就等于是把他们的儿子推向了永恒的地狱。

为了让自己的孩子不堕入永恒地狱而同意结婚——这个理由也许已经很充分，更何况结婚的对象已经是一位重要的中世纪哲学家了。不过，如果你想理解爱洛伊斯的道德哲学，那么了解一下他们生活中的不堪的细节（很不幸，这样的细节有很多）就尤为重要。

这快活的一对回到巴黎（孩子留在了农场）以后，对富尔伯特叔父隐瞒了已经结婚的真相。爱洛伊斯知道，倘若他们结婚的事传了出去，阿伯拉尔就不能以神职为目标继续他的研究了。阿伯拉尔在那里任教的圣母院教堂学校正在转变成巴黎大学。它将是法国的第一所（欧洲的第二所）肯接纳不走神职道路的学生的高等教育机构。

大学在当时是新兴的教育实践。爱洛伊斯觉得，如果阿伯拉尔错过了这样的实践机会，这对他的才能就是极大的浪费。

希望他们不是当代的爱洛伊斯和阿伯拉尔。

再说，爱洛伊斯会觉得阿伯拉尔倘若没能实现他的理想，自己就应当为此负责。

而富尔伯特也不是傻瓜。他察觉了事情的真相，宣布阿伯拉尔已经结婚了。为了保护阿伯拉尔，爱洛伊斯否认了这桩婚姻，于是富尔伯特叔父开始虐待她（她是住在他家的）。为了证明爱洛伊斯没有说谎，阿伯拉尔让爱洛伊斯去女修道院做修女，爱洛伊斯同意了。可是富尔伯特来了个一不做二不休，他雇用凶手把阿尔伯特阉割了。（当时爱洛伊斯在阿尔特让耶的女修道院，她很多年都不知道这个真相。）这下，对于阿伯拉尔来说，同爱洛伊斯的性关系是永远不可能了，他最终接受了圣职任命。他建立了一所女修道院，将它命名为"圣灵"（Paraclete），并任命爱洛伊斯做了修道院长。爱洛伊斯过了几十年才知道真相。

当然，对于这个她也不必负道德上的责任。阿伯拉尔的《我的不幸》（*Historica Calamitatum*），还有爱洛伊斯写给阿伯拉尔的书信，都坚持认为她从没有心甘情愿地和他发生性关系：是他强暴了她。对于她的怀孕，爱洛伊斯没有道德责任，因为她没有恶的意向：她没有引诱他。

不过最终他们两人是结婚了，阿尔伯特安排爱洛伊斯进了女修道院。在这之后，阿尔伯特几乎没有和她再联系过。爱洛伊斯不明白为什么阿伯拉尔不理睬她的信，也不明白他为什么对那些修女的身体和精神福利不管不顾。几十年后，她才读到了他的书，知道他被阉割了。这时候她才明白了一切的真相。

爱洛伊斯对阿伯拉尔的爱或许是理想的、超然无私的，但这只是单向的。她仅仅因为他这个人本身而爱他，而且她帮他实现了他的理想（接受了神职，并在刚刚兴起的大学中成了一位哲学家），以此表达了她的爱意。然而，他对她的爱却主要是性欲方面的。她明白了，当他没了性能力以后，他才让她当上了女修道院院长。爱洛伊斯遵从阿伯拉尔（他既是她丈夫，又是她宗教上的领导）的安排，管理修道院，教育修女们。那些年中，爱洛伊斯的生活一直遵循着她的道德理论：仅仅为他这个人本身，超然无私地爱他。她以为阿伯拉尔也认同并遵循着这个理论。

圣托马斯·阿奎那

奥古斯丁为基督教思想构筑的哲学框架从根本上讲是柏拉图式的。他发现，许多柏拉图主义和新柏拉图主义的主题都可以用基督教的方式来重新解读，因此，有人会说是他把柏拉图基督教化了。八个世纪以后，圣托马斯·阿奎那以某种不同的方式把亚里士多德的哲学也基督教化了。阿奎那的工作或许比奥古斯丁的更有难度，因为亚里士多德哲学对待事物的眼光是现世的，它和基督教的解读方式并非那么容易合得来。因此，我们通常都说阿奎那调和了亚里士多德主义和基督教精神。在阿奎那的伦理哲学中我们可以看到，凡是在两者不会形成根本冲突的方面，他大抵上都是既接受了基督教精神，又接受了亚里士多德哲学。

亚里士多德说，个体事物的善取决于它的功能或它的本性，也就是取决于那种事物的目标或用途。对于人而言，善就是幸福。阿奎那同意这个观点。自然（道德）法则是上帝应用于人类身上的永恒法则，它被我们理解为良心的命令和实践的理性；它引导我们走向自然的目标，即尘世的幸福。

但是在阿奎那看来，还存在着一种永恒的、非时间性的善，也就是永久性的快乐。上帝的神圣法则能引导我们通向这个目标，这个法则会在造物主的恩宠中被展示出来。

因此阿奎那认为，自然法则就是理性的法则，只要我们遵循它，就能走向我们的自然目标。神圣法则（divine law）是上帝赐予我们的礼物，是上帝的恩宠。所以在阿奎那这里就有两个层次的德性："高层次"的德性包括信仰、爱和希望；而坚毅、谨慎之类则属于自然德性——当意志服从理智，从而我们的自然欲望、冲动和倾向都和缓而节制的时候，我们就获得了这种德性。而且阿奎那和亚里士多德一样，也认为德性的关键在于性情或习惯——在阿奎那看来，德性就是习惯于根据自然法则来行动。

尽管阿奎那的伦理学属于德性伦理学中的一种，他也关注行为的善。当我们评判一个行为——只有自愿的行为才是道德评判的对象——的时候，需要考虑的不仅仅是发生了什么，还得考虑这事何以发生，以及这个行为发生时的周围形势。

现在来设想一下这种情况：某人做了某事，或拒绝做某事，理由是这人的良知告诉他这样做或这样拒绝是合乎道德的。再设想一下，在这种情况下这个人的良知犯了错误。在阿奎那看来，良知是可能犯错的，尽管只有通过良知我们才能够感知到自然法则。在上述情况下，倘若这个人是真心认为这么做符合道德所以才做出了这样的行为，并且他的错误是源于非自愿的无知，那么阿奎那就会说，他并没有真正地犯罪。

阿奎那的伦理学体系是细致入微的、系统性的，因此很难用三言两语就把它概括出来。阿奎那处理了那些高度普遍、抽象的原则，诸如人类存在的终极目标、善的本性、行为的本源等，而且把这些原则都应用于具体、特殊的道德问题。

霍布斯和休谟

我们已经讨论过亚里士多德的自然主义伦理学，也讨论过柏拉图的非自然主义伦理学，了解了终极价值的超越性源头这样的概念。在阿奎那之前，这两条道路在哲学史上井水不犯河水地各自行进了许多个世纪。如果说阿奎那让这两条河流汇入了同一个河道，那恐怕不尽正确；但我们至少可以说，阿奎那努力试图让它们并列前行，尽管仍旧在各自的河道中。

我们接下来要讨论的哲学家是托马斯·霍布斯，他彻头彻尾地来自亚里士多德那条道路。这个毫不奇怪，因为霍布斯是近代哲学的奠基者之一，那个时代的重要特征就是经验科学的兴起，自然界再一次成了人类研究的对象，正如它曾经是亚里士多德的研究对象。（但是你要了解，为了反抗他的牛津导师的亚里士多德主义，霍布斯曾说了些对亚里士多德不敬的话。）

霍布斯

霍布斯的形而上学是不折不扣的唯物主义。他说，一切存在之物无非就是运动中的物质；根本没有非物质的存在者；身体之外不存在什么灵魂；思想、情感、感觉——这些都是神经当中的物质运动，是由神经之外的物质运动引起的；甚至连我们的理性能力和意志力，这些也都是纯粹的物理过程。

在价值层面上，霍布斯认为善和恶这样的词指的就是人喜欢的或憎恨的东西。霍布斯和亚里士多德、伊壁鸠鲁主义者、斯多葛派以及阿奎那一样，都相信人有一个自然的"目的"，一切行动都指向着它。在霍布斯看来，这个目的就是保存自己的生命。他认为每个人都把自己的

霍布斯和乞丐

有一个关于霍布斯的故事是这样的：

一次，一位牧师问霍布斯为什么出钱帮助乞丐。

"是不是耶稣命令你这么做的？"牧师这样问。

"不，"霍布斯答道。

"那是为什么呢？"

"我帮助他，"霍布斯说，"是因为看到他难受我也难受，帮了他以后我就不用难受了。"

从这个故事里似乎可以总结出这样一个道理：即使是最利他、最慈善的行为，也可以被解释为是利己主义的。霍布斯为什么要帮助乞丐？为了解除他自己的难受。圣徒们何以为拯救他人的苦难贡献自己的一生？因为这么做使他们快乐。士兵为什么用牺牲自己来挽救同伴？因为他同伴的死会令他痛不欲生，而牺牲了以后他就不

用痛苦了——或者，也许是因为他喜欢死了以后被人夸奖。

简言之，这些人要么是在解除自己的难受，要么是在给自己制造快乐，他们的行为都是为了自己的利益，因此所有这些看上去利他的行为都可以被解释为利己主义的。

你认为呢？

如果你同意上述观点，那么你应当知道，有很多哲学家对这种利他行为的利己主义解释颇为反感。无论如何（他们认为），只有当那些圣徒真心愿意帮助他人的时候，帮助他人才会给他们带来快乐，难道不是吗？因此，倘若利己主义意味着这样的理论，即我们从来不会心甘情愿地帮助他人，那么它就是错的。如果它指的是这种理论，即我们只做我们有动机去做的事，那么它是对的，但似乎并不怎么有趣。

生存看得高于一切。霍布斯还说，每个人都有这样的"自然权利"，用一切必要的手段保护自己，确保自己的生存。

因此，霍布斯是一位描述性的利己主义者——这个词的意思我们前面已经解释过了。也就是说，他相信人在一切有意识的行动中都是把促进自己的利益（在霍布斯这里，这就意味着谋求生存）看得高于一切的。在"霍布斯和乞丐"一栏中讲了这样一个故事：一位牧师问霍布斯为何要出钱帮助乞丐，霍布斯回答说，为了解除他自己的难受，因为看到乞丐难受他自己也难受。哲学的初学者们常常喜欢对看上去最无私的行为也做出这样的"利己"解释。这种观点有何不妥？上面这一栏中已经解释过了。

霍布斯是不是规范性的利己主义者？就是说，他是否认为人应当把促进自己的利益看得高于一切？一般说来，霍布斯不愿意在某种绝对的意义上规定人应当如何行动；他想要描述的是，倘若人想要最好地保全自己的自然目的，那么他该如何行动。他留给后来的哲学家一个问题，这个问题至今还没有答案，那就是：倘若整个宇宙都是物质的，那么绝对价值真的可能存在吗？比如善与恶，正义与非正义之类，它们是否在绝对的意义上存在？或者，我们是不是必须像霍布斯那样，把它们看成是人类欲求的表达或人类共同意见的产物？

霍布斯的主要作品《利维坦》（*Leviathan*）是道德哲学和政治哲学方面的经典著作，它的内容涵盖了形而上学、认识论、伦理学和心理学。这部著作奠定了霍布斯在西方思想史上的显赫地位。

休　谟

霍布斯认为，无形体的、非物质性的存在者这种观念是自相矛盾的；不过他并不承认自己是无神论者。但无论如何，他确实没有把自己的伦理学建立在教会的权威之上。尽管近代的大部分主要哲学家不认同霍布斯那样的极端唯物主义，但他们中的绝大多数人都在试图为道德寻找《圣经》以外的基本原则。有些人，比如洛克，尽管相信这些原则是来自上帝的，他仍然像霍布斯那样认为这些原则可以用理性来揭示和证明。

但是在 18 世纪，大卫·休谟有力地论证了道德原则既非神圣命令又不能用理性来揭示。在第三部分我们将看到，在休谟看来，宇宙的秩序或许能够为造物主的存在提供证明，这造物主或许拥有人类所无法理解、无法企及的智慧；但是休谟认为，对于这造物主的道德品性，我们不可能获得任何确定的知识，我们也不能通过沉思造物主的本性来获取指导自身行动的准则。休谟把基督教看成是迷信。

道德判断的基础是情感，而非理性

同样地，休谟认为道德判断不是"理性的产物"。他说，尽你所能地去考察杀人犯的行为吧。在这件事的事实当中，有没有什么东西能够说明这事在道德上是错的？他说，事实无非就是一

冷血的杀人犯

休谟的哲学有一个根本原则，那就是，道德判断并非源自理性。

细想一下，我们或许就会同意休谟的论点：面对一个邪恶得令人发指的人——比如说，一个罪该万死的杀人犯——我们会倾向于说，他是"冷血"的或"无情"的，而不会说他是"无理性"的。这就说明，

我们认为杀人犯缺少的是某种情感而不是理智。

一个智力超群的人也会犯杀人罪，这个有什么令人难以置信吗？我们认为没有。不过，一个拥有正常感受力的人会随便杀人吗？这个就令人难以置信了。这些思考都有助于我们理解、赞同休谟的原则。

个人在某时某地用某种方式结束了另一个人的生命。理性能够揭示的是，死亡过了多久才发生，受害者是否痛苦，杀人者的动机是什么——理性能够解答的就是这样的事实性问题。但是它无法显示出，这个行为为什么在道德上是错误的。休谟认为，对这个行为做出"不道德"的论断的不是理性，而是情感。或许你也有过这样的观点。参见"冷血的杀人犯"一栏。

休谟相信，一切价值判断都是如此。当我们说一幅画是美的，这个判断是理性做出的吗？当然不是。理性可以分析出色彩和画布的化学成分，这幅画的经济价值，以及别的诸如此类的事实。但理性无法判定这幅画是不是美的。

因此对于休谟来说，一切价值判断，包括道德判断，其基础都是情感。我们认为这个行为在道德上值得夸奖或应受责备，于是我们的内心就相应地产生了愉快或不愉快的感觉。很明显，这些感觉和审美口味上的愉快、不愉快是不同类的：我们是拥有道德感受力的生物。某些行为取悦了我们的道德感受力，于是我们就赞同它，认为它是善的、对的、正义的、有德性的、高贵的。某些行为冒犯了我们的道德感，那么它就是坏的、错的、不正义的、低下的、卑劣的。

仁 爱

那么究竟是何种行为会引起我们的道德赞同感？德性、善、正确、高贵……可以用这些词来形容的行为有什么共同点？休谟的回答是，这些我们所认为的值得赞扬的、有道德的行为，都是由当事人出于对他人的关怀而做出的。他说，这些取悦了我们的道德感受力的行为反映了当事人身上的仁爱的性情（benevolent character）。哲学家用"当事人"一词指的是行为的施行者。

当我们见证、阅读、思考仁爱的行为时，它为什么会给我们带来愉快？一种比较尖刻的回答是，我们把自己想象成了仁爱行为的受益者，而这样的想象是令人愉快的。当你从书中读到某人对同伴施以援手的时候，你是否会感到一阵温暖？根据那种尖刻的观点，这就是因为你把

自己想象成了接受帮助的那一方。

但休谟说，这种尖刻的理论无端地把问题复杂化了。当你读到或看到乐于助人的行为时，你感到愉快，这是因为你同情（sympathize）他人。正常人看到别人受折磨时总会感到难受的，看到别人高兴时也总会感到愉快的。诚然，有些人有情感上的毛病，就像色盲辨认不出颜色一样，他们缺乏同情别人的能力。但这些人不是正常人。在休谟看来，正常人就是有同情心的生物。

休谟道德哲学的这个方面或许对当今时代的我们仍有意义。一方面，我们相信人应当关心他人；另一方面，人当然也必须料理自己。而且，我们倾向于认为这里存在着问题，因为料理自己和关心他人貌似互相排斥。但是，如果休谟是对的，那么这里就没有这样的问题了。谋求自己的利益，这里面就包括去做给自己带来幸福的事。如果休谟说得对，则关心他人就会带给你一种很重要的幸福。总而言之，根据休谟的意思，你赞扬某种行为，恰恰就是因为它给你带来这样的幸福。

我们必须注意到，休谟对于性情是很看重的。前面讲过了，在休谟看来，那些取悦了我们的道德感受力的行为反映了当事人身上的仁爱性情。休谟相信，当我们在道德上赞扬（或责备）某些人时，从根本上讲，我们赞扬（或责备）的是人的性情：他或她的行动是值得赞扬（或应受责备）的，但行动只是性情的反映。这样的观点——道德品性根本上取决于人的性情，其次才是人的行动——对于德性伦理学的传统来说是共同的，这个传统包括柏拉图、亚里士多德以及阿奎那。在这个方面，休谟也属于这个传统。

休谟之后是否还能有伦理学？

休谟说："道德，与其说是被判断的，不如说是被感受的。"他主张伦理标准不是由理性确定下来的。另外，他认为即使上帝存在，我们也无法从他那里获得道德上的指导。

泛泛地讲，休谟之后的伦理学有多种路数可供选择。首先，有人不同意休谟的观点，认为道德能够被建立在理性或上帝之上。下面我们就将看到，这是康德的路数，他把理性看成道德的最终基础。其次，有人认为伦理学必须在理性和上帝之外寻求道德标准的客观源泉。我们不久就将看到，功利主义者就是这样做的。再次，倘若不存在客观的道德标准，那么我们该如何管理自己的行为？这是当代存在主义者们关注的问题，我们在第八章已经讨论过了。第四，有人认为伦理学不该去寻求什么道德标准，而是应该关注这样的事实性问题：人们相信什么是正确的或善的？说某事是正确的或善的，其意义是什么？道德判断和别的判断有何不同？我们为什么赞扬某些行为，说它们是有道德的，又为什么责备另一些行为，说它们是不道德的？这些问题是许多20世纪的哲学家所关注的，比如摩尔（G. E. Moore）和黑尔（R. M. Hare），我们将在第十二章讨论他们。

康 德

休谟认为理性无法决定怎样的行为在道德上是正确的，而伊曼努尔·康德（Immanuel Kant，1724—1804）则完全反对休谟这个观点。在康德看来，理性能够决定，而且只有理性可以决定。康德的论述，简单说来是这样的：

（1）科学研究无法告诉我们永远有效、毫无例外的原则。科学研究是建立在经验之上的，而充分分析后的经验只能告诉我们事物至今为止是怎样的，而无法告诉我们事物应该怎样。比如说，科学揭示出来的物理"法则"对于当下的世界而言是真的，但这些法则是否永远是真的？科学无法提供绝对确切的保证。（如果你觉得理解这些有困难，可以读一下第七章中关于康德的部分。）

（2）道德原则的正确性是没有例外的。比如说，如果虐待无助的动物是错的，那么它对任何人来说都是错的，并且在任何时间都是如此。

于是，从这两个前提——道德原则是永远正确的，而科学研究无法揭示永远正确的原则——出发，就可以推出：

（3）科学研究无法揭示道德原则。康德相信，只有理性才能把握永远正确的原则，所以他认为，只有理性能够确证道德原则。

今天的柯尼斯堡（Köenigsburg），康德的故乡。

最高的道德原则

在康德看来，因为道德的规则是没有例外的，也就是说，是普遍有效的，所以，你就应当仅仅照着可以普遍有效的原则来行动。比如说，如果你觉得你得用作弊来通过考试，这时你的行动准则就是：为了通过考试，作弊是可以接受的。但是请想一想：如果这个原则是普遍法则，那么考试通过这件事也就没有意义了，不是吗？在这种情况下，这个原则本身也就没有意义了。简言之，这个原则在逻辑上是不可能普遍有效的，而且（这个和前面说的是一回事）如果有人想要使它普遍有效，那么这个人就是丧失理智了。

如果你的行动准则不可能变成普遍法则，那么这个准则就是不道德的，于是你就不该照着它来行动。因此，在康德看来，最高的道德命令——康德称之为最高定言命令（categorical imperative）就是：永远如此这般地行动，以便你能够合乎理性地让你据以行动的那条准则变成普遍法则。用康德的话说是这样的："要只按照那种你同时能够愿意其成为一条普遍法则的行为准则去行动。"

康德认为普遍法则实际上也是自然法则的一种，因此他给定言命令提供了第二种表达方式："你要这样行动，就像你的行为准则应当通过你的意志成为一条普遍的自然法则一样。"

人为什么应当做该做的事

康德发现，道德原则往往可以被表达为命令的形式，比如：不要偷窃！对他人要和善！再者，因为道德命令必须永远有效、毫无例外，所以它们和假言命令（hypothetical imperatives）是不同的。假言命令说的是如果你要达到某种目的，那么你应当如何行动。

比如，"如果你想要健康，那么你就得过温和节制的生活！"还有，"如果你想让自己的生命得到保障，那么你就得把你的权利让渡给最高统治者！"这些都是假言命令。它们不是道德命令（moral imperative），因为道德命令是无条件地正确的，是绝对的。这就是说，道德命令所要求的服从必须不包含它之外的目的，它自身的正确性就是目的。

因此对于康德来说，我应当这么做，就是因为这么做是对的。为别的目的——比如为了快乐，或为了人类的福利——而行动，就不是在依据道德而行动。那是在假言命令下行动，这种命令不是无条件的，而道德命令必须是无条件的。康德认为，你应当仅仅因为这是你的道德义务而履行你的道德义务。请注意，康德这种以义务为基础的伦理学体系就叫做义务论伦理学体系。

康德还认为，决定你的行为是否为善的不是行为的作用或后果，因为这些不是你能够控制的。你能够控制的是你行动的意向。因此，决定你行为善恶的是你行动时所怀有的意向。他这样写道："在这世界之中，甚至世界之外，没有东西我们可以无条件地称之为善，除了善的意志。"

道德上的善的意志就是，仅仅因为如此行动是对的便这样去行动。因此在康德看来，如果你帮助他人，是因为你对他人怀有同情或因为你喜欢这么做，那么你的行为就没有道德价值。你得帮助他人仅仅因为这样做是对的，这样你的行为才具有道德价值。

由于破坏最高道德原则、违背最高定言命令就意味着丧失理性，因此理性就成了一切价值的源泉。于是康德把合乎理性的意志本身看成内在地即是善的。相应地，康德又给最高定言命令提供了这样一个表达式：在任何情况下，都得把理性的存在者（即人类）当成目的，而永远不能将其仅仅当成手段！

它是定言命令的又一种表达方式，这个可以从这一点看出来：如果你违背定言命令做了某事，你无法合乎理性地把这个当做普遍法则，那么，你实际上就是把他人的利益看得次于你自身的利益——这就是把他人当成手段而不是当成目的。这样的黄金箴言在许多宗教中都能找到：你愿意他人怎样待你，你就得怎样待他人。康德通常被认为是（理由很明显）第一位为这条箴言提供了理性依据的哲学家。

休谟认为理性无法决定行为在道德上是否为善，康德对这一观点的回应是否能成立呢？这个就问你自己了。

功利主义

我们已经看到，对于休谟的观点，即道德原则并非取决于理性，康德或许提供了一个颇为有力的反驳。奇怪的是，19 世纪的两位最显赫的伦理哲学家似乎对康德的理性主义伦理学视而不见，他们就是英国的杰里米·边沁（Jeremy Bentham，1748—1823）和约翰·斯图亚特·穆勒（John Stuart Mill，1806—1873）。在忽视康德这方面，边沁或许更甚于穆勒。不过他们两个人都没有忽视休谟。他们发展了休谟的观点，认为有德的行为促进了人类的福利，即"普遍的快乐"。

边沁和穆勒都是功利主义者，就是说，他们都相信行为的正确性等同于它所产生的快乐。这里面有什么新鲜有趣的东西呢？亚里士多德、伊壁鸠鲁主义者、奥古斯丁，还有阿奎那，他们不都这样倡导快乐的吗？功利主义和他们的区别在于，这些早先的哲学家都认为，你应当追求的是你自身的快乐。

然而功利主义者认为，道德上最好的行动就是给所有人提供最大量的快乐。但这里有个两难困境：我们的目标究竟应该是增加平均的快乐，还是增加快乐的总量——即使这样会减少个人的快乐？通常，功利主义指的是增加平均的快乐。无论如何，他们相信：当你试图寻求快乐时，你不应该仅仅着眼于你自身的快乐，而是应当关注普遍的人类快乐。

一般地我们都说，功利主义者们认为，正确的行为就是产生"最大多数人的最大量的快乐"的行为。这个短语——最大多数人的最大量的快乐——是挺尴尬的，因为它要求我们把两件不同的东西都最大化。（你可以试试在图纸上用一条曲线来表示最大多数人的最大量快乐，用快乐作一个变量，用人数作另一个变量！）你可以说："越多的人拥有某个确定量的快乐，就越好。"你也可以说："一群确定数量的人拥有的快乐越多，就越好。"但是当你说："快乐的量越多，而且拥有快乐的人数越大，就越好。"这时候，你的意思是什么呢？这就比较难解了。我们会认为功利主义者持的是这样的观点：对于一定数量的人群来说，他们拥有的快乐的量越多越好（也就是说，每人平均拥有的快乐越多越好）。再说一遍：根据这种哲学，你自己的快乐从道德上讲并不比别人的快乐更重要。

还请注意，对于功利主义者来说，善取决于行为的后果。这个立场和康德的观点恰恰相反：康德认为，行为的道德价值取决于伴随这种行为的意志或动机。

边　沁

边沁是两位功利主义者中年代较早的一位。他把快乐等同于快感。"自然，"他写道，"把人类置于两个最高统治者的统治之下，它们就是痛苦和快感。仅通过它们我们就能知道该做什么，于是这就决定了我们将怎么做。"

在边沁看来,像应该、正确、善这些词,只有用快感来定义它们,它们才有意义。他说,这是显而易见的,因为一切可以理解的道德准则,它们要么必须被解读为快感准则,要么本身就是快感准则的化了妆的形式。

比如说,假设你认为正确的行为就是上帝所喜欢的行为。边沁会说,除非我们知道上帝喜欢什么——就是说,除非我们确切地知道什么能给上帝带来快感——否则你所认为的就毫无意义,不是吗?并且边沁还说,"要知道什么能引起上帝的快感"只有一个办法,那就是"考察一下我们自己的快感来自何处,然后宣布上帝就是如此"。

人物简介 | **边 沁**

或许对于你来说,认同边沁是很容易的——倘若你4岁就学拉丁文,12岁上大学,15岁毕业,不到20岁就完成了法律上的学业并获得了进入法院的资格。

不错,边沁是个早慧的年轻人。他15岁的时候曾经去听一位威廉·布莱克斯通(William Blackstone)先生的课,他是英国著名的法学家。边沁说他立即就发现了布莱克斯通推论中的错误,尤其是在自然权利方面。于是边沁发现,整个自然权利的观念,包括美国《独立宣言》中所包含的部分,完全都是"不着边际的废话"。1776年他出版了他的第一本书叫《政府片论》(Fragment on Government),就是对布莱克斯通的批判。

对于大卫·休谟和他的著作《人性论》(Treatise on Human Nature),边沁是颇为尊敬的,他说这部著作让伦理学的尺度一下子展现在他眼前了。边沁自己的伦理哲学反映了来自休谟的重大影响。

尽管他有这个资格,可边沁从来没有实际操作过法律。他的兴趣更多地是在立法和社会改革上,因此他每天撰写关于英国法律和社会的评论。他倡导一套简化了的、系统编纂过的法律体系。他为监狱和教育改革工作,还致力于拓展投票选举权的范围。边沁还写了许多的小册子,比如关于贿赂陪审员,关于勒索性的法律酬金,等等。他影响并形成了一群"边沁主义者",直到他死后仍旧是一支重要的政治力量。

边沁的许多作品都开了头而没有完成。他自己出版的唯一一部主要哲学论著是《道德与立法原理导论》(Introduction to the Principles of Morals and Legislation,1789)。这个书名准确地反映了边沁一生关注的主要问题:为道德和法律提供可靠的原则。

如果你想知道边沁长什么样,请不要满足于一张照片。你可以在伦敦大学学院(University College, London)看到边沁。他的身体被保存在香料中,配上了蜡塑的头和他平素喜欢的衣饰。

再来考虑一下这样一个理论：我们所必须遵循的道德法则来源于社会成员之间的"社会契约"。边沁认为，这个理论把问题不必要地复杂化了。他说，当我们必须遵循某项道德法则的时候，这种必要性用以下事实就足以解释了：和不遵循这个法则相比，遵循它会带来更多人的更多的快感。

边沁相信，行为所产生的痛苦和快感完全可以用定量标准来测定。当你有两种或两种以上的行动方式可供选择的时候，为了做出决定，你就得考虑每种行动可能带来的后果。你要考虑的方面包括它所产生的快感或痛苦的确定程度、强度、持续的时间、需要的等待以及延伸的广度（它将影响多少人），还得考虑它会带来怎样的长远影响。以上这些通常被称为快感的"微积分"，它显示了边沁伦理学与众不同的特色。边沁相信，通过运用以上这样的标准，我们就应当并且能够计算出怎样的行动可以产生最大量的快感，而这就是从道德上讲应该采取的行动。

尽管如此，或许你仍旧会问：我究竟为什么非得寻求普遍的快乐，而不能优先考虑自己的快乐？边沁的回答是，你自己的快乐和普遍的快乐是互相一致的：很幸运，给你带来快感的事物和给别人带来快感的事物终究是一回事情。

这个回答是否令人满意？这就留给你自己去考虑了。

穆　勒

约翰·斯图亚特·穆勒曾经说过，他从边沁的伦理学理论中找到了确定自己人生方向的东西。他同样致力于为功利主义的学说——人必须促进普遍的快乐——提供哲学上的确证。在穆勒看来，其正当性在这里：道德原则的本性决定了没有任何个别的人可以被区别对待。因此，穆勒这样写道："在他自身的快乐和别人的快乐之间"，功利主义者必须"绝对地公平，就如同一位公正而仁慈的旁观者"。把穆勒的理由和边沁的理由比较一下吧。穆勒的似乎更有力些，对吧？

穆勒和边沁之间的最重要的差别或许在于，穆勒相信有些快感内在地高于别的快感，因此即使那些低级的快感量再多，我们还是应当追求高层次的快感。

穆勒说，有些快感比别的快感层次高，这个可以从以下事实看出来：很少有人愿意和动物或者比自己无知的人交换身份，即使交换以后能够拥有动物或无知者的全部快感。他要说的就是这个意思。你愿意和一头猪或者一个傻瓜交换身份吗？即使成为猪或傻瓜之后，你所能享受的猪或傻瓜的快感要比现在作为聪明人所能享受的快感多得多，你会愿意交换吗？

有观点认为，人可以追求快乐本身。上面的漫画说明这个观点是愚蠢的。这样的追求不可能有方向。我们寻求的是食物、庇护、伙伴、性，如此等等——严格地讲，我们无法追求快乐本身。倘若你试图追求快乐，你就会不知道如何找到它。你的追求必须指向具体事物，比如食物，而它本身不是快乐。

因此对于穆勒来说，为了决定我们应当追求何种快感，必须考虑的不仅有快感的量，还得包括快感的质。应当选择品质最高的快感。

以上都说得很有道理。但是如何决定两种快感当中哪种质更高？穆勒的回答很简单：面对两种快感，如果那些经历过两者的人当中的大部分都喜欢某一种，那么这种就是更值得追求的快感。

请注意这个答案里面包含着怎样的意思。它似乎是说，智识阶层所喜好的快感具有较高的品质，因为非智识阶层"仅仅能明白他们自身所处的那一面，而智识阶层两方面都明白，"穆勒说。

因此在穆勒这里，决定行为的道德价值的不仅仅是行为所产生的快感的量，快感的质也是必须考虑的。所以人们认为，穆勒暗示了这样一个观点（尽管话语不多）：比较行为的道德价值不应该光看快感，还得看质。换句话说，人们认为穆勒的道德标准其实并非建立在快感上面，因为快感本身也得用"质"的标准去衡量。所以，他有时候不被算成是"纯粹"的功利主义者——如果功利主义者指的就是那种把行为产生的快感作为善的唯一标准的人的话。

因此就不难理解，有些哲学家何以会认为边沁的哲学比穆勒的哲学更连贯一致，尽管人们把他们两人都称为"功利主义者"。

边沁和穆勒之间还有个微妙的差别。边沁的功利主义在当今被称为行为功利主义（act utilitarianism）：行为的正确性取决于它对于普遍快乐所起的作用。穆勒的有些篇章也可以算是行为功利主义，不过在另一些地方，他似乎倡导了所谓的规则功利主义（rule utilitarianism）。根据这种形式的功利主义，行为的道德正确性不在于它对普遍快乐所起的作用，而在于这种行为所体现的规则或原则对于普遍快乐所起的作用。

举例来说：假设杀了我们你就能增加普遍的快乐（或许大家都不知道，我们患上了可怕的传染病）。行为功利主义者会说，你应该杀了我们。但规则功利主义——穆勒在某些地方看起来是这样——会说，如果整个社会都把杀人接受为一条行为规则，那么普遍快乐终究会受到有害影响，所以你不应该杀我们。从某种意义上说，规则功利主义比行为功利主义更接近康德的思想。

弗里德里希·尼采

　　19世纪还有一位重要的哲学家，他认为此前一切道德哲学都是沉闷无聊的、令人昏昏欲睡的。在功利主义者眼里，此人一无是处——他就是弗里德里希·尼采。在尼采看来，道德是社会制定的。而且从根本上讲，只有两种道德：主人道德，和奴隶道德——就是大多数人的道德。尼采认为，奴隶道德的集大成者就是基督教伦理学。它强调的德性有同情、谦卑、忍耐、温顺，还有被别人打左边脸时就把右半边脸也送上去。这些"德性"都把软弱当成光荣。主人道德则恰恰相反，它是属于高贵个体的道德，那样的人是自私的、严酷的、不宽容的，但他们受符合自身地位的荣誉感的约束。在这些高贵的个人眼里，有害之物就是对他们自身有害的事物。他们蔑视利他行为，蔑视谦卑。

　　快乐主义的悖论。英国伦理学家亨利·西季维克（Henry Sidgwick，1838—1900）注意到了这个奇特的现象，他称之为快乐主义的悖论：当对于快乐的欲求过于急迫，它就将走向自己的反面。（西季维克还发现："只有当热切的好奇心使得心灵暂时地远离自身、远离它的感官感受的时候，人才能享受到思考和研究的无上快感。"）

　　尼采认为，人类种族的进步向来是贵族社会的功绩，而贵族社会是人类社会存在的最终确证。在尼采看来，原初的生命力量就是权力意志，其本质就是征服、压倒一切异己的、比自己弱小的事物。权力意志在高贵的人身上得到最完美的表达，这样的高贵的人就是 übermensch（"超人"的德文）。übermensch 的生活原则就是"在我之上没有人，也没有上帝"，他就是伦理学真理的源泉。

　　和古希腊哲学家赫拉克利特（见第二章）一样，尼采也主张生命的精髓就在于奋斗或战争。只有生活在战争的阴影中，人的力量才能真正地伸展扩张，富于成果的行动才有可能成为现实。他认为战争造就英雄，而和平使人软弱平庸。尼采有一句著名格言是这样说的："一切没能杀死我的东西都令我更加强大。"

　　查尔斯为什么这么垂头丧气？我原以为他在一心一意地寻求好的生活。

　　问题就在这里。他尝试了一切，现在兴奋已经过去。

尼采认为，终极的战争发生在人的框架内部。这战争是两种力量的交锋，就是阿波罗精神（Apollonian）和狄俄尼索斯精神（Dionysius）。希腊神阿波罗代表的力量是尺度、秩序与和谐。希腊神狄俄尼索斯（就是罗马世界中的巴库斯）代表的是和阿波罗相反的力量：纵欲、破坏和创造力，那是无定形的原始力量的欣喜若狂的奔流和泛滥。在人的灵魂中，这两种力量互相对抗，都想取得主导地位。倘若人要成为完满的、富于创造力的人，那么两种力量都是必须的。然而在奴隶式的精神状态中，狄俄尼索斯精神这种创造性的力量几乎丧失殆尽了——因为这种精神状态强调的就是谦卑、温顺、平庸，还有否定生命。

本章末尾选编了尼采的段落，以上的许多主题都在那儿得到了清晰的表达。读过以后大家也许会明白，为什么学校和图书馆的尼采书籍会经常遭到查禁。

❧ 原著选读 10.1 《高尔吉亚篇》[①]

柏拉图

你或许认识某些人，他们认为人应当完全放纵自己的欲望；而快感就是获取幸福的钥匙，无论这种快感的本性如何——或许你自己就是这么认为的。以下内容选自对话《高尔吉亚篇》。柏拉图笔下的"卡利克勒"（Callicles）宣扬的就是以上观点，而"苏格拉底"是反驳他的一方。

苏格拉底　卡利克勒，你勇敢地发起了进攻，非常坦率，也非常冲动。你现在说的话是有些人心里想但却犹豫着不愿说出来的。为了能够真正弄清应当如何生活，我不会再把你当做一名弱者了。还是请你回答我的问题。你说要是我们想成为真正的人，我们就不应当约束我们的欲望，而应当允许它们尽可能地生长，从任何资源中为它们寻求满足，而你说这是一种美德。

卡利克勒　这是我说的。

苏格拉底　考虑一下你对这些类型的生活会说些什么：节制的生活和不受任何约束的生活。假定有两个人，各自拥有几只罐子。一个人的罐子都很好，装满了东西，一只盛酒，一只盛蜜，一只盛奶，还有的则装着各种各样的液体，但是这些液体的来源是稀缺的，只能通过非常艰苦的劳动才能得到。假定一个人在装满了他的罐子以后不再自找麻烦去寻求进一步的供应，而是只要罐子里还有东西就不再忧愁；而另一个人的罐子起初是装满的，只是难以为继，他的罐子有裂缝，如果他不愿忍受最大的痛苦，就不得不日夜操劳去装满他的罐子。如果这就是每个人生活的性质，你仍旧坚持不受控制的生活比有序的生活更幸福吗？我是否该用这个比喻来劝你承认受约束的生活比不节制的生活更好呢？

卡利克勒　你不应该这样做，苏格拉底。那个装满了他的罐子的人不能够再发现任何快

①选自《柏拉图全集》，第 1 卷，王晓朝译，北京，人民出版社，2002。

乐，而这正是我刚才所说的那种石头般的生活。罐子一旦装满了，就不再会有快乐，也不再会有痛苦；而快乐的生活需要最大可能的流入。

苏格拉底　有巨大的流入必有巨大的流出，那么供快乐流出的那些缝隙也一定很大，是吗？

卡利克勒　当然是。

苏格拉底　你指的是一种海鸟的生活，而不是死尸或石头的生活。告诉我，你指的是饥饿和饿了就吃这样一类事情吗？

卡利克勒　是的。

苏格拉底　你也指口渴和渴了就喝吗？

卡利克勒　对，并且经历其他所有欲望，还要能够满足这些欲望，在满足欲望中幸福地生活。

苏格拉底　好极了，我高贵的朋友，继续说下去，你刚开了个头，不要因为害羞而停下来。我似乎也应当把羞耻全抛在一边。首先请告诉我，如果一个人身上发痒，想要用手去搔痒，如果他能搔到心里十分满意为止，并且一辈子继续搔下去，那么能说他的生活是幸福的吗？

卡利克勒　苏格拉底，你的话荒谬至极，你真是一个蛮不讲理的演说家！

苏格拉底　卡利克勒，这就是为什么我把波卢斯和高尔吉亚吓坏了，使他们感到羞耻，但你肯定不会泄气或羞愧，因为你是勇敢的。你只要回答我的问题就可以了。

卡利克勒　那么好，我说哪怕是那个搔痒的人也会愉快地生活。

苏格拉底　如果他是愉快的，那么他幸福吗？

卡利克勒　当然幸福。

苏格拉底　如果只有他的头部需要搔痒……我还能进一步提问吗？卡利克勒，如果任何人都可以不断地追问那些天然相关的问题，想一想你该如何回答。作为这类生活最典型的例子，男妓的生活，岂不是令人震惊的、可耻的、可悲的吗？如果这些人能够极大地满足他们的欲望，你敢说这些人是幸福的吗？

卡利克勒　苏格拉底，你把我们的讨论引到这样的问题上来，你不感到可耻吗？

苏格拉底　我高贵的朋友，是我在这样做，还是某个人在这样做？这个人说快乐是无可非议的，无论它具有什么样的性质，都是通向幸福的关键，而对好的快乐和坏的快乐不做区别。请你明确告诉我，你是否说过快乐与善是同一的，或者说有些快乐不是善。

卡利克勒　如果我说这两种快乐是不同的，那么我就会前后不一，所以我断定它们是相同的。

苏格拉底　告诉我，你不认为那些生活得很健康的人经历过那种病人的生活吗？

卡利克勒　我想经历过。

苏格拉底　如果这些生活是相反的，那么一个人必须把这些事情当做健康和疾病。一个人不可能同时既是健康的又是有病的，也不能在同一时候两者都不是。

卡利克勒　你这是什么意思？

苏格拉底　好比说，以身体的某个部分为例。一个人可能眼睛有毛病，称作眼炎。

卡利克勒　当然。

苏格拉底　那么他的眼睛不可能同时又是健康的。

卡利克勒　决不可能。

苏格拉底　当他消除了眼炎的时候会怎

么样？他会把眼睛的健康也消除了，最后既不是有病的又不是健康的吗？

卡利克勒　肯定不会。

苏格拉底　如果是这样的话，那可真是奇迹了，也是极不合理的，不是吗？

卡利克勒　确实如此。

苏格拉底　但是我假定，他会轮番获得和消除健康和疾病。

卡利克勒　我同意。

苏格拉底　强大和虚弱不也同样吗？

卡利克勒　对。

苏格拉底　敏捷和迟缓呢？

卡利克勒　肯定也是这样。

苏格拉底　好的事物和幸福，以及它们的对立面，坏的事物和不幸，他会轮番拥有和消除它们吗？

卡利克勒　我想，一定是这样的。

苏枯拉底　如果我们发现有些事物是被人同时拥有和消除的，那么这些事物显然不会是好的事物和坏的事物。我们同意这一点吗？请仔细加以考虑，然后再做回答。

卡利克勒　我对此表示完全同意。

苏格拉底　那么再回到我们前面的看法上来。你说饥饿是一种快乐还是痛苦？我指的是真正的饥饿。

卡利克勒　是痛苦，但是通过吃东西使饥饿得以消除是快乐。

苏格拉底　我明白。但是至少饥饿本身是痛苦，不是吗？

卡利克勒　我同意。

苏格拉底　口渴也一样吗？

卡利克勒　肯定一样。

苏格拉底　我还要继续问吗，或者说，

你承认每一种缺乏和欲望都是痛苦？

卡利克勒　我承认，你不用再问了。

苏格拉底　很好，但是你认为口渴时喝水是快乐？

卡利克勒　是的。

苏格拉底　我假定，在这句话中，"口渴"这个词包含着痛苦的意思。

卡利克勒　对。

苏格拉底　喝水是对一种缺乏的满足，是一种快乐吗？

卡利克勒　是的。

苏格拉底　所以你说喝水中有快乐，是吗？

卡利克勒　肯定有。

苏格拉底　当某人口渴时？

卡利克勒　我同意。

苏格拉底　这也就是说，在痛苦的时候？

卡利克勒　对。

苏格拉底　那么你是否意识到这个结果，当你说一个人口渴喝水的时候，你实际上是在说他在痛苦的同时享受着快乐？这种情况不是发生在同一时间、同一地点？无论是在身体中还是在灵魂中？我想这没有什么差别。事情是不是这样？

卡利克勒　是这样的。

苏格拉底　没错，但是你也认为当一个人生活得很好时，对他来说不可能同时又生活得很坏。

卡利克勒　我是这样认为的。

苏格拉底　但是你已经同意，同时经历痛苦与快乐是可能的。

卡利克勒　显然如此。

苏格拉底　那么，快乐与生活得好不是一回事，痛苦与生活得坏也不是一回事，因此

快乐不同于好。

卡利克勒　苏格拉底，我不明白你的咬文嚼字。

苏格拉底　卡利克勒，你实际上是明白的，只是不愿承认罢了。我们要是再追问下去，你就会明白自己有多么狡猾，而你却还在对我进行告诫。我们每个人不是在停止喝水的快乐时也停止了口渴吗？

卡利克勒　我不知道你这样说是什么意思？

苏格拉底　卡利克勒，别这样，还是代表我们做出回答，使争论能有个结论。

卡利克勒　但是，高尔吉亚，苏格拉底老是这样。他专门提出这些微不足道的、无用的问题，然后再加以驳斥。

高尔吉亚　但这样做对你来说又有何妨呢？任何情况下你都不需要付钱，卡利克勒，还是接受苏格拉底的盘问吧，只要他愿意。

卡利克勒　那么好，你就问这些琐碎的小问题吧，因为高尔吉亚希望这样做。

苏格拉底　你真幸运，卡利克勒，竟然能在这些小事情上领悟伟大的奥秘。我真没想到这样做能够得到允许。那么从刚才中断的地方开始，回答我，喝水的快乐和口渴是否同时停止。

卡利克勒　是的。

苏格拉底　停止饥饿或其他欲望和停止快乐也是同时的吗？

卡利克勒　是的。

苏格拉底　那么一个人停止痛苦和停止快乐不也是同时的吗？

卡利克勒　是的。

苏格拉底　但是他不会同时停止经历好的事情和坏的事情，这是你自己同意过的。你现在还同意吗？

卡利克勒　我同意。那又怎样？

苏格拉底　只有在这一点上，好事情和快乐才不是一回事，我的朋友。坏事情和痛苦也不是一回事。我们同时停止一个对子，但不会同时停止另一个对子，因为它们有区别。因此快乐怎么能与好是一回事，或者痛苦怎么能与坏是一回事呢？如果你愿意，让我们换个方式来理解，我想恐怕你连这样做也不会同意。但请你想一想。你把某些人称作好人，不就是因为在他们身上表现出来的事情是好的吗？就好比你把某些人称作美的，因为美在他们身上表现出来。

🔖 **原著选读 10.2　《尼各马可伦理学》**[①]　　　　　　　　　　　亚里士多德

以下部分选自西方哲学经典著作之一。在这里，亚里士多德给善提供了一个"粗略的轮廓"。

我们再回到所寻求的善，看看它究竟是什么。它看来在每种活动与技艺中都不同。医术的善不同于战术的善，其他类推。那么每种活动和技艺中的那个善是什么？也许它就是人们在做其他每件事时所追求的那个东西。它在医术中是健康，在战术中是胜利，在建筑术中是

①选自亚里士多德：《尼各马可伦理学》，廖申白译注，北京，商务印书馆，2003。

一所房屋，在其他技艺中是某种其他东西，在每种活动和选择中就是那个目的，其他的一切都是为着它而做的。所以，如果我们所有的活动都只有一个目的，这些目的就是可实行的善。

这样，我们就从一条不同的理路达到了与前面同样的结论。但是我们还要把它进一步说清楚。如果目的不止一个，且有一些我们是因为它物之故而选择的，如财富、长笛，总而言之——工具，那么显然并不是所有目的都是完善的。所以，如果只有一种目的是完善的，这就是我们所寻求的东西；如果有几个完善的目的，其中最完善的就是我们所寻求的东西。我们说，那些因为自身而值得欲求的东西比那些因它物而值得欲求的东西更完善；那些从不因它物而值得欲求的东西比那些既因自身又因它物而值得欲求的东西更完善。所以，我们把那些始终因其自身而从不因它物而值得欲求的东西称为最完善的。

与所有其他事物相比，幸福似乎最会被视为这样一种事物。因为，我们永远只是因它自身而从不因它物而选择它。荣誉、快乐、努斯和每种德性，我们固然因它们自身故而选择它们（因为即使它们不带有进一步的好处我们也会选择它们），但是我们也为幸福之故而选择它们。然而，却没有一个人是为着这些事物或其他别的什么而追求幸福。

从自足方面考察也会得出同样的结论。人们认为，完满的善应当是自足的。我们所说的自足不是指一个孤独的人过孤独的生活，而是指他有父母、儿女、妻子，以及广言之有朋友和同邦人，因为人在本性上是社会性的。但是这里又必须有一个限制。因为，如果这些关系要扩展到一个人的祖先和后代，以及朋友的

朋友，那就没有完结了。不过，这个问题还是得留到后面讨论。我们所说的自足是指一事物自身便使得生活值得欲求且无所缺乏，我们认为幸福就是这样的事物。不仅如此，我们还认为幸福是所有善事物中最值得欲求的、不可与其他善事物并列的东西。因为，如果它是与其他善事物并列的，那么显然再增添一点点善它也会变得更值得欲求。因为，添加的善会使它更善，而善事物中更善的总是更值得欲求。所以幸福是完善的和自足的，是所有活动的目的。

不过，说最高善就是幸福似乎是老生常谈。我们还需要更清楚地说出它是什么。如果我们先弄清楚人的活动，这一点就会明了。对一个吹笛手、一个木匠或任何一个匠师，总而言之，对任何一个有某种活动或实践的人来说，他们的善或出色就在于那种活动的完善。同样，如果人有一种活动，他的善也就在于这种活动的完善。那么，我们能否认为，木匠、鞋匠有某种活动或实践，人却没有，并且生来就没有一种活动？或者，我们是否更应当认为，正如眼、手、足和身体的各个部分都有一种活动一样，人也同样有一种不同于这些特殊活动的活动？那么这种活动究竟是什么？生命活动也为植物所有，而我们所探究的是人的特殊活动。所以我们必须把生命的营养和生长活动放在一边。下一个是感觉的生命的活动。但是这似乎也为马、牛和一般动物所有。剩下的是那个有逻各斯的部分的实践的生命。（这个部分"有逻各斯"有两重意义：一是在它服从逻各斯的意义上有，另一则是在拥有并运用努斯的意义上有。）实践的生命又有两种意义，但我们把它理解为实现活动意义上的生命，这似乎是这个词较为恰当的意义。如果人的活

动是灵魂的遵循或包含着逻各斯的实现活动；如果一个什么什么人的活动同一个好的什么什么人的活动在根源上同类（例如一个竖琴手和一个好竖琴手，所有其他例子类推），且后者的德性上的优越总是被加在他那种活动前面的（一个竖琴手的活动是演奏竖琴，一个好竖琴手的功能是出色地演奏竖琴）；如果是这样，并且我们说人的活动是灵魂的一种合乎逻各斯的实现活动与实践，且一个好人的活动就是良好地、高尚［高贵］地完善这种活动；如果一种活动在以合乎它特有的德性的方式完成时就是完成得良好的；那么，人的善就是灵魂的合德性的实现活动，如果有不止一种的德性，就是合乎那种最好、最完善的德性的实现活动。

不过，还要加上"在一生中"。一只燕子或一个好天气造不成春天，一天的或短时间的善也不能使一个人享得福祉。

以上是对于善的一个概略的说明。恰当的方式是先勾画一个略图，然后再添加细节。

✈ 原著选读 10.3 《伊壁鸠鲁致梅瑙凯的信》[①]　　　　　伊壁鸠鲁

和前面提到的卡利克勒一样，伊壁鸠鲁也主张人生应当致力于追求快乐。读了以下篇章你会发现，伊壁鸠鲁的快乐观要比卡利克勒的精致老到得多。

我一直向你们谆谆嘱咐的事情，你们要去做，要明白它们是美好人生的基本原则……

要习惯于相信死亡与我们无关，因为一切好与坏都在感觉之中，而死亡是感觉的剥夺。只要正确认识到死亡与我们无关，我们就能甚至享受生命的有死性一面——这不是依靠给自己添加无穷的时间，而是依靠消除对于永生不死的渴望。对于彻底地、真正地理解了生命的结束并不是什么坏事的人，在他活着的时候也不惧怕……所有坏事中最大的那个——死亡——与我们毫不相干，因为当我们活着的时候，死亡还没有来临；当死亡来临的时候，我们已经不在了。所以死亡既与活着的人无关，又与死去的人无关；因为对于生者，死还不存在；至于死者，他们本身已经不存在了……

要记住：未来既不是完全在我们的掌握之中，也不是完全不受我们的把握。因此我们既不要绝对地相信未来一定会如此发生，也不要丧失希望，认为它一定不会如此发生。

要认识到：在各种欲望中，有的是自然的，有的是空虚的。在自然的欲望中，有的是必要的，有的仅仅是自然的。在必要的欲望中，有的有助于幸福，有的有助于身体的摆脱痛苦，有的有助于维系生活本身。在所有这些中，正确无误的思考会把一切选择和规避都引向身体的健康和灵魂的无烦恼，既然这是幸福生活的最终目的。我们做的其他一切事情，都是为了这个目的：免除身体的痛苦和灵魂的烦恼。

---

①选自《自然与快乐——伊壁鸠鲁的哲学》，包利民等译，北京，中国社会科学出版社，2004。

当我们获得这一切后，灵魂的所有风暴就平息了，人们就不再被匮乏所驱动而四处寻找什么其他什么"好事"来满足灵魂和身体。所以，只有当我们在缺少快乐就感到痛苦时，快乐才对我们有益处。当我们不再痛苦时，我们也就不再需要快乐了。正因为如此，我们说快乐是幸福生活的开端和目的，因为我们认为快乐是首要的好，以及天生的好。我们的一切追求和规避都开始于快乐，又回到快乐，因为我们凭借感受判断所有的好。

正是因为快乐是首要的好和天生的好，我们不选择所有的快乐，反而放弃许许多多的快乐，如果这些快乐会带来更多的痛苦的话。而且，我们认为有许多痛苦比快乐要好，尤其是当这些痛苦持续了长时间后带来更大快乐的时候。所有的快乐从本性上讲都是人的内在的好，但是并不都值得选择。就像所有的痛苦都是坏的，但并不都是应当规避的。主要是要互相比较和权衡，看它们是否带来便利，由此决定它们的取舍。有的时候我们把好当做坏，有的时候又把坏当成好。

我们认为独立于身外之物的自足是重大的好，但并不因此就只过拮据的生活。我们的意思是：当我们没有很多物品时，我们可以满足于少许的物品，因为我们真正相信，只有最不需要奢侈生活的人才能最充分地享受奢侈的生活。一切自然的，都是容易获得的；一切

难以获得的，都是空虚无价值的（不自然的）。素淡的饮食与奢侈的宴饮带来的快乐是一样的，只要由缺乏引起的痛苦被消除。面包与水可以带给一个人最大的快乐，如果这个人正好处于饥渴之中的话。习惯于简单而非丰盛的饮食，就能给人带来健康，使人足以承担生活中的必要任务，使我们在偶尔遇上盛宴时能更好地对待，使我们不惧怕命运的遭际。

当我们说快乐是目的的时候，我们说的不是那些花费无度或沉溺于感官享乐的人的快乐。那些对我们的看法无知、反对或恶意歪曲的人就是这么认为的。我们讲的是身体的无痛苦或灵魂的无烦恼。快乐并不是无止境的宴饮狂欢，也不是享用美色，也不是大鱼大肉什么的或美味佳肴带来的享乐生活，而是运用清醒的理性研究和发现所有选择和规避的原因，把导致灵魂最大恐惧的观念驱赶出去。

所有这一切中的首要的和最大的"好"是明智。所以明智甚至比哲学还更为可贵。一切其他的德性都是从理智中派生出来的，它教导人们：如果不是过一个明智、美好和正义的生活，就无法过上愉快的生活；如果不是过一个愉快的生活，也不可能过一个明智、美好和正义的生活。德性与快乐的生活一道生长，两者不可分离。你认为谁能比这样的人更好呢？——这个人关于神有虔敬的观念，对于死毫不惧怕，他仔细思考过自然的目的。

✦ 原著选读 10.4　《美诺篇》①　　　　　　　　　　　柏拉图

爱比克泰德和伊壁鸠鲁、卡利克勒一样，也崇尚快乐的生活。爱比克泰德教导我们搞清楚什么是我们能够控制的，什么是无法控制的。我们无法控制实际发生的事件，但是可以控制自己的态度。因此快乐的关键就在于，面对坏的事件，要采取斯多葛式的态度。

1. 有些事物是我们能够控制的，而另一些事物我们不能控制。我们能够控制的是观念、选择、欲求、憎恶——简言之，就是那些出自我们自身的事情；我们不能控制的是体质、财产、名誉、职业——也就是所有并非出自自身的事情。再者，我们能够控制的那些事物，就其本性而言都是自由自在的，没有什么东西阻碍、限制它们；而我们不能控制的事物则是虚弱的，它们像奴隶般受制于外在条件，它们不属于我们自身。因此请记住，倘若你把本性是奴役的东西看成自由，把不属于你的东西看成你自己的，那么你就会碰壁，会灰心丧气，慌乱无措，怨天尤人。如果你仅仅把本就属于你自己的东西看成你自己的，而把不属于自己的东西看成不属于自己的，这样一来就没有什么能够强迫你、阻碍你了，你也就无须责备、抱怨任何东西了；你将绝对地从心所欲而行动，你不会有个人意义上的敌人；没有什么能伤害你，因为你根本不可能接触到任何伤害……

在一开始，你就要学会面对任何外来的、看上去可憎可怖的遭遇说出这样的话："无论你看上去如何，这都是假的，你只是外在的表象而已。"然后就运用你拥有的这些标准去考察、测试它，最重要的标准是这一条：这个表象是否和我们能够控制的事物有关？抑或是和我们不能控制的事物有关？倘若它和我们不能控制的事物有关，那么我们就可以说："它对于我不算什么。"

2. 请记住，欲求总是希望得到所欲求之物，而憎恶总是希望避免所憎恶之物。欲求得不到满足的人是倒霉的，而堕入想要避免的命运的人则是不幸的。那么，如果你想要避免的仅仅是非自然的、我们自己可以控制的事物，那么你就永远不会堕入你想要避免之物；但是，如果你试图避免疾病、死亡或贫困，那么你必将经历不幸。因此，不要憎恶你无法控制的事物，把憎恶转移到非自然的、我们可以控制的事物上去。与此同时也要彻底转变你的欲求，因为，如果你欲求的是你无法控制的事物，那么你注定会倒霉；而且，在这种情况下，那些真正值得欲求的、你能够控制的事物都会离你而去。对于选择和拒绝，必须轻盈地把握；要有所保留，不能固执己见。

…………

---

① Reprinted by permission of the publishers and the Trustees of the Loeb Classical Library from Epictetus, Volume II, Loeb Classical Library Volume 218, translated by W. A. Oldfather, Cambridge, Mass.: Harvard University Press, 1928. The Loeb Classical Library is a registered trademark of the President and Fellows of Harvard College.

5. 困扰人的不是事物本身，而是人对于它们的判断。比如说，死亡根本不可怕——否则即使苏格拉底也会恐惧死亡——可怕的是"死亡可怕"这样的判断。因此，当我们遇到艰难险阻、感到困扰或沮丧的时候，我们不该抱怨别人，而应当反省自己，也就是说，反省自己的判断。没有教养的人才会在生病的时候抱怨别人；而反省自己则是教养的开端的一部分；当一个人心智成熟以后，他就既不会抱怨别人，也不用抱怨自己了。

…………

8. 不要妄想什么事都照你所希望的发生，而应当希望所有事情都照已经发生的那样发生——这样你的生活就过得宁静安详了。

…………

11. 永远不要说："我失去了某物。"而应当说："我交还了某物。"你的孩子死了？它是被收回了。你的妻子死了？她也是被收回了。"我的土地被夺走了。"很好，它也被收回了。"但它是被流氓夺走的。"这又有什么关系呢？他只是"给予者"的媒介，"给予者"收回了它。所以，当你拥有它时，你就当它是不属于你的东西那样照看它，就像过客之于逆旅。

…………

15. 要记住，像对待一次宴饮那样对待你的人生。某些东西被传来传去，它到了你面前，你就伸出手臂礼貌地取走你的份；它挪开了，就不要挽留它。如果它还没有到你面前，你就不要表现出对它的欲望，只须静静地等待它的到来。你当如此对待你的孩子、你的妻子、你的职业、你的财富；这样一来，有一天你将有资格参加众神的盛宴。如果那些东西到了你面前你还不拿，蔑视它们，这样你就不光能分享众神的盛宴，还和众神分享了共同的准则。因为，像第欧根尼、赫拉克利特这样的人就是这样做的，他们因此而有资格被称为圣人。

16. 当你见到有人伤心地哭泣，因为他的孩子离他而去，或者因为他失去了大笔钱财，这时你应当记得：不要以为那个人已经被外来的灾难困住了，而应当立即想到："令他伤心的并不是实际发生的事件（因为也有人面对这样的事不伤心），而是他对事件的判断。"不过，你还是应当毫不犹豫地对他表示同情，正如那古话所说的；如果情况允许，你也可以和他一起叹息；但是要注意，你的内心不能为这样的事叹息。

17. 要记住，你是一出戏中的演员，你的戏码已经被剧作家决定了。如果他希望你的戏份时间较短，那么它就短；他希望长，就长。他要你扮演乞丐，你就得伶俐地扮演乞丐；无论你的角色是瘸子、官员还是平民，你都得照着办。因为这就是属于你的职责：把安排给你的角色扮好，而角色的选择是别人的事。

…………

20. 要记住，即使有人对你恶语相向、拳脚相加，他们也不能够冒犯你；只有当你判断他们冒犯你的时候，你才受冒犯了。因此，当有人激怒你的时候，要相信激怒你的只是你自己的意见。所以，最重要的就是，努力使自己不要受外部印象的触动；这样久而久之，你就会很容易地成为自己的主人。

21. 时常地念想死亡和流离，念想一切看上去可怕的事情——当然这之中最可怕的是死亡；这样你就不会有卑劣的念头了，也不会渴求什么超越正常尺度的东西了。

…………

33. 首先，要为自己树立起一种特定的性情，无论独处时还是和人交往时都保持那样，始终如一。在大部分场合保持沉默，除非很有必要才开口，说话要尽量简短。要少谈话，只在形势要求你谈的时候才谈；不要谈寻常的话题。不要谈论角斗、赛马、竞技，也不要谈论吃喝——这些都是老生常谈的话题。不过最重要的是，不要谈论人，不要责备，不要夸奖，也不要把人做比较。如果你能用自己的谈话说服你的伙伴，那就说；如果你自己一个人显得像个异类，那就保持沉默。

不要经常笑，不要笑话太多的东西；笑也不要大声喧哗。

如果可能的话，不要发任何誓言；如果这不可能做到，那么就根据环境尽可能地拒绝……

对于那些附属于肉体的事物，只要取你所需就够了。我指的是食物、饮料、衣服、房屋还有家奴；仅仅用来炫耀或显示奢侈的东西应当一律取消。

在性生活方面，结婚前要尽可能保持纯洁；如果你要享受，那么只享受合法的那种。

不过，对于那些沉溺于此的人也不要苛求、冒犯。不要经常提及自己不沉溺于性生活。

如果有人对你说，某人说你坏话，不要为自己辩护，而要这样回答："是啊。他还不知道我有别的缺点呢；如果他知道了，他不会只提及这些缺点的。"

…………

41. 缺乏才能的人才会在自己的身体上花费大量时间。诸如大量的运动，大量的饮食，大量的排泄，大量的交配。这些事情只应该是顺带做做的，你的整个注意力应当致力于心灵。

…………

44. 以下的命题都是谬论："我比你富有，因此我比你优秀"；或者"我比你雄辩，所以我比你优秀"。而下面的几个推论要好些："我比你富有，所以我的财富在你之上"；或者"我比你雄辩，所以我的论辩术比你强"。但是你既不是财富，也不是论辩术。

…………

46. 永远不要称自己为哲人，在大部分情况下，也不要对普通人谈论自己的哲学原则，而是应当按照自己的原则去生活。

🔹 原著选读 10.5 　《道德形而上学原理》①

伊曼努尔·康德

在第一段中，康德宣布了"定言命令"，即道德的最高原则。接着，他考察了四个具体例子，以此说明了这条原则。

所以，定言命令只有一条，这就是，要

只按照你同时认为也能成为普遍规律的准则去行动。

现在，如果可以把这条命令作为原则，而推演出一切其他命令式来，那么，尽管我们还弄不清，那被认为是责任的东西是否是一个

①选自康德：《道德形而上学原理》，苗力田译，上海，上海人民出版社，2005。

空洞的概念，但我们至少可以表明，在这里我所想的是什么，这一概念说明的是什么。

由于规定后果的规律普遍性，在最普遍意义下，就形式而言，构成了所谓自然的东西，也就是事物的定在，而这定在又为普遍规律所规定。所以，责任的普遍命令，也可以说成这样：你的行动，应该把行为准则通过你的意志变为普遍的自然规律。

现在我想举出几种责任，按照习惯分类，分为对我们自己和对他人的责任，完全的责任和不完全的责任。①

1. 一个人，由于经历了一系列无可逃脱的邪恶事件，而感到心灰意冷、厌倦生活，如果他还没有丧失理性，能问一问自己，自己夺去生命是否和自己的责任不相容，那么就请他考虑这样一个问题：他的行为准则是否可以变成一条普遍的自然规律。他的行为准则是：在生命期限的延长只会带来更多痛苦而不是更多满足的时候，我就把缩短生命当做对我最有利的原则。那么可以再问：这条自利原则，是否可能成为普遍的自然规律呢？人们立刻就可以看到，以通过情感促使生命的提高为职责的自然竟然把毁灭生命作为自己的规律，这是自相矛盾的，从而也就不能作为自然的存在。这样看来，那样的准则不可以成为普遍的自然规律，并且和责任的最高原则是完全不相容的。

2. 另一个人，在困难的逼迫下觉得需要借钱，他知道得很清楚，自己并无钱可还，但事情却明摆着，如果他不答应在一定期限内偿还，他就什么也借不到。他乐于做这样的承诺，但他还良知未泯，扪心自问：用这种手段来摆脱困境，不是太不合情理太不负责任了吗？假定他还是要这样做，那么他的行为准则就是这样写的，在我需要金钱的时候我就去借，并且答应如期偿还，尽管我知道是永远偿还不了的。这样一条利己原则，将来也许永远都会占便宜，现在的问题只是，这样做对吗？我要把这样的利己打算变成一条普遍规律，问题就可以这样提出：若是把我的准则变成一条普遍原则，事情会怎样呢？从这里我们可以看到，这一准则永远也不会被当成普遍的自然规律，而不必然陷于自相矛盾。因为，如果一个人认为自己在困难的时候，可以把随便做不负责任的诺言变成一条普遍规律，那就会使人们所有的一切诺言和保证成为不可能，人们再也不会相信他所做的保证，而把所有这样的表白看成欺人之谈而作为笑柄。

3. 第三个人，有才能，在受到文化培养之后会在多方面成为有用之人。他也有充分的机会，但宁愿无所事事而不愿下功夫去发挥和增长自己的才干。他就可以问一下自己，他这种忽视自己天赋的行为，除了和他享乐的准则相一致之外，能和人们称之为责任的东西相一致吗？他怎能认为自然能按照这样一条普遍规律维持下去呢？人们可以像南海上的居民那样，只是去过闲暇、享乐、繁殖的生活，一句话，去过安逸的生活，而让自己的才能白白地在那里生锈。不过他们总不会愿意让它变成

---

① 应该指出，关于责任的分类我们必须留待将来的《道德形而上学》，在这里，仅为了编排我们的例证，以便引用。此外，据我的理解，完全的责任不允许有利于爱好的例外，同时我认为不仅有外在的，还有内在的完全责任。这种理解是和经院中对这个词的理解背道而驰的，但在这里我并不为自己辩护，因为不论人们是否接受我的意见，并不妨碍我的意图。——康德原注

一条普遍的自然规律，因为作为一个有理性的东西，他必然愿意把自己的才能，从各个不同的方面发挥出来。

4. 还有第四个事事如意的人，在他看到别人在巨大的痛苦中挣扎，而自己对之能有所帮助时，却想道这于我又什么关系呢？让每个人都听天由命，自己管自己罢。我对谁都无所求，也不妒忌谁，不管他过得很好也罢，处境困难也罢，我都不想去过问！如果这样的思想方式成为普遍的自然规律，人类当然可以持续下去，并且毫无疑义地胜似在那里谈论同情和善意，遇有机会也表现一点点热心，但反过来却在哄骗人、出卖人的权利，或者用其他办法侵犯人的权利。这样一种准则，虽然可以作为普遍的自然规律持续下去，却不能有人愿意把这样一条原则当成无所不包的自然规律。做出这样决定的意志，将要走向自己的反面。因为在很多情况下，一个人需要别人的爱和同情，有了这样一条出于他自己意志的自然规律，那么，他就完全无望得到他所希求的东西了。

这就是实际责任的一些例子，至少我们认为它是实际责任，它的分类很显然，是按照同一个原则进行的。人们必定愿意我们的行为准则能够变成普遍规律，一般说来，这是对行为的道德评价的标准。有一些行为，除非陷于矛盾，人们就不能把它的准则当做普遍规律，更不能够愿意它应该这样。在另外一些行为中，虽然找不到这种内在的不可能性，但是仍然不能够愿意把它的准则提高为普遍规律，因为这种意愿是自相矛盾的。人们很容易看出，前一种违背了严格的或狭义的责任，后一种违背了广义的责任。通过这些例子，显而易见，全部责任在约束力的类型上服从同一个原则，而不是在行为的对象上服从同一个原则。

❀ 原著选读 10.6 《功利主义》①

约翰·斯图亚特·穆勒

在这里，约翰·斯图亚特·穆勒用朴素的语言阐述了什么是功利主义，并且纠正了一些流行的误解。

什么是功利主义

……道德"功利"，或"最大快乐原则"，其基础是：促进快乐的行为是正确的，阻碍快乐的行为则是错误的。快乐就是预期的快感以及痛苦的消失，而不快乐就是痛苦以及快乐的缺乏。这一理论树立起了怎样的道德标准？为了清晰地理解它，我们还有更多需要说的；尤其是，痛苦和快感包含些什么内容？在何种限度内这个问题是开放性的？不过，这些补充性的说明丝毫不影响这一道德理论的基础，那就是：追求快感和摆脱痛苦是生命仅有的最终目标；一切值得追求的东西（它们在功利主义者眼里是不计其数的，正如在别人眼里那样），要么它本身就是快乐，要么它能够用来促进快乐或摆脱痛苦。

这样的理论在许多人当中激起了习以为

---

① From *Utilitarianism*, reprinted from *Fraser's Magazine*, 7th ed, (London: Longmans, Green, and Company, 1879)

常的反感，而且其中有些人的感受和意愿还是相当值得尊敬的。我们说（如他们所表达的）生命中除了快感以外，就没有更好、更高贵的的目标值得去追求了——在他们看来，这完全是庸俗低劣的，简直就像猪的生活原则。很久以前，伊壁鸠鲁的追随者们就曾被这样轻蔑地称呼过；在当代，主张这种观点的人也经常被德国、法国和英国的反对者们拿来做这样的类比。

当伊壁鸠鲁主义者遭到这样的攻击时，他们的回答往往是：贬低人类天性的不是他们，而恰恰是那些责难者。因为从责难者的言辞来看，仿佛人类除了能享受猪的快感以外就没有能力享受更高层次的快感了。如果事实真的是这样，那么这样的责难无可厚非，但是也不能成其为责难了；因为，倘若人类的快感和猪的快感从根本上讲是一样的，那么人的生活规则当然不可能比猪的生活规则更好。把伊壁鸠鲁主义者的生活同兽类的生活做类比，这被认为是对前者的贬抑，恰恰是因为兽类的快感远远不能涵盖人类的快乐概念。人类的机能要比动物的欲求精致、发达得多，而且当人意识到了自身的机能以后，就再也不会把不能满足这些机能的东西当成快乐了。我并不认为伊壁鸠鲁主义从功利主义原则推出的东西已经完美无缺。如果要追求充分的话，那么斯多葛派、基督教思想等元素就应当被包括进去。但是，迄今人们所知的伊壁鸠鲁主义生活理论全都对智力、情感、想象以及道德感受力上的快乐赋予了较高的价值，远远高于那些纯粹感官上的快感。不过必须承认，功利主义的写作者们之所以把精神上的快感看得比肉体快感高，通常是因为前者更持久，更安全，而且无须付

出代价，等等——也就是说，他们涉及的是前者的外在优势，而非内在的固有本性。在这些方面功利主义者们都说得很有道理。但是，如果他们再多关注些更高层面的问题的话，理论就会更完整，更自相一致了。必须注意到这样的事实：有些快感比别的快感更值得追求，更有价值，这和功利主义的原则丝毫不矛盾。当我们估量别的事物的时候，我们总是既考虑量又考虑质；那么估量快感怎么能仅仅考虑量的因素呢？这是很荒谬的。

有人会问，快感的质的差别意味着什么？或者，是什么使这种快感比那种快感更有价值，倘若不考虑量的因素？可能的答案只有一个。面对两种快感，如果那些经历过两者的人当中的全部或绝大多数都喜欢其中的某一种（不包含道德义务方面的考虑），那么这一种就是更值得追求的快感。如果有那么群人，他们对两种快感都十分熟悉，但他们喜欢其中的一种要远远甚于另一种，即使它常常不能令人满足，即使另一种他们完全有能力享受而且量又很丰富，他们仍不愿意放弃这一种而去追求另一种——这时，我们就完全有理由说，这一种享受在质上的优势完全压倒了量的因素，因此它即便稀有也仍然令人向往。

在此，这一事实是毫无疑问的：人如果对两种快感都同样熟悉、同样有能力欣赏、享受，那么他喜欢的一定是需要调动他较高机能的那一种。很少有人愿意变成比他低级的动物，即使能够享受那种动物的全部快感；高智力的人当中没有人会愿意成为傻瓜，饱学之士当中没有人会愿意成为无知的人，富于感受力和良知的人也不会愿意变得自私卑劣——即使有人告诉他们说，傻瓜、无知者或卑鄙小人

比他们更容易满足自己的快感。他们不会为了最大限度地满足那些大家都能享受的快感而放弃自己独有的、较高层次的快感。如果他们会愿意，那也只能是在痛苦过于严酷的时候，他们为了逃离痛苦才肯想象把自己正承担着的东西随便换成别的，尽管那些东西在他们眼里根本不值得追求。对于一个拥有较高机能的人来说，他的快乐所需要的条件较多，他对痛苦的感受力也更敏锐，因此他比低层次的人更容易感到痛苦；但是，尽管有这样的不利因素，他永远也不可能真心愿意沦落到比自己低级的存在状态当中去。对于这种不愿意，我们可以给出各种解释；我们可以说这是骄傲，这个词既被用来形容最值得尊敬的那些人类感受，也被用来形容最可鄙的那些；我可以说这是爱好自由，爱好个人的独立，对斯多葛派而言，这样的教导最有效了；也可以说，这是热爱权力、热爱刺激——确实，这里面包含这样的内容。但是，最合适的说法是，这是一种尊严感，所有人类都以不同的形式拥有它。在某些人那里，这种尊严和他们的较高的机能是成比例的，尽管比例不那么严格。对于富于这种尊严感的人而言，它对于快乐是如此地根本，以至于任何与之相冲突的事物都被认为是完全不值得追求的——再短暂的追求都不值得。如果有人认为这种偏好是牺牲了快乐，认为这种高层次的存在者在同等的环境下不比低层次存在者更快乐，那么他就是把"快乐"和"满足"这两个根本不同的观念给搞混淆了。不可否认，享受能力比较低下的存在者是最容易获得完全的满足的；而天赋较高的存在者则常常会感到，在这样的世界上，他所可以寻求的快乐总是不完美的。但是，他可以学着去承受这不

完美性，倘若它们还可以承受的话。再说，这也不会令他去嫉妒那些低下的存在者，那些人根本意识不到不完美，他们也根本不懂得美是什么——正是那些不完美才让美得以可能。与其做一头满足的猪，不如做一个不满足的人；与其做一个满足的傻瓜，不如做一个不满足的苏格拉底。倘若傻瓜或猪对此持不同意见，那就是因为他们只能看到他们自己这一面，而高层次的存在者两面都懂得。

有人会这样来反驳：有许多人，他们有能力享受高层次的快感，却常常受到诱惑，放下它们去享受低层次的。但是其实这些人仍然相信高层次的快感本来就比低层次的要好，这个和他们的举动并不矛盾。人常常会有这样的性格弱点，倾向于选择离自己比较近的那种善，即使他知道它的价值比较低；无论是在两种肉体快感之间做选择，还是在肉体快感和精神快感之间做选择，都会有这样的情况。他们会沉溺于感官享受以至于伤害身体，尽管他们完全知道健康是更高的善。还有一种反驳是这样的：有些人，在年轻的时候对一切高尚事物怀有热情，而当他们上了年纪以后，就变得怠惰而自私。这样的变化固然很常见，但我不认为那些人是自愿放弃高层次享受，选择低层次快感的。我相信，当他们投身于后者之前，高层次享受的能力就已经丧失掉了。享受高尚事物的能力，从其本性来讲，是很脆弱的，是很容易被扼杀的；不光有害的影响会扼杀它，光是对养料的需求就会令它饥渴至死。对大部分年轻人而言，倘若他们所致力的职业、他们所投身的社会不利于这些高层次享受的维持、发展，那么这种能力就会很快地死去。人一旦丧失了智

力上的品味，也就丧失了高层次的抱负，因为他再也没有时间、没有机会去满足它们了。于是这样的人沉溺于低层次的快感中——他们不是故意这样选择的，而是因为他们面前只有这样的快感可供享受，或者是因为他们只剩下这样的享受能力了。倘若一个人对两个层次的快感都同样敏感，同样有能力享受，那么他是否还会理智而冷静地喜欢低层次的那种呢？许多人都试图调和这两个层次，这些人哪个年龄阶段的都有，但他们都徒劳无功。

以上就是对这种唯一胜任的判断方式的说明，在我看来它已经无可辩驳了。两种快感当中哪种更值得享有，或两种生存模式哪种更令人愉快（不考虑它的道德属性，也不考虑它的后果），这得问那些对两者都经历过、都熟知的人；倘若他们之间不一致，那么他们当中大多数人的结论就是最终结论。我们得接受这个关于快乐的质的结论，无须犹豫；因为即使就量的问题而言，也没有比这更好的判断方式了。两种痛苦何种更激烈？两种感官快乐何种更刺激？要回答这样的问题，除了让那些熟悉两者的人来投票表决，还能有什么办法呢？无论痛苦还是快感都不具有齐一性，而痛苦和快感总是异类的。某种特定的快感值不值得用某种痛苦作为代价来换取？除了那些经历、感受过两者的人，还有谁能帮我们做决定呢？当那些感受和判断告诉我们，源自高等机能的快感在种类上就比那些和高层次机能无关的、动物性的快感要更值得追求，无论激烈程度如何——这时候，他们就在这个问题上达成了一致。

为了正确、完满地理解功利主义，理解把快乐作为人类生活的指导原则这样的理论，以上观点是必须的，对此我已经阐述过了。

不过，即使没有上述观点，功利主义的标准仍是应当被接受的；因为标准所涉及的不是当事人自身的最大快乐，而是所有人的快乐的最大化。高尚的性情是否因其高尚而总能享有快乐？如果对此仍心存疑虑的话，那么到这里就无须再有疑虑了：因为高尚总能令他人快乐，整个世界都能因此获益。只有通过普遍培养高尚的性情，才能让功利主义的目标得以实现——即使每个人都仅仅是他人的高尚的受益者，他的快乐完全来自这样的受益。当然这样的情况实际上是荒诞的，不过这种情况的提出就让更多的反驳完全成为多余了。

根据上面所说的最大快乐原则，终极的目标（就是说，为了达到它，什么都可以接受）——无论我们考虑的是自身的善还是他人的善——就是这样的生活：尽可能地避免痛苦，以及在质上和量上都尽量丰富的享受。至于如何测定快感的质以区分于它的量，这取决于有经验者的喜好；那些人必须富于自我意识和自我观察的能力，这样才是够资格的评判者。功利主义认为，人类行为的最终目标必须成为道德的标准，它相应地被定义为"人类行为的规范和教条"；通过遵循这样的标准，以上所描述的生存就能在最大限度上被人类所拥有了——甚至不仅限于人类，倘若事物的本性允许，它应当适用于一切有知觉的造物。

……功利主义的道德明白，人类拥有这样的力量，能够为了别人的善牺牲自己最大的善。它所不愿承认的是，这种牺牲本身就是善的。倘若牺牲不能增加快乐的总量，或根本没有增加快乐的倾向，那么它就是浪费。功利主义赞同的是这样的自我牺牲：它是为了快乐献身，或是为了他人的快乐而献身——

无论是为了人类总体还是为了人类集体利益限度内的人类个体。

我必须再次说明这一点：那些攻击功利主义的人们很少正确地认识到，构成功利主义行为标准的那个快乐不是当事人自身的快乐，而是所有人快乐的总合。对于自身的快乐和他人的快乐，功利主义要求一个人做到严格的公正，仿佛就像一位超然物外的、仁慈的旁观者。在拿撒勒的耶稣所说的黄金箴言那里，我们就能读到功利主义伦理学的全部灵魂："你想要别人如何待你，你就如何待别人"，还有"像爱你自己一样爱你的邻人"，它们尽善尽美地描绘了功利主义道德的理念。

原著选读 10.7　《善恶之彼岸》①

弗里德里希·尼采

在以下的文字中，尼采用简洁易懂、条理清晰的方式阐述了他的道德概念，阐明了主人道德和奴隶道德。

每一个高贵的典型的"人"迄今为止一直是贵族社会的产品——而且它将始终是这样——贵族社会是这样的社会，它相信在人们中间存在着一个长长的有价值的等级和差别系列，而且在有些形式和其他形式的贵族社会中需要奴隶……让我们毫无偏见地看一看，地球上每一种较高的文化是怎样开始的？仍然拥有自然本性的人，在野蛮人这个词最可怕的意义上的野蛮人、强盗，仍然拥有不可战胜的意志力和强力意志，听命于更弱的、更道德的、更温和的，也许是善于贸易和畜牧业的种族，或者听命于古老的成熟的文明，在这种文明中，最后的生命力在精神和堕落的辉煌激情中闪烁不定。高贵的种族在开始时总是野蛮的种族：他们的优势首先并不在于他们的身体，而在于他们的精神力量——他们是更完美的人（这也完全意味着他们同样是"更完美的野兽"）。

……但是，在一个好的和健康的贵族来说，基本的东西是：它不应该认为自己或者是王权的功能，或者是国家的功能，而是举足轻重的东西和最高的正义——因此，他必须良心地发现接受许多个人的牺牲，为了他自己的缘故必须被压迫和降低为不完善的人、奴隶和工具。它的基本信念必须确实是这样的：社会不允许自身为了它自己的目的而存在，社会只是基础和支架，借助于这种基础和支持，一个被挑选出来的阶级能够提高自己的责任，并且一般地提高自己的生存，就像爪哇岛上那些趋光性的攀缘植物——它们被称之为"桃花心木"——它们总是用它们那长长的枝条缠在栎木身上，直到最后比栎木还高，但靠栎木支撑着，它们在阳光下展示它们的树冠，展示它们的喜悦。

决不互相伤害，决不相互使用暴力和相互利用，并且决不把自己的意志强加于人：当必要的条件已经给定的时候（即在力量大小和价值等级上个人之间完全一样，而且他们在一

① 选自尼采：《善恶之彼岸》，程志民译，北京，华夏出版社，2000。本书译者以此为底本做了修订。

个组织内相互合作），在一定意义上，在个人之间，这可能导致好的行为。但是，一旦人们希望把这个原则更普遍化，而且如果可能，甚至把它作为社会的基本原则，那么，这会立即使这个原则失去意义，即，成为一个否定生命的意志、一个死亡和腐朽的原则。

这里，人们必须彻底思考这样的根据，并抵制一切情感的弱点：从本质上说，生命本身就是对异己的东西和弱小的东西的占有、伤害和征服，就是特殊形式的镇压、严酷和强求，就是合并，或至少，说得好听点是利用；但是，人们为什么永远总是使用这些话呢？一个受到轻视的目的一直被刻在这些话上。

甚至躯体——正如前面假设的那样，在躯体内部，个人之间相互平等相处，这种情况发生在每一个健康的贵族身上——如果它是一个活生生的而不是要死的躯体的话，本身都不能像它内部的个人那样互相和睦相处：它将必定成为具体的强力意志，它将努力成长，获得根据，引导自己并取得优势——这并非因为任何道德或不道德的目的，而是因为它活着，而且因为生命本身就是强力意志。但是普通欧洲在这个问题上最不愿接受教训：现在，甚至在科学的指导下，人们到处都奢谈未来社会的状况，在这个社会中没有剥削人的现象：——传到我耳朵中的似乎是它们允诺要发明一种生活方式，这种生活方式可以阻止一切有组织的功能。"剥削"并不属于一个堕落的、残缺的和原始的社会：它是生物的本性，这种生物就是一种原初的有机功能；它是固有的强力意志的结果，这种强力意志就是生命意志……

通过对地球上迄今为止曾经流行过或现在仍在流行的诸多美好的道德和粗野的道德的一番巡礼，我发现了某种有规则地一起出现而且相互关联的特性，直到最后我面前出现了两种基本类型的道德，而且它们完全不同，泾渭分明。

甚至在同一个人身上，在同一个灵魂内部，也存在着主人道德和奴隶道德。但是，我必须立即补充说，在所有较高的和混杂的文明中，同样存在着调合这两种道德的尝试；但是，人们仍然经常发现对它们的混淆和相互误解，事实上，它们有时紧密并列着。道德价值的区别或者产生于统治等级——这个统治等级欣然自觉地区别于被统治等级，或者产生于被统治等级、奴隶和诸侍从。

首先，正是在统治者规定"善"的概念时，正是高贵的、骄傲的品质被认为是出类拔萃的特征，而且决定了等级秩序。上等人把自己与芸芸众生区别开来，芸芸众生的品性正好和这种高贵的、骄傲的品质相反，上等人瞧不起芸芸众生。人们立即就注意到，在主人道德那里，"好"和"坏"的对立实际上就是"高贵"和"下贱"的对立；"善"和"恶"的对立乃是另一种不同来源的对立。胆小如鼠、卑贱、微不足道而且只考虑蝇头小利之徒受到蔑视；此外，目光闪烁不定而受到怀疑的人，自甘堕落之辈，甘为鹰犬狗彘不如之徒，沿街乞讨的马屁精，尤其是撒谎者同样被嗤之以鼻：所有贵族的一个基本信条就是，普通人是不诚实的。古希腊的贵族认为他们自己才是诚实的。他们说："我们，诚实的人。"

显而易见，道德价值标准最初到处被应用于人，而只是派生地和在后来才被应用于行为；因此，当道德史家从"为什么同情行为一直受到赞扬"的问题开始时，这乃是一个严重的错误。上等人认为自己是价值的规定者；他并不需要得到批准；他做出这样的评判："凡是对我有害的东西本来就是有害的。"他知道，只有他才能赋予事物以尊严；他是价值的创造者。他尊敬所有他在自身中认识的东西：这种道德乃是自吹自擂。人们重视那种试图泛滥的丰富的情感和权力感，重视激动人心的欢乐，以及愿意给予和付出的意识：上等人同样帮助不幸的人，但不是或几乎不是出于怜悯，而是由于极其充沛的精力所产生的一种冲动。上等人本身尊重有力量的人，这种人同样有能力超越自身，知道如何去说，知道如何保持沉默，乐于严厉对待自己，而且尊重一切严厉的东西……

像这样的上等人和英雄根本看不起这样的道德观：这种道德观认为只有在同情、利他的行为或大公无私中才能发现道德的人格。自信、自傲，彻底仇恨并冷嘲热讽地对待"大公无私"的确是上等人的道德，就像冷酷无情的藐视、警惕同情和"热心肠"一样是上等人的道德那样。……

但是，统治阶级的道德常常与现代人的趣味格格不入，现代人的原则是只对同类的人负责。现代人可以随随便便地或"发自内心地"对待下等人和陌生人，而且无论如何都"超出了善恶之分"……

另外，还有和第二种道德有关的道德，即奴隶道德。如果凌辱、压迫、痛苦、奴役、不由自主和厌倦都已经道德化了，那么对它们做道德评判的共同标准是什么呢？也许表达了对于人的整个状况的悲观主义的怀疑，也许是对人及其状况的谴责。奴隶看不惯强者的道德；他对这里所尊重的一切"善"的东西采取一种怀疑和不信任的态度。他欣然告诫自己，

这里的快乐乃是过眼云烟。相反，那些减轻人们痛苦的品质却得到重视和尊敬；正是在这里，同情、仁慈、助人为乐、热心肠、容忍、勤奋、谦卑和友好获得了敬重。因为这些品质在这里乃是最有用的品质，而且几乎就是人们维持生存的唯一手段。奴隶的道德本质上都是实用的道德。

这里，最出名的善和恶的对立的起源之地就在于：人们确信权力和危险就是恶，而畏惧、精巧和力量不容蔑视。因此，按奴隶道德来说，"恶人"令人害怕；按主人道德来说，恰恰是"好人"才会令人害怕，而且就是要叫人害怕，而坏人则被认为是叫人瞧不起的东西。

当我们像下面这样加以对比时，这两种道德的对立就昭然若揭了：按奴隶道德的结果来说，对于这种道德的好人来说，哪怕一点点贬低——这种贬低可能极小而且是好意的——也是不允许的。因为按照奴隶的思维方式来说，好人无论如何都是可靠的人：他本性善良，容易受骗，也许有点笨，一个老好人。奴隶道德到处都获得了举足轻重的地位，语言也反映了这种倾向："善"和"笨"这两个词的意思几乎一样。

一个最基本的差别是：渴望自由、快乐的本能以及对于自由的反感必然属于奴隶道德和奴隶伦理学，正如崇敬和献身的本领和热情乃是贵族的思想方式和评价方式的正规标志那样……

在和基本不变的不利条件的漫长斗争中，一个种产生了，而且一个类变得固定和强大了，反之，有经验的饲养人知道：吸收了过分营养，而且一般地受到过多保护和照料的物种非常明显地立即就会发生变异，而且繁殖出天

才和怪物（也有劣种）。

现在，让我们来看看一个贵族共同体，谈谈波利斯或威尼斯的古代希腊，它们都是为了抚育人类的目的自发或不自发地被发明出来的；在那里，人们为了延续他们的种族，除了互相帮助之外，还得靠他们自己的才智，这主要是因为他们必须实现他们的目的，否则就有灭绝的可怕危险。在那里，并没有变异得到培育的那种有利的、过分丰富的保护；物种作为物种，对它们自己来说，乃是不可缺少的，就像某些东西恰恰因为它的坚强、它的一致性以及结构的简单性，一般地才能在和它的邻居或同反叛的或威胁要反叛的奴隶的不断的斗争中得以实现并永远存在下去。绝大多数形形色色的经验告诉它，它把属于它的那种特征主要归之于这样的事实：它勇敢地面对一切神和人而仍然存在在那里，而且迄今为止已经取得了胜利：它把这些特征称之为美德。它相信严厉，实际上它追求严厉；在青年教育、妇女管理、婚姻习俗、两代人的关系以及刑法（只有这种刑法才能发现劣种人）方面，每一种贵族道德都是不容许有异议的：它以"正义"的名义认为不宽容乃是一种美德。

因此，一个数量很少，但特征非常明显的类，一个严厉、好战、聪明、沉默、冷漠和有节制的物种的人（而且这种人对社会的诱人之处和细微差别十分敏感）就这样产生了，而且不受世世代代的盛衰的影响；正如已经指出的那样，和不利的条件进行的不屈不挠的斗争乃是一个物种逐渐变得强大的原因。

但是，最后出现了事物的快乐状态，可怕的紧张心情已经放松了；也许在众多的相邻的居民之间并没有更多的敌人，而且生活资料，甚至快乐生活的资料目前也是十分丰富。在猛然一击之下，旧的桎梏和强制断裂了：它们不再被认为是不可缺少的，不再是存在的条件——如果它们继续存在，那么它们只能作为一种奢侈的形式，只能是一种拟古主义的趣味。变异——它们或者是（向更高级、更优秀、更珍贵方向的）偏差，或者是退化和畸形——突然变得极其强烈和明显；个体敢于成为个体，而且敢于分离自己。

在这里，在这个历史的转折点上，一种壮丽的、多种多样的像原始森林一样的向上生长和拼命滋生，一种以疯狂的速度进行的生存斗争，以及一种超乎寻常的退化和自我毁灭，由于野蛮的对抗和似乎突发的利己主义，常常并列地混合在一起和纠缠在一起地表现自己。它们互相追求太阳和光明，而且借助于迄今为止现存的道德，为了它们自己，不再有任何限制、约束或忍耐。正是这种道德聚集了如此巨大的力量，而且以十分可怕的方式拉开了弓，就是说，这种道德现在已经过时了，而且已经变得过时了。当高贵的、相当多的和相当全面的生命生气勃勃地超越了旧道德时，危险而且不安静的转折点就已经达到了；"个人"占据了显著地位，而且为了自我保存、自我振奋和自我解放，不得不求助于他自己制定的法律，他自己的手腕和技巧。

只有新的"为什么"，只有新的"如何"，没有共同的公式，误解和藐视相结合，衰败、退化以及崇高的欲望可怕地纠结在一起，充溢着大善大恶的种族的天赋，预示着充满了新的魅力和神秘的春天和秋天同时到来的征兆，仍然是无法穷尽的，仍然不断地腐败着。危险再次出现了，道德之母乃是最大的危险；这次危险转向了个人，转向了别人和朋友，转向了大街，转向了他们自己的孩子，他们自己的心，他们的欲望和心愿的最个人的和最秘密的深处。这次出现的道德哲学家将会鼓吹什么呢？

这些敏锐的旁观者和浪荡儿发现，终结正在快步逼近，周围的一切衰退了而且产生了衰败，没有东西能够留存到后天，除了不可救药的平庸之辈。只有这些平庸之辈才有延续和繁殖他们自己的前途——他们将是未来的人，唯一的幸存者；现在，"像他们那样！成为平庸之辈！"乃是唯一的道德，这种道德仍然有一种意义，仍然有发言的机会。

但是，宣传这种平庸之辈的道德是困难的！绝不能公开宣布它是什么和它追求什么！它必须大谈谦虚和尊严、责任和兄弟之爱——它将难以隐蔽它的反话！

■ 关键词

行为功利主义	定言命令	结果主义	文化相对主义
犬儒主义	赛伦尼主义	义务论伦理学	描述性利己主义
描述性相对主义	神圣法则	神意伦理学	利己主义伦理学快乐主义
利己主义	伊壁鸠鲁主义	伦理学快乐主义	自然主义伦理学
怀疑主义伦理学	伦理学	理念	快乐主义
假言命令	个体相对主义	工具性目的与自为的目的	
两端之间的中道	道德命令	意向的道德性	自然法则
快乐主义的悖论	规范性利己主义		心理学快乐主义
相对主义	规则功利主义	斯多葛主义	主体主义
普遍主义伦理学快乐主义		德性伦理学	

■ 供讨论和复习的问题

1. "所谓正确，无非就是你自己相信它是正确的事物。"请批判地评述这个命题。

2. 在柏拉图的哲学中，德性和快乐有何联系？

3. 在亚里士多德看来，快乐包含什么内容？怎样的人算是有德性的？

4. 在亚里士多德这里，习惯和道德性情之间有何联系？

5. 试比较伊壁鸠鲁主义和斯多葛主义的伦理哲学。你认为哪种更好？为什么？

6. 把一切需求缩减到最小限度，拒绝一切来自社会的便利条件，以求绝对的自我依赖，这种生活方式好不好？

7. 当你无法掌握自己命运的时候，你能否把握自己的处世态度？

8. 奥古斯丁是如何解决恶的问题的？这种解答是否有力？

9. 我们是否把个人生存看得高于一切？

10. 我们是否总是自私地行动？请阐述你的观点。

11. 理性能否揭示出杀人行为在道德上错在哪里？

12. 对他人不怀有同情，这是否反常？当今的社会是否真的推崇自私自利的人？

13. 假设你偷窃了不属于你的东西，你能否合乎理性地让你的行为准则成为普遍法则？请解释。

14. 请阐述假言命令和定言命令之间的区别。

15. 善究竟取决于行为的本性、行为的结果，还是行为施行时的意向？抑或取决于别的什么东西？

16. 理性存在者必须被当做目的而非手段，这是什么意思？举例说明何谓把他人当做手段。

17. 你自己的快乐在道德上是否比别人的快乐更重要？（"对我来说是如此"并不算是回答。）

18. 边沁说应该、正确、善这样的词只有用"快感"来定义才能获得意义。他说得对吗？

19. 人类欲望的终极对象是否只能是快感？请阐述你的观点。

20. 穆勒说有些快感内在地高于别的快感，他说得对吗？

21. 穆勒如何确定两种快感中哪种的品质更高？你能想出比他更好的办法吗？

22. 蕾丝丽是美国和平部队的成员，她自愿去支援苦难深重的埃塞俄比亚。她不远万里地来到埃塞俄比亚，冒着健康和生命的危险，鞠躬尽瘁地工作了两年，尽其所能地照料了许多的贫困人民。与此同时，她的父亲哈罗德给埃塞俄比亚救助基金拨去了一大笔款项。事实上，他的拨款比蕾丝丽的行动帮助了更多的人。但是，从道德上讲，哈罗德比蕾丝丽更值得称赞吗？边沁会怎么认为？穆勒呢？你自己呢？

23. 尼采说生命就是权力意志，这是什么意思？

24. "如果没有上帝，那就不可能有道德价值。"请批判性地评述这个论断。

第十一章
政治哲学

完美的人是高于一切动物的；但是，人一旦离开了法律和正义，他就成了一切动物中最坏的……在国家中，正义是人与人之间的纽带。

——亚里士多德

假如人愿意把他人和他人的所有物看成是自己快乐的一部分，即使这样会给个体自身带来痛苦或快乐的损失，那么这就是政府的基础。

——詹姆士·穆勒

有国家就没有自由。自由实现了，国家也就消亡了。

——列宁

伦理学是关于道德判断的哲学研究。不过，有许多道德判断同时也是政治判断。

消费品是不是应该平均分配？还是应该根据需求来分配？还是根据美德？根据生产贡献？根据现存的所有权？还是根据什么别的东西？

政府限制公民的自由，这是否正当？如果正当，尺度又是什么？

如果罚款和监禁有时是合法的，那么它们在何种情况下是合法的？罚款和监禁的意图又是什么？惩罚？威慑？改造？

是否存在一切政府都必须尊重的自然权利？何种形式的政治社会或国家是最好的？国家是否必须存在？

这些问题的答案都是隶属于政治的道德判断。政治哲学所关注的主题和概念就包含在其中。

一般说来，政治哲学（political philosophy）试图寻求政治存在的最佳形式。它涉及的问题有：确立国家的存在权利，怎样的国家功能及其范围在伦理学上是正当的，还有怎样的国家组织架构是最合适的。政治哲学还试图描述并理解政治关系和政治权力的本性。有些学者的注意力集中在政治哲学的描述性层面上，他们通常自称为政治科学家。

柏拉图和亚里士多德

让我们从柏拉图和亚里士多德开始，因为是他们首先尝试在自己哲学的地基上建立起政治哲学。

柏拉图

柏拉图在《理想国》中说过，人的灵魂由三个部分组成，一部分是赤裸裸的欲望，一部分是冲动（比如怒火、野心），还有一部分是思想或理智。在有德性的或"正义"的人身上，这三部分当中的每一个都能在理性的驾驭下完成自己特定的功能。类似地，在柏拉图看来，理想的或"正义"的国家也应当包括三个部分，每部分都在理性命令的指引下完成自己特定的功能。

在灵魂中，最低级的部分是欲望；相应地，在秩序井然的国家中，这一部分就是匠人阶级。灵魂的冲动部分对应于国家中的警察－士兵阶级，他们附属于统治阶级。在秩序井然的国家中，统治阶级对应于灵魂的理智部分。

根据柏拉图所说，统治阶级是被选出来的，他们人数很少，受过高等教育，具备成熟的理性。女人如果符合条件的话，也可以进入这个阶级。人的阶级是由他的出身决定的，不过根据人的资质，他或她也可以被调整到较高或较低的阶级当中去。

柏拉图说，健康的国家和健康有序的灵魂一样，都是受理性部分支配的。因此在柏拉图看来，理想的国家是以阶级结构为基础的贵族政治，统治者是哲学王。

统治精英们和他们的辅助者——警察－士兵阶级共同守护着社会。他们和匠人不同，他们不能拥有个人的财产，也不能拥有个人的家庭：财产、妻子、儿女都是共同所有的。守护者的生育行为受到控制，为的是确保、增进他们后代的素质，包括智力、勇气还有别的品质，这些都是上层阶级必须的。守护者不仅必须接受适当的军人训练，还必须接受严格的文化教育；对少数人而言，如果天分允许的话，就能够为进一步学习数学和辩证法（就是苏格拉底的方法，见第三章）做好准备。这些少数人得为公众服务很多年，到了 50 岁，就能成为统治阶级的一员，可以管理国家了。以上就是柏拉图眼中的理想的政治结构。

这一点很重要：在柏拉图看来，国家就和人一样，是一个生存着的有机体，它的所属者必须谋求它的福利。尽管他假定了健康的国家对于居住其中的个人而言是最好的，柏拉图也相信国家的健康或美满状态就其本身而言就值得追求。正如个人的健康或福利需要灵魂的各个组成部分在理性的支配下通力合作，完满运转，国家的健康美满也要求它的各个组成部分在统治阶级的理性指导下团结一致，发挥自己的功能。在柏拉图看来，理想的国家就是这样良好地运转的，而它如此这般的良好运转就其本身而言就值得追求。

在《理想国》的第八卷，柏拉图定义了五种政制形式。最好的政治形式当然是贵族政制（aristocracy），它是由理智的哲学王管理的。不过在柏拉图看来，这种理想的国家即便能够实现，假以时日，它还是可能堕落的，堕落后就成了荣誉政制（timocracy）。在这种政治形式中，统治阶级的动机与其说是爱好公共的善，不如说是爱好名誉。荣誉政制以下是富人政制（plutocracy），它的统治者从根本上说追求的是财富。柏拉图认为，在富人政制当中，社会将分裂为两个阶级，就是富人和穷人。不过柏拉图说，这种政治形式无论如何要比第四种形式要好，那就是民主政制（democracy）。当"一个社会无法在崇拜财富的同时在民众中推崇自制"的时候，民主政制就产生了。（一个崇拜财富的社会无法保持自我控制——或许我们终究会明白柏拉图说得对不对。）在柏拉图所说的民主政制中，人的冲动不受限制，这就导致了无秩序、无方向。今天我们会把柏拉图的"民主政制"称作"暴民政制"。在柏拉图的分类中，僭主政制（tyranny）是最后一种形式。当民主政制中的那些群众臣服于一位强者，这种政治形式就产生了。在这种情况下，每个人都自私地算计着，要从专制君主的规矩中获取利益；他们相信那位君主会结束民主政治的罪恶。事实上，在柏拉图看来，那位暴君将会要求绝对的权力，他将奴役所有的臣民。到最后，暴君自己也会成为自己欲望的奴隶，他恬不知耻地渴求着权力，纵情享乐，不能自拔。柏拉图并非总是个乐观主义者。

亚里士多德，一位政治科学家

亚里士多德是一位敏锐的观察者，他观察着周围世界，包括政治世界，但他不仅仅是政治体系的描绘者。亚里士多德确实宣布过用以评价各种政府形式的标准。他列举了君主政制（monarchy）、贵族政制和共和制（polity）作为好的政府形式，还列举了僭主政制、寡头政制（oligarchy）和民主政制作为与之相应的坏的形式。他不像当今的政治科学家那样，仅仅描述这些形式；他还像政治哲学家那样评价了它们。

亚里士多德也不是政治体系的历史学家。（读了亚里士多德的《政治学》［*Politics*］，你可别以为希腊的城邦制度在他有生之年一直存在着！）

亚里士多德

亚里士多德也认为国家是有机体；在他看来，国家是有生命的存在，有它自身的目标和意图。他认为，国家的意图就是促进人类的善的生活。（亚里士多德认为，善的生活能够给予人最高的善，即快乐。）因此，亚里士多德用来评判国家的标准和柏拉图不同。在亚里士多德看来，国家的善取决于它在多大程度上能有助于公民自身获取善的生活；而在柏拉图看来，国家的善取决于它是否组织得井井有条。

亚里士多德研究了无数的希腊城邦和别的国家，研究了它们的构成或基本的政治结构——他是一位注重实际的思想家。他认为理想国家的形式取决于环境，可以随环境的改变而改变。和柏拉图不同，亚里士多德没有给理想的国家开出一个方子。他说，一个单独的人可以管理好国家，几个人或许多人也可以。他说，当一个人管理好了国家，这就是君主政制；如果他管理得不好，就是僭主政制。几个人管理好了国家，叫贵族政制；管理得不好，叫寡头政制。许多人管理好了国家，就是共和制；而管理得不好，就叫民主政制。和柏拉图一样，他也认为好的政府形式会堕落成坏的。贵族政制会变成寡头政制，君主政制会变成僭主政制，共和制会变成民主政制。（见"亚里士多德，一位政治科学家"一栏。）

尽管亚里士多德认为，任何一种形式的国家都既可能是好的又可能是坏的，他也注意到政治社会普遍都可以分为三个层次：下层是工人和农民；中层是工匠、农场主、商人；上层是贵族。他还注意到，无论国家采取何种形式，政治权力总归是要么属于某一特定社会阶层，要么由各个阶层分享。

和柏拉图一样，亚里士多德也不是平等主义者。（平等主义者［egalitarian］相信所有的人在社会、政治、经济利益、基本人权等方面都是平等的。）但即便是柏拉图，他的理想国家中也没有奴隶；而亚里士多德却主张有些人依其本性就适合当奴隶，正如另一些人的本性适合做自由人。在亚里士多德看来，自由人之间也不平等。比如，那些工人们就没有资质（或时间）来参与统治国家，这样他们就不能被算成是公民。不过，他还说，这一点必须注意：下层人民对平等的渴求是革命行动的"根基和源泉"。运作良好的政府应当确认这一点，以便做好戒备，防止革命的发生。

自然法理论和契约论理论

亚里士多德是一位伦理学自然主义者（见前章）。当他要回答"事情应当如何"这样的问题时，他观察周围世界（也就是转向"自然"），去发现事情实际上是如何的。为了决定国家的目标应当是什么，他考虑的是现存国家实际上的目标是什么。是不是所有人类在自由和公民身份上应当一律平等？对于这些问题以及其他的政治伦理学问题，亚里士多德的回答都建立在观察的基础上。在以上例子中，他观察到的人类明显不平等，于是他就对上述问题做出了否定的回答。

由于他的自然主义，亚里士多德有时被视为自然法政治理论（natural law political theory）的鼻祖。根据这种理论，回答政治伦理学的问题必须依照所谓的自然法，是自然法决定了何为正确、何为错误，决定了善和恶、正义和非正义、适当和不适当。

然而，正如你在第十章看到的，第一个较为清晰的自然法概念本身并非出自亚里士多德，而是出自他之后的斯多葛派哲学；在斯多葛派看来，自然法是非个人的理性原则，它统治着整个宇宙。不过斯多葛派从本质上讲并不是政治哲学家，是那位著名的罗马政治家西塞罗为斯多葛派的自然法概念做出了适用于政治哲学的经典表述。关于"真正的法"，西塞罗这样写道：

> 是和自然和谐一致的正确的理性；它是普遍有效的，它将毫无变化地一直存在下去……罗马的法和雅典的法没有什么不同；现在的法和未来的法也没有什么不同。它是永恒不变的法，它在一切国家、一切时代都是正确的。

换句话说，西塞罗主张正确的法律是唯一的，那就是理性的自然法，它永远有效并且普遍有效。这个主张是大胆的。从某种程度上讲，我们至今仍接受它。

奥古斯丁和阿奎那

在奥古斯丁和阿奎那的思想中，斯多葛派的自然法——在西塞罗眼中是人类法律唯一正当的基础——被基督教化了。在这些基督教哲学家眼中，自然法就是上帝的永恒道德律法，人通过自己良知和理性的命令来理解、接受它。

奥古斯丁和阿奎那都提出了两个关键问题：世俗法律和上帝的自然法之间的关系，以及相应地，国家和教会之间的关系。两位思想家都认为，国家的法律必须是正义的，也就是说国家的法律必须符合上帝的自然法。他们认为，倘若世俗法律不符合上帝的自然法，那么它们就不是真正的法律，这样的国家就是不正当的。在奥古斯丁看来，国家的目的就是从邪恶者那里"取走作恶的力量"；而在阿奎那看来，国家的目的是料理公共的善（对于阿奎那而言，这不仅仅意味着制止人类的罪恶）。两人都认为，教会为人的灵魂需求服务；尽管国家拥有属于它自己的权利和职责，它依然是隶属于教会的，正如它的法律是隶属于自然法的。

阿奎那对于政治哲学所做的最杰出贡献，或许就是他的关于法的讨论。阿奎那区分了四种法。最根本的是永恒法（eternal law），它是上帝的神圣理性，它永久地统治着一切事物。接着是神圣法（divine law），它是上帝赐予人的礼物，它是通过天启被我们理解、接受的，而不是通过良知或理性。它指引我们走向超自然的目标，即永恒的快乐。自然法（natural law）是上帝应用于世俗人类的永恒法；它是道德的根本原则，通过良知和实践理性而被我们理解、接受。自然法指引我们走向自然的目标，即现世的快乐。最后是人类法（human law），它是人类社会的法律和制度，它源于人对自然法的理解。阿奎那说，统治者或政府定下的规则或命令必须对更高的权威有所应答，它必须和自然法保持一致。他认为，任何不符合自然法的规则或制度都不应该被服从："我们应当服从上帝，而不是服从人。"阿奎那的法的概念，尤其是自然法和人类法的概念，对我们自己的概念有着深远的影响。

霍布斯

奥古斯丁、阿奎那等基督教思想家认为自然法就是上帝的道德法，而托马斯·霍布斯——他的伦理学原则我们已经在第十章讨论过了——则认为自然法既不属于上帝也不是什么道德法。事实上，霍布斯的自然法概念是对旧的宗教概念的抛弃。

霍布斯并不像古典哲学家和教会哲学家那样，在单数的意义上使用自然法这个词；他的自然法是复数的。对霍布斯而言，它们无非就是合乎理性的、小心谨慎的行动准则，为的是最好地保存自己的生命。霍布斯也是一位自然主义者，从这个意义上说，他和亚里士多德一样，都认为自然之上不存在更高的权威，对于人类行为的道德判断也并不来自那样的权威。只要你合乎理性地行动，你就在服从自然法；因为你倘若不这样做，你的生命就会受到损害。

霍布斯的第一条自然法就是：当你希望获得和平的时候，就去追求和平；如果没有希望获得和平，那就尽你所能地保护自己。正如你所看到的，这条"法则"所指向的仅仅是合乎理性的自身利益。

霍布斯何以把这视为第一自然法？这个不难理解。霍布斯认为，对于大部分人而言，如何最佳地延长自己的生命是个最急迫的问题。对于17世纪，历史学家们所强调的是科学革命的重要性，那里面包括了吉尔伯特、开普勒、伽利略、哈维、波义耳、惠更斯、牛顿等人的发现。那个世纪看上去就像个科学发现者的一览表。但是，生活于17世纪的大部分欧洲人，包括平民和统治阶级，几乎都根本没听说过这些发现；即便听说过，也多半会觉得这些东西毫无趣味，

简言之，是不是这样：柏拉图认为不明智的民众会心甘情愿地臣服于一个强者；而霍布斯认为，如果人是明智的，那么这正是他们要做的？

是的，而且斯大林说，霍布斯和柏拉图说得都对。

跟自己无关。这是因为 17 世纪的英格兰和欧洲大陆到处充斥着政治上的动乱和野蛮的战争。臭名昭著的三十年战争就发生在这个世纪，大部分欧洲人都在忙于维护自身的生命安全。对于他们当中的大多数而言，个人的生存问题远远不止是一个学术问题。

霍布斯的第二条法则是：为了自身的和平和自我保存，你能够允许别人对你有何种程度的自由，你就得满足于你"对他人"也仅拥有这种程度的自由——前提是，别人也都满足于这样的自由。第三条法则是"人必须信守盟约"（盟约就是承诺或契约、合同）。

霍布斯又说，如果一个盟约不符合个人自身的最高利益，那么谁也不会傻到去遵循它。所以，如果想让人们根据盟约来生活，你就必须保证，谁要是背离盟约，他就会为此承受痛苦。这就意味着你必须拥有第三种力量来确保盟约的实现。"如果没有某种力量的威慑，以促使人们去遵守契约的话，"霍布斯说，契约就不过是一纸空文。

通过以上这些思考，霍布斯做出了以下结论：如果把那三条"自然法"运用到现实生活当中去，那么它们的意义就是这样的：为了自身的福利，人类必须把他们的集体力量以及利用一切必要手段保护自身的权利都转交给一个最高统治权力，由这个最高统治权力来迫使所有公民尊重人与人之间的承诺和约束，以便和平安宁地生活在一起。在霍布斯看来，这就是达到和平与安全的最佳方式。倘若没有这样的核心力量来强迫人类尊重他们的约定、驱使人类各安其位的话，人就只能生活在"自然状态"中——这意味着一切人对一切人的无限度的战争，意味着动乱、猜疑、欺骗、不知廉耻和暴力，在这种状态下没有人能够停留在一件事物上以谋求更高的发展，于是人的生活就是"孤独、贫困、卑污、残忍和短寿"的。

人类把自己的力量和权利转交给它的那个核心的最高主权力量（sovereign power）——倘若人足够聪明，能够看出这样做是合乎自身利益的话——就是霍布斯所说的利维坦（leviathan）。（利维坦是一个海中怪兽，在《旧约》和基督教文献中，它常被用作恶的象征。）当人们把他们的力量和权利转交给了利维坦，他们就等于是建立了一个社会契约（social contract）。这契约让人脱离了自然状态的恶，进入到文明社会与和平状态。

权力政治：尼可洛·马基雅维利

马基雅维利的《君主论》（*The Prince*，1532）是有史以来最著名的政治论著之一。这部书论述了一个君主如何能够最佳地获取权力和维护权力，它通常被认为是当代政治科学的奠基之作。

尼可洛·马基雅维利（Niccolò Machiavelli，1469—1527）是直言不讳的。他坦率地说，在君主的行为中，结果决定了手段的正当；而且国君若是想要生存，就必须学会不善——他不仅应当懂得如何受人爱戴，还应当懂得如何令人畏惧。马基雅维利认为，如果被爱戴和被畏惧两者之中只能选其一，那么对于君主而言，选择被畏惧更为安全。《君主论》在它诞生的那个年代就令人震惊，到今天仍然是如此。它奠定了马基雅维利的形象：冷酷无情的权力政治倡导者。

不过，尽管马基雅维利认识到了权力在政治中的重要性，他对于一般人类智慧的合理性还是抱有些许信念的。他曾经区分过道德高尚的领导者和残暴、卑劣的领导者，他认为后者当中没多少令人欣赏的成分。

马基雅维利还有一部更为广博的早期政治学著作叫《李维史论》（*Discourse on Livy*，1531），在这本书中他说，就保护自由、秩序、稳定和所有人的利益而言，共和制要好于君主制；不过他认为，在当前普遍的形势下，确保秩序的唯一途径是建立一个绝对的权力，以抑制过量的野心和贪婪。

他认为，在罗马共和国，当时的人们比他那个时代的人们更为热衷于自由；而且普遍看来，当时的人们在性情上也更为强健，不易受制于恶人。那么是什么导致了人的改变呢？他认为是基督教——基督教强调谦卑、温顺，蔑视世俗的目标，这使人变得软弱，变得需要君主的绝对权力来统治自己。

因此，社会契约就是个人之间的一个协定，这些个人为了平安而自愿把权利和力量绝对地、无条件地、不可收回地转交给主权者或利维坦。

霍布斯认为，只有当人类建立起契约关系，建立了利维坦，世上才有法律或正义可言；在这里霍布斯说的是文明法，而不是自然法。霍布斯把正义和非正义定义为遵守契约和违背契约。倘若没有利维坦的威慑，契约和法律都毫无意义——因此法律和正义只有在利维坦之下才能存在。

霍布斯强调说，这种创立了利维坦的最初的社会盟约或契约并不是利维坦和它的臣民之间的契约。这是臣民们互相之间的契约。利维坦和臣民之间没有契约，也不可能有契约。理由是：利维坦主宰着一切力量，它可以随意破坏自己所作的任何保证、承诺、约定、约束、契约或盟约。这就意味着利维坦和臣民之间的盟约是无法实行的，因此它只能是一句空话。

由此可见，从逻辑上讲利维坦和臣民之间不可能有盟约，而且在霍布斯的定义中正义就意味着遵守盟约——这样就可以推出，霍布斯所说的主权者或利维坦不可能对它的臣民实施不正义的行为。同理，利维坦的法律——那是仅有的法律，因为只有它们是可以用强制力量来执行的——不可能是非正义的。在霍布斯看来，利维坦有权否决任何它能够执行的法律（不过我们马上就要看到，它无权要求我们放弃自己的生命），而且我们无论在身体上还是在道德上都有服从它们的义务，因为只有它的法律能让我们远离混乱的无政府状态。

利维坦和它的臣民之间不存在盟约，这就意味着利维坦对于其臣民不负有法律或道德上的义务。它对臣民没有法律和道德上的义务，这就意味着当人们达成一致，决定把一切力量和权利无条件地转交给它时，他们是在进行一场赌博；他们赌的是，在它的统治下（即"和平"状态），生活会比无政府状态下的生活要好。或许，一个理智的主权者会看到，毁坏、虐待他的臣民并不合乎他自身的利益；不过他看不到这一点的可能性总是存在的。

显然，霍布斯觉得这样的赌博是明智的。他说，人的生活中倘若没有一个公共力量，没有它来"让所有人敬畏"，那么人内心的恶就会阻碍一切贸易、工业或文化的发展，于是"大地上就不会有任何知识，不会有时间概念，也没有艺术，没有文字，没有社会"。他接着写道，

人物简介 | 托马斯·霍布斯

科学发现、几何学、国内战争和无政府状态下的暴力，这些都对霍布斯的哲学产生过重要的影响。

从牛津毕业后，霍布斯成为当时颇有影响的卡文迪什家族的家庭教师。在这个职位上他有机会认识了那个时代的许多知识界的重要人物，包括伽利略和培根。随着他对这些早期科学家的工作成果的了解，他开始认为，一切发生的事件都是物质的物理变化的产物。这个观点成了他整个哲学的基础，包括他的形而上学和政治思想。

令人吃惊的是，霍布斯直到40来岁才有机会接触到欧几里得的《几何原本》（*Element*）。这部作品促使他认为一切知识都可以从以观察为基础的公理当中演绎出来。于是他制订了一个广博的写作计划，要把欧几里得的演绎方法运用到物理世界、人

类本性和社会性质等诸方面的一切问题当中去——不过，这个计划他没有能够完成。

霍布斯的政治哲学为他带来了最为显赫的声名。他的政治学著作的基本观点是，在自然状态下，人类是残暴、自私自利的，人处在对一切人的战争中；为了保护自己免遭兽性行为的伤害，人必须臣服于一个强大的权力，由它来强制实现和平。这个观点清楚地反映了那个时代的政治动乱。在霍布斯生活的时代，欧洲大陆上的三十年战争让人口数剧减到一半；而在英格兰，国内战争之后是无政府状态，继而是奥利弗·克伦威尔的统治。此外，在霍布斯的有生之年，至少有四次瘟疫侵袭了英格兰。对于死亡、毁灭、混乱，还有人类牺牲他人保存自我的欲望，霍布斯都是再熟悉不过的了。

世界上只会有"持续不断的恐惧，人随时都可能横尸当下"。在霍布斯看来，面对无政府状态和独裁政府（利维坦）——它们是仅有的可选择项——最合乎理性的选择就是独裁政府，尽管它有成为专制政府的危险。

当然，利维坦必须保证其臣民最小限度内的安全，霍布斯在政治上确立了这一点。如果利维坦无法保障臣民的安全，那么他们可以转而效忠于别的主权者。再者，因为没有人有权放弃自己的生命，因此在臣民们的社会契约中也并没有把这个权利转交给利维坦。所以，利维坦无法正当地迫使一个臣民放弃自己的生命。

霍布斯的批评者们对这样的"安全保证"嗤之以鼻，这毫不奇怪。从实际操作上来看，利维坦掌握着它的臣民们的集体力量，因此它想对臣民干什么就可以干什么。正如约翰·洛克所说，在霍布斯那里，一大群人各行其是所导致的暴行的确是被避免了，但那个掌握着一大群人的力量的主权者完全可能导致同样的暴行。

在霍布斯的政治哲学中，还有一个重要概念值得一提：霍布斯用"自然权利"（natural right）这个术语断言，当人类无法获取和平的时候，人拥有这样的自然权利，可以运用一切可能的手段来保护自身。如今我们眼中的自然权利往往是指这样的东西，即别人把这种东西从我们身上夺走是不道德的。比如，我们说人拥有生存的自然权利，这就意味着人用行动夺取另一个人的生命是不正当的。而霍布斯所强调的和我们不同。他说的是，当和平状态不可能达到，人就不受任何道德规则约束；这样一来，人为了生存就可以运用一切手段——包括夺取别人的生命。霍布斯认为，在生存这种自然权利面前，人是百无禁忌的。

我们为霍布斯花费了相当的篇幅。霍布斯把利维坦的创建及其权力都建立在社会契约的基础之上，在哲学家中，是他首次系统地阐明了这样的概念：国家以及国家的正义都是通过一个协定或"契约"被建立起来的，而契约的订立者就是组成这个国家的人们。对于美国人而言，这显然是个熟悉的概念。因为美国宪法——后面会说到——就是这样的社会契约，是它让美国这个国家成为现实。

霍布斯拒斥了这样的原则：自然法代表上帝的意志，由此推出国家的法以及国家本身的正当性都源于同这一神圣自然法的和谐一致，而霍布斯所做的不仅是这些，在他看来国家及其法律的正当性都源自被统治者的初始的认同。（不过请记得，这样的认同是实践理性的原则所"要求"的，而这原则就是霍布斯所说的自然法的一部分。）在西方政治哲学中，霍布斯开启了一个重要传统，即所谓的契约主义（contractualism）。契约主义认为，国家的正当性或正义原则的正当性源于社会性的协定或社会契约。契约主义也写作 contractarianism。在以下内容当中，你将遇到霍布斯以外的契约主义理论。下面我们就先来讨论约翰·洛克的哲学。

另外两位契约论理论家

这两位近代的契约论理论家在政治哲学的历史中占有非常重要的地位。他们都影响了美国的政治思想，尤其是前面这位——约翰·洛克。

约翰·洛克

霍布斯的一生主要是在一个动荡不安的时代中度过的，因此他有理由认为，和平是人类的基本要求。约翰·洛克比他晚生了四十来年，他的著作所针对的威胁并非来自混乱和无政府状态，而来自圣公会英国的罗马天主教统治者。那一段英国历史简单说来是这样的：那位天主教统治者就是詹姆士二世，他是个倒行逆施的无道君王，因为他不仅让犯罪的天主教徒逍遥法外，而且还尽其所能地授予他们高官厚禄。为了反抗，英国贵族们请来了荷兰的奥伦治君王、新教徒威廉，要把他推上王位（他当然乐意接受）。威廉一到英格兰，詹姆士就被迫逃往法国；于是在 1688 年，威廉和她的妻子玛丽——她是詹姆士的女儿——共同登上了王位。

人物简介 | **约翰·洛克**

跟霍布斯一样，洛克也是在牛津大学接受的教育。尽管他留在那里任教，他的研究兴趣却转向了医学。作为一位医生，以及贵族艾西利（此人后来成了沙夫茨伯利伯爵，负责治理那个地区）的朋友和顾问，洛克成为国内的一位颇有影响的人物。

沙夫茨伯利卷入了颠覆国王查尔斯二世的阴谋，被迫离开英格兰；洛克也遭到了牵连，国王怀疑他不忠，所以洛克在 1683 年逃亡到了荷兰。五年后，奥伦治国君威廉和公主玛丽在光荣革命中被推上王位，于是洛克作为未来的女王玛丽的随行人员之一回到了英格兰。

洛克的两部最重要的著作是《政府论》（*Two Treatises of Government*）和《人类理解论》（*An Essay Concerning Human Understanding*），它们出版于 1690 年。那个时候洛克已经是一位著名哲学家和有名望的政治顾问了。他晚年脱离了政治，致力于宗教沉思，着力研究圣保罗的使徒书信。

他对于认识论和政治理论所做的贡献意义重大，影响深远。人们认为他是自然权利及宗教自由的有力倡导者，他所倡导的东西对于君主的神圣权利是个强有力的反抗。

洛克的《政府论》是匿名发表的。在他的一生中，人们常常传言洛克就是这部书的作者，但他自己从来没有承认过。

人物简介 | 凯瑟琳·特洛特·科本和约翰·洛克

凯瑟琳·特洛特·科本（Catharine Trotter Cockburn，1679—1749）是一位英国女人，她没受过什么正式教育，却学习了法文、拉丁文和希腊文，还阅读哲学。她的哲学著作新近才受到学界关注，此前一直默默无闻。这里我们提到她，是因为她和洛克有关。

在转向哲学写作以前，特洛特是一位获得了广泛好评的剧作家。伦敦的德鲁里巷（Drury Lane）是纽约百老汇的前身。特洛特十几岁时，她的第一部剧作 Agnes de Castro 就在德鲁里巷上演了。这部作品风行一时，有数以百计的赞助者愿意出钱支持她创作下一个剧本。（她的赞助者的名单上汇集了英格兰的各色人物。）在她 21 岁那年，她有三部富于震撼力的剧作在德鲁里巷同时上演。

她和洛克的关系是这样的。伍斯特的主教爱德华·斯提领福利特（Edward Stillingfleet）是特洛特戏剧创作的赞助者之一。此人曾大肆批评过洛克的《人类理解论》，尤其是对这部书的结论部分，那些内容涉及道德和宗教方面。在他看来，在道德本性这个问题上，洛克的观点有损于神圣启示的权威性，因此他写了好几封信谴责洛克，这些书信连篇累牍，在民众当中颇受瞩目。有一个来自卡尔特修道院的人叫托马斯·伯内特（Thomas Burnet），他匿名发表了三篇"评论"支持斯提领福利特主教对洛克的批评。对于这些强烈的抨击，没有人挺身反击，包括洛克自己。因为大家都不敢反对手握重权的伍斯特主教。

可是凯瑟琳·特洛特匿名发表了《为洛克的〈人类理解论〉辩护；其原则涉及道德，揭示了宗教和灵魂不朽的真相，这些都是深思熟虑、确切可信的：答对于此书的某些评论》（以下简称《辩护》）。她匿名发表这些辩护，这是因为她知道，一个女人为洛克所做的辩护恐怕会让斯提领福利特主教的声名蒙羞。（女人哪有资格在宗教和道德问题上发表意见？）然而，没过半年，人们就确认了凯瑟琳·特洛特是《辩护》的作者，她的剧作被查禁并列入了黑名单。洛克找到了她，送了她几本书，还给了她一大笔钱以表示感谢。

莱布尼茨（见第六章）也在写文章批评洛克，但一直没有完成，直到他读了特洛特的《辩护》以后才完成了自己的作品。发表《辩护》的几年以后，凯瑟琳·特洛特和一位名叫科本（Cockburn）的教士结了婚。直到她逝世前不久，她一直在发表哲学小册子为洛克的哲学辩护，对抗宗教方面的批评者。

这场事变史称光荣革命。它和洛克的著作有着这样的联系：洛克想要在他的理论框架中为反抗权留下位置，而这反抗权又不能让国家的有效统治权受到损害。洛克的《政府论》（*Two Treatise of Government*）写于光荣革命之前，但这部著作是在 1690 年被出版的。人们认为它给光荣革命提供了哲学依据，使之合法化了。

洛克的著作——尤其是《政府二论》（*Second Treatise of Government*）——主要是为国家的目标和意图绘制了一个轮廓。就对于民主政制理论的影响而言，它们至少不亚于任何人类作品。在美国革命时期，美国的政治领袖们都熟知洛克的政治思想，它们成了美国流行的政治思潮的一部分。在《独立宣言》、《美国宪法》以及《权利法案》当中，洛克的思想都留下了深刻的烙印，无论是在内容方面还是在措辞方面。它对于美国政治思想和政治机构的影响力直到今天仍然不容忽视。每一个美国人都直接或间接地分享着约翰·洛克思想的余韵。

和霍布斯不同，洛克眼中的自然道德法不仅仅是着眼于生存的实践原则。在洛克看来，我们都是上帝的造物，因而是上帝的"财产"；由此可以合乎逻辑地推出我们有义务保存自己，也有义务尽可能地保存人类。所以，除了惩罚以外，没有人可以取走或损害别人的"生命、自由、健康或财物"，以及任何这些名词所能意指的东西。

在洛克看来，没有人可以毁坏或损害别人的生命、自由或财产，这就意味着每个人都拥有不可让渡的自然权利（natural rights）和责任。它们是天然的、不可让渡的，这是因为我们人类是上帝的造物，是这一事实让以上权利和责任成为现实。和前面讨论过的霍布斯的概念相比，这一关于自然权利的概念更为符合当代的流行观点。

对于人类，洛克的观点显然不像霍布斯那么阴郁沉重；对于在非文明的社会中（即假想的"自然状态"）人类会如何共处，洛克也不那么悲观。但无论如何，他认为在个人之间建立契约，以此建立一个国家来对人进行统治管理，这总归是有好处的。这是因为国家能够以法律为主要手段保护人的财产权，确保"人类的和平、安全以及公共的善"。

洛克认为，属于你的财产就是你加入了自身劳动的东西（当然这些东西是在一定限度内的，正如书中所说）。但这里有一个问题：这位宇航员把自己的劳动加入了什么？——整个星球？或仅仅是他踏上的部分？或仅仅是那块牌子连同它插上的那块地面？再者，这里加入的是谁的劳动？仅仅是宇航员的劳动吗？

因此，洛克和霍布斯一样，都主张国家的产生及其正当性都源自它的公民和臣民们的协约或社会协定。两位哲学家都认为，社会协定的目的是确保"公共的善"；

私有财产

但是对于洛克而言保护自然权利也是它的目的。在霍布斯那里，每个臣民都放弃了自身的权利，把它们转交给了利维坦，以此交换——或毋宁说是希望获得——和平与安全。在洛克那里，臣民们是把他们的权利委托给国家，以求国家的保护。

因此洛克认为，国家及其对臣民的统治权的正当性就在于，它的臣民们先已认同了国家的存在、权威和力量。倘若没有这种在先的认同，国家对臣民实施政治权力就意味着破坏人的自然权利。因为人类"就其天然本性而言都是自由、平等、独立的，"洛克写道，"如果没有自身的认同，任何人都不该……屈从于政治力量"。

但是一般来说，大部分国家当中的绝大多数人都从来没有明确表示过自己愿意接受国家的统治。请试着回忆一下，你表示过这样的认同吗？由此是不是能够推出，现存的、拥有法律的、有权惩罚违法者的那些国家，实际上都是在破坏公民的自然权利？

洛克是这样解决这个问题的：他认为，只要我们接受了任何公民可以享受的福利——比如说，我们拥有个人财产，或依赖警察，或在公共的高架路上行驶——那就等于默认（tacit consent）了这个国家的立法和执法权，于是我们就有义务遵守这些法律。由此，洛克认为即使没有人明确表达过承认国家的权威，国家在行使统治权的时候也没有破坏公民（以及别的统治对象）的自然权利。

洛克和财产权　人类天生就拥有财产权，这个在洛克看来是毫无疑问的。因为所有的人都是上帝的造物，因此（正如前面解释过的）他们都对自己的身体（他们的"手足"）拥有权利；洛克认为，由此就可以推出，人类对于自己身体的劳动以及任何"加入了自己劳动"的东西都拥有权利。也就是说，他们对这样的东西拥有权利：它们并未属于别人，或者无须长久地属于别人；并且，它的可能损坏的可使用性并不过量。洛克说，因为金钱是可以长久保存的，所以人可以尽其所能地"蓄积尽可能多的金钱"。

洛克的财产理论暗含了这样的观点：尽管所有人在拥有财产权这个意义上是平等的，他们并不拥有平等的财产权利。因为一个人能够拥有多少合法财产，这个取决于才干和勤劳程度。这个区分颇为重要，因为它能够为财富的不平均分配提供相当的依据。

分权　洛克说，当人们同意组建国家，他们就等于是把立法权、执法权和惩罚违法者的权力委托给了国家，这就意味着他们愿意服从大多数人的意志。何种政府形式是最好的，这得由大多数人自己来决定——也就是说，这个政府是该由大多数人自己来管理呢，还是该把统治权委托给挑选出来的少数人，还是委托给一个人，抑或采取其他的统治形式。大多数人把权力委托给它的那个实体（如果大多数人没有把权力委托出去，那么这个就指大多数人自身）就是政府的立法机关（legislative），也就是政府当中主管立法的分支。

在洛克看来，立法是政府的核心功能，因为只有通过法律，才能确保每个人都受到平等、公正、不偏不倚的对待，否则政府就会独断专行地操纵它的权力，人就没有保障了。

不过洛克认为，立法者自身不应当执法，因此政府必须有一个执行机关（executive）作为其分支。除了立法机关和执行机关以外，洛克认为政府还得有一个外交机关（federative），它掌管涉及战争与和平的权力。尽管洛克认为司法部门——它负责解决争端，决定刑罚轻重——也很重要，把司法部门也作为政府的一个分支的思想却并非出自他自己，而是出自那位颇具影响力的法国法学家孟德斯鸠（Montesquieu，1689—1755）。

洛克的政治理论和霍布斯的理论有很大差别：在霍布斯看来，政治权力是被让与一个行政权威的；而在洛克看来，政治权力是被委托给立法机关的。我们还看到，洛克和霍布斯不同，他主张政府的统治权力应当分割开来。

洛克认为政府的权力得自民众的委托，因此就成了民众的奴仆。倘若人们认为政府的行为有违于当初的信任，他们就可以解雇这个奴仆。换句话说，只要人们认为政府破坏了这种信托关系，革命就是正当的。

显然，美国民主政制当中的几个基本概念都可以在洛克的政治理论中找到。它们包括这样一些观念：人类拥有自然权利，政府不能侵害这些权利；政府是人民的奴仆，它的权力得自人民的委托；政府的基础是法律而不是暴力；人民的意志取决于大多数人的投票；政府权力必须被分割成几个不同的分支，等等。

让－雅克·卢梭

在霍布斯和洛克看来，人类在组织完善的国家中要比在"自然状态"中生活得好。让－雅克·卢梭（Jean–Jacques Rousseau，1712—1778）表达的观点和他们截然不同——至少就他的早期政治著作而言。

在《论人类不平等的起源和基础》（*Discourse on the Origin and Foundation of the Inequality*

他们正在强迫他自由。

among Men，1754）一书中，卢梭说，在既无国家也无文化的自然状态当中，人类从本质上讲是纯洁、善良、快乐、健康的。卢梭还认为，自然状态下的人类拥有完美的自由。但是随着私有财产的诞生，一切都改变了。"有第一个人圈起一块地，毅然决然地说'这是我的'，并且发现别人都那么傻以至于相信他——这个人就是文明社会的真正的创始人。"于是自然状态下的自由就遭到了破坏，而且"为了满足少数富有野心的个人的利益，所有人都不得不屈服于长久的劳作、奴役和凄惨命运"。

为了让这样的观点引起人们的注意，在 1754 年，卢梭写下了这部控诉文明的著作。六十年前，牛顿（Newton）发表了他的《原理》（*Principia*）。两年前，本杰明·富兰克林（Benjamin Franklin）用金属棒和风筝证明了闪电是带电的。三十年前，华伦海特（Fahrenheit）设计发明了温度计。巴赫（Bach）在四年前逝世，而此时距离他的《勃兰登堡协奏曲》——这里面表达了数学般的精确和谐，是一部不朽的杰作——的完成已经过去了二十三年。总而言之，那样的 18世纪，是启蒙的时代、光明的时代、理性的时代。文明中充满着各种各样的利益。哲学家们向来喜欢批判，但这样的批判是否过于无理了？文明难道是倒退不成？人们认为卢梭疯了。

卢梭认为，当我们强迫一个人接受公意的时候，我们就是在强迫他自由。

不过后来卢梭改变了想法。他认为，在规范的社会中，人应当放弃自身的自由，转向全然不同的却更为重要的共同的自由。通过一个社会协定，人们就能团结成一个整体，这个整体就是所谓的"国家"或"主权者"，而国家或主权者所颁布的法律就是公意的反映。在此，值得重视的关键在于，卢梭认为国家或主权者是为其自身而存在的实体，是一个"道德人格"（正如卢梭所说），是一个非生物性的有机体，却拥有自身的生命和意志。这就是卢梭的公意概念，即作为政治整体的人民的意志，也就是国家的意志。公意概念是卢梭对于政治哲学所做的最重要的贡献。

把国家理解为一个人格或一个有机实体——如果这个对你来说有困难，那么请回忆一下柏拉图的观点，他也把国家看成一个有机体。还可以想象一个足球队，我们很容易把这个整体理解为"高于"其每个成员的存在物。也可以设想一个公司，在法律看来，它就是一个独立人格。

在卢梭看来，公意决定了什么是公共的善，由此就决定什么是正确和错误，什么是应当做的和不应当做的。国家或主权者（也就是共同体的代表）则通过法律来表达公意。

更进一步讲，公意——共同体的意志——表现了每个人的真正的意志。因此，只要个人的行为和公意和谐一致，他所做的就是他"真正"想做的；而卢梭说，做你真正想做的，这就是自由。于是，强迫人遵循国家的法律，接受公意，就等于是强迫他自由——在一个著名的段落中，卢梭就是这样表达的。所以，当我们团结起来，形成一个共同体的时候，我们就丧失了个人的或"天然"的自由，却获得了全新的"文明"的自由，即"遵循我们为自身所拟定的法律的自由"。因此卢梭这样写道："只有通过法律，人类才拥有正义和 [文明的] 自由。"

当然，这里产生了一个问题：我们如何知道何为公意？卢梭的回答是，倘若我们，作为公民，

人物简介 | **让－雅克·卢梭**

他（卢梭）实在是最黑心、最凶残的恶棍，当今世上无人可与之匹敌；对于我曾经为他写过的任何东西，我都真心感到羞耻。

——大卫·休谟

卢梭是哲学家、小说家、作曲家，他爱过许多女人，最后患上了妄想症而近乎疯狂。他出生于日内瓦，是一位钟表匠的儿子。十来岁时，他曾经在一位雕刻匠那里做过学徒，但他后来逃走了。大约 16 岁时，他遇到了露易丝·德·瓦朗夫人，这个女人成了他的赞助者，后来成了他的情人。直到 30 岁以前，卢梭的大部分时间都是和她一起度过的；在此期间他进行了广泛的阅读，弥补了自己所受教育的不足。1742 年，卢梭只身一人来到巴黎，希望在那里功成名就，但他失败了；这段时期他发明了一套全新的音乐记谱法。在巴黎，他和几位重要的文坛人物过从甚密，其中包括最为著名的德尼·狄德罗（Denis Diderot，18 世纪理性主义的卓越成就——《百科全书》（Encyclopédie）——的主编）。在那儿他还遇见了黛蕾丝·勒·瓦色，她是个女仆，几乎没什么文化。这个女人成了他法律上的妻子。

1749 年，卢梭第一次获了奖。那是第戎学院发起的一次讨论，话题是科学和艺术的进展究竟是造福了人类还是玷污了人类，卢梭的文章赢得了奖金。他的答案是让法国启蒙主义者们感到震惊的，因为他抨击了文明发展的负面影响，这个让他声名鹊起。卢梭的第二部作品就是《论人类不平等的起源和基础》（1754），它继续描绘了文明带给人类的罪恶。这部作品也引起了广泛争议。卢梭曾把这部作品送给伏尔泰（Voltaire），伏尔泰对他这部"反人类的新书"表示了谢意。

这个时候，卢梭怀着失望离开了巴黎；他为了重新获得日内瓦公民的身份而在日内瓦做了短暂的盘桓。不过他不久后就再次来到巴黎，这次他投靠了另一位女人，德毕内夫人。卢梭这个人总是感情用事、神经过敏、猜疑过虑，因此他无法维持长久的友情。他怀疑他的朋友们——狄德罗、德毕内夫人，还有别的人——都在阴谋陷害他。于是他离开巴黎，成了卢森堡公爵的门客；在后者的别墅中，他完成了小说《新爱洛伊斯》（La Nouvelle Helois，1761）。他对于德毕内夫人的表妹的恋情（确实如此！）影响了这部书的写作。

《社会契约论》（Social Contract）和教育学论著《爱弥儿》（Émile）都发表于次年。它们都强烈地冒犯了教会的权威，以至于卢梭不得不离开巴黎。他来到了纳沙泰尔，继而到了伯尔尼。最终，在 1766 年，他在英格兰和大卫·休谟一起过上了天堂般的生活。但是一年后，卢梭陷入了非常严重的妄想症。他和休谟争吵了，因为他认为休谟在对自己施阴谋诡计。然而事实上，休谟正在为卢梭申请一笔来自皇家的养老金。（本篇人物简介的开头就是休谟对于卢梭的最终结论。）这回卢梭回到了法国，最终又来到巴黎，尽管他有被捕的危险。不过他的余生过得颇为安宁祥和，他抄写乐谱，散步，还大声朗读自己的《忏悔录》（Confession）；对于围观他的好奇的群众，他给予的是无情的蔑视。

无论如何，很少有哲学家能够像卢梭那样，对于政治哲学、政治学、教育学以及文学都产生了如此深远的影响。

都是心智成熟的，并且不被允许互相影响的，那么大多数人的投票就决定了公意。

公意取决于票数。因此，倘若与我相悖的意见占了上风，那就恰恰意味着我错了，我所认为的公意并非真正的公意。

不过卢梭还对"众意"和"公意"做了区分。关于前者，卢梭是这样写的：

> 它无非就是私人意志的总合；不过，我们可以让属于个人的差别正负相抵，这样公意就依然是差异的总合。

在卢梭看来，对公意进行委任或分割都是没有意义的。因此他认为，在国家当中分割权力是不正当的（和洛克的观点恰恰相反）；并且，尽管我们可以委托某些人来管理、执行法律，这些被委托的人只是我们的代理人，而不是代表。

卢梭主张，国家中的公民在任何时候都有权终止社会契约。他还认为，公民在任何时候都有权废黜政府官员。公民有权在任何时候终止契约、废黜官员，这就意味着他们随时都可以革命，可以返回到无政府状态。因此，人们认为卢梭为革命和无政府状态提供了哲学依据。

那么，卢梭是否也不经意地为极权主义奠定了哲学基础？有些人是这样认为的，因为卢梭说过"所谓社会契约，一言以蔽之就是：把每一个个人及其所有权利都彻底让渡给一个共同体"。倘若这个共同体不仅仅被视为其成员的总合，而被视为一个凌驾于个人之上的实体；倘若这个实体拥有自己的生命和意志，它自身不可能有错误，而且人们必须永远服从它——如果是这样，那么卢梭的言辞确实环绕着不祥的阴影，其概念在法西斯主义的哲学中曾被大量叫卖。（希特勒主张，国家元首凭其本能就知道人民想要什么，因此为了公意，人民必须绝对地服从元首。）卢梭在《社会契约论》（1762）将近结束时写下的一段话同样充满着不祥的气息：

> 一个人如果已经对这些信条（即热爱自己的职责，做一个好公民）公开表示过认同，那么只要他的行为表现出他不信仰这些信条，他就应被判处死刑。

美国宪法理论

美国宪法的政治哲学把我们正在考察的几个概念和观点结合在了一起。在《美国宪法》之前，哲学家也曾对作为国家基础的社会约定做过理论阐述，不过可以用作例子的成文宪法不多，它们也不具备持久的重要性。在大型政权当中，只有英格兰曾经拥有过一部宪法，它仅仅在克伦威尔的时代持续了短短几个月。因此，对于成文宪法而言，《美国宪法》首次提供了重要的经验。

美国政治思想的主要趋向都包含在与《美国宪法》有关的理论发展中。这一趋向从根本上讲同自然法和自然权利有关，还包括如何把社会契约同联邦和国家宪法结合起来，以建立或控制一个政治国家。《美国宪法》是对政治哲学的持续不断的实验。

《独立宣言》中的自然法和自然权利

1776 年，《独立宣言》宣布了它的信条，关于自然的或神圣的法律，关于天然的或上帝给予的权利。它断言，存在着"属于自然和自然之上帝的法律"，而《宣言》的拟定者们诉诸"世界之最高权威的判断，以此来校正我们的行为意愿"。《宣言》还宣布以下事实都是"自明"的：

> 所有的人生而平等，造物主赋予了他们不可剥夺的权利，即生命、自由和追求快乐。

《宣言》的拟定者们还主张，"人民有权改组或废黜"任何一种形式的政府，只要那样的政府形式破坏了"它自身的目标，即保障每个公民的不可分割的权利"，也就是造物主所赋予的权利。

杰斐逊纪念堂。托马斯·杰斐逊（Thomas Jefferson）是《独立宣言》的主要起草人。

通过宣布自然或神圣法律以及天然或神授权利的存在，《宣言》把这样一些观点结合在了一起。在美国革命时期的殖民地，这些观点成了广为流传的政治理论。在那些反对英国王室、英国议会统治的人群中间，这样的理论颇为盛行。这种政治理论植根于两点：（1）对欧洲政治理论家作品的熟知，尤其是英国的理论家；（2）殖民地的教士们坚持不懈的布道。这些教士无论对宗教事务还是对社会、政治事务都颇具影响力；他们认为道德规范是神圣法律的反映，文明世界的法律和权利都应当取决于它。

不过从哲学上讲，这个问题是令人烦恼的：应当由谁来宣布自然法或神圣法究竟包含什么内容？谁知道上帝赋予人的权利具体是什么？在《独立宣言》的那个时代，人们已经不相信这个权力从根本上属于神职人员了。人们认识到，这个权力最终植根于人本身，而直接掌管它的则是政府的立法机关——有些人认为，立法机关也是司法机关的审查对象。我们会看到，如今这一观点几乎得到了公认：立法服从司法审查。

《美国宪法》中的自然法和自然权利

最初的《美国宪法》针对的是法律和秩序的确立，并非对于自然权利的保障。对于神圣法、神授权利，最初的宪法中都没有明确提及。原始版本的《美国宪法》尚未采用《权利法案》——它包含对《美国宪法》最初的十条修正——中的条款，它仅仅在序言中暗示性地提及了自然法或神圣权利，即声称它的目标就是"树立正义，保障国内安宁，规划共同防务，促进公共福利，使人民得享自由之赐福"。固然我们可以说，这些目标就是自然法的内容，并且"自由之赐福"就包括了自然权利。另外，《权利法案》借助自然法限制了联邦政府，并借助自然权利的存在来保障人的权利，这些都是可争议的。毫无疑问，《美国宪法》的拟定者们乃至总体而言的美国人民都认为，《美国宪法》序言及《权利法案》中所表达和暗示的权利都是人类固有的不可剥夺的权利——正如《独立宣言》中所提及的那样。

在 1803 年的马伯里诉麦迪逊案（Marbury v. Madison）这起最高法院诉讼案件中，最高法院在首席法官约翰·马歇尔的主持下做出了这样的决定：倘若联邦政府或州政府所立的法律违背了宪法，那么最高法院有权依据宪法宣布其无效。从那时起，这一点就被牢固地确立了下来。由此可见，《美国宪法》中包含的所谓的自然法和自然权利能够走多远，这是由最高法院说了算的。

1869 年 7 月 9 日通过了第十四次宪法修正案。在那份文件的第一部分中，《权利法案》中所包含的大部分对政府的限制和对权利的保障都不仅仅适用于联邦政府，而且适用于州政府。在美国宪法哲学中，州政府的权威和联邦政府的权威之间的关系始终是一个核心问题。

隐私权

《权利法案》及《美国宪法》的其他条款表达或暗示了哪些具体权利？这个问题并没有透彻明晰的答案。例如，《美国宪法》没有提及投票权、拒绝医疗权、自由旅行权，以及生育孩子的权利。有个相关的话题近来广为讨论，那就是宪法是否保护隐私权。这个问题备受争议，因为在罗尔诉韦德案（Roe v. Wade）这一具有标志性意义的案件中，最高法院最终确认，妇女的堕胎权是包含在隐私权当中的。有争议的隐私权还包括参与各种形式的性行为的权利；那些想要禁止他们心目中非道德性行为的人们，会质疑这样的权利是否受到宪法保护。这些问题上的异见往往相应于党派分歧，一般来说民主党认为宪法中包含这样的权利而共和党认为不包含。1987 年，总统罗纳德·里根提名罗伯特·H·伯克就任最高法院成员，结果被联邦参议院驳回了；这主要就是因为伯克对这一问题的观点，即宪法究竟是否保护隐私权。此后的被提名者都得就这一问题接受审慎的提问。

在 2003 年的劳伦斯诉德克萨斯州案（Lawrence v. Texas）中，法院宣布德克萨斯州禁止同性鸡奸的法律违宪。引人注目的是，多数意见并非建立在隐私权之上，而是认为，反鸡奸的法律侵犯了"法定自由中暗含的"权利。这一案例或许表现了法院思维路径的转换：从强调宪法保障隐私到强调宪法保障自由。很多宪法学者以各种不同的理由把劳伦斯诉得克萨斯州案视为标志性的决定，理由中包括：它对于禁止特定形式性行为的成文法会有潜在的影响。

古典自由主义和马克思主义

接下来我们将转向 19 世纪。占据这个世纪的是艺术、音乐和文学方面的浪漫主义；哲学方面的宏大的形而上学沉思；还有（为了换换口味，我们说些欧洲以外的事情）穆罕默德·阿里（是埃及的帕夏，不是那位拳王）的即位。在这个世纪，我们可以看到工业化和民族主义的进一步延伸，看到达尔文和弗洛伊德，看到苏伊士运河，看到美国的国内战争，意大利和德意志作为国家的崛起，还有照相术和汽车的发明。那个时代有两种主要的政治哲学，即自由主义和马克思主义。在当今时代，尽管苏联已经垮台，这两种思潮在很大程度上依然存在。（见"马克思主义和自由主义的比较"一栏。）马克思主义，就是卡尔·马克思（Karl Marx，1818—1883）的社会主义哲学。自由主义（liberalism，源于拉丁语的"自由"一词）则在约翰·斯图亚特·穆勒（John Stuart Mill，1806—1873）——我们不久就将讨论他——的《论自由》（*On Liberty*）中得到了成熟的表达："无论对于个人还是对于集体而言，使得人类能够正当地干涉他人自由行动的唯一合理动机只有一个，那就是……保护他人不受伤害。人自身的善，无论是身体上的还是道德上的，都不足以构成干涉他人的正当理由。"

亚当·斯密

古典自由主义经济学理论家当中，亚当·斯密（Adam Smith，1723—1790）是最为重要的一位，他是大卫·休谟的同时代人。斯密经济学理论的原则就是，在一个自由放任的经济体制中（也就是说，政府不插手干预），每一个追逐着自身利益的个人都"被一只看不见的巨手"操纵着；

因此他们最终都会促进共同的善，尽管这不是他们的本意。斯密解说了资本主义（capitalism, 即财产和生产资料私有制）和自由市场经济（free-market economy, 即个人可以遵循自身的经济利益来行动，政府不会约束他们的个人自由）给每个人带来的利益，从这个意义上讲，他的立场和许多当代美国保守派人士的立场颇为相近。他的著作《国民财富的性质和原因的研究》（*An Inquiry into the Nature and Causes of the Nations*，1776）是美国政治保守派心目中的经典。

功利主义和自然权利

我们从前一章知道，功利主义就是这样的理论：行为的正确性取决于它所带来的快乐或快感。也许你已经回忆起了杰里米·边沁（1748—1832），那位著名的功利主义者。这里我们要说的是他的这一观点：谈论自然权利等于说废话。确实，功利主义哲学从总体上来讲不太容易和自然权利的信念取得一致。这是为什么呢？请想象一个可能的自然权利——比如说，把诚实劳动的所得据为己有的权利。倘若把你的诚实劳动所得拿走，分给比你更穷的人，这样能够增加快乐的总量，那么很显然功利主义者会要求我们这样做的——他们可不管你的"自然权利"。看起来，只要能够增加快乐，功利主义者可以破坏任何所谓的自然权利。

功利主义者也常常试图把自己和我们关于自然权利的直觉调和起来。他们说，在文明社会中，尊重所谓的自然权利就会产生更多的快乐，比不尊重它们要多。在他们看来，自然权利应当被视为次一级的行为规范；我们遵守这样的规范，为的是普遍的快乐。他们把自然权利看成这样一种道德规范体系，即它可以用来促进普遍的快乐。不过有时候，无视自然权利能更好地促进普遍的快乐；在这种情况下，为什么我们不该放弃那样的道德规范呢？对于这个问题，功利主义者并不总能提供合理的解释。

哈丽特·泰勒

和许多女性哲学家一样，哈丽特·泰勒（Harriet Taylor, 1807—1858）主要是通过她和一位男性哲学家的关系被公众了解的；和她的名字联系在一起的这位男性哲学家就是约翰·斯图亚特·穆勒（他将在后面出场）。泰勒和穆勒之间保持着长久的亲密关系，无论在私人方面还是在事业方面；他们互相塑造、影响着对方的思想。不过，在遇到穆勒（那是在1831年）之前，泰勒是一位诗人，已经出版过诗作。最近发现了一份泰勒的手稿，那是一篇文章，论述的是对于异己力量的宽容；人们认为，这份手稿写于1832年。她是一位定期的撰稿人，写的作品包括诗歌、书评，还有关于时尚、关于功利主义的文学断片，以及投给女权主义杂志《每月评论》（*The Monthly Repository*）的稿件。不久以后，穆勒也成了定期撰稿人，再后来泰勒和穆勒开始合作。不过，他们合作的作品往往是以穆勒的名义发表的。一部分原因是，在当时那样的男权社会中，男人的署名会让作品更具说服力；还有一个原因就是，泰勒的丈夫不喜欢妻子抛头露面，弄得声名狼藉。无论如何，借助他们的手稿和私人信件，我们能够区分出哪些作品属于泰勒，哪些作品属于穆勒；泰勒自己就是一位造诣深厚的思想家。

泰勒的兴趣既在于全面的社会改造，也在于特定的法律变革。对于英国社会的发展趋向，她投入了极大的关注。在她看来，英国社会压抑个性，窒息创造力，不容纳激进的政治、宗教观点。她认为英国社会对于非主流的思想、意见缺乏宽容的态度。根据她的观点，对异己的东西缺乏宽容，这是不道德的；归根结底，这对于人类的进步、发展来说是危险的。对于这种不宽容，

人物简介 | 约翰·斯图亚特·穆勒

多年以前，本书的一位作者在一篇心理学文章中见到过这样一张表格，上面列出了许多位历史上的"天才人物"的智商。（这智商是怎么计算出来的？天知道！）其中排在第一位的——那个数字高得不可思议——就是约翰·斯图亚特·穆勒。

穆勒在 3 岁就开始阅读希腊文，8 岁开始阅读拉丁文；到了青年时期，他已经对希腊语和拉丁语的文学有了广博而完整的研究，同时在历史学、数学和逻辑学方面都有了不俗的造诣。穆勒所受的教育是由他的父亲一手操纵的，他为小约翰订立了严格的日程表。

在 15 岁，穆勒就确立了他一生的目标：为社会改革、政治改革而工作。在人们的记忆中，他确实就是一位改革家，以及伦理学家、政治哲学家。穆勒拥护个人权利和个人自由，他还宣扬妇女解放和比例代表制。他最著名的著作就是《论自由》（1859)，许多人认为它对于思想和言论自由所做的辩护是具有决定性意义的。

在伦理学方面，穆勒是一位功利主义者，这个我们在第十章中已经论述过了。他在 1863 年发表了《功利主义》

（*Utilitarianism*）。

穆勒的兴趣颇为广泛，他涉及过的题材有认识论、形而上学和逻辑学。他的《逻辑体系》（*System of Logic*，1843) 在当时被大街上的人广为阅读。这本书代表了通向逻辑、抽象概念、心理学、社会学和伦理学的经验主义路径。在大学的逻辑入门课程中，穆勒的归纳法仍旧是标准的范本。

穆勒在 25 岁那年认识了哈丽特·泰勒，她是一位商人的妻子——于是就开始了一段有史以来最为壮美的爱情故事。二十年后，泰勒和穆勒结婚了，当时距离她丈夫的去世已经过去了三年。泰勒对于穆勒的思想有着深远的影响。《论自由》可能是她和穆勒合作写成的；无论如何，穆勒把这本书题献给了她。

哈丽特·泰勒于 1858 年逝世。穆勒的余生在法国的亚威农度过，因为她是在那里逝世的，她的墓地也在那里。

穆勒的《自传》（*Autobiography*）出版于他逝世的那一年。这部书被广为阅读。至今，穆勒依旧是他那个世纪最为著名的英国哲学家。

泰勒的文字表达了这样一种颇具鼓动力的理论："社会的主张，即大多数人的主张，是一切不宽容的根源。"她为非主流观点所做的辩护以及她对于个性的崇尚都走在了穆勒的前面——二十七年后，穆勒才发表了他的著名论著《论自由》（本章的结尾处选录了他这部著作的一部分。）

约翰·斯图亚特·穆勒

跟洛克、卢梭一样，约翰·斯图亚特·穆勒也对自由问题颇为关注。在前一章中我们已经说过，穆勒是一位功利主义者。他相信，快乐不仅仅是善的；快乐就是善本身，是一切行为和欲望的最终目标。"行为的正确性取决于它在多大程度上促进快乐，而产生了快乐的反面的行为就是错误的。"他这样写道。但是请注意，功利主义者不是利己主义者。穆勒认为，人应当追求的不是他自身的快乐，而是所有人的快乐的最大化，也就是普遍的快乐。

和卢梭不同，穆勒并不把团体、社会、民众、国家看成独立的有机实体；在他看来，前面这些和组成它们的具体的个人是不可分割的。当穆勒说我们应当追求普遍快乐的时候，他指的不是某种作为有机整体的团体的快乐。在穆勒看来，普遍快乐就是团体中的每个个人的快乐的总合。

和边沁、休谟、卢梭一样，穆勒也拒斥洛克的这个理论，即每个人都拥有上帝赋予的自然权利。不过他认为，为了达到普遍的快乐，每个人都应当享有最大限度的个人自由——只要这自由能与别人的自由和谐相容。"对于任何人而言，只有在同他人相关的那部分行为中，他才有责任服从社会。至于那些仅仅和自身有关的行为，人所享有的自由是……绝对的。"在穆勒看来，自由——包括思想和言论的自由——对于普遍的快乐而言是根本性的。这是因为，真理以及个人性情和能力的发展对于普遍快乐而言是根本性的；而且，只有当人享有自由，真理才能被确认，每个人的能力才能得到充分发展。由此可以推出，每个人都应当享有无限的个人自由，只要他或她的行为不至于危害他人。

教育究竟有什么了不起的呢？

你有没有遇到过一个受过教育的人，他愿意和你互换身份？

这个观点来自约翰·斯图亚特·穆勒。他发现，"有教养的人"绝不会愿意变成一个无知的人，即使我们能够让他相信无知的人比有教养的人过得快乐。柏拉图也说过，当一个人领略过知识的真谛以后，他宁愿做最贫穷的主人的奴隶，也不会愿意成为无知的人——这里面的思想和穆勒的观点是类似的。

当然，这一点是颇难确认的：我们在什么时候可以说，一个行为危害了他人？自由主义者认为，那个声称某行为危害他人的人有责任提供证据。这是穆勒的立场。

穆勒认为，最好的政府形式就是，在一切实际的、可操作的选择对象中，它能提供最大的利益。在他看来，对于以上目的最为合适的政府形式就是代议民主制。不过在民主政制中，公众意见的专制会威胁到自由，大多数人会压制少数人的观点——穆勒对此是尤其敏感的。因此，他强调以下这些防护措施的重要性，诸如比例代表制、全民投票、还有国家应当在教育上加强力度。

在有些情况下，对于普遍快乐的追求会让限制个人自由显得正当（倘若前者并未明确地要求后者）。在当今，区域法令、反垄断法、以及摩托车头盔法，这些都是这种类型的限制，都是颇受争议的。穆勒意识到了这样的两难困境，每一个既想促进普遍快乐又要保护个人自由的人都会面临这样的困境。他的一般立场是这样的：如果某些事情由个人自己来做会更有效率，那么政府就不应该插手这些事情；即使有些事情由政府出面来做会更有效，倘若政府的插手会剥夺个体自我发展或受教育的机会，那么政府也就不应当插手。简言之，穆勒反对不必要地扩张政府权力。

格奥尔格·威廉·弗里德里希·黑格尔

格奥尔格·威廉·弗里德里希·黑格尔的形而上学我们已经在第七章中讨论过了。社会/政治理论是他的形而上学的一个组成部分。下一小节我们将讨论卡尔·马克思，在那里你将看到他和黑格尔的类似之处——不过黑格尔的形而上学外壳被马克思剥去了。

黑格尔认为"人无非就是一系列的行动"，而人的行动受欲望驱使。那么，人类的最深刻的欲望是什么？黑格尔认为，那就是渴望得到普遍的承认（universal recognition）。只有普遍的承认才能给人以真正的、持久的满足。可是黑格尔说，由于这样的欲望属于整个人类种群，因此人与人之间就永远处于"生死斗争"当中。每个人都想爬到别人头上，否定他人，摧毁他人。你不同意吗？在黑格尔看来，倘若你没有进入这场斗争，你就不是真正的人类。对于黑格尔所说的人类行为基础，你也可以认为这是来源于赫拉克利特（见第二章）的观点：战争是一切之父。

在战争中，胜利的那一方就成了统治者、主人。主人获取胜利，依靠的是在战斗中不惜使用一切手段的意志。他宁愿死去也不愿屈服于别人的统治。请注意，胜利者是为了一个非生物性的目标而战斗的——简言之，就是为了名誉和承认。主人，作为一名战士，他要求得到别人——战败者——的承认；那些战败者就这样成为他的奴隶。对于主人而言，最由衷的快乐就在于，他确信他的奴隶们承认了他的高超地位。当然，对于从奴隶那儿得来的物质性的战利品，他也乐于享用。

不过，统治者、主人也有其自身的局限性。首先，承认他的只是那些低于他的奴隶，和他平等的人并不承认他，这会令他感到沮丧。其次，主人的地位是静态的、凝滞的、没有发展前途的。主人本身无法再前进一步，而那些正受他剥削、奴役的奴隶们却终将超过他。让我们来看看这一切是怎样发生的。

黑格尔认为，奴隶起始于比较低级的立场——因为他不愿为了获得承认而进行殊死斗争。死亡和终极的虚无让他恐惧，所以他宁可苟且偷生也不愿选择毁灭。于是，他不得不为主人的目标工作，而不是为自己工作。他的生命就在于为他人服务。他的主人是自由的，他却不是。他，作为奴隶，只是供主人使用和娱乐的对象。

然而，苦难、异化、被迫的劳作，这一切最终让奴隶获得了关于理想和自由的直觉，也让他懂得了应当用何种手段来获取真正的自由。让我们来细细体会这个问题：通过克服求生本能，主人获得了自由和统治地位。而奴隶呢，则借助自身的劳作以及和劳作相伴而生的自我认同，逐渐地获得了这样一个观念：他同样可以主宰自然。属于奴隶的主宰形式是具有创造性的；它把自然塑造成了思想和观念，于是科学就从自然世界当中应运而生了。

奴隶的工作和服务通过科学改了自然界。与此同时，劳作和苦役也改造并解放了奴隶自身，让他向更高的自我迈进。以改造自然的成就为基础，他逐渐获得了自我认同；用黑格尔的术语来说，他成了绝对精神的化身或具体化，而且他就是绝对知识的体现。最终，奴隶拥有了属于自身的武器，这武器不仅能使他克服对于死亡的恐惧，而且还能帮助他摆脱主人的束缚。更进一步讲，奴隶的不懈斗争所带来的变化足以决定历史的进步。就这样，奴隶享有了自由、自主，还有最终意义上的声誉。于是奴隶不再是奴隶了，他比主人及自然界站得更高。

如上所述，奴隶为了获取自由，就必须经历艰苦卓绝的不懈斗争。而黑格尔还认为，并非所有的劳作都能导致解放。在劳作中，至关重要的是教化（Bildung），也就是自我陶冶。教化塑造奴隶，它使人走向文明，它把人引向更为切近的自我观念。与此同时，它也塑造、改变着整个世界，它让世界的理念得以充分展现。这样的双重过程产生出"世界历史个人"，也就是塑造历史进程的人。在黑格尔看来，历史是由这样的历史个人决定的：他本能地懂得自己应当做什么，而且他有这样做的动力。这些人的工作就是让世界进步。

黑格尔认为，主人和奴隶的斗争可以分为好几个阶段。基督教意识形态就是一个重要阶段，在这一阶段，奴隶不再为自由而斗争了。他接受了一个绝对的奴隶身份，而在他之上是一个绝对的主人。在他看来，自由和快乐都属于彼岸世界，人只有死后才能进入这个世界。这样一来，以自由为目的的斗争就失去了理由，而自我否定则被认为是美德。在黑格尔看来，在这个历史阶段，对于死亡的奴隶式的恐惧占据了最根本的主导地位。他认为，若想获得自由和自我实现，就必须克服这种死亡对于人的绝对奴役。

到了人类发展的最终阶段，主奴辩证就消解了。在这一阶段，我们接受了自身的有限性，能够作为自主、自由的个体生活在这个世界上了。这里的关键就是克服对于死亡的恐惧。通过劳作和教化（正如前面解释的），个体逐渐形成并获得了自我意识；他超越了停滞、空洞、无味的纯存在阶段，成为宇宙精神或绝对精神的一个具体的、进步的、有意识的自我实现。对于黑格尔来说，人类发展的这一阶段代表了"神—人"理念的实现。"神—人"作为绝对的自我意识，是内在的、当下的真实。在此，黑格尔继承的是斯宾诺莎把上帝等同于自然（Natura sive deus，即自然与上帝同一）的思想。黑格尔曾经说过，在斯宾诺莎之后，一切哲学都将是斯宾诺莎主义。

在拿破仑身上，黑格尔看到了人类发展最终阶段的灵魂；更确切地说，他认为拿破仑的人格中充满了黑格尔式的自我意识。超越性的上帝在现世的内在普遍性存在中逐步展开——对于黑格尔而言，这就意味着理想的国家在历史中实现。只有在这样的国家中，人才能获得最终的满足和完满的自主性。也只有在这样的国家中，人才能获得真正的个性，那是特殊性和普遍性的独特的综合。要发展出这样的理想国家，不仅需要意识到绝对精神，而且需要在现实的历史当中把它具体地实现出来。

马克思主义

功利主义者们从事的是社会和政治改革，而卡尔·马克思走得更远。马克思所要求的不仅仅是社会改革，他要彻底地改造社会。

马克思最为著名的一句话就是，哲学家们仅仅试图理解世界，而重要的是改变世界。他不把自己的工作看成哲学。在接下来对马克思思想的讨论中，我们必须时刻牢记这一点。马克思描绘并分析了人类社会和政治状况，但他并不把自己的理解看成绝对的、终极的真理。

生产方式对生产关系　马克思认为，理想的社会中不存在经济阶级的差别，也不存在工资、货币、私有财产和剥削。每个人不仅拥有充足的物质生活条件，而且还能自由而完满地发展自己的各方面能力，包括身体上的和精神上的。人的异化（即人和周遭世界的疏离）将被减小到最低限度。

马克思还认为，这样的社会终究是会实现的，它就是历史进程的结局和答案。以下就是其原因。

在马克思看来，人类是具有生物性需求的社会动物；只要我们发展出相应的方式，就能满足这些需求。这些生产生活必须品的方式，就叫做生产方式（means of production）或生产力（force of production）。对于任何一套生产方式的运用又将导致新的需求以及新的生产方式。比如说，为了耕种庄稼，人类发明了铁器（这就是新的生产方式）；这就导致了新的需求，即对铁的需求；为了满足这个需求，人类又将发展更多的生产方式。

由此可见，人类历史包括了各种不同生产方式的前后相继的发展阶段。

再者，对于任何生产方式——无论是简单的铁器还是复杂的机器——的运用都必将牵涉特

人物简介 | **卡尔·马克思**

本书的一位作者在大学读书时，他的市政学老师本森先生曾列出一串人类历史上最重要的人物的名字，里面包括（按字母顺序排列）爱因斯坦、弗洛伊德、耶稣，还有马克思。尽管他的西方倾向很明显，但本森先生所列出的这四个人物的杰出性是不容置疑的，尤其是耶稣和马克思。当然，马克思的追随者或许比耶稣的追随者还要多（而且多很多）。甚至有些人认为自己既是马克思主义者，又是基督徒。

马克思的父亲是一位犹太律师。尽管他们家祖上几代都是犹太教徒，但他父亲已经改信了路德的新教；因此马克思是被当作新教徒抚养长大的。他曾在德国的波恩、柏林、耶拿的几所大学里学习，起初学习法律，继而转向哲学。他在耶拿获得了哲学博士学位（当时才23岁），博士论文是中规中矩的，讨论的是德谟克里特和伊壁鸠鲁。

在柏林的时候，马克思曾经在老派黑格尔哲学（见第七章）和激进的新黑格尔主义之间摇摆不定。但不久后，路德维希·费尔巴哈（Ludwig Feuerbach）的哲学强烈地影响了他，使他抛弃唯心主义，转向唯物主义，并且发展出自己的理论：历史发展奠基于经济基础。

马克思的激进观点使他无法在学院中立足。1842年，他成了科隆一份报纸的编辑；他的观点对于政府当局来说过于激进了，所以遭到了查禁。于是25岁的马克思来到了巴黎，在巴黎他和许多著名的激进分子过从甚密，他们重新创办了一份进步期刊。在此期间，他还认识了他未来的合作伙伴——弗里德里希·恩格斯（Friedrich Engels）。

大约一年后，马克思被驱逐出巴黎；1845—1848年间，他住在布鲁塞尔。在那里，他参与建立了一个工人联盟，它和别的类似的组织组成了共产主义者同盟。正是为了这个同盟，马克思和恩格斯共同写下了鼓舞人心、名垂史册的《共产党宣言》（*Communist Manifesto*，1848）。当时马克思在巴黎和科隆都逗留了一段时间，参与了法国和德国的1848年革命。不过，两个国家都再度驱逐了他。1849年他来到伦敦，他的余生就是在那里度过的。

在伦敦，马克思获得了来自恩格斯的经济上的支援。正如赌徒沉溺于赌博一样，当时的马克思沉溺于读书和写作，但是这些行动并不能带来多少收入。尽管有恩格斯的帮助，再加上他为纽约《论坛报》（*Tribune*）撰稿所获得的微薄收入，马克思的生活依旧贫困而且疾病缠身；而且，他的孩子和妻子相继死去，这让他沉浸在深深的悲痛中。

这段时期，马克思写下了《政治经济学批判》（Critique of Political Economy, 1859）；更为重要的是，这些作品注定要成为国际共产主义经典文献《资本论》（Capital，第一卷，1867；第二卷，1885；第三卷，1894［后两卷由恩格斯编辑］）的初稿。1864年，马克思参与建立了国际工人协会（即所谓的第一国际），并于不久后担任领袖。然而，马克思和无政府主义者米哈伊尔·巴枯宁（Mikhail Bakunin）之间的著名冲突使得第一国际在十年内瓦解了（想要更多地了解无政府主义，请阅读本章的相关小节）。马克思因患胸膜炎于伦敦病故，享年65岁。

定的社会关系，尤其是和财产有关的关系。这些社会关系（或者用我们的话说，制度或惯例）就叫做生产关系（productive relations）。因此，社会关系（即生产关系）取决于生产力的发展阶段。

然而在特定的阶段，生产力发展到了某种程度，以至于它们和现存的社会关系发生了冲突；于是这样的社会关系就被推翻了，新的社会关系取代了它。比如说，在中世纪末期，远东的新市场和新大陆的殖民地都需要商品供应，这就要求人类发展出新的生产和贸易方式；这些新方式的发展所带来的社会变革就和中世纪的封建制社会结构无法共存了。

于是新的社会关系持续下去，直到新需求的产生让生产力的发展达到新的阶段。

这一辩证过程（dialectical process）一次又一次地重复它自身，这就是人类、经济和社会的历史。换句话说，历史就是生产活动和社会关系交互作用的结果。马克思认为，这样的交互作用不仅能够说明所有的社会经济—政治形势，还能用来解释道德、法律、宗教；在某种程度上，甚至能用它来解释哲学和艺术。

阶级斗争　前面已经说过，在马克思看来，至关重要的社会关系包含财产关系。随着私有制的登场，社会分成了两个阶级：有产阶级和无产阶级。

马克思说，这两个阶级之间的敌意从古至今都是无法避免的。有产阶级，当然就是占据统治地位的阶级，而政府、道德之类向来就是统治阶级的工具。当生产力与现存的社会关系产生了冲突，阶级斗争就加剧了，于是就产生了革命，继而新的统治阶级掌握了国家机器，也掌握了伦理话语权。这样的辩证过程不断地重复自身，直到私有财产和社会的阶级分化都趋向灭亡。

资本主义及其后果　马克思认为，在近代资本主义社会，生产方式主要都集中于大型工厂和作坊，产品是由一群工人合作生产的。用洛克的话说，他们共同"把自己的劳动加入产品"。但是，他们加入了自身劳动的产品却不属于他们，而属于工厂的拥有者——实际上他们也是工人的拥有者。在这种环境下，就出现了资本主义社会的根本矛盾：生产已经社会化了，所有制却没有社会化。

接着马克思论述道，对于工人生产的产品，资本家显然必须把它们卖得比他们支付给工人的劳动报酬要贵。因此，工人生产的商品的价值高于他们所获的工资。只要社会化的生产方式

马克思主义和自由主义的比较

"古典"自由主义和"传统"马克思主义都源于启蒙时代（18 世纪）的信仰：完美的世界来自自然的秩序。在他们看来，未来的人类所能享有的自由和快乐将不断地增长；他们都对于人类的善抱有坚定的信念。

为了让这两种哲学之间的异同点变得清晰可见，我们列出了一个清单，里面包括十条大部分传统马克思主义者所承认的信条，每条都配上了古典自由主义者所可能给予的评论。（请注意，我们说的是"古典"自由主义者。当代的所谓自由主义者仅仅分享了古典自由主义者的一部分观点，两者的价值观并不完全相同。当代的所谓保守派也是如此。关于自由主义这一术语的当代用法，你将在第十二章中读到更多的论述。）

（1）理想的社会应当提供给人类尽可能多的快乐、自由、尊严以及自我发展的机会。

自由主义者会同意这个主张——其实谁会不同意呢？不过功利主义的自由主义者会强调说，快乐比其余三项更为重要；或者说，其余三项都是快乐的组成部分。

（2）唯一能够达到以上目的的社会，是社会主义社会——在这样的社会中，无论生产方式还是所有制都已经社会主义化了。

许多 19 世纪（以及 20 世纪）的自由主义者都不会否认，他们的最根本的伦理诉求是能够在社会主义社会中实现的；但是他们中的大部分都不认为只有社会主义才能实现这些理想。大部分自由主义者认

为，以宪法为基础的代议民主制加上市场经济，这样就有可能更好地实现以上理想。

（3）在非社会主义的社会中，国家的功能就是为有权力者的利益服务，并保护有权力者的利益。

自由主义者认为，在非社会主义的社会中，国家也可以为所有臣民——无论他强大还是弱小——的利益和权利服务，并保护他们的利益和权利。尽管从现实角度而言，在这方面做得出色的国家即使有，也绝对不多。

（4）对于一个团体而言，只有通过运作自己的权力，才能保护自己的利益。

自由主义者们通常会说，团体的利益能够通过法律得到保护，而且得到的是最好的保护。马克思主义则会反驳说，从洛克起，"法律的规则"就偏向于保护私有财产和有产阶级。

（5）人的本质由历史决定，而经济因素在很大程度上决定了历史。

自由主义者同样强调经济因素对于社会历史和人类进步的重要影响，不过他们认为，有些最根本的人类性情特征（比如拥有权利、渴求快感）是历史所无法改变的。

（6）商品的价值取决于生产它所需要的劳动量。

自由主义者认为这个命题过于简单化了。他们认为有许多因素都影响着商品的价值。

（7）资本主义社会必定就是对于劳

动阶级的剥削。

　　许多自由主义者相信（至今仍然如此），私有制并非内在地、必然地就是剥削的，尽管作为个人的资本家会剥削他们的工人。他们认为，通过合理地制定法律，我们就可以消灭剥削。再者，即便在一个国家中财富分配极端不平衡，它仍旧可以让每个人都享有平等的自由和机会。

　　（8）资本主义国家是无法改良的，原因有两条：a. 它的固有本性就是剥削。b. 真正的改良将妨害统治阶级的利益，因此是不会被统治阶级允许的。因为我们无法改良这样的国家，所以就必须推翻它。

　　自由主义者认为（至今仍然如此），许多国家——包括最资本主义的国家——都可以通过改良逐步得到改善。当然，他们不否认用革命推翻独裁者是正当的。当代马克思主义者坚持认为，发生在美国的

自由主义改良是建立在对第三世界国家的剥削上的。

　　（9）以福利、税收以及别的类似手段为形式的再分配，说穿了不过是些表面文章；它们的目的仅仅是安抚被剥削阶级，以保护剥削阶级，使之免受革命的颠覆。

　　自由主义者认为（至今仍然如此），倘若这些手段确实对较为贫穷者有益，那么这样做就符合公平、正义的原则，也合乎功利主义的考虑。

　　（10）自由主义的哲学，包括其所有关于公平和正义的言论，无非就是想让资本主义的压迫统治正当化、合理化。

　　自由主义者会说，以上观点与其说是驳斥，不如说是攻击（argumentum ad hominem）。在他们看来，评判自由主义的主张应当根据其实际价值和贡献。

和非社会化的所有制之间的矛盾依然存在，对工人的这种剥削就不可避免。它是资本主义社会体系不可分割的组成部分，不是资本家的软弱或残酷所导致的偶然后果。

　　在马克思看来，资本主义倘若延续下去，就将进一步导致两个不可避免的后果。第一个后果是，资本主义体系延续的时间越长，有产阶级就越富有，其总人数就会变得越少。这是因为商品的剩余价值——即商品的价值减去它真实的"价格"（被加入商品的劳动的价格）——持续不断地涌向资本家。再者，小资本家竞争不过大资本家，于是他们破产了，沦入了工人阶级的队伍。这样一来社会财富就越来越集中：越来越少的人掌握着越来越多的财富。

　　异化　马克思认为，持续的资本主义还将导致第二个后果，那就是工人的异化程度越来越严重。工人创造的财富越多，相对而言，他就变得越贫困，因为拥有财富的不是他们。所以，工人越是多产，他们在自己眼里就越是贬值——这像个悖论，却无法避免。他们已经成了纯粹的商品。

　　再者，因为工人用他们的劳动创造出的产品属于他人，所以无论工人的劳动还是产品都不属于工人自身。对于他们而言，劳动和产品都成了异己的东西，成了他们的统治者。于是，工人只

克里姆林宫的金色穹顶。

有在不劳动的时候——其间包括吃、喝、性行为——才会感到自己身处家园。工人的工作是不情愿的、被强迫的，只要有可能，工人就会设法避免。工人们已经把他们的生命注入了属于他人的物品，他们自己的生活却变得凄苦、困顿、精疲力竭、抑郁不安。并且，由于人与自己的关系首先是在人际关系当中得到体现和表达的，所以工人们和他们的伙伴之间的关系也是异化的关系。

资本主义是自我消解的　在马克思看来，他所描述的这种情况必将消解它自身。资本主义的财产所有制是和社会化的生产条件不相容的，所以它注定要走向灭亡。不可避免的生产过剩会导致经济危机，利润率会下滑，对于工人阶级的剥削会加剧；这样一来工人阶级的自我意识就会逐渐生成，他们将意识到自己处境的不可容忍，意识到资本主义的固有缺陷，还将领会不可扭转的历史命运。于是无产阶级（proletariat，即工人阶级）就会起来革命，随之而来的就是无产阶级专政。在这种情况下，对现存社会秩序的颠覆最终将导向一个无阶级的社会——正如前面所描述过的；因为财产和生产方式一样，都将被社会化。阶级的消失标志着阶级斗争的终结，同时也意味着政治权力的终结；因为政治权力无非就是一个阶级用来压迫另一个阶级的工具。

马克思主义和共产主义

19 世纪末，大部分欧洲的社会主义党派都从属于马克思主义，但它们之间也有区分。有些属于革命主义者（revolutionists），他们认为（从很大程度上说，马克思自己也这样认为）若要实现生产方式公有制和产品的共同分配，就必须发动暴力革命；此外是修正主义者（revisionists）或进化的社会主义者（evolutionary socialists），他们认为这些目标可以通过和平的、渐进的改革来实现。

进化的社会主义在大不列颠颇有影响，而且它在许多国家的社会主义党派中生存了下来，一直延续至今；而革命主义者则在第二国际——它是马克思的国际工人协会（即第一国际）的后继者——获得了权势（尽管这些"革命主义者"并不特别革命）。在列宁的领导下，革命的布尔什维克掌握了俄罗斯社会民主工人党，并在 1917 年的革命中夺取了俄罗斯的政权；1918 年，它成了苏维埃社会主义共和国联盟的共产党。

1919 年，俄罗斯的共产主义者们离开了第二国际，成立了第三国际，即共产国际；他们成了国际共产主义运动的领导者。尽管如此，大部分欧洲的社会主义党派都把自己和共产主义划清了界限。在今天，大写的"共产主义"（Communism）指的是马克思主义 – 列宁主义的意识形态，它属于在共产国际的旗帜下建立的党派，而小写的"共产主义"（communism）则意指任何这样的社会：财产及其他重要物品都属于集体共同所有。

无政府主义

无政府主义者认为，对于和平、正义、公正、人类能力的充分发展及其他任何值得追求的目标而言，国家都是不必要的。在 19 世纪，无政府主义（Anarchism）是自由主义和马克思主义以外的主要哲学流派。

皮埃尔·约瑟夫·普鲁东（Pierre Joseph Proudhon，1809—1865）就是所谓的无政府主义之父；在近代，他是最早自称为无政府主义者的人之一。普鲁东认为，一切政治权力机构都阻碍着人类的发展，所以我们应当用另一种社会组织来取代它们；那样的社会组织以个人的自由和自愿的认同为基础，在组织中每个人都没有凌驾于他人之上的权力。他认为私有财产的存在导致了社会上的不平等和不正义，由此就产生了政府；私有财产和政府都应当被消灭，不过能够用来达到这个目的的不是暴力手段。普鲁东对私有财产观念的抨击在很大程度上影响了共产主义思想。

著名的俄罗斯无政府主义共产主义者米哈伊尔·巴枯宁（Mikhail Bakunin，1814—1876）和普林斯·彼得·克鲁泡特金（Prince Piotr Kropotkin，1842—1921）都强调个人内在固有的善，而且都认为法律和政府是特权阶级的工具，也是人类腐化堕落的真正根源（附带说一句，巴枯宁和克鲁泡特金都是贵族）。克鲁泡特金受查尔斯·达尔文影响很深，他认为，即使没有政府，人类也有生物性的合作倾向，会自动地组成社会。巴枯宁与普鲁东、克鲁泡特金不同，他主张要用暴力手段推翻一切政府。巴枯宁在共产主义第一国际当中颇为活跃。关于是否必须建立过渡性的无产阶级专政，马克思和巴枯宁之间的冲突——更普遍地来说，是马克思主义的共产主义和无政府主义的共产主义——之间的冲突导致了第一国际的解体。

"从按照既定财产的分配，到按需分配。"这个口号就来自无政府主义的共产主义。

⇥ 原著选读 11.1 《克里托篇》[①]   柏拉图

在这篇对话中，柏拉图笔下的苏格拉底被监禁在牢里，第二天就要被处死了。苏格拉底的朋友克里托想帮他逃跑，但是苏格拉底拒绝了。在以下篇章中，苏格拉底解释了为什么他试图逃跑是错误的：因为这样做违背了他和国家之间早已订下的合约。

苏格拉底　请这样想。假定我们正准备逃离此地，或者无论我们采取了什么行为，那么雅典人的法律和国家会来向我们提出这样一个问题。它们会说："苏格拉底，你想干什么？你想要采取的行动表明你想在你的能力范围内摧毁我们，摧毁法律和整个国家，你能否认这一点吗？如果公开宣布的法律判决没有效力，可以由私人来加以取消或摧毁，那么你能想象一个城邦会继续存在而不被颠覆吗？"

我们该如何回答这个问题，克里托，或者别的同类问题？对此有许多话可以说，尤其是一名职业的演说家，他会抗议说这个法律无效，而判决一旦宣布就具有约束力，就应当执行。我们能说，对，我打算摧毁法律，因为国家错误地对待我，你们在审判中对我的判决是错误的。这样说对吗？这是我们的回答吗，或者我们的回答是什么？

克里托　我们的回答当然是你已经说过的，苏格拉底。

苏格拉底　那么假定法律说："苏格拉底，这不正是你和我们之间的某种协议的条款吗？无论国家对你做出何种判决，你都会执行或遵守，对吗？"

如果我们对这样的用语表示惊讶，那么它们会说："别在乎我们的用语，苏格拉底，你只需要回答我们的问题，你毕竟已经习惯于使用问答法。来吧，你对我们和国家提出什么样的指控，想以此来摧毁我们吗？难道我们没有首先给了你生命？难道不是通过我们，你的父母才结婚而生下了你？告诉我们，你对我们这些涉及婚姻的法律有什么怨言吗？"

"没有，一点儿都没有。"我会这样说。

"好吧，你对涉及儿童的抚养和教育的法律有什么反对意见吗，就像对涉及你的法律一样？你对我们中间那些为了这个目的而立下的法律不感恩吗，这些法律要求你的父亲对你进行文化的和身体的教育？"

我只能说："对。"

"很好。由于你已经出生，长大成人，接受了教育，你能否认，首先，你和你的祖先都是我们的孩子和仆人吗？如果承认这一点，你认为我们之间是平等的，无论我们试图对你做什么，你都可以正当地进行报复吗？你并不拥有与你父亲一样的权力，假定你有过一位主人，你也不拥有与你的主人一样的权力，使你能够进行报复。当你受到责备，你不能回嘴，当你受到鞭打，你不能回手，也就是说不能以牙还牙，以眼还眼。如果我们想把你处死，因

---

①选自《柏拉图全集》，第1卷，王晓朝译，北京，人民出版社，2002。

为我们相信这样做是正确的，那么你能指望得到许可，有权反对你的国家和她的法律，竭尽全力去摧毁你的国家和我们这些法律，借此进行报复吗？诚心向善的你会宣布这样做是正当的吗？你那么聪明，竟然会忘记你的国家比你的父母和其他祖先更加珍贵，更加可敬，更加神圣，在诸神和全体理性人中间拥有更大的荣耀吗？你难道不明白应当比敬重父亲更加敬重国家，应当比消除对父亲的怨恨更加快捷地消除对国家的怨恨吗？如果你不能说服你的国家，那么你就必须服从它的命令，耐心地接受她加诸于你的任何惩罚，无论是鞭挞还是监禁，对吗？如果国家要你去参战，你会负伤或战死，但你也一定要服从命令，这样做才是正确的。你一定不能后退、逃跑或放弃你的职责。无论是在战场上或法庭上，或是在任何地方，你必须做你的城邦和国家命令你做的事，否则你就得按普遍的正义去说服她们，但是对父母使用暴力是一种罪恶，反对你的国家那就更是一桩大罪了。"对此我们该怎么说，克里托，法律说的话是对的还是错的？

克里托 我想是对的。

苏格拉底 法律可能会继续说："那么请考虑一下这种说法是否正确，苏格拉底，我们说你现在想对我们做的事情是不对的。尽管我们已经把你带到这个世界上来，抚养你长大成人，教育你，凡由我们支配的好东西，其他同胞公民享有的一份你都享有，但是我们仍然公开宣布这样一个原则，任何雅典人，只要达到成年，自己能够认识国家的政体和我们这些国家的法律，如果他对我们不满，都允许他带着他的财产去他喜欢去的地方。假定你们中有人对我们和国家不满，如果他选择去我们的某个殖民地，或者移民去任何国家，我们这些法律都不会加以阻拦，他也不会丧失他的财产。另一方面，如果你们有人亲眼看到我们的统治是公正的，我们其他国家机构的统治是公正的，那么我们认为他实际上就应当执行我们要他做的任何事情。我们坚持，在这种情况下不服从是一种罪恶，理由有三条：第一，我们是他的父母；第二，我们是他的卫士；第三，在允诺服从时，他既没有服从我们，又没有在假定我们犯了任何形式的错误时说服我们改变决定。尽管我们的指令全都是以建议的形式出现，而不是野蛮的命令，我们给他选择，要么说服我们，要么按我们说的去做，但他实际上两样都没有做。苏格拉底，如果你做了你们正在尝试的事情，那么这就是对你的指控，你将不再是你的同胞中最不应该受惩罚的人，而是罪行最重的人。"

如果我问为什么，那么法律无疑会用完全的正义来打击我，并指出雅典很少有人像我一样与它们有如此具体的协议。

它们会说："苏格拉底，我们有重要的证据表明你对我们和这个国家是满意的。如果你不是格外依恋国家，那么你就不会如此不愿离开这个国家，执行军务除外。你从来没有像其他人那样出国旅行，从来没有感到有必要去熟悉其他国家或它们的体制。你对我们和我们的国家是满意的。你确凿无疑地选择了我们，在你的所有活动中都像一个公民一样服从我们，有大量的证据表明你对我们的国家是满意的，你在这个国家生儿育女。还有，即使在审判你的时候，你还提出过交付罚金的建议。如果你当时已经做出了现在这种选择，那么你在那个时候就可以在国家批准的情况下做你现在想做的事，而现在国家并没有批准你这样做。你当时表现得视死如归，非常高尚，你说过如果自己必须去死，那么宁可死也不愿被放逐，而你现在好像并不打算遵守先前的诺言，对我们的法律也不尊重，你正在摧毁法律。你的行为就像最下贱的奴才，尽管你有约在先要做国家的成员，但你现在却想逃跑。现在先回答我们的问题。我们说你承诺过要做一个守法公民，如果你口头上没有这样说过，那么在行动中是这样做的，我们这样说对吗？"

对此我们该怎么回答，克里托？我们必须承认这一点吗？

克里托 我们无法否认，苏格拉底。

苏格拉底 那么法律会说："尽管你是在没有压力和误解的情况下与我们订立协议的，也不是在有限的时间内被迫做出承诺的，但是实际上你正在破坏这个协议和违反你的诺言。如果你对我们不满，或者感到协议不公平，那么你在这七十年里都可以离开这个国家。你没有选择斯巴达或克里特，这是你喜欢的好政府的榜样，也没有选择其他任何希腊人的城邦和外国人的城邦。你比瘸子、瞎子或其他残疾人更少出境。显然，你对这座城市和对我们法律的感情比其他任何雅典人都要深厚。一座城市如果没有法律，还有谁会在乎它呢？而现在你竟然不想守约了吗？是的，你是这样的，苏格拉底，如果你接受我们的建议，那么你就至少不会因为离开这个城邦而遭人嗤笑了。

"我们请你想一想，你做这种背离信仰和玷污良心的事会给你和你的朋友带来什么好处。显然，放逐、剥夺公民权、没收财产的危险都会延伸到你的朋友头上。至于你自己，如果你去了邻国，比如去底比斯或麦加拉这两个政法修明的国家，那么你会成为它们的政府的敌人，所有爱国者都会用怀疑的眼光看看你，把你当做法律和政令的摧毁者。随后，你的行为就证明审判你的法官们的看法和判决是正确的，破坏法律的人完全有可能对年轻和蠢人产生毁灭性的影响。那么，你是否打算不去那些政法修明的国家和秩序井然的社会了呢？如果你不去了，那么你的生活还有价值吗？或者说，你要接近这些民众，轻率地与他们谈话吗？你会使用什么样的论证，苏格拉底？用你在这里使用过的相同的论证，证明善良、诚实、制度与法律是人类最珍贵的财宝吗？你会认为苏格拉底以及有关他的一切都是有争议的，对吗？你肯定会这样想。

"你会从世界的这个部分中退出，去投靠克里托在帖撒利的朋友？那是个无法无天的地方，那里的人无疑会喜欢听你讲故事，听你讲如何逃跑，如何化装，如何穿上牧羊人的衣裳或用其他逃跑者常用的打扮，如何改变面容。那里不会有人说像你这把年纪的老人，也许活不了多久了，竟会如此贪生怕死，以至于要违反最严厉的法律，对吗？也许不会有，如果你不激怒任何人。否则，苏格拉底，你会听到许多令你感到汗颜的评论。所以，你仍旧会像今天一样活着，做一切人的奴仆，你会成为"在帖撒利混饭吃的无赖"，就像你离开这个国家去帖撒利是要去赴宴似的。所以我们想知道，你关于善良和正直的讨论在哪里？当然，你想活下去是为了你的儿子，为了能把他们抚养成人，教育他们。确实如此！先把他们带到帖撒利去，使他们成为外国人，这样他们就会格外有福了吗？或者说，这样做并非你的意愿，那么就假定他们还是在这里长大成人，你不在了，你的朋友当然会照顾他们，这样一来，他们岂不是能够得到更好的照料和教育吗？你去了帖撒利他们会照顾你的儿子，难道你去了另一个世界他们就不会照顾你的儿子了吗？只要那些自称是你的朋友的人是名副其实的，那么你必须相信他们会照料你的儿子。

"苏格拉底，还是听听我们的建议吧，我们是你的卫士。不要考虑你的子女、生命或其他东西胜过考虑什么是公正。这样的话，当你去了另一个世界，你就可以坦然面对冥府的判官为自己辩白。事情很清楚，如果你做了这件事，那么既不会使你和你的朋友变得更好，也不会使你们拥有更加纯洁的良心，在这个世界上不会，当你们去另一个世界时也不会。事实上，你就要离开此地了。当你去死的时候，你是一个牺牲品，但不是我们所犯错误的牺牲品，而是你的同胞所犯错误的牺牲品。但若你用这种可耻的方式逃跑。以错还错，以恶报恶，

践踏自己与我们订立的协议和合约，那么你伤害了你最不应该伤害的，包括你自己、你的朋友、你的国家，还有我们。到那时，你活着要面对我们的愤怒，你死后，我们的兄弟，冥府里的法律也不会热情欢迎你，因为它们知道你试图尽力摧毁我们。别接受克里托的建议，听从我们的劝告吧。"

我亲爱的朋友克里托，我向你保证，我仿佛真的听到这些话，就好像听到秘仪中的乐曲声。这些论证的声音在我心中嘹亮地回响，使我一点儿也听不到其他声音。我得警告你，我的看法都已经说出来了，再要我提出一种不同的看法是没有用的。不过，如果你认为自己还有什么高见，那么就请说出来。

克里托 不，苏格拉底，我无话可说。

苏格拉底 那么就让我们放弃逃跑吧，克里托，让我们顺其自然，因为神已经指明了道路。

🔈 原著选读 11.2 《理想国》[①]   柏拉图

在此，柏拉图借苏格拉底之口解说了社会护卫者中的男女关系，并涉及这个理想国家的其他特征。

苏格拉底 ……这个，大概是治理者为了被治理者的利益，有时不得不使用一些假话和欺骗。我以为我们说过，它们都是作为一种药物使用的。

格劳孔 是的，说得对。

苏 那么，在他们结婚和生育方面，这个"对"看来还不是个最小的"对"呢。

格 这是怎么的？

苏 从上面同意的结论里，我们可以推断，最好的男人必须与最好的女人尽多结合在一起，反之，最坏的与最坏的要尽少结合在一起。最好者的下一代必须培养成长，最坏者的下一代则不予养育，如果品种要保持最高质量的话；除了治理者外，别人不应该知道这些事

[①]选自柏拉图：《理想国》，郭斌和、张竹明译，北京，商务印书馆，1986。

情的进行过程。否则，护卫者中难免互相争吵闹不团结。

格　很对。

苏　按照法律须有假期，新妇新郎欢聚宴饮，祭享神明，诗人作赞美诗，祝贺嘉礼。结婚人数的多寡，要考虑到战争、疾病以及其他因素，由治理者们斟酌决定；要保持适当的公民人口，尽量使城邦不至于过大或过小。

格　对的。

苏　我想某些巧妙的抽签办法一定要设计出来，以使不合格者在每次求偶的时候，只好怪自己运气不好而不能怪治理者。

格　诚然是的。

苏　我想当年轻人在战争中证明他们英勇卫国功勋昭著的，一定要给以荣誉和奖金，并且给以更多的机会，使与妇女配合，从他们身上获得尽量多的后裔。

格　对得很。

苏　生下来的孩子将由管理这些事情的官员带去抚养。这些官员或男或女，或男女都有。因为这些官职对女人男人同样开放。

格　是的。

苏　优秀者的孩子，我想他们会带到托儿所去，交给保姆抚养；保姆住在城中另一区内。

至于一般或其他人生下来有先天缺陷的孩子，他们将秘密地加以处理，有关情况谁都不清楚。

格　是的。这是保持治理者品种纯洁的必要条件。

苏　他们监管抚养孩子的事情，在母亲们有奶的时候，他们引导母亲们到托儿所喂奶，但竭力不让她们认清自己的孩子。如果母亲的奶不够，他们另外找奶妈。他们将注意不让母亲们喂奶的时间太长，把给孩子守夜以及其他麻烦事情交给奶妈和保姆去干。

格　你把护卫者妻子抚育孩子的事情，安排得这么轻松！

苏　这是应该的。现在让我们谈谈我们规划的第二部分。我们曾经说过，儿女应该出生在父母年轻力壮的时候。

格　诚然。

苏　你同意一个女人精力最好的时候大概可以说是二十年，男人是三十年吗？

格　你要选择哪几年？

苏　女人应该从二十岁到四十岁为国家抚养儿女，男人应当从过了跑步速度最快的年龄到五十五岁……

苏　但是，我想女人和男人过了生育之年，我们就让男人同任何女人相处，除了女儿和母亲，女儿的女儿以及母亲的母亲。至于女人同样可以和任何男人相处，只除了儿子、父亲，或父亲的父亲和儿子的儿子。我们一定要警告他们，无论如何不得让所怀的胎儿得见天日，如果不能防止，就必须加以处理，因为这种后代是不应该抚养的。

格　你所讲的这些话都很有道理。但是他们将怎样辨别各人的父亲、女儿和你刚才所讲的各种亲属关系呢？

苏　他们是很难辨别。但是有一个办法，即，当他们中间有一个做了新郎之后，他将把所有在他结婚后第十个月或第七个月里出生的男孩作为他的儿子，女孩作为他的女儿；他们都叫他父亲。他又把这些儿女的儿女叫做孙子孙女，这些孙子孙女都叫他的同辈为祖父祖母。

所有孩子都把父母生自己期间出生的男孩女孩称呼为兄弟姐妹。他们不许有我们刚才讲的那种性关系。但是，法律准许兄弟姐妹同居，如果抽签决定而且特尔斐的神示也表示同意的话。

格　对极了。

苏　因此，格劳孔，这就是我们城邦里护卫者中间妇女儿童公有的做法。这个做法和我们政治制度的其余部分是一致的，而且是最好最好的做法。这一点我们一定要在下面以论辩证实之。你认为然否？

格　诚然。

苏　因此，为取得一致意见，我们是不是首先要问一问我们自己　什么是国家制度的至善，什么是立法者立法所追求的至善，以及，什么是极恶；其次，我们是不是要考虑一下，我们刚才提出的建议是否与善的足迹一致而不和恶的足迹一致？

格　完全是的。

苏　那么，对于一个国家来讲，还有什么比闹分裂化一为多更恶的吗？还有什么比讲团结化多为一更善的吗？

格　当然没有。

苏　那么，当全体公民对于养生送死尽量做到万家同欢万家同悲时，这种同甘共苦是不是维系团结的纽带？

格　确实是的。

苏　如果同处一国，同一遭遇，各人的感情却不一样，哀乐不同，那么，团结的纽带就会中断了。

格　当然。

苏　这种情况的发生不是由于公民们对于"我的"、"非我的"以及"别人的"这些词语说起来不能异口同声不能一致吗？

格　正是。

苏　那么，一个国家最大多数的人，对同样的东西，能够同样地说"我的"、"非我的"，这个国家就是管理得最好的国家。

格　最好最好的……

苏　那么，这个国家不同于别的任何国家，在这里大家更将异口同声歌颂我们刚才所说的"我的"这个词儿。如果有任何一个人的境遇好，大家就都说"我的境遇好"，如果有任何一个人的境遇不好，大家就都说"我的境遇不好"。

格　极是。

苏　我们有没有讲过，这种认识这种措词能够引起同甘共苦彼此一体的感觉？

格　我们讲过。并且讲得对。

苏　那么护卫者们将比别的公民更将公有同一事物，并称之为"我的"，而且因这种共有关系，他们苦乐同感。

格　很对。

苏　那么，除了国家的政治制度之外，在护卫者之间妇女儿童的公有不也是产生苦乐与共的原因吗？

格　这无疑是主要的原因。

苏　我们还曾一致说过，这是一个国家的最大的善，我们还曾把一个管理得好的国家比之于个人的身体，各部分苦乐同感，息息相关。

格　我们一致这样说过，说得非常对。

苏　我们还可以说，在辅助者之间妇女儿童公有对国家来说也是最大的善，并且是这种善的原因。

格　完全可以这样说。

苏　这个说法和我们前面的话是一致的。因为我想我们曾经说过，我们的护卫者不应该有私人的房屋、土地以及其他私人财产。他们从别的公民那里，得到每日的工资，作为他们服务的报酬，大家一起消费。真正的护卫者就要这个样子。

格　你说得对。

苏　那么，我们已讲过的和我们正在这里讲的这些规划，是不是能确保他们成为更名副其实的保卫者，防止他们把国家弄得四分五裂，把公有的东西各各说成"这是我的"，各人把他所能从公家弄到手的东西拖到自己家里去，把妇女儿童看做私产，各家有各家的悲欢苦乐呢？他们最好还是对什么叫自己的有同一看法，行动有同一目标，尽量团结一致，甘苦与共。

格　完全对。

苏　那么，彼此涉讼彼此互控的事情，在他们那里不就不会发生了吗？因为他们一切公有，一身之外别无长物，这使他们之间不会发生纠纷。因为人们之间的纠纷，都是由于财产，儿女与亲属的私有造成的。

格　他们之间将不会发生诉讼。

苏　再说，他们之间也不大可能发生行凶殴打的诉讼事件了。因为我们将布告大众，年龄相当的人之间，自卫是善的和正义的。这样可以强迫他们注意锻炼，增进体质。

格　很对……

苏　因此，我们的法律将从一切方面促使护卫者们彼此和平相处。是吧？

格　很和平！

苏　只要他们内部没有纷争，就不怕城邦的其他人和他们闹纠纷或相互闹纠纷了。

格　是的，不必怕。

苏　他们将摆脱一些十分琐碎无聊的事情。这些事是不值得去烦心的，我简直不愿去

谈到它们。诸如，要去奉承富人，要劳神费思去养活一家大小，一会儿借债，一会儿还债，要想尽办法挣几个大钱给妻子仆役去花费。所有这些事琐琐碎碎，大家都知道，不值一提。

格　啊，这个道理连瞎子也能明白。

苏　那么，他们将彻底摆脱这一切，如入极乐世界，生活得比最幸福的奥林匹克胜利者还要幸福。

格　怎么会的？

苏　他们得到的比奥林匹克胜利者还要多。他们的胜利更光荣，他们受到的公众奉养更全面。他们赢得的胜利是全国的资助。他们得到的报酬是他们以及他们的儿女都由公家供养。

他们所需要的一切，都由公家配给。活着为全国公民所敬重，死后受哀荣备至的葬礼。

格　真是优厚。

苏　你还记得吗？以前辩论时，有人责怪我们没有使护卫者们得到幸福，说他们掌握一切，自己却什么也没有。我想你还记得，我们曾答应过，在适当的时候可以回到这个问题上来；当时我们所关心的是使一个护卫者成为一个名副其实的护卫者，尽可能使国家作为一个整体得到幸福，而不是只为某一个阶级考虑，只使一个阶级得到幸福。

格　我记得。

苏　那么，好，既然我们的扶助者的生活，看来比奥林匹克运动会的胜利者的生活还要好，那么，还有什么必要去和鞋匠、其他匠人，以及农民的生活去比较吗？

格　我想没有必要。

苏　再者，我们不妨把我在别的地方说过的一些话在这里重说一遍。如果护卫者一

心追求一种不是一个名副其实的护卫者应有的幸福生活，不满足于一种适度的、安稳的、在我们看来是最好的生活，反而让一种幼稚愚蠢的快乐观念困扰、支配，以至于利用权力损公肥私，损人利己，那么他迟早会发现赫西俄德①说的"在某种意义上半多于全"这句话确是至理名言！

格　如果他听我的劝告，他会仍然去过原来的这种生活……

苏　那么，还有待于研究的问题是　这样的共同关系能否像在别的动物中那样，真正在人与人之间建立起来呢？如果可能，还要问，怎么做才可能？

格　我正要提这个问题，给你抢先说了。

苏　他们在战争中将怎么做，我以为是明摆着的。

格　怎么做？

苏　她们将和男子一同整队出发，带了身强力壮的孩子，让他们见识一下将来长大了要做的事情，像别的行业中带着孩子看看一样。除了看看而外，这些孩子还要帮助他们的父母从事各种军中勤务，并侍候他们的父母。你有没有看到过技工（譬如陶工）的孩子在自己正式动手做之前有过长期的观察和帮做的过程？

格　我看到过的。

苏　难道陶工倒更应该比护卫者注意去教育他们的孩子，让孩子们跟他们见识和实习，以便将来做好自己的工作？

格　这种想法就太可笑了。

苏　再说，人也像动物一样，越是在后代面前，对敌人作战也越是勇猛。

格　确是如此。不过苏格拉底，冒的危险可也不小呀！胜败兵家常事。要是打了败仗，他们的后代将同他们自己一样遭到巨大损失，以致劫后遗民复兴祖国成为不可能。

苏　你的话是对的。不过你想永远不让他们冒任何危险吗？

格　决无此意。

苏　如果危险非冒不可的话，那么冒险而取得胜利者不是可以经过锻炼而得到进步吗？

格　显然如此。

苏　一个长大了要做军人的人，少年时不去实习战争，以为这个险不值得冒，或者冒不冒差别不大，你看这个想法对不对？

格　不对。这个险冒与不冒，对于要做军人的人有很大的区别。

苏　那么，作为前提我们一定要让孩子们从小实地见习战争，同时我们也采取必要措施避免危险，这样就两全了。是不是？

格　是的。

---

①赫西俄德（Hesiod）是古希腊诗人，人们认为他生活在公元前 700 年左右。

➡ 原著选读 11.3　《利维坦》[1]

托马斯·霍布斯

以下是政治哲学史上被阅读得最为广泛的篇章之一。在这里，霍布斯解释了为什么自然状态下的人总是处在战争中，并提供了避免战争状态的唯一途径。

论人类幸福与苦难的自然状况

自然使人在身心两方面的能力都十分相等，以致有时某人的体力虽则显然比另一人强，或是脑力比另一人敏捷，但这一切总加在一起，也不会使人与人之间的差别大到使这人能要求获得人家不能像他一样要求的任何利益，因为就体力而论，最弱的人运用密谋或者与其他处在同一种危险下的人联合起来，就能具有足够的力量来杀死最强的人。

至于智力……我还发现人与人之间更加平等……可能使人不相信这种平等状况的只是对自己智慧的自负而已。在这一方面，几乎所有的人都认为自己比一般人强；也就是说，都认为除开自己和少数因出名或赞同自己的意见而得到自己推崇的人以外，其他所有的人都不如自己。因为根据人类的本性说来，不论他们承认有多少人比自己机灵，比自己口才好，比自己学问好，但却不会相信有很多人能像自己这样聪明。因为人们看自己的智慧时是从近旁看的，而看他人的智慧时则是从远处看的。但这倒是证明人们在这一点上平等而不是不平等。因为一般说来，任何东西分配平均时，最大的证据莫过于人人都满足于自己的一份。

这种能力上的平等出发，就产生达到目的的希望的平等。因此，任何两个人如果想取得同一东西而又不能同时享用时，彼此就会成为仇敌。他们的目的主要是自我保全，有时则只是为了自己的欢乐；在达到这一目的的过程中，彼此都力图摧毁或征服对方。这样就出现一种情形，当侵犯者所引为畏惧的只是另一人单枪匹马的力量时，如果有一个人培植、建立或具有一个方便的地位，其他人就可能会准备好联合力量前来，不但要剥夺他的劳动成果，而且要剥夺他的生命或自由；而侵犯者本人也面临着来自别人的同样的危险。

由于人们这样互相疑惧，于是自保之道最合理的就是先发制人，也就是用武力或机诈来控制一切他所能控制的人，直到他看到没有其他力量足以危害他为止。这并没有超出他的自我保全所要求的限度，一般是允许的……

此外，在没有权力可以使大家全都慑服的地方，人们相处时就不会有快乐存在；相反地他们还会有很大的忧伤。因为每一个人都希望共处的人对自己的估价和自己对自己的估价相同。每当他遇到轻视或估价过低的迹象时，自然就会敢于力图尽自己的胆量（在没有共同权力使大家平安相处的地方，这就足以使彼此互相摧毁）加害于人，强使轻视者做更高的估价，并且以诛一儆百的方式从其他人方面得到同样的结果。

所以在人类的天性中我们便发现：有三

---

①选自霍布斯：《利维坦》，黎思复、黎廷弼译，北京，商务印书馆，1985。

种造成争斗的主要原因存在。第一是竞争，第二是猜疑，第三是荣誉。

第一种原因使人为了求利，第二种原因使人为了求安全，第三种原因则使人为了求名誉而进行侵犯。在第一种情形下，人们使用暴力去奴役他人及其妻子儿女与牲畜。在第二种情形下则是为了保全这一切。在第三种情形下，则是由于一些鸡毛蒜皮的小事，如一言一笑、一点意见上的分歧，以及任何其他直接对他们本人的藐视，或是间接对他们的亲友、民族、职业或名誉的藐视。

根据这一切，我们就可以显然看出：在没有一个共同权力使大家慑服的时候，人们便处在所谓的战争状态之下。这种战争是每一个人对每个人的战争。因为战争不仅存在于战役或战斗行动之中，而且也存在于以战斗进行争夺的意图普遍被人相信的一段时期之中。因此，时间的概念就要考虑到战争的性质中去，就像在考虑气候的性质时那样。因为正如同恶劣气候的性质不在于一两阵暴雨，而在于一连许多天中下雨的倾向一样，战争的性质也不在于实际的战斗，而在于整个没有和平保障的时期中人所共知的战斗意图。所有其他的时期则是和平时期。

因此，在人人相互为敌的战争时期所产生的一切，也会在人们只能依靠自己的体力与创造能力来保障生活的时期中产生。在这种状况下，产业是无法存在的，因为其成果不稳定。这样一来，举凡土地的栽培、航海、外洋进口商品的运用、舒适的建筑、移动与卸除须费巨大力量的物体的工具、地貌的知识、时间的记载、文艺、文学、社会等等都将不存在。最糟糕的是人们不断处于暴力死亡的恐惧和危险中，人的生活孤独、贫困、卑污、残忍而短寿……

这种人人相互为战的战争状态，还会产生一种结果，那便是不可能有任何事情是不公道的。是和非以及公正与不公正的观念在这儿都不能存在。没有共同权力的地方就没有法律，而没有法律的地方就无所谓不公正。暴力与欺诈在战争中是两种主要的美德。公正与背义既不是心理官能，也不是体质官能。果然是这种官能的话，那么当一个人独处在世界上的时候，这些官能便也会像感觉和激情一样存在于他的身上。它们是属于群居的人的性质，而不是属于独处者的性质。这样一种状况还是下面情况产生的结果，那便是没有财产，没有统治权，没有"你的"、"我的"之分；每一个人能得到手的东西，在他能保住的时期内便是他的。以上所说的就是单纯的天性使人实际处在的恶劣状况，然而这种状况却有可能超脱。这一方面要靠人们的激情，另一方面则要靠人们的理性。

使人们倾向于和平的激情是对死亡的畏惧，对舒适生活所必需的事物的欲望，以及通过自己的勤劳取得这一切的希望。于是理智便提示出可以使人同意的方便易行的和平条件。这种和平条件在其他场合下也称为自然律，在往下的两章中我将更详细地加以讨论……

论第一与第二自然律以及契约法

……因为人们的状况正象上一章所讲的一样，是每一个人对每一个人交战的状况；在这种状况下，人人都受自己的理性控制。凡是他所能利用的东西，没有一种不能帮助他抵抗敌人，保全生命。这样说来，在这种情况下，每一个人对每一种事物都具有权利，甚至对彼此的身体也是这样。因此，当每一个人对每一事物的这种自然权利继续存在时，任何人不论如何强悍或聪明，都不可能获得保障，完全活完大自然通常允许人们生活的时间。于是，以下的话就成了理性的诫条或一般法则：每一个人只要有获得和平的希望时，就应当力求和平；在不能得到和平时，他就可以寻求并利用战争的一切有利条件和助力。这条法则的第一部分包含着第一个同时也是基本的自然律——寻求和平，信守和平。第二部分则是自然权利的概括——利用一切可能的办法来保卫我们自己。

这条基本自然律规定人们力求和平，从这里又引申出以下的第二自然律：在别人也愿意这样做的条件下，当一个人为了和平与自卫的目的认为必要时，会自愿放弃这种对一切事物的权利；而在对他人的自由权方面满足于相当于自己让他人对自己所具有的自由权利。因为只要每个人都保有其自己想好做任何事情的权利，所有的人就永远处在战争状态之中。但是如果别人都不像他那样放弃自己的权利，那么任何人就都没有理由剥夺自己的权利，因为那样就等于自取灭亡（没有人必须如此），而不是选取和平……

权利的互相转让就是人们所谓的契约……

论国家的成因、产生和定义

我们看见天生爱好自由和统治他人的人类生活在国家之中，使自己受到束缚，他们的终极动机、目的或企图是预想要通过这样的方式保全自己并因此而得到更为满意的生活；也就是说，要使自己脱离战争的悲惨状况。正像第八章中所说明的，没有有形的力量使人们畏服，并以刑法之威约束他们履行信约和遵守第十四、十五章两章中所列举的自然法时，这种战争状况便是人类自然激情的必然结果。

因为各种自然法本身（诸如正义、公道、谦谨、慈爱，以及[总起来说]己所欲，施于人），如果没有某种权威使人们遵从，便跟那些驱使我们走向偏私、自傲、复仇等等的自然激情互相冲突。没有武力，信约便只是一纸空文，完全没有力量使人们得到安全保障。这样说来，虽然有自然法（每一个人都只在有遵守的意愿并在遵守后可保安全时才会遵守），要是没有建立一个权力或权力不足，以保障我们的安全的话，每一个人就会、而且也可以合法地依靠自己的力量和计策来戒备所有其他的人……

如果要建立这样一种能抵御外来侵略和制止相互侵害的共同权力，以便保障大家能通过自己的辛劳和土地的丰产为生并生活得很满意，那就只有一条道路：把大家所有的权力和力量付托给某一个人或一个能通过多数的意见把大家的意志化为一个意志的多人组成的集体。这就等于是说，指定一个人或一个由多人组成的集体来代表他们的人格……

这就不仅是同意或协调，而是全体真正统一于唯一人格之中；这一人格是大家人人相互订立信约而形成的，其方式就好像是人人都向每一个其他的人说：我承认这个人或这个集体，并放弃我管理自己的权利，把它授予这人或这个集体，但条件是你也把自己的权利拿出来授予他，并以同样的方式承认他的一切行为。这一点办到之后，像这样统一在一个人格之中的一群人就称为国家，在拉丁文中称为城邦。这就是伟大的利维坦（Leviathan）的诞生——用更尊敬的方式来说，这就是活的上帝的诞生；我们在永生不朽的上帝之下所获得的和平和安全保障就是从它那里得来的。因为根据国家中每一个人授权，他就能运用付托给他的权力与力量，通过其威慑组织大家的意志，对内谋求和平，对外互相帮助抗御外敌。国家的本质就存在于他身上。用一个定义来说，这就是一大群人相互订立信约，每人都对它的行为授权，以便使它能按其认为有利于大家的和平与共同防卫的方式运用全体的力量和手段的一个人格。

承当这一人格的人就称为主权者，并被说成是具有主权，其余的每一个人都是他的臣民。

取得这种主权的方式有两种：一种方式是通过自然之力获得的，例如一个人使其子孙服从他的统治就是这样，因为他们要是拒绝的话，他就可以予以处死；这一方式下还有一种情形是通过战争使敌人服从他的意志，并以此为条件赦免他们的生命。另一种方式则是人们相互达成协议，自愿地服从一个人或一个集体，相信他可以保护自己来抵抗所有其他的人。后者可以称为政治的国家，或按约建立的国家；前者则称为以力取得的国家。

✦ 原著选读 11.4 《论自由》[①]

约翰·斯图亚特·穆勒

这是一段著名的文字。在第一句话中，穆勒就清楚地说明了他这篇文章想要达到什么目的。

第一章 引论

本文的目的是要力主一条极其简单的原则，使凡属社会以强制和控制方法对付个人之事，不论所用手段是法律惩罚方式下的物质力量或者是公众意见下的道德压力，都要绝对以它为准绳。这条原则就是：人类之所以有理有权可以各别地或者集体地对其中任何分子的行动自由进行干涉，唯一的目的只是自我防卫。这就是说，对于文明群体中的任一成员，所以能够施用一种权力以反其意志而不失为正当，唯一的目的只是要防止对他人的危害。

若说为了那人自己的好处，不论是物质上的或者是精神上的好处，那不成为充足的理由。人们不能强迫一个人去做一件事或者不去做一件事，说因为这对他比较好，因为这会使他比较愉快，因为这在别人的意见认为是聪明的或者甚至是正当的；这样不能算是正当。所有这些理由，若是为了向他规劝，或是为了和他辩理，或是为了对他说服，以至是为了向他恳求，那都是好的；但只是不能借以对他实行强迫，或者说，如果他相反而行的话便要使他遭受什么灾祸。要使强迫成为正当，必须是所要对他加以吓阻的那宗行为将会对他人产生祸害。任何人的行为，只有涉及他人的那部分才须对社会负责。在仅只涉及本人的那部分，他的独立性在权利上则是绝对的。对于本人自己，对于

---

①选自穆勒：《论自由》，程崇华译，北京，商务印书馆，1959。

他自己的身和心，个人乃是最高主权者……

应当说明，在这篇论文中，凡是可以从抽象权利的概念（作为脱离功利而独立的一个东西）引申出来而有利于我的论据的各点，我都一概弃置未用。的确，在一切道德问题上，我最后总是诉诸功利的；但是这里所谓功利必须是最广义的，必须是把人当做前进的存在而以其永久利益为根据的。我要力争说，这样一些利益是享有威权来令个人自动性屈从于外来控制的，当然只是在每人涉及他人利益的那部分行动上。假如有人做出了一个有害于他人的行动，这说是一桩一望而知要对他处罚的事件，可以用法律来办，或者当法律惩罚不能妥善适用时，也可以用普遍的谴责。还有许多积极性的对他人有益的行动，要强迫人们去做，也算是正当的：例如到一个法庭上去作证；又如在一场共同的自卫斗争当中，或者在为他所受其保护的整个社会利益所必需的任何联合工作当中，担负他的一分公平的任务；还有某些个别有益的行动，例如出力去拯救一个人的生命，挺身保护一个遭受虐待而无力自卫的人，等等。总之，凡显系一个人义务上当做的事而他不做时，就可要他对社会负责，这是正当的。须知一个人不仅会以其行动贻患于他人，也会因其不行动而产生同样的结果，在这两种情况下要他为此损害而对他们负责交代，都是正当的。当然，要在后一种情况下施行强制，比在前一种情况下需要更加慎重。一个人做了祸害他人的事，要责成他为此负责，这是规则；至于他不去防止祸害，要责成他为此负责，那比较说来就是例外了……

但是也有这样一类行动对于社会说来，就其有别于个人之处来看，只有（假如还有的

话）一种间接的利害。这类行动的范围包括一个人生活和行为中仅只影响到本人自己的全部，或者若说也影响到他人的话，那也是得有他们自由自愿的、非经蒙骗的同意和参加的。必须说明，我在这里说仅只影响到本人，意思是说这影响是直接的，是最初的：否则，既是凡属影响到本人的都会通过本人而影响到他人，也未可知，那么，凡可根据这个未可知之事而来的反对也势必予以考虑了。这样说来，这就是人类自由的适当领域。这个领域包括着，第一，意识的内向境地，要求着最广义的良心的自由；要求着思想和感想的自由；要求着在不论是实践的或思考的、是科学的、道德的或神学的等等一切题目上的意见和情操的绝对自由。说到发表和刊发意见的自由，因为它属于个人涉及他人那部分行为，看来像是归在另一原则之下；但是由于它和思想自由本身几乎同样重要，所依据的理由又大部分相同，所以在实践上是和思想自由分不开的。第二，这个原则还要求趣味和志趣的自由；要求有自由订定自己的生活计划以顺应自己的性格；要求有自由照自己所喜欢的去做，当然也不规避会随来的后果。这种自由，只要我们所作所为并无害于我们的同胞，就不应遭到他们的妨碍，即使他们认为我们的行为是愚蠢、背谬或错误的。第三，随着各个人的这种自由而来的，在同样的限度之内，还有个人之间相互联合的自由；这就是说，人们有自由为着任何无害于他人的目的而彼此联合，只要参加联合的人们是成年，又不是出于被迫或受骗。

任何一个社会，若是上述这些自由整个说来在那里不受尊重，那就不算自由，不论其政府形式怎样；任何一个社会，若是上述这些

自由在那里的存在不是绝对的和没有规限的，那就不算完全自由。唯一实称其名的自由，乃是按照我们自己的道路去追求我们自己的好处的自由，只要我们不试图剥夺他人的这种自由，不试图阻碍他们取得这种自由的努力。每个人是其自身健康的适当监护者，不论是身体的健康，或者是智力的健康，或者是精神的健康。人类若彼此容忍各照自己所认为好的样子去生活，比强迫每人都照其余的人们所认为好的样子去生活，所获是要较多的。

✦ 原著选读 11.5 《共产党宣言》[①] 卡尔·马克思 弗里德里希·恩格斯

马克思和恩格斯的《共产党宣言》是有史以来最著名的政治学文献之一。以下篇章包含了马克思对经济史的分析当中的最重要的部分。在马克思的理论中，资产阶级——即你所知道的中产阶级——是和无产阶级截然对立的；后者是赚取工资的劳动者阶级，通过出卖自己的劳动力谋生。

一、资产者和无产者

到目前为止的一切社会的历史都是阶级斗争的历史。

自由民和奴隶、贵族和平民、领主和农奴、行会师傅和帮工，一句话，压迫者和被压迫者，始终处于相互对立的地位，进行不断的、有时隐蔽有时公开的斗争，而每一次斗争的结局是整个社会受到革命改造或者斗争的各阶级同归于尽。

在过去的各个历史时代，我们几乎到处都可以看到社会完全划分为各个不同的等级，看到由各种社会地位构成的多级的阶梯。在古罗马，有贵族、骑士、平民、奴隶，在中世纪，有封建领主、陪臣、行会师傅、帮工、农奴，而且几乎在每一个阶级内部又有各种独特的等第。

从封建社会的灭亡中产生出来的现代资产阶级社会并没有消灭阶级对立。它只是用新的阶级、新的压迫条件、新的斗争形式代替了旧的。

但是，我们的时代，资产阶级时代，却有一个特点：它使阶级对立简单化了。整个社会日益分裂为两大敌对的阵营，分裂为两大相互直接对立的阶级：资产阶级和无产阶级。

从中世纪的农奴中产生了初期城市的城关市民；从这个市民等级中发展出最初的资产阶级分子。

美洲的发现、绕过非洲的航行，给新兴的资产阶级开辟了新的活动场所。东印度和中国的市场、美洲的殖民化、对殖民地的贸易、交换手段和一般的商品的增加，使商业、航海业和工业空前高涨，因而使正在崩溃的封建社会内部的革命因素迅速发展。

以前那种封建的或行会的工业经营方式

[①] 选自《共产党宣言》，中共中央马克思、恩格斯、列宁、斯大林著作编译局译，1949 年 9 月第六版，1972 年 2 月江苏第三次印刷。

已经不能满足随着新市场的出现而增加的需求了。工场手工业代替了这种经营方式。行会师傅被工业的中间等级排挤掉了；各种行业组合之间的分工随着各个作坊内部的分工的出现而消失了。

但是，市场总是在扩大，需求总是在增加。甚至工场手工业也不再能满足需要了。于是，蒸汽和机器引起了工业生产的革命。现代化大工业化替了工场手工业；工业中的百万富翁，整批整批产业军的统领，现代资产者，代替了工业的中间等级。

…………

不断扩大产品销路的需要，驱使资产阶级奔走于全球各地。它必须到处落户，到处创业，到处建立联系。

……旧的、靠国产品来满足的需要，被新的、要靠极其遥远的国家和地带的产品来满足的需要所代替了。过去那种地方的和民族的自给自足和闭关自守状态，被各民族的各方面的互相往来和各方面的互相依赖所代替了……

资产阶级，由于一切生产工具的迅速改进，由于交通的极其便利，把一切民族甚至最野蛮的民族都卷到文明中来了。它的商品的低廉价格，是它用来摧毁一切万里长城、征服野蛮人最顽强的仇外心理的重炮。它迫使一切民族——如果它们不想灭亡的话——采用资产阶级的生产方式；它迫使它们在自己那里推行所谓文明制度，即变成资产者。一句话，它按照自己的面貌为自己创造出一个世界。

资产阶级使乡村屈服于城市的统治。它创立了巨大的城市，使城市人口比农村人口大大增加起来，因而使很大一部分居民脱离了乡村生活的愚昧状态。正像它使乡村从属于城市一样，它使未开化和半开化的国家从属于文明的国家，使农民的民族从属于资产阶级的民族，使东方从属于西方。

资产阶级日甚一日地消灭生产资料、财产和人口的分散状态。它使人口密集起来，使生产资料集中起来，使财产聚集在少数人的手里。由此必然产生的后果就是政治的集中……

资产阶级在它的不到一百年的阶级统治中所创造的生产力，比过去一切世代创造的全部生产力还要多，还要大。自然力的征服，机器的采用，化学在工业和农业中的应用，轮船的行驶，铁路的通行，电报的使用，整个整个大陆的开垦，河川的通航，仿佛用法术从地下呼唤出来的大量人口——过去哪一个世纪能够料想到有这样的生产力潜伏在社会劳动里呢？

由此可见，资产阶级赖以生存的生产资料和交换手段，是在封建社会里造成的。在这些生产资料和交换手段发展的一定阶段上，封建社会的生产和交换在其中进行的关系，封建的农业和工业组织，一句话，封建的所有制关系，就不再适应已经发展的生产力了。这种关系已经在阻碍生产而不是促进生产了。它变成了束缚生产的桎梏。它必须被打破，而且果然被打破了。

起而代之的是自由竞争以及与自由竞争相适应的社会制度和政治制度、资产阶级的经济统治和政治统治。

现在，我们眼前又进行着类似的运动。资产阶级的生产关系和交换关系，资产阶级的所有制关系，这个曾经仿佛用法术创造了如此庞大的生产资料和交换手段的现代资产阶级社会，现在像一个巫师那样不能再支配自己用符咒呼唤出来的魔鬼了。几十年来的工业和商业的历史，只不过是现代生产力反抗现代生产关系、反抗作为资产阶级及其统治的存在条件的所有制关系的历史。要证明这一点，只要指出在周期性的循环中愈来愈危及整个资产阶级社会生存的商业危机就够了。在商业危机期间，总是不仅有很大一部分制成的产品被毁灭掉，而且有很大一部分已经造成的生产力被毁灭掉。在危机期间，发生一种在过去一切时代看来都好像是荒唐现象的社会瘟疫，即生产过剩的瘟疫。社会突然发现自己回到了一时的野蛮状态；仿佛是一次饥荒、一场普遍的毁灭性战争，吞噬了社会的全部生活资料；仿佛是工业和商业全被毁灭了——这是什么缘故呢？因为社会上文明过度，生活资料太多，工业和商业太发达。社会所拥有的生产力已经不能再促进资产阶级文明和资产阶级所有制关系的发展；相反，生产力已经强大到这种关系所不能适应的地步，它已经受到这种关系的阻碍；而它一着手克服这种障碍，就使整个资产阶级社会陷入混乱，就使资产阶级所有制的存在受到威胁。资产阶级的关系已经太狭窄了，再容纳不了它本身所造成的财富了。——资产阶级用什么办法来克服这种危机？一方面不得不消灭大量生产力，另一方面夺取新的市场，更加彻底地利用旧的市场。这究竟是怎样的一种办法呢？这不过是资产阶级准备更全面更猛烈的危机的办法，不过是使防止危机的手段愈来愈少的办法。

资产阶级用来推翻封建制度的武器，现在却对准资产阶级自己了。

但是，资产阶级不仅锻造了置自身于死地的武器；它还产生了将要运用这种武器的人——现代的工人，即无产者。

■ 关键词

异化	无政府主义	贵族政制	资本主义
阶级斗争	共产主义（Communism）		共产主义（communism）
契约主义	民主政制	辩证过程	神圣法
平等主义者	永恒法	自由市场经济	公意
人类法	劳伦斯诉得克萨斯州案		利维坦
自由主义	马伯里诉麦迪逊案	生产方式（生产力）	
君主政制	自然法	自然法政治理论	自然权利
寡头政制	哲学王	富人政制	政治哲学
共和制	生产关系	无产阶级	
修正主义者/进化的社会主义者	革命主义者		罗尔诉韦德案
社会契约	最高主权力量	默认	荣誉政制
僭主政制	功利主义		

■ 供讨论和复习的问题

1. 柏拉图认为理想的国家由三个阶级组成。它们分别是什么？各自的功能为何？如何确定一个人属于哪个阶级？

2. 请评价亚里士多德的以下观点：没有相当的资质或时间来参与政府事务的人就不该是公民。

3. 请阐述阿奎那所区分的四种法律。

4. 在不存在国民政权的世界上，人们是否会就这样一种实践方式达成一致，即这样的实践并非对他或她自身最有利？

5. 在你看来，独裁政制和无政府状态哪种比较好？为什么？

6. 洛克说每个人都拥有不可剥夺的自然权利。他是如何论证的？

7. "每个人都平等地拥有财产权，但他们并非都有权拥有同等的财产。"这话是什么意思？你同意这个观点吗？

8. 请解释洛克的私有财产概念。这个概念是否站得住脚？

9. 你能否论证这样一条原则，即人类还拥有洛克所不曾提出过的自然权利？

10. 人拥有隐私权这样的自然权利吗？请做解释。

11. "对于任何人而言，只有在同他人相关的那部分行为中，他才有责任服从社会。至于那些仅仅和自身有关的行为，人所享有的自由是绝对的。"你同意这个观点吗？为什么？

12. 对于功利主义者来说，"自然权利"是什么？

13. 在泰勒看来，是什么东西使得宽容如此重要？她何以认为英国社会不宽容？

14. 苏格拉底向克里托解释了自己不应该越狱的原因（原著选读 11.1）。卢梭是否会同意苏格拉底的说法？为什么？

第十二章
当代的道德哲学和政治哲学

道德规范是宇宙的根本性质的一部分，正如几何学或数学公理中所表达的空间结构或数量体系。

——W. D. 罗斯

哈姆雷特：世上的事物本无所谓善或恶，善恶只是人们对它的想法。

——威廉·莎士比亚

当代的伦理学理论始于 G. E. 摩尔（G. E. Moore，1873—1958）。摩尔开启了新的思想路径，他让伦理学所讨论的核心问题发生了改变。对于许多20世纪的分析伦理学而言，至少到目前为止，它们所处理的问题要么属于摩尔，要么属于那些回应摩尔或回应其他应答者的哲学家们。在那些分析伦理学的哲学家们所讨论的问题当中，有许多问题并没有被摩尔直接或间接地思考过；但即便是这些问题，也可算作是从属于摩尔所开辟的那条主航道的支流。也有些人在伦理学上拒斥摩尔的影响。对此，你必须自己做出结论。

G. E. 摩尔

摩尔认为，伦理哲学家的任务就是为"善的本质的一般性探究"提供指导。这个说法看上去很合理，因为它直截了当、清晰易懂，而且颇为实用。只要你知道善或善性是什么，也知道何者为善，那么你自然也就知道应当如何行动了——难道不是吗？至少，摩尔就是这样认为的；他的观点是，道德上正确的行动就是能够产生最大量的善的行动。

在此，"善"或"善性"指的是同样的东西；摩尔认为，它指的是善的事物的非复合、非自然的属性。善性是非复合的，因为它无法被分割，也无法被"分析"成更简单的组成部分。举例来说，"生命"这种属性就和善性全然不同。某件东西具有生命，这件事可以被分解为更简单的事实：它有心跳，它的神经在运行，等等（至少对于人类及其他动物而言是如此）。而我们说某物是善的，这件事则和一个人感到疼痛更为类似——至少从复合性这个角度而言。痛就是痛，仅此而已。痛无法被分解为更简单的组成部分（我们可以解释痛的由来，但这是另一回事。）在摩尔看来，善也是这样的简单属性，它无法被进一步分析，无法被分解为更简单的组成

当代的道德哲学始于 G. E. 摩尔。

部分。因此他说，善是无法定义的；至少我们无法通过阐明善的组成部分（因为这根本不存在）来定义善。善就是善，仅此而已。

摩尔认为，善也是种非自然属性。他的意思是这样的：想象一下，你宣布某件东西是善的；这和你宣布这件东西的尺寸、形状、颜色是一回事吗？和你说它令人愉快或者价值很高是一回事吗？显然，不是。尺寸、形状、颜色、愉悦性、经济价值，这些都是自然属性：泛泛而言，它们都是自然的一部分。它们能够被感知。但是在摩尔看来，善和这些及其他任何的自然属性都不是一回事。你可以把你所认为的善拿来作为例子，比如说，慷慨大度的行为。现在，请把它的所有自然属性（也就是所有可以用感官来接受的属性）列出来。在这个列表中你能找到善性吗？根本找不到。你能找到的是慷慨行为的持续时间、位置、起因、结果，诸如此类。行为的善性不可能等同于以上术语。它和行为的自然属性全然不同。

善性不等同于任何自然属性，这是显而易见的；在某段文字——它是整个 20 世纪伦理学中最为著名的段落之一——中，摩尔对此做了论证。我们可以把任何自然属性拿来作为例子，比如说，愉悦感。我们可以问，愉悦感是不是善？这个问题是合乎情理的。但是，倘若愉悦感等同于善呢？这样一来，再问愉悦感是不是善，就等于问善是不是善——而这不是个合理的问题。对于任何自然属性，我们都可以问它是不是善，这样的问题都是正当的、可理解的；由此可知，善不等同于任何自然属性。我们可以看到，摩尔不同意功利主义的观点，因为后者把行为的善性等同于行为产生的快感。

摩尔尤其想知道的是，我们有希望获得的"善"的事物究竟有哪些。他的答案是：人的爱和审美享受。他写道："人的爱和审美享受包括了我们所知的善当中的最伟大的善。"请注意，他的答案和我们已经讨论过的其他哲学家所提出的是何等不同。

不过，值得注意的是，别的哲学家们感兴趣的不是摩尔关于何者为善的观点。他们讨论最多的是摩尔的"元伦理学"观点。如果你刚刚接触哲学，那么你可能根本没听说过"元伦理学"，因此我们得放下摩尔，先解释一下这个问题。

规范伦理学和元伦理学

让我们回顾一下道德价值判断这个概念——简洁地说，就是道德判断（moral judgment）概念；它指的是这样的判断：陈述或暗示了什么是善或恶、正确或不正确。比如"你应该更慷慨些"，比如"当总统有机会为少数派说话时，如果她不积极地站出来说话，那就是错误的"，再如"为了促进快乐的最大化而行动"——这些都是道德判断。做出道德判断，为道德判断做辩护或批判，这就是规范伦理学（normative ethics）的任务。它被称为"规范"的，这是因为当你在做道德判断或在为道德判断做辩护或批判时，你所诉诸的就是某个道德标准，或"规范"。

许多人认为，道德哲学关注的根本问题就是提供道德判断；换句话说，他们认为道德哲学就是规范性的。事实上，在摩尔之前，道德哲学的确实主要是规范性的。不过，道德哲学家并非只能关注（他们甚至可以不考虑该做何种道德判断）做出何种道德判断这样的问题。他们还可以研究这样的问题：道德价值判断是如何被确证的，它的正当性何在，善性是何种类型的事物，善性和正确性有何关系，以及什么是道德判断，等等。请注意，这类问题并不要求道德判断作为其答案。试图为这样的问题寻求解答，换句话说，即试图理解道德价值判断的来源、标准、意义、证明、正当性，这就是元伦理学（metaethics）的任务。元伦理学并不做具体的道德判断。

在专业性的哲学文献中，讨论得最多的并不是摩尔关于何者为善的规范性论断，而是他的元伦理学观点。其中至关重要的是，摩尔认为善性这种属性是非复合、非自然、不可定义的。摩尔所主张的这个非自然主义（antinaturalism）原则究竟是否正确？对于这个问题及其相关问题，许多当代分析伦理哲学——它们要么源于摩尔提出的问题，要么源于对摩尔问题的回应——都投入了关注。坦率地说，许多道德哲学以外的人感到这种状况相当尴尬。他们认为，哲学家提出的理论应当关注人（以及社会、政府）应当做什么以及何者为善这样的问题；他们应当给予行为方面的建议，提供伦理上的忠告，并对于时代的具体问题提出自己的见解。一言以蔽之：他们应当做出道德判断。但是，到目前为止，对于当代的分析道德哲学家而言，做出具体的道德判断依然不是他们那专业性哲学工作的重要方面。而且，那些致力于元伦理学的当代分析道德哲学家们认为自己的工作相当重要，尽管许多人会认为这些东西无聊甚至琐碎。根据摩尔的非自然主义立场，善性是非复合、非自然、不可定义的属性。倘若这个元伦理学立场站得住脚，那么所有把善性等同于某种自然属性的人——二十多个世纪以来，有许多人这样做过——都把他们的价值观建立在根本错误的基础上了。

情感主义及其他

功利主义用行为所产生的快乐来定义行为的正确性。相应地，道德判断就成了一种事实判断，判断对象就是行为产生的快乐量。

摩尔否认行为的正确性或目标的善可以用快乐或其他任何自然属性、自然事物来定义。但是，他和功利主义者一样，都相信道德判断是一种事实判断。摩尔认为，说某个目标是善的，或说某个事实是正确的，这都是在陈述事实。这是在把某种"非自然"的属性归于所说的对象。某种特定行为是否具有善这种属性，这属于事实问题，尽管这个事实是非经验的。

对于道德判断，情感主义（emotivism）者提出的观点和以上的截然不同。情感主义者也是一群分析哲学家，他们阅读过摩尔，但是不同意他。

情感主义者主张，道德判断不具有任何事实意义。他们认为，这样的判断甚至不是真正意义上的命题。在他们看来，像"信守诺言是正确的"这种判断既非真也非假：它所表达的不是真正的命题。

　　因此在情感主义者看来，当我们断言"堕胎错误"的时候，问题并不在于我们说出了什么。因为我们表达的不是真正的命题，所以我们实际上什么也没说。这里的问题仅仅在于，当我们张开嘴、发出"堕胎错误"这样的声音时，我们究竟在干什么？

　　他们认为，我们所做的就是表达自己对于堕胎的反感、厌恶，并且在有些情况下，也是在鼓动他人采取同样的态度。因此，一位颇有影响的情感主义者史蒂文森（C. L. Stevenson，1908—1979）主张，像"堕胎错误"这样的伦理学判断其实是一个语言行为，说话者用它来表达自己对于堕胎的态度，并企图影响听话者的态度和行动。

　　在分析哲学领域，情感主义拥有一些强有力的追随者；不过在许多分析哲学家看来，对于伦理判断的情感主义分析从根本上讲并不正确。一位英国当代语言哲学家黑尔（R. M. Hare，1919—2002）曾经说过，道德言谈的功能不在于表达或影响人的态度，而在于指导行动。

　　黑尔认为，一个道德判断就是一个"可普遍化"的规范性判断（prescriptive judgment）：当我做出"你应当把史密斯借给你的书还给他"这样的道德判断时，我是在为某种行动提供规范，而且我所提供的规范是普遍的、没有例外的（即我相信，任何人只要处于这种情况或相关的类似情况，他或她就应当这样行动）。

　　如今，当代哲学家们已经普遍相信，情感主义误读了道德言谈；或者说，他们把道德言谈琐碎化了。

　　尽管他们观点不同，摩尔和情感主义者都认为描述性命题和价值判断在逻辑上是不同的。如果你说（1）我没有做我对你承诺过的事，那么你说的就是个纯粹的描述性命题。如果你说（2）我没有做我应当做的事，那么你就是在做价值判断。在 20 世纪上半叶，大部分哲学家都接受休谟的这个观点："你无法从'是'推出'应该'"；他们还主张，如果认为任何道德价值判断可以从描述性命题逻辑地推出，那就是犯了错误。他们把这种错误叫做自然主义谬误（naturalist fallacy）。因此，如果认为（1）可以逻辑地推出（2），那就犯了自然主义谬误。

　　但是，自然主义谬误果真是谬误吗？这个问题很重要，因为，假如你认为道德评价在逻辑上不依赖于描述性前提，那么你或许就可以根据自己的喜好把任何行为说成是道德的了——从逻辑上讲，你无须把什么经验证据用作道德评判的证据，即便大部分人都把那样的经验当证据用。终于，哲学家们开始仔细思考这个问题了。牛津大学的菲利帕·福特（Phillipa Foot，1920—2010）以及加利福尼亚大学贝克莱分校的约翰·塞尔（John Searle，1932— ）都属于最初涉足这一领域的人。如今，许多哲学家都认为道德评判在逻辑上并不独立于描述性前提；在日常会话中，道德评判向来是以那样的描述性前提为基础的。他们主张，对行为、人以及事态施加道德判断时必须依赖经验的标准。

　　现在看来，对情感主义的拒斥，以及道德评判之经验标准的出现，这两者的发展是息息相关而且非常重要的。试想，假如道德评判仅仅关乎口味，逻辑上和世界的任何经验性事实丝毫不相干，那么我们何苦费力去讨论具体的道德问题呢？如果那样的前提是真的，那么伦理问题

环境哲学

最近，哲学系开设了环境伦理学这门课程，它是应用伦理学（applied ethics）的三个主要领域之一。其余两个领域是商务伦理学和生物医药伦理学。环境伦理学方面的文献浩如烟海，但一般而言，它们所讨论的问题大致不外乎以下两项：

（1）生态危机如果有哲学上的根源的话，那么这个根源是什么？有些人认为，生态问题的根本原因就在于这些肤浅因素：比如目光短浅、无知、贪婪。另一些人则试图为生态问题寻找更为根本的解释，他们的讨论焦点集中于以下三个方面。有些较为深刻的环境学者认为，生态危机的根本原因在于人类中心主义，即认为人类是宇宙的价值中心。另一些人被称为生态女权主义者，他们认为根本问题在于，人们把家长式的统治施加于女性和自然界，女性和自然界都成了剥削、压迫的对象，成

了男性的附庸。还有一些人属于社会生态学者，他们认为根本原因就是以特权集团的统治和剥削为基础的、根深蒂固的权力主义社会结构。尽管特权集团之间的分歧也相当明显，但在那些环境哲学家们看来，他们在能源过度消耗和军事战备之类的紧迫问题上往往步调一致。

（2）何种实体具备道德身份和固有的内在价值？比如说，非人类的动物拥有自己的权利和利益吗？植物呢？别的物种呢？各种生物共同体、生态系统、荒漠以及行星生物圈都拥有其各自的权利和利益吗？与此相关的问题是，拥有道德身份的实体必须具备何种性质或特征？比如说，它是否必须具备感觉能力？是否必须有生命？是否必须拥有属于自身的目标、归宿或善？

关于动物权利的文章可谓汗牛充栋，它们当中有很多和环境伦理学并不相干。

是容不下多少理性思考的。而今，那些前提本身成了质疑的对象，于是道德哲学家们对于具体的伦理问题重新产生了兴趣。举例来说，最近几年讨论得较多的话题包括性道德问题、积极帮助弱势群体、生物医药伦理、商务伦理，以及环境保护，等等。"环境哲学"一栏中所说的就是一例。

不过有一点必须提醒大家：看起来，如今人们普遍都对具体的道德问题很感兴趣，而且兴趣还在增长；但这并不说明元伦理学已经丧失生命力了。诚然，我们已经进入 21 世纪，这个时代的许多伦理学者都把目光集中于具体的道德困境，例如堕胎、权利平等、色情文化，以及诸如此类。不过，近来仍有几个元伦理学问题广受争论。具体如下：

· 什么使一个原则成为道德原则？道德原则的内容可以是任何东西吗？抑或它必须包含某些特定类型的内容？

· 一个道德上义不容辞的行为，就是在其他事情处于同等状态的情况下你必须去做的行为；

而一个超义务的行为，它在道德上是值得称赞的，但它在义务的范围之外。这样的区分是否正当？如果它是正当的，那么传统的伦理学哲学理论能否适应这样的区分？

· 伦理学真理是否和特定社会或文化的伦理学信念相关？也就是说，伦理学相对主义是否正确？

· 对于"我为什么要讲道德？"这个问题应当做何理解？这个问题提得合理吗？

· 相信某件事属于道德义务范围，和有动机去做这件事，这两者之间是否存在必然联系？（所谓的内在论者［internalists］认为存在这样的联系，而外在论者［externalists］则认为不存在。）

· 存在者的道德身份来自何处？

· 是否有某些存在者拥有比别的存在者更高的道德身份？

· 对于针对机构以及其他集体的所做道德判断，我们应当做何理解？有时候，人们认为团体对于自身的行动是要负道德责任的。那么这种责任是否高于团体中的个人所负的责任？

· 做某件你知道将会导致不良后果的事，和故意为了产生那样的不良后果而做这件事，这两者之间是否有道德上的差别？

另一方面，就非元伦理学方面的当代道德哲学文献而言，本章最后提供了一个好的例子，那篇论文的作者是詹姆士·雷切尔斯（James Rachels，1941—2003）。在这篇文章中，雷切尔斯讨论的问题是，坐视他人因饥饿而死和杀死他们是否一样坏（认为这两者一样坏，就是所谓的等价理论［Equivalence Thesis］）。雷切尔斯并没有试图证明这两者一样坏，不过他试图指出，坐视他人死去，这比我们通常所认为的要坏得多。

情感主义和非自然主义都在接受质疑，与此同时，政治哲学的独立发展也出现了，这个对于当代的道德哲学有着相当可观的影响。这一发展的源头是约翰·罗尔斯的著作。我们不久就会看到，此人提出了关于分配正义的契约主义理论；这一理论说的是如何妥当地分配社会共同体的利益和负担。罗尔斯的著作，使得人们对于契约主义本身的正当性进行了广泛的讨论；对于运用契约论原则来解决特定的道德问题，人们也产生了相当的兴趣。因此可以说，当代人之所以热衷于"现实生活"的道德问题，罗尔斯的著作是功不可没的。

约翰·罗尔斯，一位当代自由主义者

在整个20世纪，道德哲学方面最有影响的一部著作或许就是《正义论》（*A Theory of Justice*，1971），作者是哈佛大学的教授约翰·罗尔斯（John Rawls，1921—2002）。这部著作重新唤起了哲学界对于正义问题的关注；事实上，自从此书发表以后，每一个涉及正义问题的哲学作者都引用了这部书，以此确认自己的立场。最近有一位评论者——芝加哥大学的查尔斯·拉莫尔（Charles Larmore）教授——认为，罗尔斯是20世纪最重要的三位哲学家之一，另外两位就是维特根斯坦（见第九章）和海德格尔（见第八章）。

约翰·罗尔斯

罗尔斯的著作起于自由主义传统，不过对于自由主义向来奠基其上的功利主义，他感到不甚满意；有人试图用几条特殊的"自明"原则来给功利主义划界限，对此罗尔斯也感到不满。他说，在《正义论》这部书中，他要"对传统的社会契约论原则进行更高度抽象概括"。其结果就是那样一种漫长而系统性的努力，以求确立、解读、阐发正义之根本原则，并把这些原则运用于社会伦理，解决各方面的核心问题，以之评判各类社会、政治和经济机构，对它们所预设的义务和责任做出审查。下面，我们将就那些原则本身展开讨论。

公正社会的基本条件

在罗尔斯看来，社会的典型特征是利益冲突与利益共享并存，因此必须有一套关于基本权利和义务的分配原则，以之来决定社会共同体的利益和负担的合理分配。这就是分配原则或社会正义原则。这些原则具体指明了何种社会共同体是可以被加入的，何种形式的政府是可以被建立的。（在此，罗尔斯的正义理论贯穿了传统的哲学问题，即国家的功能及组织形式的伦理学正当性。）罗尔斯认为，秩序井然的社会（或国家）必须具备以下两个条件：（1）所有成员都知道并接受共同的社会正义原则；（2）一般而言，基本的社会机构能够满足这些原则，并且人们普遍都知道它们满足这些原则。

罗尔斯说，若要使社会秩序井然，其成员必须依靠理性的反思来决定他们的正义原则是什么。要使选出来的原则合理而正当，选择的程序必须是公平的。（1958 年罗尔斯曾经写过一篇文章《作为公平的正义》，他的著作就是对这篇文章的进一步提炼和扩展。）

无知之幕和原始状态

要使正义原则的选择成其为公正的，则在选择中任何可能带有偏见的操作都必须去除，不是吗？因此，就理想状态而言，在我们选择正义原则的过程中，每一个人都应当对内幕一无所知。对于别人的——以及自己的——财富、地位、能力、才智、爱好、渴望甚至对于善的信念，我们应当全都一无所知。

当然，没有哪个人群曾经处于这样的无知状态，人也不可能处于这种状态。因此罗尔斯说，在选择正义原则的时候，我们必须仿佛身处无知之幕（veil of ignorance）之后。这是为了确保没有人会因其自身的特定条件而在选择中占据有利或不利地位。

如果我们站在无知之幕之后，然后来考虑自己该采用何种正义原则，这时我们就处于罗尔斯所说的原始状态（original position，有时写作 initial situation）了。和洛克、卢梭的自然状态一样，这种原始状态也全然是一个假想的条件。（正如前面说过的，人从来都不曾处于也不可能处于这样的无知状态）罗尔斯的无知之幕及原始状态概念是为了"给我们造成一个鲜活的印象，即对于正义原则的讨论以及正义原则本身应当施加怎样的合理限制"。想象自身处于原始状态，然后再来决定我们的正义原则，这是为了确保我们不把正义概念和自身的特殊处境搅在一起。

简言之，罗尔斯认为，基本的正义原则就是这样的原则：只要我们站在自身利益的角度进行合理思考，并且剔除不相干的考虑，我们就都会同意这些原则。由于罗尔斯认为基本的正义原则是我们都会同意的原则，所以他的正义理论也被算成是契约主义理论的一种，正如霍布斯、洛克和卢梭的理论。

社会正义的两个原则

罗尔斯说，在原始状态下，通过着眼于自身利益的理性思考，我们就会选择以下两条原则：

第一条原则优先于第二条原则，它要求每个人平等地拥有"能够和他人的同等自由和谐相容的最大限度的基本自由"。

第二条原则要求要求人这样来安排社会和经济的不平等，"使得（a）人们能合理地指望它们对每个人都有利；（b）地位和官职对所有人开放"。

罗尔斯说，以上两条原则是一个更具普遍性的正义概念的特殊形式；那个概念说的是，一切的社会性的善（例如自由、机遇、收入）都应该平等分配，除非不平等的分配对每个人都有利。

罗尔斯说，当我们决定去寻找这样一种正义观，"要使得天赋和社会环境的随机性所造成的偶然状况不成其为追求政治和经济利益的资本"，这样最终达到的就是以上的观点。

从以上原则可以理所当然地推出，各种社会资源——比如财富——的不平等分配可以是正义的，只要这样的不平等对每个人都有利。（举例来说，外科医生的收入多于水泥工人的，这个或许对每个人都有利。）

第一条原则是优先于第二条原则的，因此功利主义理论的要求在这里就是不能成立的——也就是说，不能为了普遍的善牺牲个人的自由。对于奴隶主而言，拥有奴隶所带来的快乐是否多于这一事实给奴隶带来的不快？如果是这样，奴隶社会的快乐总量就大于非奴隶社会了；于是奴役就符合普遍的善，功利主义者就会接受这样的社会制度。当然，功利主义者或许会坚持说，从事实角度而言，奴役及其他扼杀自由的行为会减少社会中快乐的总量，因此它们是不可宽恕的；但是功利主义者应当会承认，从原则角度而言，为了普遍的快乐而扼杀自由可以是正当的。而根据罗尔斯的原则，为了普遍的快乐扼杀自由不可能是正当的。

自 尊

在约翰·罗尔斯看来，最重要的善就是自尊。

自尊？是的。

罗尔斯说，自尊包括两个方面：首先，是这样一种信念，相信自己的计划、抱负是有价值的；第二，相信自己有能力实现这些目标。

没了自尊，我们的计划就会贬值，甚至会毫无价值可言；再者，倘若我们陷于自我怀疑，那么努力就无法继续了。因此，自尊对于任何行动都具有根本的重要性。没了自尊，做什么事都变得毫无意义；即使有些行动确实存在着目标，我们也会缺乏行动的意志。"一切欲望和行动都成了空虚和徒劳，围绕我们的只有无动于衷和玩世不恭。"

个人的权利

罗尔斯没有明确地把个人的"权利"作为一个主题来讨论过；但是他的理论经过解读以后，明显可以看成是对这些权利的保护（例如，可以参见瑞克斯·马丁［Rex Martin］发表于1985年的著作《罗尔斯和权利》［Rawls and Rights］）。许多人认为，在没有上帝的情况下，谈论权利无非就是毫无意义的空谈；而罗尔斯并不谈论上帝，看起来，他无须借助上帝也能有意义地谈论人的权利。在罗尔斯看来，正义的社会应当保护个人追求自身目标的权利，只要这种追求不会对他人追求自身目标的权利造成侵犯。为了任何所谓更高的善而限制这种"权利"，这都是不可接受的。事实上，罗尔斯试图以合乎理性的自身利益为基础推导出整个社会伦理学；他的基础不是上帝，也不是自然法、人类本性、功利或别的什么。

我为什么应该接受罗尔斯的规定？

如果罗尔斯的理论是对的，那么他已经用平易的语言说出了正义社会的最基本要求。而且，如果他说得没错，则每一个追求自身利益并有理智的人经过考虑以后都会接受这些要求。也就是说，就以上两条原则所能引申出的任何规定而言，对于"我为什么应该接受这条规定"这样的问题，罗尔斯的理论已经为之提供了强有力的解答。

比方说，你想知道奴役他人为何有错。答案是，从以上两条社会正义原则可以逻辑地推出奴役他人是错的。但是，你为什么应该同意这两条原则？回答是，你会同意它们的。理由何在？因为，只要你是个追求自身利益并有理智的人，当你在一个公平的舞台——也就是说，没有人拥有特殊优势——上同他人一起"表演"的时候，你就会选择这些原则。对于追求自身利益并有理智的人而言，只要选择过程是不带偏见的，不掺杂任何个人特殊因素的，那么他们最终选择的就是这些原则。简言之，它们是追求自身利益并有理智的人们在公平的选择程序中所必将选择的原则。因此，对于你为何应该接受奴役是错的这样一个问题，回答就是，你会接受那样的原则，从这些原则可以逻辑地推出奴役他人是错的。

在分析哲学家的哲学著作中，很少有像罗尔斯的《正义论》那样获得如此广泛的关注；对于这部著作的认可已经超出了专业哲学的圈子。尽管这部书彻头彻尾地是分析性的，它所处理的却是当代问题，其重要性和受关注程度是无可置疑的；而且，这部书吸取了经济学和社会科学方面的最新成果。对这部书做过评论的不仅有哲学刊物，还包括其他学科的专业文献，甚至许多大众读物以及涉及社会评论的杂志都对此书做过论述。围绕这部书曾经开过无数次讨论会，其中许多会议是跨学科的。

在他新近的著作《政治自由主义》（*Political Liberalism*，1993）一书中，罗尔斯对以下问题做了更为仔细的考查：随着时间的流逝，在我们这样的当代民主社会中依然存在着相互不一致的宗教和哲学教条，那么他的作为公平的正义概念如何能够得到它们的认同呢？为了回答这个问题，他认为必须对正义做出比早先更为严密的论述——作为一个独立自足的政治概念，而不是一个综合性的价值体系（比如基督教）；这样的政治概念支配着生活的所有方面，包括公众方面和私人方面。综合性的价值体系内部存在着交叉重叠，而政治正义就成了这个重叠的核心；这样它就依然能够得到多元民主社会当中一切派别的认同、接受。罗尔斯理论的这个转变标志着罗尔斯对于作为公平的正义的理论性理解发生了转变。不过，在罗尔斯看来，从实践角度来说，前面提出的两条正义原则依然构成了政治合作的最佳概念，倘若政治合作要在民主政体中寻求稳固性的话。

罗伯特·诺齐克的自由主义

在分析哲学家的著作中，如果还有什么书像《正义论》那样广受关注，那就是罗伯特·诺齐克（Robert Nozick，1938—2002）在三年之后发表的《无政府、国家与乌托邦》（*Anarchy, State, and Utopia*，1974）了。当时（罗尔斯对此功不可没）分析哲学家讨论"大"问题已经不算什么新鲜事了，而这正是诺齐克做的事情。

《无政府、国家与乌托邦》所引起的反响比罗尔斯的书更为庞杂；有许多评论者热情地赞扬了这部书，但也有人对它进行了猛烈的抨击。这些截然不同的反应是可以理解的，因为诺齐克所热烈拥护的那些政治哲学原则在许多当代的自由主义政治理论家当中并不特别受欢迎。

《无政府、国家与乌托邦》提出了这样一个基本问题：政治国家是否应当存在？如果应当存在，那么理由是什么？诺齐克在书中细致入微地解答了这个问题，以下三点就是这个解答的基本框架：

（1）最低限度的国家是正当的，其功能仅限于保护个人不受暴力、偷窃、欺诈、违约等行为的侵害。

（2）任何超出以上最低限度的国家都是对个人权利的侵犯，因而是不正当的，因为人有权利不被强迫去做任何事。

（3）最低限度的国家不仅是正当的，而且是令人振奋的。

每个主张的具体内容构成了诺齐克著作的一个部分。前面两个部分是最重要的。

最低限度的国家是正当的

第一个主张，即最低限度的国家是正当的，在许多人看来是显而易见的，对此似乎无须做更多的讨论。从约翰·洛克到穆勒再到罗尔斯，自由主义政治传统中的政治理论家们都认同这样一个基本观点：政治国家——相对于无政府状态或"自然状态"而言——"促进所有参与者的善"（引自罗尔斯）。它真的是这样吗？

在诺齐克看来，"个人拥有权利，而由人或团体对个人做某些事情就意味着对他权利的侵犯"。如果这是对的，那么无政府主义者的观点似乎就很有道理，即"任何国家都必然会侵犯个人的道德权利，因此国家就其内在本性而言是不道德的"。这一观点究竟是否正确？在他著作的第一部分，诺齐克仔细考查了这一点。他的结论是，这一观点并不正确。为了给这一结论提供依据，诺齐克试图表明，通过"看不见的手"（见下一栏）的运作机制，最低限度的国家可以从假想的自然状态中产生出来，而不至于侵犯任何自然权利。从表面上看，诺齐克的结论很容易让人赞同；但他的论证过程是颇可争议的，这就让这个问题显得复杂、困难了。

"看不见的手"的阐释

指向特定目的的行动往往会产生事先没有料到的、间接的后果。亚当·斯密认为，仅仅欲求自身利益的个人会"被一只看不见的手所操纵，以促进另一个目标"，这个目标并非属于他们自身的意图，它就是普遍的善。

在亚当·斯密之后，诺齐克把这样的理论称为"看不见的手"的阐释（Invisible–Hand Explanation）：某些东西表面看来属于人的意图或欲望的直接后果，而这种理论把它解释为根本不是由这样的意图或欲望产生的。

比如说，国家看起来仿佛是这样产生的：人们渴望在一个共同的政府下生存；

而洛克——以及很多哲学家、政治科学家、经济学家等——正是这样想的。但诺齐克试图用"看不见的手"来阐释国家的产生，他认为国家是人类在自然状态下拥有的某些其他癖好和欲求所带来的副产品。这种阐释意图表明，如何能够在不侵犯个人权利的情况下生成最低限度的国家。

还有一个著名的"看不见的手"的阐释，它认为货币制度产生于人的这种倾向：要把自己的东西换成他们认为是人们更普遍地欲求着的东西。至于说有机体的特征和性状是自然选择而非上帝意愿的结果，这也是一种"看不见的手"的阐释。

只有"守夜人"式的国家不侵犯权利

诺齐克在这部书的第二部分中所倡导的主要观点就是整部著作中最受争议的观点，它说的是，最低限度的、"守夜人"式的国家（night-watchman state）仅仅保护其公民不受暴力、欺诈等行为的侵害；而国家的权力一旦超出这个范围，就是对个人对于其持有物的自然权利的侵害，因而就是不合法、不正义的。从这里可以得出的推论是，那种根据某个公式（比如说，按……分配）或根据某个目标（比如，促进普遍的快乐）来进行资产分配的正义概念必然导致社会产品的重新分配，也就是说，要从某些个人身上取走他们本该得到的那一份。而在诺齐克看来，这样的正义概念就是不正当的。

而诺齐克自己的正义概念所建基其上的那个观点，在许多人看来是理所当然的（至少在他们想象自己处于罗尔斯所说的"原始状态"之前，也就是说，在"无知之幕"还没有遮蔽他们关于自身财富及能力的知识的时候）。这个观点就是，是你的总归是你的：为了普遍的快乐或者什么别的目标而违背个人意愿进行收入、财产的重新分配，这是不正义的。诺齐克为这一观点做了辩护。一个人对于他或她的合法所有物是具备拥有权的，而正义就是让人对自己的合法所有物保持掌控。这就是诺齐克的社会正义的拥有权概念（entitlement concept of social justice）。

诺齐克所阐释或为之辩护的那个社会正义的拥有权概念并不像某些评论家所喜好的那样范围广阔（他所认同的理论，基本上就是洛克的财产权理论的进一步精练化；你或许还记得，它说的就是：属于你的东西，就是你加入了自身劳动的东西）。诺齐克主要是想表明，对于许多东西，人们都能通过正当途径获得拥有权，而无视这一拥有权的社会正义概念就是有缺陷的。在诺齐克看来，社会正义——财产分配的正义——并不能通过为某些目标而进行的财产再分配来获得；它就在于，允许每一个以正当途径获取财产的人都继续保有他们的财产。

如果你被迫为他人的福利做贡献，那么你自己的权利就遭到了侵犯；如果你非常需要某件东西——包括那些对于保护你自身权利而言是非常关键的东西——而他人没有把它提供给你，这本身并不构成对你权利的侵犯，尽管这给他人侵犯你的权利造成了便利。

根据诺齐克社会正义观点，无偿地取走富人的财产并分给穷人，这永远都是不正义的（假定富人的财产不是通过暴力、欺诈等行为获得的）。洛克同样持这一观点。与此相反，严格的功利主义观点则认为这样做是正义的，只要这样能增进全体人民的善的总量（比如说，通过累加的税收取走一个富人的些许收入，用它来解救十个人的饥饿）。罗尔斯的正义观则认为，为了增进全体人民的善的总量而取走富人的财产用以接济穷人，这可以是正义的，前提是不危害任何人的自由（比如，前面提到的那种情况，我们可以认为它没有危害到人的自由）。

个人的权利

在他那部著作的开场白中，诺齐克断言个人拥有权利；事实上，他的整个讨论都是建立在这个命题之上的，尤其是那些从属于财产权利的诸多方面。遗憾的是，诺齐克对于这一命题的理论论证非常晦涩难解。很明显，它和这样的假定有关：个人是神圣不可侵犯的，因此他们不能被用作达到某种目的的手段；或许，它还涉及那样一些必要条件，只有具备了这些条件，人的生活才可能有意义。如果说，诺齐克没能在这一领域中把自己的思想完全清晰地表达出来，那么他至少已经表明了社会理论的隐含前提——正如他自己所想的——自然权利必须存在。不仅如此，他的著作中还包含许多颇有趣味、令人振奋的侧面讨论，其中包括关于马克思剥削理论的批判性讨论。

社群主义者对罗尔斯的回应

　　罗尔斯认为，在正义的社会中，个人的这种权利是受到保障的：他们可以追求自身的目标，

动物和道德

　　诺齐克的《无政府、国家与乌托邦》中有个有趣的侧面讨论，主题是动物的道德地位。

　　动物不是无足轻重的对象。诺齐克说，那些适用于人与人之间行为的道德约束同样适用于人对动物的行为。在诺齐克看来，即使站在近代功利主义者的角度来看问题，用行为所产生的快感和快乐及痛感和痛苦作为衡量其道德价值的指标，那也得把动物考虑进去——因为动物也具备这些感觉能力。

　　他进一步认为，对于关注动物（或人类）的道德理论而言，功利主义并不是恰当的起点。在他看来，无论对于人还是动物，我们都不能违背他们自身的意愿，让他们为他者的利益服务或做出牺牲；也就是说，人和动物都不应被当做手段（用康德的术语来说）而应仅仅被当做目的。诺齐克对这一观点的讨论是个反面的讨论，他对读者提出了挑战：你能否找到这样一条靠得

住的伦理学原则，他禁止我们为了其他目的残杀、伤害、牺牲或食用人类，而这个原则又并不同等地适用于动物。你能找到这样的原则吗？

　　顺便说一下，动物权利的问题在当代哲学家中被广泛讨论；近年来动物权利运动常常登上报纸的头版头条，这一运动从某些哲学家的思想中获得了强大的理论支持。另有一些哲学家认为，动物不具有与人类处于同等地位的权利；对于涉及动物的医学实验以及以动物为食，他们在哲学上并不反对。（据我们所知，诺齐克并没有参与动物权利运动的实际行动。）

只要这种追求不影响他人追求自身目标的权利。在罗尔斯看来，为了任何所谓更高的善而牺牲这一基本的个人自由权利，都是不可接受的；而且，这样的"善"实际上根本不是善。简言之，罗尔斯认为个人的自由权利要比"善性"更为根本。这一观点是自由主义者普遍认同的。

然而近来有人对罗尔斯提出了批评。他们认为存在着这样一个普遍的善，对它的追求应当优先于个人的自由。这些批评者当中的有些人被称为社群主义者（communitarians），他们主张这一普遍的善取决于人所处的社会或"社群"。在这些批评罗尔斯的社群主义者中，重要的人物包括迈克尔·桑德尔（Michael Sandel，代表作《自由主义与正义的局限》[*Liberalism and the Limit of Justice*]，1982）、迈克尔·沃尔泽（Michael Walzer，代表作《正义诸领域》[*Spheres of Justice*]，1983；及《厚与薄》[*Thick and Thin*]，1994），还有阿拉斯戴尔·麦金太尔（Alasdair MacIntyre，最广为人知的著作《追寻美德》[*After Virtue*]，1984）。

桑德尔认为，社群是一个主体间的、共同的自我，因为人的自我领会所包含的内容不仅仅限于纯粹的个体存在：它还包含人的家庭、族群、国家和同胞，也就是说，包含那属于整个社群的共同的目标、价值观，以及彼此之间的理解、领会。比起桑德尔所说的这个社会机体中的善，罗尔斯的平等自由原则属于从属地位。

沃尔泽（他对正义和非正义战争所做的理论表述使他声名鹊起。详见"战争！"一栏）将"厚"

当代的"国民军"成员控诉政府侵犯了公民的权利（尤其是拥有武器的权利）。他们会更赞同谁的观点呢？诺齐克的还是罗尔斯的？

战争！

和战争有关的哲学文献——关于其合法性、道德评判、起因、意义等——是浩如烟海的，篇幅所限，在此我们只能简单地涉猎一下。

战争的正义性，这是个重要的伦理学问题：战争在何种情况下是正义的？如何作战才合乎正义？关于战争正义性的古典理论源自奥古斯丁，更源自阿奎那。奥古斯丁说过，正义的战争即对于伤害的报复：如果一个国家没能纠正臣民的错误行为，那么它就应该受到惩罚。阿奎那主张，正义的战争必须具备三个条件：（1）战争的指挥者必须具备这样做的权威；（2）必须有一个正义的理由；（3）必须有正当的意图——战争的意图应当是扬善避恶。

就战争正义性问题的讨论而言，迈克尔·沃尔泽于 1977 年发表的《正义与非正义战争》（*Just and Unjust Wars*）可算是一座里程碑。沃尔泽的讨论涉及许多重要问题；2003 年美国入侵伊拉克，这些都被作为相关问题广泛讨论：防范性战争和先发制人的战争、非战斗人员的豁免和军事必要、恐怖主义、中立权、战争罪行，以及核威慑。战争在何种情况下是正义的？对此沃尔泽有自己的见解。以下我们对他的观点做个简要的介绍，这也算这一主题的哲学讨论的一个例证。

沃尔泽主张国家拥有权利，其中包括政治统治权、领土完整权，还有自主权。

他并不是像一个电台主持人似的仅仅把这些论点抛掷出来，他试图从个人的权利推导出国家的权利。他说，国家权利无非就是把个人权利集中起来的形式。国家和个人一样，互相之间负有责任（正如它对它的公民负有责任）；国家会犯罪，也会受到罪恶的伤害，正如个人会如此。倘若一个国家对另一个国家动用军事力量，这就构成了罪恶的侵略，用武力来对抗侵略就是正义的。不过，就一个国家对另一个国家动用武力而言，当且仅当它是反抗侵略的时候，它才是正义的；它不允许有任何其他目的（少数特殊情况除外）。在沃尔泽看来，拥有政治统治权的政府并不是仅仅包括民主政府；非民主的政府，甚至专制政府，都能拥有这样的权利。"尽管国家是为了生命和自由而被建立起来的，"他这样写道，"但任何其他国家都不能以生命和自由的名义挑战它。"

当 2003 年美国和伊拉克之间爆发战争的时候，这些主题理所当然地被广泛讨论。毫无疑问，它们会被继续讨论下去的。

的或排他主义的道德论证同"薄"的道德论证相对立；前者从属于特定的政治环境或"文化"，而后者是抽象的、普遍的、哲学的。在沃尔泽看来，政治哲学家寻求抽象的、普遍的（薄的）观点，并关注普遍意义上恰当的政治关系框架。可是他认为，对于应当如何分配社会财富这样的问题，任何具体的描述都是厚的；它"必将在语言上合乎惯例，在文化关联上排除异己，在细节上遵循历史性"。在沃尔泽看来，只要一个社会的生活方式和民众们普遍认同的观点保持一致，那么它就是正义的。世上不存在可以取代"地方性陈述"的"永恒或普遍原则"。一切这样的原则无非就是抽象化和精练化，但属于特定文化观点的痕迹是抹不掉的。（请注意，沃尔泽的政治哲学是如何地呼应了某些相对主义的主题——这些主题在当代的认识论和形而上学中被广为讨论，详见第九章）。

阿拉斯戴尔·麦金太尔和德性伦理学

近来，哲学家们对于德性伦理学的兴趣再次高涨；对此，阿拉斯戴尔·麦金太尔（1929— ）的名著《追寻美德》（第二版，1984）起了主要的推动作用。

在麦金太尔之前，对于当代道德哲学影响最大的理论来自功利主义和康德。道德哲学（不包括元伦理学）往往采取行为规范或行为原则的形式：为促进快乐的最大化而行动；必须这样来安排社会和经济上的不平等，以便对每个人都有利，诸如此类。不过，有了麦金太尔以后，人们开始对德性投入了更多的兴趣；所谓德性就是那些有益的性情特征，包括勇气、同情、慷慨、诚实、正义等，它们能够让个人生活得健全兴旺。他们的观点是，从很多方面来看，性情特征在道德上要比行为规范更为根本。比如说，懦弱的行为看起来总归不如勇敢的行为值得赞美，即便它能带来更好的结果。这样看来，行为的道德与否并非取决于它们所产生的后果或行为人的动机，它们在很大程度上取决于行为所反映的性情类型。属于德性伦理学传统的哲学家还包括柏拉图、亚里士多德、阿奎那、尼采，还有（在某些特定方面）休谟。

在《追寻美德》这部书中，麦金太尔这样写道："要拥有德性只有通过这样的途径：在传统中继承它们，根据一系列前辈的生平来理解它们。"在麦金太尔看来，这一前辈系列的开端就是荷马的《伊利亚特》（*Iliad*）所表征的"英雄社会"。在这里，"是一个条理明晰、已经高度确定化了的角色和身份系统，每一个个人都被赋予了属于他（她）自己的角色和身份"。于是相应的道德责任就被理解、接受下来了，在事务方面没有什么道德上的模棱两可。

接下来，麦金太尔追溯了伦理学思想的发展历程，从智者学派、柏拉图、亚里士多德、斯多葛派、中世纪、启蒙运动，一直到尼采。麦金太尔认为，亚里士多德和亚里士多德传统对于我们最有教益。在其他论述中，麦金太尔认同亚里士多德的这一观点：不能仅仅用普遍的人性来规定人的本性；构想人性，必须根据人的潜能。从这个意义上说，德性就是促使人生健全兴旺的性情特征——自然地，它们能产生快乐。

　　在麦金太尔看来，尼采代表了亚里士多德的终极对立面。因为尼采认为，人必须"把内在的道德信念和论证框架夷为平地"。尼采，还是亚里士多德？麦金太尔的选择是明白无疑的。

　　除了以上这些，麦金太尔还强调说："自我概念的统一性寓于叙事的统一性之中；这一叙事自始至终，联结着出生、生长、死亡。"也就是说，麦金太尔认为，要想理解人的决断和行为，必须通过行为发生于其中的整个语境，必须先明了整个故事的来龙去脉。如果脱离具体生活，独立地看待某个行动本身，就不可能真正地理解这个行动。他的意思并不是说，你的生活仅仅遵循已有的故事框架。你的人生必须追寻这样的目标：实现自己作为人的潜能；也就是说，为了你自身的卓越与善，你应当追求这样的目标。麦金太尔说，德性能够让我们在追求善的过程中保持和谐。

　　不过，每个人都必须在她或他自身所处的道德传统中追求自己的善或卓越。"有这样一种观点，它诉诸……从属于如此这般的个人的、完全普适的准则领域；无论它是 18 世纪的康德式教条还是某些当代的分析道德哲学家所提出的形式，都不过是无意义的幻想而已。"

　　那么我们该如何寻求善？麦金太尔对卓越和善做了这样的区分：内在于行为的，以及外在于行为的。比如说，病人的健康就是内在于医药行为的善，而财富就是外在的善。要达到内在于行为的善，就得在特定的社会语境下行动，遵循那源于行为历史的规范、准则。在麦金太尔看来，德性可以被分析为那样的一种素质，获取内在于行为的善需要这样的素质。总得有那么些行动者具备德性，否则这种行动就会衰败变质。倘若没了有德性的行动者，整个道德传统都会腐化堕落的。

　　进一步讲，要理解人的善，我们可以从内在于人类行动的善开始：先看清楚这些善是如何依序排列的。比如，就拿医学而言，内在于它的善就比内在于别的行动——比如踢足球——的善要高。我们就这样给善排列好等级秩序，并依照这个来安排自己的生活事务——于是，我们对于人类的善和我们自身就有了更为明晰的理解。

　　把以上这些关于德性的复杂理解综合起来，麦金太尔做出了这样的结论：

　　　　德性的意义和目的不仅仅在于维持那样一种关系，这种关系对于获取内在于行为的善而言必不可少；也不仅仅在于维持那样一种个人生活形式，这种形式让个人对于完满人生的善的追求得以可能；德性还维持着整个传统，正是这传统为行为和个人生活提供了不可或缺的历史语境。

玛莎·纳斯鲍姆

　　对于一般大众而言，当代的职业哲学家中恐怕少有人能比玛莎·纳斯鲍姆（Martha Nussbaum，1947— ）更加知名。她现在在芝加哥大学工作，曾经就各种大众感兴趣的话题撰写过作品，做过演讲，内容覆盖面十分广泛。不过在职业哲学家看来，和纳斯鲍姆相关的学问大致有以下三大领域：

·德性理论和古希腊伦理学（《善的脆弱性：古希腊悲剧和哲学中的运气与伦理》［*The Fragility of Goodness：Luck and Ethics in Greek Tragedy and Philosophy*］，1986）

·国际社会正义，特别关注女性的机会和人类发展（尤其是她和诺贝尔经济学奖获得者阿玛蒂亚·森［Amartya Sen］的合作）

·情绪在决定中扮演的角色（《思想的剧变：情绪的智慧》［*Upheavals of Thought：The Intelligence of Emotions*，2001］；《逃避人性：恶心、羞耻与法律》①［*Hiding from Humaniy：Disgusting，Shame，and the Law*］，2004）

玛莎·纳斯鲍姆有一部比较新近的著作叫《正义的前沿：残障、国籍和物种成员》（*Frontier of*

玛莎·纳斯鲍姆。

Justice：Disability，Nationality，Species Membership，2005），它论述的是（当然不仅仅是）约翰·罗尔斯的社会正义的契约理论可以得到进一步改善，以应对三件尚未完成的事情：公正对待身体和心智方面的残障人士，将正义扩展到所有国家的人类，让正义惠及非人类的动物。与罗尔斯的契约论路径不同，纳斯鲍姆采取的是大异其趣的"能力路径"，这是从她早年和经济学家阿玛蒂亚·森的合作当中产生的。纳斯鲍姆说，罗尔斯的理论提供了一套公正无私的程序来生成公正的结果；在这里，"公正"仅仅意味这样的结果：它们产生于在"无知之幕"造就的原始状态中做出的决定。可是根据纳斯鲍姆采用的能力路径（capabilities approach），所有国家和政府都应该提供人类尊严的核心要素，例如让人们有能力健康地活出正常寿命，自由地到处旅行而无须担心暴力袭击，能够运用自己的心智、体能、想象力和创造力，能够笑、游戏并享受娱乐设施。总而言之，纳斯鲍姆的能力路径关注的是具体的可欲的结果，而不是能够（或不能够）产生出这类结果的特定的公正程序。它也是跨文化的、普遍的，它"无须假定社会契约中的各个派别的'自由、平等和独立'"。最重要的是，在纳斯鲍姆看来，能力路径否认了这一点：社会公正必须保障共同利益——这可是契约理论的关键诉求。她写道，很有可能出现这样的情况，"我们必须如此安排以便给发展中国家、给受过严重损伤的人带去公正，这安排很昂贵；而且从狭义的经济利益角度看，它并不合乎共同利益因而没法被认为正当。这可就太糟了。"纳斯鲍姆认为生物拥有自然的善并且有资格去追求这自然的善，这显然属于亚里士多德传统。

赫伯特·马尔库塞，一位当代马克思主义者

卡尔·马克思的追随者们对他的思想进行了大量的解读、扩展和修正；在这方面做得最显著的，当然就是共产党了。当今的马克思主义就如同基督教一样（正如哲学家、社会历史学家悉尼·胡克［Sidney Hook］所说的），是一个由生生不息、日新月异的学说谱系所构成的家族。要理解马克思主义的发展，必须在整个政治历史的语境中对之进行条分缕析；这里不过是对于政治哲学的一个简要概览，仿佛不足以论说这一主题。不过，马克思主义在当代政治哲学中的地位是相当重要的，因此我们将对一位当代马克思主义者的思想做一个简短的介绍。

在 19 世纪 60 年代末，美国最著名的哲学家就是赫伯特·马尔库塞（Herbert Marcuse，1898—1979）。那个时代充斥着社会、政治上的动荡不安；新左派、抗议越南战争、"人民力量"运动、激进黑人和女权主义者的不满、嬉皮士、致幻剂、脏话四字经、伍德斯托克音乐节……这些都属于那个时代。马尔库塞就生活在这样的时代中。（详见"马尔库塞在南加利福尼亚"一栏。）

马尔库塞的著作《单向度的人》（*One-Dimensional Man*，1964）使他家喻户晓。这是一部以马克思主义为指导的当代工业社会批判。对于新左派而言，这部著作清晰地指出了美国社会存在的缺陷。

正如我们所知，马克思主义学说（从某种程度上讲，这是指传统的马克思主义学说）认为，失去了一切权利的工人阶级必将成为社会变革的武器。但是在马尔库塞看来，工人阶级已经被发达的资本主义社会同化了。真的，它已经被同化到了如此程度，以至于"它实际上已经成了整个体系的一块基石"，马尔库塞这样写道。在他看来，这种同化是通过无比高效的技术而得以实现的，这样的技术大大提高了生活水平。当今的工人在很大程度上分享了消费社会的舒适便利，这个大大减少了他们对于现状的不满；在这方面，较之宣传、灌输甚至洗脑，以上的状况更为有力。

马尔库塞说，实际上，当今的工人不光分享了舒适便利，他们还真正地"从他们的消费品中确认了自身"；"他们在自己的汽车、高保真音响、复合楼层住房以及厨房设备当中看到了自己的灵魂"。他们的需求实质上取决于那些新型的社会控制机制，诸如广告、消费主义、大众传媒、服务行业——所有这一切都产生并强化着人类欲望、思想、行为的一致性。

伍德斯托克的台下音乐，1969 年。

因此在马尔库塞看来，在西方世界，随着资本主义社会的发展，工人已经丧失了个人自主、选择行为能力，以及拒绝、异议和创造的能力。诚然，需求是被满足了；但是对于工人来说，满足需求的代价就是失去了为自己思考的能力。更进一步讲，那些被满足的所谓的需求，在马尔库塞看来，都是虚假的需求；这些需求是被人工刺激起来的，因为生产商要卖出他们的新产品；对于这些需求的满足只会导致无谓的浪费，并不能让个人得到真正的发展和自我实现，也不能把个人从被统治的地位中解放出来。

马尔库塞强调说，广告、电视、电影、音乐以及其他消费主义形式都在创造着虚假的需求，对于这些需求的满足使得工人阶级被发达的资本主义社会同化了；但这并不意味着阶级差异的消失。尽管"需求"被满足了，但工人阶级的成员实际上仍然是被奴役的，因为他们仅仅沦为了生产工具，资本家利用他们来达到自身的目的。此外，在《单向度的人》中，马尔库塞这样写道：

> 即使工人和老板欣赏着同样的电视节目，享受着同样的娱乐；即使打字员和她雇主的女儿打扮得一样魅力四射……即使他们全都阅读同样的报刊，这样的相似也并未表明阶级差异的消失；它所表明的仅仅是，那种令统治集团得以维持下去的需求和满足被底层的民众分享到了何种程度。

因此在马尔库塞看来，发达资本主义社会中的工人阶级已经不是可以导致激进变革的力量了；它被转化成了守旧的、维持现状的力量。

随着工人阶级被同化进单向度的社会，激进社会变革的可能的力量之源就被中立化了——对于马尔库塞来说，这种现象处处可见。在政治领域，社会也在往单向度的方向发展；这表现为劳动的集约化，还表现为资本主义在"福利和战争状态"中对抗共产主义——在这一状态中，"冷战"和军备竞赛把一切对抗共产主义威胁的力量都团结到了一起；与此同时，武器的生产刺激着经济。

马尔库塞还说，与以上情况相似，单向度的特性还在侵蚀着当代的艺术、语言、哲学、科学，乃至一切当代文化。就艺术来说，它已经丧失了批判、质疑并超越现实社会的力量；它被社会同化，沦为纯粹的消遣娱乐；它作为通俗小说、唱片、影视节目被大规模生产。这样一来，当今艺术的功能就是让思想、愿望和行为更加地趋向一致。马尔库塞认为，哲学和科学方面也是这种情况。精英阶层之所以能够容忍言论自由，这仅仅是因为艺术、哲学、科学及政治上的思想一致性已经成为了现实。

总之，根据马尔库塞的观点，发达的资本主义社会已经成功地把反对自身的力量消融、同化了，使之成了自身的一部分；"一切关于从苦难和奴役中获得解放的历史展望都被击败、被驳倒了"。不过，在《单向度的人》这本书的结尾，马尔库塞说，革命还存在一线希望，这种可能性存在于底层的、被社会遗弃的人民手中，比如那些遭到迫害的弱势人种，还有那些失业的和无法就业的人们。

马尔库塞在南加利福尼亚

宣扬不为世人所接受的政治哲学，会遭到怎样的惩罚？19世纪60年代末赫伯特·马尔库塞在南加利福尼亚的经历就是一个例子。

希特勒掌权后，马尔库塞离开了德国，并于1940年成为美国公民。他在战略服务局和国务院谋得了职位，并在哈佛、哥伦比亚和布兰代斯等大学担任教职。1965年，他在加利福尼亚大学的圣地亚哥分校接受了退休后教职，在那里他是一位低调而受欢迎的教授。尽管当时的他已经凭借其社会批判理论在左派和激进分子中间赢得了世界性的声誉，在圣地亚哥分校，学校以外的人还对他所知寥寥。

然而到了1968年，国家媒体报道说马尔库塞邀请了"赤色分子"杜切克（Dutschke）——一位恶名昭彰的西德学生激进分子——来圣地亚哥拜访自己。此后，关于马尔库塞的消息立即在当地民众中间流传开了。在那个思想保守的海军社区中，反对杜切克来访、反对马尔库塞激进主义的呼声是猛烈而暴躁的。《圣地亚哥联盟》用铺天盖地的社论谴责马尔库塞，说他应当被驱逐。驻扎在圣地亚哥的美国32军团要求终止他的合同，并愿意出钱给加利福尼亚大学的校董，以便把合同赎买出来。马尔库塞开始收到死亡威胁和表达憎恶的信件，追随他的学生们都武装好了枪支来保护他。

1969年，他的教职快要到期了；于是连任的问题浮出了水面，并引起了举国的注意。对此，学校方面是大力支持的，《联盟》、军团以及其他强有力的团体则极力反对；面对这些情况，大学的校长约翰·麦吉尔决定再给予马尔库塞一年的合同任期。当加利福尼亚大学的校董们聚在一起讨论麦吉尔的这个决定时，不得不依靠旧金山警察局的战备力量来保护他们。尽管有相当数量的人强烈反对，大部分人是支持麦吉尔的。于是马尔库塞得以继续任教。

合同到期的时候，马尔库塞已经过了法定的退休年龄。不过，他仍然被允许保留自己的办公室，并且可以上些非正式的课。

在他的后期思想中，马尔库塞还提出，可以想办法削弱工人阶级被社会同化的程度；他认为可以让工人、学生和中产阶级意识到，消费社会的繁荣已经付出了极大的代价，而且没有战争、剥削、压迫、贫困和浪费的社会是可能存在的。马尔库塞说，只有通过革命才有可能创造出这样的社会，而这样的革命并非产生于贫困，而是产生于"对于所谓消费社会中的浪费和过剩的深恶痛绝"。

安·兰德的客观主义①

哪本书对美国人的影响最大？你猜《圣经》的话准没错，起码这符合当月图书俱乐部（Book-of-the-Month Club）和国会图书馆（Library of Congress）的调查。那么排第二位的是哪本书呢？这项殊荣属于安·兰德的小说《阿特拉斯耸耸肩》（*Atlas Shrugged*），出版于1957年。

安·兰德（Ayn Rand，1905—1982）原名艾丽萨·罗森鲍姆（Alissa Rosenbaum），1924年毕业于彼得格勒（列宁格勒）大学，次年迁居美国，最终成了好莱坞的剧作家。最近对她思想的兴趣有所复苏；2012年共和党的副总统候选人保罗·瑞恩（Paul Ryan）说，正是兰德指引他走向公共服务生涯；在他看来，"安·兰德的作品再好不过地表现了资本主义和个人主义的道德案例"。在政治光谱的另一端，"支持新闻阅读器"（Reader Supported News）在2012年8月13日声称兰德是"一个狂人，她的作品是右翼竞选活动的长期兴奋剂，足以欺骗数以百万计的人，使他们相信社会之类的东西根本不存在"。

我们来看个究竟吧。

除了《阿特拉斯耸耸肩》，兰德最著名的作品有《源泉》（*Fountainhead*，1943）、《生而为人》（*We The Living*，1936）以及《颂歌》（*Anthem*，1938）。《源泉》在出版前曾经遭受十二次拒绝，不过终究成了畅销书，在全世界卖出了650万册。在2008年她的全部作品销量已经超过2500万册，并且至今仍在热卖。

兰德的第一部小说《生而为人》说的是在苏俄为自由而斗争的故事。为了给爱人筹集医疗费用，故事的女主人公当上了共产党某高层成员的情妇。后来她谴责共产主义并试图逃离那个国家，最终被枪杀。在遭到多次拒绝后，这部小说被一家大型出版公司买下并出版，但是销量寥寥。兰德只拿到100美元的版税。

《颂歌》是一部短小的反乌托邦（即反对乌托邦）小说，故事发生在未来。那时世界回归黑暗时代：奉行集体主义准则，个人主义被取缔，甚至连"自我"、"本人"、"我"或"我自己"这样的词汇都遭到禁止，犯禁者将被处以极刑。渴望学习的人会被视为试图抗拒集体社会；人们接受的教育仅以完成必须的工作为目的，工作由委员会派给，此类决定全由委员会负责。男主人公平等7-2521（没错，这就是他的名字）则与众不同。他渴望学习数学和科学，后来他秘密地重新发明了灯泡；他以为委员会会认可他献给集体的这件礼物，可是他想错了。他遭到监禁和拷打，罪名是，他竟敢成为个人。他和他的秘密恋人一起逃离了这个世界，改换姓名，开始一道创造勇敢美丽的新世界。在小说末尾平等7-2521这样说道："我的快乐并非达到任何目的的手段，它就是目的。它的意图就是它自己。我也并非达到他人想要的任何目标的手段。我不是为他人所用的工具。我不是他人需求的奴仆。"

---

① 这部分的作者是安妮·达西（Anne D'Arcy）。

　　《源泉》讲述的是洛克（Roark）的传奇。这是一位建筑师，为了坚持自己作品的完整性，他与周遭世界的集体主义者为敌。在小说的开始，洛克因为拒绝遵循传统设计套路而被建筑学校开除了。由于同样的理由，他在找工作方面也困难重重；他拒绝妥协，一度沦为体力劳动者。洛克展现了兰德最为欣赏的人格特质：智慧、理性，以及个人成就。小说中的其他人物则展示了另一面：因循守旧、想象力贫乏、屈膝于集体主义。在小说的高潮部分，洛克成功地设计了一座神殿；但是在最后一分钟有人给添上了愚蠢的装饰，洛克设计中的纯洁感整个被毁了——于是洛克炸毁了整栋建筑。在接下来的审判中，洛克雄辩地为自己的行为做辩护；这一段反映了兰德的基本哲学思想：理性的价值至关重要，与集体思维相对立的个体心灵亦然。洛克被无罪释放并且成功地恢复了状态，他作为个人凯旋了。1949 年，电影版的《源泉》面世，帕得里夏·妮尔（Patricia Neal）和加里·库柏（Gary Cooper）都由此成为明星。

　　《阿特拉斯耸耸肩》是兰德最重要的作品，写作时间长达十四年。它说的是约翰·高尔特（John Galt）的故事。他是一位物理学家、发明家，他组织了一场罢工为的是抗议征税和其他形式的剥削。不过这事和工会没关系。用书中某位人物的话说："我们罢工为的是抗议这样的陈词滥调：追求快乐是罪恶。"还有个人物说："金钱建立在这条公理之上：每个人都是他自己心灵和力量的拥有者。"还有人说："我用自己的努力挣钱，靠的是自由交换……我拒绝为自己的成功道歉。"当然，这些观点都富于争议性，当年如此，今天仍是如此。书评满怀敌意，但销量有增无减。争论即销量。

　　取得成功后，兰德转向非虚构写作和公开演说。她的哲学名为客观主义（Objectivism），许多年轻人趋之若鹜，至今仍有大量追随者。她所发展的观点包括伦理学上的利己主义、自由放任的资本主义以及个人权利，她将这些观点运用于社会问题。兰德认为每个人都需要哲学，如此才能生活得有思想、有内容；这样的哲学必须对周遭环境有所贡献，令世界有利于追求知识和成就的生活方式。社会变革必须始于个人的道德反抗；理念通过理性的讨论得以交流、传播。她谈论了"集体主义文化对于人类灵魂的谋杀"，不过兰德从不在宗教信徒的意义上谈论所谓"灵魂"，因为她是彻头彻尾的无神论者。在她看来，为了人类灵魂（soul）的重生，为了重建社会，必须要有正确的哲学。

来自威斯康星州的美国众议员，2012 年共和党的副总统候选人。瑞恩先生说过，安·兰德的作品鼓舞了他。

　　兰德认为亚里士多德是最伟大的哲学家。在她看来，亚里士多德是一位现实主义者，把伦理学建立在对于人类行为的客观认知之上，而人类行为植根于可知的原则。不过兰德认为，道德规范中的确定性是可能的，这个和亚里士多德的见解不同。兰德曾受到尼采影响，和尼采一样，她也对大部分人的无知表示蔑视。对于不为自己思考、没有自己意志的人们，尼采不屑于给予同情；而兰德认为，没有什么不义比给予他人原本不配受到的待遇更坏。她的小说《生而为人》（1936）中主人公基拉（Kira）曾经这样说："你的这些群众算是什么呢？无非就是成千上万的愚钝、枯涩、无力的灵魂；没有自己的思考，没有自己的梦想，没有自己的意志；只知道吃饭睡觉，徒劳地咀嚼着别人塞到他们头脑中的言词……我厌恶他们中的绝大部分。"跟尼采一样，兰德认为同情标志着一种危险的软弱；从历史上看，它使得软弱、无知、不够资格的人成为强者和富有创造力者的寄生虫。她说这属于"受害者的认可"，即有能力的人们（受害者）不知不觉地许下了这么个错误的承诺，允许低劣者对他们的劳动成果拥有道德权利。实际上，兰德认为进步是由少数的杰出者造就的；这些杰出者对生命和快乐抱有信念，他们为自己思考，他们把生活当做艺术品来创造。这些都是英雄式的人物，他们扩展了生命，把世界变得更好。

　　跟尼采一样，兰德也把个人向着更高层次的奋斗看成是人的自我实现。兰德认为权利属于个人，永远不属于群体。国家存在的目的就是保护个人权利，别的目的几乎全都被排除在外。政府绝对不应该把赏赐授予不配得的民众，因为那是些平庸、没头脑的无用之辈。不过，她给自我实现这一概念赋予了新的内容：最大化地实现生命，里面包括大量生产和赚钱。她认同纯粹自由放任的资本主义社会形式，因此她和保守派及自由主义者都不是一条道上的——对于这两者她都持鄙视态度。她所说的理想社会以"贪婪的乌托邦"为基础，在这样的社会中，政府几乎什么都不干预，人们甚至感知不到它的存在。在这乌托邦中，杰出人物用思想和行动给正义的国家提供基础，这样的国家符合兰德的道德标准。对于兰德来说，道德就意味着创造，然后从创造中赚钱。她认为继承、诈骗及任何别种形式的非生产性行为都和抢劫是一类。美元象征着创造性精神的胜利，这种精神高于国家、宗教和一切不思考的民众。

　　兰德说："金钱是社会道德的晴雨表。""从所有告诉你金钱邪恶的人那里逃命吧，这是强盗来临的警钟。""财富是人的思考能力的产物。"

　　兰德践行着自己的客观主义哲学，所以她的有些表达初看起来令人困惑。"价值"是她的常用词之一。她用物质价值描绘一切事物。甚至当她丈夫去世、她陷于悲痛的时候，她说的也是，"我失去了我的顶级价值"。

　　兰德说，自己的哲学本质上是这样的概念，它关乎作为英雄的个人，这样的人拥有自己的快乐作为其人生道德目标，拥有生产性成就作为自己最崇高的实践行为，还拥有理性作为他唯一的绝对存在。当被问及能否在单足站立的时间内阐明客观主义哲学时，兰德这么说：形而上学——客观现实；认识论——理性；伦理学——自我利益；政治学——资本主义。据安·兰德学会（Ayn Rand Institute）总结，客观主义的精髓大致如下。

形而上学：现实，外部世界，存在于人的意识之外，独立于任何观察者的知识、信念、感受、希望或恐惧。事实就是事实，人类意识的任务即感知现实，而非创造或发明它。客观主义拒斥超自然的信念。

认识论：人的理性能够识别、整合感官提供的材料。理性是我们获得知识的唯一途径。客观主义拒斥任何形式的神秘主义，拒绝把信念或感受当做知识来源；客观主义不认可这样的主张：确定性是不可能的。

人性：理性是人用以生存的基本手段，但是对理性的运用取决于各人自己的选择。人们所说的"灵魂"或"精神"无非是意识，而所谓的"自由意志"即心灵思考或不思考的自由。这一选择的自由决定了人生和性格。因此客观主义拒斥任何形式的决定论，诸如上帝、命运、经济基础、教育、遗传因子以及人是自身力量之外的环境的受害者之类的说法。

伦理学：理性是人用来指导实践、判断价值的唯一正确向导，而合乎理性是人的基本美德。因此伦理的标准在于，人以自身为目的，人不是达到他人目的的手段；他必须为自己而活，既不为他人牺牲自己也不为自己牺牲他人。他必须为自己理性的自我利益而工作。获取自己的快乐是人生最高的道德目标。客观主义彻底拒斥利他主义。

政治学：基本的社会原则是——没人有权利借助物理手段向他人寻求价值，除非为了自卫。人必须作为交易者一起工作，通过互相的认可用价值换取价值。合乎这一定义的唯一社会体系就是自由放任的资本主义，这一系统的基础即承认个体权利。政府的唯一功能即保护个人权利免遭别人的物理力量侵扰。由此，客观主义拒斥任何形式的集体主义，无论是社会主义还是法西斯主义；当然它还拒斥当今的观念，即政府应当调控经济、重新分配财富。

美学：兰德把艺术描述为"艺术家根据自己的形而上价值判断对现实的选择性重构"。她自己的艺术路径（她的小说）属于浪漫现实主义，她呈现出理想中的人物，并以此时此地的自身的性格点染之。她说她的目标在于艺术而非说教。她只想呈现出这样一个理想的人：他为自己的目标服务，不允许自己成为达到其他目标的手段。

兰德的哲学以及她那些张扬而强悍的评论文章令她在生前就树敌甚多，死后依然如此。大学课程中不大教授客观主义，这倒并非因为兰德富于争议性，主要是因为她个人对哲学所知有限。即便如此，她仍对其他人的哲学作品持嘲讽态度，在分析哲学领域她遭遇惨败。换句话说，她从未真正学过哲学。有些哲学家在她的作品中寻找错误推理和逻辑漏洞，宗教信徒因她那断然的无神论感到受了冒犯，环境主义者反对她那自我中心的观点，许多女权主义者为她的女性观怒不可遏。

兰德认为环境主义者给社会带来了严重危险，因为他们想要为膜拜自然而付出阻碍技术发展的代价。她说，以保护自然为名，环境主义者让发展成了邪恶的词汇，于是技术进步遭到约束。他们认为自然本身具有内在价值，这样他们实际上是在摧毁人的价值。

在兰德看来男人就是比女人优越，女人不该担任总统之类的高官。这一观点冒犯的人最多，不光是女权主义者。无论如何，对于兰德思想的学术兴趣也是存在的。安·兰德学会的主办者为学生提供了一年一度的论文竞赛，每年可有 600 人获奖，年度奖金为 10 万美元。还有安·兰德协会（Ayn Rand Society），这是个专业协会，隶属于美国哲学协会（American Philosophical Association）。其成员是来自各个大学、学院的学者，其目标是促进对于兰德哲学思想和作品的学术研究。有人从女权主义立场重新解读安·兰德，把她的个人主义哲学视为对人道的女权主义伦理的贡献；某些兰德笔下的女性人物被视为女性史诗英雄的原型。她塑造的女性角色可以被解读为表现了真正的性自由和性权力，对社会现状构成了挑战。

简言之，学者们依然为安·兰德的客观主义着迷。

各种"主义"

自由主义、共产主义、社会主义、资本主义、法西斯主义、保守主义——这些定义是令人误解的，人们有时会认为它们指称着互相排斥的政府形式。实际上，它们指称的并不是一系列各自独立的形式。在本章的结尾，我们将对一些"主义"做个简单的介绍。

古典自由主义（Liberalism）强调合理性和人类的善、个人自由、代议制政府、个人财产权、通过政治改革来改良社会，还有自由放任的市场经济——它说的是，政府的权力仅限于维护和平与财产权，在此之外它无权干涉经济事务。穆勒曾经清楚而雄辩地表达过自由主义的指导原则：人能够被允许干涉他人自由的唯一理由不是人自身的善，而是防止他人受到伤害。

当代的自由主义者对于以上观点表示认同，不过他们不太赞同自由放任的市场。他们愿意容忍（甚至要求）政府干预经济事务，只要这样的干预被认为是有利于机会均等，或保护人民不受剥削、歧视的伤害，或保护环境，或仅仅为了提高总体上的生活水平。因此，当代的自由主义者们倾向于支持以税收来维持的社会福利机制，支持公民权利、女性权利、男同性恋者的权利，支持反种族和性别歧视的积极行动，支持环境主义。而当代自由主义者往往反对军国主义、帝国主义、对第三世界国家的剥削，反对审查制度，反对政府支持宗教，反对反移民运动。美国的自由主义者们倾向于非常自由地来解读《权利法案》。

保守主义（Conservatism），它起初是对法国革命所引起的社会和政治剧变的一个回应。保守主义者，正如字面上所讲的那样，想要保留旧的社会政治传统与实践——他们认为传统代表着一个社会积淀下来的智慧，反对普遍的社会改革或实验主义。但即便如此，18 世纪——倘若不是有史以来——最为雄辩、最有影响的保守派作者爱德蒙·伯克（Edmund Burke，1729—1797）仍倡导开明自由和改革事业。在伯克看来，"社会"就是死者、生者和未生者之间订立的契约；而属于每个国家的每一个社会契约，无非就是从属于那永恒社会的源始契约的一个条款。

当代美国的保守主义者在很大程度上为私人事业和自由放任的经济政策辩护，而他们对于《权利法案》的解读比较严格、刻板。保守主义者不愿赋予政府过多权力，尤其是税收权，以及对社会疾病的矫正权。批评者们（大部分是自由主义者）认为，保守派对于个人自由的重视仅仅是口头上的，实际上他们把自由放任的市场经济看得比个人自由更重要。保守主义者对此的回答是，通过限制政府的管理范围——尤其在经济事务方面——和消解政府的权力，个人自由就能得到最好的保护。当代的保守主义者既强调个人自由又强调自由放任的市场经济，同时不信任中央集权——从这个意义上讲，他们的立场与19世纪主张自由市场的自由主义者颇为相似。

对于大写的共产主义者（Communists），我们已经在第十一章中解释过了。他们认同共产党的社会、政治、经济思想体系，其中包括这一观点：只有通过革命才能实现无产阶级专政。小写的共产主义（communism）仅仅是经济共同体的一种形式：基本财富（往往是生产和分配的条件）归共同体所有。社会主义（Socialism）的定义和小写的共产主义在根本上是一致的，而大写的共产主义者，理所当然地也宣扬小写的共产主义。

资本主义（Capitalism）是这样一种经济制度：生产和分配的条件主要归个人和社团法人私有。因此，资本主义就是社会主义和共产主义的对立面。

法西斯主义（Fascism）是第二次世界大战前及战时意大利的墨索里尼政府所信奉的极权主义政治哲学，它强调国家的绝对优先地位，强调精英人物的统治——这精英人物体现着人民的意志和智慧。阿道夫·希特勒和德国的国家社会主义者（National Socialists，即纳粹）都拥护法西斯主义的基本要素；在当今，"法西斯主义"这个词的意思变得宽泛了，它被用来谴责任何极权主义的政治制度。

最后还有一个重要的"主义"，那就是民主社会主义（Democratic Socialism）。这一术语指称的是一个颇为流行的政治架构（尤其在西欧），不过许多美国人没听说过它。在民主社会主义中，行政和立法机构是通过民主选举产生的，而商业不归国有，尽管政府在相当程度上被允许干预商业事务。这样一种社会制度为个人的权利和自由提供了保障，同时它也给贫穷、老弱和患有疾病的人提供社会保障体系——大写的共产主义者所认同的政治配置就是这样的。

➜ 原著选读 12.1 《杀死和饿死》[①]　　　　　　　　詹姆士·雷切尔斯

眼睁睁地坐视别人死去和故意杀死他，这两件事在道德上是不是一样坏？许多人认为不是。在下面的文字中，詹姆士·雷切尔斯对以上观点提出了挑战。"等价理论"认为，坐视人死去和杀死他一样坏。

每一年有多少人因为营养不良或与此相关的健康问题而死去，对此我们并不知道确切的数字；但这个数字非常之大，有数百万之多。对于我们每个人来说，只要出钱赈济饥荒，就可以至少挽救其中的几条生命；如果不出钱，

---

① From *Philosophy*,vol.54,no.208(April1979).Copyright ©1979 The Royal Institute of Philosophy.Reprinted with the permission of Cambridge University Press.

那就等于是坐视他们死亡。

　　有些哲学家认为，坐视他人死亡并不像杀死他人一样坏；因为一般说来，帮助他人属于我们的"积极义务"，不伤害他人属于我们的"消极义务"，前者弱于后者。我的观点则恰恰相反：我认为坐视他人死亡和杀死他人一样坏。乍一看，这个观点很站不住脚。当我们为了日常琐事花钱时，想起别的人正因饥饿而在死亡线上挣扎，这确实会让人感到些许愧疚；但是，我们决不会感到自己像个杀人犯。菲利帕·福特（Philippa Foot）这样写道：

　　印度和非洲有人在饿死，我们中的大部分人都对此坐视不管，这样的行为肯定有错。不过，如果说任凭不发达国家的人民饥饿而死和给那些人发放有毒食品之间的区别仅仅存在于法律层面，那就是装腔作势的废话了。我们有义务帮助他人，也有义务不干涉他人，这两者的区别已经被深深地烙进了我们的道德体系。

　　如果以上的话仅仅想要描述大部分人的信念，那么它毫无疑问是对的。至于"我们的道德体系"的这一特征究竟是否合理，则是另一回事了。我的观点是，用"我们只不过是坐视他们死去罢了"这样的事实来自我安慰，这是完全错误的；因为我们有不能坐视他人死亡的义务，这个义务和不杀人的义务同样强大——不能杀人，这个义务当然是非常强大有力的。

　　显然，以上的等价理论并非道德中立——而关于伦理学的哲学论断往往是价值中立的。这是个激进的观点，如果它是真的，那就意味着我们的有些"直觉"（即我们的前反思信念，关于特定事件的正确和错误）是错的，必须被抛弃。我所反对的那个观点同样不是道德中立的。认为杀人比坐视他人死亡更坏，这个观点相对说来比较保守，相关的直觉可以依靠它而得以保留。不过，尽管等价理论和一切前反思的直觉都不相容，我们却不能因此就拒斥它。有些时候，我们的"直觉"所感知到的与其说是真理，不如说是纯粹的偏见、利己的考虑或特定文化的影响。哲学家们大抵都会承认，至少从理论上说，有些直觉可能是靠不住的——但是人们通常不大把这个可能性当回事，他们往往不加批判地用前反思的直觉作为标准，以此来推断道德理论是否可以接受。在以下的文字中我将试图证明，就杀人和坐视他人死亡这个问题而言，我们的许多直觉都是错误的、不可信的。

一

　　我们认为杀人比坐视他人死亡更坏，这并不是因为我们高估了杀人的坏，而是因为我们低估了坐视他人死亡的坏。以下的推论将试图表明，坐视其他国家的人因饥饿而死，这比我们通常所认为的要坏得多。

　　设想一下，你现在所在的房间里有一个饥饿的小孩；她眼窝凹陷，腹部膨胀，状况非常不堪；而你手边恰好有一块你不要吃的三明治。这个时候你当然会心怀不安，你会把手中的书放下，把三明治给她；或许，你还会好心地带她去医院。你不会认为这样的举动超出常理；你也不会觉得这个值得什么特别的表扬——如果你不这样做，那倒是应当受谴责。如果有人无视身边的孩子，继续若无其事地读书，任凭这孩子饿死——对于这样的人，你会做何感想？我们姑且把这个人叫做杰克·帕兰斯（Jack Palance）——这可是个好人，不过他在电影中扮演的就是这等卑鄙角色。杰克·帕兰斯漠然地看着这个孩子饿死；他连把三明治递给她这样的举手之劳都懒得做。凭借以上这些，我们已经有足够的理由对他做出严厉的评判；泛泛地说就是，他让自己显得像个恶棍。

当我们坐视远方国度中的人们因饥饿而死的时候，我们会认为"这样的行为肯定有错"，正如福特女士所说。但是我们断然不会认为自己是恶棍。尽管这种行为和杰克·帕兰斯的行为非常相似，我们仍然不会那样想。挽救那个孩子对他不过是举手之劳；而他没有救，于是孩子死了。挽救那些饥饿的人民对于我们也不过是举手之劳；我们没有救，于是他们死了。倘若我们不是恶棍，那么他和我们之间一定存在着重要差别。这差别究竟是什么呢？

杰克·帕兰斯和我们之间有一个明显差别，那就是他坐视其死亡的那个人和他处在同一个房间，而我们坐视其死亡的那些人离我们很远。然而，在死亡线上挣扎的人所处的空间位置很难成为一个说得通的理由。难道说，身处地球的某个特定位置时所理当享受的事情，换个经纬度就不配享受了？这是荒诞的。当然，如果将死的人所处的位置使得我们无法帮助他，那么我们可以原谅自己。但是，现在我们拥有富于效率的赈灾机构，它能够把我们的帮助带到遥远的国度，因此以上的借口就不能成立了。对于我们而言，把买三明治的钱付给那些机构，这跟帕兰斯把三明治递给孩子几乎是一样容易的。

从心理学上讲，饥饿的人民所处的位置确实造成了一定的差别，这个差别即我们的感受。如果有一个饥饿的孩子和我们共处一室，那么我们无法不注意到她的痛苦，无法不知晓她将要死去这个事实——这样的感触是鲜活的、令人惶恐不安的。面对如此这般的感触，良心或许不会允许我们漠视这个孩子。但是，如果将死的人离我们很远，那么我们就很可能仅仅是抽象地思考他们，也很容易根本对他们置之不理。这就可以解释为什么当我们身处杰克·帕兰斯的位置时我们的行为会有所不同，尽管从道德的观点来看，将死者的位置差别根本无关紧要。

杰克·帕兰斯和我们之间还存在着另一个差别，这个差别看起来很重要。它涉及的是人的数量，包括我们周围的富裕的人和饥饿的人。在我们的假想例子中，杰克·帕兰斯是一个人，他面对的需要帮助者也是一个人。这样他所处的形势相对而言就比较简单。在现实世界中，我们所处的形势是错综复杂的，这个分为两个方面：首先，有数以百万计的人需要食物，而我们当中没有人能够独自满足他们所有人；其次，对于每一个我们能够帮助的饥饿者而言，同样有数以百万计的富人能够和我们一样轻而易举地帮助他们。

就第一点而言，需要说的并不多。我们或许会隐约地感到自己不是恶棍，因为没有人能够独力救助所有的饥饿难民——他们人数太多了，而我们当中没人拥有这么多的资源。以上这些都很合理，而由之得出的推论就是，从个人角度来说，没有人必须为救助每一个人负责。但我们仍旧有义务救助他人，应当尽我们所能，救助得越多越好。这是如此显而易见，似乎用不着特地说起；但这又是很容易被忽略的，哲学家们确实忽略了它。在《挽救生命和夺取生命》这篇文章中，理查德·特莱默（Richard

Trammell）说，杀人和坐视他人死亡之间有个在道德上很重要的区别，那就是"可履行性"。他的意思是说，我们每个人都可以完满地履行不杀人的义务，但没有人能够完满地履行救助所有需要救助的人的义务。以上所说的都很有道理；不过，从这里可以推出的仅仅是：因为我的义务仅限于救助我可以救助的人，所以，我有义务去救助的人要比我不能杀害的人少得多；但这并不意味着我们的救助他人的义务弱于不能杀人的义务。请设想一下，杰克·帕兰斯这样说："我没必要把三明治给这个孩子，因为归根结底，我不可能救助世界上每一个需要救助的人。"如果这样的托辞不能使我们原谅他，那么就我们帮助印度和非洲的儿童这件事而言，以上的托辞也是无效的。

关于数字，还有第二点要说的，那就是，对于每一个我们能够救助的濒临死亡的人来说，世界上还有数以百万计的富裕的人可以和我一样轻而易举地救助他。有些人所处的位置甚至更为有利，因为他们更富有。但是大体上讲，这些人什么都没做。这一事实也能解释为什么我们坐视他人死亡，却并不感到特别的愧疚。从某种程度上讲，我们的愧疚程度取决于我们自己同周围人的比较。如果周围的人都定期地给将死者提供救助，而我自己却没有这么做，那么我或许会感到羞愧难当的；但是我的邻人并不比我做得更好，所以我也就不怎么愧疚了。

但是，这并不意味着我们不应该比现今的状态多感受到一点愧疚。对于感受的心理学解释不足以为行为提供道德正当性。倘若坐视那个小孩死去的有二十个人，而杰克·帕兰斯不过是其中的一个，这一事实是否能减轻他的

罪责？很奇怪，我想很多人都会认为这使他的罪责变轻了。看来，许多人是这样想的：如果有二十个人坐视悲剧发生而什么也没做，那么其中每个人的罪责和单独一人坐视悲剧发生比起来，就只有二十分之一。仿佛罪责的量是既定的，它被大家分担了。但是在我看来，这里的罪责是成倍增加的；所以每一个漠然的旁观者都承担着完整的罪责——倘若他有能力阻止悲剧却没有出力阻止的话。对于杰克·帕兰斯而言，如果他单独一人坐视小女孩死去，那么他是个恶棍；如果他叫来一群朋友和他一起旁观，那么他所承担的罪责并没有被分担，他还是和原来一样有罪。而且，那些旁观者每一个都是恶棍。只要我们仔细审视这件事，那么这就是显而易见的。

许多富有的人对于他人的饥饿坐视不管，这一事实对于人自身的责任感具有暗示作用。不过，这或许并不意味着个人的责任减少了——相反，倒是增加了。设想一下，帕兰斯和一位朋友共同面对两位饥饿的儿童。在这种情况下，如果每个人都各尽其能，那么帕兰斯只需要救助其中的一位。但是那位朋友什么也没做。帕拉斯是富有的，他有能力救助两个人；那么他是否应当这么做呢？如果他只救其中的一个，坐视另一个饿死，那又如何？他会说，他已经履行了自己的义务，而另一个孩子的死亡是他朋友的责任——这种讲法说得通吗？由此可以看出，每个人的责任仅仅在于做自己"份内"的事，这种说法是荒谬的；这个"份内"是有前提的，那就是，每个人都得这么做，这样才能满足需要。

总而言之，杰克·帕兰斯拒绝把三明治递给快饿死的孩子，他因此就是个恶棍。但

是，当我们可以同样轻而易举地救助濒死儿童时我们却没有那样做，这个时候我们在直觉上并不感到自己有那么坏。如果这个直觉是正确的，那么他和我们之间必定存在着重要的差别。但是我们已经对他的和我们的行为之间的最明显的差别——将死者所在的位置，数量的差异——做了考察，却没能找到足够合理的根据使得我们的罪责轻于杰克·帕兰斯的。或许还存在着别的根据，可以用来对以下两者做出区分：我们对于现存的饥饿人群所处的道德位置，和杰克·帕兰斯对于故事中的小孩所处的道德位置。但是我却想不出这样的根据是什么了。因此我的结论就是，倘若他是个恶棍，那么我们自己也是——至少，当我们的理性托辞和轻率思想被公诸于世之后。

这最后的限定是很重要的。我们评判他人的时候，至少从某种程度来说，他们是否能明白自己的行为有多好或有多坏也算一个重要依据。我们说帕兰斯很坏，因为他的冷漠所导致的后果是显而易见的。相反，我们若要明了自身的冷漠所导致的后果，则需要相当的努力。

对于富裕国家的人来说，不赈济饥荒是很正常的；有些人即使出钱，也出得很少。正派的人大都会这样不假思索地随大流，他们根本没意识到这对饥饿的人来说意味着什么——至少，他们对此没有清晰的感悟。因此，尽管这些正派人做的事像恶棍，我们不能说他们就是恶棍。看起来这一点很古怪：道德反思竟能把正派人变成非正派人；这是因为，倘若一个人把事情想了个透，意识到自己在道德上处于和杰克·帕兰斯同样的地位，这时如果他还保持冷漠的话，那么他就比此前更应该受到谴责。

以上并不是想要说明坐视他人因饥饿而死和杀死他人一样坏。不过我已经提供了足够强有力的证据，可以证明坐视他人死亡比我们通常所认为的要坏得多；所以，和我们通常所想的不同，坐视他人死亡其实和杀人是很接近的。以上的反思还在某种程度上说明，在这一领域中，我们的直觉是何其脆弱虚假、不可信赖。看起来，对于发现真理而言，未经考察的直觉是靠不住的，要依靠的还得是合乎理性的论证。

原著选读 12.2 《正义论》[1]

约翰·罗尔斯

在此，罗尔斯解释了他的几个概念，包括作为公平的正义、原始状态、无知之幕，还有社会正义的两条基本原则。

我的目的是要提出一种正义观，把诸如洛克、卢梭和康德的社会契约论加以归纳，并提升到一个更高的抽象层次上来。为了这样做，我们不打算把原始契约看做是为了加入某个社会或建立某种形式的政府而缔结的契约。相反，我们的指导思想是：适用于社会基本结构的正义原则是原始协议的目的。凡是关心增进自身利益的自由而有理性的人，都会按照一种平等

---

[1]选自罗尔斯：《正义论》，谢延光译，上海，上海译文出版社，1991。

的原始状态，承认这些原则为他们的团体规定了基本的条件。这些原则还要对所有进一步的协议做出规定；它们规定了可以参加什么样的社会合作和可以建立什么样的政府。对正义原则的这种看法，我将称之为正义即公平观。

因此，可想而知，是参与社会合作的那些人联合一致地选择了分配基本权利和义务并决定社会利益分配的原则。人们可以事先决定如何来调整他们对彼此的要求，以及什么是他们社会的基本宪章。每个人都必须通过理性的思考来决定是什么构成了他们的善，即他们可以合理追求的一系列目标。同样，一批人也必须一劳永逸地决定对他们来说什么是正义的，什么是不正义的。有理性的人在关于平等自由权的这种假设的状态中可能做出的选择决定了正义的原则，他们暂且假定这个选择问题是会得到解决的。

正义即公平理论中的平等的原始状态，是与传统的社会契约论中的自然状态一致的。当然，这种原始状态不是被视为一种实际的历史情况，更不是一种文化的原始状态。它被理解为一种纯粹假设的状态，是为了得到某种正义观而提出来的。这种状态有许多特征，其中一个特征是：任何人都不知道他在社会中的地位，他的阶级地位和社会地位；任何人都不知道他在自然资产分配中的命运，他的能力，他的才智和力量，等等。我甚至还要假定，各方不知道他们的关于善的观念，也不知道他们的特殊心理倾向。对正义原则的选择，是在无知之幕的掩盖下进行的。这一点保证了任何人都不会在选择原则时由于天然机会的结果或社会环境中的偶然事件而有利或不利。既然人人处于同一状态，任何人都不能设计出有利于自

己特殊情况的原则，于是公平协议或交易的结果就是正义的原则。鉴于原始状态的各种情况和人们相互关系的对称，如果每个人都是道德的主体，即有理性的人，他们有他们自己的目标，而且我还要假定他们又都能具有某种正义感，那么，这种原始状态对他们来说就是公平的。也可以说，这种原始状态就是合适的初始状态，因而在这种状态中达成的协议也是公平的。这一点说明"正义即公平"这个提法是恰当的，它表达了正义原则在一种公平的原始状态中得到一致同意这一思想。这个提法并不意味着正义的概念和公平的概念是一回事，正如"诗歌即比喻"这种说法并不意味着诗歌的概念和比喻的概念是一回事一样。

我已经说过，正义即公平首先从人们可能一起做出的所有选择中认定一种最普遍的选择，就是说，首先选择应能指导以后对体制的各种批评和改革的某种正义观的基本原则。因此，在选定正义观之后，我们假定他们还应选择一种宪法和一个制定法律的立法机关，等等，而这一切又是按照最初商定的正义原则来进行的。如果我们的社会状态能使我们按这一系列假设的协议而订立规定这种状态的一整套规则，那么我们的社会状态就是正义的……

我相反认为……原始状态中的人可能会选择两种颇为不同的原则。第一种原则要求平等分配基本权利和义务。第二种原则则认为，社会和经济的不平等，例如财富和权力的不平等，只有在它们最终能对每一个人的利益，尤其是对地位最不利的社会成员的利益进行补偿的情况下才是正义的。这些原则拒绝以某些人的苦难可以从一种更大的总体善中得到补偿这种借口去为体制进行辩护。为体制辩护可

能是很方便的，但要求某些人为了别人的兴旺发达而使自己蒙受损失，这毕竟是不正义的。不过，如果一些人获得较大的利益能使某些人的不那么幸运的状况因此而得到改善，那就不存在不正义问题。从直觉上看，既然每个人的福利决定于合作安排，而如果没有这种安排，任何人都不可能过上一种令人满意的生活，那么，利益的分配就应该能够促成每个人都参加的那种自愿合作，包括那些状况比较不利的人。然而，只有提出合理的条件，才能指望做到这一点。上面提到的那两种原则，似乎是一种公平的协议，在这种协议的基础上，那些得天独厚的人，或社会状况比较幸运的人（不能说我们得到这两种有利条件是理所当然的），就可以指望在某种切实可行的安排成为所有人的福利的必要条件时得到别人的自愿合作。有一种正义观不把天赋和社会环境的随机性所造成的偶然情况作为追求政治和经济利益的资本。一旦我们决定去寻找这种正义观，我们就是向这些原则前进了。这些原则表明，它们最后抛弃了那些从某种道德观点看似乎是社会生活中的带有随机性的那些方面。

📖 原著选读 12.3　《无政府、国家与乌托邦》[1]

罗伯特·诺齐克

如果你所处的社会的成员都自愿为了共同利益而限制自己的自由，倘若你已从这样的安排获利，那么你是否也有义务限制自己的自由呢？诺齐克的回答是"不"。

赫伯特·哈特提出的一个原则，我们将（仿效约翰·罗尔斯）把它称之为公平原则，如果它是恰当的，它将在此有用处。这一原则认为，当一些人按照规则建立一种公正和相互有利的合作时，就以为所有人谋利的方式限制了自己的自由，那些受这些限制的人就有权要求那些从他们的受限中获益的人默认一种同样的限制。根据这一原则，一个人接受利益（甚至无须给出明确的或隐涵的对合作的承诺），就足以产生出束缚他的义务……

在此，我们根据哈特和罗尔斯原意所述的公平原则，是可以质疑和难以接受的。现假设你的邻人（共 364 个成年人）确定了一种公开演讲制度，并决定创立一种公共娱乐制度，他们公布了一个名单，包括你在内，每天一人。一个人在指定给他的那天（人们可以很容易地调换日期）去照管公开演讲会，在那里放唱片、发布新闻、讲他听到的逗人故事等。在过去了 138 天，每一天每个当班人都履行了他的职责以后，轮到了分配给你的那一天，你有义务去值你的班吗？你已经从它得益了，偶尔打开窗子倾听和欣赏某些音乐，或者因某人的滑稽故事感到开心。其他人都已经尽力了，而当轮到你这样做时，你必须响应这个号召吗？照现状来看，肯定可以不响应，虽然你从这一安排中得益，你还是可能觉得由别人提供的 364 天的娱乐还不值得你放弃自己的一天，你宁可没有

---

①选自诺齐克：《无政府、国家与乌托邦》，何怀宏等译，北京，中国社会科学出版社，1991。

这些娱乐也不放弃一天，不愿意要所有这些娱乐而在这上面花费自己的一天时间。假定这就是你的想法，当预定给你的时刻来临时，别人要求你参加，你怎么办呢？也许在你感到疲倦的深夜，你可以随时扭开收音机因听到朗读哲学作品而感到惬意，但作为该节目的朗读者，你得花去一整天，这也许就不太那么惬意了。不管你有什么愿望，别人都能通过由自己率先进行这一节目而给你带来也这样做的义务吗？在这种情况下你可以选择不打开收音机而放弃这种利益，而在另一些情况中，这种利益可能是不可避免的。如果每天都有不同的人在你居住的街区内扫街，当轮到你时，你也必须去扫吗？即使你不怎么在乎街道那么整洁，你也必须去扫吗？当你穿过街道，你必须设想它是脏的，以便不像一个逃票乘客那样无功受益吗？你必须制止自己去打开收音机听朗读哲学作品吗？你必须像你的邻人一样经常修剪门前的草坪吗？

至少，人们想在公平原则中加进这样的条件：一个人从他人行为中的得益要大于他履行他的职责时所付出的代价……

即使公平原则被如此修正以包含这一要求很高的条件，它还是可能遇到反对。你所得的利益可能只与你所付出的代价相等，而其他人却可能从这一制度中获得比你多得多的利益。他们都很重视收听广播，而你作为这一活动的最少得益者，有义务做出一份同等的贡献吗？或许你更喜欢大家都在另一种活动中合作，在限制自己的行为中为之做出牺牲。假使他们都不遵循你的计划（这样就限制了你可以选择的其他方案），并且他们进行的活动产生的利益确实值得你参加合作。然而，由于你要

他们集中注意你的替代方案，而他们不予理睬，或至少在你看来他们没有为之做出适当的努力，你还是不愿参加合作。（比方说，你想要他们在广播里读犹太教法典，而不是读哲学作品。）你如果参与这种合作，就会给予这种制度（他们的制度）以支持，那只会使它更加难以改变。

显然，强行公平原则是成问题的。你不可以决定给我一件东西，比方说一本书，然后抢夺我的钱来偿付书款。即使我没有更好的东西要买，如果你给我书的行动也使你得益，你就更没有什么理由来要求偿付了。比方说，如果你最好的锻炼方式就是把书投进人们的屋里，或者你把书投进人们的屋里只是你的其他一些活动的不可避免的副产品，如果那本书是不可避免地落到了别人屋里，即使你无法筹措对这些书的付款，以致使你这种带有如此副产品的活动很不可取或代价昂贵，情况也没有什么改变。不管一个人的目的是什么，他不可能如此行动：先给人们利益，然后要求（或强取）偿付。任何一个群体也不能做这种事，如果你不可以为你没有预先协商的馈赠索取利益，你肯定也不可以为你未花代价的馈赠而索取报酬，而更为肯定的是，人们不必为那还是别人提供的未花代价的馈赠而付酬给你。所以，以下事实——我们在某种程度上都是"社会的产物"，亦即我们都得益于许多世代已被忘却的人们的无数行动所创造的现行活动方式，包括制度、行为和语言方式（语言的社会性可能涉及我们现在的用法，这种用法依赖于维特根斯坦所说的对他人言语的适应）——并不给我们带来一种普遍的浮动债务，以致使现行社会能够随意地索还使用。

也许能对公平原则做一些修正，使它摆脱这些困难和类似的问题。看来可以肯定的是，任何这样的原则如果能够成立，都将是非常错综复杂的，以致我们不可能把它与一种专门的原则结合起来，这种专门原则试图把在自然状态中产生的义务强行合法化。因此，即便公平原则能够得到系统的阐述以至不再受到质疑，它也不能免去下述要求——要使人们参与合作和限制他们的行动，必须先征得他们的同意。

🔖 原著选读 12.4　《正义的前沿》①　　　　　　　　　　　玛莎·纳斯鲍姆

选自玛莎·纳斯鲍姆新近一部著作的导言。

关于社会正义的理论应该是抽象的。换句话说，它们得有普遍性的理论化效力，如此方能超越当下的政治冲突——即便它们源于当下的冲突。政治上的正当性也需要这样的抽象：除非我们看到一个政治理论能够在时间中保持稳固，能获得公民支持，支持的理由并非仅限于自我保护之类的工具性目的；不然的话，我们就不能认为它是公正的。然而不从当下的事件中抽身，就没法看出一个理论是否稳固。

另一方面，社会正义理论必须对世界、对世界面临的最紧迫的问题负责。理论的建构甚至理论自身的结构都必须保持开放，如此来应对诸种新鲜问题，以及遭到错误地忽视的老问题。

举例来说，西方传统中的大部分正义理论都错误地忽视了女性对于平等的要求，也忽视了通向平等之路上存在过和依然存在着的种种障碍。他们的抽象固然在很多方面具有价值，但其中隐含的失败也不容抹杀：那些理论未能直面某些最为严重的问题。正确应对性别正义问题会导致大量理论后果，其中包括把家庭视为政治体制，而非与正义无关的"私人空间"的一部分。因此，对以往理论的疏忽做修正，并非仅仅是用旧的理论去应对新问题，而需要对理论进行正确的重构。

当今有三个社会正义尚未解决的问题，理论对它们的忽略尤为不当。（当然，还会有我们尚未注意的其他问题。）第一，是如何公正对待身体、心智方面的残障人士的问题。他们也是人类，但是在现存社会中，他们并未被视为与其他公民具有平等基础的公民。在这方面拓展教育、关爱健康、实践政治权利及自由，向这类人群进一步普及公民权，这些都属于正义问题，而且颇为紧迫。要解决这些问题就得重新思考公民意味着什么，重新分析社会合作的目的所在（并非聚焦于相互获益）；还需要强调关爱的重要性，把它视为社会的主要福利。由此看来，认真地对待这个问题并非仅仅是旧

---

① "Introduction" reprinted by permission of the publisher from *Frontiers of Justice: Disability, Nationality, Species Membership* by Martha C. Nussbaum, pp. 1–5, Cambridge, Mass.: The Belknap Press of Harvard University Press, Copyright © 2006 by the President and Fellows of Harvard College.

理论的新应用，这是对理论结构本身的重塑。

第二个紧迫的问题是，将正义拓展到整个世界的公民，从理论上展示出我们了解到世界是个整体；在这个世界上，出生地及国籍等偶然因素不该全面而根本地扭曲一个人的生活机遇。由于西方所有主流社会正义理论都以民族国家作为起点并视之为基本单元，所以若想妥善思考这类问题，我们仍需要新的理论架构。

最后，我们需要面对涉及如何对待非人类生物的正义问题。动物在人类的手中也会感到痛苦，也会尊严受挫，这往往是伦理学关注的问题；它较少被当成社会正义问题来处理。假如我们认同它属于社会正义问题（这样做是否站得住脚，本书的读者当自己判断），那么很显然，这一新问题再一次地要求我们做理论上的变革。举例来说，社会合作与互惠需要参与的每一方都具备理性，这样的图景就有必要被重新考察，由此将塑造出新的合作图景。

西方传统中有很多研究社会正义的路径。最强有力、最为持久的一条路径就是社会契约观念，即理性的人类为了共同利益走到一起，决定脱离自然状态并用法律来管理自身。这样的理论在历史上影响深远；近来在约翰·罗尔斯的杰出作品中，它得到了进一步的、富于哲学深度的阐发。或许它是我们所拥有的最为强大的正义理论了。无论如何，同各种形式的功利主义相比，罗尔斯在表述、探索及重组我们对于正义的判断方面都更为有力……

我的起点是这样一个断言：以上三点都是尚未解决的、严重的正义问题。我想证明的是，社会契约的经典理论无法解决这些问题，即便是它最完美的形式也不能。因此我在整本书中都拿罗尔斯当靶子，在我看来他以最强的

形式表达了社会契约的经典观念，并强有力地显示了它相对于其他理论的优越性。倘若连罗尔斯的杰出理论都在以上三个问题前铩羽而归，那么更不用说那些发展程度还不够的或更缺乏吸引力的契约学说了。我希望表明，要应对我们面临的困难，仅仅把旧的理论架构应用到新问题是不够的；困难就在理论架构之中，由此它指引我们去探寻不同形式的理论——来自罗尔斯的要素依然存在于其中并给我们提供着有价值的引导。

以上这些问题不仅仅是学院哲学的问题。社会契约学说对于我们的政治生活有着深广的影响。我们是谁？我们为何聚集在一起？这方面的图景塑造了我们对于政治原则的思考，关于原则涉及何事，应当包含何人。有一种观点认为，一些公民"为自己付了账"而另一些没有，有些人是寄生虫而另一些人是"正常地具有生产性"的；在流行的大众想象图景中，此种观点源自这样的社会观：社会即为了共同利益而彼此合作形成的架构。在政治实践中，我们无须辨认其源头也能挑战此类图景。不过，深入到问题的根源是有实际帮助的：这样就能更清楚地显示出，我们何以遭遇此类困难，若想取得进展的话我们必须改变什么。因此，本书固然旨在细致入微地处理哲学观念、着力对付理论的复杂性及诸种理论的微妙差别，但本书仍包含实践哲学的意向，它将把我们引向更为丰富的社会合作观念（无论是新是旧），其中不包含上述的困难……

我的计划既具批判性也具建设性。我将证明，就上述三个问题而言，我长久以来发展的"能力路径"提供了富于希望的洞见；其洞见优于社会契约传统所能提供的。（诸位将

看到，在很大程度上，我的路径聚焦于另一形式的契约论，其基础是纯粹的康德式伦理观，其中不包含互利观念。）对于能力路径，我在《女性与人类发展》（*Women and Human Development*）一书中已经有所阐发，并且为上述观点画出了轮廓。那本书探讨了方法和正义，仔细讨论了两个困难问题的应对方案，即宗教问题和家庭问题。通过细致入微的比对，我们可以看出，和基于偏好的功利主义相比，能力路径也有其优越性。

■ 关键词

非自然主义	应用伦理学	能力路径	资本主义
共产主义者（Communist）		共产主义（communist）	
社群主义者	保守主义	民主社会主义	情绪主义
社会正义的拥有权概念		等价理论	法西斯主义
"看不见的手"的阐释		自由主义	元伦理学
道德判断	自然主义谬误	"守夜人"式的国家	
规范伦理学	原始状态	规范性判断	社会主义
无知之幕	德性伦理学		

■ 供讨论复习的问题

1. 道德价值判断是否仅仅是口味的表达？请做阐述。

2. 从道德上讲，送给饥饿的人有毒的食物，是否比让他们饿死更坏？为什么？

3. 请阐述自由主义、小写的共产主义、社会主义、资本主义、法西斯主义及保守主义之间的差别。

4. 罗尔斯说，只要立足于自身利益进行合理思考，并且不受无关想法的干扰，我们就会同意他所列出的正义原则。你同意他这个说法吗？请做阐述。

5. 对各种社会财富进行不平等分配，这能否是正义的？请做阐述。

6. 为了增加整个社会的快乐总量而让奴役合法化，这么做是否正确、适当？为什么？

7. 你能否找到这样一条靠得住的伦理学原则，它禁止我们为了其他目的残杀、伤害、牺牲或食用人类，而这个原则又并不同等地适用于动物？

8. 自尊是否像罗尔斯说的那样，是最重要的善？

9. 普遍的善和个人的自由，你认为哪个更重要？为什么？

10. 我们的需求是否取决于广告、消费主义、大众媒体以及娱乐行业？

第三部分

哲学和宗教

理性和信仰

第十三章
哲学和对上帝的信仰

道德上必须要假设上帝存在。

——伊曼努尔·康德

上帝死了。

——弗里德里希·尼采

神学家和宗教哲学家之间区别何在？回答这个问题的时候，让我们先后退四步，来一段助跑。如果你支持某种宗教，民意调查表明这种情况很可能发生，那么你也就接受了某种纯粹的哲学学说。举个例子说，如果你信仰非物质的上帝，那么你也会认为并非所有的存在都是物质的，这就是说，你接受了非唯物主义的形而上学。如果你相信由于上帝的命令应当爱邻人，你也如此行事，那么在伦理哲学家有关伦理自然主义的争论中你一定有所偏向。你已经把自己置于反对伦理自然主义的立场上。

你的宗教信仰同样表明你认同了某些认识论原则。从未看到、感到、尝到、闻到和听到上帝的众人仍然说，他们知道上帝是存在的。因此他们一定持这样的观点，人类不通过感觉经验也能获得知识。你从第一部分就已经了解到，持这样的观点就意味着在一个重要的认识论问题上表明了立场。

这些形而上学、伦理学和认识论的观点及原则是宗教的前提，或已融合成宗教的一部分。宗教哲学的任务就是去理解进而对它们做出理性的评价。

神学当然同样试图去清楚认识和理性评价宗教中的信条和原则，包括那些形而上学、伦理学和认识论的内容。但是大部分情况下，神学家作为论证出发点的前提、假设本身就是宗教的教义。相比之下，宗教哲学家在试图理解和评价宗教信仰时并不采用宗教的前提、假设。

世界上各种宗教教义自然千差万别，因此宗教哲学家通常只能把注意力集中在某一具体宗教信仰或宗教传统上。事实上犹太－基督教的宗教传统吸引了最多西方哲学家。宗教哲学家可能聚焦于某一具体宗教的信仰，但是他们不会从信仰无误这一前提出发开展研究，尽管他们从个人来讲可以是某种信仰的信徒。

哲学家们努力去理解、评价的犹太－基督教传统中的形而上学、伦理学和认识论观点有哪

黑猫

一句古老的谚语如此描述了形而上学家和神学家之间的区别：形而上学家在漆黑的房间里找一只不存在的黑猫。神学家在同一个地方找同一样东西，最后找到了它。

些呢？其中很多与上帝有关：上帝存在；上帝是善的；上帝创造了宇宙并且是一切实在的来源；上帝是人格神；上帝是超验的神，等等。还有许多与人类有关：人类是上帝按照自己的形象创造的；人类拥有自由意志；人类能够了解上帝的意志；人类灵魂不朽，等等。另外还有一些与宇宙的特性有关，比如有神迹；有超自然的存在；有疼痛和苦难（这一事实必须得与信仰善和全能的上帝协调起来）。其他还有一些与语言有关：宗教语言富有智慧且意味深厚；宗教话语阐述（或不阐述）事实，是（或不是）形而上学的、分析的表达；描述上帝时使用的术语在描述其他事物时意义保持（或不保持）一致。

相关内容可以列出长长一串，为了使内容浅显易懂，我们此处把精力集中到对基督教上帝信仰的哲学思考上。我们从基督教的两个伟人开始：圣安瑟伦和圣阿奎那。

两位基督教伟人

其他章节都以讨论古希腊哲学家为起点，这章本来也可以同样如此。古希腊人早已讨论过许多近代宗教信仰中包含的思想，还有一些思想可以追根溯源到那个时期。但是我们此处主要关注犹太 – 基督教中关于上帝信仰的哲学思考，那么从贝克（Bec）修道院院长这位后来成为坎特伯雷（Canterbury）大主教的人物说起就比较合适。

安瑟伦

圣·安瑟伦（St. Anslem，约 1033—1109）是从纯哲学角度来考察基督教上帝信仰的先驱之一，这个视角并没有从一开始就诉诸宗教前提。但无论如何，安瑟伦从未对上帝的存在产生过丝毫的怀疑。此外他觉得哲学和神学之间没有区别。他认为一个人如果不相信上帝，就不可能对上帝或者上帝存在进行思考。

然而他愿意采用从其本身出发并且不诉诸宗教前提的思想来考察上帝不存在这一观点。

本体论证明　上帝不存在的思想起源于《圣经·旧约·诗篇》第十四章第一节中提到的"愚顽人"，安瑟伦认为很显然任何否认上帝存在的人都犯了逻辑错误，确实是个十足的愚顽人。安瑟伦推理出愚顽人处在自相矛盾的境况中，他们觉得自己能设想比可设想的最大存在者更大的存在者。这句话听起来好像故弄玄虚，因此我们必须仔细思考一下安瑟伦的推理过程。在开始之前，阅读"归谬法证明"一栏可能对你有所帮助。

安瑟伦从"上帝"意味着"能设想的最大的存在者"，或者用他自己的原话说，"除了这个存在者之外，无法设想有比之更大的存在者"这一前提着手。

安瑟伦仁慈地说那些否认上帝存在的愚顽人起码理解他所否认的东西，因此上帝至少存在于愚顽人的理性之中。但是他指出，既存在于理性之中又存在于现实之中的存在者要比仅仅存在于理性之中的存在者更大。（这就是人们更喜欢真实的房子、汽车、服装和休假，而不满足于想象的原因。）

安瑟伦说这就表明了那些愚顽人的观点很荒谬，他们认为上帝只存在于理性中，而不在现实中。安瑟伦认为他们的看法就是"那无法设想有比之更大的存在者是一个能设想有比之更大的存在者"。这简直是胡说八道，安瑟伦觉得正是否认上帝存在导致了这种结果。因此，上帝是存在的：除此之外的想法最终只能是自相矛盾和莫名其妙的。

从"上帝存在"这个特定概念出发的论证方式就是本体论证明（ontological argument）。这代表着安瑟伦对宗教哲学做出的最大贡献。如果安瑟伦的论证有效，如果他证明了否认上帝存在是自相矛盾，因此上帝确实存在，那么他没有诉诸任何宗教前提或者提出任何宗教假设就成功达到了目的。不过他实际上提出了一个有关上帝概念的假设，他认为即使是非基督徒或者无神论者，也必须承认"上帝"就意味着"可设想的最大存在者"。因此，如果论证有效，即使那些不被信仰感动或信仰其他宗教的人们也必须接受这个结论。安瑟伦实际论证了这样一个命题："上帝是存在的"这个命题是自明的，它像"方形有四条边"这个命题一样不可否认，任何观点不同的人不是愚人就是不能理解上帝概念。

安瑟伦还给出了一个与此类似的本体论证明：因为无法设想有比上帝更大的存在者，所以上帝不存在是无法设想的。这是由于任何无法设想其不存在者要比任何可设想其不存在者更大，因此后者不是上帝。

你感到有说服力吗？许多人并不同意。他们觉得任何形式的本体论证明只不过是玩了点文

归谬法证明

如果一种主张逻辑上包含着荒谬的、没有意义的或者完全错误的观点，你就会放弃这种主张，对吗？

举个例子来讲，如果我们说管家在厨房里谋杀了玛斯特德上校就意味着管家在同一时间出现在两个不同地方（因为我们知道案发当时管家正在图书馆），那么你就会放弃管家在厨房中杀了玛斯特德上校的想法。

这种否定某种观点的证明方法就是人们所知的归谬法（reductio de absurdum）：通过证明某一观点将被归为荒谬的或者错误的东西，来推翻这个观点。由证明 C 观点必然导出 F 错误，你证明了非 C。

归谬法在哲学和真实生活中屡见不鲜。安瑟伦的本体论证明就是归谬法证明。这里观点 C 是：

上帝不存在。

安瑟伦证明了这个观点必然导出错误 F：

那无法设想有比之更大的存在者是一个能设想有比之更大的存在者。

因此证明的结论是非 C，那就是：

上帝的确存在。

字游戏，其实什么都没有证明。

高尼罗的反驳　有一个人对安瑟伦的证明提出了异议，他就是来自玛蒙迪埃修道院（the Abbey of Marmontier）的本笃会修士，安瑟伦的同代人高尼罗（Gaunilo）。其中一条不同意见就反驳了安瑟伦的第一种证明。他提出，这种论证可以用来证明荒谬的东西。高尼罗说，比如想象一座最完美的岛屿。要是安瑟伦的推理成立，那么因为最完美的岛屿应该既存在于现实中，又存在于理性中，所以最完美的岛屿一定存在于现实中。因为如果这个岛屿不存在于现实中，那么（根据安瑟伦的推理）任何现实中的岛屿都要比它完美——比最完美的岛屿更完美，而这是不可能的。换句话说，高尼罗用安瑟伦的推理证明了最完美的岛屿必然存在。这暗示了任何适用于推出荒谬结论的推理都存在着明显缺陷。

然而安瑟伦认为他的推理只适用于上帝：因为上帝是无法设想有比之更大的存在者，所以上帝不存在也是无法设想的；但是相比之下，岛屿以及其他事物不存在是可以设想的。

你将在本章的最后部分看见包括了安瑟伦第一种本体论证明在内的著作选读，他的表达优雅简洁。如果他的推理无法成立的话，那么找出错误将很有挑战性。

安瑟伦说上帝是"无法想象有比之更大的存在者"的时候，你不要感到困惑。简单地说，他的意思是"上帝是拥有如下特征的存在者。如果你试图想象更大或更高的存在者，那么你无法做到"。

阿奎那

安瑟伦去世大约一百五十年后，我们在前面提到的圣托马斯·阿奎那（St. Thomas Aquinas，约 1225—1274）以基督教的观点解释了亚里士多德哲学。我们曾经讲过，亚里士多德强调了直接观察自然对哲学的重要性。在跟经验主义者亚里士多德以及他的偏好保持一致的过程中，阿奎那认为上帝的本体论证明无法成立。他说你不能像本体论证明实际期望的那样，仅仅通过思考上帝这个词语来证明上帝的存在。假如这个方法能够行得通，必须有一个前提：知道什么是上帝的本质。"上帝存在"，他说，对可朽的生命来说并不像"方形有四条边"这个命题一样是自明的。尽管证明上帝存在的方法各有不同，但是他断言，仅仅考察上帝这一概念是难以成功证明上帝的存在的。你必须思考自然中的什么东西显明了作为初始因的上帝的需要。

阿奎那认为证明上帝存在实际有五种方法。尽管阿奎那的神学、哲学著作卷帙浩繁，涉猎广泛，但他的五种证明尤为著名（一些哲学家——后面会谈到——却并不把阿奎那对上帝的证明看做他的哲学精华）。要是你对阿奎那的五种证明不略知一二多少会让人感到意外。不管怎么说，本章最后的原著选读部分包含了这些内容。

第一种证明　阿奎那认为，第一种对上帝存在的证明就是对自然事物都处于运动之中这一事实加以思考。观察周围世界和运动事物的时候，我们清楚地发现它们无法推动自己处于运动状态。如果每一个运动的事物都受到另外一个运动的事物的推动，那么第一推动者（first mover）也就不存在了；如果没有第一推动者，也就没有其他推动者和运动的事物。因为事物处于运动之中，必然存在一个不受他物推动的第一推动者，这当然就是上帝。

我们这里必须指出阿奎那对"运动"的理解通常是很宽泛的——它更接近普遍的变化（change in general）——包括在运动这一概念之下存在的产生和消亡。因此，当他说事物不能使它们推动自己处于运动状态的时候，不要认为阿奎那觉得你不能从椅子上站起来，在房间内走动，他

人物简介 | **圣托马斯·阿奎那**

阿奎那是意大利阿奎诺伯爵的儿子，跟随大阿尔伯特（Albertus Magnus，即"伟大的阿尔伯特"）学习多年。阿尔伯特思想与众不同，他认为基督教思想家应该精通哲学和科学，他还希望把存世的所有亚里士多德著作翻译成拉丁文。他对亚里士多德的钟爱深深地影响了他的学生阿奎那。

30岁不到的时候，阿奎那最终在巴黎大学获得了博士学位，作为一名学者他很快便声名鹊起。在30多岁到40岁初的十年间，他担任了罗马教廷的教授，在罗马以及罗马附近地区授课。

13世纪的时候，柏拉图主义者和亚里士多德主义者的思想之间出现了重大分歧。一些神学家认为亚里士多德的学说不能与基督教教义协调一致。这种想法部分来自对阿威罗伊（Averroes，1126—1198）和他追随者思想的反拨。阿威罗伊是一名杰出的阿拉伯哲学家，他的哲学完全以亚里士多德思想为基础。阿威罗伊的哲学在创世说和个人不朽的问题上与教会的教义发生冲突，这使得一些基督教神学家对亚里士多德感到深恶痛绝。

不过阿奎那并不是阿威罗伊主义者，他用无与伦比的推理为他所理解的亚里士多德哲学做了辩护。1268年他回到巴黎，卷入了和阿威罗伊主义者的那场著名争论中，最终获得了胜利。尽管教会内部一些派别强烈抵制阿奎那的哲学，这种抵制一直持续到他去世后的许多年，但阿奎那的思想渐渐地、并且确定无疑地占据了基督教思想的主导地位。1323年他被赐予圣谕（官方封为圣徒）。

阿奎那身材结实，行动缓慢谨慎，他因此得了一个"笨牛"的绰号。然而他的思想是如此出色、有力，他的著作又是如此卷帙浩繁，涉及广泛的哲学、神学话题。阿奎那最为著名的作品是《反异教大全》（Summa Contra Gentiles，1258—1260）和《神学大全》（Summa Theologica，1267—1273），这是建立在哲学原则上的系统神学。此外，他还是一个很仁慈、慷慨的人。

1879年，教皇利奥十三世将阿奎那的学说定为天主教的官方哲学。

的意思是说，事物不能使得它本身存在。

第二种证明　阿奎那对上帝存在的第二种证明和第一种非常相似。在可感世界中，没有事物是自己的动力因。如果每个事物都有另外一个动力因，那么第一因也就不存在了。如果没有第一因，也就没有第一果。实际上，也就没有第二、第三、第四和其他结果：如果没有第一因，就没有任何结果。因此我们在理智上必须承认第一因的存在，也就是上帝（这个时候读一下"宇宙大爆炸"一栏再好不过）。

请注意阿奎那在前两种证明中并没有说事物的运动和原因由它们先前的运动或原因引起的。他谈论的运动和原因在时间上是同步的。他的证明不是你听过的那种老生常谈，事物必然有一个先前的动力因，而先前的动力因必然有个更先前的动力因，以此类推，因为原因链不能推至无限，所以必然存在着第一因——上帝。阿奎那认为原因链不能推至无限在哲学上并站不住脚。但是他认为同步的动力因或者推动者的无限序列不可能存在。

第三种证明　阿奎那对上帝的第三种证明无疑是五路证明中最为复杂的。尽管阿奎那似乎更加偏爱第一种证明，许多人却认为第三种证明最为精妙。

第三种证明实质是这样的，许多复述没有直接采用阿奎那的原话：在自然界，有些事物可能不存在。的确，你接触的每样事物都可以归入"无需存在"的范畴；无论什么事物，尽管它

宇宙大爆炸

现在大多数科学家接受了宇宙大爆炸（Big Bang）的观点。宇宙大爆炸不同于其他爆炸，它不会像炸药或炸弹一样在空间上向外扩张，也不会在永恒的时间中持续一段时期，因为一切时间、空间都由它开始。宇宙大爆炸发生之始即是时间、空间、物质、能量出现之始，也就是我们不断扩展的宇宙的开端。

有关的权威普遍认为我们不可能知道时间零点（zero time）之后、10^{-43} 秒之前的宇宙大爆炸究竟产生了什么。鉴于种种原因，我们无须深究，大多数专家显然认为存在着一个时间零点，也就是宇宙有个绝对的开端，存在着一个第一物理事件。

假设事实果真如此，那么我们是否能解释第一物理事件呢？从一方面来讲，我们很难相信第一物理事件的原因只是一个谜团，这等于是说庞大、复杂到令人感到不可思议的宇宙竟然只是一次偶然事件，是一次凑巧。但是从另外一方面来讲，如果第一物理事件可以解释，我们似乎必须追溯到某些非物理的现象，它必然可以被称为"上帝"。

因此要是宇宙大爆炸的理论正确的话——看起来支持理论成立更合理些——这就要求科学家们在一个不可解释的宇宙和一个可解释的非物理存在之间做出艰难的抉择。

事实上存在，它本来却无需存在。既然它无需存在，阿奎那说，在某个时刻它就不会存在。因此，假如每样事物都属于这个范畴，那么在某个时刻就会无物存在，那么也就不可能有任何事物开始存在——甚至现在也将会无物存在。阿奎那然后推理道，并非每一样事物都是无需存在的："一定存在某些必然存在的事物。"

第三种证明并未就此结束，阿奎那认为他还没有排除一种可能性，即这个必然存在者的必然性可能由另外一个必然存在者引起，而它的必然性又由另外一个必然存在者引起，以此类推，以至无穷。因此他断言："由另外一个必然存在者引起的必然存在者不可能推至无穷。"结论就是：一定存在本身就拥有必然性的必然存在者，这就是上帝。

我们认为第三种证明较为复杂。

第四种和第五种证明　阿奎那对上帝存在的第四种证明考虑到了这一事实：自然中的一切事物都拥有不同程度的善、真实、崇高和其他完美的性质。因此，各种完美的性质，也就是纯粹的善和真实等等必然有一个来源，这就是我们所称的上帝。

第五种对上帝存在的证明取基于这样一个观察：自然事物的活动趋向一个目标或目的，也就是它们依照计划或者设计来活动。那么必然存在着某种智慧的存在者，所有事物都靠它被导

我们的银河系大约包含20亿个类地行星，而在可观察的宇宙空间中，起码存在800亿个星系。做一下数学题吧。生命存在的机会是很多的。

向自己的目标，这就是上帝。

我们今天将阿奎那前三种对上帝存在的证明方法称为宇宙论证明（cosmological argument）。宇宙论证明事实上不是一个而是一类证明。这类证明的拥护者认为本来可以不存在的偶然事物的存在都指向一个不偶然或必然的存在者——上帝，并且以此作为自己终极的原因、创造者、基础、动力或存在的来源。请注意一下宇宙论证明同本体论证明之间的差别，就如我们看到安瑟伦所做的那样，本体论证明只是通过思考上帝的性质或者分析上帝这一概念来确立上帝的存在。

阿奎那的第四种证明提到了善和善的事物，这被称为道德论证明（moral argument）。这个术语同样指的是一类证明，我们将看到不同的道德论证明之间有些模糊地相似。

阿奎那的第五种证明提到宇宙及其部分或结构的明显目的或秩序都指向一个神圣设计者，诸如此类的证明被称为设计论证明（arguments from design）或者目的论证明（teleological arguments）。

让我们来全面总结一下。安瑟伦和阿奎那提出了对上帝存在的四种原则性证明。它们是：

· 本体论证明

· 宇宙论证明

· 设计论证明或目的论证明

· 道德论证明

请注意这四种证明没有一个是建立在宗教的前提之上的。如果证明有效，那么就应该获得非宗教人士的认可。

从某种程度来说，宗教哲学的历史就是对这四个证明的不同版本和不同部分的持久争论。因此，掌握每个类型的证明将使你在理解宗教哲学的基本原理时受益匪浅。

在结束阿奎那这一部分之前，我们先请你把注意力转回本章开头的问题上：神学和宗教哲学之间的区别究竟何在？答案和阿奎那总结的神学和哲学之间的区别很像。

尽管阿奎那不经常使用神学这个词语，但他认为如果你的思考以宗教启示的信条为出发点，并且拥有宗教信仰，那么你进行的就是神学思考。如果你以明显的感觉经验为出发点，那么你进行的就是哲学思考。

阿奎那认为哲学永远无法发现某些神学的真理，启示的真理。举个例子说，哲学不能证明宇宙有一个开端，宇宙并不是恒在的。对救赎来说，哲学发现的事物并非都是举足轻重的。哲学和神学尽管属于不同学科，但却可以和谐共处；实际上阿奎那认为它们是相辅相成的（这与一些基督教思想家认为哲学会导致宗教错误形成了鲜明对比）。

从神学的立场看，上帝存在是我们开始获得知识的前提和真理。从哲学的立场看，上帝存在并非前提，但却可能从经验中得到证明。

因此阿奎那对上帝存在的证明是哲学的证明，它们的可靠性并不取决于任何宗教教义。

神秘主义

女隐士诺威奇的朱利安（Julian of Norwich，1342—1414?）是历史上最伟大的神秘主义者之一，我们可以发现她的著作以一种与众不同的方式接近上帝。

女隐士？那是一个终身隐居在教会中的幸运儿。如果想了解更多的相关情况，请看一下后面朱利安的简介。

如果你信仰上帝，那你是出于什么原因？也许在某个时刻你经历了"神秘的体验"——你直接经历上帝；上帝来到你面前。如果你有这类经验，你也许并不能为自己的信仰提供充分的理由，不过你不会为自己的无能为力感到丝毫困扰。如果你有过面对上帝的神秘体验，那么有关上帝各种证明孰优孰劣的所有辩论会让你感觉到那不过是一大堆智力练习而已。

不过，说"上帝来到我面前"是一回事，说明这种神秘经验是可靠的知识又完全是另外一回事了。在深入讨论之前，让我们明确一下，我们说的可不是直觉——不是当你感到有好事或坏事要发生，它真的发生了的那种直觉。我们讨论的是建立在一种特别的经验之上的严肃信仰，诸如"上帝是真实的"或者"耶稣触动了我"这样的信仰。

神秘经验内容丰富，伴随各种各样的次要表现，神秘主义者通常都处于无意识状态，会胡言乱语，有时候好像正在经历我们现在所说的离体体验。他们可能在做梦，也可能神志清醒或处于催眠状态。他或她可能看到一些幻影或者听到一些声音。经历这样体验的人通常描述到上帝对他们讲话，有时上帝要求他们将经历记录下来或是去教导他人。在 17 世纪的理性主义发展之前，在大部分哲学家把理性当做获得知识的首要工具之前，神秘的体验更得到人们的信赖。今天存在着这样一种倾向，至少那些专业人士认为，这样的体验不过是大脑化学作用产生障碍或者脑叶暂时发生混乱等类似情况的表现。

诺威奇的朱利安是一位神秘主义者，但是她也分析她的神秘体验，或者用她自己的话说——"迹象"。她的分析主要集中于个人宗教和伦理知识的本质，以及认识上帝的可能性。她否认向我们灵魂直接展现的神秘启示和通过理性获得的知识在有效性上有什么本质差别。她认为从经验中，尤其是从神秘经验中去除理性是错误的。

朱利安强调"未显示者"的重要性——在逻辑上它们本该是幻影的一部分但是却缺失了。她认为上帝想让她用洞察、直觉和理性来理解不能直接交流的东西，进而将拼凑出谜团的完整形象。

朱利安认为，上帝居住在我们之中，我们也居住在上帝之中；我们和上帝是一体，我们神圣的双亲以上帝和我们自己的知识喂养、哺育我们。她因此相信启示只能让我们部分地了解上帝；更多的知识来自对上帝的爱。此外，她认为我们可以通过爱自己的灵魂来爱上帝。

托马斯·阿奎那（他不久前被封为圣徒）把异象当做上帝传递旨意的语言。朱利安不仅对幻影做了分析，更希望用异象的经历把人们联系到一起。她认为普通人能够从异象中学习知识，找到安慰和希望的理由。我们可以想象：希望，在 14 世纪中期，在面对着似乎无止无休的瘟疫、战争和宗教论战的英国，一定是无价之宝。

人物简介 | 女隐士诺威奇的朱利安

她叫朱利安，有时人们也叫她朱利安娜。她住在英国的大教堂所在城市诺威奇，身处历史上一个混乱黑暗的时代。百年战争、教会大分裂、对诺威奇农民起义的残酷镇压，约翰·威克利夫（John Wycliffe）因为异端邪说而被定罪，这一切都使得 14 世纪中期的诺威奇动荡不堪。朱利安 6 岁的时候，黑死病席卷了诺威奇，她 19 岁的时候再次出现，27 岁的时候又一次降临，那时的诺威奇实在不是一个适宜居住的地方。

朱利安成了一名女隐士。在那个时候，"隐居"在教堂里是一种习俗。对于修女或神父来说，终身隐居是学术研究的前提（这是一种荣誉，而不是惩罚）。那个以圣洁行为和热爱神学而闻名的幸运儿被围在教堂的高墙之下的一间斗室中。食物、书籍以及其他物品通过窗户被传进去，女隐士偶尔能够通过窗户与一些教会显要和贵族进行交谈。朱利安在斗室中终其一生，去世后被埋葬在教堂的地下室内。

朱利安的著作《迹象》（*Booke of Showings*）有长、短两个版本。较短的版本记述了一部分 1373 年她病入膏肓时看到的系列异象。在这次经历之后不久她就成了一名女隐士。她由此拥有了大量时间以学习、思考和讨论宗教问题。众多神学家和哲学家慕名前去拜访，与她讨论她在那本书中描述的"迹象"。她后来又花了二十年修改自己的手稿，包括充实一些细节内容，以及更加详细地分析了这些启示所包含的意义。

在那个时代，妇女是没有任何宗教或哲学权威的（或者说没有任何权威）。为了避免人们指责自己浅薄的炫耀，女性作者通常会在文章开首写一段"谦虚的套话"。朱利安是这样说的：

Botte god for bede that ze schulde saye or take it so that I am a techere, for I meene nouzt soo, no I mente nevere so; for I am a womann, leued, febille and freylle.

朱利安的某些词语有特别的宗教和哲学意味，她的读者也许能体会到。她说的是："上帝说不要好为人师。我没有，也从未想过这么做。因为我就是一个平凡（lewd）、意志薄弱（feeble）、可能误入歧途（frail）的女人。"在否认她的权威之后，朱利安洋洋洒洒地写了长达七百页的哲学著作。

朱利安关注自然，追求确定的宗教

知识。她认为宗教知识有三大来源：自然的理性、宗教领袖的教导，以及上帝展现的异象。由于上帝能向他选中的任何人展现异象，而且上帝爱每一个人，所以在理论上每个人都可能经历神秘启示。诺威奇的朱利安生活在十字军东征的年代，那个时候异教徒宣称天主教的思想根基是错误的。人们该如何区分真正的宗教主张和错误的宗教主张呢？上帝会对普通人展现启示吗？朱利安和其他众多神秘主义者都持肯定的态度，其中包括宾根的希德嘉（Hildegard of Bingen）、圣十字约翰（St. John of the Cross）以及他的老师圣女大德兰（St. Teresa of Avila），他们都是著名的哲学家。如果只有宗教领袖可以直接面对上帝，这表示上帝只有有限的交流能力。朱利安称上帝为"基督，我们的母亲"，"基督，我们的父亲"。在她的思想中，上帝既是女性也是男性，既是母亲也是父亲。上帝历经艰辛创造并养育了我们。

意大利罗马梵蒂冈城的圣彼得大教堂。

17 世纪的观点

　　这里出于自己的考虑，我们略过中世纪到文艺复兴三百年的时间，直接来到 17 世纪。并不是说这段时期对宗教史来说无足轻重。欧洲这段时间十分混乱，既经历了启蒙运动和宗教改革，又见证了对它们的反动和压制；不仅出现了印刷书籍和公开的讨论，也带来了火药和火药的危害。路德（Luther）动摇了天主教教义的基石，新教传遍了整个欧洲。英国的亨利八世为了迎娶年轻的安妮·博林（Anne Boleyn）强行建立了英国教会。一场大肆的杀戮之后人们臣服于他。笛卡尔出生的时候，一场新的混乱已经初露端倪，在他去世之前，近代科学向根深蒂固的正统说法提出了挑战。

　　以上种种，尽管对宗教史来说必不可少，却并不和宗教哲学紧密相关。我们最想说的是 17 世纪是科学发现，同时伴随着理性的困惑，政治、宗教动荡的年代——这是旧的宗教权威、机构、真理，遭到质疑、否定和抛弃的年代。

笛卡尔

　　宗教哲学中下一个你该熟悉的人物就是勒内·笛卡尔（Rene Descartes，1596—1650）。笛卡尔渴望在混乱的年代中为理性建立起一个不可动摇的立足点，这使得他把寻找确定知识的全新方法当做自己的首要任务。然而当他实践的时候，新方法却向他揭示了上帝的存在。

　　我们在第六章看到，笛卡尔的方法是，任何观点无论表面看起来多么合理，都要对它加以怀疑以便确定它到底是否无懈可击。笛卡尔运用这个方法之后发现，作为一个思考者他不能怀疑自己的存在：congito, ergo sum（我思，故我在）。他也发现出于三个根本原因上帝的存在同样是无可置疑的。这三个原因就是笛卡尔对上帝存在的证明。

　　笛卡尔的第一种证明　笛卡尔证实了自己作为思考者的存在是绝对确定的之后，发现他思想中存在着上帝这一概念，一个无限、完美的存在。他进一步推理到，因为这个概念必然存在一个原因，而且这个概念的原因必然和这个概念的内容一样真实、完美，另外他本身当然不可能是这个概念的原因，所以他得出结论，上帝存在。

　　这就是笛卡尔的第一种证明。尽管笛卡尔似乎把它有些复杂化了，其实却很简单，之所以那么复杂是因为他不得不解释为什么上帝的概念不可能由上帝之外的原因引起，当然这是很有难度的。

　　正如你看到的那样，笛卡尔的第一种证明是本体论和宇宙论的混合体。说它是本体论证明是因为笛卡尔认为上帝这一概念必然意味着上帝存在。说它是宇宙论证明是因为笛卡尔认为一些偶然存在——笛卡尔的上帝概念——必然需要把上帝作为它们的终极因。

　　笛卡尔的第二种证明　笛卡尔还对上帝存在做出了另外两种证明。第二种证明和第一种证

笛卡尔认为，你深思熟虑之后就会发现除非上帝存在，否则你不可能拥有上帝这一概念。

明仅有一些细微差别，主要内容如下：

（1）我作为拥有上帝概念的思想者存在。

（2）一切存在的事物都有一个原因引起或维持它的存在。

（3）能够引起并维持我——拥有上帝概念的思想者——的唯一事物就是上帝。

（4）因此，上帝存在。

在第二种证明中，笛卡尔把上帝看成了笛卡尔——拥有上帝概念的存在者——的原因；而在第一种证明中笛卡尔把上帝当成了笛卡尔的上帝这一概念的原因。此外，笛卡尔还用到了一个重要概念：事物需要一个原因来保存或维持自身的存在。我们下面还会碰到。

笛卡尔的第三种证明　与前两个证明相比，第三个证明是一个简洁、标准的本体论证明。

（1）我的上帝概念是一个拥有所有完美性质的存在者的概念。

（2）存在是完美性质。

（3）因此，我们不能想象上帝不存在。

（4）因此，上帝存在。

现在假设你已经成功地得出结论（3），结论（3）是怎么推到结论（4）的？对笛卡尔来说，这不存在丝毫困难，他寥寥几笔带过："我从无法想象上帝不存在这个事实出发，推导出上帝的存在和他不可分，因此他确实存在。"他还提出了一个类似的证明来支持他的推导：你不能想象内角和不是180度的三角形就意味着三角形的内角和必须为180度，同样你无法想象上帝不存在就意味着上帝一定存在。

笛卡尔的三个证明也许很新颖，但是你脑中一定会立即跳出一些不同意见。人们通常会这样反驳前两个证明，除了笛卡尔做出的解释，我们还可能提出其他的解释来说明人为什么会拥有上帝这一概念。笛卡尔本人也预计到了这点，他努力证明了其他可能的解释是无法成立的。

第三个证明——笛卡尔的本体论证明——反驳起来较为困难，但是大约在一百五十年后，伊曼努尔·康德系统地阐述了对本体论证明的经典反驳。谈到康德的时候我们会详细说明。

另外一种对笛卡尔证明的反驳从笛卡尔的方法出发——他声称不能接受任何可能对之有丝毫怀疑的观点——然而笛卡尔本来既不该毫不怀疑地接受他和他的概念一定由某个原因引起这一原则，也不该接受原因和结果一样完美、真实的原则。笛卡尔认为自己为上帝的存在提供了确凿的证明，但是这些证明所依赖的基础在很多人看来却并不那么确定。笛卡尔似乎毫不犹豫地接受了这些原则。

无论如何笛卡尔的证明在宗教哲学史中是十分重要的，因为它们提出了一些关键问题——至少在前两个证明中——那就是人是如何拥有一个无限存在者的概念的？

莱布尼茨

你也许还记得第六章中提到的哥特弗里德·威尔海姆·巴朗·冯·莱布尼茨这个名字，或者只是"莱布尼茨"这个部分。莱布尼茨（Leibniz，1646—1716）是 17 世纪的欧洲大陆理性主义者之一（另外两位是笛卡尔和斯宾诺莎）。莱布尼茨不仅独立于牛顿单独提出了微积分学说，还创立了单子（monads）的形而上学学说，这一切必将载入史册——他认为单子这一非物理个体活动单位是实在的终极组成部分。另外请记住莱布尼茨的形而上学体系，在莱布尼茨本人看来，它出自一些基本的逻辑原则，其中最为著名也许就是充足理由原则。

莱布尼茨和充足理由原则　莱布尼茨将充足理由原则（principle of sufficient reason）用作对上帝的证明。这个原则说的是，事物恰好这样而不是那样存在，必然有一个充足的理由。

为了看看证明如何成立，我们随意挑选一个事件作为思考对象，比如说秋天树叶从树上凋落。根据充足理由原则，这个事件的发生一定存在一个充足的理由。任何事件的发生存在一个不完全的理由，那就是另外一个已发生的或正在发生的事件引起或正在引起这个事件发生——在我们的例子中就是天气变冷。对于思考的事件来说，这是个不完全的理由，因为这个理由还需要另外一个充足的理由。天气为什么会变冷呢？

莱布尼茨认为如果你从事件序列的内部不断追寻充足理由，你显然永远不能得到一个事件完整的、终极的、充足的理由。你只找到某个另外的事件，它本身还需要一个理由。（天气变冷是因为气流向南转变，气流向南转变是因为太阳辐射减少，太阳辐射减少是因为地球和太阳的相对位置发生了变化，如此等等。）因此，除非在事件序列之外还存在一个整个序列本身的理由，否则任何事件的发生都找不到充足的理由。

因此莱布尼茨推理道，因为每件事物都有一个充足理由，那么整个事件序列外部一定存在着某些东西，它本身就是自己的充足理由，而这个"外部的东西"当然就是上帝。他进一步论证道，因为上帝是自己存在的充足理由，所以上帝是必然存在的。

至少对于莱布尼茨来说，充足理由原则再加上事件发生或正在发生这一事实就可以直接推导到一个必然的存在者——上帝。

这个证明也是一个宇宙论证明，它和阿奎那的第三种证明很相似。实际上，文献中存在着以莱布尼茨的模式来解释阿奎那第三种证明的倾向。此外，莱布尼茨"充足理由的证明"被许多同代哲学家看做是最合理的宇宙论证明，在所有已经提出的各种上帝存在的证明中也是最可靠的。当我们谈到大卫·休谟的时候，你就可以清楚地看到这点，不过并不是所有人都看重这个证明。

我们后面将会提到康德认为宇宙论证明是建立在本体论证明基础之上的。康德这样想显然是因为莱布尼茨的论证最后似乎只是证明了一个必然存在者的存在，而上帝作为必然存在者的概念正是本体论证明的基石。莱布尼茨的论证取决于本体论证明或假设了必然存在者的存在的确看起来有点令人困惑。这个论证证明了必然存在者的存在。

莱布尼茨认为其他对上帝的证明也是合理的，包括笛卡尔经过修改的本体论证明和其他建立在莱布尼茨形而上学基础之上的证明，然而莱布尼茨的宇宙论证明是我们介绍过的同类证明中最为出名的。

莱布尼茨和恶的问题 不幸的是，苦难的真实性不容否认。癌症、自然灾害、战争、饥饿、种族歧视、谋杀、虐待动物——造成苦难的事物无穷无尽。当小动物冻饿而死或在森林大火中化为灰烬的时候，当无辜的人被同类折磨残害，当妇女儿童死于原子弹轰炸的时候，我们如何能够说造物主是善的？诚然，这些问题大都出自人类的恶；但现在问题来了：善的造物主何以会造出恶的人类？无论如何，造物主在造人之前就该知道，这些人会做出怎样的事。

这就是恶的问题。或许首次提出这个问题的是伊壁鸠鲁，当然原话并非如上述这般。显然，只要你相信上帝是善的并且是全知全能的造物主，你就必然会遭遇这个问题。在世上存在恶这一前提下为上帝的善做辩护的论点，即莱布尼茨所说的神义论（theodicy）。不过最先对这个问题做过细致思考的人是圣奥古斯丁。时至今日奥古斯丁的辩护依然被广为接受，它大致包含以下要素：

上帝，如果你是真的，你为什么让民主党人赢得选举呢？

这显然是一个从共和党人立场出发的变相的恶的问题（在莱布尼茨一部分的内容中有讨论）。

· 当人行使自由意志离开上帝的时候，人类的恶就发生了。

· 恶是善的丧失或缺乏，它是由上述离开造成的。

· 缺乏某物这件事并非某物，因此这恶不是由上帝创造的。

· 通过神圣的报偿，人类的罪恶终将被抹平。

· 我们的世界观是有局限的，所以我们没法判断世界全体的善。

上文说过，莱布尼茨认同充足理由原则，而这个原则逻辑上就意味着（在他看来）上帝是存在的。这同时意味着我们的世界是所有可能世界里最好的世界，不然的话，上帝也就不会选择让它存在。于是，莱布尼茨就有必要解释一下恶是如何进入这个世界图景的。

简单地说，莱布尼茨的解释就是：上帝创造了万物，而不是他自身，被造的万物从逻辑上讲必然是有限的、不完美的。因此从某种程度上，就被创造物是不完美的这点来看，它们不全是善的，因此此也就是"恶"的。

他更进一步论证，欣赏绘画必须从整体加以把握。要是你只看到了局部的画面，就不能宣布这幅作品很糟糕，因为你只是看到了一堆乱七八糟的色块。同样道理，你必须从世界整体的角度来观察这个世界，而不是集中在这个或那个令人不愉快的局部。

当然并不是所有人都对这个恶的解释感到满意。伏尔泰（1694—1778）的著名小说《老实人》（Candide）中贯穿了对莱布尼茨名言"这是可能的世界中最好的世界"中表现出来的乐观主义的辛辣讽刺。莱布尼茨的观点是一个人必须从世界整体的角度出发看待恶，从整体来看不幸只是一个更大的结构也就是完美的创造中的一部分。在伏尔泰看来，这个观点对于一个承受着沉重厄运的个人来说没有任何意义，他毫不犹豫地对此进行了讽刺。伏尔泰说如果你用冷酷的双眼来观察世界，那么除了一个公正、和谐、有序的世界外，你对其他将一概熟视无睹。你眼中的世界更可能充满了不公、冲突和混乱。

伏尔泰写道："当死亡为苦命人的厄运加冕的时候，会被虫子吃掉，这是多大的安慰啊！"你能了解此话的含义吧。

18 和 19 世纪的观点

现在请你来回忆一下阿奎那的第五种证明，它是一种目的论证明，也常常被称为设计论证明。对上帝存在的这类证明的基本内容就是世界以及它的组成部分都向着一个目标活动，从而展现出一种构思；因此这个世界是由一个充满智慧的设计者创造的。英国的经验主义者大卫·休谟对设计论证明的批判是最广为人知的一种。

休 谟

笛卡尔去世六十年后，大卫·休谟（David Hume，1711—1776）出生了。那段时期的欧洲历史目睹了科学和宗教这两大对手之间那清晰的竞争态势。笛卡尔写作《沉思录》（Meditations）和休谟撰写宗教文章之际，科学突飞猛进，特别是在 1687 年，伊萨克·牛顿爵士发表了《自然哲学的数学原理》（Principia Mathematica）。尽管牛顿本人毫不怀疑上帝的存在，但是他的体系似乎以科学的方式肯定了霍布斯早先用哲学方式得出的结论（见第六章），这似乎也是笛卡尔最为忧虑的东西：宇宙是一团运动着的物质集合体，它不需要或者没有地方安置上帝。休谟对宗教的质疑证据确凿，这使得许多人血压飙升，不过当休谟的观点印成铅字之时，人们不再把它当做罪大恶极的犯罪行为了。

休谟的经验主义认识论原则（如果合理的话）实际上排除了一切具有重要意义的本体论证明的可能性。这件事很复杂，我们也无需赘言，因为休谟对宇宙论、特别是目的论证明的尖锐批判在宗教哲学领域中是最有影响的。不管怎么说，对本体论最重要的批判出自康德之手（休谟对神迹的思考也很有影响；我们在"神迹"这一栏中会加以讨论）。

神 迹

一些基督徒把神迹看做神做工的证据。然而，休谟对此保持高度怀疑。

他推理道，神迹破坏了诸如水往低处流或者火焚烧木头这样的自然规律。因此只有在支持神迹的证据比支持自然规律的证据表现得更加有力的情况下，我们才能够理性地把神迹当做真实的事情。

人类相同的经验是自然规律的证据，因此很难想象存在着什么真正的神迹。因此理智地承认这样一个描述真实存在之前，描述本身的虚妄必须是不可思议的。也就是说，描述本身的虚妄应当是比神迹本身更大的神迹。

休谟写道："任何证据都不足以建立一个神迹，除非它的力量太强，使它的'虚妄'比它所欲建立起来的那种事实更为神奇。"

休谟和设计论证明　休谟首先对目的论证明（也就是设计论证明）阐释一番，随后加以猛烈的批判。以下是他的叙述，接着我们再解释一下他的批判。

请观察周围的世界；请思考一下整个世界和它的每个部分：你会发现除了一台出色的机器外，它一无所是。这台机器被分成无限数量的次级机器，然后这些次级的机器再被分割，直到人类的感觉和器官无法察觉和解释的程度。所有这些形形色色的机器彼此之间，即使是最微小的部分，也能精确协调，曾经想到过这点的人们都会惊喜得羡慕不已。对于人类的机械、设计、思想、智慧和理智的各种成果来说，整个自然界中手段和目的之间的神秘调节，不仅与之十分相似而且大大超越了它们。既然结果是如此类似，我们通过类比原则可以推导出，原因也同样类似；自然的开创者必与人类的头脑有几分相像；尽管在他的操控之下，存在着与壮观的工作相称的更加庞大的机能。通过后天论证，而且仅仅通过这个论证，我们就可以立即证明与人类的大脑和理智相似的上帝的存在。

请注意在这个上帝的证明中，正如休谟所阐述的那样，推理是从结果（"世界"，即宇宙）和它的各个部分出发，上溯到原因（上帝）的。此外，这还是一个类比证明（argument by analogy），结果（世界或宇宙）被比作人类的机械，原因被比作人类中的创造者，创造的过程被比作人类的思想和智慧。休谟对这一证明的批判主要是：（1）这些类比证明的恰当性；

（2）这个从结果上溯到原因进行推理的合理性。

休谟注意到了在这个从结果上溯到原因的证明中，我们不能把超出结果的任何性质归于假定的原因。举个例子说，世界是绝对完美的吗？世界上不存在犯罪、错误或者不和谐吗？回答是否定的吗？那么你就不能说它的原因也是绝对完美的。世界表现出无限的智慧和理智吗？休谟认为世界最多只是在某种程度上表现了这些性质；因此，尽管我们可能推导出原因在某种程度上相似，我们却无权将一些更高程度的性质归于原因，我们当然也无权将无限程度上的性质归于原因。

我们同样无权把其他的性质归于原因，比如纯粹的善或者无限的力量。在休谟看来恶与不幸的存在当然无法表明纯粹的善和无限的力量是世界的原因。他并不是说痛苦和悲惨的存在必然意味着世界的创造者不是善的或者全能的，而是在考虑恶和不幸的时候，我们不能通过观察世界就合理地证明创造者是至善全能的。这样做就是把不属于结果的东西归于原因了。

休谟对我们能在多大程度上了解世界的完美和善表示怀疑。我们的角度有限，又没有比较的基础，我们能肯定世界没有巨大的错误吗？我们有资格说这个世界值得极力赞美吗？如果一个无知的傻子宣布他听过的唯一一首诗在艺术上无懈可击，他的意见有价值吗？

他还注意到在上帝的设计论证明中，原因是从一个单一的结果，即这个世界中推导出来的。但是休谟问道，从单一的结果中推导出原因合理吗？如果我知道（我们做一个现代的说明）一种新型电子仪器能够发出一种奇怪的声音，那么当我再次听到这种声音的时候，我就能推测这种声音是由一种类似的仪器引起的。如果我第一次听到这种声音，我对它的起因不知所以，也许只能排除它不是长号或吉他的声音。换句话说，如果我们的经验只包含了结果中的特例，就好像这个证明中的世界一样，那么"我们能对原因做出任何猜测或推导"就并不是那么一目了然的了。

当然，我们有制造机器、轮船、楼房之类的经验。但是世界真的可以与此相提并论吗？我们能证明房子和宇宙相差无几吗？讲到世界万物的来源，休谟写道："出自人类技艺和设计的轮船、城市当然是远远不够的。"

休谟十分强调我们观点的有限性。作为宇宙中的一部分，我们运用自己的智慧和思想来建造城市和机器。我们也由此猜测一定存在着一个神圣的创造者，他运用智慧和思想创造了宇宙。但是我们和我们的创造物只是宇宙中的沧海一粟，人类的思想和智慧只是人类所知数以百计的活动原则之一。休谟问道，我们假设宇宙的那一小部分重新安排那一点木头、钢材、泥土的方式就是起初创造整个宇宙的方式，这不是太荒谬了吗？

此外，即使我们能够把创造世界比作建造房屋或轮船，休谟说，这里存在着一个更深层次的问题：我们观察一艘轮船的时候会为建造者的心灵手巧而赞叹不已，而实际上他的建造者可能只是个"牛脑子"，只是复制了无数人历经众多实验、错误、修正、改进并最终达到完美的艺术品。我们能肯定这个世界不是包括了许多低级"创造者"的，经过实验、错误，甚至是时不时出现次品的相似过程所产生的结果吗？

休谟问道，把这个世界比作轮船、手表、机器或者其他人类的工艺品合适吗？较之机器，这世界难道不是更像生命有机体吗？产生生命机体的过程与产生人类技艺制品的过程难道不是截然不同的吗？

这就是休谟对设计论证明批判的实质。考虑到这个证明面临的种种障碍后，休谟得出以下结论：宇宙中存在着秩序显而易见，这个秩序多多少少能够表明原因的存在或这原因与人类智慧有那么些遥远的类似。休谟认为，它能够证明的仅此而已。

休谟和宇宙论证明　休谟考察的宇宙论证明说，任何存在必须有一个不同于自身的起因（原因或解释）。由于起因的序列不能推至无限，一定存在着一个没有他因的起因，上帝。这个基本证明的另外一个变化形式是，起因的序列可以推至无限，但是仍然需要一个产生整个无限序列的没有他因的起因。无论如何，没有他因的起因不能不存在。因此，没有他因的起因是一个必然的存在者（necessary being）。

休谟是这样反驳这些证明思路的：首先，就我们所能理解的程度而言，宇宙本身可能就是"必然存在的存在者"。其次，如果你认为任何事物都有一个先前的起因，那么存在第一因就是自相矛盾的。最后，如果我已经说明了序列中每个部分的原因，就没有必要进一步解释序列本身，仿佛它是另外的某件事似的。

语词争论?　在结束休谟这部分内容之前，他还有一个观点值得一提。他的想法令人大跌眼镜，那就是有神论者和无神论者之间的分歧只是语词上的差异。这是他的推理：

休谟认为无神论者和真正的信教者就观点而言并非那么泾渭分明。

有神论者说宇宙是由神圣意志创造的。他们也承认神圣思想的创造性活动与人类的思想及其创造活动之间有不可逾越的鸿沟。

无神论者是怎么说的呢？他们承认宇宙秩序有一些原始或基本的原则，但是他们坚持认为这些原则和日常生活中创造性、生产性的过程以及人类智慧的相似性微乎其微。

那么无神论者和有神论者几乎说的是同一件事！

休谟说，他们的主要差异在这里：有神论者关注宇宙中存在或已然存在的秩序和繁衍生息的基本原则的必然性，而无神论者对这个原则和我们熟悉的创造活动之间存在的巨大差异印象深刻。有神论者越是虔诚，他越会强调神圣智慧和人类智慧之间的差异；他越会坚持可朽的人类无法了解上帝的工作。简言之，有神论者越虔诚，他就和无神论者越相似！

康 德

现在让我们来看看伊曼努尔·康德（Immanuel Kant，1724—1804），他在宗教哲学上做出的贡献可以和他在认识论与伦理学上做出的贡献相提并论。康德提出了最著名的上帝存在的道德论证明。许多评论家认为康德对传统上帝存在证明的批判比他自己的证明更有说服力，无论如何它们都在经典批判文献之列。

康德认为，共有三种证明上帝存在的传统方式，它们都站不住脚。

本体论证明有什么错？ 我们先谈谈本体论证明。请回忆一下安瑟伦的证明，他认为上帝是可设想的最大的存在者。因此，如果你假设上帝不存在，你的假设就意味着可设想的最大的存在者不是可设想的最大的存在者，这句话没有意义。在笛卡尔的证明中，他认为上帝拥有一切完美的性质，由于存在也是一种完美的性质，所以上帝存在。

现在我肯定你会觉得本体论证明有点不对劲，不管怎么说你凭直觉就能感受到哪里错了；然而找到症结所在又有些困难。

康德的批判经历了时间的考验，尽管近年来出现了一些挑战。康德说，证明的漏洞就是：它假设存在是一个"谓词"，即一种特征或性质。因为安瑟伦假设存在是一种性质，他就可以论证不存在的东西缺乏了一种重要的性质，因此它也就不是可设想的最大的存在者了。也正因为笛卡尔假设存在是一种性质，所以他论证道，根据定义拥有一切完美性质的上帝必然拥有存在的性质。

但是康德说存在根本不是一种性质，相反它是性质存在的前提。暖和天气和存在暖和天气有什么区别吗？你说了土豆沙拉是咸的，你再说土豆沙拉是咸的而且它存在能更进一步描述它的性质吗？你告诉修理工轮胎漏气，你再说轮胎漏气而且它存在能给他更多信息吗？在康德的眼中，诸如此类问题的回答显然都是否定的。说某物存在并没有描述它的特征：存在不是一个谓词。

我们先把这个看法用到笛卡尔的证明中：存在不是完美的性质或者其他任何特征。当然如果拥有一切完美性质的东西存在，那么上帝就存在，因为存在是性质存在的前提。但是这并不

我们的汽车机械性能良好，还有一份六个月的书面保证书而且它们存在。

二手车

意味着上帝真的存在。

康德论证了存在不是一种性质，你说某物存在实际上并不能丰富描述的内容。当然你也许想坚持某物——比如说上帝，或者鬼魂——存在，但是康德认为这种主张实际不是一种描述。

再把这个看法用到安瑟伦的证明中：存在不是一种性质，因此它不是属于伟大的性质。当然如果可设想的最大的存在者存在，那么上帝就存在，因为根据定义上帝就是这样的东西，如果不存在的话，他也就不能拥有一切伟大的性质。但是这个事实不意味着这样一个东西存在。

宇宙论证明和目的论证明有什么错？ 康德认为第二种对上帝的证明，也就是宇宙论证明可以简化如下：如果某物存在，那么绝对必然的存在者也要存在。至少我是存在的，因此绝对必然的存在者存在。

与阿奎那、笛卡尔、莱布尼茨和休谟的证明相比，这当然是宇宙论证明的简化版。不幸的是，常常将事情复杂化搞得读者一头雾水的康德，为了弥补简化的巨大跳跃，他繁琐而晦涩的分析足足填满了好几页纸。

康德对宇宙论证明的批判主要有两点：首先，这个证明实际上建立在本体论证明之上的。他说明的原因和过程都极其含混不清，很可能并不成立，我们先放一放。其次，当然也是更为关键的，这个证明采用了一个原则（任何偶然事物都有一个起因），这在我们经验到的世界中固然是有意义的。康德认为这个证明使用经验原则得出了一个超越经验的结论。（我们在第七章试图解释清楚，康德相信因果关系只适用于可经验的物体。康德持这个观点的原因相当复杂，我们在此就不再复述，但是他对宇宙论证明的批判的基础是对因果关系的正确判断，仍有人对此抱有怀疑态度。）

根据康德的观点，第三种也是最后一种对上帝存在的证明是目的论证明，它把自然的有目的、和谐的调节作为神圣设计者的证据。康德认为这个证明最多论证了存在一个用世界上的物质来工作的建筑师，而不是创造者。我们看到，休谟的反驳思路与此类似。

信仰上帝在理性上存在依据 尽管康德对三种传统的上帝存在证明提出了批判，但是他本人仍然信仰上帝。而且使某些人惊奇的是，他认为这一信仰对任何有道德的人来说都可以在理性上找到根据。他的思想通常总是很复杂，我们在这里大致介绍一下：

尽管我们对于上帝没有理论上或者形而上学的知识，尽管我们不能证明上帝的存在，但是我们必须假设这个世界是由上帝创造的。为什么呢？康德说，只有我们假设上帝存在，我们才能相信美德会得到幸福的回报。康德认为，美德值得让人感到幸福，它是至高的善。如果不相信上帝的话，有道德的个人不能确定配得的幸福是否属于自己———一般地说，即一个人的幸福是否和他的道德价值相称。

因此康德认为上帝的存在虽不能得到证明，但是有道德的人能够也必须在理性上假设上帝存在。康德说，上帝存在是实践理性的前提。我们在阿奎那那里首先碰到了道德论证明，这是另外一种上帝的道德论证明。

克尔凯郭尔

将康德哲学和同时代的丹麦哲学家索伦·克尔凯郭尔（Søren Kierkegaard，1813—1855）的哲学做个比较是件有意思的事。克尔凯郭尔的出生略晚于康德去世。他们两人都认为理性无法证明上帝的存在，但是他们观点的相似之处也仅止于此。

对于克尔凯郭尔来说，"存在"参与到时间和历史中。因为上帝是永恒和不变的存在者，我们甚至不能把"存在"这个词语用到上帝身上。但是他认为作为基督的上帝是存在的。基督是一个人类理智无法理解的悖论，在基督中不变的成为变化的，永恒的成为暂存的，超越历史的成为在历史之中的。

简单地说，克尔凯郭尔认为理性无法把握上帝，上帝作为一个人以耶稣的身份来到我们面前从理智上来说是荒谬的。与此同时，克尔凯郭尔的主要任务就是向人们展示，成为基督徒意味着什么，他本人就是一名虔诚至极的基督徒。那么这一切是如何发生的呢？

首先，克尔凯郭尔完全否定了这样一个概念：我们可以心平气和地、客观地从正反两面来权衡上帝存在的证据，我们也可以对这一问题进行不偏不倚的研究，然后得出一个"真理"。克尔凯郭尔都不会费神来阅读这一章节。

实际上，克尔凯郭尔嘲弄了整个客观真理赋予生活以意义的观念。他说，真理是主观的。真理不在于你信仰什么，而在于你怎样生活。真理是充满热情的献身。举个例子，想象一下一个人把崇拜"真正的"上帝仅仅当做例行公事，没有一点激动和虔诚。另外一个人崇拜的只是一个偶像，但是灵魂中却被无限的虔诚之情所充满。事实上，克尔凯郭尔说："那个人尽管崇拜一个偶像，却真正在向上帝祈祷；另外一个人虚伪地向真正的上帝祈祷，因此他崇拜的实际只是一个偶像。"

其次，克尔凯郭尔完全否定了亚里士多德的思想，即人类基本的属性就是运用理性的能力。对于他来说，人类最重要的属性不是思想而是意志。人类是做出选择的存在者。

然而如果真理不是客观的，那么就没有客观上合理的、永恒的原则或者标准，我们也没有根据对一个人的选择做出判断。如果没有客观的、理性的标准，只能依靠自身的判断，我们将如何选择？这个问题——在客观真理缺席的情况下了解该如何选择和选择什么的问题——在克尔凯郭尔之后，成了存在主义的核心问题。

克尔凯郭尔的回答我们必须彻底地献身于上帝。只有通过信仰的跳跃（leap of faith），通过

上帝的先见之明与自由意志

据称上帝无所不知，因此无论你做什么，上帝早在你行动之前就已经知道你会做些什么。你今天早上睡懒觉了吗？上帝知道你会的。

这意味着你今天早上不可能不睡懒觉，因为上帝知道你会睡懒觉。如果你不可能不睡懒觉，那么从什么意义上说你睡懒觉是出于自己的自由意志呢？发现问题了吧，这样看来上帝的无所不知与你拥有自由意志产生了冲突。

这个问题有时候被初涉哲学的学生用

"仅仅是字面问题"或者"容易解决"很轻松地打发了。果真如此，对那些争论得不可开交的哲学泰斗和神学大师来说，这可真是条爆炸新闻，其中包括保罗、奥古斯丁、路德、加尔文还有其他一些人。正是因为他们发现了上帝全知（知道所有一切）在逻辑上的引申意义，才导致了——比如说加尔文教徒（16 世纪杰出的新教神学家约翰·加尔文的追随者）——相信上帝预定了哪些人将被救赎，哪些人将被诅咒。

非理智的、激情的，对基督教的"无限"虔诚才能得到拯救。"信仰自成一体，要把它变成教条或者让它进入理智的领域，那么对信仰的任何歪曲人们都会立即一目了然。"

我们一定不能把克尔凯郭尔的话和早期基督教思想家的观点混淆起来。早期基督教思想家说信仰先于理解，你必须先有对上帝的信仰，才能对他进行理性思考。但是诸如奥古斯丁和安瑟伦这样的思想家仍然孜孜以求理性的基础来巩固业已皈依的信仰。克尔凯郭尔与他们形成鲜明对比，认为这样的理性基础根本不存在：上帝在理性上是讲不通的。

此外他认为即使信仰上帝存在理性的基础，实际上也和信仰不能相容，他说："如果我希望保存我的信仰，我必须不断专注于紧紧抓住这个客观上的不确定（的上帝）。"对于克尔凯郭尔来说，客观上不确定的上帝对于他心中真正的信仰来说是必不可少的，只有它能够"让我在深渊之上，在七万多英寻的水里探出头来，保持着我的信仰"。

尼 采

尼采说"上帝死了"。弗里德里希·尼采（Friedrich Nietzsche，1844—1900）这句臭名昭著的话说的并不是上帝曾经存在，现在却死了。他的意思是任何有一点智慧的人都会知道宇宙没什么充满智慧的设计或理性的秩序：他们会明白事情这样而不是那样发生并没有什么理由，而我们想象中存在于宇宙中的和谐与秩序仅仅只是人的思想的产物。

然而尼采一定觉得拥有这点智慧的人也屈指可数，实际上他眼中的所有人都要遭他蔑视。

尼采认为在庸众的眼中上帝当然没有死。在尼采看来，那些可怜人的世界观经由宗教、科学、哲学反复灌输，已经失去了自由，而这种世界观又使那些可怜人变成主要靠仇恨为动力的怯懦的失败者。他们把世界看做受理性、规则支配的地方，并且拥护赞美那些用温顺和无私服务同胞的奴隶道德。

在尼采的眼中，这些可怜的奴隶的消极道德——那些人群、庸众——必须重新加以评估并用肯定的价值取而代之。新道德将建立在一种新人类发展的基础上，尼采称他们为"超人"（übermensch）。这样的人不仅拥抱生活带来的一切，包括所有痛苦，还要将生存变成一种艺术。尼采把亚历山大和拿破仑当做超人的先驱者。

尼采认为是上帝的消失必然导致评判是非对错的绝对的、必要的标准也不复存在，20世纪诸如阿尔贝·加缪和让－保罗·萨特等的存在主义哲学家十分认同他的观点。对于这些思想家来说，哲学的那个根本问题是一旦绝对合理的标准缺席，人类在无法评判自己的决定和选择的情况下该如何生活。

尼采、克尔凯郭尔和一些存在主义者会同意本章中有关上帝存在的各种理性讨论最终不过是白费力气。（然而，弗洛伊德还提出了一个有趣的观点，你可以阅读一下"宗教：未来的幻觉"一栏。）

宗教：未来的幻觉

精神分析学的创始人西格蒙德·弗洛伊德（Sigmund Freud，1856—1939）认为宗教是迷惑大众的活动，主要是为了让人们处于一个幼稚的心理状态。宗教是愿望的满足；它塑造了"一个特别崇高的父亲形象"，这一形象能够如自己的父亲一样抚慰我们。这位身处天堂，绝无谬误而又无限全能的的父亲向我们保证生活充满了意义和目的，所有人都会有一个完满的结局。然而，尽管宗教让人一生保持着孩童般的状态，它却是危险的幻觉。宗教要求人们完全服从于不可思议的律法，妨碍人们在事实和异想天开之间辩明方向，这一切都威胁着人类的理智。即使哲学家和神学家试图把上帝定义为"非人格的、模糊的和抽象的原则"来挽救这一幻觉，情况依旧没有什么起色。

有时候宗教信仰是从万物为"一"的心理感受发展起来的。弗洛伊德说，比如"海洋感觉"就重现了幼年早期十分有代表性的无限自恋心理。他认为如果人类能够接受伏尔泰的建议，在思想中保留一点现实，尽心耕作自己的花园，那么一定会更加愉快。

詹姆士

1897 年，威廉·詹姆士（William James，1842—1910）第一部重要著作《信仰意志和其他通俗哲学论文集》（*The Will to Believe and Other Essays*）出版。宗教把世界看做神专为了人类灵魂成长而创造的天堂，而据称科学认为宇宙是物质微粒根据物理规律进行的盲目运动，到 1900 年为止，两种观点间的不可知论和彼此对立的倾向都明显增强了。过去的两百年间，盲目运动这一观点越来越合西方知识分子的胃口。大约在 19 世纪中期，达尔文解释了为什么物种起源无须与神有关，卡尔·马克思则断言宗教是人民的鸦片。如果休谟和康德的理性思考还不能强大到足以使哲学家们正视他们两人对上帝存在传统证明的批判，那么时代的精神却做到了这点。这个世纪接近尾声之时，弗里德里希·尼采，正如我们看到的那样，宣布上帝死了。

无论过去还是现在，并非人人都会认同上帝死了。实际上，在那个时候甚至在现在，上帝是否存在对许多人来说，仍然是一个（1）活生生的而且（2）意义重大的问题。对于威廉·詹姆士来说，两者兼而有之。此外他认为，它还是（3）必须的，这意味着我们无法对此事悬置判断。在他看来承认不可知论或妄想悬置判断实际是"对反对宗教假说的立场给予支持"（也就是反对上帝）。

他站在支持的立场上对上帝存在的问题做出论证。他论证的开端并不容易理解，他指出"我们的非智力本性确实影响了我们的信念"。詹姆士认为事实的确如此，我们的信念通常是由非智力的或"情感的"本性决定的，而非由理性决定。詹姆士认为我们有时甚至有意用意志来左右信念。

既然詹姆士已经证明了我们的非智力本性影响了我们的看法，他接下来区别了理性思考者的两条戒律。它们是

（1）相信真理

（2）避免错误

詹姆士注意到一些个人比起（1）来，更倾向于（2）：与发现真理相比，他们情愿避免错误。情感的本性通过"没有信仰永远好于信仰谬误"这一信条要求他们：被人引入歧途还不如去死。但是詹姆士却并不把抬高（2）贬低（1）当做自己的信条，他说有些事比身陷谬误糟糕得多。在一些情况下，他主张"追寻真理至高无上，避免错误暂居次席"才是最好的选择。

在詹姆士看来，当涉及宗教问题的时候，事情正是如此：向一切可能是真实的希望妥协要比害怕一切错误好得多。如果对错误的恐惧支配了你，听见它对你说："不惜一切代价避免犯错！"那么你就将一切宗教信仰拒之门外。当然这么做能保护你避免错误——如果宗教信仰是错误的话。但是你拒绝一切宗教信仰同样也会失去信仰带来的益处。詹姆士认为，失去好处比得到避免犯错的保护更糟糕。

此外，如果宗教信仰是正确的，但是证据却不够充分，那么"不惜一切代价避免犯错"的策略完全使你失去了一次与上帝为友的机会。因此，在詹姆士看来，"不惜一切代价避免犯错"

人物简介 | 威廉·詹姆士

威廉·詹姆士的文笔在哲学家中几乎无人能及，即使是最枯燥的哲学问题，他那扣人心弦的笔触也能赋予它无穷的生命力和趣味。詹姆士对语言极有天赋，他能用简单又优美的方式将复杂的思想表达出来。作为伟大的美国小说家亨利·詹姆士的哥哥，这也许是预料之中的事。

他的父亲是一名富有而古怪的神学家，詹姆士家的孩子由他在一个有利于智力发展的环境抚养长大。詹姆士家的孩子得益于在欧美各所学校丰富的教育经历，他们自由地追寻自己的兴趣，发展自己的能力。他们都很有教养并且具有世界眼光。

威廉·詹姆士兴趣广泛。尽管他为科学深深吸引，但在 18 岁的时候他决定成为一名画家。不久他就很明智地发现，自己的才能远远赶不上他对艺术的冲动。

于是詹姆士前往哈佛学习科学。虽然他并未打算行医，他却进入了学校的医学院，接近 30 岁的时候拿到了医学学位。几年以后，他以解剖学和生理学讲师的身份在哈佛执教，他的教师生涯直到 1907 年才结束。从 1888 年开始，他一直是哈佛大学哲学系和心理系的一员。你不应该把詹姆士对哲学的兴趣看成是心血来潮。他一直深爱这门学科并且试图为许多科学问题找到哲学上的解释。

直到詹姆士成功地解决了自由意志的问题以及回答了极有说服力的决定论证明以后，他才消除了精神危机的痛苦。在 1870 年左右，他在法国哲学家查尔斯·雷诺维叶（Charles Renouvier）的思想中为自由意志的哲学找到了根据，并且似乎凭借它治愈了自己的间歇性精神崩溃。

1890 年，詹姆士出版了著名的《心理学原理》（*Principles of Psychology*），许多人把它看作他的代表作。从纯哲学的观点看，《信仰意志和其他通俗哲学论文集》（*The Will to Believe and Other Essays in Popular Philosophy*，1897）同样重要。詹姆士在这本书的《自由意志的困境》（*The Dilemma of Determinism*）一文中为自由意志的问题找到了答案。其他较为重要的著作还有《宗教经验种种》（*The Varieties of Religious Experience*，1902）、《实用主义》（*Pragmatism*，1907）、《多元的宇宙》（*A Pluralistic Universe*，1909）、《真理的意义》（*The Meaning of Truth*，1909）、《一些哲学问题》（*Some Problems in Philosophy*，1911）和《彻底的经验主义论文集》（*Essays in Radical Empiricism*，1912）。

威廉·詹姆士也许是他那个时代最有名气的知识分子。然而今天一些哲学家却把他看得无足轻重——他是一个哲学问题的普及者，没有对专业性的哲学做出什么重大贡献（不管它是什么）。他同休谟或者康德的关系就好像柴可夫斯基同莫扎特或巴赫的关系，他只是一名优美旋律的高产作曲家。这完全是个错误。眼光敏锐的读者会发现詹姆士的洞察力极其深刻。

的策略——用到宗教上的时候，会让你拒绝接受某些观点，即便这些观点真的是正确的——这意味着它是一个不理性的策略。

詹姆士强调他不是说你应该相信如他说的"你认为不正确的东西"。他说，他的策略只适用于无法靠理智解决、意义重大而又活生生的问题。它只适用于上帝是否存在这样的问题。

詹姆士还将这个策略用到我们是否拥有自由意志这个问题上。他并不把注意力直接放在问题本身上，他关注的是接受不同观点带来的结果。詹姆士认为，相信决定论是行不通的，因为接受决定论就意味着对发生的事情永不后悔。（根据决定论的观点，发生的事必须发生，因此觉得它本不该发生是不符合逻辑的。）有道德的人类认为自身在做出真正的决定并影响世界，无论是让世界更好还是更坏，而这一点与认同决定论构成了矛盾。

20 世纪的观点

詹姆士的观点引发了不少批评。无神论者和信教者纷纷参与到讨论中。无神论者认为詹姆士将自己的异想天开夸大成了证明，而信教者则对詹姆士上帝的存在无法确证这一隐晦前提能否成立提出了质疑。还有一些人说以詹姆士的方式建立起来的信仰不符合宗教提出的要求：对上帝的信仰无可妥协，没有条件。在他们看来，詹姆士对上帝的信仰是一场类似于帕斯卡的赌注（Pascal's wager）那样的赌博（见"帕斯卡的赌注"一栏），而不是真正皈依宗教。

不管怎样，詹姆士把我们领入了 20 世纪，我们该来思考一下 20 世纪是如何讨论上帝的存在的。第一个讨论好像证明了上帝并不存在，而实际上它证明了对上帝的证明从一开始就是没有意义的。

上帝和逻辑实证主义

20 世纪 20 年代末期，以维也纳大学哲学教授莫里兹·石里克（Moritz Schilick）为首的一群哲学家、数学家和科学家提出了一系列被人们称为逻辑实证主义（logical positivism）的观念。维也纳学派（Vienna Circle）和逻辑实证主义的核心思想，正如我们在第九章看到的那样，就是可证实原则（verifiability principle），它讲的是一个命题的意义在于你必须拥有命题被证实为真的经验。"洒水车在工作吗"是什么意思？好吧，要看这个命题是否正确，你就必须将身子探出窗外或者走到院子里，或者做些别的来检验一下。根据可证实原则，检验要求的经验就是命题的意义。

　　这个原则规定了一个不可证实的观点不具有实际意义。请看一看"洒水车注定要停止工作"这句话。你将如何检验这个命题的真假？任何人的经验都无法证实这句话的真伪。因此逻辑实证主义会说，这句话实际上没有意义。

　　当然有些命题只要凭借自身词语的意义就可以证实真伪：比如"你比任何一个比你年幼的人都要年长"。这类根据定义就可辨别真伪而无需经验的命题被称为分析命题（analytic proposition）。但是"洒水车注定停止工作"与这类命题不同。由于它不是一个分析命题，它是否具有实际意义需要在经验中加以证实。因为它无法证实，所以它没有意义。

　　因此逻辑实证主义者认为形而上学、认识论和伦理学领域提出的不计其数的哲学观点既不属于分析命题，又无法证实，它们实际上都是没有意义的。这些主张也许表达了某些情绪，但它们都谈不上真伪。维也纳学派最有名的成员之一鲁道夫·卡尔纳普（Rudolph Carnap，1891—1970）甚至宣称："我们否认一切哲学问题，不管它属于形而上学、伦理学还是认识论。"

　　出于我们在第九章中讨论过的理由，今天几乎没有哲学家会自称为逻辑实证主义者，但是大多数人仍然认同经验的或者事实的命题在某种意义上或者某些程度上必须要在经验中得到证实。

帕斯卡的赌注

　　法国数学家、哲学家布莱士·帕斯卡（1623—1662）对上帝的赌注证明是他闻名于世的原因之一。上帝要么存在要么不存在。如果你相信上帝存在，而上帝实际并不存在，那么你没有任何损失。要是上帝存在，那么你却获益良多，也就是幸福和永生。这样说来，相信上帝是你精明的赌注；你不会失去什么，却可能收获颇丰。

　　詹姆士否认他对上帝存在的证明不过变相使用了帕斯卡的赌注的方法。你可以思考一下他的否认是否有根据。

　　那么我们该如何来看待"上帝存在"或者"上帝爱世人"这样的命题呢？它们看来好像是事实命题。它们可能得到证实吗？本章末尾安东尼·福路（Antony Flew）的文章从实证主义的角度讨论了这个问题，在他看来"上帝存在"和"上帝不存在"这样的表达都没有意义。

　　近几年，福路教授放弃了他的"无神论"立场。他新近的著作《上帝存在》（*Theirs is a God*）出版于2007年，是和罗伊·亚伯拉罕·瓦尔盖塞（Roy Abraham Varghese）合著的。福路说这书是他最后的意志和证词。他说："我现在相信上帝存在！"他的主要理由是什么呢？上帝为自然界的法则、生命如何产生于非生命以及宇宙如何存在提供了最好的解释。

　　不幸的是这书在多大程度上体现了福路自己的思考，多大程度上体现了那位合著者的意见，这件事仍有争议。不过，书中的论点是不是站得住脚，终究得看它们自己。[1]

玛丽·黛丽：上帝的呈现

当代的女性学者玛丽·黛丽（Mary Daly）在《超越圣父》（*Beyond God the Father*，1973）一书中讨论这一问题的时候提出了一条截然不同的思路。

黛丽写道，《圣经》中的上帝以及上帝广为流传的形象就好像一位身居天国的伟大父亲，一位凭着神秘又看似专断的意志奖惩自己的儿女的父亲，这一形象实际上来源于父权制社会。黛丽进一步补充道，这一形象通过正当化、合理化压迫妇女的机制反过来服务于父权制社会。"如果上帝就是一位在'他的'天堂里管辖着'他的'子民的圣父，那么从'本质'上来讲，依据神圣的计划或宇宙的秩序，社会就该由男性来统治。"假如我们考虑到《圣经》中的上帝和上帝的普遍形象，那么"丈夫支配妻子就代表了上帝本身"，"如果上帝是男性，那么男性就是上帝"。

黛丽认为作为上帝和父亲的上帝形象通过诸如布道和宗教教化等产生表面合理性的普通过程得到了巩固，也将人类地位的人为两极分化转化成了永恒的传统两性原型。这一权威的人格形象以及对"他的"角色的普遍理解始终不停地为永恒的男性原型带来活力。无论对人还是对环境，它们鼓励支配与控制的发展，并为其提供了合法理由。情绪化、顺从、无私等诸如此类的女性原型变成了永恒。

当然，传统上帝形象的辩护者很可能会抗议，上帝的形象也通常象征着爱。但是在玛丽·黛丽看来，上帝的爱的形象是与"复仇的上帝代表了他的选民"这一形象分裂的。这种分裂演变成了一种永恒的双重行为标准。她写道，上帝就像电影《教父》中的维托·科莱昂（Vito Corleone），"温情和暴力在这一父权制的完美形象中合而为一"。根据这一形象，崇拜者们认为褊狭情有可原。因此当我们在无数例子中看到那些狂热的信徒们残酷地迫害"神圣群体以外的人"时，多少感到在意料之中。同样，当我们看到那些受到社会推崇的人物——比如说

你想象中的上帝是这样的吗？玛丽·黛丽认为不是这样，在她看来这一事实很关键。

上帝来了，她怒气冲冲

保险杠上的贴纸如是说。

我们用"他"来谈论上帝，毫无疑问大部分信仰上帝的人从某种意义上说都把上帝当做一名男人。

但是从何种意义上来说，上帝是男人呢？肯定不是因为他拥有基因上的或解剖学上的男性特征，我们归于上帝的那些特有的男性特征看起来也很可疑。举个例子说，人们认为上帝无所不知，充满爱心，悉心照顾世人，但这不是男性独有的特征。

即使我们把上帝看做一位古代的国王或皇帝，和他有关的特征也并非男性独有。是的，所有的国王都是男性。但是女性也可以成为仁慈的、公正的、充满力量的、智慧的统治者。当我们想起上帝作为天堂和人世的创造者这一概念时——它让我们想起了和其他特征一样的非属人特征。

因此我们习惯于用充满尊敬的男性嗓音来谈论上帝。我们通过谈论或思考男性上帝来崇敬上帝：上帝是最好的存在；因此上帝不是女性，也不是中性。

如果我们想用"他"来尊敬地称呼上帝，那么这一事实意味着还有一些非男性的低级事物。如果上帝被定义成男性，那么男性之外的一切自然而然就处于低级地位。正出于这个原因，许多女权主义哲学家对这一问题的关注绝不是一时兴起，为什么一定要把上帝当做男性？——他们关注我们对上帝性别的深层思想可能会带来怎样的社会危害。

科学家和领导人——因为发明或使用凝固汽油弹之类的东西而犯下暴行，却受到来自牧师的祝福时也不应该感到惊讶。

黛丽的观点就简要介绍到这里，它看起来有点像是愤怒而夸张的谴责。不过黛丽认为否认这一点是不切实际的：象征和交流工具当中包括了世界宗教中、在父权条件下系统阐述的整个神学传统。因此"这些工具的象征的、语言学的结构与生俱来就为父权制社会秩序这一目的服务"。如果还需要什么进一步的证据的话，（她说）人们只要思考一下从奥古斯丁、阿奎那、路德、诺克斯到巴特这些宗教"权威"的"被忽略或轻视为细枝末节"的事实：对女人露骨的厌恶。

黛丽说，问题是如何"改变人们的集体想象，以便使人类这一对超越的渴望的扭曲不再具有可信性"。问题是如何"切除至高的阳物"："上帝"——这个词语，这个形象——必须接受阉割。黛丽写道，为什么"上帝"必须是一个名词呢？为什么不是一个动词——"一切动词中最积极、最有活力的动词"，"动词中的动词"，一个要比单纯的动态名词人性化得多的动词，一个向我们传达了上帝正"存在着"的动词？她说，"上帝"作为一个不及物动词，我们无法把它当做一个对象——这暗示着限制——因为作为存在的上帝只能和不存在形成对照。

对抗"父权制中结构性罪恶"不能仅仅停留于思考谈论上帝时所用的语言。她写道，在这个层面上停滞不前只会使我们在"妇女身上体现的人类生成的深层次问题"的一些细枝末节上纠缠不清。

究竟什么是"生成的深层次问题"？这是朝向整个心灵、自我实现以及自我超越的努力——让我们真正成为自己。黛丽认为，女性的生成需要生存的勇气来对抗虚无（nothingness）的经历。这是对虚无的"激进的对抗"。我们都受到来自虚无的威胁，唯一的解决之道就是自我的实现，而不是自我否定。黛丽举了一个自我否定的例子，"一心一意接受家庭主妇角色"的妇女们。这些个体"可能从某种程度上避免了虚无的经历，但是她更失去了进一步充分分享存在的经历，唯有它才可能是她真正的保障"；"埋头于这样一个角色，不能使她的创造力获得突破"。因此，妇女的革命终究必须是宗教的革命。我们必须"向外和向内寻求上帝，向上和向下超越那些偷窃我们身份的诸神"。

黛丽说，我们特别需要消灭三个假冒的"打扮成上帝的魔鬼"："解释"的上帝，他将我们的痛苦合理化为上帝的意志；作为审判官的上帝，他主要的工作就是发放死后的奖励，对妇女今生的忍耐许以补偿；与此紧密相关的是作为原罪审判官的上帝，他负责的是"虚伪的良知和自我毁灭的罪恶感"。最后一位上帝强制规定了父权制游戏的规则（黛丽写道，这在极端保守的宗教中表现得尤为明显）。

这看起来像义愤之词吗？从黛丽的视角来看，妇女正在对付的是"邪恶的力量关系"和"结构性的罪恶"；因此愤怒必须成为一种创造性的积极力量。她写道，愤怒"可以引发并且支持从虚无经验转向认可分享存在的运动"。黛丽说：

> 当女性在父权制的空间和时间中迈出积极的步伐的时候，她们便涌现出新的生命。我会这样分析，她们分享了不能简化成过去、现在和将来时态的动词的上帝，因为上帝，这一孕育毁灭、创造和变化的力量能使一切焕然一新。

智能设计还是进化论？

1859 年，查尔斯·达尔文（Charles Darwin）的《依据自然选择即在生存斗争中适者生存的物种起源》（*On the Origin of Species by Means of Natural Selection; or, the Preservation of Favoured Races in the Struggle for Life*，通常被称为《物种起源》）发表，在天主教和新教保守派中激起了很大反响。教皇皮乌斯九世（Pope Pius IX）在 1870 年宣布进化论是异端邪说。（而在 1996 年，教皇约翰·保罗二世［Pope John II］在对教皇科学院的书面谈话中讲到，进化论不仅以一种理论的面貌出现，"进化的种种理论与给予它灵感的哲学一样，认为心灵来自生命物质的力量……是与人类的真理不相符合的"。）1874 年，普林斯顿的神学家、长老派教徒查尔斯·赫治（Charles Hodge）问道："达尔文主义是什么？"然后他回答说："是无神论。"

历史学家乔治·马斯登（George Marsden）在 1984 年写道，《物种起源》发表二十年后，他发现相信《圣经》的美国新教徒科学家，甚至保守的神学家并没有把所有的进化论都看做对信仰的必然考验。但在 1925 年 7 月 10—21 日，田纳西州丹顿小镇对斯各普斯（Scopes）的"猴子审判"（Monkey Trial）结束之后，这样的妥协立场在新教徒中渐渐失去了号召力。

一大批基要主义者隐退成为一个基督教的亚文化。《圣经》学校兴盛起来，许多教师从名为"科学创造论"（creation-science）的立场出发，讲解人类的起源。

当代的辩护者，加利福尼亚州埃尔卡洪（El Cajon）创造研究所（the Institute for Creation Research）的约翰·D·莫里斯（John D. Morris）在 1992 年的一份通讯中写道，进化论"完全接受严格的自然主义、反上帝的哲学，最终导致了对《圣经》主要教条的否定……如果没有超自然力量在整个历史中工作，那么创造论就死了。但是如果进化论者同意一丝一毫历史中的超自然设计，那么进化论就死了，因为进化论必须仅仅把自然过程当做自己的基础"。

20 世纪 90 年代出版了三部颇具争议的著作，它们是智能设计运动的先锋。智能设计（Intelligent design）指的是这样的观点：要想完整地解释宇宙，就需要假定一个智慧的设计者。三部著作分别是：菲利普·E·约翰逊（Phillip E. Johnson，哈佛大学毕业，在加州大学伯克利分校教授法律三十多年）的《审判达尔文》（*Darwin On Trial*, 1991）；利哈伊大学化学家麦克·J·贝希（Michael J. Behe）的《达尔文的黑匣子：生物化学对进化论的挑战》（*Darwin's Black Box: The Biochemical Challenge to Evolution*，1996）；威廉·邓勃斯基的《智能设计：科学和神学之间的桥梁》（*Intelligent Design: The Bridge Between Science and Theology*，1999），他拥有芝加哥大学数学博士学位和伊利诺伊大学芝加哥分校的哲学博士学位，他对于这个问题更加技术性的分析早在那一年之前就由剑桥大学出版社出版了。

约翰逊、贝希、邓勃斯基成了智能设计运动的领导者，他们反对创造研究所提出的"年轻地球"的观点，赞成对达尔文学说的基础做出更为学术性的批判。贝希在 1996《纽约时报》的一篇文章中写到进化论的创立者们是如何解释细胞的发展的。"我把许多细胞系统称为'不能简化的复杂性'（irreducibly complex），这意味着系统在有效工作之前，就需要几个不同的组成部分。日常生活中有一个例子可以很好地解释不能简化的复杂性，那就是捕鼠器：它由不同零件构成（平板、锤子、弹簧等）。采用达尔文的方式很可能无法组成这样一个系统，让它逐渐完善自己的功能。你不能先用一块平板抓一只老鼠，然后加根弹簧再抓几只老鼠。所有的零件在抓到老鼠之前都已经安装到位。"

对于邓勃斯基来说，不可简化的复杂性只是个特例；更一般的观点涉及如何考察智能的原因，而非单纯自然的原因："当我们推断设计的时候，我们必须确定三件事：偶然性（contingency）、复杂性（complexity）和具体性（specification）。偶然性保证了我们思考的事物不是一个自发过程、因而也不是一个非智能过程的结果，因为这样的过程没法选择自己的产物。复杂性保证了事物不会简单到足以用偶然来解释清楚。最后，具体性保证了事物展现出的形态具有智能的特征。"

　　进化论生物学家理查德·道金斯（Richard Dawkins）在《盲眼钟表匠》（*The Blind Wathcmaker*，1986）和其他著作中回应说，生物系统中表现出来的任何目的都仅仅是时间和偶然性的结果。"'驯服'偶然性就意味着把序列中相当不可能的东西分解成较为可能的小部分。无论在一步中从 Y 推出 X 多么不可思议，我们总是可以想象两者之间存在着一系列以极其微小的等级区分的中间物。不管大规模的变化显得多么不可能，小变化总会较为可能些。"

　　约翰逊同时将矛头指向进化论的唯物主义假设，他称之为"方法论的自然主义"。他写道，自然界的化学或物理规律"产生了简单的可重复的秩序，而偶然性产生了无意义的混乱。当两者结合在一起，规律和偶然性相互对立，阻碍了有意义的序列的产生。在人类所有的经验中，只有有智能的媒介才能够写出一部百科全书或一个电脑程序"。约翰逊坚持认为，道金斯的盲眼钟表匠（自然选择和变异）不能创造复杂的新的基因信息。约翰逊还提出，唯物主义是自相矛盾的（这个证明由英国作家刘易斯［C. S. Lewis］普及，被美国分析哲学家阿尔文·普兰丁格［Alvin Plantinga］采用。）他讽刺地问道："如果不思考的物质引起了唯物主义者不喜欢的思想，那么什么引起了他们喜欢的思想呢？"这又把我们带回了解释的问题上。唯物主义必须用"不思考的物质"来解释人类的理性和一切存在的事物。如果对于道金斯来说进化表现出的目的只是一个幻觉，那么他又如何看待人类有目的的推理呢？如果它也是一个幻觉，那么我们就没有充分的理由来接受这个证明。如果它不是幻觉，那么道金斯该如何解释没有目的的因果流中竟能产生出真正的目的或意义呢？

　　近年来，智能设计和创造论的支持者们在占领公共教育方面既有成功也有失败。最著名的是在 1999 年，堪萨斯州教育委员会考虑了保守多数派的意见，制定了新的州科学标准，将创造论引入主流论域。委员会授权开设所谓微观进化论（物种内的变化）的课程，作为自然选择的例证，而对宏观进化论（新物种的起源）则做了严格的限定。在修订后的文件中，科学不再被定义为人类寻求自然解释的行为，而被定义为寻求逻辑解释的行为。

　　然而两年后，2001 年，委员会的新一轮选举造成了人事变动，堪萨斯州教育委员会又改变了早先的做法。进化论被恢复为"生物学中广泛的、统一的理论框架"。可是 2002 年和 2004 年的选举再次改变了委员会，它又一次地趋于保守。2005 年，委员会通过了这样的科学标准，宣布达尔文的基本理论遭到化石证据及分子生物学的挑战；科学的定义被重新书写，科学不再限于寻求自然解释。这次投票被视为智能设计支持者的胜利。不过到了 2006 年夏天，由于委员会十个席位中的五个须由州初等选举决定，支持这一标准的保守派再一次失去了对教育委员会的控制。

　　另一个著名的学校委员会案例发生在 2004 年 10 月。距离费城 25 英里之遥的多佛（宾夕法尼亚）学区委员会要求中学科学教师教授智能设计的概念以区别于进化论，这在全国是首例。然而一个月后，该区的投票人驱逐了八名有待改选的学校委员会成员。紧接着在 12 月，11 名家长提起诉讼反对这一政策。由总统乔治·W·布什（他支持教授智能设计论）任命的联邦地区法官约翰·琼斯（John Jones）裁决说，教授智能设计论会违反宪法规定的政教分离。琼斯认为，智能设计是无法验证的假说，其基础是宗教，它不该出现在科学的课堂上。他说学校委员会的决定"惊人地浅薄"，支持这一决定的委员属于"消息不灵通的派系"。

2009 年，得克萨斯教育委员会修改了州课程中的用辞，希望令创造论更难进入得克萨斯公共教育的课堂。

上帝，微调师

英格兰皇家天文学家马丁·里斯(Martin Rees)在新近的一本书中列举出六个数，称它们为"宇宙的常数"。例如 N，它代表将原子联结在一起的力的强度，这些原子因彼此之间的重力而分离。这个数和其他五个数都有不寻常的性质：它们都被调整到恰到好处，如此才能令我们的宇宙呈现出这般模样。只要它们中的任何一个有极其微小的不同，这宇宙就没法存在了，也不可能有观察者来谈论它们了。[①]

看起来，这样精妙的微调实在不像是纯粹偶然性的产物。它们如同六个最基本的控制把手控制着整个宇宙，仿佛它们就是为星辰、生命和观察者的进化而设的。仿佛设定它们就是为了使我们能够降临。在某些哲学家和科学家看来，对于这样的微调，最好的解释就是，整个宇宙是由一个宇宙智慧创造出来的。

在本章结尾我们从道金斯的《上帝的迷思》（ *The God Delusion* ）选取了一段文字，反映了道金斯对于微调论证的思考。

相信上帝还需要理由吗？

对于一个合理的信仰来说，我们必须要有支持其真实性的证据吗？如果它是一个基础信念（ basic belief ）的话也许就不必如此。基础信念不取决于其他的证据或信仰，它本身为其他衍生的信仰提供了理性基础。比如说，我们能够接受有一个外部世界，过去也存在，周围的人们同样有思想，但是我们的信念是建立在证据的基础上吗？情况正好相反（可能有人会反对），我们直接接受了这些信念，没有什么支持的证据。更进一步说，正是我们接受了这些信念，我们才能够来谈论证据和合理的推理。举个例子来说，我们要是没有假设过去曾经存在，我们从手中的"证据"即汽车现在轮胎漏气而推出它过去碾过一个钉子就没有什么意义——因为没有过去，汽车也不会在过去发生什么。

当代分析哲学家阿尔文·普兰丁格（Alvin Plantinga，1932— ）认为有神论者可能把对上帝的信仰当成了"基础信念"，这一信念无需支持的证据就可以合理接受，它是整个有神论信仰体系的基石。普兰丁格表示从理性上来讲，有神论者有权以上帝的信仰为出发点。这一信仰无

---

① Martin Rees, *Just Six Numbers* (New York, Basic Books, 2000), pp. 1–4. See also John Leslie's Universes (New York: Routledge, 1989), Chapter 2 and 3.

须成为证明和推理的终极产物。

感兴趣吧？你可以到《信仰与哲学》（*Faith and Philosophy*）这本期刊的第一卷第三号（1984年7月，253–271页）找到一篇普兰丁格执笔的简单文章《对基督徒哲学家的建议》。

🔖 原著选读 13.1　《宣讲》① 　　　　　　　　　　　　　　　　圣安瑟伦

这篇选读是圣安瑟伦著名的本体论证明。

因此，将理解赐予信仰的主啊！请你在你认为合适的范围内，让我理解你是像我们所信仰的那样存在着，你就是那为我们信仰的对象。我们相信你就是那无法设想有比之更大的存在者（aliquid quo nihil maius cogtari posit）。或者仅仅因为愚顽之人在心里说：没有上帝（dix insipiens in corde suo：non est Deus）②，难道就根本没有这样性质的存在者了么？但是，就是这样的愚顽之人，当他听见我说的这样一个存在者，即那无法设想有比之更大的存在者的时候，即使他尚不能理解这个对象实际地存在着，他也能理解他所听到的对象，理解他所理解的对象存在于他的理性中。因为，一个对象存在于理性中是一回事；理解到这个对象实际存在着，这是另一回事。例如，当一个画家在预先设想他以后将要画的东西时，他已经让那东西存在于他的理性中，但他还尚未理解那幅画实际存在着，因为他还没有完成它。但是，当他已经完成这副画之后，他不仅让那幅画存在于他的理性中，他也理解它实际地存在着，因为他已经把它画出来了。

因此，甚至愚人也会确信那无法设想有比之更大的存在者至少存在于理性中，因为，当他听说这个存在者的时候，他能够理解；凡为他所理解的，定存在于他的理性中。然而可以肯定的是，那无法设想有比之更大的存在者不能仅仅存在于理性中。因为，假如它仅仅存在于理性中，那么就还可以设想一种比他更伟大的东西，它既存在于理性中，还实际地存在着。所以，如果那无法设想有比之更大的存在者仅仅存在于理性之中，那么那无法设想有比之更大的存在者自身就成了可以设想有比之更大的存在者了，但这显然是不可能的。③因此，那无法设想有比之更大的存在者无疑既存在于理性中（in intellectu），也存在于现实中（in re）。

上帝是如此真实，以至于不能设想他不存在。因为，一个不能被设想为不存在的存在者完全是可能设想的，这种存在者要比那个能被设想为不存在的东西更为伟大。因此，如果那无法设想有比之更大的存在者居然能被设想为不存在，那么那无法设想有比之更大的存

---

① 选自《信仰寻求理解——安瑟伦著作选集》，溥林译，北京，中国人民大学出版社，2005。
② 《诗篇》（13:1）——译者注
③ 即在逻辑上违背了不矛盾律，A 不是非 A。——译者注

在者自身就不是那无法设想有比之更大的存在者，但这只能是自相矛盾。[1]因此，那无法设想有比之更大的存在者是如此真实，以至于

它不能被设想为不存在。

　　哦，主，我们的上帝！那样的存在者就是你。

🔖 原著选读 13.2　《神学大全》[2]

圣托马斯·阿奎那

　　阿奎那在这篇选读中提出了五种对上帝的证明。

　　上帝的存在可以用五种方式予以证明。

　　首先和最明显的方式来自运动的观念。（1）显然，世界上的某些事物处于运动之中——而且得到我们感觉的认同。（2）但凡处于运动中的所有事物总是受他物推动的。（3）除非一事物从它的潜在状态转入相关的运动状态时，它才会运动起来。（4）而一事物只要处于现实之中，它就会引起运动，因为引起运动就是使事物由潜能转变为现实；但除非有某种现实事物的影响，一事物就不可能由潜能转变为现实。例如，用现实的热（比如火）作用于具有潜能的热——木柴，使之成为现实的热，由此便引起了木柴的运动变化。（5）但在与同一事物的联系中，某物不可能同时既是现实又是潜能，只有在与不同事物的联系中二者才能同时存在；因为现实的热不可能同时又是潜能的热，尽管它可以同时是潜在的冷。（6）因此，在与同一事物的联系中，任何事物都不可能以同样的方式既是推动者又是被推动者，

否则，它就是一个自我推动者。（7）所以，凡运动之物必受他物推动。这样，如果引起某物运动之物处于运动之中，这种引起运动之物同样也为某种他物所推动，依次可以类推。（8）但是，我们不可能如此推至无限，因为那样就不会有第一推动者，继而也就不会有其他任何推动者了。因为，没有第一推动者的推动，其他的推动者就不可能运动，如同没有手的推动手杖就不会摆动一样。因此，推论最终必定止于一个不受任何他物推动的第一推动者，众所周知，上帝就是这个第一推动者。

　　第二种方式立足于因果观念。（1）我们发现，在物质事物中存在一种动力因的秩序。（2）但是，我们并未发现——确实这也是不可能的——任何事物是自身的动力因，因为那样一来，它就会先于自身而存在，而这是不可能的。（3）不可能将动力因追溯至无限。（4）因为，如果我们把所有的动力因都置于秩序之中，那么，第一动力因也就是中间动力因的原因，而中间动力因则是最终动力因的原因，不管这种中间动力因有许多还是只有一个。（5）但是我们排除原因，也就会排

---

①即在逻辑上违背了同一律，A 是 A。——译者注
②选自《西方宗教哲学文选》，胡景钟、张庆熊主编，尹大贻、王雷泉、朱晓红、陈涯倩等译，上海，上海人民出版社，2002。

除结果；因此，如果动力因中没有第一动力因，也就不会有最终的动力因或中间的动力因。（6）但是，如果我们将动力因推至无限，就不会有第一动力因，因此也不会有最终的结果，也不会有任何中间动力因，这显然是错误的。因此，假定某种第一动力因的存在是必须的，人们称这种动力因为上帝。

第三种方式所依据的是"偶然性"和"必然性"的观念，其推论过程如下。（1）我们发现，宇宙中的某些事物是既可以存在又可以不存在的，因为我们看到一些事物产生，然后毁灭，因此它们既存在又不存在。（2）但是，所有的事物都如此存在是不可能的，因为任何能够不存在的事物，迟早总会失去其存在。（3）因此，如果所有的事物都会不存在，那么，就会有一个无物存在于宇宙中的时候。（4）但是，如果这一点是真实的，那现在也就不会存在任何事物，因为除非受到已存在的某物的作用，任何不存在的事物便不能开始存在。因此，如果曾经有一个时候无物存在，那么，任何事物要开始存在就是不可能的，这样，现在就会无物存在。（5）这显然是错误的。因此，并非一切事物都是偶然的，宇宙中必然存在某种必然的事物。（6）但每一个必然的事物之必然性要么具有要么不具有外部的根源。然而，正如我们关于动力因所证明的一样，要把具有其必然原因的必然事物推至无限也是不可能的。因此，必须设定某物本身就是必然的，它不是由外在的他物获得其必然性，相反，它是其他事物的必然性的原因。这个"某物"我们称之为上帝。

第四种方式立足于在事物中所发现的等级。（1）我们在不同的事物中发现，有些事物拥有或多或少的优越、真实和尊贵，同样另一些事物也拥有或多或少的优越、真实和尊贵。（2）但"多"和"少"的词语被用于不同的事物，是和它们以不同的方式接近某种最高程度的特定性质成比例的——当一物更接近某种最高程度的热的东西时，我们便称其为比较热的东西。因此，必然存在某种最真实、最美好和最崇高的东西。（3）因而也就必然有某种具有最高的存在等级的事物，因为最真实的事物也是具有最高存在等级的事物（参看亚里士多德：《形而上学》第二章）。（4）但是，任何具有某种最高程度的性质的事物，也是所有此类事物的原因，就像火作为最高程度的热是所有热的东西的原因一样（如同亚里士多德在同一本书中所说的那样）。（5）因此，存在某种东西，它是所有存在物的存在、美好和一切完善性的原因，我们称之为上帝。

第五种方式立足于自然在其中受支配的方式。（1）我们观察到，某些没有智慧的东西，比如自然物体，其活动也趋向一个目的。这是显而易见的，因为，它们一贯是，或无论如何常常是按照同一方式而活动，以便获得可能的最佳结果。（2）因此，它们实现自身的目标并非机遇，而是出于一定的目的。（3）但是，除非受到某一具有知识和智慧的存在者的操纵，这些缺乏智慧的东西就不能趋向自己的目标，正如箭没有射手的操纵便不能射向目标一样。因此，存在某种有智慧的存在物，所有自然物都靠它被导向自己的目标，我们称此存在物为上帝。

✦ 原著选读 13.3　《单子论》①

莱布尼茨

莱布尼茨解释了充足理由原则并用这一原则来证明上帝存在。

31. 这种理性运用基于两大原则。其一为矛盾原则（principle of contradiction），我们根据这个原则宣布自身含有矛盾的东西是虚假的，而与虚假相对或相互矛盾的东西则是真实的。

32. 其二为充足理由原则（principle of sufficient reason）。我们根据这个原则衡量，只要没有充足理由理由说明其为此而非彼——尽管这些理由在大多数情况下对我们完完全全是未知的——任何事实都不能被认为是真正存在着或者生存着的，任何论断都不能被认为是真实无妄的。

33. 真理也有两种，理性真理与事实真理。理性真理是必然的，其对立面是不可能成立的；事实真理是偶然的，其对立面是可以成立的。如果一个真理是必然的，人们便可能通过分析而找到它的理由，即通过将它解析为更为简单的理念和真理，最终达到原初性的基本真理。

34. 数学家以这种方式通过分析将理论定理和实践规则还原为定义、原理和假设。

35. 最后还有一些无法给予定义的素朴理念。此外，还有一些原理和假设，一句话：还有一些不可能加以证明的也根本无须证明的基本原则。这是一些其对立面包含着明显矛盾的同一论断。

36. 充足理由必然也存在于偶然真理或事实真理之中，即存在于被创造的客体世界之结果和联系之中。在这里，它可能分裂为个别理由，这是由于自然事物之千差万别，由于物体之被无限分解而呈现出无限多样性。正是无限多的图形和动作，当今的和既往的图形和动作，构成我当今这篇文章的作用性原因；正是我的灵魂之无限多的细微倾向和情绪，当今的和既往的倾向和情绪，构成它的终极理由。

37. 既然这整个多样性充满偶然性，而这些偶然性又早已存在，或具有特殊属性，其中每一个为说明自身重又要求进行相似的分解，所以，人们通过分析并未取得进展。毋宁说，真正的充足的或终极的理由必然在多种多样的偶然性的序列或者序列组合之外，尽管这种联系是如此无边无际。

38. 可见，事物的终极理由必然蕴含在一个必然的实体之中，在这一实体中，变化之纷繁多样只是"超绝"（eminently），宛如包含在源头之中。我称这种实体为上帝。

39. 这一实体是全部纷繁多样之充足理由，而这纷繁多样在各个方面都处于联系和关联之中，所以，只有一个上帝，这个上帝已经充足。

40. 此外，由于这自身为唯一、普遍和必然的最高实体在自身之外别无独立于它的东西，由于它是可能之在的单一序列，所以，人

①选自莱布尼茨：《神义论》，朱雁冰译，北京，生活·读书·新知三联书店，2007。

们从中可以推断，它必然是不容人限制的，它必然包含着尽可能多的现实。

41. 由此推知，上帝是绝对完美的。而完美并非其他，它只是精确意义上的实在现实之伟大——这是由于人们在有限的事物上消除了限制或藩篱。凡是没有藩篱的所在，即在上帝身上，完美性便是绝对无限的。

42. 由此还推知，创造物之完美性来自上帝的影响，而其不完美性则来自它们自己的不可能不受限制的本性。它们正是由此而与上帝区别开来。（创造物的这种原初的不完美性从物体的自然惰性上可以看到。）

⚜ 原著选读 13.4 《快乐的知识》①
弗里德里希·尼采

尼采说："上帝死了。"他在这里详细说明了这个观点。

我们快乐的意义

"上帝死了"，基督教的上帝不可信了，此乃最近发生的最大事件。这事件开始将其最初的阴影投射在欧洲的大地上，至少，那些以怀疑的目光密切注视这出戏的少数人认为，一个太阳陨落了，一种古老而深切的信任变成怀疑了，我们这个古老的世界必将日渐惨淡、可疑、怪异、"更加衰老"。我们大概还可以说：这事件过于重大、遥远，过于超出许多人的理解能力，故而根本没有触及他们，他们也就不可能明白由此而产生的后果，以及哪些东西将随着这一信仰的崩溃而坍塌。有许多东西，比如整个欧洲的道德，原本是奠基、依附、植根于这一信仰的。

断裂、破败、沉沦、倾覆，这一系列后果即将显现，可是有谁眼下能对此做出充分的预测才不愧为宣布这一可怕逻辑的导师呢？才不愧为宣布这一史无前例的日蚀和阴暗的预言家呢？

我们——天生的释谜者，立于高山之巅期待着未来，置身在当今和未来以及这二者的矛盾之间，是下个世纪的头胎婴儿和早产儿——现已看到那即将笼罩欧洲的阴影了，然而究竟是何原因使得我们对这阴暗不抱丝毫同情、丝毫不为自己担忧和惧怕、反而期盼这阴暗的来临呢？也许是我们受这一事件的近期影响太深之故吧，这影响也许同人们估计的恰好相反，断不是悲伤和消沉，而是难于言说的新的光明、幸福、轻松、欢愉、勇气、朝霞……

不错，我们这些哲学家和"自由的天才"一听到"老上帝已死"的消息，就顿觉周身被新的朝霞照亮，我们的心就倾泻着感激、惊诧、预知和期待的洪流。终于，我们的视野再度排除遮拦，纵然这视野还不十分明亮；我们的航船再度起航，面对重重危险；我们再度在知识领域冒险；我们的海洋再度敞开襟怀，如此"开放的海洋"堪称史无前例。

---

①选自尼采：《快乐的科学》，黄明嘉译，桂林，漓江出版社，2000。

🔆 原著选读 13.5　《神学与证伪》[1]

安东尼·福路

这篇文章相当有名，英国的哲学家安东尼·福路向那些信仰上帝的人提出挑战，让他们具体地提出一种他们可接受的上帝不存在或者上帝不爱我们的证据。为什么信仰上帝的人应该这样做呢？福路解释了其中的原因。近年来，福路对自然神论表达了更多的同情。

让我们以一则寓言开始。这则寓言由 J. 维斯多姆（John Wisdom）在他那令人难忘的启发性文章《上帝》中所讲的故事演变而来。从前，两个探险者走进空旷的林丛。在这块空旷地中，生长着许多花草。一个探险者说："必定有某个园丁照看过这块空地。"另一个反对说："这里没有园丁。"于是，他们搭起帐篷，拨准时钟。园丁老是不见。"也许他是个不可见的园丁。"于是，他们又建起一个带刺钩的金属线围墙，并给围墙通上电。他们带上猎犬巡视。（因为他们还记得 H. C. 威尔士的小说《不可见的人》，这个人既带味道又可被触摸，虽然不可能见到他。）但是，一直没有哭声喊叫表明某个人侵者受到电击。一直没有金属丝的晃动暴露出有一个不可见的人来攀登围墙。猎犬也一直没有吠叫。相信者还不信服。"肯定有一个园丁，他不可见，不可触摸，感觉不到电击。他从没有留下味道，没弄出声响。他秘密地来照看他喜爱的花园。"最后，怀疑论者失望了。"可是你的断言所保留的东西呢？你

所谓的一个不可见、不可触摸，永远躲藏着的园丁，同一个幻想的园丁，或者甚至根本没有园丁有什么两样呢？"

在这则寓言中，我们可以看到，断言是怎样开始的，可以看见存在的某物，或某种复杂现象之间的类似，可以一步一步还原为一种结合起来的不同情况，可以还原为一种也许是"图画选择"的表达。怀疑论说没有园丁。相信者说有园丁（但却是不可见的，等等）。一个人喜欢谈论性行为。另一个人喜欢谈论阿芙罗狄特（但他知道并非真有这样一个超人，是额外的且负责所有性的事情）。在完全被取消的原来的断言和第一个断言将保留的某物（同义反复）面前，可以在任何方面检查限定过程。威尔士先生的不可见的人虽不可能被公开看见，但是在其他方面，他同我见到的其他人一样。虽然可以检查并且是当然通常是按时检查限定过程，但是这过程实际上并不总是明智地被制止的。如果不注意到他已经这样做了，某人完全可能不知不觉地取消了自己的断言。一个很轻率的假设完全可以这样一点一点地被残杀，由数千个限定致死。

我觉得，神学语辞的特殊的危险、特有的恶就在于这个假设中。我把这语辞当做"上帝有一个计划"，"上帝创造了这世界"，"上帝爱我们就像父亲爱他孩子一样"。它们起初看起来很像断言，很像重大的宇宙学的断

---

①选自《二十世纪西方宗教哲学文选》，刘小枫主编，杨德友、董友等译，上海三联书店，1991。本书译者以此为底本做了修订。

言。当然，这并非它们是断言或有意被看做是断言的确定标记。但是，让我们局限于这几个例句。那些说这些句子的人想用它们来表达断言。（以下仅只作为附带插入的评介：那些有意把这些言词作为或解释为秘密命令、希望的表现、假装的突然喊叫、隐蔽的伦理观或除了断言的其他东西——的人，都不可能成功地使这些语辞既符合正统传统，又实际上有效。）

现在，断言某某是这种情况，就必然等同于否认某某不是这种情况。这样，假定我们怀疑说话的某人是在断定着什么，或者更为根本地假定我们怀疑他是否在真正断定某物，那么，试图去理解（或者也许是暴露）他言辞的一种方式，就是试图找到不利于或者不可同它的真理相容的东西。因为倘若语辞确实是断言，那么它必定等同于对这个断言的否认的否定。不利于这断言的任何东西，或诱使说者取消它并承认它已经有误的任何东西，必定是这个断言否定意义的部分（或全部）。认识一个断言的否定意义，几乎就等于认识那个断言的意义。假如一个推断的断言没有否定什么，那它就丝毫没有做出断言：因此，它就不是一个真正的断言。在这则寓言中，当怀疑论者问相信者，"你所谓的一个不可见的、不可捉摸的、永远隐蔽着的园丁与一个幻想的园丁甚至根本没有园丁有什么不同呢"时，他就是表明，

不再成为断言的限定，侵蚀了相信者的前面的陈述。

现在，不信宗教的人常常感觉到，似乎有经验的宗教信奉者不承认有可想象的事件、或一系列事件的发生足够充分到让我们承认"根本没有一个上帝"或"上帝并不真正爱我们"。有人告诉我们，上帝爱我们就像父亲爱他孩子。我们对此确定无疑。但是，这样一来，我们就看见一个小孩因不易医治的喉癌处于垂死状态。他的尘世的父亲发狂似的激动想努力帮助他，但他天堂的父亲却没有显示出关心的迹象。做出的某些限定——上帝的爱"并不只是一种人类的爱"，或者它"是一种不可理解的爱"，也许，还有我们体会到的那些痛苦——都不可同"上帝像父亲一样爱我们"（但是，当然……）这条断言的真理一致。我们对此重新确定无疑。但这么一来，我们就要问：这种保证上帝的（适当地限定的）爱有价值的东西是什么？这样一种表面的保证真正保证了什么？不仅（道德地、错误地）诱使我们说，而且（符合逻辑地、正确地）使我们有权力说"上帝不爱我们"或者甚至"上帝不存在"的事件是什么？我由此向下一届专题讨论会的发言人提出这个简单的中心问题："对你来说，将要构成或已经构成的上帝之爱，或上帝之存在——的一个反证是什么？"

■ 关键词

类比证明	设计论/目的论证明	基础信念	大爆炸
宇宙论证明	第一推动者	五种证明	上帝的性别
智能设计	信仰的跳跃	逻辑实证主义	单子
道德论证明	必然的存在者	本体论证明	帕斯卡的赌注

充足理由原则　　　　归谬法证明　　　　　　　　　神义论　　　　　　　　可证实原则

维也纳学派

■ 供讨论复习的问题

1. 用自己的话说明安瑟伦对上帝的两种本体论证明。

2. 批判地评价莱布尼兹对恶这一问题的解答。

3. 用自己的话概括休谟对目的论证明的批判，这些批判合理吗？为什么？

4. 说明休谟对奇迹的描述表示怀疑的原因。这些原因合理吗？

5. 休谟认为如果你把序列中前一件事当做后一件事的原因，那么试图为整个事件的序列找到一个单独的原因就不存在什么意义，这样说对吗？它和上帝存在这一问题有何关联？

6. 世界／宇宙——或者其中的事物——是否为神圣的设计提供了证据？请说明原因。

7. 进化论破坏了设计论证明吗？

8. 请说明一下詹姆斯对上帝的证明，这是一种帕斯卡的赌注吗？它合理吗？为什么？

9. 对一切不太确定的事或极其可能的事表示怀疑，或者相信谬误，哪一个"更好"？

10. "普通人不可能相信自由意志不存在，因此它存在。"评价这句话。

11. "由于上帝的召唤他去世了。""洒水车由于命运的安排停止了工作。"这类观点是否都是没有意义的？请说明一下。"上帝存在"这一观点是可证实的还是可证伪的？有没有什么关于上帝的观点是可证实的？

12. 假设有一个科学的证据证明了宇宙有一个绝对的开端，这一证据是否也证明了上帝的存在？请做说明。

13. 你在逻辑上能够接受上帝知晓一切以及存在自由意志吗？请说明一下其中的困难。

14. "即使假设了上帝的存在解释了为什么存在一个世界，什么能够解释为什么存在一个上帝呢？"这一问题是否包含了对宇宙论证明的合理批判？

15. 为什么普遍接受无神论对社会来说是一场道德的灾难？

第四部分

其他声音

第十四章
女权主义哲学

女权主义不仅仅是"女性问题"的一览表，它是一个完整的世界观，即完形（gestalt）。

——夏洛特·邦奇

女孩与男孩在成长过程中发展出来的相关能力和自我感觉是互不相同的，这是因为他们都在母亲照料的家庭中长大。

——南希·乔多罗

由于科学革命，自然界显得越来越像个女人：仿佛它天经地义地该受人类奸污、折磨——养育呵护子女的母亲形象则离自然越来越远；那么，就男女关系而言，奸污、折磨是否显得越发合乎自然了呢？

——桑德拉·哈丁

什么是女权主义哲学（feminist philosophy）？作为学术科目的女权主义哲学出现于18世纪的美国、欧洲和澳大利亚。但这并不意味着在此之前不存在女权主义哲学家——远非如此！从18世纪开始的女性哲学家们为如今的女权主义哲学做出了重要的贡献。

读者诸君阅读本章时必须记得这么件事：并不存在单一的女权主义，只存在复数的女权主义。这是因为女权主义缘起于不同国家、文化和环境的不同问题及目标。女权主义者们并不总是拥有共同的纲领，她们的共识仅仅在于要确保这样的深层保证：男女应当被平等对待。在此之外，复杂性就一言难尽了。

在女性研究这块地基上，女权主义理论层出不穷；新兴的跨学科研究也在不断涌现，它们令女权主义发展壮大。因此，当今的女权主义哲学必须被理解为一个宽泛的术语，其中包含了女权主义哲学论述的各种变体：自由主义、马克思主义/社会主义、激进派/无政府主义、生态学、现象学、后现代，以及后女权主义。

传统哲学是围绕几个关键问题范畴发展出来的：形而上学关注现实的本质，认识论关注真理和知识，伦理学关注道德与善，政治学关注正义和责任。由此可以看出，作为知识学科的哲学为我们提供了理解我们置身其中的日常世界的基础。从历史上看，它自命为中立、公正的论述，而在女权主义哲学家看来，问题就出在这里。女权主义者认为传统哲学是理论概念的男性躯体，贯穿其中的是性别歧视、深层的家长制建构以及社会性的厌女症（misogyny，即憎恶女性）——总而言之，它是一套男权中心（男性中心）的策略。女权主义思想家说，传统哲学倾向于以负面的方式定义女性，曲解女性，令女性居于从属地位甚至无视女性。

在回应这一系统性不公的过程中，女权主义哲学发展起来了，它要求哲学的基本问题在被重新思考之前先要得到重新建构。因此，女权主义哲学是对传统哲学的重构，也是对后者当中歪曲女性的主张的修正。女权主义哲学的挑战在于，要生成涵盖女性及女性问题、女性观点的新观念，以此来转变传统哲学的观念。

一般来说，女权主义思想往往被区分为第一次浪潮、第二次浪潮、后女权主义以及第三次浪潮。这样的区分固然具备较为确切的时间轴划分，但有时界限并不那么明确；因为女权主义者们并不都愿意被归入特定范畴，她们有各自独立的思想，这思想可以从这一波浪潮延续到下一波浪潮。正如玛丽莲·弗莱（Marilyn Frye）所说："思想是普遍的，但哲学是局域的——取决于特定的时间、文化和历史。"

第一次浪潮

玛丽·沃斯通克拉夫特（Mary Wollstonecraft，1759—1797）堪称女权主义思想的祖母之一。她是女权主义第一次浪潮的先驱，这一运动直到 19 世纪 50 年代才以有组织的形式兴起，一直延续到 20 世纪初叶。有些学者将她视为当今所谓女权主义运动的奠基人。沃斯通克拉夫特对于女性教育尤其感兴趣，她反对卢梭的观点，即女性的角色就是取悦男人、无微不至地有益于男人。在沃斯通克拉夫特看来，把女性教育成男人的装饰品或玩物，这从长远来看会对社

玛丽·沃斯通克拉夫特

会产生负面效果，对于女性自身也是如此。她认为，只要社会允许，女性和男性一样有能力培养出"雄性"的美德，诸如智慧、理性。沃斯通克拉夫特发表了几部重要的小册子和著作，其中包括如今已成为女权主义思想经典的《为女权辩护》（*A Vindication of the Rights of Woman*）。

安娜·多伊尔·惠勒（Anna Doyle Wheeler，1765—1833）是另一位对前第一次浪潮做出主要贡献的思想家。她是爱尔兰的自学成材的哲学家，也是功利主义的衷心支持者；在与乌托邦 / 改革主义哲学家威廉·汤普森（William Thompson，1775—1833）合作之前她就已经发表了大量文章。他俩合著并发表了一篇著名的文章，名为《一半人类对另一半人类的申诉：针对男人对女人的专制——包括政治上的约束，及社会和家庭中的奴役》（"The Appeal of One Half of the Human Race, Women, against the Pretensions of the Other Half, Men, to Restrain Them in Political, and Thence in Civil and Domestic, Slavery"）。在文中惠勒和汤普森主张，否定女性权利是和功利主义原则——最大多数人的最大量快乐——不相容的。这是对男女平权的鼓舞人心的辩护。还有一位重要的功利主义者叫哈丽特·泰勒（Harriet Taylor，1807—1858），她积极地倡导女性应当拥有选举权；她也是最早提出如下观点的人之一：男女差异并非生物性的，而是社会建构出来的。

女权主义思想的第一次浪潮致力于为女性争取投票权，废除不公待遇；它带来了一些引人注目的成果，其中包括女性财产权、选举权方面的变革。然而更严重的社会问题并没有就此销声匿迹：女人们仍然受着不同的教育，仍然被主流视为装饰品及生育工具，报酬依然较少，根本地位依然低于男性。

第二次浪潮

个人的就是政治的。

——卡罗尔·汉尼斯克（Carol Hanisch，1970）

第二次浪潮这个词指的是 20 世纪 60—80 年代末兴起于美国、英国和欧洲大陆的女权主义

西蒙娜·德·波伏娃

运动。从某种程度上说，第二次浪潮的理论在当今依然存在，有些第二次浪潮的理论家仍在继续写作；所以，浪潮之间并不存在严格的编年界限。毫无疑问，传统中的哲学向来是男性的职业。第二次浪潮的理论家们说，更为可恶的是某些哲学家贬低女性的方式，尤其是柏拉图、亚里士多德、卢梭和康德。

哲学家、小说家西蒙娜·德·波伏娃（Simone de Beauvoir，1908—1986）注意到了上述问题。早先的女权主义者主要来自英国和美国，她们所受的是经验主义和功利主义的熏陶。德·波伏娃则来自存在主义和现象学的大陆传统，对于法律、权利、受教育机会等公共领域的事务她关注不多；她的焦点主要集中在压迫由之形成的文化机制，在这样的机制中女性沦为了男性自我的他者。在《第二性》（The Second Sex）这部著作中，她阐发了这种根本性的他者观点。对于那些致力于让女性地位屈居男性之下的所有思想和力量，波伏娃做了扫荡性的分析。尽管她那些法国的同时代人对这部著作做了刻薄的回应，《第二性》依然对其他女权主义哲学家影响深远。波伏娃不仅用她那句著名的"女人并不是生就的，而宁可说是逐渐形成的"回答了"什么是女人"这个问题，而且还成功地在哲学概念与创造了它们的社会建构之间搭建起了桥梁。如今的女权主义追随者们有了一个宽广的平台，可以由此走进源自第二次浪潮的、方向各异的分叉道路。

第二次浪潮早就创造出父权制（patriarchy）这个词，用来表示令普遍男性权力得以合法化的整套体制。《第二性》为激进的女权主义视角打开了一扇门，由此可以在一切事物中探究父权制建构的存在，从政治到经济到强奸、色情、卖淫和婚姻，甚至连异性恋也被看做父权制的指令。

在 20 世纪 60 年代、70 年代及 80 年代早期，我们可以看到女权主义理论的大爆发。关于这一时期美国及欧陆女性写作的、以女权主义视角论述女性问题的代表性作品，这里开列了一份简短的清单（！）。对此稍做浏览你就足以感受到那个时代的关切所在：贝蒂·弗里丹（Betty Friedan）的《女性的奥秘》（The Feminist Mystique，1963）；罗宾·摩根（Robin Morgan）的《妇女组织是有力的》（Sisterhood Is Powerful，1970）；凯特·米利特（Kate Millett）的《性的政治》（Sexual Politics，1970）；舒拉密斯·费尔斯通（Shulamith Firestone）的《性的辩证法》（The Dialectic of Sex，1970）；杰梅茵·格里尔（Germaine Greer）的《女太监》（The Female Eunuch，1971）；蒂–格蕾丝·阿特金森（Ti-Grace Atkinson）的《亚马逊的奥德赛》（Amazon Odyssey，1974）；夏洛特·邦奇（Charlotte Bunch）的《女同性恋与女性运动》（Lesbianism and the Womens' Movement）；安德里亚·德沃金（Andrea Dworkin）的《色情：男人拥有女人》（Pornography: Men Possessing Women，1979）；苏珊·布朗米勒（Susan Brownmiller）的《违我之志：男人、女人和强奸》（Against our Will: Men, Woman and Rape，1975）；伊娃·菲格斯

（Eva Figes）的《父权制态度》（*Patriarchal Attitudes*，1970）；玛丽·黛丽的《妇科 / 生态学：激进女权主义的元伦理学》（*Gyn/Ecology: The Metaethics of Radical Feminism*，1978）；阿德里安娜·里奇（Adrienne Rich）的《女人所生》（*Of Woman Born*，1976）以及她的"被强制的异性恋和女同性恋的存在"（Compulsory Heterosexuality and Lesbian Existence，1980）；莫妮卡·威蒂格（Monique Wittig）的《女战士》（*Les guérillères*，1971）和《女同性恋身体》（*Lesbian Body*，1975）；芭芭拉·史密斯（Barbara Smith）的《家庭女孩：黑人女权主义选集》（*Home Girl: A Black Feminist Anthology*，1983）；朱丽叶·米契尔（Juliet Mitchell）的《精神分析和女权主义》（*Psychoanalysis and Feminism*，1975）；格洛丽亚·斯泰纳姆（Gloria Steinem）的多篇论差异的论文；乔伊斯·特里比尔科特（Joyce Trebilcot）的《双性同体的两种形式》（"Two Forms of Androgynism"，1977）；玛丽莲·弗莱（Marilyn Frye）的《性别歧视》（"Sexism"，1983）；卡罗尔·吉利根（Carol Gilligan）的《不同的声音》（*In a Different Voice*，1982）；南希·乔多罗（Nancy Chodorow）的《重建母职》（*The Reproduction of Mothering*，1978）；内尔·诺丁斯（Nel Noddings）的《关心，通向伦理学和道德教育的女性途径》（*Caring, a Feminine Approach to Ethics and Moral Education*，1984）；萨拉·罗迪克（Sara Ruddick）的《母性的思考》（"Maternal Thinking"，1986）；阿列森·杰格（Alison Jaggar）的《女权主义政治学与人性》（*Feminist Politics and Human Nature*，1983）；苏珊·格里芬（Susan Griffin）的《女人与自然》（*Women and Nature*，1980）及《色情与沉默：文化对自然的报复》（*Pornography and Silence: Culture's Revenge against Nature*，1981）；克里斯汀·德尔斐（Christine Delphy）的《接近家庭：关于女性压抑的唯物分析》（*Close to Home: A Materialist Analysis of Women's Oppression*，1984）；埃伦娜·西苏（Hélène Cixous）的《新生的女人》（*La Jeune Nee*，1975）；奇拉·爱森斯坦（Zillah Eisenstein）的《资本主义父权制与社会主义女权主义案例》（*Capitalist Patriarchy and the Case for Socialist Feminism*，1979）和《自由女权主义的激进未来》（*The Radical Future of Liberal Feminism*，1981）；安·弗格森（Ann Ferguson）的《双性同体——人类发展的一个理想》（"Androgyny as an Ideal for Human Development"，1977）；H. 爱森斯坦（H. Eisenstein）和 A. 乔登（A. Jorden）（编辑）的《差异的未来》（*The Future of Difference*，1980）；简·盖洛普（Jane Gallop）的《女权主义和精神分析：女儿的诱惑》（*Feminism and Psychoanalysis: The Daughter's Seduction*，1982）；桑德拉·哈丁（Sandra Harding）和 M. 辛提卡（M. Hintikka）（编辑）的《发现现实：女权主义视角下的认识论、方法论和科学哲学》（*Discovering Reality: Feminist Perspectives on Epistemology, Methodology, and Philosophy of Science*，1983）；露丝·伊利格瑞（Luce Irigaray）的《他者女人的窥镜》（*Speculum de l'autre Femme*，1974）和《此性非一》（*This Sex Which Is Not One*，英译本，1981）；茱莉亚·克里斯蒂娃（Julia Kristeva）的《语言中的欲望》（*Desire in Language*，英译本，1980）和《女人的时间》（"Women's Time"，英译本，1981）；萨拉·卢西亚·霍格兰（Sarah Lucia Hoagland）的《女同性恋伦理》（*Lesbian Ethics*，

1988）；黛安娜·富斯（Diana Fuss）的《本质地言说》（*Essentially Speaking*，1989）；帕特丽夏·希尔·柯林斯（Patricia Hill Collins）的《黑人女权主义思考：知识、意识与授权的政治》（*Black Feminist Thought: Knowledge, Consciousness, and the Politics of Empowerment*，1990）；贝尔·胡克斯（bell hooks）的《我不是一个女人吗？黑人妇女和女权主义》（*Ain't I a Woman? Black Women and Feminism*，1981）；安吉拉·戴维斯（Angela Davis）的《女人、种族和阶级》（*Women, Race and Class*，1981）；爱丽丝·沃克（Alice Walker）的《寻找我们母亲的花园：黑人女权主义者散文》（*In Search of Our Mother's Gardens: Womanist Pross*，1983）；切莉·莫拉加（Cherrie Moraga）和格洛丽亚·安茶朵（Gloria Anzaldua）的《这座桥叫我回来：激进的有色人种妇女作品》（*This Brigde Called My Back: Writtings of Radical Women of Color*，1979）。

从书名的清单可以看出个有趣的现象：草根阶层和学术界的女性都开始推动革命，要求改变男女传统的以权力、权威为形式互动模式。而且，涌现出的理论开始凝聚成型，可以被归入几个不同的范畴，诸如自由派、马克思主义／社会主义，以及激进派。以特殊兴趣为旨趣的女性理论也出现了，如女同性恋女权主义、黑人女权主义、女权主义的男人，以及始于 1990 年左右的网络空间女权主义（Cyberfeminism）和生态女权主义。如今女权主义理论已经颇具力量，它融入了我们的日常生活，也被整合进了高校学科。女权主义的视角、声音及兴趣团体有如此之多，它们彼此之间肯定有冲突。从这个清单上诸位可以看出，女权主义者的声音不是单一的；哪个问题当被置于优先地位，她们对此并无共同意见；那些多样的议程表也并非总是具备共同的立场根基。

自由派女权主义（Liberal feminism） 这是女权主义理论的最早期形式。可归入这一范畴的女权主义立场不计其数，它们共同的信念是女性自治与平等。自由派女权主义的核心观点是全人类都该享受选择的自由和均等的机会。为了这一目标，自由派女权主义者在公共领域采取行动，以求改变限制性的法律，为女性工作条件的改善清除障碍。属于自由派女权主义者的女权主义哲学家致力于检验政治不平等背后的理念，分析可能改善现状的策略。自由派女权主义的批评者认为，这一思潮属于西方世界的白人中产阶级女性，不足以应对少数派的、非西方世界女性的诉求。

激进派女权主义（Radical feminism） 把父权制视为全球女性居于附属地位的根本原因。聚焦于女人的再生产、女人的性征以及阴性理念。激进派女权主义者要求迈出强有力的步伐来改变社会态度，正是那样的社会态度把女性还原为性征，从而促成了对女人的强奸、暴力和普遍的蔑视。相应地，她们把广告、色情、音乐等文化现象视为靶子，因为女人在其中被视为性的对象。和其他女权主义理论立场一样，激进派女权主义也有多种形式。激进派女权主义者感兴趣的与其说是特定社会正义形式，不如说是女人的体验。不过对于激进派女权主义的批评者而言，这一点就成问题了：通过"女人天性"来鉴别女人被视为一种本质主义立场，预设了所有女人都拥有共同的普遍天性。玛丽·黛丽及某些法国女权主义哲学家都被归入激进派女权主义，她们致力于认识论和女性形式的写作。

女同性恋女权主义（Lesbian feminism） 把异性恋这一社会范式视为一种压抑。曾经一度，女同性恋被视为适用于所有女权主义者的政治正确的身份，无论她们是不是异性恋者。在女同性恋女权主义者看来，女同性恋遭到了双重压迫——首先是作为女人，然后是作为拒绝把男人当性伴侣的女人。大体来说，女同性恋女权主义植根于女同性恋共同体，而它也受女权主义伦理影响。它不仅批判传统的性别角色，而且还挑战主流的道德哲学传统——它指出，女同性恋道德属于共同体道德而非孤立个人的道德选择。

社会主义女权主义（Socialist feminism）结合了马克思主义和激进派女权主义的视角。根据马克思主义原则，社会主义女权主义者把生育儿童视为一种生产行为。她们力求将这些反映妇女体验的行为等同于"男性"的工作生产行为。社会主义女权主义者在这一点上认同激进派女权主义者，即必须矫正女人在日常生活中受到的压迫；而在这一点上她们同激进派女权主义者有分歧：她们认为女人所受的压迫并非仅仅源于男性的支配地位。无论如何，我们没法用单一的立场定义社会主义女权主义者。她们共同认同的是，男女差异的基础是劳动行为的经济分工，而这样的分工应当被重构。

黑人女权主义（Black feminism）这是个美国现象。和女同性恋女权主义者一样，黑人女权主义者也提出了双重压迫——性别的和种族的。此外包括和种族、性别相交错的阶级问题。黑人女权主义者不认同受压抑的"女性体验"这个标签，因为她们的体验所植根其中的斗争并非仅仅由性别产生的，而且还来自种族和阶级。黑人理论家把主体性归于黑人女权主义者，因为她们在拿自己特有的体验教育他人。这是与传统认识论相反对的，后者把知识作为客观的普遍物来呈现。黑人女权主义者也被称为womanism，爱丽丝·沃克创造了这个术语；她和帕特丽夏·希尔·柯林斯、安吉拉·戴维斯、奥德列·罗尔蒂（Audre Lorde）及贝尔·胡克斯都是黑人女权主义思想的主要人物。

第二次浪潮的女权主义者们在多个战场攻城略地。她们为受虐的妇女儿童寻求庇护，就虐待和强暴开展公共教育，推广避孕，让堕胎合法化，制订妇女学习计划，在工作场所开设儿童照顾服务，推出一系列防性骚扰政策——以上都是她们的行动和写作造就的现实成果。

第三次浪潮

> 快感也是政治的。
>
> ——特里·森福特（Terri Senft）

所谓第三次浪潮，并不是在第二次浪潮结束之后才取而代之的。20世纪90年代和21世纪初出现了新的实践家和理论家，而第二次浪潮的成员中仍有继续写作并坚持着自己的事业的；除此之外还有独立的女权主义哲学家，她们既不认同于第二次浪潮，也不认同于第三次浪潮。通常我们认为女权主义的第三次浪潮始于1983年到20世纪90年代初叶之间，它出自对第二次浪潮所取得的成就的不满——尤其在对女性的暴力及性骚扰方面；尽管如此，想把第三次浪潮的实践家归入特定范畴，要比定义第二次浪潮的理论家更难。再说，第三次浪潮的思想拒斥这样的观点，即普遍代表所有女人的女性身份——这被视为第二次浪潮的本质主义。还有一些第三次浪潮的成员希望恢复第二次浪潮的应有价值，他们认为有些东西正在瓦解，需要重新引起重视。

除此之外，描述第三次浪潮女权主义也是颇具挑战的事，因为它包含着如此之多的理论分支，其中有些还彼此冲突。这些理论包括酷儿理论（queer theory）、生态女权主义（ecofeminism）、后殖民理论（postcolonial th ory）、后现代主义（postmodernism），以及文化批评——尤其是与性相关的。这一运动常常自称为"性肯定的"（sex-positive）。例如，它赞成色情，这就同第二次浪潮的思想截然相反。这一运动的成员支持变性者——第二次浪潮拒绝这样的人，仅仅将之视为经历过手术的男人；她们拒斥男性和女性的二元区分。莱斯利·海伍德（Leslie Heywood）和珍妮弗·德雷克（Jennifer Drake）在她们的文集《第三波议程：做女权主义者，干女权主义》（*Third Wave Agenda: Being Feminist, Doing Feminism*，1997）中这样定义第三次浪潮："这一运动包含了第二次浪潮的要素，包括对美容术、性虐待及权力结构的批评；与此同时，对于上述结构中的快感、危险和明晰性，它予以认可并付诸使用。"对于第三次浪潮的女权主义，这或许是你能找到的最接近定义的东西了。

除了那些貌似会出现在有限清单上的政治诉求以外，第三次浪潮并没有什么确切的议程可以代表自身。复杂性还在于，有些第三次浪潮思想家、实践家根本不想被贴上女权主义这一标签！在第三次浪潮思想家看来，女人应当作为个人为自己思考，女权主义属于个人视角，根据每个女人的实践因人而异。尽管第二次和第三次浪潮之间存在着张力，但后者究竟能不能算前者的延伸，抑或是个全新的思潮？这仍是个悬而未决的问题。

一般来说，第三次浪潮的思想家都是年轻女性（和男性），年龄小于 35 岁，女权主义对他们而言是既定的遗产。第三次浪潮的认同者们认为自己在重新定义女权主义的问题和目标，对于第二次浪潮所说的压抑和色情，他们拥有不一样的、更为宽泛的视角。在他们看来，对于第二次浪潮女权主义议程表上的各个核心议题，每个个人都有自由去选择定义或重新定义。公正女权主义，全球性的人权及性别问题，这些都是他们关注的东西；还有大众文化——包括音乐、电影和媒体——也是第三次浪潮思想家驰骋的领域。贝尔·胡克斯在第二次浪潮中声名显赫，她继续在作关于"白人至上资本主义父权制"的交叉点的讲座；由于她对大众文化的关注，她已转型为第三次浪潮的偶像。日本文化中的"叛逆女孩"朋克运动和"卡哇伊"（可爱朋克）、嘻哈"坏女孩"运动，这些都是第三次浪潮的现象；此外还有酷儿理论的某些要素、DIY（自己动手做）伦理、艺术设计、跨性别政治、有色人种女性话题、后殖民理论——所有这一切构成了女权主义思潮分支的独特集合体，我们没法将它们归结为融贯的新女权主义理论。

第三次浪潮基金会、粉色代码（Code Pink）、女权多数领导联盟（Feminist Majority Leadership Alliance），这些都是第三次浪潮实践者的组织，反映了种族、阶级和性等领域的兴趣。

不过第三次浪潮的成员不认为加入组织是为女性问题做贡献的必要条件。

网络空间文化令第三次浪潮成员彼此的联系、交流更为容易。电子杂志和博客极为丰富。第三次浪潮的印刷出版物有《母狗》（*Bitch*）和《胸部》（*Bust*）。值得参考的第三次浪潮文本有瑞贝卡·沃克（Rebecca Walker，爱丽丝·沃克的女儿）的《走向真实：说出真相并改变女权主义的面相》（*To Be Real: Telling the Truth and Changing the Face of Feminism*，1995）；珍妮弗·鲍姆加德纳（Jennifer Baumgardner）和艾米·理查兹（Amy Richards）的《宣言：青年女性、女权主义与未来》（*Manifesto: Young Women, Feminism, and the Future*，2000）；斯泰西·吉利斯（Stacy Gillis）、吉利恩·霍伊（Gillian Howie）和瑞贝卡·孟福德（Rebecca Munford）的《第三次浪潮女权主义：批判性的探索》（*Third Wave Feminism: A Critical Exploration*，2007）；伊娃·恩斯（Eve Ensler）的《阴道独白》（*The Vagina Monologues*，2001）；莱斯利·海伍德（Leslie Heywood）和珍妮弗·德雷克（Jennifer Drake）的《第三波议程：做女权主义者，干女权主义》（*Third Wave Agenda: Being Feminist, Doing Feminism*，1997）；阿斯特里德·亨瑞（Astrid Henry）的《不是妈妈的姐妹：代际冲突和第三次浪潮女权主义》（*Not My Mother's Sister: Generational Conflict and Third-Wave Feminism*，2004）。

后女权主义（postfeminism）又是个暧昧的范畴，没法对它做出精确规定。它包含如此之多的冲突元素，其中的大部分和女权主义哲学关系不大。有些女权主义者认为后女权主义是个反向运动，目的在于摧毁关于女性问题、目标和理论的固定概念和固定描述。在后女权主义者看来，关于性别的一切权威模型都应当被解构并进行价值重估。有些后女权主义者认为，女权主义已经达到了目的，因此必须让过往的斗争和反抗来个转向。还有团体把后女权主义视为主要由第三次浪潮的英美成员构成，它宽泛地包容先前的各种目标和议题。这一团体关注的是行动而非理论。

还有另一群女权主义者，其代表人物是纳奥米·沃尔夫（Naomi Wolf，1962— ），讨论了沃尔夫所说的"受害者女权主义"，呼吁用"权力女权主义"取而代之；雷内·丹菲尔德（Rene Denfeld，1967— ）不反对女权主义本身，不过在她看来对女权主义需要做意识形态方面和行动方面的彻底检查。凯蒂·洛菲（Katie Roiphe，1968— ）和娜塔莎·沃尔特（Natasha Walter，1967— ）要求女权主义在目标方面做出激烈的转变。洛菲尤其重视女人的学习，在她看来，那样的学习排除了一切与女权主义理论和实践不相容的观点，由此在女人中造成了恐惧文化。沃尔特的观点和沃尔夫相似。她认

有时候，除臭剂的包装上也区分男性和女性。

为，第二次浪潮的女权主义已经完成了特定目标，现在是时候认识到这一点了：尽管还有工作要做，但大体而言女人可以去获得她们作为个人所需要获得的。

所有这些后女权主义者都认为，第二次浪潮缺乏吸引年轻一代女权主义者的价值。有时候他们被视为反女权主义者，或被视为保守群体的成员；因为他们抛弃了女权主义的议程，认为这些事都过时了，女人早已实现了她们想要的进步。在这样的群体眼中女权主义再也不是可行或必须的了。后女权主义的这一极端元素的代表人物是拉什·林堡（Rush Limbaugh），他创造了女权纳粹（feminazi）这个术语来描述那些他不认同其理念的未经指明的女权主义者。

显然，就眼下来说，与女权主义理论相关的内容中没有什么是静态的、可预言的。女权主义的形式和女权主义者一样多，并且这一情形在短期内不会改变。

女权主义道德理论

近来，道德理论也成了被女权主义视角重新概念化的领域。卡罗尔·吉利根（Carol Gilligan）是一位心理学家，她曾参与劳伦斯·科尔伯格（Lawrence Kohlberg）的工作，探索人类的道德发展；她发现，从科尔伯格的道德发展尺度上看，女人的发展高度不如男人。这是不是女人在道德发展上的失败呢？吉利根注意到，那些所谓的儿童道德发展研究实际上是男孩道德发展研究；最初的研究是在男生学校和大学中进行的，然后假定这些结果对于女孩和年轻女子同样适合。最终的模式是从男孩得出的，而不符合这一模式的女孩就被评定为不合格或有缺陷——仅仅因为她们不像男孩。

吉利根开始了自己的研究，并把结论发表在她那部著名的《不同的声音》（In a Different Voice，1982）中。在她看来，女性的发展模式和男性不同，这两者的道德直觉和道德视角也是不一样的。人们之所以没有注意到这一事实，是因为男人和女人说着不同的言辞，却把这些言辞假定为相同的，"用类似的词语来破译截然不同的自我经验和社会关系体验。这些语言分享着交织、重叠的道德词汇，因此它们包含着系统性误读的倾向；如此导致的误解阻碍了交流，并且限制了人际关系中合作和为他人着想的可能性"。

吉利根发现，当我们观察女性论述道德两难困境的方式时，我们可以看到他/她们更强调的是关心和人际关系的维护：在他们的道德考量中，抽象正义、抽象权利这种东西都是次要的。在进行判断的时候，女孩会比男孩更强调道德两难困境的具体背景。因此，背景和为他人着想是女性道德思考的核心特征。

吉利根的考察中有许多都基于精神分析学家南希·乔多罗（Nancy Chodorow）的洞见。乔多罗认为，我们当前抚育孩子的方式助长了女孩对联系性的需要和男孩对独立自主的需要。因为母亲是儿童接触并认同的第一个人，所以在确立自身性别身份的过程中，女孩和男孩要走的道路实质上是不同的：女孩可以继续地把自己视为母亲的延续，而男孩则必须经过一次转向才能确立男性的身份。

因此，关于如何同世界、同世界中的他者相联系，女孩和男孩所受到的教训是不同的。女孩通过与母亲的人格认同（personal identification）发展出作为女性的自我感觉。在乔多罗看来，人格认同意味着"同他人的发散性认同，包括总体人格、行为特征、价值观及态度"，而男孩则是通过立场认同（positional identification）发展出自身身份的："立场认同则意味着和他人角色的特定层面相认同。"换句话说，男孩学到的是，作为男人意味着在外面工作，而女孩学到的是，作为女人就意味着和母亲一样，包括人格、价值观，如此等等。

乔多罗认为，性别发展上的这种分裂导致了文化上的各种困境：男孩成人以后，不仅孤立、分离，而且还断然地厌恶女人（misogynous），因为他们努力要把自身确立为"非母亲"。女孩则往往因不能让自己充分脱离环境中的他人而苦恼，她们成人以后难以区分自己的需求和他人的需求，因此就容易遭受剥削。乔多罗的结论是，如果男人和女人在抚育孩子、外出工作这两方面担负起相同的责任，上述问题就可以被消除——因为这样一来男孩、女孩就都能参与立场认同和人格认同了。或许女孩就会变得更自主，男孩会变得更富于"联系"，并且不再厌恶女人。

还有一位重要的理论家叫内尔·诺丁斯（Nel Noddings），她在《关心，通向伦理学和道德教育的女性途径》（*Caring, a Feminine Approach to Ethics and Moral Education*，1984）这本书中描述了一种关心的伦理：它源于对生来就有的关心的回忆，在那样的天性中，关心者出于爱和自然倾向而对被关心者有所应答。关心的伦理（ethics of caring）并非一系列的原则或规范，它是应对具体人、具体状况的一种方式。

吉利根和诺丁斯都把关心的伦理和抽象伦理做了对照；后者包括权利、正义、公平、规则以及盲目的公正。诺丁斯指出，在权利和正义的伦理中，当人考虑道德状况时，他们的思维"直接进入抽象，这样思想就可以清晰而合乎逻辑地进行下去，而无须考虑特定个人、场合与环境所构成的复杂因素"；而在关心的伦理当中，人的思维"趋向具体化，它可以通过不同的事实、他人的感受以及私人的历史而得到调整"。诺丁斯和吉利根不同之处在于，前者认为关心的伦理比权利的伦理更可取，而后者并没有断言这样的优越性。

还有一位作者涉猎了上述主题，并发展了一套道德理论作为回应——她的名字叫萨拉·罗迪克（Sara Ruddick）。在她1986年的一篇论文《母性的思考》中，罗迪克讨论了某些父权制文化中母亲们的关注和视角，并探讨了这样的考虑和视角如何能建构起我们对于世界的道德应对。罗迪克把这种应对世界的方式称为母性的思考（maternal thinking）。

在资本主义美国，白人中产阶级的异性核心家庭中所表现的母性社会现实是怎样的？罗迪克对此做了描述。她期望其他传统中的女性也能对自己的切身体验进行反思，关于如何做母亲和如何被母亲爱护——无论这些体验和她自己的体验是相似还是相异。母亲必须保护孩子、促进孩子的成长，必须把孩子塑造成成熟的下一代。一般来说，母亲们都负有以上三项职责，尽管她们根本无法掌控孩子们的周遭环境。孩子是十分脆弱的，他们可能受到意外的伤害甚至丧命，可能遭受长期的病痛折磨，也可能在充满敌意的世界中无法生存；为了应对这些事实，母亲们会发展出一种形而上的态度，叫"把持"（holding）。在罗迪克看来，"这样的态度源于'守护世界、维持世界、修理世界等实践……它在无形中修补编织着褴褛脱线的家庭生活'"。母亲们明白，她们所爱的东西是十分脆弱的；因此母性的思考把谦卑和开朗快乐视为美德。在这里，谦卑的意义在于，承认在这个严酷的世界上，人要保护、保存脆弱的东西，所能做的十分有限；开朗快乐则意味着尽管明白自己的局限，人也并不因此就陷入忧郁。罗迪克把这里的快乐和"快乐的拒斥"做了区分；在她看来，好脾气并不意味着拒绝看到世界的现实——它是这样一个更艰巨的任务：正视世界上的苦难，并且拒绝被它吓倒和征服。

在罗迪克看来，这样的美德不仅适用于照料孩子，而且还适用于应对总体意义上的世界。和其他道德样式相比，从母性思考的隐喻引申出的道德会较少自我中心，较不容易有过度个人主义的倾向。值得一提的是，罗迪克认为"母性的实践"是人人都可以做的，并没有性别限制。男人只要采取这种态度来对待世界，对待他人，那么他就是母性思考者，尽管他不是生物学意义上的母亲。在这里，罗迪克无须受生物学决定论的责难。

女权主义伦理学并不是毫无差别的铁板一块，它不仅限于贬抑权利、正义的伦理并高扬关心的伦理这样一种声音。有些女权主义伦理学家指出，以关心为核心的伦理或许并不是女性自己选择的，它源于为父权制社会服务的需要，而男人们总归不会不愿意被关心者包围的。还有一些女权主义道德、政治哲学家——包括我们以下要讨论的那位——则强调权利和正义伦理的实用性；当互相之间并不了解的人提出的相互冲突的主张需要得到平衡时，需要有这样的伦理作为社会机构的基础。我们已经看到了，哈利特·泰勒是如何在这样的框架中提出 19 世纪妇女的诉求的。

性别歧视和语言

语言以多种方式助长着女性社会地位低下的现实。有许多词汇被认为是性别中立的，可实际上并不是。比如 man，这个词有双重功能：既可指总体意义上的人，又可指男性的人。类似地，无论我们知道所指的人是男性还是不知道那个人的性别，我们都可以用 he 这个代词。这是不合逻辑的；应当是要么用一个代词指称所有人，要么就用三个代词，分别指称男性、女性和未知性别的。女权主义理论认为，用 man 和 he 这样的词既作性别特指词又作性别中立词，这样构成的网络会把女性从我们的交谈视野中"抹杀"掉。现实当中，人的心理是这样的：听到 he 的时候，想到的就是"男性"，即使说话者所意指的并非如此。对于这种把即便是性别中立的 man 和 he 也理解成男性的倾向，哲学家詹妮丝·莫尔顿（Janice Moulton）给出了一个很好的例子。请看下面这个熟悉的三段论：

（1）所有人（all man）都终有一死。

（2）苏格拉底是人（a man）。

（3）因此，苏格拉底终有一死。

现在把苏格拉底这个名字换成苏菲娅。显然，第一行的 man 是性别中立的；它指的应当是"全体人类成员"。然而换上苏菲娅这个名字以后，这个三段论的第二行看起来明显就是错的了。对此莫尔顿说，man 对于我们有两重含义，一是性别中立的，一是性别特指的，而我们不见得总是能把它们区分清楚。尽管我们多半相信 man 和 he 有两种明显不同的用法，但是在实践中我们几乎不做区分。这是很显然的：现实中的逻辑教师们在教授上述三段论时往往根本察觉不到这里的问题：第一行中的 man 和第二行中的 man 有着不同的外延与内涵。

有些时候，这类事情上还会有其他形式的因果关系。有些历史学家和人类学家注意到，任何东西只要和女性联系起来，就容易随着时间而贬值。跟与男性相关的职业相比，与女性相关的职业往往挣得少，地位也低。在跨文化的比较中，甚至有些客观上完全相同的职业也是这种情况；比如，在由女性建造家园的某些文化中，这一职业是被轻视的，而在我们的文化中，作为建造者是受人尊敬的，往往挣得也不少。

在语言中也有这类现象。和女性相关的词语地位低下，甚至会贬值为侮辱。在这方面，有许多俚语和比喻都可作为证据。这些比喻和俚语体现了对于女人的深层文化态度。有些词在一开始具有非常正当、毫无贬损的字面含义，然而在和女性的关联中，它们渐渐有了贬抑、侮辱的意思。例如以下这些词语：queen（女王，有情妇的意思），dame（夫人、滑稽老太婆），madam（夫人、老鸨），mistress（女主人、情妇），hussy（轻佻女子，本义是家庭主妇），spinster（未婚女性、老处女）。与上述这些词语相应的、指称男性的词语却从未经历过这样的贬值。俚语常常把女性和动物相联系，这里面也没有什么好的意思，例如 vixen（泼妇，雌狐），bitch（母狗，贱女人），pussy（猫咪，女阴），biddy（小鸡，婆娘），cow（母牛，肥婆）。还有，我们用来表述性交的词语往往都极端暴力——并且这暴力隐喻性地指向女人，而不是指向男人。Fuck（性交）这个词在词源上起源于 strike（打）；至于 ream（钻孔、肛交）和 drill（钻孔、播种）这样的词，在理解上就无需任何深奥的语言学背景了。语言的运用和文化态度是相互作用的；因此，倘若我们努力不去使用这种暴力的隐喻，或许暴力的态度也会有些许减轻。就当前来说，我们面对的是这样一个明显而令人痛心的事实：我们的语言至少是部分地反映了某种敌意立场。

例如，史丹菲·罗斯（Stephanie Ross）在 1981 年的一篇论文《词语的伤害：态度、隐喻和压迫》（"How Words Hurt：Attitude，Metaphor， and Oppression"）中论述了螺丝钉作为一个有用的代表性隐喻是如何表现了特定文化对于女性的态度的——这些内容超出我们乐意知道的范围之外："螺丝钉是坚硬、锐利的；相反，木头是松软、易屈服的；得用力，才能让螺丝钉刺入木头；螺丝钉可以拆下来重新用，但木头上的伤口却是永远的——无论螺丝钉安在哪里。"罗斯认为，倘若我们认识到平时运用的隐喻传达着文化态度，那么我们就可以看到，对于性的文化态度就是：女人经过性交以后，就被永久性地伤害了。而且，螺丝钉（screw）这个词还有个奇怪的机械涵义。它表明，性交是某种和一般的人类肉体、人类行为相疏离的事情。将所有关于性交的俚语列举出来并试图分析和这些隐喻相关的所有意义与内涵，这是颇有趣味的。

有一个表达，学生们用起来习以为常，却没有对其深层的性别歧视做过检查，那就是 you guys（各位）。我们用它来称呼任何群体，无论这群体由男性构成还是男女兼备抑或完全由女性构成。在《性别歧视的语言很要紧》（"Sexist Language Matters"）一文和另一篇名为《再见，你们各位》（"Goodbye, You Guys"）的非正式文章中，雪瑞·克莱门（Sherryl Kleinman）说，倘若女人真的享有和男人同等的地位，那么她们就不会被包含在 you guys 这个显然属于男性的用语中。她的论点中尤其有力之处在于，她让男人想象一下，被称为 you gals（姑娘）时会做何感想。倘若你不屑一顾地认为这用语"如此普通所以无关紧要"，或根本不包含贬低女性的意图，那就请考虑一下克莱门的论点吧。性别歧视的语言很要紧。

女权主义认识论

许多女权主义作者认为，对于人类认知来说，传统的认识论是有局限性的。主流的认识论倾向于假定理想的认知者是无肉体、纯理性、无所不知的，而且是完全客观的实体。实际上大部分哲学家都承认根本没有人能近似于上述这种理想的认知者，因为真实的人都得拥有肉体、具备个人的历史和观点，如此等等；尽管如此，大部分哲学家却都不愿意放弃这样的理想。

对此，女权主义的认识论研究者提出了几项挑战。首先，她们认为这一点是令人困扰的：理想的认知者很像理想的男性，因为男人总被认为更有理性、更客观、更不易动感情。在女权主义者看来，这样很容易就把女性的知识主张排除在外了。当今女权主义认识论研究的领导者之一罗琳·科德（Lorraine Code）曾经指出，对于女权主义者而言"这样的问题必须不断被提出：是谁的科学——或谁的知识——得到了验证？为什么它的荣耀引领着西方社会论断其他发现，压制别种形式的经验，并拒绝把认知地位赋予女性的……智慧？"

科学认知会受到偏见的影响，以下就是一个例子。莉拉·雷伯维兹（Lila Leibowitz）引用了社会生物学家威尔逊（E. O. Wilson）的一个案例，后者认为小嘴狐猴（mouse lemurs）除了某些特定时期在交配圈中生活以外，"本质上是独居的"。事实上，雌性小嘴狐猴是在一起筑窝的；"本质上独居的"是雄性小嘴狐猴，而这一行为被推广到了整个种群。"主宰的"雄性就是那些能够完成生育的雄性。但我们为何不能假定这就是它们占据主宰地位的唯一理由？或许，那些雄性只不过就是雌性最喜欢的几只——理由当然只有雌性狐猴自己知道。可是上述这一主宰行为的"证据"却立即被威尔逊过分地普遍化了，在他看来，这一事实可以为"几乎所有种群中的近乎所有雄性都主宰着雌性"这一论断提供证据。科学家并不是理想化的客观观察者。威尔逊的例子表明，他们的观察和理论中已经加入了自己的偏见和倾向。在女权主义认识论研究者们看来，上述事实是男女都难免的，它必须得到确认。她们指出，知识从来都不是在真空中积累起来的。人们在为特定的问题寻求答案，甚至——或者说尤其——在科学中也是如此。知识的积累向来是为人类的目的服务的，而具体的目的塑造着知识的类型。

　　女权主义的认识论研究者并不想贬抑理性或客观性。她们中许多人考虑的是，像理性／情感、客观／主观这样的二分法是错误的、误导的。大部分情感都具有理性的架构。比如，假设你遇到一位朋友，他看上去非常生气。你会问他："怎么了？你为什么生气？"倘若得到的回答是："浅蓝色的衬衫太过时了！"那么你大概会再问上几个问题，因为这理由似乎和生气这种情绪不怎么搭调。你朋友是不是在儿时受过浅蓝色衬衫的创伤？他是否曾经受到逼迫，不得不每天穿这种衬衫？如果他回答："不，我就是憎恨浅蓝色的衬衫！"那么你就有理由断定这位朋友有点不可思议了。对于我们大部分人来说，只有合理的理由引起的情感才具有意义。一般来说，人们不会"毫无任何理由地"具有某种情感；倘若是这样，那么他们通常会被认为精神上有问题。理性和情感之间的相互联系还不止于此。女权主义的认识论研究者从总体上强调说，知识积累是属人的事业，对于它也必须作如是观。理性、情感、社会地位、性别，还有其他事实——这些都在我们的认知中扮演着一定的角色。任何理想，倘若在描述认知时把上述的"属人的事实"排除在外，那么它就必然是错误的；而且，它还会不公正地让那样一群人享有特权：他们声称，只有像他们那样、仅仅拥有他们那种社会特征的人，才能够获得真正的知识。

　　本章末尾的原著选读中有一段桑德拉·哈丁（Sandra Harding）的作品。她是一位女权主义科学哲学家，在她看来，科学家和科学哲学家的认识论都可以通过他们所运用的隐喻得到揭示；在那一部分作品中，她对科学革命初期某些科学家和哲学家们所运用的一些隐喻进行了考察——那些隐喻明显带有厌恶女人的倾向。

法国女权主义哲学和精神分析理论

　　法国女权主义哲学（French feminist philosophy）值得我们专辟一章。有不少杰出的哲学家出自法国，如笛卡尔、萨特、加缪、拉康、福柯以及德里达，等等；这些卓越的头脑塑造了法国的思想。哲学在法国社会中扮演着整体性的角色，其影响所及不光是文化、心理、政治，还包括艺术、文学和戏剧。法国女权主义从如此丰富的哲学根基生长出来，它与美国女权主义的发展路径截然不同。就我们的理解而言，前者的复杂程度更高。

　　在法国，学生要从中学（lycée，high school）毕业，一般得修两门哲学和逻辑方面的课程。美国学生或许得到大学里才能接触到批判性思维的导论，而且是在英语系而不是哲学系，所以他们可能根本不学形式逻辑或哲学。可是在法国，即便不继续接受高等教育的学生也学习逻辑，并且对关键哲学家的思想拥有坚实的知识背景。所以在法国，政治与哲学比在美国联系得更为紧密。法国政治家得花更多的心思避免闪烁其辞的套话以及其他形式的谬误推理——因为这很容易被看穿！

　　在 20 世纪 80 年代，美国有几位亲法的女权主义批评家开始关注法国女权主义哲学家在干什么。爱丽丝·贾丁（Alice Jardine）、托里·莫娃（Toril Moi）和简·盖洛普（Jane Gallop）是最早把法国的精神分析理论介绍给美国学术界的人，但是由于语言障碍，追随者甚少；直到80年代末，被译成英语出版的法语文本才开始增多。到大家都能读到那些文本的时候，其中很多已经时隔十年了。那时法国理论界早已转向其他话题和流派。大部分试图阅读法国女权主义哲学家的美国学者都难以胜任智识上的挑战，因为他们并不分享法国思想界的智识和社会历史。所以，我们在本章中讨论的三位女权主义哲学家也往往遭到忽视或误读。

大体来说，法国女权主义哲学的基础是精神分析理论，关注无意识和与性别相关的主体性。换句话说，法国女权主义思想的主要声音全都对各种形式的"我"做了检查，时而关注能动作用，时而关注主体生成的方式，时而关注那对于塑造主体起了作用的语言——有时针对书面/文本的表达，有时针对心理语言，即无意识的语言。法国女权主义哲学从弗洛伊德、拉康及德里达那里获益甚多，因此必须先来检验这几位的思想，如此方能理解法国女权主义哲学是如何发展起来的。

西格蒙德·弗洛伊德发展出了精神分析理论的两块基石，即俄狄浦斯情结和阉割情结。简言之，俄狄浦斯情结就是男孩想要占有母亲、杀死作为对手的父亲的愿望。阉割情结则是男孩惧怕被父亲阉割。与此理论相应的是当女孩发现男孩拥有阴茎而自己没有的时候所经历的阴茎嫉妒。

雅克·拉康（Jacques Lacan，1901—1981）把弗洛伊德的无意识研究拓展到了新的深度。拉康否定了弗洛伊德的一部分工作，将其置入符号学、语言学和文学的语境。这就使他同主张理性、统一意识的哲学家截然对立。拉康关注的是意识和无意识的区分，后者即同一性的缺乏。在拉康看来，主体性和性特征都是语言生成的符号的功能，意识和无意识都像语言一样具有结构。他的理论阐述了语言的获得与自我的发展之间的联系。

对于外行来说，拉康的作品非常难读。简单地说，他把男子气和女子气都视为儿童的身份发展的结果；也就是说，视之为性别差异的意义，而非解剖学差异本身。这样一来，性别差异就成了语言、思想和文化的一部分。

在他所讨论的前俄狄浦斯阶段，儿童的自我和他它的母亲没有分离，此时没有他者（Other）。直到儿童进入父权制文化的"符号秩序"，将阴茎感知为父亲的象征，其自我才分裂为自我和他者。这一现象也导致了无意识的诞生，拉康将其视为被压抑的欲望。

拉康的理论认为欲望是永无终结的。因为和母亲融为一体的阶段终止了，人注定要面对永恒的分裂，然后整个人生就是对失落的统一的寻求。有三位法国女权主义哲学家发展了拉康的理论，她们是埃伦娜·西苏、露丝·伊利格瑞和茱莉亚·克里斯蒂娃。她们将拉康就性别和被压抑的欲望之关系所进行的讨论做了理论展开，建立了既适用于社会关系也适用于抽象层面的文本关系的模型。她们认为，意义就是从两者的这一交叉中被创造出来的。

这三位法国理论家都承认这样的女性自我（主体）的存在：仍是他者，并永远是他者。拉康那关于无意识语言的心理语言学被她们推而广之。这样的语言中不存在语法、句法，也没有词语。交流靠的是空白、沉默、中断、决定间的瞬时及其他非词语的交换。然而有这么件事很关键：这三位法国女权主义哲学家都拒斥拉康的（还有弗洛伊德的）"父亲的法律"，她们的拒绝路径各异其趣。

还有一位对法国女权主义哲学产生了重要影响的人物，他就是雅克·德里达。和拉康一样，德里达也关注看不见的言谈，这是和有意识的言谈不同的东西。在德里达看来，文本永远包含自身的颠覆，这是无法被还原的要素。它们或许如标点、停顿号、缺失的表达那般简单，也可能相当复杂，如精致的文学策略、比喻丰富的表现手法、令暗流偏转或暴露的评论——换句话说，即文本的无意识。

德里达乐于拿下面这些人物当靶子，如柏拉图、亚里士多德、卢梭、穆勒、黑格尔、海德格尔、尼采、弗洛伊德，等等。因为这些都是中心文本，必须被解构，以便揭示出其他形式的主体性。拉康对作为意识的主体所做的事情正是德里达对于文本所做的；他把文本设立为自身的他者，与自身相异。德里达式的思想就是建构二元对立然后让它们彼此游戏、消解，这也是女权主义哲学的关键策略。

不过德里达并不是在提出理论。他是在推进一个过程。他那关于"解构"的"理论"实际上是在推进对于哲学／文学文本的切近阅读：在运用隐喻、想象、短语及其他语言策略的过程中，文本被动摇了，它不再成为完整统一的整体。正如拉康认为意识和无意识都永远在场，德里达也认为文本和它的潜台词（它的隐藏意义）都永远在场，永远已经在那里。当潜台词被表述，悖论进入了视线焦点，文本中的过量和空洞都被暴露——于是文本越过了自身的边界，成为流动的，向多样的解读开放自身。溢出文本边界的东西取代了主体性，由此主体变换相貌和形式，不再是权力、权威的坚固符号。被解构的文本是潜在地无穷尽的，因为每一次延迟都会创造另一套关联。在这一过程中文本解构自身。

发生于两极（二元对立）之间的是相同和相异的融合，是一种"游戏"——是自由的激进，是对于坚固和统一的无止境的逃离。德里达把这一空间称为 différance（延异），它不能被翻译为我们所说的 difference（差异）。正如上文所描述的，它是一个自由的空间，各种事情都能在其中发生而不会被约束、固定为特定的意义。

对于下面要讨论的三位女权主义哲学家，这一重新书写构成的开放式循环都有至关重要的意义。她们每个人都以自己的方式创造着"女性"写作（écriture féminine），消融着作者与文本之间那传统的不可见的界线。她们都运用高度实验性的文体，以自己的方式创造着新的语言——这语言的根是拉康和德里达提供的。

露丝·伊利格瑞

话语可以毒害、包围、环绕、监禁，也可以解放、疗愈、滋养、孕育。

——露丝·伊利格瑞《言说从来不是中立的》（*Speaking Is Never Neutral*）

露丝·伊利格瑞（Luce Irigaray，1930— ）出生于比利时，是受过语言学训练的哲学家、精神分析学家。她不严守哲学的学科界限也不使用体系化的论说方式，因此有些读者为此困扰。她能在学科之间自如地腾挪挥洒，足以令大部分学院学者瞠目结舌。伊利格瑞关注的问题有性的差异，这是精神分析的领域；语言的历史根源，这属于语言学；女性生活的真相，这属于社会政治；此外她还有伦理学方面的关切。正如英国女权主义哲学家玛格丽特·惠特福德（Margaret Whitford）所说，她做的事情实际上就是重新思考整个社会体制。在这一过程中，甚至连哲学家的性也要接受检验。

伊利格瑞在她的论说中采用联想思维，因此她的文本是难读的。她要求读者伸展、设计自身，以富于想象力的方式进行认同。在伊利格瑞看来，进入 écriture féminine（即"女性写作"）的入口包括女人的各个方面——她的角色、相互作用、历史地位、在前俄狄浦斯阶段的位置，即女人的变换的多样性。女权主义在哲学论说中具有多个侧面，而且在以各种方式繁殖着，这些伊利格瑞都曾注意到；她在为此创造性地工作着。

伊利格瑞的讨论聚焦于女性的欲望。在她看来，男性和女性的欲望／语言有着根本上的不同。阴茎（phallus）的父权制秩序是线性的、理性的、符号式的，它没法理解女性的欲望／语言表达。传统大男子主义的话语秩序或欲望结构中没有女性的位置。因此伊利格瑞在文本和心理分析中寻找可以被描述为文化代表的东西。她着重关注反映了女性被压抑状态的文本。

伊利格瑞批评了弗洛伊德的理论，因为这理论把女人描述成依赖性的、次要的。她把弗洛伊德的理论来个倒转，把它当一个代表性的体系用。例如，女性若不是一，那么她就是多于一。在《他者女人的窥镜》（Speculum of the Other Woman）中，她质疑了代表性的体系，尤其拒绝母性功能说。女人多于她的母性能力，必须把女人的个体身份重新概念化，如此女人才能从弗洛伊德的遗产中解放出来。

伊利格瑞预想的女性并非和女人的解剖学属性相关。她关注的是女性的经验现实，这是对拉康的重新审视，也是让弗洛伊德的模型来个短路。于是两者都被她解构了。她把女性解放为她自身的源泉来产生意义，于是在传统强加给她的、文化生成的身份之外，女人有了属于自己的身份。

伊利格瑞的写作语言简要、诗性、富于韵律、语带双关、富于游戏性，常常带着嘲弄口吻。她的意象表达了女性性征的多样和剩余。她在父权制的性和文本建构中开辟出自己的道路，为女性的声音／身体创造空间。她的方式是描述各种选项，抓住拉康的镜像并穿过它，正如爱丽丝在镜中所做的；她一路上制造隐喻并摧毁二元对立。

在镜子的另一边，伊利格瑞的女性是言说着的主体。穿越镜子的意图就在这过程本身，这是一个"抑制理论机制"的过程。这个机制一旦闭上嘴，女性就能说话了。

对于没有受过精神分析训练的读者来说，追随伊利格瑞颇有难度。了解些相关内容会有帮助：在精神分析技术中，词语并不像它们在传统大男子主义的话语中那样具备重要性。无意识中没有词语，只有运动的、流动着的半成型的联想。理解这样的运动并非通过词语——词语创造的意义是固结的，而运动并非以这等方式固结——而是通过用新的方式表达它们，展示出复数的意义而不局限于封闭的路径。

伊利格瑞的批评者说她犯了本质主义（essentialism），因为她聚焦于女性具象化的本质特性。这一部分是因为有些学者总在试图达到她理论的底部，他们想要摆脱重重阻碍，却没能理解这一点：伊利格瑞的整个过程是必须被理解的，不仅仅是底线。过程就是底线，无视这一点，就曲解了她的理论。在伊利格瑞的作品中寻求分析性关联和理性推进是个错误，如此没法描述她创造了什么：通过隐喻和符号重构女性身体的方式。她的早期作品（《他者女人的窥镜》和《此性非一》）聚焦于具象化的哲学史，而晚期作品则致力于女性定义自身的能力。

伊利格瑞的论述将上帝、语言与"生成"过程中的女性联系起来，如此它把神圣也引入关于女性的讨论中。运动是永远的，从未存在过静止状态。对成长于传统基督教信仰体系的人来说，她的"神圣女人"观念是难以理解的。她讨论了救赎和恩典，但仅仅是把它们作为逃避现实的形态。上帝成了存在的隐喻，存在于时空中然而拥有自主身份的能力，这就是描绘生成的隐喻。重新调整作为女性的神圣，这是争取确立女性自主的一部分。她在宗教领域的作品应该被视为更大规模的计划的一部分，即为女性工作创造理想。通过在人自己的意象中建构新的神圣，伊利格瑞将计划转向交换的终极领域——无限。

茱莉亚·克里斯蒂娃

> 在这里女人是要动摇、干扰、打击大男子主义的价值，而不是拥护它们。她的角色在于保持差异，通过表明它们、给它们以生命、将它们置入彼此间的游戏。
>
> ——茱莉亚·克里斯蒂娃《多角色对话》（Polylogues）

茱莉亚·克里斯蒂娃（Julia Kristeva，1941— ）出生于保加利亚，1966 年她到法国继续她的学业并逃离了斯大林主义的共产主义。作为杰出青年女性，她在 1974 年被任命为语言学教授。从此她一直在语言理论、诗学、精神分析、政治哲学及文学等诸方面贡献着力量。在每个领域她都实践着激进的批评，她称之为"意指实践"（signifying practice）。她拒绝被视为女权主义者，而且常常被后者斥为反女权主义者，但克里斯蒂娃无疑对女权主义话语理论贡献颇大。

起初，克里斯蒂娃研究过中国女性，这是因为她相信马克思主义原则可以把女性从不平等地位中解救出来。可是当她看到中国女性的实际生活状况后，她对马克思主义政治学幻灭了，于是从政治写作转向精神分析。她相信，一次治好一位病人，如此能够把女性现状改变得更多。她的作品艰深难懂，一方面因为她的专长是语言学；另一方面是因为，她认为一切写作都应该在传统的话语结构中存在，那是唯一的话语。针对她作品的女权主义评论家并不总能理解她那语言观的核心在于言说着的主体，而且她所投身的那种复杂分析往往是许多理论家力所不能及的。她要求我们看得更深，在那深处语言不止于命名和交流，它成了生成主体性的机制。

尽管克里斯蒂娃使用拉康的术语，他的作品仍是原创性的、革命性的。例如在《诗歌语言的革命》(*Revolution in Poetic Language*)中，她把拉康对前意识(preconscious)和象征秩序(symbolic order)的区分回炉重铸，成为她所说的前符号态(semiotic，这个词本义为"符号学"，指对记号和符号体系的处理；作为克里斯蒂娃的术语才翻译成"前符号态"。——译者)和符号象征态(symbolic)；并对这两种秩序之间发生的事情做了严密的考察。她扩大了拉康的镜像阶段模型，认为女性的前符号态——它属于前语言层面，而符号已经在主体中在场了——被贬低了。她进一步说，女性指涉之所以被边缘化，恰恰是因为它对传统的大男子主义符号话语构成了威胁。和弗洛伊德、拉康相反，克里斯蒂娃认为每个孩子在镜像阶段后都能选择认同父亲还是认同母亲。

克里斯蒂娃聚焦于母性前符号态，认为它对于理性、统一的言说主体具有破坏性，它挑战着象征秩序。她作品的核心在于这么个领域，她称之为"过程中的主体"，这就是把主体描述为变动不居的另一种方式。这一自我概念将她的语言学理论、精神分析理论同她的社会关切联系了起来。与此紧密相关的是她关于母性前符号态的作品。只有当变动不居的主体和母性前符号态都处于符号象征态的控制之下，大男子主义的言说主体才能获得胜利。但是，鉴于符号象征态话语和变动不居的主体的性质，这事发生不了，所以符号象征态总会被颠覆或岌岌可危。

在《女人的时间》一文中，克里斯蒂娃区分了象征秩序中的时间和前符号态秩序中的时间：前者线性、连续、以目标为导向，后者则全然不同。这这篇文章中，她强调女性表达的多样性质，以此敞开性别差异。

当克里斯蒂娃的写作突破那样一种风格——它初看疑似大男子主义话语的格调——时，就惊人地有效。《圣母悼歌》("Stabat Mater")这篇文章说的是母性和圣母玛利亚崇拜，她以典型的大男子主义分析开头，继而以关于她自己儿子出生的女性文本点缀；结果就是话语的彻底分裂。其中的女性文本是开放的，既是字面上的诞生也是比喻意义上的诞生。其效果是视觉的愉悦，也是对她在文本中描述的悖论以及一般意义上的男性 – 女性话语的充满活力的评论。还不止于此：她为自己创造了互文阅读。《圣母悼歌》不像文本所"应当"的那样。它看起来不一样，它的行为也不一样；它在页面上缠绕、跳跃。两份文本并列在一起，它们固然是平行的；女性和男性文本在互相补充而非彼此对立。这篇文章成功地超越了文学与理论、抽象与个人、前符号态与符号象征态之间的界限。

在后期作品中，克里斯蒂娃关注神圣。她自己不相信有真正的神，不过她把宗教视为女性话语的一种，爱和伦理在此地相遇。在她看来神学是一种建构出来的幻象，为的是遮蔽死亡的真实性，让我们不去看那作为虚无的死亡的终极真相。宗教是一种语言，维持着我们的心理需求与对现实的个人认知之间的张力。所以她用宗教话语在心灵和肉体、符号象征态和前符号态、自我和他者之前斡旋出一个治愈空间，与此同时她并不把宗教视为终极真理。她说我们需要宗教仪式，这是前符号态的表达。她把宗教视为具有治愈力的艺术形式，倘若它能够剥去其粗鲁的惩罚性教条的话。通过把宗教看成女性前符号态，克里斯蒂娃将它向着想象空间敞开了，在其中能够治疗心灵，令语言得以扩展。

克里斯蒂娃最近的作品包括一批神秘小说，她怀着"激进的恶"——她自己将其解释为"对死的欲望"——处理它们；还包括各种主题，如母性、历史性计划和精神痛苦。它们属于侦探小说，具备通常意义上的暴力和系列谋杀；同时它们也具备神秘性，足以引发智慧的读者深思。这就是实践的理论：她已经放开自己，在任何环境下都淡定地走自己的路，无论在智识层面还是在日常生活层面。

埃伦娜·西苏

> 我不写作。生命生成为出自我身体的文本。我已然是文本。
>
> ——埃伦娜·西苏

埃伦娜·西苏（Hélène Cixous，1937— ）出生于阿尔及利亚并在那里接受了早期教育。作为阿尔及利亚殖民地居民、女性和犹太人，她说自己受到了"三重边缘化"。身为犹太人，她没法进常规学校，不过她依然学习了法语、阿拉伯语、希伯来语、德语、西班牙语和英语。后来为了阅读克拉丽瑟·李丝贝朵（Clarice Lisperctor）的原著她还学习了葡萄牙语。1955 年她全家移民到法国。21 岁时，她成为用英语通过大中学校教师资格考试的最年轻的学生。在此之前，西蒙娜·德·波伏娃是用法语通过这一考试的最年轻的学生。1958 年她发表了长达九百页的博士论文。1968 年她以《内部》（*Dedans*）这部小说获得著名的文学奖——美第奇奖（Prix Médicis）；这是一部自传体小说，说的是她对父亲的俄狄浦斯依恋。

西苏和雅克·拉康一起工作了两年，然后接受了法国激进左翼机构的职位；在著名的 1968 年学生运动及之后的知识界革命中，这一机构成为一大景观。接着她创立了欧洲第一个女性研究方面的博士培养计划。直到今天她仍在监督这一计划，这个计划不断发展壮大，面向国际讲授课程。尽管身负重任，在她 70 岁的时候，她仍保持着几乎每年都出一部新作。

雅克·德里达长期以来一直是西苏的良师益友，直到他 2004 年去世。他曾经说，埃伦娜·西苏的作品整体"近乎不可翻译"。这是因为即使在法语原文中，她的文本也在运用微妙的替换，而且它们总是流溢到多学科领域。她的作品是哲学、诗歌、小说、文学批评、自传、评论以及精神分析理论，常常同时是以上一切。与此相反，大部分美国女权主义思想家都是在一个主要学科中接受教育、发表作品，除非他们有意识地跨界。

她的作品聚焦于女性写作以及作为女性写作之隐喻的女性具象化；尽管如此，她并不同意把女权主义作为她视角的标签，这大体是因为女权主义在欧洲和在美国的发展方式截然不同。不过近年来，她的作品清晰地呈现出女权主义。当她的作品有政治性的时候，那也是文本意义上的政治；她认识到社会结构内在于语言，所以她在语言的限度内以所谓的阴性书写（*écriture* féminine）进行写作，以缓和哲学写作中的"大男子主义"结构造成的伤害。

对于美国学者来说，西苏的难于理解还有一个原因：虽然已经过了很多年，她的数以百计的文章、小说只有一部分被译成了英语，而且她的作品所关注的目标和美国女权主义的议程不相吻合。很多人认为她的作品属于本质主义或乌托邦，因为她不写什么家庭暴力、照看儿童、堕胎、色情或贫困，这些才是女权主义实践话题的中流砥柱。并不是说她回避性别间的社会政治冲突，而是说，她用以对付这些问题的计划对于美国学者而言是陌生的——致力于无意识，致力于出自无意识的晦涩暧昧的女性语言。

西苏的许多话题都持续地在接下来的文本中被重铸，正如德里达的句子都是重述：思想的循环在扩张并越来越兼容并包。这些话题包括作者与写作过程、读－写关系、读者－作者关系、哲学问题、精神分析的考量（尤其是那些与身份认同和其他自我－他者关系有关的）、出生、死亡、终结、爱的丧失／寻获、艺术的前史、内在状况、具象化、自传、母性／父性（尤其是缺失的父亲）、母性的修正、神话的重新编织、到达／离去、放逐的隐喻、礼物／交换／消费概念的延伸……这个清单令人昏昏欲睡，但是在西苏笔下这些话题都有了生命和呼吸，它们彼此互动，从文本行进到文本，随着概念形态的出现、转换和消失而变化着它们自己。

主题不仅被重复，而且被重新提炼和呈现，通过新的人物，通过多维的、性别不定的自我——每一个都在不同的关系挑战中各自挣扎。我们或许会忍不住说，所有这些主题都出自自我和他者的基本范畴，不过这么说可是帮了西苏倒忙。范畴根本不在西苏的词汇表中；它的主题藐视边界。她的文本"逃离"一切限制正如德里达的会话包含无尽的延迟。探讨西苏作品的方法，在她文本中不断呈现的复杂难解的丰富性面前往往捉襟见肘。

西苏的小说没有传统的开头、中间和结尾。她的所有文本都是"开放"的，即便当她思考哲学问题，切近地审视黑格尔、克尔凯郭尔、海德格尔、尼采、德勒兹、德里达的时候，她的写作也不在概念层面。她的目的在于阅读文本，包括哲学文本，然后替换那些"男性"要素以寻求女性要素。她要抹去那样的西方理念，它将概念、真理、在场、掌控和父权制法则视为优先的；所以她对主宰着主体性形成的辩证结构进行检验。她反对绝对知识。当她在作品中审问、颠覆那来自女性社会的语言学表征时，即便是她的哲学讨论，也植根于自传体的虚构小说。颠覆往往以创造性的方式实践着，既是严肃的也是游戏性的；它们总是以种种方式涉及女人的主体性。

我们不妨以四个阶段来认识西苏的作品。她的早期作品是文学批评，涉及乔伊斯（Joyce）、纪德（Gide）、莎士比亚（Shakespeare）、伍尔夫（Woolf）、卡夫卡（Kafka）和杰弗斯（Jeffers）。这些作品都属于传统的学院散文。第二阶段是弗洛伊德／拉康时期。她的第一部和唯一一部短篇故事集处理的是同一性、无意识及梦的工作的各个方面。她的第三阶段是发现克拉丽瑟·李丝贝朵，这是一位巴西作家，西苏将她描述为她的"意料之外的另一个"（unhoped-for other）。这个阶段产生了一大批著作和文章，说的是李丝贝朵作品中的女性要素。

她的第四个阶段在剧场中。当她从事于历史性表现时，她那戏剧中的"另一个"常常是整个人类种族。和她的其他体裁相比，她的戏剧对社会变革贡献最大，其中处理的是人类普遍的苦难和不公。不过，虽然我们可以用编年方式追溯这些阶段，它们却也并非判然有别。她仍在继续写作自传体小说，它依然在跨越体裁界限。西苏的研究中不存在真正的开端或终结，正如她的小说没有开头和结尾。她的所有文本——不仅是戏剧——都是表演性的，它们与其说在讲述，不如说在演示。它们将读者拽入各种领域，既熟悉又陌生，既是慰藉又是威胁，既是智识上的刺激又是情绪上的挑战。她就是这样在文本中开辟空间，从歧义纷出的领域中创造出扩展的意义并怂恿读者学会用新的语言阅读和写作。

伊利格瑞、克里斯蒂娃和西苏都使用某种形式的阴性写作，我们不能在美国人使用 feminine 这个词的意义上将其翻译成"女性写作"。在法语中，feminine 这个词并不像在英语中那样意味着淘气、做作、羞怯而善于操纵。它是一种处于不断进化过程中的语言，运用隐喻跨越着理论和其他形式的话语之间的界限。

每一位运用阴性写作的作者都有属于自己的风格。西苏的风格属于力比多式的话语，包含和他者的遭遇、具象化、神显时刻和激情经历，它们瓦解着社会化的二元意识结构。以这种方式她得以超越限制，这限制是理解差异的传统方法强加给语言，强加给社会关系的。关于西苏，最重要的一点或许是，她不把身体视为生物学上的普遍物或独立于文本的指涉。她的作品的整体焦点就是：向我们演示语言的存在不在身体之外。

《美杜莎的笑声》（*Laugh of the Medusa*）　美杜莎的神话来自古希腊。美杜莎是一位美丽少女，她和波塞冬发生性关系因而触怒了女神雅典娜，雅典娜把她变成了头发全是活蛇的怪物。从此以后，任何男人只要看一眼美杜莎就会变成石头。后来柏修斯杀死了美杜莎并把她的头献给雅典娜。这颗头颅依然有把男人变成石头的能力。弗洛伊德对这个神话做了性心理生理学解释。他将美杜莎被砍下的头颅等同于男人对阉割的恐惧：砍头等于阉割。美杜莎对于男人的瘫痪作用（paralyzing effect on men）被弗洛伊德解释为阴茎勃起，而构成美杜莎头发的活蛇全都是阴茎。在弗洛伊德看来，勃起与恐惧的组合代表男人感受女人的两种方式：他们渴望女人，同时又把女人视为与自己不同的、神秘的和危险的，故而恐惧女人。美杜莎既是活的，能够激起男人的欲望；又是死的，令男人恐惧——男人们害怕，假如任凭欲望达到高潮，就会像美杜莎一样死去。男人认为自己是完整的，而女人 / 怪兽会改变他的身份。

所以，一方面男人渴望拥有女人；另一方面，他害怕经由性行为而被归入（subsumed into）女人。弗洛伊德说男人对女人的恐惧源于他们的差异，男人感到不可思议所以害怕。他害怕被女性特质弱化或胜过。女人成了阉割着的女人。险恶的美杜莎头上长着许多阴茎，在弗洛伊德看来，这隐喻式地给男人以安慰：你不会失去自己的阴茎。

西苏的早期文本《美杜莎的笑声》如今已是女权主义文本中的经典。在这篇作品中，女性身体根本不是身体，而是具象化的文本运动，是个隐喻。只要把身体理解为文本，理解这篇文章就比较容易了。在书写女性的时候，西苏在字面意思层面和隐喻层面之间闪转腾挪。她书写"女性"（feminine）的时候也是如此。诚然，她是在讨论女性特质和女性身体；但同时，她也把这些作为语言学表现的隐喻。西苏把弗洛伊德的"黑暗大陆"转换为女人的写作，它对于男人而言是陌生的。西苏说，美杜莎没什么好怕的：她亲切可接近，她还挺有幽默感。女人必须向男人展示她们的"性文本"（sexts，即 sex+text），这是新的女性写作，其中为差异留下了空间，其中没有拉康意义上的"缺乏"。跟她的其他作品一样，西苏的《美杜莎的笑声》先定义了构成我们文化生命的压抑结构，然后以解放女性、使女性书写自身的方式解构和重构这些结构。

朱迪思·巴特勒：性别、性与表演性

不用说，所有女权主义哲学家都关注性别和性的话题。不过，其中有一位值得我们专辟一章来讨论，因为她对这些研究的错综复杂性做了极其广泛的考察，她就是朱迪思·巴特勒（Judith Butler，1956— ）。她是一位美国后结构主义（poststructuralist）哲学家，她不仅在美国女权主义这一领域，而且在政治哲学、犹太哲学、伦理学、文学理论、性学研究、精神分析理论，以及酷儿理论等领域做出了令人印象深刻的贡献。她所工作过的领域包括丧失、哀悼、种族、战争、审查制度以及伦理暴力，她还建构过责任伦理。她的研究获得过很多荣誉、奖项及研究员职位。她从 1987 年至今创作了一大批著作、讲座和出版物。如今她是加州伯克利分校的教授及哥伦比亚大学的访问教授。

不过她那作品的艰深复杂程度令人晕眩，为此她也不是没有被批评过。她把其他哲学家的思想线索和她自己的观点编织到一起，就性别和性如何彼此交错的话题做出深刻动人的社会学 – 哲学讨论，并且为这些问题提供了一个可能的解答——她自己名之为表演性（performativity）。

巴特勒的基本问题聚焦于身份与主体性，尤其针对那个广为接受的信念: 性别行为是自然的。不过较之她对语言、习俗和体制中的身份问题所做的激进复杂的探索，上述概括肯定是过于简化了。在她的第一部著作——也是她的博士论文——《欲望主体：对 20 世纪法兰西的黑格尔式反思》（Subjects of Desire: Hegelian Reflections in Twentieth-Century France，1987）中，她试图理解性别是何以被确认为自然出现而非人为选择的。她追踪我们由之成为"主体"的过程，不过她的主体所指的并非个人；她描绘的是一个语言结构，永远处于过程中而从不完成自身。换句话说，主体永远在"生成"。当一个人被命名，他 / 她就有了性别；巴特勒说，此时"界限"被设置了。这一观点的重要之处在于，假如人的身份属于社会建构，那么肯定有办法改变、挑战和重构它；在她的著作中，她一直在寻求这些办法。一方面是掌握着权力的主体性，另一方面是以破坏性方式行动的个人，他如此行动为的是避免让权力成为建构身份的标准；巴特勒在两者之间鉴别出一条细微的线索并将其视为问题的一部分。她总在以各种方式追问，权力是什么，如何能颠覆权力。

在巴特勒那本已复杂的审问中，尤其复杂之处在于，她的各个文本彼此对话而她并不回答自己提出的问题。没有观念的线性、理性推进供人检验，这是令读者恼火和困惑的。确实，她的理论在循环、交叉和错综中运动，从不达成最终结果。这一探询模式借鉴了黑格尔式的辩证法：给出一个正题，然后它被反题否定并融入合题，而这个成为下一个循环的起点。巴特勒不像黑格尔那样寻求绝对知识；她只是在一个结果开放的过程中检验观念。对惯于寻求"结果"的读者来说，这显然令人沮丧。

巴特勒的理论中固然存在矛盾，她公开承认这一点并努力地进行修订和改进。诸位或许会问，她为什么不给讨论来个结果？这是因为她探索的就是永远处于无尽过程之中的主体。巴特勒的"主体"并非别人描述过的坚固的实体，如今女权主义哲学已经开始普遍支持这一观点。作为范畴的女性也好，作为身体的女人也罢，都是社会建构造就的——这一点在巴特勒的作品中占有显著位置；如今它已经占据了其他女权主义哲学家的思想。这就是巴特勒的主要贡献之一。

她自己的写作为她那身份/主体永远在生成中的观点提供了例证。在她看来，要理解主体的规划，人必须理解主体生成于其中的特定历史语境、论证语境。类似于黑格尔在《精神现象学》（*Phenomenology of Spirit*）中所做的，巴特勒在《欲望主体》中指出："……倘若我们去追问……那文章预设的前提，我们就会经历持续不断的句子运动，这构成了它的意义。"想从巴特勒那里获益，我们同样需要这么做：让我们沉浸在她的沉思中，任她带我们去往她到达的地方，而不是尝试用直接感知把握特定观念。这就是阅读巴特勒对我们构成的挑战。

黑格尔对巴特勒影响极大。自她的第一部著作《欲望主体》起，影响过她的人还有很多。米歇尔·福柯关于不同文化、语境中性和性征的建构的著作，雅克·德里达把意义描述为无始无终的事件而非固定观念的语言理论，显然都对她影响巨大。巴特勒的计划体现了黑格尔和德里达的显著差别：黑格尔的精神最终达到了绝对知识，而德里达的语言旅途和探索永远在循环，永不终结——词语只在它同其他词语的关系中获得意义。巴特勒还在大陆哲学家中汲取她由之出发的丰富观念，其中包括西蒙娜·德·波伏娃、让–保罗·萨特、茱莉亚·克里斯蒂娃和莫妮卡·威蒂格（Monique Wittig，1935—2003）。马克思主义、精神分析和人类学也是她思想的一部分。她审问过弗里德里希·尼采、西格蒙德·弗洛伊德、雅克·拉康和皮埃尔·布迪厄（Pierre Bourdieu，1930—2002）。对于巴特勒作品中的所有这些重要思想家来说，有趣的一点在于，她从不认同任何一条理论路径及任何特定学者。她运用各种理论路径，借鉴并时而修正，混合并令它们彼此竞赛，其方式常常富于煽动性。

在《性别麻烦》（*Gender Trouble*，1990）这部巴特勒最著名的作品中，性别被描述为我们所"做"的。这是一系列总会发生的行为。性别和性（性身份，而非性交）都在这一意义上经受巴特勒的审查：它们就是巴特勒所说的"表演性"，也就是说，是在过程中的运动，是动词而非名词。这或许是她最难把握的观念了，她在多部著作和多篇论文中做了解释阐明。巴特勒说，没有人不生活在已有的性别身份中；男性或女性的身体从其进入社会存在起就获得了性别身份。然而性别不仅是个过程；它是社会框架中的特定过程。她对于女权主义理论最重要的贡献出自这本书——她挑战了这一观念："女人"是个单一范畴，性别是人拥有的东西。

在《身体之重：论"性别"的话语界限》（*Bodies That Matter: On the Discursive Limits of Sex*，1993）中，她继续这一讨论。倘若没有主体能先于主体性存在，没有代理来执行行为，那么表演是如何可能的？所谓表演，起码需要有一位表演者，不是吗？巴特勒并非主张性别是表演。她说的是表演性，它是不同的。不理解这一点，就会造成混淆。

巴特勒的表演性指的是权威性的话语行为，它们创造它们所说的，产生它们所描述的效果。它们令指定的概念获得生命，这一切都发生在社会规范和习俗之中。例如"我宣判你"，"我洗礼你"，"我拥有它"。通过重复这些短语，行为变得越发有力而牢固。巴特勒把性别也视为行动，作为社会脚本的一部分，它被实践着、重复着、演练着。当我们执行这些行为时，我们就在加强这一脚本，令它成为社会习俗的一部分。

巴特勒不把性别身份归入男性和女性两个范畴，而且她认为性别、性及性征在我们的社会中并非自愿的选择。她建议取消性和性别之间的联系，这样性别就可以"灵活而自由浮动"了。当她在自己的各种文本中探索这些观念时，巴特勒走得更深。她讲述过一部动画片，其中描述了护士把新生的婴儿递给孩子的母亲并说："它是女同性恋！"这就是巴特勒所说的"表演性"的感叹。这下孩子就在文化的主流规范中被贴上了标签。他的性／性别被引用了。

因此性别是这样一种行为，它创造了"男性"或"女性"的人；性别身份出自语言的建构，那么显然，没有性别身份能先于命名而存在。在建构了男性和女性的语言习俗之外不存在主体，不存在"我"。在巴特勒看来，没有一个人的存在能外在于性别话语。身体也没法和创造了身体的话语行为截然分开。表演性概念把范畴从单一性和独特性中解救了出来。我们"做"出异性恋属性；我们"做"出同性恋属性。

对于巴特勒的计划，最清晰的表达或许出自她的《表演性行为和性别构成：论现象学与女权主义理论》（"Performative Acts and Gender Constitution: An Essay in Phenomenology and Feminist Theory"，1990）："性别不该被理解为表达或掩饰了内在'自我'的角色，无论这'自我'是否被理解为与性相关的。正如具有表演性的表演一样，性别是个'行为'，它被广泛地解释了；如此它建构起作为其心理学内在性的社会虚构。"这里的关键词是"社会虚构"。性别身份本质上是人为的建构，是我们的表演创造出的幻象。在表演出的性别之前不存在什么坚固的主体性。"因为性别不是个事实，"巴特勒说，"性别的各种行为创造了性别观念，没有这些行为就根本没有性别。"

在巴特勒看来，性的概念同样如此。女权主义者曾认为，性是男性和女性的生物学身份，而性别则是决定了不同行为的社会习俗的历史性结果。然而巴特勒对这一概念也提出了挑战，她说性同样是文化规范，是一个过程。巴特勒认为，"性"也是个虚构，即便它是文化的焦点。正如性别是个语言建构，性也是如此。它是个人为的规范，它从属于变化。性别和性都是表演；它并非关乎我们是什么，而关乎我们做什么。进一步说，我们都执行着性别表演，但我们可以决定改变表演的形式。通过引发破坏性的混淆、通过选择别样的表演，我们可以发起"性别麻烦"。为改变性别规范、改变传统的男性与女性二元建构，我们可以如何行动？以上就是巴特勒的指示。

流变的、自由的身份观，作为表演的性别概念，这些造就了酷儿理论（queer theory）的基础；确实，巴特勒被视为最杰出的酷儿理论家。酷儿理论拒绝定义，不过我们不妨将它理解为破坏一切文化"规范"的诸种理论的集合。在《酷儿理论导论》（*Queer Theory: An Introduction*）中，安娜玛丽·杰各斯（Annamarie Jagose）说酷儿理论是"对稳固的性、性别及性征的揭穿和消解。最初是男女同性恋者对后结构主义身份话语的重铸，酷儿理论由此发展出来并形成多样而流变的立场的星群"。酷儿理论并不提倡改变身份；它推崇的是把性与性别之间的被认为是稳固的关系戏剧化。有趣的是，酷儿理论并不拒斥一切二元对立；它拒斥的只是那些稳固的建构。重点在于流动的边界、变动不居的身份，作为牢固的社会建构的异性恋由此受到挑战。酷儿理论创造了深刻的哲学论点来瓦解性别差异。

在《自我陈述》（*Giving an Account of Oneself*，2005）中，巴特勒将她探询自我的诸多线索引入伦理学中的令人吃惊的领域。她说，显然，只有当人拥有自我认知的时候，人才能为自己的行为负责。往下读之前请先想一想：疯子不用为自己的行为负责，因为他／她不知道自己做的事是对还是错——这难道不是普遍接受的、关于疯狂状态的定义吗？在巴特勒看来，假如责任概念要求自我对于自身的完全通透，并且假如自我是个社会建构，是在话语中建构出来的，那么自我对于自身的认知必然有限度。真正负有责任的自我知道自己认知的限度。由此我们回到了最初将我们引入自我的社会世界，我们是这世界的一部分，因此我们无法完全地认识它。

诸位或许会问，巴特勒的那么多作品究竟是要干什么？她在试图证明什么？她为何如此凶猛地探询性别与性的一切错综复杂关系？她的目的何在？答案是，她在试图恢复那样一些人的权利，他们的身份不合乎异性恋规范——包括男同性恋、女同性恋、双性恋、换性者、易装癖，以及所有不符合以上范畴但又不是异性恋的人。她的作品展开了各种论辩和探索，涉及身份与身份政治、语言、主体性、性别与性、女权主义理论、酷儿理论，以及哲学。提出这些跨越诸多领域和学科的困难问题，影响我们自以为天经地义的思考方式，这就是巴特勒经久不变的计划。

➥ 原著选读 14.1 《为女权辩护》

玛丽·沃斯通克拉夫特

在以下部分中，沃斯通克拉夫特捍卫了这一观点：社会不应该再从文化上把软弱、残缺等属性加诸女人了。

我喜欢将男人视为我的伙伴。至于那属于男性的特权，无论是真正拥有的还是篡夺而来的，都别想强加到我身上——除非那男人的理性能令我心服。事实上，只要是能为自己行为负责的人，他的举动必定受其自身理性的支配；否则的话，上帝的荣耀还有何基础可言？

这些真理显而易见，但在我看来仍有必要详细叙述一下。因为女性已经遭到了贬抑：她们的美德本应惠及全人类，如今这美德却被生生夺去；女人们被矫揉造作的优雅装扮起来，以此谋求短暂的专横。在她们心中，爱情取代了一切更高的情感，美丽成了唯一的抱负；她们想要唤起男人的激情，而不在乎别人发自内心的尊敬。这等低劣的欲望就像绝对专制国家中的奴性一样，让一切强健的性情荡然无存。自由是美德之母。倘若女人因其本身的性情而沦为奴隶，倘若女人不被允许呼吸那令人振奋的自由气息，那么她们必定会永远消沉憔悴，如同大地上的异乡人；人们会认为女人就是自然界的美丽瑕疵……

但是，即便能够证明女人天生比男人软弱，那又如何能够推出她应当努力使自己变得比天生的软弱更加软弱呢？这样的观点是对常识的侮辱，这里面带着情欲的味道。在当今这个开明的时代，我们希望：丈夫的神圣权利能够和国王的神圣权利一样，可以对之进行质疑批判而无须担心什么威胁。信念固然不足以让吵嚷纷争安静下来，但是当占据优势的偏见受到抨击时，睿智的人自会认真考虑它；至于那些器量狭小之人，就任他们去对革新进行毫无思想的肆意攻击吧。

是时候了，应当对所谓的女性特质发动一场革命：收回女性丧失已久的尊严，要让那作为人类一部分的女性行动起来，通过改造自己来改造世界。是时候了，应当把永恒不变的道德和有局限性的习惯区分开来。

🔔 原著选读 14.2　《第二性》[①]　　　　　　　　　　　西蒙娜·德·波伏娃

以下文字选自波伏娃 1949 年的经典作品《第二性》。

假如女人的职责不足以界定女人，假如我们拒绝以"永恒女性"去解释女人，假如无论如何我们也得承认——哪怕是暂时地——世间存在女人，那么我们必须面对这个问题：女人是什么？

我认为，叙述这个问题就已经提供了初步答案，而提出问题的本身就很有意义。男人决不会想到要写一本书，去论述男性的特殊处境。但如果我想介绍自己，就必须先说："我是个女人"，所有的讨论也必须以此为前提。男人在介绍自己时从来不会先介绍自己是什么性别，他是男人，这是不言自明的。以"男性"、"女性"这两个词来分类仅仅是个形式，如在法律文书就是如此。实际上，两性关系和两种电极不尽相同，因为男人既相当于阳性又相当于中性，人们通常用"男人"（man）这个词泛指一般的人；而女人只相当于阴性，她为这个有限尺度所限定，并不也相当于中性。如果在进行理论讨论时听到一个男人说"你这

①选自西蒙娜·德·波伏娃：《第二性》，陶铁柱译，北京，中国书籍出版社，2004。本书译者以此为底本做了修订。

么想是因为你是个女人"，这当然令人恼火。可我也懂得，我唯一的自卫方式是说"我这么想是因为事实本身就是这么回事"，这样就把我的主观自我排除在讨论之外。我面对这样的问题不可能这么回答："你的想法之所以和我相反，是因为你是个男人。"因为人人都觉得做个男人没有什么特别的。男人在做男人时是正当的，而女人在做女人时却是不正当的。就是说，古时候人们用垂直线测量倾斜的东西，而现在男性就是人类的绝对标准。女人有卵巢和子宫，她在主观上受到这种特殊限制，因而把自己局限在本性之内。人们常说女人用腺进行思维。男人由于优越感忽视了他的身体里也有腺，如睾丸，这些腺液能分泌荷尔蒙。男人相信他的身体同世界的关系是直接的、正常的，认为他的认识是客观的，同时却认为女人的身体是障碍和禁锢，处在它所特有的东西的重压之下。亚里士多德曾说："女性之所以是女性，是因为她缺少某种特质，我们应当看到，女性的本性先天就有缺陷，因而在折磨着她。"至于圣托马斯，则说女人是"不健全的人"，是"附属的"人。创世纪对此有一个象征的说法，说夏娃是用亚当"一根多余的肋骨"做成的。

所以，人就是指男性。男人并不是根据女人本身去解释女人，而是把女人说成是相对于男人的不能自主的人。米什莱（Michelet）写道："女人，是个相对的人……"本达（Benda）在《于里埃勒的报告》里说得更肯定："男人身体的重要性和女人身体的重要性完全不一样，后者是无关紧要的……男人没有女人也能够考虑自身，可女人没有男人就不能考虑她自己。"女人完全是男人所判定的那种人，所以她被称为"性"，其含义是，她在男人面前主要是作为

性存在的。对他来说她就是性——绝对是性，丝毫不差。定义和区分女人的参照物是男人，而定义和区分男人的参照物却不是女人。她是附属的人，是同主要者（the essential）相对立的次要者（the inessential）。他是主体（the Subject），是绝对（the Absolute），而她则是他者（the Other）。

他者这个范畴同意识一样原始。在最原始的社会，在最古老的神话，都可以发现二元性的表达方式——自我（the Self）和他者。这种二元性并不是一开始就属于两性分化，也不是由任何经验事实决定的。它出现在格拉内（Granet）论中国思想和迪梅兹尔（Dumézil）论东印度群岛的著作中。女性要素在最初既不包括在善与恶、吉与凶、左与右、上帝与魔鬼这些鲜明对比的概念里，也不包括在阴与阳、乌拉诺斯与宙斯、日与月、昼与夜这些成双成对的概念中。他性（Otherness）是人类思维的基本范畴。

所以，任何一组概念若不同时树立相对照的他者，就根本不可能成为此者（the one）。如果火车上有三个旅客碰巧占了一个包厢，其他旅客会因此成为隐怀敌意的"他者"。在小镇上，所有不属于当地的人都被当做"陌生人"，他们都是可疑的。对于本国人，所有别国的人都是"外国人"。犹太人对于反犹主义者是"他人"，黑人对于美国种族主义者是"劣等人"，土著人对于殖民主义者是"土人"，无产者对于特权者则是"下层"。……

……女人并不是生就的，而宁可说是逐渐形成的。生理、心理或经济上，没有任何命运能决定人类女性在社会的表现形象。决定这种介于男性与阉人之间的、所谓具有女性气质

的人的，是整个文明。只有另一个人的干预，才能把一个人树为他者。……

……我们所无法想象的肉体与情感的新型关系将在两性之间出现；其实，今天在男女之间已经出现了过去几百年所无法想象的友谊、竞争、共谋和同志关系，不论这种关系是贞洁的还是肉欲的。需要指出的一点是，在我看来，没有哪种见解能比注定让新世界一成不变、因而让它令人厌倦的见解更有争议性的了。我认为，目前这个世界并没有摆脱令人厌烦的事物的束缚，而自由永远不会产生一成不变的东西。

首先，男女之间会永远存在某些差别；她的性爱因而她的性世界有着它们自己的特殊形式，所以不能不产生具有特殊性质的肉欲和敏感性。这意味着，她同她自己的身体、同男性身体、同孩子的关系，将永远不会与男性同他自己的身体、同女性身体、同孩子的关系完全一样；那些特别强调"在差别中求平等"的人，也许会愿意接受我的这一观点，即在平等中求差别的生存是可以实现的。其次，是制度导致了一成不变。后宫的奴隶们虽然年轻美丽，在苏丹拥抱中却始终是同样的人；当基督教赋予人类女性以灵魂时，它使性爱有了罪恶和神话的特点。如果社会把女人的主权个性还给她，并不会因此破坏情人拥抱的动人力量。

认为男女在具体问题上实现了平等，就不可能再有狂喜、堕落、销魂和激情，这也是毫无根据的；使肉体与精神、瞬间与时间、内在的昏厥与超越的挑战、绝对的快感与虚无的忘怀相对抗的种种矛盾，将永远无法解决；紧张、痛苦、快活、受挫以及生存胜利，将永远会在性行为中得到具体表现。所谓妇女解放，就是让她不再局限于她同男人的关系，而不是不让她有这种关系。即使她有自己的独立生存，她也仍然会不折不扣地为他而生存：尽管相互承认对方是主体，但每一方对于对方仍是他者。他们之间关系的这种相互性，将不会消灭由于把人类分成两个单独种类而发生的奇迹——欲望、占有、爱情、梦想、冒险；所以那些令我们激动的字眼——"给予"、"征服"和"结合"，将不会失去其意义。相反，当我们废除半个人类的奴隶制，以及废除它所暗示的整个虚伪制度时，人类的"划分"将会显露出其真正的意义，人类的夫妇关系将会找到其真正的形式。马克思曾说："人和人之间的直接的、自然的、必然的关系是男女之间的关系。……从这种关系的性质就可以看出，人在何种程度上成为并把自己理解为类存在物、人；男女之间的关系是人和人之间最自然的关系。因此，这种关系表明人的自然的行为在何种程度上成了人的行为，或人的本质在何种程度上对他来说成了自然。"

对这种情况不可能有更透彻的阐述了，这就是说，要在既定世界当中建立一个自由领域。要取得最大的胜利，男人和女人首先就必须依据并通过他们的自然差异，去毫不含糊地肯定他们的手足关系。

■ 关键词

黑人女权主义	生态女权主义	阴性写作	本质主义
关心的伦理	女权主义哲学	法国女权主义哲学	
女同性恋女权主义	自由派女权主义	母性的思考	元伦理学
厌恶女人	父权制	表演性	阴茎
后殖民理论	后结构主义	后女权主义	后现代主义
酷儿理论	激进派女权主义	自我／他者	前符号态
社会主义女权主义			

■ 供讨论复习的问题

1. 请定义女权主义哲学。

2. 第一次浪潮的效果是什么？

3. 联系女人和男人，解释波伏娃的自我和他者理论。

4. 对于我们如今所说的女权主义哲学，波伏娃的主要贡献是什么？

5. 女权主义第二次浪潮与第三次浪潮的主要区别是什么？

6. "激进派女权主义"激进在哪里？

7. 在罗迪克看来，"母性的思考"如何影响道德理性？

8. 克莱门说 you guys 这样的词不该把女人包括进去。请概括她的理由。

9. 后女权主义是如何同第二、第三次浪潮的目标相联系的？

10. 美国与法国女权主义哲学的主要区别是什么？

11. 德里达对法国女权主义哲学的贡献是什么？

12. 什么是阴性写作？

13. 美国学者感到西苏的作品难读，主要原因何在？

14. 你个人以何种方式从我们的性别社会受益或受害？

15. 请回想你的幼年时期。你以何种方式被规定按照男性或女性的模式行为？想想你收到的礼物、你玩的游戏、你的玩偶以及旁人鼓励你选择的衣服和色彩。对于你把自己感知为男性或女性，上述这些有何作用？

16. 本章中哪个观念对你的思想影响最深？请解释。

17. 朱迪思·巴特勒的表演性意指什么？它和表演有何区别？

18. 用简单的术语解释巴特勒的主体性理论。

19. 巴特勒的作品对酷儿理论有何贡献？

20. 巴特勒的写作为何不直截了当，而是用循环式的说理给读者的理解造成困难？

第十五章
东方的影响

合抱之木，生于毫末；九层之台，起于累土；千里之行，始于足下。

——老子

亚洲是世界上最大的大陆，它覆盖了地球表面三分之一的陆地。亚洲的人口相当于所有其他大陆的总和。亚洲的古代文明——包括中国、印度、日本、朝鲜、越南，等等——都在重塑自己的经济、文化和政治。如今中国、印度和朝鲜都拥有了核武器。未来属于亚洲。学习东方思想是否有意义？东方思想家会对我们有所言说吗？答案显然是肯定的。

要懂得东方哲学，其重要性不仅在于了解这股在全球崛起的力量，更在于了解我们自身。正如德国诗人荷尔德林（Hölderlin）所说，不离开家园，我们就不可能理解自己的家园。来自另一种文明的哲学思想给我提供了新的立足点，从它出发可以审视我们自己的思想；它给我们提供了不同的视角，我们借此可以重新思考、估价我们自己的哲学中有什么是重要的。此外，它还是新观点、新概念的潜在源泉。

对于许多西方的研究者来说，古老的东方哲学为完满而富有内容的人生提供了有力的指导。

在本章中，我们将讨论印度的印度教和佛教，中国的道家、儒家和禅宗，还有日本的禅宗和武士道传统。我们关注的不是这些重要传统的具体历史，也不想追溯它们在以往世纪中的发展历程。我们只想介绍这些哲学思想，还有那几位最重要的思想家。在一个专栏中，我们还将对伊斯兰哲学做一个简要的概览。

东方哲学和东方宗教是紧密交织在一起的。儒家和道家都有其宗教的一面，包括祭司、礼仪，还有道德信条。道家当中的某些形态还受中国民间宗教和迷信的影响颇深。比如在当今的台湾，道家分为六种层次，包括红、黑两种道士。只有最高的那一层反映了纯粹的道家哲学，那是和宗教、迷信的附加因素无关的。

中国的佛教不仅受到儒家和道家的影响，还受到民间宗教的影响。在印度，古老的佛教经典与千奇百怪的宗教信仰和实践之间也存在着相互作用。

印度教

如今的印度是个人口多达十亿的大国，这个人口数比美国的三倍还多。印度也是最古老的文明之一，现存的遗迹可以上溯到公元前 50 000 年。现在，印度大致有 82% 的印度教徒，11% 的穆斯林，2% 的锡克教徒，2% 的基督徒，以及约 1% 的佛教徒；此外还有所占比例更小的耆那教徒、琐罗亚斯德教徒和犹太人。1001 年伊斯兰教开始涌入印度，伊斯兰领袖的鲁莽导致了穆斯林与印度教徒之间的敌对，这一影响延续至今。

欧洲对于印度的征服始于 1510 年，当时葡萄牙人占领了果阿（如今果阿因其海滩而为欧洲人熟知）。1612 年，英国人以东印度公司的形式来到印度。最初，欧洲国家为了保卫和扩张自己在此地的经济利益而彼此争斗，英国、法国及其他国家的军队轮番在印度驻扎。而最终，英国吞并了整个国家；作为英国的殖民地，印度成了所谓"王冠上的宝石"。不幸的是，不列颠从此全面攫取印度的财富。大约三百年后，在圣雄甘地及其追随者以及穆斯林团体的非暴力不合作抵抗下，印度于 1947 年重获独立。

印度文化中有一个因素值得在此特别提及，那就是种姓制度。在古印度的宗教文本《吠陀》（Vedas）中，社会被分成四个阶层或种姓。人的种姓是由神决定的，所以人必须接受自己的位置。最高的种姓是婆罗门（Brahmins），即祭司和教师；其次是刹帝利（Kshatriyas），是统治者和战士；其次是吠舍（Vaishyas），是商人；最后是首陀罗（Shudras），是农民和劳工。然而最大的群体低于所有这些种姓。这些人被视为巴尔强耶（Parjanyas）或安提耶阁（Antyajas），或不可接触者。他们属于被遗弃者；他们之上的社会成员不被允许接触他们，连他们的影子也不能接触——否则会被玷污，需要沐浴洗礼才能干净。（1917 年，印度宪法废除了不可接触性。）

印度哲学的历史是漫长的，其间产生了两大主要思想流派：印度教和佛教。印度教里面包含了一元论和二元论。这两个流派都拥有一大批伟大的思想家，龙树（Nagarjuna）就是其中之一（在佛教思想的奠基方面）。不过本章仅限于对这些传统的变迁历程做个简要的叙述。印度教（Hinduism）这个词源于"印度"（India）的乌尔都语表达——Hind，西方人用它来指称大部分印度人的宗教信仰和行为实践。

印度教的源头可以回溯到无法探知的久远过去。与其他宗教不同，它没有创始人，也不存在一个单独的宗教实体来判定正统。事实上，印度教甚至不具备统一的教义——即便在某种程度上可以算是具备，但对于这套教义的解读也是多种多样的。由于以上这些原因，在有限的篇幅中谈论印度教就显得尤其困难。倘若把印度教说成某种单一的信仰体系，这就像仅仅用一种方式来述说哲学一样不适宜。比较好的办法是，把它视为一种精神态度，在很大范围内的一系列宗教、哲学信仰及实践都从这种态度生长出来。这其中包含庞杂的内容，从对于村落和森林中神祇——这些神祇往往形同野兽——的崇拜，到复杂精致的形而上学理论。

不过，一切形式的印度教都有着这样一个共同点：它们都认同吠陀经典的权威，认为吠陀经典是理解事物隐秘本性的基础。《吠陀》是印度教中最为古老的宗教文献——事实上，它也是整个印欧语系中最为古老的宗教文献。《吠陀》的写作者是雅利安人，在公元前 1500 年左右，他们侵入了印度西北部。有许多——如果不是绝大部分的话——印度文献都是对吠陀经典的评注。

就流行的大众宗教而言，有三个同时并存的流派值得一提。湿婆教（Saivism）崇拜湿婆（Siva），认为湿婆是至高的存在和宇宙的根源；沙克蒂派（Saktism）崇拜沙克蒂（Sakti），那是宇宙的女性一面，是湿婆的妻子。还有毗湿奴派（Vaisnavism），崇拜人格神毗湿奴（Vishnu）。印度教的正统说法认为，佛就是毗湿奴的一个化身（avatar）。

印度哲学的基本信念就是，真正的实在是绝对的一，也就是说终极的真实—存在—意识（realty-being-consciousness）是唯一的（参见"唵"一栏）。有六个经典的哲学流派对这一终极真实做了多种多样的解读，它们就是所谓的"正统六派"，分别是正理（Nyāya）、胜论（Vaisesika）、数论（Sāmkhya）、瑜伽（Yoga）、弥曼差（Mīmāmsā）和吠檀多（Vedānta）。这些流派的目的都是把探索者引向绝对的知识和灵魂的解放。在以《奥义书》（Upanishads）为基础的学派中，西方人所知最多的是吠檀多这一派（"吠檀多"［Vedanta］的意思就是"吠陀的终结"）。

唵（Ommmmm）

19 世纪 60 年代，印度哲学，或者说被认为是印度哲学的那种东西，在美国年轻人的文化中颇为流行；这部分地是因为甲壳虫乐队对印度哲学和印度锡塔琴大师拉·维香卡（Ravi Shankar）的音乐都很感兴趣。在旧金山、纽约、威斯康星的麦迪逊，很容易看到嬉皮士们在吟唱着"唵，唵，唵"，为的是引发某种神秘状态：更高意识的觉醒。

"唵"究竟是什么？这是 A、U、M 这三个字母发出的声音。在印度文字中，这三个符号代表三种普通的意识状态：清醒状态、有梦的睡眠和深度睡眠。在印度教看来，还有第四种状态（吠檀多哲学称之为解脱［moksa］），那是一种更高的意识；《曼都卡奥义书》（Mandukya Upanishad）将它描述为"一切千差万别、浑灏流转的存在都走向平和宁静"。在印度教和佛教的灵魂学说中，瑜伽（Yoga）这个术语是共有的；瑜伽的目的也是达致这种更高境界。瑜伽也是印度哲学六大正统体系中的一派（见正文）。

从哲学上讲，最重要的吠陀经典就是前面提到的《奥义书》。这部书可以追溯到公元前 15 世纪到公元前 8 世纪，它是前面所说的六大哲学体系的灵感源泉。《奥义书》中最著名的理论就是梵（brahman，宇宙的终极原则或终极真实）和自我（atman，内在的自我）的理论，它认为梵和自我是同一的。《奥义书》中有四句大格言（mahavakya），它们用各种方式述说梵和自我的同一：

（1）意识即梵。

（2）那就是你。

（3）自我即梵。

（4）我就是梵。

梵被认为是终极的真实或终极原则，它是一切事物——包括人和神——的源泉，一切事物都靠它才得以维持。它是绝对而永恒的灵魂——是至高无上的意识，是一以及唯一的一。梵有一个略低于它的化身叫梵天（brahma），这个梵天可以被看成是个体的神或人格的神；而梵自身则没有任何属性或性质。它是这样的绝对：永远存在于隐秘、未知和终极神秘之中。

自我（Atman）是我，是灵魂，是个体生命的原则。不过归根结底，个体通过冥想、沉思就必将领悟梵和自我本来就是一回事——梵－我。领悟了世间万物的绝对的同一性，人也就明白了现实世界和个体自我的相对虚幻性。有些评注者把梵与自我的同一说成是泛神论，但实际上这个命题高于万物皆神的命题。在印度教中，神只是梵这个绝对原则的一部分，或者说，是梵的象征性的人格化。

此外，许多世纪以来，梵与自我的同一这种说法引发了各种各样的解读。它被看成是既超越又内在的。商羯罗（Samkara）——据说生活在788—820年之间——对《奥义书》做了最为严格的解读；他是位纯粹的一元论者，他认为世间万物都是一——也就是说，只有终极原则是存在的，其余一切都是虚幻。罗摩奴阇（Rāmānuja，1027）则为我们提供了看待终极原则或终极真实的另一种方式。他信仰终极原则，不过他也相信灵魂是真实的，整个世界也并非纯粹的虚幻。在他看来，至少有那么一段时间，灵魂和世界是脱离终极原则以便为其服务的。

彻底的二元论者摩陀婆（Madhva，1199—1278）提供了解读根本终极实在的第三种方式。他认为，尽管终极原则是世界的起因，灵魂仍旧拥有属于其自身的独立的存在。我们看到了，印度哲学其实容纳了各种不同的观点。

终极实在究竟由什么构成？这样的形而上学问题并不是印度教哲学唯一关心的问题。人类存在和终极原则之间的关系，这也是其关注的对象。人的生命是一次旅程。人，尽管根基是善的，却每每陷入欲望和痛苦的循环往复——这是无知和自我意识的直接后果。简言之，人的境况是凄苦不幸的。折磨人的欲望纷繁多样，包括性的欲念和生存的渴望。最终的结果就是轮回（samsara），即出生、死亡到再次出生这样的一个轮转。人类往往要以各种各样的生命形态经历一系列的再次出生，直到他或她有能力跳出这整个生之苦役。

让个人被禁锢在轮回转世之中的东西，就是业（karma），它是巴利文，意思是"行动"或"行为"。它意指的是整个世界中人类行为的起因和必然后果所构成的链条。每个行为都必然会导致后果，而这些后果的轨迹可以延伸到几代以后。善的行为带来快乐；恶的行为带来苦恼。诸种行为的后果构成了一生，并将影响到生生世世。这些行为的痕迹将参与决定下一次转世（reincarnation）的质量。人总是通过自己选择的行为和动机给自身设定了界限，这是个事实；但是，人依然拥有那样的力量，能够自行决定是继续陷溺于利己欲望还是拒绝这样的欲望。积累善业，削减恶业，这样就能使一个人最终摆脱所有业的牵缠——这就是献身于神，达到解脱和开悟。

通过清心寡欲、放弃自己的所有和对整个世界的博爱，人就能够达到涅槃（nirvana），即永远地摆脱了从出生、死亡到再次出生的轮回，获得了自由。涅槃是梵文，意思是"寂灭"，它意味着自我的消融和超越——从短暂无常的个体存在到融入终极的真实，即梵。这是属于超越性意识的最高福祉。作为梵的一部分，我们看到了永恒之光（lila），即整个世界和我们的生命的完整历史。

因此人的生命是这样的一个旅程：在旅程中，我们试图控制自身的精神和感觉，怀着对与神合一这一完满体验的企盼而接受神的指引。这就意味着从日常状态、日常意识走向对于神圣存在自身的幸福的沉思。在寻神的过程中，人消除着两者之间的阴影：那是二元性和分离性的幻境。

印度教的大部分智慧长久以来存在于那些圣人身上，到了 20 世纪仍是如此。20 世纪的智者包括拉宾德拉纳斯·泰戈尔（Rabīndranāth Tagore，1861—1941）、阿罗频多·高士（Aurobindo Ghose，1872—1950），还有莫罕达斯·K·甘地（Mohandas K. Gandhi，1869—1948）（见第十六章）。1913 年，泰戈尔因为他的诗歌作品而获得了诺贝尔奖；在这些诗中，他表达了人类对自由和神圣的追寻。阿罗频多是在西方接受的教育，他要为印度寻求政治上的自由。后来他被指控为搞恐怖主义和暴力行动，此后他就完全脱离了政治生活，发展出了一套提升灵魂的理论；根据这一理论，个人通过自身的努力就能达致更高层次的灵魂意识。

甘地，当然是尽人皆知，他通过非暴力为印度争取政治上的自由，并努力给每个人灌输自尊感（他把那最低种性即"不可触摸者"称为神的孩子）。甘地用自己简单的生活方式来进行身体力行的教导，试图让印度教当中的传统美德浸染每一个人。

佛 教

佛教（Buddhism）产生于印度的一位王子，他的名字叫悉达多·乔达摩（Siddhartha Gautama，后来人们叫他佛陀（Buddha，约公元前 563—约前 483），即"觉悟者"。从根源上讲，

人物简介 ｜ 佛陀悉达多·乔达摩

佛陀悉达多·乔达摩出生于印度东北部。他父亲是一位富有的国王或部落酋长，名字叫净饭（Suddhodana）；他母亲叫摩耶（Maya），来自尼泊尔（Nepal）的释迦（Shakya）部族。整个家庭享受着奢侈的生活。悉达多的父亲尽力不让他接触到外部世界的肮脏和烦恼。年轻的悉达多是健壮而英俊的，而且非常聪慧。16 岁那年，他和耶输陀罗（Yasodhara）结了婚，并育有一子，名叫罗睺罗（Rahula）。

有一天，悉达多走访了迦毗罗卫国（Kapilavasu）的一个城市；他感到异常苦恼，因为那里遍地都是各种各样的苦难。最初，他遇到的是一位老人，老人的身体上满是岁月侵蚀的痕迹。接着他遇到一位垂死的病人，疾病让他痛苦异常。最后，他经过一处葬礼，见到了尸体和随同的哀悼者，同时遭遇了死亡和哀恸。在那多事的一天的最后，他见到一位正在沉思冥想的僧人。所有这一切深深震撼了悉达多，从此以后痛苦问题成了他思考的核心。到了 29 岁，一天夜里，他悄悄地离开了自己的家，走

乞讨为生。跟那些人一样，悉达多进行了许多清心寡欲、自我克制的尝试。由于过度的节食，他变得异常消瘦；有一天他正试图控制自己的感官，结果失去了知觉。醒来后，有人喂他吃了牛奶和稀粥。从那一刻起悉达多明白了，那些人的禁欲苦行并不能引领人走向觉悟。

悉达多在森林中生活了六年。据说，在此之后他就在感官的沉溺和清心寡欲的自我否定之间找到了一条中间道路：通过集中精神进行深度冥想来达到觉悟。有一天，悉达多终于觉悟了，当时他在一棵无花果树下冥想，那个地方在印度东北部，靠近今天的迦耶（Gaya）镇。他继续冥想了七天七夜。从此以后，人们就把这棵树称为菩提树——觉悟之树。

悉达多——现今的佛陀或觉悟者——到处传道，教导人们如何对待痛苦，如此过了将近五十年。他创建了一个团体、一套规矩，最终把他的妻儿也纳入了其中。在他去世以前，他的哲学已经有了相当数量的追随者。对于西方读者而言，对于佛陀生平的最为迷人的叙述或许就是赫尔曼·黑塞（Hermann Hesse）的小说《悉达多》。

阿富汗巴米扬山谷的两座巨大佛像（图上是较大的一座），2001年被塔利班炸毁。1996—2001年，伊斯兰原教旨主义运动组织塔利班统治着阿富汗大部。

进森林，要去探求痛苦问题的解答。他剃光了自己的头，换上了穷苦人的装束。

在他远行的最初日子，悉达多至少在两位印度苦行者的引领下进行过修炼。通过他们，悉达多学会了某种瑜伽，也学会了呼吸的技艺和静止不动的冥想。此后，悉达多加入了一个小型的苦行者团体，以

佛教实质上是对于所谓痛苦问题的哲学回答；在这里，痛苦应该从广义上去理解：它不仅包括直接的痛苦和不幸，而且还包括忧伤、失望、挫折、不满、叛逆、悲观厌世，还有岁月流逝带来的失落感。

佛 陀

悉达多29岁的时候，为他所目睹的周遭苦难而苦恼困惑不已；最终，他放弃了奢侈的生活，

放弃了妻儿，要去探索痛苦的由来和解脱之道。经过六年的漫游和沉思，他觉悟了。

佛陀对于痛苦问题的回答包含在他的四圣谛（Four Noble Truths）中：（1）痛苦；（2）痛苦总有特定的、可以鉴别的原因；（3）痛苦是可以被消灭的；（4）通过八种生活方式上的调整，就能消灭痛苦，这就是所谓八正道（Eightfold Path）。

佛陀认为，痛苦的原因有一部分是世界的变幻无常和不确定性：确实，一切人生问题都植根于变化和不确定，以及这一事实所引起的焦虑和恐惧。此外，"业"也是痛苦的原因。正如我们所知，与业相关的教义是这样的：人此生的起点取决于他前生的行为和决断，而此生的行为和决断又决定了他下一次转世托生的起点。再说一遍：业，就是行动或行为。行为的意图决定了行为在道德上的善恶。行为的后果所造成的影响会延续好几代，参与决定此后转世投胎的质量。

不过在佛陀看来，人类痛苦的最直接的原因是无知和私欲：无知断绝了开悟的可能性，而私欲使人成为欲念和激情的奴隶。在这个永远流变不止的世界中，被欲望奴役的个人是不可能快乐的；这尤其是因为，人几乎无法控制世上发生的事情。即便现在的生活合乎人的期望，也

伊斯兰哲学

穆斯林哲学大约肇始于8世纪，当时西欧正处于中世纪时期。最初，它吸纳了穆罕默德、《古兰经》以及各个神学流派的神学思想；不过它的源泉不仅限于这些。对于这一哲学所遭遇的问题以及提出的解答，新柏拉图主义和亚里士多德的学说都起了重要的作用。9世纪，有许多希腊的典籍被翻译、流传到了这里。

早期伊斯兰哲学家关注的问题包括神（安拉）的本性，世间万物的等级秩序，人类的本性以及人在宇宙中的位置，还有神学和哲学间的关系。阿尔·肯迪（Al-Kindi，死于870年之后）发展了神的观念，认为神是绝对的超越性的存在，这和那个时代某些特定的穆斯林观点是符合的。他对于神的定义中包含了亚里士多德和新柏拉图主义的元素。他发展出了一套以新柏拉图主义的"流溢说"（emanation）为基础的宇宙论：世间万物都是从神流溢出来的，因此都以某种方式分享了神性。阿尔·肯迪还加入了穆斯林的思想：神用意志的力量从一无所有中创造出了第一个存在。

阿尔法拉比（Al-Fārābī，875—950）进一步阐发了神的概念；他借助的是柏拉图的"一"的概念，以及万物皆是"一"的流溢的思想。他还加入了亚里士多德的观点：神是万物的第一因。阿尔法拉比从先知哲人那里寻求、搜集哲学上的洞见和启示，从中获取对于他所处的社会有深远意义的东西。

阿维森纳（Avivenna，原名艾布·阿里·伊本·西拿[Abū ʿAliibn-Sīnā]，980—1037）创造了最为著名的中世纪思想体系。他把神视为必然的存在，神从自身流溢出偶然

而短暂的世界。世间万物都依存于神，而人类行为的最终目标就是获得一个先知式的头脑，以便能对神和神的造物有直觉的理解。在阿维森纳看来，哲学和神学之间存在着对应关系。在当时，人们有时会把哲学——尤其是思想者和神的神秘认同——视为对穆斯林正统教义的威胁。比如安萨里（Al-Ghazālī, 1058—1111）就在他的《哲学家的矛盾》（*Incoherence of the Philosophers*）中抨击阿维森纳。在别的作品中，他还批评了阿维森纳的这一观点：世界的永恒性，正如那宗教法则的次级地位一样，都只不过是更高真理的纯粹象征符号，而那更高真理则只有直觉方能通达。

神秘主义哲学和穆斯林正统教义之间的对立代表着一个源远流长的问题。比如阿威罗伊（Averroes, 1126—1198），人们说他手握一套理论，关于两个互不相关的真理：宗教的真理和哲学的真理。阿威罗伊教导的是永恒创造的观念，他试图通过新柏拉图主义和对伊斯兰传统的回溯来解救亚里士多德的思想。

对于当今的西方思想来说，影响最为微妙复杂的，或许就是苏菲主义（Sufism）的发展。苏菲主义代表着穆斯林信仰中倾向于神秘主义、通灵论、禁欲苦修的那一路，它追求与神（安拉）的合一。萨德尔·阿尔丁·阿尔斯·舍拉兹（Sadral-Dīn als Shīrazī, 1571—1640）——后来人们称他为穆拉·萨德拉（Mulla Sadrā）——寻求向着存在之第一原则的一元论回归。较之

正统的伊斯兰信仰，苏菲主义所受到的来自新柏拉图主义及诺斯替派（Gnosticism）神秘主义的影响或许更甚。他们在追求和绝对存在的直接交流，而绝对存在也代表着绝对的美。通过禁欲苦修和聚精会神，人就有可能在刹那间经历到顿悟，经历到与神（安拉）融为一体的沉醉狂喜。这样的洞见能够让人明白，一方面，人自身纯粹就是无；另一方面，从泛神论的意义上讲，人自身就是神的一部分。在中世纪，有相当数量的苏菲主义信徒因为不敬罪而被处决，因为他们说自己就是神——其实这个并不那么令人吃惊。从某种程度上讲，安萨里让这一源远流长的难题有所缓和；他削减了苏菲主义中的泛神论因素，从而使苏菲主义较为接近了传统的穆斯林教义。

苏菲主义分为四个主要阶段：第一阶段（约750—1050）、第二阶段（约1050—1450）、近代阶段（约1450—1850），还有当代阶段（1850至今）。当今世界上大约有一百来个苏菲派教团，教徒有数百万人。这一运动产生了相当数量的伟大的神秘主义诗人；来自印度贝拿勒斯的迦比尔（Kabir，读作［kuh-BEER］，1435—1518）就是其中最为著名的一位——由于罗伯特·勃莱（Robert Bly）的翻译，他在西方广为人知。苏菲派文学、苏菲派诗歌，还有浪迹天涯的游方僧人，这些至今仍在继续影响着西方当代的泛神论和神秘主义传统。

不能保证它在将来也同样如人所愿——于是焦虑和恐惧就不可避免地把短暂的满足压倒了。

佛陀认为，通过冥想和自我克制，人可以平复私欲、克服无知。这样做的最终结果就是，在涅槃中消弭了所有痛苦。涅槃是种永恒状态，意味着至高的觉悟与平和宁静；它终结了转世托生的轮回，于是原本深陷其中的个人就获得了解脱。

不过佛陀还说，要达到涅槃的境界，要做的事还不仅限于消除利己欲望。我们需要懂得，人们对于身体和意识的一般看法都是不真实的，那不是真实的自我。这种彻头彻尾的非自我本位的洞察，才是真正的自我理解；这样就摆脱了利己的思想和欲望，于是一切的恐惧和焦虑也就随之消失了。拒斥了私欲的束缚，个体就克服了虚假的自我，达到了"无与伦比的安宁祥和……和完全彻底的平静"——这就是涅槃。

消解痛苦的方式就是所谓的八正道。事实上，八正道的内容就是恰当的生活方式：

（1）正见，它指的是，对于那些让人生变得有害、不健全的东西——诸如无知、私欲、贪婪，等等——人必须有足够的认识。

（2）正志，它要求人通过意志的力量克服利己的激情和欲望，消除愤恨、忌妒以及任何其他伤害他人的动机。

（3）正语，即摒弃谎言、欺骗、有害的流言蜚语、不负责任的饶舌以及对他人的妄意揣测，等等。

（4）正业，即不受不良欲求、渴望的支配，其中包括性的欲望；最重要的是，不能杀人。正业还包括做好事（佛陀说好的行为是智慧的"珍宝"）。

（5）正命，即人应当用正当的方式维持生计，而且在生活中应当摆脱私欲和贪婪。

（6）正精进，就是用自己的努力来对抗不道德的、肮脏的环境。

（7）正念，它是正精进的源泉。正念要求人把达到觉悟看成是自己的义务，并且对于私欲的本性和后果得有正确的理解。佛陀认为，具备正念的人不会依附于身体、感官、知觉、行为和思想，它能自然地控制一切贪婪和欲望。正念还意味着树立起高尚的生活原则，尤其是以上六条。它让人具备纯洁的心灵和清晰的记忆，倘若我们要让自己的一切行动——无论它们看上去多么琐碎——都充满"警醒"，那么以上两点就是必要条件。它让人的一切行为都受意识和深思熟虑的支配。

（8）正定，这是终极意义上的聚精会神，它把前面提及的、涉及生活方方面面的各种原则融合成了一体。它是意识的解放，它让精神摆脱了渴求、爱好、欲望的束缚。一切属于个人的意识都被一种"无形、无限、穿透一切的意识"取代了，他带来了永久的平和宁静。它是纯粹的认知，摒除了一切个体性。这样的自由是通过彻底消灭欲望并由此终结一切痛苦而获得的。佛陀强调说，这是个缓慢而渐进的过程。人只有通过不断努力，树立起不可动摇的专心致志，才能一步一步地获得解脱。正定是持续不断的、充满阳光喜乐的深思熟虑，它让行为、言语和思想都变得纯净无瑕。

佛教和西方世界

就痛苦问题而言，佛教思想和斯多葛派思想（见第十章）之间的类比是颇为错综复杂的；佛教和古希腊、古罗马哲学之间是否有过交互的影响？这是个很难说清楚的问题。在西方近代那些重要的哲学家中，受佛教思想影响较深的第一个人物就是亚瑟·叔本华（Arthur Schopenhauer，1788—1860）。在叔本华看来，人的生活从根本上讲是非理性的，驱使人行动的是盲目而永不餍足的意志。他认为，只有克服自我、克服欲望，人才能达到安宁幸福的状态。

在叔本华之后，佛教思想及其他东方思想越来越多地涌向西方，这主要是通过印度和日本的修行导师、僧人还有武术家们。在当今，这些思想中有不少成分已经汇入了流行文化的主流。

正如你所看到的，八正道的前面两项涉及个人最初的精神展望，接下来的四项涉及特定的恰当行为，而最后两项说的是更高的精神和灵魂品质，包括自我的彻底解脱。

还有两个概念，传统上认为它们也是由乔达摩佛陀引入的；在后来的佛教中，这两个概念变得越发重要。第一个概念，乔达摩佛陀在他的《语录》（*Sayings*）中把它称为"执著"（upadana）。这种执著是源自自我意识的贪婪或欲望的极端形式，倘若人要达到安详宁静的状态，就必须"打破"这种执著。执著的形态多种多样——比如，执著于身体和来自外部世界的快感，执著于某些观点，执著于教条和仪式，执著于自我的信念。摒弃执著，这是必要的；而这样一来，执著于"不执著"也被摒弃掉了。

另一个重要概念是寂默（moneyya）。当年乔达摩佛陀坐在菩提树下沉思，最终达到觉悟。这样的觉悟超越了言词和不得要领的逻辑论证。在《语录》中，乔达摩佛陀说了三种寂默：身体的寂默，精神的寂默，言语的寂默。一个人必须完全具备这三种寂默，才能算是一尘不染。于是理所当然地，在后来的佛教中，沉默的冥想成了达到觉悟的首要路径。

佛陀相信自己已经找到了世间痛苦的根源，也找到了摆脱痛苦的方法。他设计了一套策略帮助人消除不必要的恐惧；他还详细阐述了这样一套生活方式，让人沉着冷静并且仍能为他人服务。佛陀不信仰神圣的造物主，也不信神圣的救赎；在他的思想中，人类应当自己来解决痛苦问题。

相传，大约在520年，印度僧人菩提达摩（Bodhi-dharma）把佛教带到了中国。继而，佛教思想渐渐和道家、儒家以及其他思想流派融合到了一起，经历了引人瞩目的变迁历程（见"佛教和西方世界"一栏）。

道　家

跟印度哲学一样，中国哲学也可以上溯到久远的史前时代。当时的中国历史由王朝统治，最初王朝的力量无法伸展到整个国家。最早的王朝是商，它从公元前 17 世纪延续到公元前 11 世纪——诸位看到了，这比美利坚合众国的历史长了两倍还多。可是到了公元前 5 世纪，中国大地上分布着许多独立的、彼此交战的国家；在那个时代，战争成了"职业化"的，其破坏力远远大于先前的时代——那时战争只是封建领主驾驶着金色的战车进行的季赛。为回应这样的时代形势，两个伟大的本土哲学体系在中国应运而生，它们就是道家（Taoism）和儒家（Confucianism）。

儒家当然出自孔子（Confucius，公元前 551—前 479），而道家的起源更为朦胧晦涩，或许更为久远。（道［tao］这个词意义很丰富，在西方它通常被翻译成"道路"［the Way］。）两位最早的道家人物是老子（Lao Tzu，约公元前 6 世纪）和他的主要追随者庄子（Chuang Tzu，约公元前 4 世纪）。儒家和道家间的辩证互动遍及大部分中国历史和中国人的生活，从建筑到衣服式样，从政治到经济策略。

后来，在汉朝（公元前 206—公元 220），中国成为依靠官僚机构来运行的中央集权国家，时至今日依然如此，尽管其间这个整体常常分裂而偏离这个轨道。在此期间佛教被从印度引入中国，成为中国第三大宗教。在中国，佛教很快就具备了独特的特征，在很大程度上这是由于它融汇了道家的元素。不久后，中国佛教的终极实在即佛法（Buddha dharma）就被认为跟道是同一的。

老　子

有一个被广为传诵的故事，说的是孔子和老子的会面。故事中的孔子表达了他对老子深邃思想的仰慕，而老子则对孔子拿来作道德楷模的古代英雄表示了怀疑。老子还试图让孔子相信，后者试图用直接行动来改善社会的企图注定是毫无希望的。

这个小故事恰到好处地表现了孔子和老子之间的根本差异，以及儒家和道家之间的根本差异。孔子想要成为统治者的顾问，他要把古代英雄树立为楷模，要直接改良社会，而老子对于事物的观点、对于改变的策略的看法则全然不同。在道家传统中，甚至还有这样一条思想支流，它把老子的思想理解为谋取权力、维持权力的狡诈手段（孙子的军事计谋和政治策略就是一个例子）。

老子对于人类的见解，至少从某个方面来讲，与古希腊哲学家苏格拉底的想法颇为类似。他们都认为，即便是最聪慧的人，也仍然是无知的。而且他们都主张，将无知伪装为知识，并在此基础上行动，这都是愚蠢的行为——它们的后果不是个人和社会的进化与改良，而恰恰是进步的反面。持道家思想的人——比如老子和庄子——对于孔子的所想所行就是这样看的。在前者看来，孔子全然不顾有没有理解这个世界，就在试图把自己的解决方案强加给世界。

在老子看来，需要做的事情不是干预世界，而是谦卑地去理解世界的运转方式——也就是说，理解"道"。人类若试图掌控世界的变化流转，就必然会伤及自身。比如拿古人来作"楷模"，一切这样的武断干预都只会让混乱加剧。老子主张，圣人就是这样的人：他对于"无为"有着足够的理解。圣人不干预世界，他仅仅遵循宇宙本然的模式，遵循那不可言说的道——正是这道给万物以秩序，让万物得以可能。

道对于老子而言，就是一，是自然，是永恒（见"道、逻各斯和上帝"一栏）。从道中生出宇宙中的扩张力量（阳）和收敛力量（阴）。道本身就像一个空心的容器，容纳并释放着万事万物中的生命活力（气）。同时道也是事物以之生成、赋形、达致完满的手段。和老子不同，孔子认为道是可以由人来改善的（孔子说过"人能弘道"），而老子认为人无法改良道，因为道就是事物的自然秩序。

在老子看来，智慧、圣哲的人在生活中涵养心灵的宁静和谐，以便认识、理解道。他认识到生命持久的根基是和平宁静而非争斗冲突。圣人明白，最猛烈的暴风雨只能维持很短的时间。他摆脱了个人的私欲，把注意力转向植根于事物深处的道，在那里一切都是一；通过这样做，人就掌握了平和宁静、维持长久生命的奥秘。

老子说，遵循道的圣人，其行为是自然而自由的，因为他没有不恰当的欲望，也不会有不自然的期望。他所做的，就是在当下这个环境中最适宜的。就像水一样，他满心欢喜地接受最低的位置，毫不抗拒。其他人认为毫无价值而弃之不顾的东西，他认为是有价值的。并且，由

人物简介 ┃ 老子

人们对于老子的生平几乎一无所知，因为他追求的就是默默无闻的人生。据说，他出生于公元前6世纪初，曾经在洛阳（在如今的河南省境内）的档案馆中工作。相传孔子在他周游列国时曾经拜访过这位老人。以下这些引文反映了老子关于"道"的某些洞见。

道可道，非常道；名可名，非常名。无名天地之始。

明白四达，能无为乎？生之育之，生而不有，为而不恃，长而不宰——是谓玄德。

反者道之动。弱者道之用。天下万物生于有。有生于无。

道生一，一生二，二生三，三生万物。

知不知上，不知知病。

圣人欲不欲……复众人之所过（道）。以辅万物之自然而不敢为。

善行无辙迹。

道、逻各斯和上帝

在定义一切存在和真理的第一原则（起点）这个问题上，古代中国思想和西方哲学之间的相似性是引人注目的。在中国古代哲学当中，这个第一原则就是永恒的道，它是一切必然性、意义、秩序和存在的源头，是整个宇宙的运转模式。而道家思想认为，道本身是隐匿的，它的本性是不可言说的。任何试图定义道的企图都注定是徒劳，道甚至无法用语言来描绘。在老子看来，根本不想去给道命名，这就是真正的智者的标记。智者仅仅是服从于道，谦卑地遵循道。

在古希腊哲学中，一个类似的观念也被看成是万事万物的根源。赫拉克利特（约公元前540—约前480）称之为逻各斯（logos），视之为一切秩序、合法性和正义的源泉。至于逻各斯这个词应当如何译成英文，向来没有一致的意见；对于这个术语，字典上提供了多种不同的解释，包括"理性"、"比例"、"言词"，等等。

根据赫拉克利特的观点，逻各斯对于尘世中的终有一死的人来说，几乎是全然不可知的——这部分地是因为，自然喜欢隐藏自己。在赫拉克利特看来，人类眼中的世界由对立构成，并充斥着斗争冲突，而更深层的实在则是逻各斯，那是一切对立的统一，在这当中一切是一。赫拉克利特认为，能够看到这深层真实的只有神，以及少数能够超越日常思维模式的人。

至于传统基督教哲学中所生成的上帝概念，那是赫拉克利特逻各斯观念的一个变体——它经过了柏拉图和亚里士多德的阐发，又经过了圣奥古斯丁、圣托马斯·阿奎那及其他人的重新解读。事实上，在希腊文本中，《约翰福音》中所说的"太初"就有的"道"（Word）就是逻各斯。（当然，《圣经》中的《约翰福音》最初可能不是用希腊文写成的。）

于他心地无私，他关注的是世间万物和万物的利益，而不是把万物用作满足自身目的的手段。

老子说，圣人遵循的道路是谦卑、迟缓、谨慎（见"老子论有德的行为"一栏）。就像水一样，圣人是柔软而顺从的，而不是僵硬的；正如那流水，圣人看上去什么都没有做，他的功业却泽及万世。在旁人看来，这种后果的产生是颇为神秘的；因为表面上看不出努力的迹象，效果却产生了。圣人所做的仅仅是遵循事物自身的变化流转，让事件在合适的时间以各自的方式自行展开。在这样做的时候，他自己仍隐藏在幕后；对于所取得的功业，他并不将之归入自己名下，因为他不想拥有或掌控什么。没有私欲，这就是他那隐秘的美德。

老子认为，能够带来持久变化的是柔弱而不是刚强，是顺从而不是干预。圣人就如同一个婴儿，他持守着自己的生命活力，日复一日地逐步前进。他的强大就在于柔顺和韧性。由于他是遵循道生活的，他就不会受到伤害。

老子论有德的行为

美言可以市尊，美行可以加人。

罪莫大于可欲，祸莫大于不知足，咎莫大于欲得。

信者吾信之，不信者吾亦信之，德信。

见小曰明，守柔曰强。

圣人不积。既以为人，己愈有。既以与人，己愈多。

圣人常善救人，故无弃人。

我有三宝，持而保之：一曰慈，二曰俭，三曰不敢为天下先。慈故能勇，俭故能广，不敢为天下先，故能成器长。

天下难事必作于易，天下大事必作于细。是以圣人终不为大，故能成其大。

为道日损，损之又损，以至于无为。无为而无不为。

开其兑，济其事，终身不救。

老子把自己的无为哲学扩展到了政治层面（见"老子论为政"一栏）。他认识到了高压政治的缺陷：运用强力会引起报复，而相互间的敌意很快就会对对立的双方造成伤害。高压政治和强力的运用源自贪婪，因此老子推崇让人无欲无求的政治策略：武器被视为破坏的工具，而战争仅仅在绝对必要的情况下才能发动——即便如此，战争者也必须心怀遗憾愧疚。

老子认为，智慧的统治者明白暴力只是最后的、迫不得已的手段；而且他们知道，只要预先防备好，和解潜在的敌人，把困难化解在摇篮中，就往往可以避免使用暴力。这样的统治者通过预先的防备来消解问题，因此他的功业对于旁人来说深不可测。而且他明白运用强力是不可能安全的，因此当他处理无可避免的难题时，他能保持冷静、从容不迫。他所爱好的不是攻击，而是顺从。柔顺让他取得最终的胜利——而表面上看不出他有过任何努力。他的策略就是"不敢进寸而退尺"。就这样，他慢慢地战胜了敌人，却没有用武器。这样的战果能够持久保存，因为它不是依靠破坏性的战争而得到的，在这里不存在长久的怨念。

在老子看来，智慧的统治者追求的是和平与稳定，因此他根本不想支配、剥削别人。智慧的统治者崇尚心胸开阔、率性而为。世界常常是粗暴的，认识到这一点之后，智者的行事谨慎而低调。他的处世策略的精髓在于：不以怨报怨，因为这只会让复仇永无止境。他以德报怨。甚至对于不诚信的人，他都以诚信待之。就这样，他渐渐地、不着痕迹地转变了民众：民众逐渐超越了那时时受战争、争斗支配的低劣本性，摆脱了侵略的野心，变得慎重、谦卑，开始追求温和适度的生活方式。

老子认为，暴力或阴谋维持不了一个国家。他还认为，过多的政府干预只会带来混乱和困惑。繁浩的律法并不能使国家井井有条，只会徒生变乱。太多的行动会破坏国家内部的平衡和谐，对于个人生活来说也是如此。智慧的统治者只做绝对非做不可的事；他的心灵是冷静的、无欲无求的，因此他的臣民不会被恐惧或贪婪搞得亢奋莫名。于是国家就得以长治久安，在其中一

老子论为政

天之道，损有余而补不足。人之道则不然，损不足以奉有余。

以道佐人主者，不以兵强天下。其事好还。师之所处，荆棘生焉……不道早已。

兵者不祥之器，非君子之器。不得以而用之，恬淡为上。胜而不美。而美之者，是乐杀人。

道常无为而无不为。

侯王若能守之，万物将自化。化而欲作，吾将镇之以无名之朴。镇之以无名之朴，夫将不欲。不欲以静，天下将自正。

强梁者不得其死，吾将以为教父（基础或起点）。

以正治国，以奇用兵，以无事取天下。

切事物都遵循道的支配走向完美。

总而言之，老子认为，合乎道的生活方式是简朴、宁静、柔顺、无私、坚忍的——而最重要的是无为，即顺其自然，让世界自行展开。在老子看来，这样的生活方式本身就是宝贵的。老子关注世界，关注这个人类生于斯长于斯的现实世界；他关心的是人的生活状况，而不是什么彼岸的或超自然的事物。他不认为道可以被改善，所以他所说的智慧的统治者不会把自己的思维方式强加给国家。

或许你会觉得老子的哲学过于天真或理想化。他推崇安静无为的生活，而会践行这条道路的人即便有，也绝不会多——老子对于这一点是再清楚不过的了。他明确表示过，他并不指望强力统治会很快消亡或者被无为政策取代。他只是为愿意聆听他观点的人构想了那样一种生活，在他看来，那种生活方式更为高尚。

孙 子

流传至今的最早的论述军事战略、战术的著作或许就是《孙子兵法》（*The Art of War*），大约成书于公元前 512 年左右，作者是孙子（Sun Tzu，公元前 544—前 494），一位中国军事家。传统的叙述上说，一位古代中国的国王独具慧眼雇佣了孙子，让他指挥自己的军队，结果他的国家成为那个时代最强大的。据说自那时起，伟大的军事领袖如拿破仑、毛泽东都曾潜心研读《孙子兵法》。北部越南在武器装备方面相对弱小却最终取得了胜利，有人就把这归功于他们的将领遵循了孙子的教导。孙子的哲学被广泛地应用于军事以外的领域，帮助各种怀着渴求的人们掌握权力、获得成功或推进计划。带领巴西国家足球队赢得 2002 年世界杯的路易斯·菲利普·"大菲"·斯科拉里（Luis Felipe "Big Phil" Scolari），据说就曾把孙子运用到足球场上。电影《华尔街》（*Wall Street*，迈克尔·道格拉斯［Michael Douglas］因此片走红）颇为讽刺地表现了精明的公司 CEO 们用孙子兵法运筹帷幄；还有人说，对于中国这么一个美国欠其数十亿外债的巨型经济体而言，驱动它前行的哲学与其说来自卡尔·马克思倒不如说来自孙子。

《孙子兵法》中有这样一条重要原则，即战争不可轻易发动，因为它会导致生灵涂炭、饱受奴役，以及国家在物质、经济层面遭受摧残。所以在孙子看来，与冲突相关的一切因素都必须接受审慎的研究，一切可能的后果都必须被预计到。战争拖得过久国家就会被拖垮，即便这国家"赢得"了战争。

孙子还提出一条原则，即知识决定一切。知己知彼方能百战不殆。只知己不知彼，胜算只有一半；不知己不知彼，则不可能取胜。高估自己，低估对手，会给国家带来巨大的悲剧，历史证明了孙子的断言。第二次世界大战中德国对苏联的侵略战争就是明显的例子。克林特·伊斯特伍德（Clint Eastwood）有两部新近的电影，《父辈的旗帜》（Flags of Our Fathers）和《硫磺岛来信》（Letters from Iwo Jima），尽管其焦点主要是英雄主义、责任和荣誉，它们也显示出被法西斯主义蒙蔽了双眼的军事力量会带来什么。

孙子还说，动用武力，这只是最后的选项。事实上，他难得使用力这个字。看起来冯·克劳塞维茨[①]的策略与此截然不同，在他看来获取主动权需要武力和政治技艺双管齐下。克劳塞维茨常被引用的名言是"天助强者"（God is on the side of the big battalions）。在孙子看来，更好的是在运用武力之前就取得胜利，而最好的是无须处在必须动用武力的形势中。战争赢在发动之前，而一旦战斗打响，就应当把破坏控制在最小范围。

孙子也不认同把敌人彻底消灭。[②]屠杀敌人或剥夺敌人财产会导致无休止的仇恨和报复。孙子的忠告是，武力应当是最后的选项，而且动用武力时应当心怀愧疚。

当然，孙子还是要让敌人吃苦头的（这是中国老谚语）。不过，单纯的武力得跟敏锐的心理洞察力结合起来。对付对手要攻心，把对方的自信、安全感，转变成怀疑、犹豫和恐惧。在战争中，决定性的转折点就在于，一方主宰了另一方的人心。

孙子认为，决定性的胜利往往是通过意表之外的行动获得的。意外之举需要骗术谋略。军事策略即驾驭我们今天所说的心智游戏。要在谋略上击败对手，就必须懂得对手意图、策略、心理、准备和决断，同时让对手对于自己的处境无知无觉。不可见者方能赢得对抗。不可预测性，这是高于一切的策略；它令对手恐惧，从而影响决断。

孙子还认为时机是关键，对时机的把握源自对形势的分析，而不是出自主观希望。在战场上，耐心是重要的美德：人必须等待，直到时机到来，然后果断行动。行动的灵活性和速度同样重要。

孙子所说的战争策略是无所不包的，因为战争在任何时间都可能爆发，也不会因盟约而终结。战争不限于战场，它也不光是将领的事；政治、经济乃至社会关系都包含在其中。在孙子看来，智慧的领袖对和平与战争都有研究，而且尤其注重战争的长期效应。战役的终结并非战争的终结。

①卡尔·菲利普·戈特弗里德·冯·克劳塞维茨（Carl Philipp Gottfried von Clausewitz，1780—1831）是一位普鲁士将领、军事理论家。他因其著作《战争论》（On War）成名。
②这就是斯坦利·宾（Stanley Bing）的讽刺作品《孙子是个娘炮》（Sun Tzu Was a Sissy）的主要思想。

孙子极度强调计划、知识、心理，所以孙子当然会认为对于国家来说思想者和军事顾问同样重要。对于军事之上的各种变量要做纵深思考，这决定了国家的命运。

庄 子

庄子（Chuang Tzu，约公元前4世纪）是继老子之后最为重要的道家思想家。他认为许多人生活在"权力和财富的奴役"之下。那些人受制于野心和贪婪，终日与周围世界摩擦而不得休息。他们常常陷于困境，却不知如何改变现状。他们根本不知道世界上在发生什么，以及为何发生。他们的生活身不由己、狂躁不安，持续不断地同这个冷漠的世界交战——这个世界对他们的渴求报以无情的嘲弄。

和老子一样，庄子也认为世界有它自身的智慧；只有时机到了，事情才会自然而然地成就。在庄子看来，我们不可以强迫自然，也不能加速自然的进程，因为自然遵循"道"展开自身：果实必须在成熟的那一刻被采摘，不能迟也不能早。如果人们试图把自己的意愿强加给世界，那必然会造成纠结、纷扰和破坏。

和老子一样，庄子还认为，人无须着力于任何事物，无论为了野心、利益或任何别的目的。因为何事可能、何事即将发生，这都取决于"道"而非取决于人；事物依照自身的方式展开，智慧的人对此默默接受，既不抱期望，也不怀遗憾，因为道会让一切事物在恰当的时机成就（见

人物简介｜庄 子

庄子出生于公元前4世纪的蒙城，接近今天的山东省。他有个妻子，家境贫寒，做过漆园的小官。关于他的生平人们所知甚少，只知道他和孔子的门人观点不同。他对于做官不感兴趣，因为他怕做官会打搅自己的精神安宁。从以下的引言中我们可以看到他的一些洞见：

至人用心若镜。不将不迎，应而不藏，故能胜物而不伤。

夫保始之微，不惧之实。

圣人之心静乎！天地之鉴也，万物之镜也。

且夫乘物以游心，托不得已以养中，

至矣。

唯达者知通为一，为是不用（他自己的判断）而寓诸庸（原则）。庸也者，用也；用也者，通也；通也者，得也，适得而几矣。因是（自然）已。

天地一指也，万物（无限量的物）一马也。

彼是莫得其偶，谓之道枢。

知天之所为者，天而生也……庸讵知吾所谓天之非人乎？所谓人之非天乎？

适来，夫子时也；适去，夫子顺也。安时而处顺，哀乐不能入也。

庖丁

通过以下这个"庖丁"的故事，庄子描绘了圣人的奥秘：遵循事物自身的"道"，恰当地应对事物，丝毫不施加强力。

庖丁为文惠君解牛，手之所触，肩之所倚，足之所履，膝之所踦，砉然响然，奏刀騞然，莫不中音，合于桑林之舞，乃中经首之会。

文惠君曰："嘻，善哉！技盖至此乎？"

庖丁释刀对曰："臣之所好者道也，进乎技矣。始臣之解牛之时，所见无非全牛者。三年之后，未尝见全牛也。方今之时，臣以神遇而不以目视，官知止而神欲行。依乎天理，批大郤，导大窾，因其固然；技经肯綮之未尝，而况大軱乎！

"良庖岁更刀，割也；族庖月更刀，折也。今臣之刀十九年矣，所解数千牛矣，而刀刃若新发于硎。彼节者有间，而刀刃者无厚。以无厚入有间，恢恢乎其于游刃必有余

地矣！是以十九年而刀刃若新发于硎。

"虽然，每至于族，吾见其难为，怵然为戒，视为止，行为迟，动刀甚微。謋然已解，如土委地。提刀而立，为之四顾，为之踌躇满志，善刀而藏之。"

文惠君曰："善哉！吾闻庖丁之言，得养生焉。"

庖丁不对事物施加强力，因而他自身也就不受磨损。施加强力意味着不必要的摩擦。就像水一样，它寻求的是空旷处。遇到事态纠结的情况，它就放慢速度，谨慎行进——于是即便在困难处境下，摩擦和对抗仍可以避免。庖丁所作的就是遵循事物自身的秩序，而不是扰乱它们。对于可能出现的问题和困难，他能事先预料到，并将它们消弭于萌芽状态——因此他能把事情完成得尽善尽美。

"庖丁"一栏）。因此在庄子和老子看来，圣人的奥秘，即摆脱恐惧和压迫的关键，不外乎就是遵循事物自身的"道"，恰当地应对事物，心灵则寓居于"无为"。圣人如同一面镜子：对于自己将要面对的一切，他洞察秋毫，而并不求任何改变。

和老子一样，庄子也把以上原则运用到治国方略中——不过他对政治事务的强调似乎略少于老子。庄子认为，智慧的统治者首先应当对于自身、对于对象都具备真切的理解，把握其本性和必然命运，然后就不用刻意作为，"使天下各得其正"。他守护着自身内在的和谐与国家的和谐，不让任何事物干扰它们。正如驯虎者完全明了老虎的野性一样，智慧的统治者知道该如何对付暴力，如何防患于未然，如此便把暴力的必要性减小到最低限度。由于他无所畏惧地坚持遵循"道"，他就无须有什么主观的计划和预先设定的目标。他并未做任何特别的努力，因此他的成功在旁人眼里高深莫测（见"庄子论有德的行为"一栏）。当然，这样的哲学和老

庄子论有德的行为

庄子钓于濮水，楚王使大夫二人往先焉，曰："愿以境内累矣！"

庄子持竿不顾，曰："吾闻楚有神龟，死已三千岁矣，王巾笥而藏之庙堂之上。此龟者，宁其死为留骨而贵，宁其生而曳尾涂中乎？"

二大夫曰："宁生而曳尾涂中。"

庄子曰："往矣！吾将曳尾于涂中。"

公而不党，易而无私，决然无主，趣物而不两，不顾于虑，不谋于知，于物无择，与之俱往，古之道术有在于是者。

夫虚静恬淡寂漠无为者，万物之本也……以此处上，帝王天子之德也。

以此进为而抚世，则功大……而天下一也。静而圣，动而王，无为也而尊，朴素而天下莫能与之争美。夫明白于天地之德者，此之谓大本大宗，与天和者也；所以均调天下，与人和者也。与人和者，谓之人乐；与天和者，谓之天乐。

子推崇的观点是十分相似的。（而且庄子和在他之前的老子都意识到，上述统治方式在现实当中发生的可能性很小。）

庄子哲学还有个突出特点：强调"有用"的危险性。庄子说，像果树之类有用的树木总难免要连遭斧刃之苦，永远不能自由生长，果实成熟了就要被夺去。只有"无用"的树木才能自在地、不受侵害地尽享天年——而且，也只有这些无用的树木才能给人遮阴挡雨，展现自然的美。所以在庄子看来，圣人若要实现自己的命运，就不能让自己太"有用"。这样的智慧在庄子那里还有很多。在前面那几栏中，读者可以自己去品味源自庄子哲学的智慧宝藏。

儒　家

支配中国文化的是三大思想体系：儒家、道家和佛教。其中最重要的就是孔子（Confucius，公元前551—前479）创立的儒家思想。儒家政治哲学对于中国文化生命所占的支配地位，西方世界没有任何哲学可与之比拟。

孔　子

孔子很爱学习，在他15岁的时候，他就立志把古代的智者作为自己毕生的学习榜样。此外，他还力图以更好的方式处理实际事务。孔子认为学习知识应当立足于实践，它们应当能让生活变得更好。他学习的成果是一系列涉及道德、政治、社会等诸方面的教训，而那凌驾、统摄这一切的，我们可以称之为人性哲学，或对于人性完善之可能性的信念。在孔子出生前数百年，中国思想已经从对于神圣世界的关注转向了对于人类力量和卓越性的关注；但无论如何，是孔子让人道（仁）成为中国哲学的基石。孔子说："仁者人也。"他认为，人应当努力学习，了解人的本性和职责，并培养它们；人应当热爱人性。

孔子说，为了有助于他人，人首先得通过学习古代优秀人物的榜样来培植自己的仁爱之性。如此一来，当人的性情中再也没有什么违背仁爱的成分了，他就能够在一切行动中从心所欲不逾矩。在孔子看来，通过合乎人道的思想和行为，优秀的人能够弘扬"道"，让道更加伟大。

人性是可以被完善的，这是孔子思想的核心论点。孔子认为，人性并非总是好的，但它可以变好。通过学习和为他人服务，人性就能得到改善。没有人生来就富于智慧，但人只要下决心努力学习，智慧终究是可以获得的。智慧一旦被获得，人就可以用它来完善自身、完善家庭和社会。在孔子看来，即使自然本身也拒绝不了智慧的力量："人能弘道，非道弘人。"

孔子这里所说的"道"在他的哲学中很关键。孔子和道家思想都认为，"道"从根本上讲就是自然事件所遵循的形式，而孔子经常在各种意义上使用"道"这个概念。在他那里，有善人之道、音乐之道、正确的统治之道，还有宇宙论意义上的道。孔子甚至还说到"吾道"。尽管对于这一点，学界尚未达成完全的共识，但在我们看来，孔子的"道"并非高高在上、凌驾统驭着万事万物的永恒不变的超验原则。人的思想和行为能在相当程度上影响"道"。通过学习古代智者的事迹，人就会懂得如何让"道"在自己的时代变得更伟大。归根结底，这意味着让自己的人生走向完善。基于他自己对"道"的领会，孔子为人生设立了某种理想。在孔子看来，只要把握了万事万物中的"道"，人生就没有虚度，死亡也就没什么遗憾了。

人物简介　孔子

孔子在中国被称为孔夫子（"夫子"是对老师的尊称），他出生于鲁国的一个不甚显赫的家庭。对于他的生平我们知之甚少，这方面的资料主要来自《论语》，这是由他的门徒收集整理的谈话集。孔子幼年丧父，因此他不得不努力干活帮助母亲。他基本上是自学成材，对于学习有着无穷的热情。曾经有一段时间，孔子当过鲁国的重臣；除此之外，他几乎没有机会把自己的施政原则付诸实践。

孔子的思想对于中国人乃至亚洲人的生活方式影响深远，这方面没有别的哲学家可与之相比；不过，影响的具体内容因时代变迁而各不相同。3—7世纪，儒家思想和别的哲学思想并行于世；到了唐朝（618—907），它取得了类似于国家宗教的地位。宋朝（960—1279）出现了新儒家（它包容了道家和佛教的某些原则，以及一个高度发展了的形而上学体系），它在很长一段时间内是中国哲学的主要源泉，直到20世纪才走向衰落——在1949年新中国成立之后，其衰落尤为迅速。

孔子认为，事物都是依其本性才能繁荣兴盛。他认为天道的原则是"中庸"，这也是万事万物的标准所在。人的行为不应该走极端，而应当适度。在孔子哲学看来，如果事物的运行合乎中庸原则，那么它们就处于相互依赖的关系中。换句话说，中庸原则在根本上要求事物之间——包括人与人、人与自然——相互合作，和谐共处。遵循这一原则，事物就能繁荣兴盛；它们互相扶持、相互滋养，这样就避免了对立冲突和伤害。

"己所不欲，勿施于人。"孔子用这一方式概括了他那和谐共处的原则在人类事务上的运用。与此相关，孔子还说："己欲立而立人，己欲达而达人。"在他看来，既然自然界向来以和谐共处而不是相互对抗的原则为基础，那么人类事务也应当遵循这样的原则。

孔子的目光向来专注于生灭流转的此岸世界：他的哲学关注的是现世，而非彼岸。当被问及如何对待死后的灵魂时，他的回答是："未能事人，焉能事鬼？"他还说："未知生，焉知死？"孔子强调说，人必须生活于其中的是当下这个现实的世界，必须交往的是现实的他人。

不过，孔子也明白宗教仪式对于国家事务的重要性；处理这类事情时，他是一丝不苟的。在他看来，处理好这方面的平衡关系是上层人的标志，正所谓："务民之义，敬鬼神而远之，可谓知矣。"

孔子思想的另一个关键概念是"圣人"。圣人代表的是一种伦理上的理想，人应当以之为榜样。孔子认为，要达到圣人的境界，人必须对于万事万物的变迁和秩序都有真切的理解；具体说来，必须对人际关系和自然力量都有正确的把握。在孔子看来，要对于事物有正确的把握，就得纠正原有的歪曲、混淆，尤其要做的是正名，即纠正名分。（比如说，赋予某人某种身份、地位，这么做是否正当，这就是名分的问题。）孔子认为圣人把以上这样的正确理解付诸实践，寻求世间万物的和谐共处，以便让人人各安其位，完成各自的特定使命。

在孔子看来，圣人的行为之所以高于普通人，是因为他给自己树立的榜样比较高。圣人把古代的伟大人物作为自己的行为楷模。此外，他还不断地从自己的亲身经历当中学习。（孔子说，如果能有数年用来学习世事变迁，他就可以避免过失。）智慧有赖于不断地学习，通过不断地学习，圣人就更好地把握了事物的尺度，并遵循这尺度完成自己的使命。

孔子：生活中的洞见

吾十有五而志于学，三十而立，四十而不惑，五十而知天命，六十而耳顺，七十而从心所欲，不逾矩。

三人行，必有我师焉。

不患人之不己知，患不知人也。

君子喻于义，小人喻于利。

己所不欲，勿施于人。

刚毅木讷近仁。

君子道者三，我无能焉。仁者不忧，知者不惑，勇者不惧。

因此在孔子的哲学中，圣人不光正确地思想，而且正确地生活。毋宁说，在孔子看来，对于圣人来说思想（包括言语）和行动之间并不存在分离、对立。圣人不会想（或说）的是这一套做的却是那一套：他是言行一致的。

在孔子看来圣人还是利他主义者，他为他人提供公正无私的服务。他友善而仁慈，从不以怨报怨，而是以直报怨。他关注的是改过，而不是复仇。他那有德的行为是习惯成自然，造次必于是，颠沛必于是。因此孔子认为，圣人在任何时候都值得信赖。他的公正使得每个人都信服他，包括一国之君。

然而在孔子那个时代，君主们并不把事务委托给圣人；君主自己当然也够不上圣人的标准。在国家中占主导地位的是军事政权，统治国家的是暴力；国家之间是持续不断的战争，而臣民们则在恐怖的阴影下颠沛流离。孔子认为，这等低劣统治者的卑鄙行径源于四种恶：贪婪、好斗、傲慢和愤恨；这些原因或单独或一道，使得统治者们粉饰自己的行为，为自己最为可耻的行为寻找理由，以求谅解。孔子还认为，统治者不可避免地会成为臣民们的行为榜样，于是恶人统治的社会本身就会成为邪恶的社会（见"孔子论为政"一栏）。

反之，一个国家如果由圣人来治理，那么它就会和平安宁、繁荣昌盛。圣人以中庸为准则，因此作为统治者，他会公正无私，会公平地分配财产，如此就能促进安宁与和平。臣民们会以圣人的所想所行为楷模，圣人的统治依靠的是德行榜样的力量而非暴力。圣人发自内心地为所有人服务，所以他无所畏惧，也不会哀伤。

孔子的哲学不仅涉及国家与个人，还涉及家庭。对孔子来说，秩序井然的家庭就是理想国家的缩影——归根结底，它是整个世界的缩影。孔子认为，家庭应当像国家一样，服从家长

孔子论为政

政者，正也；子帅以正，孰敢不正？

举直错诸枉，能使枉者直。

先之劳之，无倦。

为政以德，譬如北辰，居其所而众星共之。

苟正其身矣，于从政乎何有？

近者悦，远者来。

小子识之：苛政猛于虎也。

君之好恶不可不慎焉。君好则臣为，上行则下效。

道之以政，齐之以刑，民免而无耻；

道之以德，齐之以礼，有耻且格。

危邦不入，乱邦不居。

天下有道则见，无道则隐。

子贡问政。子曰："足食，足兵，民信之矣。"子贡曰："必不得已而去，于斯三者何先？"曰："去兵。"曰："必不得已而去，于斯二者何先？"曰："去食。自古皆有死，民无信不立。"

权威。

因此，家庭的良好运转有赖于小辈的服从，以及家长（最终是父亲）尽责尽力的管理统治——这一切都得遵循中庸原则；还有赖于子女对父母的孝和兄弟间的互敬互爱——这是德行的基础。孔子认为，以上两种德行能够让五种最根本的人伦关系即君臣、父子、兄弟、夫妻、朋友走上正轨。在这样井然有序的家庭中，因为人际关系明确，生活就是稳固的，它能让每个家庭成员都有机会把自己的能力发展到极致。

孟 子

孟子（Mencius，约公元前371—约前289）是儒家的大思想家，人们认为他的著作的重要性仅次于孔子本人的。跟孔子一样，孟子也为那个时代的疾患忧心忡忡。他说，骇人听闻的可怕事件正在电闪雷鸣般地涌现，可君主们却对此视而不见，听而不闻。不过，跟孔子一样，孟子思想也有这样一个核心论点：人从根本上讲是善的（见"孟子和托马斯·霍布斯论人性"一栏）。

孟子认为，人类本性中的善被后天环境玷污了。不过在他看来，对于每个人来说，走向完善的可能性都依然存在：这就是追回失落的精神，唤醒忘却的心灵；就是让思想和感受合乎天性，就是遵循直觉和良知。

对于人类完善的可能性，孟子向来持乐观态度。他认为，任何东西只要照料得当，就都能

人物简介 | **孟 子**

孟子的出生地在今天的中国山东省境内。传说中他曾经受教于孔子的孙子。和孔子一样，他生活在一个政治风云激荡的时代；他一生中有四十年在外游历、教学。他的著作成了古代中国的"四书"之一，其基础是他对于人性本善的信念。以下引文反映了他的某些洞见。

学问之道无他，求其放心而已矣。

存其心，养其性，所以事天也。

乃若其情，则可以为善矣，乃所谓善也。若夫为不善，非才之罪也。

仁义礼智，非由外铄我也，我固有之也，弗思耳矣。故曰："求则得之，舍则失之。"

故苟得其养，无物不长；苟失其养，无物不消。

从其大体为大人，从其小体为小人。

人之所以异于禽兽者几希，庶民去之，君子存之。

人病舍其田而芸人之田。

所求于人者重，而所以自任者轻。

孟子和托马斯·霍布斯论人性

孟子清楚地知道，大体上而言，他那个时代的人们是残暴、自私的，急功近利却什么都浅尝辄止，在残害生命上却毫不含糊。但在孟子看来，人之所以如此邪恶，是因为环境不允许他们培养内在的高尚情操，使他们没有机会发掘内心的爱、智慧、德性、责任感和自我完善的可能性。孟子认为人的本性是善的；并且，只要人展开这内在固有的可能性——在正义而人道的政治体制下，这就有可能发生——这善就能成为现实。

有许多西方哲学家都认为人是自私、残暴的，其中最为著名的恐怕就是托马斯·霍布斯。霍布斯说，人在自然状态下的生活是"孤独、贫困、恶劣、野蛮、短寿"的。然而霍布斯和孟子不同，他认为人的这些丑恶行径就植根于人的本性。所以在他看来，只有让绝对的最高统治者操纵暴力，才能避免人与人互相吞噬：Homo lupus homini，这是霍布斯引用过的古罗马诗人普劳图斯（Plautus，公元前254—前184）的句子，意为"人对人是狼"。孟子则恰恰相反，他认为智慧的统治者能够通过温和仁慈的统治唤醒人内在固有的善。

人类的邪恶行为，究竟意味着本性善良的人在礼崩乐坏的社会中遭到了玷污，还是意味着人的天性向来就是这样坏？这是个至今尚未解决的问题。或许这个问题没有答案。

够茁壮成长。因此，每个人都应当着力呵护、培养自己高尚、优越的一面，以便让这一面占据支配地位。是否让自己的生活走向完善，这取决于每个人自身。

在孟子看来，对于那些愿意追求自我完善、追求正直而高尚的生活的人来说，这条道路只有到各人内部去寻求。孟子所说的良知就是"不忍人之心"（即对他人的痛苦心怀不忍）。而通向正直生活的道路则必然包含苦难折磨的历练，正如孟子所说："故天将降大任于是人也，必先苦其心志，劳其筋骨，饿其体肤，空乏其身，行拂乱其所为，所以动心忍性，曾益其所不能。"

孟子认为苦难、折磨是上天给人的恩宠，通过这样的历练人就能变得独立、卓越、心智敏锐、无所畏惧、灵魂平和安宁。他甚至说，没有经受过深重苦难的人，几乎不可能具备深谋远虑等良好品性。

孟子说，在完善个人生命的过程中，人就在为自己的家庭做贡献，而通过教导、统御等行为，人就在贡献整个社会（见"孟子论有德的行为"一栏）。在孟子看来，真正的快乐不在于仅仅为了权力而统治国家——这种野心只会支配小人的头脑，这种人就像牲畜一样，对于伟大、崇高的事物毫无感知能力。真正的快乐就在于，看到自己的父母家庭安好，生活无忧无惧，并

孟子论有德的行为

君子有三乐，而王天下不与存焉。父母俱存，兄弟无故，一乐也；仰不愧于天，俯不怍于人，二乐也。得天下英才而教育之，三乐也。

由君子观之，则人之所以求富贵利达者，其妻妾不羞也，而不相泣者，几希矣。

人有不为也，而后可以有为。

自反而不缩，虽褐宽博，吾不惴焉？

自反而缩，虽千万人，吾往矣。

吾未闻枉己而正人者也。

仁，人心也；义，人路也。舍其路而弗由，放其心而不知求，哀哉！

仁之胜不仁也，犹水之胜火。今之为仁者，犹以一杯水救一车薪之火也；不熄，则谓之水不胜火，此又与于不仁之甚者也，亦终必亡而已矣。

对社会有所助益。孟子更进一步说，在这方面活得快乐的人又在另一层意义上活得快乐：因为他无须为自己的行为感到羞愧。

由此可见，孟子和孔子一样，不光关注个人，而且还关注国家（见"孟子论为政"一栏）。在他看来，国家的混乱往往起因于统治者不关注自己国家的状况，这样的统治者就像牲畜一样，除了自己的利益和琐碎卑微的野心以外对一切都漠不关心。孟子认为，这样的漠然和自私是一种盲目无知；倘若国家的统治者缺乏洞察和展望，那么国家难免颠覆、毁灭。

孟子还认为，在小人统治的国家中，臣民们会以统治者为榜样，如同野兽般只知道互相吞噬。在这里孟子呼应了孔子的思想。不过，孟子认为杀死这样的君主并不构成谋杀，因为那种人的统治下不可能有合乎人道的政府——这层意思是孔子未曾阐发的。

孟子认为，好的统治者对臣民是仁慈的，就如同父亲对待孩子们一样；他追求的是井井有条的社会秩序和符合正义的政治制度。除了仁慈，他还具备了另外三种根本的德性或品质：正直、礼貌、知识。好的统治者态度是温柔的，他的统治依靠的是心智而不是强力。因为温柔，所以他不会树敌；因为仁爱，所以臣民信赖他的良善——这样他就很少遇到反对的力量。

总而言之，这样的理想统治者经历过艰苦卓绝的自我完善历程，如此造就的心灵不能容忍他人经受苦难折磨；他的统治是仁爱而正义的，因而是国家中一切当前和未来的善的基础所在。

孟子的哲学中包含人道主义的关怀，还包含对于人性的善和最终完善之可能性的信念——这些也都是孔子的哲学所具备的。孔子和孟子都明白，现实中的人往往自私自利，而他们那潜在的善必须着力培养、呵护。正如各位在以上几栏中所看到的，关于如何培养人性的好的一面，孟子给我们提供了丰富的劝告与箴言。

孟子论为政

爱人不亲，反其仁；治人不治，反其智；礼人不答，反其敬。

惟仁者宜在高位，不仁而在高位，是播恶于众也。

徒善不足以为政，徒法不能以自行。

民为贵，社稷次之，君为轻。是故得乎丘民而为天子。

闻诛一夫纣矣，未闻弑君也。

君之视臣如手足，则臣视之如腹心；君之视臣如犬马，则臣之视君如国人；君之视臣如草芥，臣之视君如寇仇。

吾身不能居仁由义，谓之自弃也。仁，人之安宅也；义，人之正路也。

人皆有不忍人之心……以不忍人之心，行不忍人之政，治天下可运之掌上。

仁义忠信，乐善不倦，此天爵也；公卿大夫，此人爵也。

荀 子

还有一位重要的儒家哲学家，其思想兼具儒、道两方面的特征；而且，他自己的人性概念颇为悲观——他就是荀子（Hsün Tzu，公元前 298—前 238）。他的思想路径是理性主义的、现实主义的；他认为，人们遵循永恒不变的道德原则，这就是社会中等级秩序的基础所在。只要道德、法律、礼仪规范都得到遵守，那么社会就必然会和平、有序，走向繁荣；如果得不到遵守，社会就会陷入混乱，引发灾难。

荀子对于基本人性的看法与别的主要儒家思想家大不相同，这一点颇为引人注目。孟子认为人性本善，因此人天生倾向于为善，而荀子不同意这一点。在荀子看来，人性本恶，但是人被迫要补偿这一缺陷，克服这一毛病，补偿和克服的途径是教育和道德训练。不过，荀子仍认为人是可以走向完善的。通过学习古代的和当今的圣贤，人就能够逐渐领会到道德的真谛——其基础是两种根本的德性：仁和义。

荀子认为，国家和个人一样，也会在追逐利益当中丧失自我。其后果就是纷争、暴力、淫邪、动乱。对于这样的堕落国家，必须运用道德原则来改造、重建，统治者自身必须具备这样的道德原则。在汉代（公元前 206—公元 220），荀子思想曾经是官方教条；它对于亚洲社会一直有着重要的影响，一直到今天。

禅宗在中国和日本

禅宗（Zen Buddhism）是中国和日本的一个佛教教派。（前面说过，佛教起源于印度。）

Zen 是日文的读法，而 Ch'an 是中文的读法；它们都源自梵文 dhyana（中译为"禅"），意为冥想。佛教最初传到中国时，强调冥想的重要性甚于任何具体的经文和教义——冥想是通达终极真理的钥匙。

本部分讨论的禅宗包括中国的禅宗和日本的禅宗。值得一提的是，尽管其他形式的佛教也在发展，但西方世界最感兴趣的却是日本禅宗的哲学。

中国的禅宗在一开始成长缓慢，而且它向来是诸多小教派中的一派。但几个世纪以后，这个教派传遍了中国，并且流传到了邻邦——比如日本和朝鲜。到了 20 世纪，它已经在美国和欧洲开花结果了。近来禅宗在西方世界的传播甚广似乎表明，它对于当今这个高度复杂的技术化世界仍有着现实意义。

佛教在中国和日本有着悠久而丰富的历史。在这里，我们只能简短地介绍一下这一传统中的最初几位最深刻的思想家，其中包括中国禅宗的第六代传人慧能，还有紫式部，以及日本曹洞宗（Soto tradition）的创始人希玄道元。这几位思想家的哲学互相补充，能够让我们对于禅宗的基本内容有个整体上的了解。

慧　能

慧能（Hui Neng，638—713）幼年丧父，只能靠卖柴糊口和赡养老母。他是个文盲。

有一天，慧能送柴到一个客店的时候，听到有人在诵读佛教的《金刚经》（*Diamond Sutra*，这或许是中国佛教最重要的经典，在书中佛陀教导他的弟子须菩提，让他摒弃俗见，领会万事万物最根本的一性，领会感官现象背后的永恒；sutra 意为神秘的教义和神圣的教诲）。通过这些言辞，慧能当下就把握了其中的深奥真理。此后，他接受了一笔金钱的馈赠，来到湖北黄梅山拜见中国禅宗的五祖弘忍大师，要与之印证真理。

跟五祖第一次见面，慧能就表现出自己强大的洞察力，显得坚定不移。于是他就成了黄梅寺的一员。不过，他在仓房工作了八个月，未曾登堂入室。

为了寻求继承者，当时的五祖让僧人们作偈颂，展示自己所把握的真理深度。禅宗认为，人只有对真理有了直接的、直觉的把握，才能获得精神的安宁；而且每个人都必须自己来发现这真理。一切归根结底是一，这是五祖的基本信条。他认为这纯一的真实是我们真正的自我本性，它一开始就内在于人。要想如其所是地把握这向来在场的真理，就得超越日常的思维；因为日常思维让本源的存在分崩离析，将之区分为不同的实体并进行分类、关联，以便仅仅通过它们所属的范畴和它们之间的相互联系来理解它们。因此，与一般形式的讨论相比，用诗歌（偈颂是诗歌的一种）来表达对于这等真理的洞见更为合适；因为日常形式的思维和语言既无法表达那单一实体的唯一性，也无法理解万事万物背后的一性。在此，各位或许想到了海德格尔。

神秀是寺庙里的上座僧人，只有他敢写偈颂，别的僧人都感到自己的理解深度及不上他。不过，根据禅宗传统来看，他的作品仅仅表明他并没有把握终极真理，也没有摆脱日常思维的束缚。相传当时有个僧人正在背诵神秀的偈颂，而慧能尽管是个文盲，听了以后却立即看出这里面的境界有所不足，并自己作了一偈作为回答（见"慧能的开悟诗"一栏）。

慧能的开悟诗

下面就是慧能口述的偈颂，它当下就显示出，慧能已经把握了真理的根本性质：

菩提本无树，

明镜亦非台；

本来无一物，

何处染尘埃。

在此，慧能展示出终极的真实、真理是超越一切概念的。

据说，僧人们被这位 23 岁的文盲说出的言辞震撼了——他还根本没有被允许进入冥想室呢。五祖也知晓了此事，并立即承认慧能为自己的继承人。为了避免慧能遭受其他僧人的嫉妒和怨恨，他让慧能半夜三更来到自己的房间，把自己的衣钵——这象征着六祖的身份——授予了慧能，并传授给慧能《金刚经》中的智慧。相传，五祖弘忍认为佛法（Buddha-Dharma，即终极真理）必将经由慧能而发扬光大，因此他让慧能立即离开寺庙，在传道的时机到来前先隐忍藏匿。

那么根本的法（Dharma，意为真实、真理、法则）究竟是什么？慧能给了它许多不同的名称：自性、佛法、真性、常住不迁的道（这个名称体现了道家的影响）。他说万事万物实际上是一：其实并不存在"事物"。人类的思维和理智，要明了那个总体的意义，却又无法一下子把握它；于是人就把范畴、对立、区别（其中包括 36 对基本的对立，例如光明和黑暗、阴和阳、生和死、好和坏，如此等等）加到真实之上。但真实的存在实际上是一，是真性；它是自在的，它的存在先于任何区分、任何范畴；它（可谓是）超越了善与恶、永恒与无常、内容与形式。它是个绝对状态，是"如如"，不来不去，不增不减，不生不死。它仅仅如其所是地存在：它就是真实、真理（见"慧能论人生和真理"一栏）。

慧能认为，尽管从原则上说，人人都能通达上述的终极真理，但它对于大部分人而言讳莫如深——这是因为我们拥有错误的执念和自私的趣向：简言之，我们缺乏平和、客观的心态。由于我们看待世界的心态不平和，我们的着力方向就是片面的、固着于自身目标的。慧能致力于让人摆脱这种自私、片面的心态，以便把握真理。他宣扬一种"无思"、"无虑"的状态，在这种状态下精神不会向真理强加什么，而是保持开放，保持自然自发——就如同一面镜子，反映着真实世界中原本就有的智慧，在事件的流转中自在无碍。

慧能说，让灵魂变得深沉，就是让生命合乎真理，与万事万物的"自性"和谐一致。当心灵如此这般走上了正道，它就没有了私心偏见，世间万物的需求都在胸中。

道家、儒家和佛教思想的融合在慧能的思想中体现得相当明显。

> ## 慧能论人生和真理
>
> 　　前面说过，慧能拜见了禅宗的五祖弘忍大师，最终弘忍印证并认可了慧能对于真理的洞见，指定他为继承者。在会见五祖时，慧能曾说："慧能启和尚，弟子自心常生智慧，不离自性，即是福田。"
>
> 　　以下还有一些有趣的引文，是慧能关于人生和真理所说的话：
>
> 　　何期自性，本自清净；何期自性，本不生灭；何期自性，本自具足；何期自性，本无动摇；何期自性，能生万法。
>
> 　　菩提自性，本来清净，但用此心，直了成佛。
>
> 　　一真一切真。
>
> 　　即心即佛。若离于心，别更无佛。内调心性，外敬他人，是自归依也。
>
> 　　蕴之与界，凡夫见二，智者了达其性无二；无二之性，即是佛性……性相如如，常住不迁，名之曰道。

佛教在日本

　　现在让我们离开中国来到日本。日本的禅宗是自中国传入的。我们已经看到，在慧能那里，禅宗已经成了一个特殊的佛教流派，其中融合了印度佛教和中国思想的元素。那么自然地，禅宗来到日本以后，也必然会受到日本文化的影响。

　　日本是个祥和美丽的国度，它由很多岛屿组成，岛上一般火山居多，缺乏自然资源。在古代传说中日本人是天照大神的后代，不过具体的资料显示出日本人来自中亚（今天的蒙古）、中国南部，也可能来自太平洋上的南海诸岛。日本由岛屿组成，四面环水，所以在较长的历史时期内，它相对来说无须担心外来侵略。它的独立令它在生活的几乎每个方面都发展出独特的精神面貌。

　　从很早开始，日本就从其他文化借鉴各种观念和实践，在这一过程中往往加入自己的修正。孔子和儒家向来受到尊敬，在日本历史的各个时代中，儒家思想被实行的程度各有不同。在552年左右，朝鲜学者把佛教传入日本。建筑、雕塑、绘画、音乐和诗歌都因此受到广泛影响——而此前是中国文化在此占据主导。到了14世纪，随着禅宗的到来，中国文化的影响进一步加深。长话短说，直到19世纪中叶以后，现代西方才开始给日本人留下切实印象。

　　中古的日本俨然是亚洲的一个合众国：它是各种哲学思想、宗教观点的大杂烩。对于男性来说，这一亚洲哲学的混合体或许是足够有利的，而对于女性来说则不然。如果把中古日本哲学的成分开列出来，那清单就是下面这样的：

　　一杯日本神道教的万物有灵论

四条佛教圣谛

一阴

一阳

一把儒家德性

一宗大乘佛教的虚空教义

　　以上成分调配得当，每个人都可随意尽兴取用。男人求的或许是救赎，女人求的或许是来世转生为男人。

　　读了这个清单以后，读者对于当时日本佛教的主要元素只能算有了个相当粗略的了解。9世纪末的日本文化反映出的是一个错综复杂的混合体，包括神道教、儒家思想、道家思想、禅宗（还有大乘佛教以及大乘佛教的分支，如天台宗［Tendai］、四含宗［Shigon］）。这些成分究竟是何物？对于其中的大部分，我们已经有所了解了，除了神道教和大乘佛教。

　　神道教是日本古老的本土宗教，从最早开始就在日本的文化、政治中扮演着重要角色。和大部分万物有灵论的宗教不同，它一直延续到当今这个现代社会。神道教是万物有灵论的、崇拜自然的宗教，太阳、月亮、暴风雨和火焰全都被视为神灵。神道教的基础是对自然那仁慈和美丽恩典的感谢，而不是对自然的恐惧。没有标志性的形象给人膜拜，也无须去平息什么神的愤怒。没有神圣经典，也没有必须遵循的道德教条。

　　神道教把人和神（Kami）——即自然中的神灵、宇宙的创造者——联系起来。神道教认为人只是整个自然宇宙的一个部分。日文中甚至没有这样的词汇，可以把自然和人类区分开来。人被看成是"会思考的芦苇"，是自然而神圣的宇宙的一部分，与后者完全浑然一体。这样的观点就是万物有灵论（animism）。

　　人的职责义务源自他们的血缘关系。通过祖先的宗族，通过天皇——他既是国家的最高祭司，也是国家首脑——的宗族纽带，人就和自然中的神灵联系在了一起。在日文中，政府被称为matsuri-goto，意为"关于祭奠之物"。可见，宗教、伦理和政治统治之间不存在概念上的区分。同样地，在人和其他自然事物之间也不存在概念上的区分。

　　日本的大乘佛教是对禅宗的一个扭转。它是在6世纪末传入日本的。当时日本丧失了在朝鲜的版图，它的盟友百济国陷入了战乱。许多朝鲜的战争难民逃往日本，他们中大部分人是佛教徒；于是他们的宗教在日本的外交官和贵族阶层中赢得了认同、接受。圣德王子（Prince Shotoku，这个名字意为"神圣的道德权威"）使它成了日本的官方宗教，让它与神道教相融合。神道教联系的是人的历史，是人类学上的过往，而大乘佛教则关涉人的当下和未来的永生。与之融合的还有儒家思想中的孝道，祖先崇拜，以等级地位为基础的职责义务，还有诚实正直，如此等等。（道家思想也与之契合得很好，包括它那关于人与自然的统一性的观点，对精神自由、平和安宁的推崇——不用说，还有在秩序和谐的问题上对阴／阳的强调。）

日本的大乘佛教认为，在对于单一神灵的膜拜中，通过灵魂的开悟、提升，人性将走向一致，而幸运的是，那单一的神就是天皇，他是伟大的人间之神（Kami）。这就是日本的贵族阶层所采用的佛教形态。你在贵族阶层中所占据的社会政治地位越高，你距离神就越近——因此这一理论对于贵族阶层毫发无伤。

由此我们将去认识紫式部。

紫式部

在紫式部（Murasaki Shikibu，978？—1026？）生活的那个时代，大乘佛教对于日本的影响正处于鼎盛期。所有日本人都享有这一哲学传统，但他们并不享有社会政治地位上的平等。

大乘佛教的天台宗主张，一个人距离天皇越近，他在道德上的潜能也就越卓越，也越有可能进入西方极乐世界（相当于天堂）。不过佛教认为女性在道德价值上低于男性。女性也能获得救赎，或达到涅槃的境界——这是进入西方极乐世界之前的准备；但这只有在她们投胎转世为男性后才有可能。

一个人此生是个女人，就意味着此人前生德行有亏，需要在今生补偿。佛教的轮回教义认为，

人物简介 ┃ 紫式部

紫式部是日本的一位重要人物，她是神道教徒、佛教徒、女权主义哲学家。她也被称为紫小姐。紫式部当然不是她的真名。人们之所以给她"紫"这个昵称，是因为她和她小说中"紫姬"这个人物的性情十分相似。紫式部出生于藤原家族的一个书香门第。在当时的日本，女人是不准学习汉字（即日语的原始写法）的。不过，当她的兄弟们接受私塾教育时，年少的紫式部总在一旁逗留，她就这样学会了汉字。后来，她当了一条天皇的皇后藤原彰子——当时十来岁——的女官，就这样进入了宫廷。她私下教彰子皇后学习中文。阅读能力的提高使得紫式部对宗教和哲学方面的禁书有所涉猎。

除了诗歌以外，紫式部还留下了两部著作：一本《紫式部日记》（*Murasaki Shikibu Nikki*），一部史诗性的哲理小说《源氏物语》（*Genji Momogatari*）。尽管这部小说的创作时代距离印刷术的发明还有几个世纪，但它一旦被印行，就长盛不衰。至今它已经被译成了三十多种文字。紫式部的主要哲学旨趣关涉的是日本佛教伦理下的女性道德地位问题。

一个好的女人最多只能指望转世投胎成为男人。作为一个德行完善的男人度过一辈子以后，就有希望获得救赎、进入极乐世界了。但女人即便再有德，也不能指望得到拯救，正如紫式部所说：

> 但是，如我这般有太多需要补偿的人，或许就没资格获得拯救了；时时都有事情在提醒我，前生的我是何等罪业深重。啊，这一切是多么凄惨可怖！

从紫式部笔下的女性形象来看，日本女人的人生真是毫无希望可言——尤其对于那些指望自我认同，思索道德、自由意志和决定论、宿命与拯救之类问题的女人们。她的长篇小说《源氏物语》在当时就十分流行，而且这部书最初是一章一章地在贵族女性中流传的（显然，有许多女子都私下里学会了阅读汉字）；由此可见，很多日本女人都很在意这些哲学问题。

对于"佛教在日本"这一小节中开列出的那个清单，紫式部基本上予以保留；不过，她对之做了方向上的调整，并增添了一些新成分。以下是紫式部开列的清单：

一杯日本神道教的万物有灵论

四条佛教圣谛

一阴

一阳

一把儒家德性

一宗大乘佛教的虚空教义

一生致力于灵魂的提升和开悟

运用强有力的女权之手将以上成分调配停当。一生致力于沉思冥想，尽可能地远离来自世界的诱惑。（做一个尼姑吧，如果你能够。）把这当做对付天台宗中敌视女性的宿命论因素的解毒剂。如此运用一生，女人就有望获得拯救。

紫式部的清单中额外强调了灵魂提升、沉思冥想的重要性。她还强调质朴的美德，以及远离俗世的诱惑。

紫式部笔下的女性形象和佛教及日本文化中所反映的女性观截然不同，在后者当中，女性只是如同自然事物般的、被宿命安排好的棋子，而前者则对此充满抗争。

小说中有个主要人物叫浮舟（Unifune，意为"漂泊的小船"、"迷途的女人"或"行踪不定命运无常的人"——就是这样的意思），她被奸污以后陷于绝望，企图自杀；结果一位僧人不顾众僧反对，将她救起。别的僧人都认为，应该任她被淹死。

所有的人——尤其是女人们——都对浮舟说，对于被奸污这件事以及这件事的社会后果，她都是无能为力的，因为这就是宿命。除了沦为娼妓以外，她没有别的出路。对于这双重的不公，浮舟感到愤慨：首先，她只是男人施暴的对象；第二，社会却因为别人对她的过错而惩罚她本人。她不愿接受这样的命运，试图以自杀的方式进行抗争，希望能投胎转生为男人。

结果僧人使她获得了新生，新生的她走上了宗教的沉思冥想之路。此后她成了一位尼姑——不过不是普通的担当公众服务的尼姑。浮舟的余生就在沉思生命的意义、寻求灵魂的提升开悟中度过。一生的思考终将让她领悟：她可以通过自我认知掌握自己的命运。

紫式部笔下的女人们为了成为自由承担道德职责的人格而抗争；她们坚持主张自己拥有自然权利。同时她们认为他人同样必须承担道德职责。对于主流佛教思想中的女性观，紫式部是拒斥的；她的哲学体现的是一种非主流的佛学观点：女人也是道德的承担者，她们应当为自己的行为负起道德责任，而不是仅仅责备命运。紫式部主张，女人应当挑战自己的业（宿命），掌握自己的人生；因此，就该勇于投身那些当时遭到禁止的、非法的行为，例如阅读伟大僧人的经典著作（sutras，即神秘的教义和神圣的教诲）。

紫式部自己选择了当尼姑、读经典这样的生活道路，可以说这是帕斯卡（见第十三章）所珍视的伟大的赌博的产物：

> 时机已然成熟。倘若我继续任自己年华老去，那么我的视力必将衰退到使我无法再阅读经文，而我的灵魂亦将衰败。看来我正在那通向真正信徒的道路上行进着，请相信我，此时此刻我几乎没有其他的念头。

只要理解了紫式部所说的佛学真意并身体力行，女人就能进入沉思冥想的精神状态，凭此就有可能达到涅槃的极乐境地。根据紫式部的哲学，女人们无须等到转生为男人以后才开始艰难而漫长的灵魂开悟历程。她们可以像男人们一样，此生就开始践行这一历程，根据神道教和佛教的教诲来生活。值得一提的是，日本佛教思想中的女性地位问题已经有了显著的发展和改善，尤其在当代。

希玄道元

道元（Dogen，1200—1253）14岁时就已剃度为僧。当时天台宗已经衰落，道元对此深感不满。天台宗主张众生平等、反对精英主义，采用的许多仪式颇为大众化，例如口诵阿弥陀佛。日本的天台宗（Tendai Buddhism）是由中国的天台宗变化而来，后者于9世纪传入日本。其基本观点是，一切现象都是那绝对的一即真如（tathatā）的外在表现。当时道元拜访了一位天台宗僧人，叫荣西（Eisei），此人曾经两次走访中国学习禅宗。荣西见过道元以后不久就去世了，而道元则继续追随荣西的弟子明全（Myozen）达九年之久。此后，道元亲自来到中国进行深入的学习；最终，他在天童山寺得到了如净禅师的印可。五年后，也就是1227年，道元回到日本。

道元继续在京都内外的寺院传道、著书，一直到1243年。在这一时期，他和主流天台宗之间的冲突日益加剧；最终，他入山修建了永平寺。直到今天，永平寺依然是日本禅宗曹洞宗的主要寺庙。

道元明白，生命中难以解决的难题有很多，例如人生的短暂无常。生命如同奔腾的流水般日复一日地流逝，一去不复返。因此道元勉励人们，每分每秒都不能虚度。时间应当花费在有价值的追求上，追求的对象应当值得人全力以赴。人生目标不能是琐屑的，也不能是自私的，有意义的目标不可能产生于狭隘的头脑。有了广博的视野和视人如己的无私心灵，才能对人生目标做出正确的选择。道元的哲学，其精髓就在于教导人如何度过一个有意义的、高尚的人生，这样的人生在此时此地就是快乐的。

　　道元明白，生活道路的选择是困难的，而实现自己的选择同样困难——或许比选择本身更难。人生活在动荡不定、繁忙纷乱的世界上，"思绪如同奔马在原野上飞驰，情感如同林间嬉戏的猿猴般难以驾驭"。被生活驱使的人行色匆匆，而未来的道路却无法把握，于是人生充满了苦恼和困惑。人们不理解生活，也不明白如何才能把握自身。

道元关于德行的教诲

　　道元在少年时就剃度为僧，曾走访中国学习佛法；相传他是一位严格的禅师。他的著作影响深远，一直到今天。他有许多作品被译成了英文，并且在禅宗的发展历程中占据着重要地位。以下是他关于德行的教诲。

　　深耕地、浅栽苗，会导致收成不保。利己而损人，怎么会不遭报应呢？

　　人人都有佛性；不要愚蠢地贬低自己。

　　与其一次学很多却什么都没能真正掌握，不如先专心致志把一件事学好、干好——即使对于世俗人而言也是如此。

　　修炼内心的人，得让自己看上去和世上的普通人一般无二，如此才是真正地致力于道。正如一位古人所说："虚己而待物。"意思就是，内心没有私念，外表顺应他者。

　　隋文帝曾说："秘密地存养德性，静待成果降临。"……倘若人专心致力于道，道就会自然而然地显现出它的美妙。

　　恰如其分的行为，持存不移的涵养，意味着摒弃我执。……其精义在于无欲无求。

　　学道的人不会把行道耽搁到明天。此日、此刻都不能虚度，道就在于日复一日、时时刻刻的践行。

　　《律藏》（Vinaya）中这样写道"性情中被赞为纯洁者为善，被责为不洁者为恶"。还有"会招致痛苦者为恶，会带来快乐者为善"。

　　因此，人应当用心辨别；发现真善，践行之；发现真恶，摒弃之。

　　玉只有经过雕琢才能成器，人只有经过培养、教化才能成为仁德之人。哪有宝石天生就光辉璀璨？哪有人生来就聪明睿智？必须经过雕琢、训练、培养。人须以谦卑立身，学道不懈。

　　孔子曾说："道不可须臾离也，可离非道也。"他还说："圣人无我，万物皆我。"

道元还指出，陷于未知世界中的心灵往往会在利己和自我保护的行为中寻求安全感。人生被理解为一系列真实或可能的危险，其间是好与坏、对与错、黑与白之间的僵硬对立。这种理解世界的方式被道元称为"小乘"（Lesser Vehicle），它源于无知和恐惧。无知而恐惧的心灵认定某些事物是坏的、必须避免的，它还自认为某些东西是危险之源，对之充满怒火和愤恨。人陷入自己不理解的世界，这样世界中满是黑暗与威胁，这样的人永远难得心安；他会对他人或自身施暴——如此的沉沦生活往往导致这样的后果。

道元认为，倘若人的心智不能获得澄明，就无法通达事物的真实本性；这样人就永远处于上述的不满状态，世界在他眼中就是僵化、可怖的。不过在道元看来，每个人都拥有佛性，因此人人都能领会真理，从而冷静而平和地生活在真理中。需要做的只是摒弃私心、拓宽狭隘的视野，以便获得博大宽容、公正无私的世界观；这样心灵就能超越好与坏、称心与不称心之类的范畴区分，于是贪婪让位于慷慨，利己升华为利他。应当像古代圣人那样看待事物：从宇宙或"佛法"或"大我"的角度看世界。这样做，就是践行大道。

在道元看来，以广博的视野理解世界，还意味着虚心容纳——顺应万物，遵循大道。他说，这就是"空"的智慧——让事物如其所是，不抱任何偏好和欲求。显然这和庄子的哲学颇为类似。

人如何能获得这广博的视野，如何获得这"大我"？道元的答案是实践——帮助他人，不计较回报或赞誉；如同父母关怀孩子一般关爱他人。倘若能始终如一地以关爱之心对待一切事物，丝毫不求赞誉或回报，如此人的生命就将溢满"大喜乐"；这样的人生是轻盈愉快的，任何外在事件都不会令它减色。

禅宗在日本

在当代日本，禅宗主要分为两种形式：临济宗和曹洞宗。几个世纪以来，它们都在相互影响着。两者的区别更多地不在于教义，而在于方法。它们都在经文之外寻求开悟。

临济宗（Rinzai Zen）因著名的禅宗僧人临济（785—867）而得名。临济和慧能一样，宣扬、追求的是顿悟。为了获得顿悟（satori）的体验，静坐冥想（zazen，即坐禅）的时候常常要用到公案（koan）。公案是不合乎逻辑的，甚至是无意义的废话，是语言的谜团；其作用在于打破概念思维的束缚，以便让人在瞬间就完全彻底地领会那绝对的、不可分割的真实或真理。例如"单掌互拍有何声响"就是著名的公案之一。

曹洞宗（Soto Zen）对顿悟的强调较少，基本不使用公案。以道元为榜样，该流派通过坐禅（冥想）并以和坐禅时同样的认知状态完成一切日常事务而逐渐达到开悟。他们不承认有独特的"顿悟"的时刻，因为他们认为开悟在一切时间皆有可能。

道元努力倡导的是这样一种生活道路：在此生获得恒久的快乐，让人拥有崇高的尊严、坚定不移的高尚性情以及平和安宁的心灵。他说："无论如何，任何人、任何事物都不可能让真正的美德减色。"道元的思想和教诲继承了老子、庄子和慧能等前辈开创的传统。人生确实难免苦难折磨，生命确实转瞬无常。但尽管如此，尽管生命中包含恶的一面，人只要遵循道来生活，人生仍旧可以洋溢着喜乐，趋向于完满。道元教导人们："为你的降临人世而喜悦吧。"不摆脱那充满恐惧不安的小我，人生就难免苦恼折磨；倘若人能够怀着悲悯博爱的大我走向人生，那么他的生活就是道之真理的呈现——这就是佛法之道。

武士道哲学（约 1100—1900）

Samurai 即日本的武士阶层，它在很长一段时期内占据着统治阶层的地位。其智慧以军事教训的形式保留了下来，最早可以追溯到 12 世纪，甚至更早。这些教训被这一阶层代代相传，人们往往用它来训练武士，教导他们武士道（bushido），即武士必须掌握的技艺和必须遵循的道理。根据威廉·司各特·威尔森（William Scott Wilson）《武士的理念》（*Ideals of the Samurai*）一书记载，Bushi（武士）一词在日本历史记载中的首次出现可以追溯到 797 年。在当时这些受过教育的武士们是为贵族贴身服务的。执政者的虚弱导致各家族、地主发展自己私有的武装力量，也使得武士阶层对政权的介入日益加剧。最终，武士阶层取代了旧的执政贵族；12 世纪末，武士阶层的统治开始登上日本历史舞台，延续了七百年之久。

武士道传统对于日本人思想和行为各个层面都有着深远的影响。对于第二次世界大战以后日本的经济"奇迹"，西方人希望对其基础有所了解；于是他们阅读武士道的经典著作，例如宫本武藏的《五轮书》（*A Book of Five Rings*），还有山本常朝的《叶隐》（*Hagakure*）。论述武士道传统的著作开始在西方的商人、企业家中间流行起来，被广为阅读；研究商科的学校还把它们当教材使用。最近有一部美国电影叫《幽灵狗》（*Ghost Dog*），试图把武士道的教诲运用于美国生活。

宫本武藏（Miyamoto Musashi，1584—1645）是日本最著名的武士之一，他或许是史上最伟大的剑士、决斗者。在武藏的战例中，有独自

一位武士。

击败一群杰出武术学派门人的例子。年仅 13 岁的时候，武藏就赢得了他的第一次决斗。[①]相传他对手用的是协差（wakizashi）式的刀，而武藏仅用一片木头。不过武藏出色地用自己的木刀杀死了对手。正如你可能从这类传说中期待的那样，武藏成了许多不可思议的奇迹的主角，比如在空中行走。

除此之外，武藏还是造诣不凡的雕刻家、艺术家。他对于作战的技艺、方法、策略拥有犀利的见解。在他人生的暮年，他从社会隐退并撰写了《五轮书》。这是关于剑术（kenjutsu）及一般意义上的战术的经典著作。

这部著作之于日本，就如同孙子的《孙子兵法》之于中国。它成了军事、经济和政治策略的原则手册，日本作为经济超级大国的迅速崛起或许也与它不无关系。《五轮书》被美国的有些商科院校列为必读书目。

这部著作里有很多内容是关于武器、技巧以及如何砍头之类的，这些对一般的商科学生多半没什么用。但这部书的意义远远不止于此，它涉及人生中最根本的东西。在武藏看来，学习和实践就是一切。即便是琐事，也得审慎对待并力图理解之。不该让任何东西逃脱自己的视线。"不可以对任何东西视而不见。"他这样写道。要想达到无懈可击的境界，人必须预计到所有可能性，了解对手要胜过对手了解自己。终极目标就是，对人和事形成"清晰无蔽的眼界"，彻底摆脱恐惧、偏见或欲求所导致的曲解。由此产生对事物的直截而即时的洞察，凭着这个人可以自发而果断地做出反应。不能在一瞥，即拿破仑所说的 coup d'oeil（一个扫视）之中看到一切，预见一切，人就得为之付出死的代价。显然，这里的道理可以运用到战斗之外，起码在竞争性的情形中。

武藏认为，只有通过练习和实践，知识才能转化成行动。人生必须是不间断的练习，练习就是通过实践趋向完美。完美是永远不可能完全达到的，所以人应当以此鞭策自己进步。身和心都要练习，它们彼此互相涵养，让对方不至于松懈软弱。准备不足的人连最低限度的潜能都没法发挥，遑论做出杰出表现。

在武藏看来，训练可以培养均衡、韵律和时机感；不过要达到这样的程度，训练必须包罗万象。训练者必须精通每一种技艺、理解一切学科，必须对和平的道、战争的道都有体悟。要彻底理解人类行为的本性：包括人的愿望、目标、战略，以及各种方法。训练者必须把技艺、科学掌握到这样的程度，让后者同他的存在融为一体。

武藏认为，通过训练，人得以在行动中完全释放潜能。一般来说，人会恐惧、犹豫、彷徨、缺乏信心。这样一来，他们的行动就受到阻碍，变得笨拙，能量会白白浪费，行动上不是迟缓就是过于鲁莽。要达到无敌状态，行动必须快如闪电，果断而不拖泥带水；它必须出自果断的心灵，实行起来毫不犹豫。

[①]威廉·司各特·威尔森 2004 年的作品《孤独的武士》（*The Lone Samurai*, *Japan: Kodansha International*）中说这段情节出自可靠材料。以武藏为中心的传说太多了，这毫不令人惊讶。

训练武藏的禅宗僧人泽庵（Takuan）教导了他即时的、纯粹无瑕的反应。从这一视角看，真正的奥秘就在于，让心灵从恐惧的束缚中解放出来。这就是武藏所说的"与至上的力量合一"——在他看来，这就是真正的德，是一切战略的基础。

那么，如何能够把心灵从恐惧、缺乏自信和犹豫彷徨中解放出来？人如何才能不做"羞怯的猴子"？武藏说，要获得非凡的能力、神奇的力量，训练者必须摆脱一切自我的成见。武藏把这样的完美行为状态称为"空灵"。当人的心智、行为丝毫不被自我的思量污染的时候，就是真正的空。此时的战士是非—物（no-thing），宇宙对它而言也是非—物。行为者、行为、表现融为完美的一，武藏称之为"当下即是"（just being it）。

武藏还强调凶猛。你"必须用整个身心去搏斗"。因为和对手的互博事关生死，当对手采取极端手段时你不该吃惊或被震撼到。同样地，你自己也必须做好准备，为了胜利无所不用其极。这事关"保持你灵魂的高度和决断的强度"。

武藏认为灵魂的凶猛必须通过训练来培养。真正的战士当凶猛地训练、凶猛地思维。遵循这一指示，凶猛方能习惯成自然。这就意味着人能够敏锐、决断地行动，如此他将成为令人敬畏的对手。

当然，尊严和举止也是训练中必须强调的。翁贝托·艾柯（Umberto Eco，1932—2016，意大利小说家）在《玫瑰的名字》（*The Name of the Rose*）中写道："没有什么东西更能令恐惧着的人勇敢了，除了他人的恐惧。"当武藏强调用身体语言表达勇敢无畏的重要性时，他或许用的是换位思考。战士应当永远体贴有礼，但他的举止必须显得凶猛，令人紧张甚至畏惧。

武藏还讨论了用以击败敌人的最佳策略。关键在于运用对手自己的知识，使他或她丧失平衡。如此毁坏其时机感，动摇其自信，令其不攻自破。一旦误导、动摇了对手，就不给他机会恢复状态。

另一位武士道传统的重要人物是山本常朝（Yamamoto Tsunetomo，1659—1719）。他曾经作为家臣短暂地侍奉过一位领主。领主去世后，他就入山隐居，修习禅宗。在他生命的最后几年，他关于武士生活的精髓所做的思考被记录、保存了下来（见"山本常朝《叶隐》中的武士智慧"一栏）。武士道传统的理念一直延续至今，直到当代仍对日本人生活、思想的方方面面有着决定性的影响。

前文中已经介绍过道元的思想，因此山本常朝的《叶隐》中所表达的世界观应该对各位并不陌生。在常朝看来，人生再好也不过是"一件短暂的事情"。倘若虚掷光阴，那么随之而来的必定是愧悔和失落。不过，让人生显得艰难而苦难重重的不是它的短暂，而是动荡无常。人类置身其中的世界是流变不止、不可预知的。

预料之外的变故一旦发生，带来的往往是灾难和不幸。因此，武士必须训练自己，时时刻刻都要为任何可能发生的事件做好准备。一切可能性都得预先估计到，以争取把问题解决在摇篮中。"料事在先者胜"，这是武士的格言。

在常朝看来，造成问题的不光是世界的变化无常，还有人类本身的缺陷、无知、自私和缺

山本常朝《叶隐》中的武士智慧

世间万事不过是一场傀儡戏。

［武士］在一天的二十四小时中永远保持专心致志。

武士的言辞比铁更硬。

武士之道在于豁出一切。如此一人可敌十人以上。

只要拥有深刻、清晰、明快决断的头脑，七次呼吸的时间就足以让人做出判断。在此，重要的是心思坚决并富于确切的穿透力。

为他人利益行事，结识那些在正式结交前就常常邂逅的人，这样就能拥有良好的人际关系。

武士必须顽强过人。

无法理解幽深隐匿的事物，这很正常。容易理解的事物是浅陋的。

勇气就是咬紧牙关……奋力前行，无视周遭的险恶环境。

当下一念以外，别无它物。

我不懂何为胜利……只懂得决不落后。

没有什么事是人做不到的。

必须料事机在先，将问题解决于萌芽状态。

人生短暂，因此活着就该做自己喜欢的事。

有了过失就改正，这样过失的痕迹也会消失。

眼神交错之间，每个人的心胸度量都可一览无遗。

仅靠聪明无法成事。

缺乏耐心，就会把事情弄糟，无法成就大事。倘若不把时间视为负担，事情反倒会以惊人的速度完成。

男人的一生应当尽可能的粗砺艰辛。

世界正在走向尽头——人一旦被这样的念头感染，就会丧失努力的动力。这是可耻的。时间的流逝本身并没有错。

面对敌人，当然如同身陷黑暗的深渊；此时当令心神沉着平静，如同皎洁的月光照亮黑夜。在这一刻开始战斗，我感到自己仿佛坚不可摧。

给对手以有利的教导，这就是最高层次的胜利。

胜为上，战次之。

没有什么比后悔更痛。

钱，需要的时候就会有；好人却不容易寻得。

每天都应当沉思死亡的不可避免……以已死之心处世。

乏理智。因此，武士必须学会自力更生。他不能依赖他人，不能光指望他人的行动不出差错。武士应当明白，有时候人的行为既不讲道理，也毫无正义可言。对于他人可能有的背信和怯懦，武士当洞若观火，对它的来临保持警醒。要机警勇毅，如此才能避免虚度人生。

勇气与诗

日本武士常和禅师一起修行，为的是驾驭自己的心智并摆脱恐惧。在许多情况下，武士和禅僧都会使用诗歌——尤其是短小的诗歌类型，例如俳句（haiku）——来印证自己洞见真理的力度和确切性。在生死存亡的危急时刻，修行者往往会自然而然地写诗，以此表现自己在任何环境都能拥有完全自由的灵魂，同时也揭示出自己洞见到的深刻真理。即使在身处刀剑之下的时候，他们仍力求保持冷静清晰的心智、镇定沉稳的气度。相传，如果被俘的武士表现得无所畏惧，并且能在诗歌中展现出深刻智慧，那么他们就能免于死亡。

芭蕉（Basho，1644—1694）是日本最伟大的俳句诗人。他和禅宗有着极深的渊源，他临终的作品被认为很有深意：

旅途罹病

荒原驰骋

梦魂萦。

道元也曾有过这样的典范之作：

草人立土丘

稻田中

何其浑噩，何其有用

以下两首诗也被认为表现了深刻的洞见，它们是自由心灵的自然流露。

来来往往的，是生与死：

村庄错落，屋宇万重。

看吧！

水中之月，绽放在天空。

——仪山（Gizan，1802—1878）

五十四年所学所知，

在无量世界中，不过如驴马般微不足道。

别了，别了！

各位莫忘好自为之。

——实相（Jisso，1851—1904）

世界动荡不定，人心又不可信赖，因此武士不仅需要学习和平之道，而且还必须学习战争之道。个人和国家一样，都得有能力保护自己。黑田长政（Kuroda Nagamasa，1568—1623）是一位大军事家，他曾这样写道："和平之道与战争之道就如同一辆车上的两轮，缺一不可。"

日本武士力求实现孔子倡导的那种完美人格：既是学者，又是战士。人生需要不断地接受训练，也需要不断地学习。缺乏学习，人就不知道什么是必需的；缺乏刻苦的训练，人就没有能力快速而有效率地把必要的事情付诸实现。武士们努力学习，以便明了自己的职责所在，并力求"无所畏惧地"践行自己的职责。武士们训练自己，让自己面对痛苦折磨坚强不屈。倘若死亡是义不容辞的，那么就坦然接受（见"勇气与诗"一栏）。武士得学会厌弃奢侈生活、轻视钱财，以便不让这些世俗之物成为人生的牵绊。

古代传统是武士学习内容的一个重要组成部分，尤其包括儒家思想及其他中国古代哲学，还包括禅宗。这些思想对于武士的塑造起了决定性的作用；同时，武士将它们融会贯通，使之成为一种独特而有力的生活方式。

孔子的影响

理想中的武士形象和儒家思想所描绘的完美人格有着相当程度的契合。他既是学者又是战士；他精于文墨，又富于实践能力。他知道人生中富于变化，要生存就得了解变化的内在规律和意义。有些武士道的教导者特别强调战争之道和增进勇气的技艺，尽管如此，《叶隐》中的观点更具普遍性。它教导武士要勤于学习，吸收一切可能有用的知识，"日夜不息，质疑一切"。最重要的是，武士必须领会儒家思想的中庸之道：中庸不仅仅是两端取其中，中庸是个放诸四海而皆准的规范，它决定了何为正确、何为恰当。聪明的武士善于从古人的言语中学习——这是领会如何遵循中庸之道的最佳方式。

孔子认为，有三种相互关联的基本德性是人应当遵循的，那就是仁、智、勇。武士道传统则认为，具备这些德性的人不仅能够在有益的服务中享受生活，还能让人生摆脱焦虑和恐惧。

正如孔子描绘过的那样，武士也得重孝道，应当尽可能地敬爱双亲；他还应当态度礼貌，举止周详，衣着、言语得体，内心正直真诚。武士不能说谎。相传曾有武士拒绝发誓，因为武士的言语本身就应当比任何誓言都更加不可动摇。

在日本历史上，具备以上这些品格的人享有莫大的尊严。武士的尊严在其一言一行中时时处处都有体现。他们那庄严的举止、坚毅不屈的精神在一般人眼中往往显得可怕。武士道力求实现这样一种人格：行为上完美无暇，精神上端严整肃。

还有一种武士美德也植根于孔子的哲学：武士应当节俭，避免奢侈的生活。应当懂得藏匿自己的所能，将它们运用于重要的、必须的时刻。

由于这些德行，人们可以期待武士在乱世的风云激荡中建立国家、维持其秩序。武士的沉稳和坚定不移可以成为值得信赖的典范，让大家都以之为楷模。这些，当然也是儒家思想的主题。

禅宗的影响

日本的武士阶层向禅宗僧人讨教修行法门，这个看起来有点讽刺：因为禅宗僧人是致力于拯救众生的。镰仓（Kamakura）是个禅僧活动的中心，它的历史可以追溯到13世纪；这个地方以为武士提供修行场所而著称。禅僧和武士的关系中，最为著名的或许就是泽庵（Takuan，1573—1645）和尚对于两位日本最伟大的剑侠、战术家的影响了：这两位就是宫本武藏和柳生宗矩（Yagyu Munenori，1571—1646）。以上三人都为武士的修行之道做出了不可磨灭的贡献。

我们知道，武士修行为的是在任何时刻都能拼死作战。然而战斗能力常常会被内心的恐惧削弱；倘若战斗者心怀恐惧，那么他即便不至于全然不能动弹，其应变能力也会大受影响——而在战斗中，电光石火的一瞬往往就决定了胜负之分。尽管武士不间断地磨炼战术，但最好的武士也未必能永远保持勇敢无畏。因此有些武士就像禅僧请教，以求克服自身的恐惧。

禅宗认为，恐惧起于过多的执念：执著于外界事物或生命本身；在这种状态下，对于任何事物的拥有都成了对当事人的威胁。武士从禅宗僧人那里学来的克服恐惧的办法是：消除执念，去除个人喜好，摆脱对于任何事物包括生命本身的占有欲。武士们被教之以战胜自我——关键在于消灭一切得失之心。对任何可能发生的事情都坦然接受，没有悲哀或喜悦，没有怨恨，也绝不屈服。这样的修行是艰苦的，它需要对死亡进行持续不断的沉思冥想，以便让武士能够"决绝而义无反顾地进入彻底的死亡"。

禅宗的修行就以这种方式解除武士自身的恐惧，以及由恐惧引发的麻痹失常。禅宗和武士道传统共同拥有着这样一个理想：获得通透无碍的瞬间，和完美无瑕的反应。对于武士来说，这种精神状态就是让身心进入充分准备的关键所在。

因此武士道传统强调的是，通过身心两方面的有力训练，人的性情能够得到完善，以便对任何形势都能做出及时的反应。这样的训练能够让精神达到绝对的专心致志，在这种状态下，此时此刻就是一切，唯有当下的行动是真实的，即高效、有力的。

禅宗和武士修行的最高境界就是"无心"（mushin）的状态：无思维、无意识。这是一种超越于理性判断、推论之上的知觉状态，人能在此时此地"无意识"地行动，毫不犹豫地断然出手，恰如其分地达到目的。这样的境界，就是宫本武藏、柳生宗矩等大剑侠的"奥秘"所在。

武士道传统与儒家、禅宗思想一道，为日本文化塑造了一种理想人格；它为我们理解日本社会的高效运转、理解日本民族的长处及成功秘诀提供了背景和语境。高尚的人修行精进为的是将整个自我奉献于他人，这固然符合儒家、禅宗和武士道所推崇的人道理想。不过，第二次世界大战中日本所宣扬的盲目的民族主义、沙文主义，对上级的无条件服从，还有对死亡的华丽赞颂，这些同样可以从上述的思想源流中得到解释。倘若把这些传统中的权威主义和过多的军国主义特性拿掉，那么其对于日本社会的影响又将如何？这样的猜测是颇有趣味的。高尚的人究竟该具备何种德性？在孔子那里，最关键的是人道（仁）。

在很久以前的中国历史中，道家思想对于统治者的影响曾经相当有力，但儒家思想逐渐取而代之，构成了社会中的主流价值体系。从唐朝（618—907）开始，道家越来越关注宗教领域，在那里它不得不与佛教分庭抗礼，而道家的内容则日益沦为魔幻巫术、预言占卜、用符咒治病和抵御恶灵，如此等等。直到今天，葬礼和其他重要场合上仍有道士主持各种仪式。相传，中国的深山中仍有隐士在实践着道家的最高理想。

随着儒家思想被确立为占统治地位的道德哲学、政治哲学，儒家经典著作也成了官员选拔考试的基本参照——于是这一思想传统就被越来越深地植入了中国人的思维方式。从 11 世纪到 18 世纪，中国曾经发生意义深远的新儒家运动，其间的主要人物之一就是王阳明（1472—1529）。

从 1949 年的共产主义革命开始，儒家思想遭到了严重打击；在毛泽东的影响下，它被人们反复嘲弄。但这并不意味着毛泽东本人的写作风格和统治风格中没有儒家思想的烙印，也并不意味着毛本人拒绝运用儒家思想来达到自己的目的。无论如何，在毛泽东之后，人们精神中的儒家思想又再次清晰可见了。

从 4 世纪到 9 世纪，中国佛教发展出了许多不同的流派。在 7 世纪到 9 世纪的这段时期内，禅宗显得尤其有力，而且富于朝气。中国的佛教寺院从古至今一直为人们提供着宗教活动的场所。此外，禅宗的影响波及日本，在日本也有禅宗及其他形式的佛教一直延续至今。在当今的美国和西方世界，禅宗正变得越来越流行。

东方哲学与西方哲学

总结东方哲学的原则，这实在是件微妙难解的事情，因为不同文化中的东方思想各有差别。例如，印度哲学和中国哲学在某些方面的差别就很大，不亚于东西方哲学的差别。极其笼统地做个泛泛之论，我们可以说西方社会寻求并试图确证真理，而东方社会从各种来源接受现成真理并致力于平衡与社会责任。东方哲学主要出自宗教权威，无人挑战这样的权威；它并非出自逻辑原则、概念分析或先验假设。他们对验证号称是真理的命题不感兴趣。

东方社会被视为集体主义社会，其精髓就是对万事万物间联系的觉知。在他们看来，人根本上就是互相联系的。一切现象都被视为事物、事件之整体的显现，它们被经验为基本的一——宇宙整体——的组成部分。一切事物都被视为那同一个终极实在的成分。在不同的东方传统中，对这"一"的称呼各有不同：在印度教，它是梵；在佛教，它是法身；在道家，它是道。

生命被视为通向永恒实在的旅程，这永恒实在超越了我们的感官。宇宙被视为无尽的循环：一切都会持续重现。所有的东方宗教哲学思想都设定了一个内心世界，常常是通过冥想经验到的；人从中学会摆脱纷扰，懂得无为也是一种为。在冥想中、在日常生活中，自我追求从谬误中解脱出来并把真理作为整体来经历。人的生活遵循经由这样的实践而发现的伦理，遵循特定哲学的教诲。冥想和正确的行为在生活中融为一体，这就是自我——作为终极实在之一部分——的实现之路。在东方社会中，对他人负责是个强有力的价值。人得把他者视为自身，因此创造物质产品时不该怀有占有感，也不该期待报偿。履行职责并关心一切存在，这就是有德的人生。

最关键的东方价值是在自身中寻得的。通过自我培养让内在生命不断成长进步。通过自我控制摆脱负面的东西，诸如愤怒以及

在接下来的六个小时中，我将讨论 the 这个词的意义。

the

伯特兰·罗素用短短的讲座赢得学生喝彩

对物质享受、报复、胜利、名望的渴求。

与此相反，西方哲学——如上文所说——寻求并试图确证真理。一般来说，西方哲学以论证为基础（argument-based）。从这个意义上说，像关于人性、人类状况、社会或无论什么东西的洞见，无论它们有多震撼、多深刻，其本身都够不上最高价值，除非有论证打底。论证之于西方哲学就如同实验之于自然科学：正是这个把哲学和臆测区分开来。

请回想一下古希腊的哲学家巴门尼德（见第二章），这是第一位把论证运用到大问题上的哲学家。巴门尼德的主要论点是存在不变，他并非把这个论点像扔智慧之珠似地扔出来任人拾取，而是从先验的原则出发推导出它。如你所知，巴门尼德的起点是这么个前提：倘若事物变化，那么它会变成与原先不同的其他事物。由此出发，他逻辑地推出，倘若存在本身变化，那么它会变成不同于存在之物。在他看来什么是不同于存在之物呢？只有非存在——根据定义，它并不存在。所以存在不变。

还可以回想一下与此截然不同的一个例子，约翰·洛克的论点：每一个个体都拥有特定的自然权利。洛克的起点是这样的预设：所有人都由上帝创造，故而是上帝的"财产"。洛克认为由此可以逻辑地推出，我们有责任保存我们自身，并且不可以取走或损伤他人的"生命、自由、健康、四肢或商品"乃至一切上述诸项依赖的东西。洛克说，这个在逻辑上包含了我们每人都对以上诸项拥有不可剥夺的自然权利。逻辑上还可以推出另一个结论，即国家的合法性来自被统治者的预先认可。这是因为，假如没有人的认可，国家就对人行使权力，人的自然权力就遭到侵犯了。如今，自然权利以及以共同认可为基础的国家显然都是我们耳熟能详的观念了；《独立宣言》和《美国宪法》都或多或少地明确表达了这些观念。但是这些文献没有对此进行论证，所以它们不算哲学作品。

一个论证有多好，当然取决于它能在多大程度上经受住反驳。所以这一现象就毫不令人吃惊了：西方哲学的第一方法就是苏格拉底的方法，即提出一个论证，然后寻求一个反论（反驳），接下来是反论的反论——自此以往，直到最终证明是最初的论证还是某个反论站住了脚。

所以我们会在哲学中看到僵持，即论证和反论看起来同等有力。以下就是西方哲学中最著名的"二元对立"——理性主义/经验主义，物理主义/观念论，客观主义/主观主义，实在论/唯名论——这里仅仅列举数条而已。

拿具体内容来说，阿尔弗雷德·诺斯·怀特海（Alfred North Whitehead）曾做过这样一个著名的断言：所有哲学都是柏拉图的注脚。这么说颇有道理，因为哲学中的很多大问题都被柏拉图检验过了。对于有些大问题柏拉图肯定兴趣浓厚，比如知识、正义、美德的本性，表象和实在的区别，理想国家的形式，如此等等。但是仍有许多哲学问题柏拉图尚未涉猎，它们的数量是如此之多，你耗尽一辈子也研究不完。

西方哲学还有个特征：它既广博，同时又细致入微。完整读过本书的读者想必不会反对第一点，因为他或她已经看到哲学讨论覆盖了各个方面，从存在的本质到礼物的赠予、交换中涉及的概念问题。至于西方哲学对细节的痴迷，最好不过的例子就是伯特兰·罗素的《数理哲学导论》（*Introduction to Mathematical Philosophy*）了。在这本书中，罗素花了整整两章（第十六章和第十七章）来分析 the 这个词。西方哲学家惯于使用高能的放大眼镜来思考他们感兴趣的问题，所以什么细节也没法逃脱他们的检验，无论它们多么细微。

很多西方哲学家都致力于概念分析。罗素关于 the 的讨论当然是个好例子。另一个风格迥异的例子，是彼得·阿伯拉尔对于"罪"概念中微妙差别的艰苦探索。阿伯拉尔说，罪既不在恶意的行为也不在罪恶的欲望，而在于对罪恶欲望所导致的行为的认同。还有一个与此有着深刻差异的概念分析出自伊曼努尔·康德，他试图确认基本概念如空间、时间和因果性，它们是由经验的可能性预设的。

最后一个来自康德的例子为我们揭示了西方哲学的又一个特征：它对于真正的大问题的兴趣。何为意识？语言与世界之间的关系为何？为什么有物存在而非一无所有？有人会说，研究这些大而无当的问题有何意义？西方哲学不同意这一点。东方哲学则对此不予置评，它的旨趣在别处。

➜ 原著选读 15.1 《论语》[①]

孔子

学而第一

（一）

子曰："学而时习之，不亦说乎？有朋自远方来，不亦乐乎？人不知而不愠，不亦君子乎？"

（二）

有子曰："其为人也，孝弟而好犯上者，鲜矣；不好犯上而好作乱者，未之有也。君子务本，本立而道生。孝弟也者，其为仁之本与！"

（三）

子曰："巧言令色，鲜矣仁！"

（四）

曾子曰："吾日三省吾身：为人谋而不忠乎？与朋友交而不信乎？传不习乎？"

（五）

子曰："道千乘之国，敬事而信，节用

而爱人，使民以时。"

（六）

子曰："弟子入则孝，出则弟，谨而信，泛爱众而亲仁。行有余力，则以学文。"

（七）

子夏曰："贤贤易色；事父母，能竭其力；事君，能致其身；与朋友交，言而有信。虽曰未学，吾必谓之学矣。"

（八）

子曰："君子不重则不威，学则不固。主忠信，无友不如己者，过则勿惮改。"

（九）

曾子曰："慎终，追远，民德归厚矣。"

（十）

子禽问于子贡曰："夫子至于是邦也，必闻其政。求之与？抑与之与？"子贡曰："夫子温、良、恭、俭、让以得之。夫子之求之也，其诸异乎人之求之与？"

（十一）

子曰："父在，观其志；父没，观其行；三年无改于父之道，可谓孝矣。"

（十二）

有子曰："礼之用，和为贵，先王之道斯为美。小大由之。有所不行，知和而和，不以礼节之，亦不可行也。"

（十三）

有子曰："信近于义，言可复也。恭近于礼，远耻辱也。因不失其亲，亦可宗也。"

（十四）

子曰："君子食无求饱，居无求安，敏于事而慎于言，就有道而正焉，可谓好学也已。"

（十五）

子贡曰："贫而无谄，富而无骄，何如？"子曰："可也。未若贫而乐，富而好礼者也。"子贡曰："诗云：'如切如磋，如琢如磨。'其斯之谓与？"子曰："赐也，始可与言诗已矣，告诸往而知来者。"

（十六）

子曰："不患人之不己知，患不知人也。"

✈ 原著选读 15.2 《八正道》① 佛陀

八正道在佛教的实践中处于核心地位，它包含教人如何生活的道德戒律，还包含开悟、解脱后的至福体验。

第四圣谛 关于如何消灭痛苦的圣谛

沉溺于原始、平庸、粗俗、污秽、空洞无味的感官享乐，或刻意奉行痛苦、亵渎、徒劳无益的禁欲苦行，这两条道路都过于极端了，因而为圆满的一所不取。圆满的一发现的是中道，它让人看，让人懂得；它引导人走向安宁、洞察、开悟、涅槃。

这就是消灭痛苦的八正道，具体如下：

1. 正见（Samma-ditthi）
2. 正志（Samma-sankappa）
3. 正语（Samma-vaca）
4. 正业（Samma-kammanta）
5. 正命（Samma-ajiva）
6. 正精进（Samma-vayama）
7. 正念（Samma-sati）
8. 正定（Samma-sanmadhi）

这就是圆满的一发现的中道，它让人看，让人懂得；它引导人走向安宁、洞察、开悟、涅槃。

这条道路引导人摆脱痛苦折磨，摆脱呻吟辗转；这是圆满之路。

诚然，在这条道路之外，没有别的道路能给人如此纯粹的洞察。遵循这条道路，痛苦折磨终将离你而去。

---

① "The Eightfold Noble Path," from *A Buddhist Bible* edited by Dwight Goddard, copyright 1938, renewed ©1996 by E. P. Dutton. Used by permission of Dutton, a division of Penguin Group (USA) Ink.

但每个人都必须自己努力精进，圆满者能做的只是指出道路。

听吧，这就是不朽的奥秘。我揭示了真理，我让真理呈现在你的面前——如此行动吧！这是神圣生命的最高目标。为了它，孩子们情愿离开美好的家庭而浪迹天涯：你不久就会明白，就在此生，你将把握它，实现它。

第一步　正见

何谓正见？

1. 理解痛苦；2. 理解痛苦的根源；3. 理解痛苦的消灭；4. 理解消灭痛苦的途径。这就是正见。

或者，当一个高尚的门徒理解了罪过和罪过的根源，又理解了美德和美德的根源，这样他也就拥有了正见。

那么何谓罪过？

1. 杀生是罪过。

2. 偷窃是罪过。

3. 淫乱是罪过。

4. 说谎是罪过。

5. 搬弄是非是罪过。

6. 言语粗鲁是罪过。

7. 言语轻浮是罪过。

8. 贪婪是罪过。

9. 嗔恨是罪过。

10. 错误的见解是罪过。

罪过的根源何在？贪欲是罪过的根源；愤怒是罪过的根源；妄想是罪过的根源。

因此，这些罪行可以依其来源分为三类：源于贪欲的，源于愤怒的，源于妄想的。

那么何谓美德（kusala，即善）？

1. 戒杀生是美德。

2. 戒偷窃是美德。

3. 戒淫乱是美德。

4. 戒说谎是美德。

5. 戒搬弄是非是美德。

6. 戒言语粗鲁是美德。

7. 戒言语轻浮是美德。

8. 消除贪婪是美德。

9. 消除嗔恨是美德。

10. 正确的见解是美德。

美德的根源何在？消除贪欲是美德的根源；消除愤怒是美德的根源；消除妄想是美德的根源。

或者，当一个人明白形状、情感、知觉、精神构造以及意识都是转瞬无常的（从属于苦难生灭，其上不存在"自我"），那么他也拥有了正见。……

第二步　正志

何谓正志？

1. 摆脱贪婪色欲的念想。

2. 摆脱嗔恨的念想。

3. 摆脱残酷的念想。

这就是正志。

我要告诉你，正志有两种：

1. 摆脱贪婪色欲、嗔恨、残酷的念想：——这是现世的正志，它产生的是尘世的果实，在现实世界产生善的结果。

2. 无论在思想、考虑、判断、推理、运用什么，心智永远保持虔诚圣洁，远离世俗而契合于向来追求的神圣之路：——精神获得了实质上的超越，这就是非现世的正志；它不属于尘世，它超越尘世而契合于神圣的道路。

理解了错误的念想之为错误，又理解了

正确的念想之为正确，这就是正见；努力克服邪恶的念想，唤醒正确的念想，这就是正精进；聚精会神地克服邪恶念想、守护正确念想，这就是正念。因此，正见、正精进、正念，这三者是和正志相伴而生的。

第三步 正语

何谓正语？

1. 避免说谎，戒绝说谎。述说真相，致力于真相，可靠，值得信赖，不欺骗人。无论在集会中，在人群中，在亲朋好友中，在社团中，还是在国王的法庭中，当被要求作见证时，无不照实述说：如果什么都不知道，就答曰什么都不知道；如果知道，就答曰知道；如果什么都没见到，就答曰什么都没见到；如果见到了，就答曰见到了。从不故意说谎。无论自己的利益，别人的利益，还是其他任何事物的利益，都不能成为说谎的理由。

2. 避免搬弄是非，戒绝搬弄是非。此处听到的，不传扬到彼处，因为那会在彼处造成纷争；彼处听到的，也不传扬到此处，因为那会在此处造成纷争。分裂的，让他们团结；团结的，给他们鼓励。因和谐而高兴，在和谐中喜悦；言辞播撒的是和谐。

3. 避免言语粗鲁，戒绝言语粗鲁。言辞当柔和文雅，充满抚慰，慈爱，亲切，礼貌，直指人心，令人愉悦。

4. 避免无用的言语，戒绝无用的言语。说话当在恰当的时机，言语要合乎事实；言语内容当有用，例如律法和教条；言语当如珍宝，在恰当的时刻同论据相伴而生，稳健和缓而富于意义。

以上就是正语。……

第四步 正业

何谓正业？

1. 避免杀生，戒绝杀生。不动棍棒刀剑，正直，充满同情，忧心于一切生物的福利。

2. 避免偷窃，戒绝偷窃。对于他人在村庄或森林里所拥有的财物、产业，不作非分之想。

3. 避免淫乱，戒绝淫乱。不和依然受着父母、兄弟姐妹或亲戚保护的人发生关系，不和有夫之妇发生关系，不和女罪犯发生关系，不和已订婚女子发生关系。

以上就是正业。

我要告诉你，正业有两种：

1. 戒绝杀生、偷窃、淫乱：——这是现世的正业，它产生的是尘世的果实，在现实世界产生善的结果。

2. 憎恶以上三种错误行为，弃绝它们，从它们那儿抽身离去——心智保持虔诚圣洁，远离世俗而契合于向来追求的神圣之路：——精神获得了实质上的超越，这就是非现世的正业；它不属于尘世，它超越尘世而契合于神圣的道路。

理解了错误的行为之为错误，又理解了正确的行为之为正确，这就是正见；努力克服错误的行为，唤醒正确的行为，这就是正精进；聚精会神地克服错误行为、守护正确行为，这就是正念。因此，正见、正精进、正念，这三者是和正业相伴而生的。

第五步 正命

何谓正命？

当高尚的门徒避免错误的生活，让生活合乎正确的道路，这就是正命。

我要告诉你，正命有两种：

1. 高尚的门徒避免错误的生活，让生活合乎正确的道路：——这是现世的正命，它产生的是尘世的果实，在现实世界产生善的结果。

2. 憎恶错误的生活，弃绝它们，从它们那儿抽身离去——心智保持虔诚圣洁，远离世俗而契合于向来追求的神圣之路：——精神获得了实质上的超越，这就是非现世的正命（lokuttara-samma-ajiva，即出世正命）；它不属于尘世，他超越尘世而契合于神圣的道路。

理解了错误的生活之为错误，又理解了正确的生活之为正确，这就是正见；努力克服错误的生活，唤醒正确的生活，这就是正精进；聚精会神地克服错误的生活、守护正确的生活，这就是正念。因此，正见、正精进、正念，这三者是和正命相伴而生的。……

…………

第八步　正定

何谓正定？

精神聚焦于一处（即精神的专一）——这就是定。

四念处——这是精神专注的对象。

四正断——这是定的必要条件。

实践、发展、磨炼以上这些——这就是定的展开。

超越感官对象，摆脱不完美的事物，这样就初次进入了出神状态；伴随着言辞上的沉思冥想，精神不再附着于事物，充满着忘我的欢喜和愉悦。

在这样的出神状态中，五种负面情绪被摆脱了，五种正面情绪呈现了出来：当人初次进入出神状态，就消除了"五障"：贪婪，嗔恨，麻木不仁，忧惧不安，疑虑困惑；呈现出的是：言辞上的思考，沉思冥想，忘我的欢喜，愉悦，精神专注。

更进一步：言辞上的思考和冥想渐渐下沉，人获得了内在的平和安宁和精神的专注；这样人就摆脱了言辞上的思考和冥想，进入第二层出神状态："定"产生了，充满着忘我的欢喜和愉悦。

更进一步：忘我的欢喜渐渐消逝，人栖居于沉着宁静之中，心神敏锐，意识清晰；他亲身体验到了那神圣的一所说的精神平静、心灵通透，这样人就生活在快乐中——如此他进入了第三层出神状态。

更进一步：欢乐和痛苦都消失了，先前的喜悦和哀伤都无影无踪了，于是人超越了欢乐和痛苦，进入了第四层出神状态——它已经被平静和通透净化了。

要展开你的"定"，因为拥有"定"者能领会事物的真相。事物是什么？是形体、情感、知觉、精神构造和意识的生灭无常。

因此，要智慧地穿透存在的五蕴；要智慧地抛弃妄想和渴求；要智慧地培育宁静和洞见。

这就是圆满的一发现的中道，它让人看，让人懂得；它引导人走向安宁、洞察、开悟、涅槃。

遵循这条道路，你就能消灭苦难。

■ 关键词

《论语》	万物有灵论	自我	梵
佛教	武士道	禅宗	儒家
法	禅	八正道	四圣谛
俳句	印度教	仁	神
业	公案	中庸	正名
转世	临济宗	圣人	武士
顿悟	柔顺	曹洞宗	苏菲主义
道	道教	天台宗	《奥义书》
《吠陀》	毗湿奴	阴 / 阳	坐禅

■ 供讨论复习的问题

1. 孟子说苦难折磨有助于磨炼心智，让心灵变得独立自主、平和安宁。请评价这一观点。

2. 一个国家的臣民是否必定会采用统治者的伦理标准？是否还存在别的情况？

3. "仁之胜不仁也，犹水之胜火。"请评价这一观点。

4. 权力和财富究竟是锁链，还是自由、快乐之门的钥匙？

5. 单掌相击有何声响？这是不是一个可理解的问题？

6. 大乘佛教是如何地加强了男性至上主义和精英主义？

7. 为什么自杀能让大乘佛教统治下的女人获得拯救？

8. 人生目标有多重要？

9. 人完全摒弃利己欲望，这是否可能？

10. 请根据你对二者的了解，把东西方哲学做个比较。你认为它们最重要的区别在哪里？

第十六章

后殖民思想

强大并非源于身体上的能力，它源于不屈的意志。

——圣雄甘地

……领导的关键在于精神。只有依靠精神，才能把人凝聚起来；倘若依靠力量，那就是强迫。爱是由精神酝酿出来的，而伴随着力量的则是焦虑不安。

——马尔科姆·爱克斯

在这一章中，我们将介绍几种有代表性的后殖民思想，它们分别源自非洲、美洲和亚洲。从本质上说，后殖民思想这一现象属于现代。殖民主义势力曾经在好几处人口栖居的大陆上占据过统治地位，对于这类事件的群体经验就是后殖民思想产生的源泉；这种思想在伦理学、形而上学、认识论、政治哲学等领域都做出了新的工作，其影响几乎遍及哲学的每一个门类。比较著名的后殖民思想家包括莫罕达斯·甘地（Mohandas Gandhi）、马丁·路德·金（Martin Luther King, Jr.）、菲德尔·卡斯特罗（Fidel Castro）、马尔科姆·爱克斯（Malcolm X），还有戴斯蒙德·图图（Desmond Tutu）。

后殖民思想家们以现代特有的综合方式融合了传统与激进，由此就为哲学实践上的契合交汇开启了新的可能性。被奴役，被有系统地排斥为异己，遭受公然的束缚压迫，这些都是作为后殖民思想之背景的历史渊源；在这样的背景下，思想家们回顾同胞们在历史上所经受过的深切的文化创伤，自觉地在固有传统中做出调节整合，并对之进行必要的、富于想象力的内部重构。他们关注的问题是文化的破灭与新生，并积极地对人们习以为常的世界观进行质疑——而这正是现代思想的必经之路。普遍而言，现代思想拒绝不加批判地接受进步的世界观，后殖民思想也不例外；事实上，后殖民思想对于进步现象的质疑方式是和现当代欧洲大陆哲学一脉相承的。

后殖民思想家们很早就意识到，一般来说，即使"正义"是有道理的，直截了当地运用正义也不足以让生活世界产生变革。因此，通过哲学来唤起民众的意识，就是相当重要的事情了。确认正义合乎社会的善，这是一回事；而明白正义是什么，它有何先决条件，以及意识形态主张中的微妙冲突会以怎样的方式妨害善良的意图，这些就是另外一回事了。当后殖民思想家探讨理想的、可持存的社会正义时，经常有对于上述问题的细致入微的讨论。

后殖民思想家的分析往往紧扣具体的历史背景，于是历史叙事本身也成了哲学研究的主题。历史编纂学（historiography）把历史叙事视为研究和分析的对象；它的起点往往是关于历史因果联系的一个前概念，用这一观念来统摄历史事件的所以然。搜寻事实，在大量材料中选择有意义的史料，这些行为都是受上述前概念引导的；这样一来，各种原料就可以被整合为有逻辑、有观点的历史叙事了。后殖民思想家明白，不存在脱离概念框架的纯粹的事实；而且即使世上存在绝对简单的原子真理，报道事实的人也不可能拥有"上帝的视角"来揭示这样的真理。因此这些力求理解历史的思想家们把选择概念框架作为他们的起点，以便让框架中的叙事有意义、有目的。视角主义（perspectivism）即这样的观点：一切感知和概念化都是在特定视角下发生的。

在 20 世纪，第三世界国家的理论作品往往带有浓厚的马克思主义色彩，而第一世界的作者则往往拒斥马克思主义。

在后殖民思想对于历史和正义的研究中，许多主题得到了透彻精湛的发挥，其中之一便是统治问题。在 19 世纪，黑格尔曾对主奴辩证做过讨论；它表明，奴隶的无力使其不得不为主人承受无数不可避免的后果（见第十一章）。后殖民思想要求对于正义的分析既能满足经验上的需求，又能满足批判上的需求；它要求从根本上理解主观认知与人类生活由之进入视角的系统化条件之间的关系。许多思想家认为，国际化的市场经济体系是主要的非正义力量，它通过某种统治形式把一切都夷平为货币价值。

历史背景

在当今，不同文化中的思想家发展出相似的观点，这多半不是纯粹的巧合；毋宁说，这种现象源自他们对于共同社会／文化现实的参与和关注。这样的现实肇始于 15 世纪，是当时的西班牙人和葡萄牙人让思想从地域性的转变为全球性的。在帝国主义的这一发展阶段，伊比利亚势力采取的是一种相对简单的殖民策略，其基础就是从他们控制的地区掠夺传统意义上的贵金属和其他商品，并把这些东西带回祖国。

拉丁美洲的殖民主义并不完全是其他地区殖民活动的翻版。英国势力开始意识到，殖民地不仅可以是稀有金属、舶来品和贵重矿物的源泉，同时也可以是倾销大规模制造产品的市场——这就赋予了殖民活动以新的意义，一切都因此而改变。为了维持大规模制造产品的贸易，18 世纪的英国殖民地必须成为运转完好的经济实体。由于这一计划，在 18 世纪的北美大陆上，英国殖民地的社会基调就必须取决于清晰明确的经济议程；很快，在 17 世纪曾经占据主导地位的宗教关怀就被经济杠杆取而代之了。从某种程度上说，这种影响不光塑造了殖民者的自我理解，同时也塑造了北美的土著居民。在英国殖民者统治的地区，本土居民对于旧世界价值观的理解与其说得自宗教使团，不如说更多地是得自贸易活动和领土扩张——当然，传教活动也是不可忽视的。在殖民地，从根本上说，白人和北美印地安人之间的关系是建立在经济剥削的基础之上的；在美国赢得独立以后，这样的关系依然持续着。在大部分历史学家看来，英国人在约克镇投降意味着美国的殖民主义已告终结；但是从美国本土居民的视角来看，这样的事情并未发生。

因此，殖民活动的意义不仅限于简单的财富掠夺，它还和某些帝国主义势力的技术化发展息息相关。殖民地人民以不同的程度融入了世界化的货币经济，无论愿意与否；而且他们不得不面对这等发展所包含的一切文化变迁。这样的政策造成了许多相当剧烈的后果，其中之一便是印度农村的贫困化——大部分分析家都认为，这是英国重商主义的直接后果。在那些地方，由来已久的生产与交换方式在数十年中就土崩瓦解，由此不光引发了经济上的困境，还导致社会错位。在东南亚及另外一些货币经济可以在本土居民中维持的殖民地区，法国在实行一种中间道路的殖民模式：既不同于西班牙对于货物的简单迁移，也不同于英国对于动态贸易系统的建构；这种法国模式力求合理地获得相对而言较为长期而稳固的利益体回报。无论采取何种模式，殖民活动不仅需要对本土居民进行肉体上的暴力镇压，还需要把殖民者的价值观和信仰引入周围世界的传统社会。把存在夷平为经济上的等价物，这一主题向来是后殖民形而上学的批判对象。

在 18、19 世纪以及 20 世纪初叶，与剧烈的殖民活动相伴随的是由军事力量支配的文化冲突，有大量人口或直接或间接地参与了这样的冲突。这类事件是相当引人注目的；事实上，无论你属于赢家还是输家，对于各个层面的反思性解读都不可避免。不过，从当代标准来看，这类解读的深度是不能令人满意的。有些西方思想家——例如英格兰的赫伯特·斯宾塞（Herbert Spencer）——认为军事冒险的成功证明了帝国主义国家在自然本性上的优越，他们以这样的思想取悦了各自国内的大量追随者。被殖民地区的思想家则倾向于批判性的态度，与自己和同胞们的经历保持一致。后面这类反思有意识地把自身置于那段由镇压和革命冲动所构成的历史，它们就是后殖民哲学的实质所在。在殖民势力或曾经的殖民势力中间，后殖民思想往往被边缘化，被草草略过甚至遭到彻底的无视。然而在被压迫者和曾经被压迫者中间，事情就恰恰相反；后殖民思想家的分析和行动呼声在他们中间引起了强烈的共鸣，现实的经历表明，思想家们提供的伦理学和形而上学理解是真实的。后殖民思想家往往会成为各自国家的社会、政治领袖；其中包括印度的莫罕达斯·甘地、中国的孙中山、塞内加尔的莱奥波尔德·塞达·桑戈尔（Léopold Sédar Senghor）、越南的胡志明、加纳的克瓦米·恩克鲁玛（Kwame Nkrumah）、贝宁的保兰·洪通基（Paulin Hountondji）、捷克共和国的瓦克拉夫·哈维尔（Vaclav Havel），如此等等。

后殖民哲学的风格是多样化的，不过从根本上来说，它们都源于对历史现实的有意识的参与；那样的历史现实属于第三世界国家的人民，属于那些在各自社会中被有计划地排斥在权力体系之外的人们。初看起来，后殖民思想的这一批判性共性或许不那么引人注目，因为它所表达的内容是多种多样的；被倡导的信念包括支持暴力与反对暴力，资本主义与乌托邦社会主义，绝对标准与无政府式的相对主义——这些只是它所涉及的范畴当中的一小部分。而且，就特定事件与形势的价值评判而言，处于各自传统中的后殖民思想家们往往会有不同的观点；从相似的历史事件往往可以推出截然不同的结论——在这方面，后殖民哲学就是很好的证据。

不过，从相当的程度上说，后殖民思想者们的事业依然可以构成一个特殊的范畴；征服者的帝国主义目标是近乎彻底的统治权，与这一力量的碰撞必然导致各方面的错位，而后殖民思想有意识地对这种错位追本溯源。侵略者们声称自己无论在肉体上还是哲学上都处于优越地位，但是在他们所占领的土地上，这样的观点最多不过是引起一些参差不齐的回应。从现有历史学和人类学材料来看，我们有理由相信，全世界范围内后殖民思想的共性，与其说得自不同的殖民者所引入的特定思想在概念上的相似，不如说是源于被入侵、被异国统治等经历上的相似。

非 洲

和世界哲学其他主要地域性版块中的情况一样，在非洲文化的哲学中，也有些特定的主题会经常重现；不过，并没有哪个世界观或思想流派得到最普遍的认同。在非洲文化及其支流中，有那么些极少量的普遍性主张，能够成功地跨越多种哲学表达。总体上讲，这样的表达就是所谓的泛非洲哲学（Pan-African philosophy）；在 21 世纪初，这个术语拥有颇为广泛的含义。从这一统摄性的意义上说，泛非洲哲学无论在概念上还是在方法上都包含了许多种哲学，它们都被这一地域性指称所涵盖。一方面是语义学的技术性问题，或是技术对于社会的影响问题，这些都对国际性的交流有所贡献；而另一方面则是古老部落的理解与记忆，它们源于口耳相传的传统。几个世纪以来，非洲文化接受着外来影响的有力冲击；这使得非洲人和美洲黑人奋起守护源始意义上的非洲思想和精神资源，并对之进行延伸拓展——这一现象有着特殊重要的意义。

非洲文化与非洲以外的文化已经有了几个世纪的接触，因此要区分出纯粹传统性质的非洲哲学已经相当困难。要想进入泛非洲哲学，比较合适的切入点不是追问何为纯粹的非洲哲学，而是探询这样一个问题：在非洲以及非洲人曾经居住过的其他地区（无论是自愿居住的还是被迫居住的），人们如何做哲学。这样来看的话，当代的非洲哲学也属于思想的现代发展——即使有些思想家正在对这块人类发源的大陆上某些最为古老的传统概念追根溯源。

口头哲学和传统哲学

在人们直截了当地宣布抽象原则或有意识地建构合理的思想体系之前，故事就已经在流传了；故事的内容包括欲念、勇气、祖宗先辈、欺诈阴谋、未知的神秘之物，以及一切对于人类有着重要意义的东西。这些叙事往往模糊不清、模棱两可；几千年以来，世界文化就在这样的叙事中发展出独特的视角和表达方式。跟有文献记载的文化一样，口耳相传的传统也在传播着复杂的价值体系和理性模式。用文字记录哲学的传统仅仅存在于以下几处：以中国为首的亚洲文明谱系，依年代次序分别存在于北非、印度和欧洲的印欧文明，以及新大陆的欧洲文化；但尽管如此，延续下来的口头、民间的文化传统是一切文化所共有的。以下我们将描述非洲口头传统中的几个主题以及重要的泛非洲哲学家对它们的阐释。

人（Person） 从物理意义上说，自我和他者的区别是由生物机体上的事实给定的。但是在全世界所有的文化中，这一区别还包含着心理学和哲学上的现实意义。固然，上述这种区分可以跨越种类的界限而存在；但这并不意味着不同的生物体能够拥有一致的个体感觉，而且这些感觉甚至未必具备逻辑上的可类比性。在文化层面上，事情也是如此。至少就我们对于人类的认知来看，作为人类意味着什么，这意义不仅是被发现的，同时也是被创造的。哲学家们切入个体问题的方式，同时也就是对人这一观念的发展。

人是什么？这不能仅仅取决于观察或实验。毋宁说，这是个形而上问题，这种问题的答案涉及对于事物之一般本性或一般存在形态的抉择，仅凭经验知识是不足以回答这类问题的。也就是说，人的观念尽管看上去是如此自明，但实际上呢，与其说它是自然界固有的事实，不如说它是人类的发明创造。因此我们可以想见，人的观念在不同的文化中应当会显得千差万别——实际上它确实如此。

历史编纂学 莱奥波尔德·塞达·桑戈尔（Léopold Sédar Senghor，1906—2002）是诗人、哲学家，也是他的祖国塞内加尔的总统。在 20 世纪中叶，法语非洲国家的哲学主题和哲学方法几乎是他一手决定的。由于在法国的学习，桑戈尔对于大陆哲学的思维方式有了相当程度的熟悉。这一背景体现在他对于心目中基础性文本的仔细阅读；而且，他写的政治作品也清楚地体现了这一点——在那些作品中，桑戈尔所奠定的原则和在那些国家的思想路线中比较多见的修辞华丽的断言相去甚远。桑戈尔希望非洲人能找到一种恰当的方式对社会主义理论做出调整，以便满足他们后殖民社会的需要。在他看来，调整是必要的，因为欧洲式的道路和价值观不能适应非洲人深刻而丰富的生命感知。为了以上目的，桑戈尔试图创造出适应非洲人需要的方法论。

他的黑人性（negritude）学说至今仍饱受误解。这一学说试图勾勒出一个有非洲特色的认识论，以便对不同于欧洲方式的非洲人的认知方式做出阐释。桑戈尔自己的方法是现象学的方法，即着眼于冷静的描述；在他看来，非洲文化所采用的隐喻体系与欧洲不同，但这一见解往往被理解得过于简单化了。本章的最后选编了一小部分桑戈尔的著作。

哲学的本质 20 世纪末，保兰·洪通基（Paulin Hountondji，1942— ）发表了一系列文章批判旧的实践模式，并为非洲哲学的未来提出了一套相当严格的纲领，这使他站到了那个时代后殖民思想的最前线。洪通基抨击了人种哲学（即把人种因素考虑在内的哲学），抨击了"黑人性"概念及其他殖民主义者的假定。洪通基曾经是他的祖国贝宁的教育部长。他从法国的批判理论中借鉴了技术来应对非洲哲学的正当性问题；他的注意力集中在对某些文本的解构上——根据他的分析，那些文本中依然保持着殖民化的精神状态。在他看来，非洲的思想环境中有两种相关联的立场都具有破坏性的影响，它们分别是人种哲学和"黑人性"概念的宣扬；他所致力的工作就是对这些立场进行拆解。洪通基认为这两种立场都对非洲有害，因为其中包含着相关联的虚假言论。人种哲学试图描述传统信念，而它的问题在于，这一哲学的践行者把观念抽离了实践语境，从而亵渎败坏了他们所描绘的经验。

因此，人种哲学的第一个罪过就在于，它把外部的范畴强加到研究对象上。它的第二个罪过则更具历史性：这一哲学的践行者认为，通过审慎地操纵符号和概念，非洲人的意识就能得到有效的控制；在他们看来，人种哲学的正当性就在这里。诚然，人种哲学的叙事确实包含一定的事实因素；但是，对于这一哲学的批判性考察告诉我们，认同人种哲学的非洲人会倾向于把个别事实误认为真理，从而会顺从那些自己原先抵制的操纵策略。洪通基认为，"黑人性"立场的拥护者同样面临着这样的问题；当他们推崇非洲人的灵魂、摒弃非洲人的心智时，他们也曾为此深感苦恼。在洪通基看来，这样的交易不光划不来，而且它还奠基于某种意识形态的

人物简介 | 戴斯蒙德·图图

在南非的索韦托起义中，戴斯蒙德·图图为反对屠杀儿童而斗争，这使他成为一位反抗暴政的显赫人物。当时他向总理佛斯特（Vorster）提出，为了孩子们的未来，应当取消种族隔离制度。他还曾经在史蒂夫·比科（Steve Biko）——他是黑人意识运动的一位领袖，于1977年9月12日被谋杀——的墓地前做过一次热情洋溢、慷慨激昂的演说。1978年，图图担任了南非教会理事会的秘书长，并成了南非反种族隔离运动的领导人。在他看来，当时的南非政府是继纳粹以来最为邪恶的存在。

图图认为，种族隔离制度（apartheid）"本质上就是邪恶的"，因此它必须被废除。在他看来，没有人可以在这个问题上采取中立立场。"你要么站在被压迫者这边，要么就是和压迫者同流。"图图还相信，要想达到真正的自由，就得让所有人都获得自由。他满世界地游历，控诉种族隔离制度的残酷罪行，为此常常冒着被捕入狱的危险。

图图是通过非暴力行动来争取自由的，这一策略和马丁·路德·金颇为相似。最初，这也是非洲国民大会和纳尔逊·曼德拉（Nelson Mandela）采用的策略。然而，1961年政府采用了严酷的保安法律，这就使非暴力抵抗显得无力了；于是这一组织改变了斗争策略——新的策略就是以暴力对抗暴力。纳尔逊·曼德拉立即着手组织武装抵抗。他于1962年被捕入狱，在狱中一直待到1990年。在1988年的兰贝斯会议上，大主教戴斯蒙德·图图担任"基督教与社会秩序"团体的副主席；该团体通过了关于南非的一项决议，表示"理解那些耗尽一切办法以后把武装斗争视为获取正义之唯一途径的人们，同时也须对这一行动本身所可能具有的危险和不义引起足够的注意"。

人道主义是戴斯蒙德·图图的哲学的基础。每个人都可以走向完满，因此人人都必须拥有自由；而在他看来，种族隔离制度无论对于白人还是黑人的自由而言都是个阻碍。"我强调人道，主张人人都该成为真正的人。根据我们非洲人的理解，'乌班图精神'的一部分——成为人——是个稀有的赠礼……黑人正开始丧失这一美妙的特质，因为我们正在经受着西方极端个人主义的诱惑。我憎恶资本主义，因为它过度张扬了我们内心固有的自私自利。"

幻觉之上；这种意识形态是为殖民势力的目的服务的。在这样一个历史的关节点上，洪通基开出的方案是：对于后殖民哲学的工作保持批判性的反思和考察；为了避免那些来自保守传统主义者或殖民主义者的假设以无意识的方式持存下去，文化多元论者的大部分观念都应当被摒弃。

好的生活　怎样的生活是好的？这是最古老的哲学问题之一。殖民统治下的生活是如此艰难，于是这个问题就显得尤为尖锐。后殖民思想家明白这样一个沉痛的事实：在殖民者的控制下，为了给统治阶级提供些许经济或政治上的利益，殖民地人民就得承受巨大的痛苦折磨。长此以往，人们的意识就会被这样持续不断的残酷折磨所扭曲，传统的价值和道德观就会沦丧。要想对抗低级的欲念、动机，就得时时保持警醒，保持自我约束——尤其是在获得独立以后。针对这个问题，有些后殖民思想家推荐社会主义，有些崇尚民主，有些则宣扬宗教。当然，这些归根结底都关乎正义。

南非曾经是个以种族隔离制度为特征的独裁政体，在这样的统治下，大部分黑人都承受着严酷的压迫，生活上近乎赤贫。大主教戴斯蒙德·图图（Desmond Tutu，1931—　）是南非革命的设计者之一，是他们把南非转变成了民主代表制的政体；人们普遍都认为，图图对于维持文明、减少流血功劳显著。大主教图图经常发表言论反对经济剥削、暴政和过度动用死刑；他不仅让世界关注他的国家中所发生的不义，而且还明确提出相应的基本原则来指导他的国民驾驭权力——在他看来，黑人自己掌权是不可避免的历史必然。

美 洲

美洲土著居民被殖民、被压迫的历史甚至要早于15世纪欧洲人的到来。在西半球的两块大陆上，土生土长的美洲人——从塔尔迪克族人到安伦达加族人——向来热衷于以建立帝国为目标的战役、争斗。随着欧洲人的降临，美洲大陆上的帝国主义野心便以技术上的优势为基础了：这是土著居民所无法比拟的；而且，欧洲殖民者那一以贯之的贪得无厌是大部分本土部落所未曾经历过的。在东欧，数量上占据优势的达西安人无法抵挡罗马军团的猛烈攻击；同样，美洲的印第安人也得面对这样的敌人：相对于他们自己的神话体系而言，那些入侵者的手段和终极目标都是全然陌生的。西半球的两块大陆上曾经上演过无数精彩故事，而一小撮西班牙人毁灭蒙特祖马的故事或许最具戏剧色彩。欧洲人对于美洲诸多土著文化的征服延续了几个世纪之久；在当今，这一乐曲的最终篇章正发生在南美深处的热带雨林。

随着欧洲人的到来，对于美洲本土居民而言，历史就变得难以理解了——它成了一连串令人不快的惊悚体验。几个世纪以来，各个印第安民族饱受欺压侵凌，而且互相之间缺乏沟通；深受其苦的它们试图维持自身的尊严和完整，通过协商、暴力抵抗、法律程序，还通过对于自身宗教和哲学传统的深入挖掘。在最糟糕的情形下，也曾有过整个部族完全消失湮没的例子。对于许多美洲本土居民来说，对于侵略、屠杀的第一人称叙述仍是自身经验的一部分；后殖民

荷南·考特斯（Hernán Cortés，1485—1547），征服墨西哥的西班牙人。

哲学对于这些问题的应对才刚刚起步。

　　世界上有许多地方都定居着黑人及黑人的后裔，而其中只有美国的黑人发展出了一条富于批判性和规范性的哲学路径，它在很大程度上是独特的，而且绵延不绝——它渊源于那迁徙种族所亲历、所开启的历史文化经验。对于这些内容的思考已经发展成了丰富多样的努力，力图把握美国黑人真实的日常生活；事实上，几乎对于所有作者来说，种族因素总是会出现在某几个主题中——甚至对于有些作者而言，他们的所有主题全都包含种族因素。或许有人会说，这类材料根本不属于哲学；但考虑到后殖民思想本身的问题性，把哲学的界限放得更宽些是不无裨益的。在这一全新的哲学观当中，某些传统的哲学概念受到了挑战；与大部分学院式的哲学不同，美国黑人的后殖民思想不仅出现在自我认同的哲学文本中，而且还表现为故事和歌谣——凡是在命题可以被表述、可以被清晰地思考或印证的地方，都存在着后殖民思想。

　　在拉丁美洲，15、16 世纪所建立起来殖民秩序在各个地区的发展并不均衡。直到 19 世纪末，西班牙人才刚刚从古巴撤离，而福克兰群岛上至今仍保留着英国的据点。在中美洲和南美洲地区，大部分国家在独立之后仍继续由小型独裁政体——它们是由富裕的精英人物支撑起来的——

殖民主义与基督教会

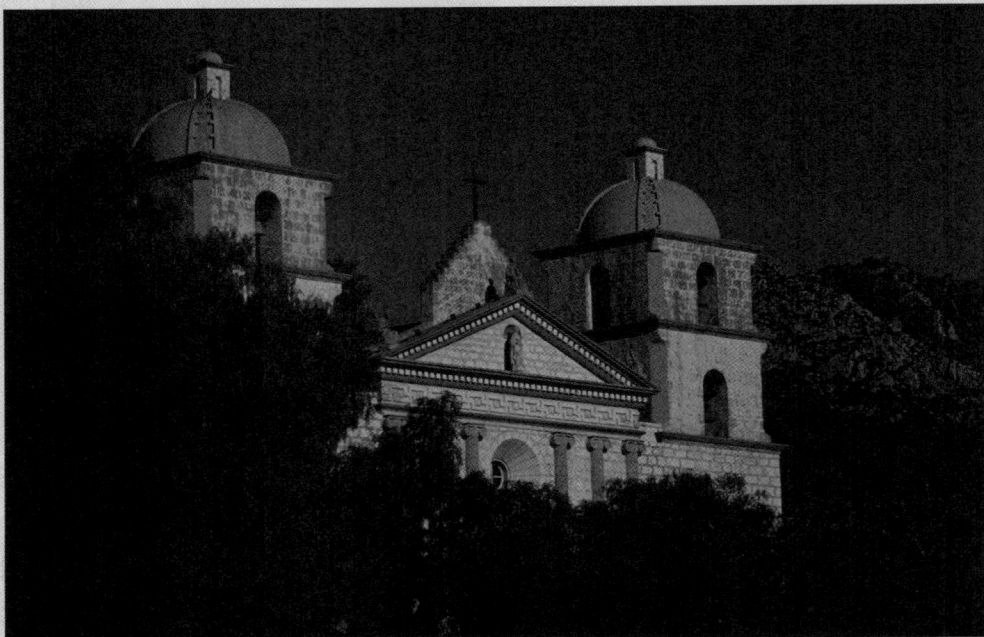

圣塔芭芭拉教堂，1782 年由琼尼佩罗·塞拉神父（Father Junipero Serra）建立。

今天，仍有许多本土的团体——尤其在美国西部——将殖民压迫和基督教团联系在一起。然而，本土居民和基督教的相遇并非纯然只有消极的意义；其实在各个曾经是殖民地的地区，都存在着富有活力的基督教团体，其大小、涉及的人数各有不同。值得注意的是，拉丁美洲的思想家们把殖民主义的宗教后果视为一个关键问题；欧洲人的至高理想和野蛮背弃构成了意义暧昧的文化遗产，思想家们正在对此问题展开积极的讨论。

统治着。这样的政体似乎容易为实证主义思想家所青睐，尽管在这方面国与国之间是有差异的。从这一点上来说，拉丁美洲的哲学和西欧哲学大致类似。从 20 世纪初开始，实证主义在拉丁美洲的影响逐渐衰落，在欧洲也是如此，不过原因略有不同。在某些地方，实证主义思想和名声扫地的政治纷争之间有着高度的一致性，这可算是其衰落的原因之一；而在法国和德国的哲学界，有另一些更具活力的思想流派参与竞争，这也对实证主义的衰落起了作用。在拉丁美洲，马克思主义思想的引入基本上是发生在传统学术圈子以外的事情；这一事件首次对罗马天主教形而上学的权威性构成了严重的挑战；而且它为拉丁美洲思想家对于实际斗争问题（见"殖民

解放神学

拉丁美洲的后殖民思想与基督教社会实践息息相关。致力于解放（liberation）的神学家们试图表明，坚持遵循基督教原则就能导向更好的生活；他们因为这方面的伦理学工作而为世人所知。而认识论也有其相当的重要性，因为它为矫正流行偏见提供了方法论上的资源。与其他后殖民思想家一样，解放神学家也很强调源于经验的知识——他们把这视为抵抗幻想、谬见的第一道防线。后殖民思想家之所以如此重视经验，原因之一就是：长久以来，植根于宗教信念的对于彼岸世界的期望，还有保守派神职人员所宣扬的近乎中世纪风格的等级制社会观，这一切都在消弭大量下层人民当中所可能产生的革命情绪。有些思想家——他们认为基督教会应当善于怀疑，如此会更有裨益——说，这类主张固然可以在精神上起到好的作用，但光由它们还不足以培养陶冶出健全完整的人格。社会福音学派所宣扬的东西在追求公正社会的北美基督教当中是颇为盛行的，其内容直接而明快，而解放神学则走得更远：它不仅通过基督之爱传达了社会变革的道理，而且还发展出了一套高度复杂的批判性理论架构，它是奠基于欧洲大陆哲学之上的。

主义与基督教会"一栏）的探讨提供了概念上的支持，这样的探讨至今仍富有活力。欧洲文化的发展对于拉丁美洲思想家影响很大，美国对于后者也有一定程度的影响；但即便如此，拉丁美洲的哲学仍保持着和欧洲、美国不一样的风格。在 20 世纪中叶，拉丁美洲哲学探讨的主要部分仍带有浓厚的宗教意味；颇为有趣的是，欧洲和北美的大部分哲学家都在极力避免这一路向，可是在后殖民思想家当中这一路向却受到近乎异口同声的推崇（见"解放神学"一栏）。

由以上事实我们可以看出后殖民思想在表达上的共同点，这一共同点并未得到足够的确认：几乎在所有情况下——有意识地采用马克思唯物主义的情况除外——宗教和哲学之间总归缺乏明晰的界限。无论是拉丁美洲的基督教，非洲和美洲的泛神论和各种神话，还是印度的印度教——一般来说，对于后殖民思想文本的前结构而言，这些宗教式形而上学的主张往往是基本的构成要素，要不就是改弦更张的关节点所在。

美国黑人思想

社会正义　在马丁·路德·金（Martin Luther King, Jr., 1929—1968）被暗杀的几十年后，其作品中所表达的正义呼声依然是美国民权运动中最具力量的决定性因素。金想要表达的基本观点是简洁明了的，在《我们为何无法等待》（*Why We Can't Wait*）中就有这样一个经常被引用的、令人铭记的献辞："给我的孩子们……我梦想在不远的将来，人们评判他们的依据不再是

人物简介｜马丁·路德·金

马丁·路德·金是美国最著名的民权运动领袖。他通过组织非暴力行动抗议不公正的法律，为终止种族歧视做出了贡献。

金的父亲是佐治亚州亚特兰大市埃比尼泽浸礼教堂的牧师。金在 1947 年被任命为教士，并于 1954 年成了阿拉巴马州蒙哥马利市浸礼教堂的一名牧师。1955 年，他被波士顿大学授予了哲学博士学位。那一年，他领导蒙哥马利市的黑人进行了抵制公共汽车种族歧视的运动；这一民权运动的标志性行动结束于 1956 年，城市公共汽车最终取消了种族歧视待遇。金的消极抵抗哲学首次赢得了重大胜利，金也因此在全国声名鹊起。

金组织了南方基督教领袖会议，他通过这一组织为南部乃至全国的民权问题而斗争。他一向推崇和践行非暴力手段，但尽管如此，他还是经常被逮捕和关押；据说他曾因为宿怨遭到美国联邦调查局局长埃德加·胡佛（J. Edgar Hoover）的迫害。

1963 年，金在华盛顿组织了游行。这是美国历史上规模最大的一次游行活动，参与者在 20 万人以上。1964 年，金被授予了诺贝尔和平奖。

在 20 世纪 60 年代中期，也有一些比较崇尚武力的民权运动领袖和团体，例如拉布朗（H. Rap Brown，他说"暴力就像苹果派一样，是地道的美国货"），学生非暴力协调委员会，还有黑豹党，等等，这些都对金的手段构成了挑战。与此同时，金的正义斗争也在扩展着；他成了越南战争的批评者，并关注着普遍的贫困状况。

1968 年，金在组织华盛顿的贫困人民大游行；在此期间他到田纳西州的孟斐斯支持清运工人罢工。就在那个地方，金在汽车旅馆的阳台上被人枪杀。詹姆斯·厄尔·雷（James Earl Ray）被指控为凶手。

马丁·路德·金是一位改变了世界的哲学家。

肤色，而是性情、人格。"在金看来，以何等方式将视角转向现实，这不光是大规模组织策略——通常来讲，他是因为这个而被人记住的——上的问题，而且还关乎个人的责任。莫罕达斯·甘地的身体力行和文字作品对于金影响很大，无论是在制定议程方面还是在选择恰当手段方面。与甘地一样，金并没有将这两者截然分开；对于这一综合性工程的难度，金也丝毫没有低估。金拥有宗教背景，这并非偶然；正如其他后殖民思想家所认为的那样，对于伦理学思考来说，共同认同的宗教感可以提供一个出发点，其中包含的是一套强有力的、被广泛接受的理论前提。金相信，正确的行为必将导致正确的后果。

女权主义　在 20 世纪末，开始于法国和美国的女权主义运动正在对传统的哲学主题和哲学方法进行重新估价。女权主义常常被漫画式地表述为政治运动，但是从女权主义者的角度来看，这是一种意图明显的策略：从根本上抹杀女权主义思想在哲学上的真确性。在女权主义哲学这个层面上已经出现了好几个思想流派，它们的洞见、主旨及强调的重点都各不相同。在美国黑人社会中，民权运动取得成功，白人中产阶级当中的女权主义在兴起；而在那近乎全然不成文的历史中，充斥着黑人妇女艰难生活的第一手材料，其中包括发生率很高的家庭暴力；这些事实共同产生出一种特殊形态的女权主义，它对于边缘化所产生的社会伦理问题尤其敏感。贝尔·胡

人物简介　贝尔·胡克斯（格劳瑞亚·沃特金）

贝尔·胡克斯被认为是美国当今最具影响力的杂文作家之一，她非常关注黑人女性话语权受压制的问题。胡克斯这个笔名得自她那位目不识丁的曾祖母，这对于上述问题具有象征意义；她所处理的主题常常很有争议性，它们往往是别的作者刻意回避或忽略的。她的分析犀利而辛辣，通常在开头部分就把读者的注意力引向那些被漠视、被掩盖的事实。她打破了文化对话的通常流程，这几乎令各种读者都感到不适——而引起不适的理由各不相同；胡克斯在寻求令人振奋、富于启示甚至富于趣味的事例时是不遗余力的。

胡克斯提出了许多相当棘手的问题，其中之一是美国女权主义思想建构当中的阶级区分；具体来说就是，在她看来，强调白人中产阶级女性的意向和职业诉求的女权主义对于非主流女性群体来说并不公正——因为后者需要面对的经济现实和前者截然不同。

贝尔·胡克斯写了大量著作和文章，其中包括《我难道不是女人吗：黑人女性和女权主义》（*Ain't I a Woman: Black Woman and Feminism*, 1981）、《女权主义理论：从边缘到中心》（*Feminist Theory: From Margin to Center*, 1984）、《断裂的生计：动荡的黑人心智生活》（*Breaking Bread: Insurgent Black Intellectual Life*, with Cornel West, 1991），还有《黑人形象：种族与表现》（*Black Looks: Race and Representation*, 1992）。她的早期作品带有浓厚的马克思主义意识形态色彩，但是胡克斯所关注的与其说是意识形态，不如说是某种能包容一切的思维和实践方式。

胡克斯的作品抨击的是占支配地位的优势群体，这类群体有时是明显的，有时是隐匿的。她并未止步于批评，她还致力于勾画这样的蓝图：它不仅有利于有限的群体，而且力求实现总体上的社会公正。

克斯（Bell Hooks，约 1955—　）这位女权主义者作品丰富，其中包括发表在流行杂志上的、以普通民众为对象的杂文小品，也包括流传于学术圈子中的细致入微的论文；在她看来，应当在女权主义运动当中做出一些区分，这一点很重要。胡克斯认为，至少就美国而言，女权主义运动初创者的思想往往以名利分配问题为核心，具有突出的中产阶级特征。因此，它很容易被已有的权力体系所吸纳，以维持那种以竞争和个人主义为特征的文化模式；而根据她的分析，这种文化模式是和女权主义最具活力的内在诉求相反的。胡克斯等人认为，对于那些更彻底地丧失权利的人所面临的问题，需要的是更为激进的反思。

非洲中心主义　非洲中心主义（Afrocentrism）是一个思想流派，其主旨在于考察非洲文化的传统和影响；这一流派主要发端于谢克·安塔·迪奥普（Chaikh Anta Diop，1923—1986）的作品。迪奥普是一位非洲文化研究者，人们公认他是古埃及历史文化方面的专家；关于古代历

人物简介 ┃ 卡乃尔·威斯特

卡乃尔·威斯特认为，美国文化面临着一些非常深刻的问题；倘若整个社会仍遵循着传统的思路，那么这些问题就不可能得到有效的解决。事实上，传统的思维方式恰恰阻碍了我们走向更好的生活。威斯特推崇的是更富于同情心的社会；他常常通过讲座和著作来勾画这样的未来图景，为真正有益的变革指引方向。在他看来，为了导致必要的社会变革，个人的生活方式需要改变，尤其是在发展自我认识这个层面上。人应当过一种经过反思的生活，这样就能逐渐克服习惯与偏见的束缚——在这里，威斯特提出的是哲学史上的一个永恒主题。威斯特认为，当今的我们应该超越欧洲中心主义、文化多元主义等各种"主义"的限制，因为这些"主义"让人无法感到真正的生活现实。在他看来，这不仅是心智层面上的澄明，更是对深层个人约束的挑战。

威斯特曾就职于普林斯顿大学和哈佛大学，而他的整个职业生涯总是和教会息息相关；威斯特所表达的哲学立场是前后一致的，而且和宗教洞见密不可分。他的主要作品包括观念的批判史，也包括个人论述；前者的代表作有《美国人对哲学的回避：实用主义系谱学》（*The American Evasion of Philosophy: A Genealogy of Pragmatism*，1989），而后者的代表作有《种族问题》（*Race Matter*，1993）。卡乃尔·威斯特的作品明确地植根于社会历史经验，他运用宗教传统作为思想的一个参照，他对时代状况及其先行的因果联系进行批判性的分析——以上这些让他在后殖民思想领域的方法论主流中占有一席之地。

史的一系列相关主题，他的观点和欧洲人的说法背道而驰。在迪奥普看来，埃及文明起源于黑非洲，而且欧洲人中有些非纯种日耳曼血统的人也是非洲人的后裔。关于上述论点，历史学界至今仍有激烈的争论。迪奥普的观点究竟是完全说得通还是部分有效，这是考古学家和历史学家的事；但无论最终结果如何，在迪奥普的感召下已经形成了一个文化解读的流派，所有非洲事物都在其中接受重新估价。非洲中心主义思想家所遵循的一系列立场并非都可以相容、共存；但其中有那么些占主导地位的观点群，已经被它的主要建构者莫勒菲·科特·阿桑迪（Molefi Kete Asante，1942— ）表达在大量的作品中了。

社会行动主义　在 21 世纪初，有那么些思想家在探讨社会行动主义的神学和哲学向度；现今在普林斯顿大学任职的卡乃尔·威斯特（Cornel West，1953— ）就是其中最有影响的思想家之一。威斯特的哲学作品涉及的主题相当多样，而读者们最为喜闻乐见的还是他那些将敏锐的分析与对于未来的积极建议融合在一起的杂文作品。

拉丁美洲思想

拉丁美洲后殖民思想家的思想背景受欧洲哲学影响很大，而他们都在努力克服欧洲文化的支配。拉丁美洲思想区别于大部分欧洲哲学的一个重要特征就是，前者总是努力在哲学中探求社会正义问题的解答。拉丁美洲哲学所关注的问题遍及整个哲学领域，而在后殖民思想这个层面上，思想活动的焦点则在于对马克思主义论题的分析。

存在论（Ontology）　存在论是哲学的一个分支，它关注的是存在问题。在 20 世纪，存在论因为马丁·海德格尔和让－保罗·萨特的工作而复苏，而此前它已经沉寂了几个世纪。当一个哲学家的工作得到广泛承认的时候，所谓的"正统"学说往往会成为思想发展的阻碍；然而，近来拉丁美洲哲学家的作品却给我们展示了解读海德格尔作品的新维度，它既不属于政治上保守的德国哲学路数，也不属于政治上激进的法国哲学路数。本章末尾有一篇原著是阿根廷哲学家卡洛斯·阿斯特拉达（Carlos Astrada，1894—1970）的作品，在他看来海德格尔的思想表现了中产阶级精神状态的倾颓，而这种精神状态决定了殖民者的诸多行为方式。尽管拉丁美洲的殖民模式与其说是中产阶级的，不如说是封建的；但许多历史学家都认同这个观点：来自殖民时期的财产向来被不平等地分配着，对此北美中产阶级的影响是起了很大作用的。后殖民世界的现实带来了这样的觉悟：惊人的意外会袭击整个文明，持续了很长时间的富有或贫穷也未必是社会中永久固定的形态。新近的历史随着技术变革的步伐不断地展开着，它使人们对存在的稳固性产生了怀疑。于是作为一种哲学流派的存在主义便应运而生，它将"生成"视为最根本的存在事实——这丝毫不令人惊讶。而对于后殖民思想家来说，财富将自身权力结构的不稳固性投射到人类的生存处境上，这也是顺理成章的。阿斯特拉达的文章表明，存在主义者的存在论作品可以被解读为关于政治经济的文本。

关于人的形而上学　从有文字记载的思想开始，人类一直就在寻求一个可靠、坚实的地基，以此作为一切思想观念的基础；这些思想涉及人自身，涉及法律、命运，如此等等。曾经得出的最终答案有很多，但是除了宗教信仰——这个领域有它自身特定的言说规则，尽管这一点颇受争议——以外，那些所谓的最根本的洞见没有一个经受住了时间和哲学探究的考验。而在后殖民思想家们看来，以往和当前的杰出人物所陈述的道德和形而上主张是需要谨慎对待的，必须坚持不断地对它们进行批判。马克思把上述那些具有危险性的主张称为意识形态（ideology），在他的术语中，这个词指的是一种利己的谬见；它影响着中产阶级，并且在不经意、不自觉中被传染给无产阶级。在马克思看来，无产阶级终究会明白，这样的意识形态对于他们并无必要，也没有好处，于是他们就会转向反抗。而在秘鲁哲学家弗朗西斯科·米罗·克萨达（Francisco Miró Quesada，1918— ）——他的观点是实用主义的，这已经是近来拉丁哲学的标记了——看来，把某一群体的主张和另一种关于现实世界的理论对立起来，并无助于解决问题。倒不如说，这样会制造冲突，而冲突则会带来苦难。克萨达认为，我们应当以新的方式重新思考人性。他的论述包含两个主要方面：首先是对理论主张之真理性的批判，在他看来理论并不能提供可靠的真理；其次就是实用主义式的讨论，要说明的是，过于把理论当回事，就会引发种种痛苦。他最后的建议是，把人类划分为两种：想要利用、剥削人的和想要保护人不受利用、剥削的。

性别问题 “女权主义”这个词通常指的是欧美中产阶级妇女开展的运动，它开始于1959年。对于这一运动的早期话语所做的分析表明，那一代的女权主义者们假定，所有女性拥有着共同关心的问题。然而不久以后，成长于更传统的社会中的女性提出，大多数女权主义文本中所包含的那种普遍性主张并没有处理好边缘人群的状况问题。无论是从陈旧的殖民者视角还是从后殖民视角来说，主流的女权主义都是有局限的。

如今，在女权主义的主流之外，有两项主要的扩充内容被有意识地引入了。首先是对阶级问题的重视。这方面的观点认为，当以阶级差别为基础的剥削不仅决定了女人之间的关系，而且还决定了家庭关系状况时，共同的性别所造成的共性就不足为据了。在第三世界的作者看来，生活于赤贫状态下的女性若想克服传统的束缚和不平等，就没有什么可资倚仗的资源。对于女权主义论述的第二个主要修正是由几位后殖民思想家提出的，重点在于取消黑人－白人这样的种族二分法。世界上的大部分女性既非欧美白人也非黑人，因此沦入黑人－白人这种二分框架的女权主义者既忽略了一大块人种领域，也将相当范围内的状况分析拒之门外——这是尤其危险的。缺乏对于多种不同状况的分析，对女性问题的理解就必然会不足，于是就无法有意识地对它进行矫正。在本章末尾的原著选读中，桑尼亚·莎第瓦胡（Sonia Saldívar-Hull）对上述问题做了论述。

南 亚

欧洲人对亚洲的殖民统治可以从今天一直追溯到16世纪早期。其间包括英国人对印度大部分地区及南亚其他部分的支配，法国对越南、柬埔寨和老挝的控制，以及西方殖民势力对清朝版图的瓜分，如此等等。当然，亚洲还有广阔的内陆荒漠，以及印度粗砺贫瘠的德干高原，这些地区基本上没有被侵略势力涉足；不过，亚洲的大部分人口集中地带都在某一时期经历过异己力量的入侵。本土的居民对于这等事件的反应是多种多样的：从甘地的非暴力政策到阿富汗等国等的秘密杀人组织，而越南战争则标志着血腥的暴力对抗时代达到了高潮。当代的大部分分析家都认为，殖民主义对于上述殖民地的经济和社会都造成了伤害。不过也有少数评论者认为，某些北欧殖民势力所造成的后果是积极的，因为它们引入的现代政治架构和价值体系能够促进技术世界的茁壮成长。作为旁观者，要对以上这类观点做出明确的评判颇有难度；不过可以肯定的是：几千年以来，对于什么是好的，上述的亚洲殖民地人民早已拥有了自己的观念和记载。亚洲的后殖民思想正是从这些文化源泉中汲取的养分。

与非洲撒哈拉南部地区的文化不同，亚洲民族拥有记录哲学思想的传统，这类文献可以上溯到三千多年以前，至少要比西方早一千年。古印度的《吠陀》，古中国的经典，令这些文化拥有了不容置疑的分量；实践证明，这些思想资源超出了殖民力量的掌握能力。诚然，殖民主义对于亚洲的冲击是深重的；这样的冲击曾经迫使非洲哲学家进行不懈的反思和文化重构，但是对于亚洲文化而言，殖民主义的影响并没有广泛到这种程度。殖民主义破坏了印度的乡村经济，而且永远地改变了中国的自我认识，这些是不可否认的；但是在哲学探讨方面，这些影响似乎仅仅导致了一些相对来说程度不大的错位。倒不是说这样的影响无关紧要，而是说，亚洲文化早已具备了如此丰富的、原生的哲学要素，以至于外来的影响——包括西方智识资源的影响——不足以让它们的路线发生决定性的改变。相反，外来的思想和技术，从不列颠式的审美艺术到马克思主义的政治－历史哲学，都得经过改造，以便适应本土的价值观。

从另一方面看，殖民时代的亚洲思想家承认西方技术的优越性，但他们丝毫不想把军事和工业力量推广到哲学能力上去。相反，他们总是认为西方思想是粗鄙、简陋，甚至根本就是错误的。但即便如此，西方世界仍不容忽视。它的存在促进了思想上的努力，为了发展出合乎时宜的历史感，为了构想出适应实际的对外关系。它们表现出的结果是大相径庭的，其中包括在大英帝国衰微的年代中青年印度学派那高度反思的思想，还有毛主席那种标语式的夸张修辞。

在以下部分，我们的注意力将集中在印度，它在英国重商主义－资本主义的经济掠夺下承受了两个世纪之久。我们不能说，那些独立运动的领袖们必须依赖本土的价值观才能发展出他们自己的经济正义观念，因为在印度的传统中，苛刻的等级让大批民众根本不可能享受到经济上的福利。然而英国式的价值观被引入印度，恰恰为印度的社会重建创造了概念资源，这一点是颇具讽刺意味的——当然，先得考虑的是如何把英国人赶走。在勾画未来正义社会的蓝图时，甘地主要是从印度固有的传统中去探求的，而国大党的大部分成员认同的是贾瓦哈拉尔·尼赫鲁（Jawaharlal Nehru）——他是独立后印度的第一任总理——的观点：走现代化的道路，也需要接纳当代的政治－经济思想。

对于独立运动影响最大的当然是甘地，不过也有许多领袖从现代社会学家的作品中汲取养

人物简介 | 莫罕达斯·（圣雄）甘地

莫罕达斯·甘地是世界范围内消极抵抗策略的首要代表。这一策略试图通过民众的非暴力不合作来改变不公正的法律。通过运用这样的哲学，甘地一次又一次地完成了法律和政治上的变革；在整个世界，它成了抵抗运动的振奋剂和指路明灯；许多美国公民权利运动的领袖也采用了这种策略，其中包括马丁·路德·金。跟金一样，甘地也死于暗杀；刺杀他的是一名狂热的印度教徒，因为甘地对穆斯林的关心而心怀不安。

甘地的政治活动不是起步于印度，而是起步于南非；当时他是一位成功的律师，也是当地印度人团体的领袖。在那里，他弃绝了西方式的生活，开始遵循印度的理想，即克己无私的生活方式。1907 年，甘地在南非组织了他平生第一次公民反抗运动；这一 Satyagraha——即"坚持真理"——成功地让南非政府缓解了对印度人的歧视。

1915 年甘地回到印度，当时他已经声名显赫。他运用 Satyagraha 无数次地推动了民主改革。人们称他为"圣雄"（Mahatma），意为"伟大的灵魂"；他的影响是相当大的：他只要以绝食来威胁，就可以让驻印度的英国政府让步。他不仅是印度人民的精神领袖，他同时也是一位重要的政治人物。他是印度国民大会党的领导人；第二次世界大战后的会议让印度走向独立，并创立了独立的穆斯林国家——巴基斯坦，甘地是这些会议的首要参与者——尽管他反对分裂。当穆斯林和印度教徒之间发生暴力冲突时，甘地运用自己的影响力来进行调解，常常借助绝食、祷告等手段。在一次这样的祷告大会中，他被暗杀了。

甘地改变了国家的走向。他那超乎寻常的力量并非源于武器，而是源于他引导人们向善的能力，源于他对高标准生活方式的身体力行。

分，其中包括马克思的著作。印度的心理学认为，对于规则的勉强服从是个很严重的问题；基于这层考虑，尼赫鲁和他的追随者们试图避免把社会主义强加给某些民众——因为从某种程度上说，他们不愿参与这样的印度社会变革。大部分抵抗英国的早期印度领袖都认为，社会主义是通向和平与正义的最稳妥的道路；但尽管如此，他们也都明白民主制度很容易导致多数人对少数人的专政，而这是必须避免的。这些思想家们有意识地拒绝采用殖民者式的高压统治，即使那是为了达到后殖民的目的。

亚洲的后殖民思想所处理的主题和世界其他地方的大抵类似。当然，亚洲的思想家们会从本土的思想形式汲取营养，以便推动、展开自己的理论。在本章提及的后殖民思想家中，亚洲思想家是最近于用抽象原则和线性推论——这是西方哲学的典型方式——来进行探讨的。这种风格上的类似并不仅仅是对于西方思想的借鉴，它是对本土传统话语的继承和发展。

Satyagraha

Satyagraha（这个词一般用来指称甘地的非暴力不抵抗主义——译者注）这个概念是和莫罕达斯·（圣雄）甘地（Mohandas [Mahatma] Gandhi，1869—1948）的社会、政治思想息息相关的，它曾经被译作"坚持真理"。这样的理解立即就让真理之本质问题进入了视野。在传统的印度哲学中，这个问题早就引起了相当的重视。胡塞尔的现象学方法要求人们先清除理解中的偏见，而几千年前的印度哲学家早已走在了这条路上——他们发展出了瑜伽等训练方法和戒律来帮助这条道路上的人们。追寻真理需要遵循一定的实践规范，这不仅仅涉及科学探究的方法、工具；它还涉及人必须培养的美德，诸如给予、不执著、不伤害，以此来达到精神上的纯净。在那些

人物简介 ｜ 拉宾德拉纳斯·泰戈尔

拉宾德拉纳斯·泰戈尔是现代印度最著名的诗人，同时也是后殖民思想的先锋人物。他不仅是一个利益团体的倡导者，他也是一位思想家；在他看来，哲学和行动必须在个人的生活中融为一体。因此，泰戈尔的政治主张是有意识地建立在印度的精神性传统之上的。正如我们所知，后殖民思想在批判占统治地位的架构与方法时，常常运用传统的观点与价值观；它往往倾向于从具体的社会形势出发。在泰戈尔看来，这意味着对社会变革的由衷向往，它是印度人自己的事业，无论英国的政策如何。人生是美丽的，并充满着各种可能性，而这一切让泰戈尔灵感涌现；作为一位艺术家，泰戈尔通过文字和绘画与人分享着自己的洞见。

泰戈尔出生于加尔各答的一个上层阶级家庭。他的人生道路是宽广的，有一段时间他曾经在英国留学。此后他逐渐拥有了世界性的声誉，游历过欧洲、美国和日本。他从非常年青时就开始为刊物写稿，并且一生关注教育；他认为教育是改善人类状况的希望所在。1901 年，他在故乡孟加拉建立了一所学校，将自己的教育理念付诸实践。泰戈尔持续不断地写作，在 1913 年，他获得了诺贝尔文学奖。他立即就把奖金收入投入到自己的学校中。1915 年泰戈尔被授予男爵的爵位；到了 1919 年，英国为了维持对印度的统治而对人们实施残酷的镇压，泰戈尔为了参与抗议活动而放弃了爵位。泰戈尔的作品很多，其中包括《伽比尔诗歌一百首》（*One Hundred Poems of Kabir*，1915）、《民族主义》（*Nationalism*，1917）、《家园与世界》（*The Home and the World*，1919）、《断裂的联系》（*Broken Ties*，1925），以及《人的宗教》（*The Religion of Man*，1931）。

哲人们看来，倘若生活方式不正确，真理就永远仅仅是空洞的抽象，即使你积累的知识再多也是如此。在个人完善方面，甘地也采纳了上述这样的严格要求，他也是这个传统的追随者之一。

但与此同时，甘地也是个现代人；他不仅是印度古代经典的学生，他同时也是梭罗（Thoreau）、托尔斯泰（Tolstoy）的学生。他寻求的是传统中好的东西，对于人由于出生环境不同而天生就不平等这种主张，甘地是拒斥的——而这一主张就是印度等级制体系的基础。甘地主张从古老的等级制律法中解放出来，这标志着他是个现代人，尽管他以恪守古老的修行模式著称。甘地永不妥协地为印度人民谋福利，他勇敢地反抗英国统治，为独立而斗争，这使他成为政治上的领袖。他践行印度的古老理想，身体力行简朴的生活方式，这使他成为精神上的导师。在他的有生之年，他被奉为圣人；同时他也被认为是现代最有影响的思想家之一。在甘地看来，他这样的人生道路是向一切乐于遵循它的人敞开的。

形而上学

时至今日，印度思想家已经普遍认同了这一观点：印度在国际上所扮演的角色，至少有一部分是在于促进对于人类、对于时间问题的精神性理解。这一倾向对于印度来说并不新颖，但是，让这一思想适应殖民主义及现代性问题，这是近来才有的需求，这里面就颇有新意了。当西方文化进入印度意识领域的时候，它们在接受着评估；其内容不仅包括它们是否合乎本土传统的标准，还包括如何在印度原有的框架中重塑它们。

在19世纪、20世纪的转折时期，印度还在英国的殖民统治下。当时拉宾德拉纳斯·泰戈尔为一种可能的现代印度意识发表了自己的见解，用的是诗歌和杂文的形式。他处理现代性问题的路径不是宏观叙事的，他所关注的是个人的陶冶。在泰戈尔看来，必须对于人类的真实本性有所领会并做出相应的行动，这样才能真切地把握时代的挑战与机遇。关于人类的复杂本性，关于和谐而富于启示的人生必须以怎样的行动为前提，传统的印度文化提供了一系列的指南。人不可能一劳永逸地完成必要的学习和修养，并将其储存下来以备将来的需要；这种东西必须用一生的时间来印证、提升。根据这种思路，人应当投身于这样的经过反省的人生。这是世界哲学史上最核心的主题，而泰戈尔的思想让它再一次地出现在我们面前。

🔖 原著选读 16.1 《治愈之剑》① 马丁·路德·金

在此，金阐释了非暴力抵抗的作用：它能够带来政治正义，也能为参与者赢得尊严、勇气和心灵的力量。

从蒙哥马利到伯明翰，在静坐罢工中，在游行示威中，人们通过英勇甚至时常有危险的非暴力行动表达着反抗；虽然无言，但富于说服力。说非暴力行动只是懦夫的慰藉，这种论调已经不攻自破了。

要让受压迫的人们加入到非暴力行动的大旗下，现有的理由是充分有力的。非暴力的大军拥有卓异的普遍性特质。倘若一支军队用暴力方式训练其成员，那么只有特定年龄层中的人才能加入它。但是在伯明翰，最富活力的步兵当中有许多是青少年，其中包括小学生、初中生，包括十来岁的高中生，还包括大学生。倘若一支军队必须用暴力杀伤敌人，那么它的成员就必须拥有强健的体魄、健全的四肢和良好的视力。然而在伯明翰，肢体伤残者都能参与行动，而且他们确实参与了行动。盲歌手阿尔·希布勒（Al Hibbler）不可能被美国或其他任何国家的军队接纳，然而在我们的事业中，他占据了很高的地位。

暴力的军队中充斥着等级差别。然而在伯明翰，我们只有几位必要的将军和军官，他们负责主持事务，调度行动；除此之外，我们

的行动者被一视同仁、协同作战。医生和清洁工平起平坐，律师同洗衣妇共同进退；在非暴力行动中，高学历者和无学历者享有完全同等的待遇。

搞广播传媒的人知道，在拥有听众参与的情况下，节目才能达到最好的效果。人必须参与着什么，才能确认自己是什么；而在非暴力行动的大军中，参与的空间对每个人敞开着。这里没有肤色的差别。这里也没有考核，没有誓约，仅有一点要求：正如暴力军队中的士兵应当擦拭自己的枪支令其保持清洁一样，非暴力的战士也应当时时审视并呵护好那最重要的武器——他们的心灵、良知、勇气，和正义感。

非暴力的抵抗可以让对手无的放矢，让它所针对的权力系统趋于瘫痪。当局向来采用野蛮残酷的手段镇压黑人；倘若这样的手段不能隐匿在暗处悄悄进行，那么它就没有多少力量了。它被暴露在巨大的聚光灯下，如同越狱的逃犯一样，无处藏身。它那赤裸裸的真相被暴露在整个世界面前，其罪恶无所遁形。诚然，我们的有些行动者也会遭到暴力伤害，甚至被处以死亡的极刑。他们是上一个夏天的殉道者；他们付出生命，是为了让那样的残暴行径彻底终结——在过去的上百个夏天里，阴暗的街道上，警察的房间里，有成千的兄弟在遭

---

① From *Why We Can't Wait*. Reprinted by arrangement with the Estate of Martin Luther King, Jr., c/o Writers House as agent for the proprietor New York, NY. Copyright © 1963 Martin Luther King, Jr., copyright renewed 1991 Coretta Scott King.

受毒打和残杀，日复一日。

在 1963 年的非暴力行动中，有一件事情相当引人注目：受到子弹或警棍伤害的人数非常之少。现在回顾起来，这一点是显而易见的：压迫者胆怯了，不敢放开手脚了；这不仅因为整个世界都在看着他们，而且因为他们面对的是成百上千的黑人——这些黑人们已经觉醒了，他们敢于横眉冷对白人的目光了。压迫者的暴力和武器没有能够肆意伸张它们的爪牙，无论这样的退缩是出于审慎的权衡还是出于良知的责难。相对来说，我们的革命是不流血的革命，以下的事实诠释了这一点：黑人的非暴力行动并不仅仅停留在口头上。我们所采取的这种策略遍布各地，各个城市的斗争行动都将它奉为指导方针；因为它，暴力手段变得行不通了：我方不采用暴力，而对方则因为没有把握、无从下手和时常发生的意见不一而无法使用暴力。

在心理层面上，非暴力对于黑人来说也具有非常重要的意义。黑人需要赢得并确证配得上自己的尊严和自我价值。必须让白人明白，把黑人看成不负责任、甘心接受卑劣地位的小丑，这只是毫无道理的偏见。黑人群众已经掌握了这样的非暴力方式，这种策略让斗争、道德信念和自我牺牲等精神具体化了。黑人得以直面对手，将肉体上的优势让给对手，最终战胜对手——因为压迫者的优越力量已经变得脆弱无力。

以上这些对于黑人来说意味着什么？这是难以估量的。但是我确信，数以千计的黑人所把握的非暴力策略已经给他们带来了勇气和纪律，而这些对于上百万黑人的内在创伤是有治愈作用的——尽管那些人没能亲自上街游行或蹲进美国南部的监狱。我们行动的影响面不仅限于直接参与者。对于全国范围内的黑人来说，只要认同我们的行动，为参与者而自豪，并给予道义、经济或精神上的支持，这样就能逐渐重拾自己的荣誉和骄傲——这正是几个世纪以来，压迫者从我们身上夺去的东西。

🔈 原著选读 16.2　《存在主义和哲学的危机》[①]　　　　卡洛斯·阿斯特拉达

阿斯特拉达阐释了现代人概念——自文艺复兴时代起，这一观念就主宰着西方思想——的死亡。

面向新的人类形象

关于人的理性主义概念是抽象而独断的，它仅仅停留在具体人性、历史性个人以及活生生的现实的表面部分。与上述理性主义概念相对的是一个真实而鲜活的人类形象，这一形象包含了内心和血脉，它栖居于大地，吞吐着气息。

新的人类形象基于别样的要素和意向，

---

① From *Latin American Philosophy in the Twentieth Century*, ed. Jorge J. E. Gracia（Buffalo, NY: Prometheus books, 1986）. Reprinted by permission of Jorge J. E. Gracia.

而它必须以一种新型的社会秩序为前提——其中包含了适合现时代历史感的全新价值等级。旧式的人的概念——它基于理性主义人性论——以及与之相应的进步观点曾经是如此显赫，其身影遍及其影响所能及的各种事例、各个层面；如今它已经名存实亡，但依然徘徊不去，其具体表现就是个人自由主义理论的那些残存教条——当然，与其说它存在于精神层面，倒不如说它仅仅存在于日渐消逝的言语层面。

那样一种纯理性的、反历史的、匿名的人类形象是个幽灵般的存在物，它抹杀了现实；在世界上展开着的重大事件面前，它节节败退。但是我们不能忽视它，因为这样的人类形象曾统治西方的文化生命和政治生命达三个世纪之久；在那个时代的诸多层面，它都曾经显得富于效力和活力。然而显而易见的是，在过去的三十年中，这样的人类形象是越来越行不通了。它仅仅成了个日渐消逝的阴影，在历史中渐行渐远，谁也无法将它留住。

基于理性主义人性论而建构起来的"完整的人"的概念，它所指向的是孤立、自足、纯粹理想中的人；它不植根于具体的土壤，它缺乏与之息息相关的国籍，它也没有与生俱来的、受历史环境影响的情感偏好——这样的人根本不存在。世上也没有适用于所有人的所谓本质上的平等——这样的平等号称完全建立在普遍理性之上，据说这普遍理性是永恒不变的，它可以独立于国家、民族、阶级、种族等群落区分所构成的活生生的心灵、历史现实。

上述的人的概念一旦被超越，个人主义和集体主义的对立也就不成其为二律背反了。

我们这个时代已经不再把个人看成社会的原子，也不再把与个人相对的集体看成是这样一堆原子的集合——集体不再是整个社会政治历史的领衔主演了。我们的时代已经认识到，对立阶级的斗争无疑就是社会经济进程的关键所在。具体的历史性个人也越来越为这个时代所注目：这样的个人并未脱离与之息息相关的周遭环境，但他在人格上和心灵上依然是个体；他确证着自己的人性，给自己的人性注入活力——人性是作为其真正人生目标的一个功能而存在的，而人生目标则内在于他那特定的生成过程。

"现代人"概念的消亡

当今时代，这个动荡的社会仍在试图依靠所谓的"现代人"概念来存活下去——尤其是那些掌握着政治权力的资本家和商务领导人们；但这样的努力是徒劳的，因为"现代人"中体现的是理性主义概念的残骸，它早已处于行将枯萎的状态。这些领导人顽固而执拗地阻碍着全新人性观的萌芽，那是一种具有重大历史意义的人性观点，它正在从当代生活的深处迅速地生长出来。世世代代表达于情感和历史中的力量固然曾经被压抑，但它们注定要在未来刻下它们的烙印，并为上述人性观点注入新的生命和活力；未来的时代将会用它来勾画出一种新的精神特质（ethos），它确证一种独特的政治意愿，并且对文化、经济和社会有着与以往全然不同的评估方式。

"现代人"概念只是一具尸体，而当今那些风雨飘摇的老朽的人群试图用不再具有意义的口号和咒语让它复活，这显然是白费力气。在给狄尔泰（Dilthey）①的一封信中，瓦登堡的约克伯爵这样说："从文艺复兴起延续至今的'现代人'应当被埋葬进历史了。"

这种类型的人最终表现为个人自由主义，它是"现代人"的最后的表达；其中充斥的是19世纪理性主义观念的遗迹，它已经是理应被埋葬的尸体了。当今时代有责任完成这一使命，这样才能让新型的人类全面进入历史，正在生成着的心灵秩序和政治秩序才能由此得到确证并获得完满的意义。

原著选读16.3 《边界女权主义：从性别政治到地缘政治》②

桑尼亚·莎第瓦胡

在此，桑尼亚·莎第瓦胡阐述了她的这一观点：第一世界国家中的所谓女权主义是对第三世界国家女性的压迫和剥削、利用。而且在她看来，某些"第三世界的女权主义者"实际上是家长制、资本主义和帝国主义的代言人。

奇卡洛妇女（Chicana，指的是墨西哥血统的美国女性——译者注）能否将自己视为女权主义中的一分子？能否认同那种所谓的"姐妹关系"？能否指望这些马克思主义的同志们把我们的特殊利益和问题考虑在内？

……我们那些白人女权主义"姐妹"们必须认识到自己的盲点。当麦金依用黑人妇女来代表所有被剥夺权利的女性时，我们看到的是，奇卡洛妇女、美国的亚裔妇女、美国本土妇女，还有波多黎各妇女，等等，都被排斥在了视野之外——而那些探讨的明确意图原本就是暴露意识形态的蒙蔽。在那些"政治正确"的女权主义文本中，奇卡洛妇女读出的却是对人种的无视而非人种意识；这表明，女权主义和马克思主义理论对种族和少数民族的问题忽视到了何种程度……

奇卡洛妇女正在把自己的作品公开化，依靠小规模、低投入的印刷部门和被边缘化的杂志、刊物，并参与商讨和会议；与此同时我们认识到，女权主义的"姐妹"制造了这样一个意识形态：女权主义者与之对抗的、男性白人权力结构所制造的男性中心主义（phallocentric）意识形态已经濒临危机。罗莎乌拉·桑奇仕（Rosaura Sánchez）在《少数民族、意识形态和学术界》（*Ethnicity, Ideology, and Academia*）一文中提及了占统治地位的文化所操纵的意识形态策略：即将"非主流文化与主流文化之间的关系"神秘化。……她指出，美国的文化帝国主义已延伸到了地缘政治的边界之上，"但是，被一种文化影响、利用是

---

①威廉·狄尔泰（Wilhelm Dilthey，1833—1911）是一位德国哲学家，以文本分析和思想史方面的工作著称。
② Excerpts from Sonia Saldívar-Hull, "Feminism on the Border: From Gender Politics to Geopolitics," in *Criticism in the Borderlands: Studies in Chicano Literature, Culture, and Ideology*, ed. David Saldívar, pp.203—220.

一回事，完全地分享它则是另一回事"。……倘若把以上观点类推到女权主义和"姐妹关系"这样的总体概念上，我们就可以理解，盎格鲁－美国及其他欧洲女权主义何以汲汲于抹杀奇卡洛妇女、波多黎各妇女、美国本土妇女、美国亚裔妇女及其他第三世界女权主义的存在了。诚然，女权主义影响了奇卡洛妇女的写作与批判，但霸权文化所操纵的女权主义是对奇卡洛妇女的压迫和剥削、利用，其途径或微妙或显豁。……

对于我们这些身处多重压迫之下的女性来说，要寻求对于我们的处境有所裨益的女权主义批判话语，我们还得转向属于自己的"有机的心智"。由于当前的文化生产模式，我们的作品被人们忽视了；因此，我们在追寻中不可因循守旧。在方法和理论方面，霸权的力量是如此强大，以至于我们常常会对主流话语以外的东西视而不见。为了我们的理论，我们的探寻应当越出传统范围：在格言集的序言中，在自传的缝隙中，在我们的文化加工品中，在童话故事（cuentos）中；倘若我们足够幸运，能够进入好的图书馆的话，那些未被主流机构广泛传播的、发表在边缘刊物上的文章也是我们的资源。……

同样地，在解读奇卡洛妇女的女权主义理论时，我们必须和传统的（霸权的）类型概念划清界限；在其他第三世界国家，工人阶级中的有色人种妇女们是用非传统的方式和形式来表达她们的女权主义的。奇卡洛妇女中的女权主义者明白，在被边缘化的那些妇女中间，历史、阶级、种族和民族等因素所造成的差别往往相当大；但是，由家长制、资本主义、帝国主义和白人优越论等因素合力构成的

霸权话语加剧了这样一种幻象：仿佛国家的界限在女权主义者之间构成了无法调和的分裂。妇女们之所以遭受不同的政治待遇，这果真是因为第一世界和第三世界的对立所造成的不可避免的裂痕吗？在接受这一观点之前，我们先得对上述这种二分法来一番质疑和考察。

玻利维亚的活动家多米提拉·白瑞斯·德·春格拉（Domitila Barrios de Chungara）在她的证词《我要说》（Let Me Speak，1978）中承认了"第一"世界和"第三"世界女权主义者的差异："我们的立场和那些女权主义者不同。我们眼中的自由和解放，根本上在于让我们的国家一劳永逸地从帝国主义的枷锁中解放出来；我们希望像我们这样的工人能拥有权力，将法律、教育等事物掌握在手中。这样，我们就具备了良好的条件，能够迈向完全的自由——其中包括妇女的自由、解放。"……但是，她的陈述因为她的说话场合而变得成问题了。1975年，她在墨西哥城参与了由联合国发起的国际妇女年会；在那里她见证了由政府参与的"女权主义"投票，各个政府都在利用妇女和妇女问题作幌子，以便推进自己的政治议程。白瑞斯看到伊美黛·马克思（Imelda Marcos）、阿什拉芙·巴列维公主（Princess Ashraf Pahlevi），还有济罕·萨达特（Jihan Sadat），这些人都是会议中第三世界的"官方"代表。当我们不再把这些代表视为"第三世界的女权主义者"，而是视为她们各自政府的即家长制、资本主义和帝国主义的代言人的时候，我们就对上述的二分法有了新的认识。在这里，第一世界、第三世界的划分已然成了争端之地，统治阶级和工人阶级的对立，拥有权力者和无选举权者的对立，都在这里暴露了出来。

原著选读 16.4 *Satyagraha*[①]

莫罕达斯·K·甘地

在此甘地试图将他的社会变革原则即 Satyagraha 阐释为真理的力量和爱的力量。它不仅仅是被动的抵抗和非暴力。通过忍耐和自我受难，这样的公民不合作构成了对真理的坚持和确证。

3. Satyagraha

在过去的三十年中，我一直在宣传和实践着 Satyagraha。据我所知，Satyagraha 这个原则包含着一个逐渐演变的过程。

Satyagraha 和被动抵抗差别甚大。后者被理解为弱者的武器，它并不排斥为了达到目的而使用暴力；而前者则是最强大者的武器，它拒绝使用任何形式的暴力。

在南非，我创造了 Satyagraha 这个术语，用来表达那里的印度人运用了八年之久的力量；创造这个术语，也是为了让那种力量区别于英国和南非所发生的被动抵抗运动。

它的根本意义就是坚持真理，因此它是真理的力量。我也称之为爱的力量或灵魂的力量。在运用 Satyagraha 的过程中我发现，在追寻真理的起始阶段，就不允许将暴力施加于对手，而是应当通过忍耐和同情来避免错误。因为对此人来说显得正确的东西，很可能对彼人来说就是错误的，而忍耐意味着自我受难。因此上述主张就意味着，真理的确证不在于将苦难施加给对手，而在于将苦难施于自身。

不过在政治斗争领域，人们的反抗对象往往是以不公正的法律为形式的错误。当请愿之类的行动无法让立法者改正错误，而你又不愿意屈从错误时，那么剩下的补救办法就只有用暴力迫使立法者让步，或自行违反法律并甘愿承受惩罚之苦。因此在公众看来，Satyagraha 多半体现为公民的不合作或公民的抵抗。在这里，"公民的"意味着这不是犯罪。

违法犯罪者是偷偷地违反法律，并试图避免惩罚，而公民抵抗者并非如此。他向来遵守他所属国家的法律，这并非源于对制裁的恐惧，而是因为他认为这样做有益于社会福利。但是在有些情况下——一般来说这种情况并不多——他会认为某些法律是不公正的，而遵守它们就是耻辱。于是他就会光明正大、有理有节地违反这样的法律，并且平静地承受处罚。为表明他对立法者的抗议，他有权通过不遵从某些法律来撤回他同国家的合作，倘若这样的违反不构成道德败坏的话。

在我看来，Satyagraha 是如此美好和有效，而它的原则又是如此简单；我们完全可以让它变得妇孺皆知。我已经将它传播给了成千上万的印度公民——包括男人、女人和孩子——并取得了卓越的成果……

7. Satyagraha 的理论与实践

开展到最高程度的 Satyagraha 无须依赖

① From *Non-Violent Resistance* by M. K. Gandi. Copyright © 1951 by The Navajivan Trust. Reprinted by permission of the Navajivan Trust.

任何金钱之类的物质支持，当然也无须用暴力——即使是最初级形式的——作为其后盾。暴力是伟大的精神力量的反面，只有完全避免使用暴力的人，才能涵养、驾驭这种力量。它适用于团体，同样适用于个人。它适用于民事事务，同样适用于政治。这样的普遍适用性就是其永恒性和不可战胜性的证明。男人、女人和儿童都可以使用它。倘若认为只有那些没有能力以暴制暴的弱者才会使用这种力量，那就是彻头彻尾的错误。这样的肤浅理解源于英文表达式 passive resistance（被动抵抗）的局限。认为自己是弱者的人是无法使用这种力量的。只有对人心中高于野蛮天性的东西有所认识，并且明白野蛮本性永远不能战胜高尚的人性，这样才能成为真正的 Satyagraha 实践者。这种力量对于暴力，对于一切残暴、不公，就如同光明对于黑暗一样。从政治上来说，它的运用是基于这样一个不变的原则：只有当人们愿意——无论是有意识的还是无意识的——接受统治时，政府的统治才是可能的。……为了达到为之奋斗的目标，我们还有很长的路要走；这是因为我们的 Satyagraha 尚未达到最完善的形态。Satyagraha 的实践者们并未理解这一力量的全部价值，我们也并未对远离暴力深信不疑。运用这种力量需要承受清贫，对于自己的衣食应当漠不关心。在过去的斗争中，几乎没有一位 Satyagraha 的实践者达到了这样的觉悟，其中有些人名不副实。他们毫无信念，有时甚至动机不纯。甚至还有些人，在斗争的过程中会乐于诉诸暴力——倘若不对他们进行最严厉的监督的话。于是斗争的意义被延伸了；倘若人运用的是最完美、最纯粹的精神力量，那么当下就能获得慰籍。作为个人精神的进一步历练，这样的运用是绝对必需的，如此才能让 Satyagraha 的实践者成为近乎完美的人。我们都不可能一蹴而就地成为这样的人，但倘若我的立场是正确的，那么我们所涵养的 Satyagraha 精神越多，我们作为人也就越完善。在我看来，它的用处是不容置疑的；当它的力量大行于天下之时，社会理想就会发生革命性的转变，专制主义和正在日益猖獗的军国主义将会灰飞烟灭——如今西方国家正在后者的摧残下呻吟辗转、奄奄一息，军国主义甚至妄图把东方国家也踩躏于它的铁蹄之下。倘若过去的斗争能够产生出那么些献身于 Satyagraha 事业并力求让这一事业臻于完善的印度人，那么他们的贡献——在最真切的意义上——将不仅限于自身，而是泽及了总体意义上的人性。如此看来，Satyagraha 就是最高尚、最完善的教育。对于儿童来说，这样的教育不应晚于一般的读写教学，而是应当比这更早。毫无疑问，儿童在学会拼写字母、学习文字上的知识之前，就应当首先明白精神是什么，真理是什么，爱是什么，以及精神中潜伏着怎样的力量。孩子们应当懂得，在人生的斗争中，我们可以轻而易举地用爱战胜恨，用真理战胜谬误，用自我受难战胜暴力——这就是教育的精髓所在。

➧ 原著选读 16.5　《朝向宇宙之人》①　　　　　　　拉宾德拉纳斯·泰戈尔

泰戈尔寻求的是一种不同于西方"适者生存"论的人类观点。在他看来，人的生命是一次精神之旅，目标是自我解放和在无限之中的重生。

自然赋予了我们对于生命的强烈信念，并且几乎无视死亡的存在，这样的禀赋自有其生物学上的意义。无论如何，一切造物达到顶峰之后都会分崩离析，不独我们的肉体存在是如此。繁华显赫转瞬即成空；巨大的权力在烟花闪耀中没落、沦陷。这已经是令人厌倦的老生常谈了，但它的真实性不容置疑。因此，我们的一切行为都必须和整个人生背景相参照才能得到评判，而这个背景就是死亡。

而以下这点也同样真实：尽管我们的一切属人关联都会终结，但当它们还存在的时候，我们仍不能忽视它们。倘若仅仅因为它们终会结束，我们就像它们根本不存在那样来行动，那样它们的效力是不会因此减色的，甚至会更加显著——作为对忽视的惩罚。就好比火车虽然不像住宅那样固定，我们依然必须为之交费一样。试图忽视现实的关联——即便那是暂时的——只会令羁绊更加有力和持久。

因此，入世（attachment）的精神和出世（detachment）的精神必须和谐共处，如此才能把我们引向圆满。入世带给我们的是有限层面上的真理，它关注的是何物存在；而出世让我们在真理之无限——即理想层面——中获得

自由。拿走路来说，入世就是脚掌着地，出世就是脚离地行走。束缚和自由的和谐统一就是创造的舞蹈。根据印度思想中的象征体系，真理的男性原则湿婆（Shiva）代表精神的自由，而女性原则湿娃妮（Shivani）则代表物质的羁绊，而完满存在于它们的统一。

为了让这些对立面协调一致，我们必须对人有真正的理解；也就是说，我们不能把人还原为特定的需求。把树仅仅看成木柴，这样并没有在整体意义上把握树；而把人仅仅看成国家的保护者、财富的生产者，人就被缩减成了士兵、商人或外交官，人的效能被当成了衡量人性的尺度。这种狭隘的观点是有害的；试图这样来给人以荣耀，实际上是贬抑了人。

印度人曾经把人看得高于他的任何目的。有一段古老的梵文诗句揭示了这一点，它是这样说的：

为了家庭，奉献出个人；

为了群体，奉献出家庭；

为了国家，奉献出群体；

为了灵魂，奉献出整个世界。

有人会问："什么是灵魂？"我们先得回答一个比较简单的问题："什么是生命？"可以肯定的是，生命不仅仅是这些表面上的生活事实，不仅仅是呼吸、消化等各种身体功能；生命甚至也不是那个把上述一切综合到一起的原则。生命以某种神秘的方式在自身中蕴含着未来，未来不断地从当下展开；它应对着

---

① From *Towards Universal Man*, Asia Publishing House. Copyright © 1961 Visva-Bhatata, Santiniketan.

永远更新着的环境，经历着新的变动。如果无生命的物质阻塞了未来的不断展开之路，生命就成了背叛，它背离了自身的使命。

灵魂就是我们的精神生活，灵魂中包含了我们的无限性。它是那样一种冲动，它促使我们的意识突破动物性生命的晦暗壁垒，狂暴的激情试图在这样的狭隘界限内占据主动。诚然，人和动物一样，也会被自我所主宰；但人有着反抗自我的本能——它就像革命的种子一样，终将突破黑暗的牢笼，将自由的旗帜插进光明的领域。我们东方的圣人们向来主张，自我解放是人类自由的最高形式；这是在永恒之心中达到的完满，而不仅仅是在所谓的救赎之路上赢得的奖励……

我们必须放弃，然后通过弃绝来获得——

这就是内在世界的真理。为了果实的孕育，花朵必须凋零；而为了树木的重生，果实也必须坠落。婴孩离开子宫的庇护，为的是让身体和心智得到进一步成长；接着，他必须离开自我中心的狭隘世界到更广阔的世界中去，和无数的人建立各种联系；最后，他的身体逐渐衰弱，他的经历日益丰富——这时的人就该超越相对狭隘的人生朝向宇宙的生命——为此他必须奉献出所有积累的智慧，步入和永恒生命的关联；这样一来，当日渐衰微的肉体终于走到尽头时，灵魂就会视之为理所当然并对它毫无依恋——因为灵魂期盼着在无限中的重生。

从个人到群体，从群体到宇宙，从宇宙到无限——这就是灵魂的历程。

■ 关键词

非洲中心主义	种族隔离制度	历史编纂学	意识形态
解放	黑人性	泛非洲哲学	人
视角主义	Satyagraha		

■ 供讨论复习的问题

1. 要证明一个行为是善的或可以被允许的，是否必须诉诸超自然的标准？为什么？

2. 哲学家坚持某一意识形态，这是否合理？人是否有可能不认同任何意识形态？

3. 不同文化中的哲学是否应当具有共同形态？

4. 真理仅仅关乎个人信念吗？这个问题的答案究竟为何重要？

5. 如果 A 国侵略了 B 国，那么 B 国的居民是否有权（甚至有责任）袭击或杀死任何他们所遭遇到的 A 国公民？

6. 倘若你相信在某些南美国家建立美国殖民政府会有益于当地人民，而且有助于保护热带雨林，在这样的形势下你是否有责任支持殖民主义？

7. 一个身体上更强有力的敌人为什么会放弃对非暴力的对手使用暴力？在解释时，请避免纯策略性的考虑，而多引入哲学上的问题，如人格认同（或人格存在）、伦理、政治哲学，如此等等。

8. 是否可能存在未经解读的经验？

9. 倘若我发现许多人在用一些范畴谈论我，而我根本不会用这样的范畴谈论自己，这对于我意味着什么？

10. 是否存在固定不变的人类本性？人性是否随历史环境的改变而改变？

第十七章
四个哲学问题

对于努力我可不陌生。我一辈子都在努力，所以我惯于在我所做的各种事情上都期待成功。有人说我是幸运儿，但我所知的不止于此。

——唐纳德·特朗普《雄心勃勃》

我不相信自由意志。叔本华说："人能够做他想做的，但不能决定自己想做什么。"这话陪伴我经历了人生的种种处境，在我跟人打交道的时候给予我慰藉——即使有些人确实曾令我痛苦。认识到意志是不自由的，我就不至于在行动和评判他人的时候把自己和伙伴们看得太重，不至于丧失幽默感。

——阿尔伯特·爱因斯坦《我的信仰》

在本章中我们将讨论四个哲学问题或问题群，这些问题贯穿了分析哲学传统和大陆哲学传统。当然，本书的其他章节中充满了各种广为讨论的哲学问题，它们是在自身的历史语境中被呈现出来的。可以用理性论证证明上帝存在吗？在第十三章，那些号称证明了上帝存在的所有主要论点都呈现在了诸位面前。我们是否拥有关于外部世界的知识？第六、第七和第九章都有关于这个问题的讨论。第十章讨论了西方哲学中的主流伦理学框架。人是否拥有自然权利？第十二章探讨了这个问题。至于本章中讨论的哲学问题，它们并没有被历史地呈现出来。

自由意志

决定论（determinism）是这样的观点：无论你干了什么，你都是注定这么干的。你成功了或失败了，你富有或贫穷，你是圣人或是罪犯，这些都仅仅关乎运气。诚然，你的所是是你自己选择的结果；但是根据决定论，你的选择是你没法控制的因素的结果。

诸位在本章开头的第一段引文中可以看到，唐纳德·特朗普不信这个观点。他是一位实业大亨，他那新潮的发型十分出名。有人说他的成果源自幸运，特朗普先生对此报以嘲笑。在他看来，自己的成果源自努力。而决定论认为，问题在于特朗普先生是注定会努力的。根据决定论观点，特朗普先生努力也好，成功也罢，都没什么好赞美的。说到底他就是幸运，因为他喜欢努力而且他的努力幸运地得到了回报。

决定论使人吃惊。从这一观点看，无论你干了什么、成为什么，你都无须为之承担赞美或责备，因为归根结底那不是你自己做的。刚接触这个理论的人或许会认为它怪异、荒谬、错误和愚蠢。

不幸的是，决定论的论证没那么容易打发。诸位可以在本章开头看到，阿尔伯特·爱因斯坦认同决定论。

心理学决定论

关于决定论，主要有三个论证，它们是决定论的形式（forms of determinism）。首先是心理学决定论（psychological determinism），即你的选择取决于你的偏好，而你的偏好出自——反正不是出自你自己。

比如特朗普先生是一位努力的工作者，也就是说，在各种处境中，他倾向于选择努力工作而不是混日子。他为何这样选择？显然，从某种意义上说，这是因为他偏好如此。然而——这才是关键问题——这偏好是他给自己的吗？是他令自己喜欢努力工作的吗？心理学决定论认为并非如此。在心理学决定论看来，特朗普先生并没有令自己喜欢努力工作——他本来就是如此。对于努力工作的喜好是特朗普先生本身固有的，正如他的身高、他的蓝眼睛。所以，他对于努力工作的喜好实际上并非他造成的，他对于努力工作的选择也并非他自己的行为。从逻辑上讲，我们不能因为他选择努力工作而赞扬他，正如我们不能因为他身高六英尺而赞扬他。

特朗普先生偏爱努力工作，这真的不是他自己造就的吗？来想想你自己拥有的偏好吧。自问一下，这偏好是你给自己的吗？想象一下，你看到一个人，他需要你的帮助而且你不必为此付出很多代价。我们预想你会帮助他。那是你自己的选择，看起来它取决于你。但是从某种意义上说，你帮助那个人是不是因为你偏爱帮助人呢？请自己思考这个问题：你是否促使你自己想要帮助人？你是否创造了为他人服务的欲望？决定论者会说，倘若你仔细考查这件事情你就会承认，你根本不知道你的这一欲望是从哪儿来的——它就是你一向拥有的东西。

还没有被说服吗？决定论者会让你试试看，你能否用意志行为给自己创造哪怕一个偏好。你喜欢哪家快餐？麦当劳的还是温迪的？好吧，你试试令你自己拥有一个偏好。不妨花点时间。你做到了吗？

心理学决定论者说，关键是不要被不相干的论点分散注意力。假如我们让特朗普先生自己说话，他或许会说他不偏爱努力工作。他会说他不喜欢努力工作，恰恰相反（他或许会说），他喜欢的是轻松度日。他说自己选择了努力工作尽管这不是自己的偏好，他为了努力工作放弃了自己喜欢的轻松度日。他说自己是用意志行为克服了轻松度日的偏好，所以，他理应为此获得赞扬。

在心理学决定论者看来，这样的思路就是不可救药地脱离了论题。倘若特朗普先生选择克服自己对轻松生活的偏好，那么这就是因为他偏爱克服它。在这个节点上实际起作用的偏好（决定论者认为）就是克服的偏好而不是轻松生活的偏好。这一克服的偏好不是特朗普先生可以为之获得赞扬的东西。

所以归根结底，在心理学决定论者看来，无论特朗普先生因为喜欢努力工作而选择了努力工作，还是因为想要克服自己的懒惰而选择努力工作，这都是一回事：他的选择终究是偏好的表达，特朗普先生不该为此获得赞扬，他也不知道自己是如何拥有那些偏好的。

当然，每个人都有尝试调整偏好的经历。例如让自己喜欢营养丰富、低卡路里的清蒸花椰菜而不是油腻的、会引发心脏病的法式炸薯条。我们知道光靠使劲咕哝、渴求改变是没法做到实际改变的，于是我们会尝试间接地重塑自己的偏好。或许阅读营养学书籍会有帮助。或许我们见了某位医师，被他或她吓得开始喜欢花椰菜了。或许我们会制订新年决心，或者请催眠师帮忙。当我们尝试过这类事之后，瞧！我们真的喜欢花椰菜不喜欢炸薯条了！

不过请注意，这样的偏好改变是发生在我们身上的事情。假如偏好真的被改变了，那还是因为我们够幸运，因为间接方法起作用了。同样重要的是，当我们试图用间接方法调整偏好的时候，这尝试本身源自我们想要克服原有偏好的欲望。我们拥有这样的欲望，说到底还是运气的事。

　　总结一下。特朗普先生因为努力工作而获得赞扬。可是在心理学决定论者看来他不该受赞扬。诚然，他选择了努力工作，或选择了克服自己的懒惰，或选择了调整自己以适应工作强度——这些都无关紧要。最终的分析表明，上述这些都是偏好的表达，而这偏好不是他自己创造的，它甚至不知道这偏好从何而来。心理学决定论者说，他不该为此获得赞扬。

神经科学决定论

　　神经科学决定论（neuroscientific determinism）是说，我们想什么、做什么，最终取决于无意识的神经生理事件，我们对此一无所知并且无法控制。

　　如今可以肯定的是，大部分人都认同这一点：当人做决定的时候，有一些神经学上颇为重要的事件发生了。假如一个人不是脑科学家，那么他或她肯定会承认自己对具体发生了什么一无所知。可能的情形有以下几种：神经事件（a）导致了决定；（b）是决定的结果；（c）和决定之间没有因果关系。

　　最后一个选项(c)很牵强。神经生理事件神奇地和决定近乎同时发生，可是和决定毫不相干，这怎么可能？这个选项（最初由尼古拉·马勒伯朗士［Nicolas Malebrance，1638—1715］提出）并非全然不可能，不过追随者寥寥。

　　第二个选项（b）也很勉强。神经生理学家从来不把"决定"或"选择"拿来当做神经生理事件的原因。用其他神经生理事件来解释特定的神经生理事件是足够的。

　　于是我们只剩下选项（a），即神经生理事件导致了（或刚好就是）决定，而这个选项显然支持决定论。你的神经生理事件并不是你能用意识去控制的东西。你的大脑和中枢神经系统中发生什么，这完全不取决于你——你几乎完全不知道那里在发生什么。

　　是神经生理事件引发人的决定而不是相反——为支持这一观点，神经心理学家本杰明·李贝特（Benjamin Libet）曾于20世纪80年代做过著名的实验。假如科学家发现在你决定动胳膊之前，你的大脑已经开始动你的胳膊了，那么这就是个有力的理由，它表明并不是你的决定引起了大脑中的事件而是相反。李贝特所做的当然非寥寥数语所能概括，再说他那实验的意义至今仍是个有争议的话题。不过那些实验起码显示出，运动皮层（大脑的组成部分，它产生神经冲动以控制行动）中的脑电活动（即所谓的准备电位）的发生时间，大约比主体有意识地决定运动胳膊要早一秒左右。显然我们可以这样理解：在意识做出运动的决定之前，大脑已经发起了胳膊的运动。无论如何这是个令人吃惊的实验结果，自由意志的信奉者必须为此做出解释。

　　在此，我们无须确定决定与神经事件之间的联系，下一节将进一步展开这个话题。我们先来做个假设，昨晚特朗普先生决定在他的办公室加班，现在问题来了：在那样的处境下，他是否可能决定不加班？一般意见会回答是，而决定论者会说否。当然，假如答案确实是否，那么特朗普先生的决定就是他的固有属性，正如他眼睛的颜色。

现在，我们稍微更新一下这个问题。当特朗普先生决定加班的时候，他的大脑和中枢神经系统处于某个特定状态。在那样的状态下，他昨晚是否可能决定不加班？神经科学决定论会说，假如特朗普先生昨晚要做出另一种决定，那么他的神经生理必须处于另一个状态。而对于特朗普先生来说，在神经生理这个层面发生的事情并非取决于他（根据神经科学决定论）。所以，当然，特朗普先生昨晚是有可能决定不加班——当且仅当他所不能控制的因素处于另一个状态。根据神经科学决定论，他的决定和他的眼镜颜色、他的最大氧摄取一样，都是他固有的。

因果决定论

在我们的常识中，以下两个信念都很受青睐。我们认同第一个信念，得部分地归功于原子论者。

（1）原子的行为完全取决于物理定律。

（2）人类拥有自由意志。

（1）和（2）你都接受，对吧？我敢打赌。

不幸的是，（1）和（2）彼此之间不那么融洽。道理如下。由（1）可以推出，无论原子有何行为，它都不得不如此——在特定的环境条件下；因为物理定律决定了每个原子在特定的环境条件下如何行为。所以，假如物理定律决定一个原子在环境C中表现为X，那么当环境C给定之后，原子必须表现为X。

那么什么是自由意志的结果呢？我们假定它并非必须发生的。例如，我靠我的自由意志动了我的胳膊。无论我是在何种环境下选择了动胳膊，我总可以做别的选择，不动胳膊。所以，当我靠自由意志动了我的胳膊，我胳膊中的原子并不是必须如此运动的，即便环境已经给定。因此，假如（2）是对的，那么在特定环境条件下，

原子并非不得不如此行为；假如（1）是对的，那么原子必须如此行为。

正如19世纪著名物理学家亚瑟·爱丁顿（Arthur Eddington）所说："今晚我在为是不是戒烟而挣扎，可是这有什么意义呢？倘若物质规律早已决定明天早晨由烟斗、烟草和烟组成的物质会同我的嘴唇联系在一起？"

因果决定论

我们假定每一个事件都是一套先前事件的结果，这套先前事件足以导致眼前这件事情的发生。当然，对于先前事件，上述命题依然有效；对于先前事件的原因仍是如此。这就意味着一切实际发生的事件都是必须发生的；或者说，当发生于久远过去的某些事件已经给定，那么从某种程度上说，现今实际发生的事件就是必须发生的。

由此可以推出，假如把人的选择看成事件，那么当先前事件（它们本身也是必须发生的）已经给定，选择就是必须发生的。所以根据因果决定论（causal determinism），特朗普先生选择加班，是选择前的事件导致的结果。

在"因果决定论"一栏中，诸位可以看到因果决定论的另一种表达。

以上就是决定论的三种形式（或三种论证）。它们有共同之处，而最重要的是，它们都包含这样的结论：无论你干什么，无论你是什么，实际上都仅仅是运气的事，正如你的身高、你的近视一样。相传贾瓦哈拉尔·尼赫鲁曾经说过："人生就像打牌，洗出一副怎样的牌，这是决定论；怎么打，这是自由意志。"然而决定论者会说，"错。你怎么打，也是洗牌的一部分。"

意　识

意识的问题是心灵哲学（philosophy of mind）的关注对象。这一广阔的领域主要属于分析哲学，它要对付的问题是，意识经验能否与物理主义相容，如何相容。物理主义（physicalism）或唯物主义指的是这样的观点：唯有物理实体存在。心灵哲学通常的研究路向是针对我们日常所用的心理学词汇——它们指称着各种精神状态，包括信念、渴望、恐惧、怀疑、期待、念想、偏好、选择、思考、动机、冲动，如此等等——追问这些词汇的意义，对它们进行分析。近年来，这些追问的领域得到了拓展，其中包含了心理学家、神经科学家、计算机科学家、语言学家、人工智能研究者及其他专家的研究和发现。心灵哲学再也不是职业哲学家专擅的领域了。

我们从这里开始吧：有许多——或许是大多数——西方人都认为人拥有一个非物质性的心灵（或精神、灵魂），它和人的物质性身体保持联系。或许你也认同这个观点，它就是所谓的二元论（dualism），人们总是把它和勒内·笛卡尔联系在一起（请看第六章关于奥丽娃·萨布科的一栏）。

二元论

二元论者认为，任何存在物（除了抽象存在，例如几何学上的点、数、兄弟关系，等等）都要么是物理性的（即物质性的，在此这些说法可以互换），要么是非物理性的（即非物质性的或精神性的，在此这些说法也可以互换）。

物理对象拥有物理属性（例如密度、速度、变化、温度、质量，还有最根本的空间广延），而非物理对象则拥有非物理属性。后者的属性很难具体说明，不过二元论者会说，只有非物理性的实体才能拥有意识状态或实践意志。而中立的属性则是物理对象和非物理对象都能拥有的；比如说，上述两种对象都具有时间性，数量；它们都可以从属于某个类，如此等等。

在二元论者看来，人既是物质性的身体又是非物质性的意识（或灵魂、精神）。他们还认为，一个人的非物质性成分和物质性成分是相互作用的：如果有个人走过来打你一拳，你就会生气；也就是说，你的物质性身体挨的一拳导致你的非物质性精神生气了。相反的情况也有：当你决定做某事时，你的身体就理所当然地遵循这个决定来行动；就是说，你的非物质性意识导致你的物质性身体走动、跑步、说话或做任何你想让你的身体做的事。

事实上，二元论者不见得非得认为非物质性的意识与物质性的身体之间有相互作用；不过大部分二元论者是这样认为的。所以，本书中所说的二元论就是指交互二元论（interactionist dualism）。

如今，在大部分思考过这一问题的人看来，这一点似乎是自明的：人拥有某种非物质性的成分，无论我们称它为意识、灵魂、精神还是别的什么。然而二元论所导致的困难使得许多分析哲学家提出了质疑：二元论真的靠得住吗？这些哲学家在寻求某些更具吸引力的理论。在二元论之外的那些理论中，最受欢迎的理论都属于物理主义；它们分别是行为主义、同一性理论和功能主义。

行为主义

"行为主义"这个词的意义有多种。在第一种意义上，行为主义（behaviorism）指的是一种心理学的方法论原则，根据这一原则，富于成果的心理学研究把自己的范围限制在可以用行为来定义的心理现象以内。本章中即将介绍的则是哲学上的行为主义（philosophical behaviorism），我们把它归功于吉尔伯特·赖尔（Gilbert Ryle）。赖尔并不承认自己是行为主义者，不过，他的《心的概念》（*The Concept of Mind*，1949）仍被认为是对（哲学上的）行为主义的最为有力的阐释之一。（在下文中，我们所说的行为主义都是指哲学上的行为主义。）

赖尔认为，当我们说到某人的精神状态（这里的某人也包括自己）——例如信念、思想、愿望等等——时，我们并非如常识所想的那样，指涉着一个非物理性精神的非物质性状态。"非物理性的精神"这种东西根本不存在。用赖尔的话说，不存在机器中的幽灵。一个人只不过就是一个高度复杂的物质性机体，它的能耐之多令人惊异。当我们说某人具有某种所谓的精神状态时，我们的真正意思是，他或她有如此这般的行为习惯或行为意向。

例如，你说你的朋友相信快要下雨了；看上去，你似乎认为她拥有某种非物理性的东西，这种东西叫信念——这是一种非物理性的、不可触摸的、没有形象的实体，它存在于她的精神中。但是在赖尔看来，说某人相信快要下雨，实际上的意思只是说她有做某些事的倾向：比如关窗，把烧烤架盖起来，说"快要下雨了"这样的话，不去做洗车或晾床单之类的事，如此等等。

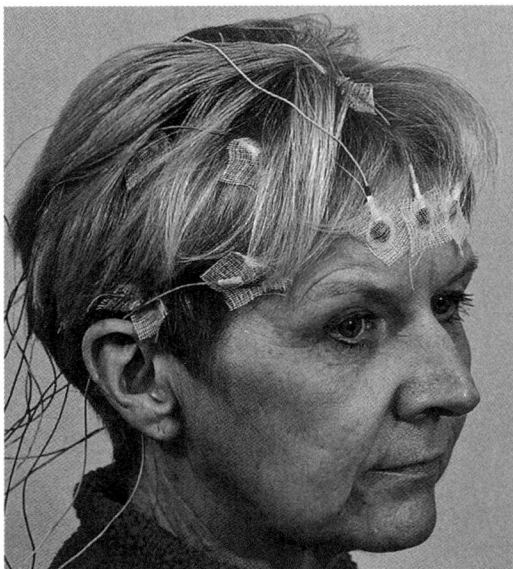

心灵的活动无非就是神经活动吗？

当我们说某人有某种想法或观点时，情况也是类似的。赖尔认为，思想、观点和信念一样，都不是非物质性的东西。甚至可以说，它们根本不是什么东西。事实上，"思想"、"观点"、"信念"都是关于事物的词语，即事物词（thing-words）。但这些事物词（借用赖尔在另一个语境中的说法）会有系统性误导（systematically misleading）的作用。因为它们是事物词，所以它们会误导、引诱我们这样想：必定存在着它们所代表的事物；可是，看起来又没有什么物理性的事物可以被它们代表，于是我们就做出这样的结论：它们代表的是非物理性的事物。

而事实上呢，当我们说某人具有某一特定思想时，我们实际上只是在说他或她有说某话或做某事的倾向，即以某种方式来行动的倾向。关于人的信念、观点、思想、知识、动机等精神"事物"的言说，其意义都可以被分析或理解为人在特定情形下的行为倾向、行为方式。

像"她相信现在是该回家的时候了"这种简单的精神状态命题，我们似乎比较容易把它翻译成描述行为的命题；赖尔会不会用这样的实际分析例子来加强自己的观点呢？事实上，赖尔不会用这种方式加强自己的观点，因为他并不认为这样的翻译可以行得通。行为主义者认为，当我们说"她相信现在是该回家的时候了"这样的话时，我们归给这个人的并不是一系列明确无疑、数量有限的行为和行为倾向。我们是以暧昧不定、松散流变的方式指称着某些不确定的行为和行为倾向，话语的意义是保持开放的。

以下，就是哲学上的行为主义的大致纲要：

·不存在非物理性的精神这种东西。

·精神状态的事物词并不真正指称任何事物。包含这类词语的句子只是宽泛而方便地表达了某种行为（包括言语行为）和行为倾向。

·关于人的精神状态的陈述无法被确切地翻译为关于人的行为和行为倾向的陈述，因为前者所涉及行为和行为倾向是不确定的、保持开放的，它取决于当事人所处的具体情境。

对于二元论所遭遇到的另一个问题，行为主义也给出了漂亮的解答。这个问题是：脑科学家和神经科学家在解释人类行为的起因和源头时，根本无须假定非物理性精神状态的存在，这是为什么呢？行为主义者的回答是，因为这种东西本来就不存在。

同一性理论

还有一种物理主义的意识哲学，叫同一性理论（identity theory）。这一理论认为，所谓的精神现象其实都是发生在大脑和中枢神经系统中的物理现象。比如，一个思想，在同一性理论看来，其实就是大脑／神经系统中发生的某些事件；尽管我们对于大脑和中枢神经系统的了解还不够充分，因此还不能够确认这事件具体是怎样的。同一性理论的许多拥护者中有一位澳大利亚哲学家斯马特（J. J. C. Smart，1920—2012），在本章末尾的原著选读中他将为我们讲解同一性理论的一种形式。

请注意，同一性理论并非仅仅认为思想（或别的任何精神事件）和某种神经过程相关联或包含某种神经过程；这个理论说的是，思想就是神经过程。正如光就是电磁辐射（而并非仅仅"包含于"电磁辐射中或与电磁辐射相关联），热就是分子运动一样，在同一性理论看来，思想和其他一切精神现象都是大脑和中枢神经系统当中的物理状态和物理事件。

初学哲学的人有时候不容易看出行为主义和同一性理论的差别；在我们看来，这个通常是由以下两个原因造成的。

首先，行为主义和同一性理论都是物理主义（唯物主义）理论，这是在以下意义上说的：两者都认为，你、我和其他所有人一样，全都是彻头彻尾的物理机体；两种理论都不承认非物质性或非物理性的灵魂、精神或意识的存在；它们也都不认为精神状态的事物词可以指称非物质性、非物理性的事物。

电子装置被植入猴脑　猴子可凭此控制机械[①]

日前，北卡罗来纳州的科学家们成功地在猴子的大脑中植入了一种装置，借助这一装置，猴子可以用它们的"思想"控制机械臂的运动。这一成就标志着内在的精神意向首次能够通过人工设备控制外在机械了。

在将来的某一天，这一技术或许能造福因脊椎受损而瘫痪的人，让他们运用思想来操纵机械工具，就如同正常人操纵自己的双手一般灵便自如。或许，瘫痪患者的手臂和腿还可能因这一技术而获得新生，因为大脑的指令可以通过植入装置直接指向四肢中的肌肉，而非指向外在机械……

在新近的实验中，电线联结着猴子的神经和机械臂，这样猴子就能运用"思想"让机械臂完成某些任务。科学家认为，不久以后，这一装置就将得到升级，到那时精神对机械下达指令就无须借助电线了。

---

① From Rick Weiss, "Monkeys Control Robotic Arm with Brain Implants," *The Washington Post*, October 13, 2003, *The Washington Post*, reprinted with permission.

这些实验由杜兰市杜克大学的米格尔·A·L·尼克莱里斯（Miguel A. L. Nicolelis）主持，发表于生物学杂志 *PLoS Biology*。在当今，让动物——甚至人类——运用神经发出的细微电信号操纵简单装置，如此这般近乎幻想的科学研究越发热门，而以上实验就属于这类研究的最新进展。

迄今为止，研究的成就仅限于"虚拟"行动，例如移动电脑屏幕上的光标，以及小型行动，例如叩击轻便的杠杆。

而在上述的新实验中，人们首次成功地让动物用神经操纵机械设备做全方位的运动，并用它完成一些相互关联的动作——比如，接触某个物体，抓起它，并根据物体重量调整抓取的力度。

这一设备的关键在于微型电极，这些电极如同比头发还细的电线。有两只猴子被去除了部分头骨，于是大脑表面暴露在外；尼克莱里斯和他的同事把 96 枚电极植入一只猴子的大脑，深达一毫米，而另一只猴子的大脑被植入 320 枚电极。

尼克莱里斯说，猴子并未因这样的手术受到影响。现在它们脑中伸出几束电线，这些电线可以和别的电线进行联结，于是就能通过电脑作用于大型的机械臂。

接下来就是训练：猴子们先借助操纵杆来移动机械臂。机械臂位于另一个房间——"如果把重达 50 公斤的机械摆在猴子面前，它们会紧张失措的。"尼克莱里斯这样说——而猴子们可以借助电视屏幕看到机械臂，把握它的运动进展。

猴子们很快就学会了如何运用操纵杆让机械臂够着并抓起物体，并且通过调整对于操纵杆的握力来控制机械臂上的握力。借助监视器它们可以看到机械臂是否够着了物体，以及物体是否因为握力过轻而掉落；倘若操作成功，它们就会获得果汁作为奖赏。

在猴子接受这般训练的时候，电脑追踪着它们大脑中生物电的运动形态。电脑由此归纳出，这样的运动形态意为"触及"，那样的运动形态意为"抓取"。这样一来，电脑就逐渐学会了"解读"猴子的精神意识。

接下来，研究者就拔掉了操纵杆，这样一来机械臂的运动就完全依赖于猴子的神经活动了。现在，已经了解了猴子的神经运作模式的电脑就成了解读者，它根据在上述操纵杆实验中学到的内容译解神经信号，并向机械臂传达指令。

尼克莱里斯说，一开始，猴子们仍在动操纵杆，它们不知道机械臂的运动已经完全依赖于自己的神经了；接着，奇迹便发生了。

"猴子的前臂不再动作，"他说，"但电脑光标仍继续活动，机械臂仍继续运动。"

猴子们正在用"思想"控制着机械。

在上述实验中，猴子用它们的思想控制着机械臂的动作；从二元论的观点看，这种事情就显得神秘莫测、不可理解。

其次，很少有理论家是纯粹的行为主义者或同一性理论者。在自称为同一性理论者的哲学家中，大部分人都认同行为主义者对精神状态命题所做的某些分析，而在某些关于精神状态的问题上，大部分行为主义者也都认同同一性理论。

然而这两种理论不应该被混淆。同一性理论主张精神状态是大脑状态，当我们说一个人的信念、思想、希望、观点时，我们实际上说的是他或她的大脑和神经系统中所发生的事件、过程和状态。然而哲学上的行为主义主张，当我们用日常的心理学词汇描述某人时，我们实际上是在以方便的方式谈论他或她的行为倾向。

功能主义

物理主义哲学家不相信人类拥有非物理性的意识，他们否认精神状态的事物词能指称非物理性的状态或过程。不过，有许多物理主义者对同一性理论的这一观点提出了质疑：能和一种特定的精神状态或过程相等同的，必定仅限于一种特定的大脑状态或过程。比如说，在某个遥远的星系可能有这样一群生物（也可以想象一下，我们自己可能在某一天造出那样的机器人），它们同样具有感受、希望、渴求等等，即便构成它们的物质和我们的全然不同。

功能主义（functionalism）认为，精神状态不是由其物质构成来定义的，而是由其功能来定义的：在感官刺激、行为与其他精神状态构成的网络中，它能引发什么？它被什么引发？从这一视角看，精神状态可以类比为开门装置或文字处理器。这类东西的定义并非取决于其材料或构造，而是取决于其功能。什么是捕鼠器？要回答这个问题，我们得解释捕鼠器能干什么。同样地，要知道信念或其他精神状态、精神过程是什么，正确的解答方式是从功能入手——相对于感官输入、其他精神状态及行为输出，这一精神状态扮演的是怎样的角色。根据这一观点，当你拥有信念、聆听音乐或思念母亲的时候，固然你的大脑中并没有发生任何非物质性的事情；但是，假如你说这些事情"无非就是"大脑、神经状态，那就是误导了。

我们看到，功能主义对这一现象做出了令人满意的解释：心理学——无论是日常意义上的（"民间的"）还是科学领域的——何以拒绝被翻译为神经学。这样的拒绝之所以存在，并非因为精神状态是非物理性的，而是因为它们只能从功能性得到解释。从这个意义上说，可以认为功能主义为心理学研究提供了这样一个概念框架：一方面，它令研究者们无须涉足那暧昧不明、颇受争议的二元论形而上学思想；另一方面，它也令研究者们无须接受这种靠不住的还原论观点：心理学归根结底无非就是神经生理学。

不过，还有些人认为，功能主义没法解释精神生活中最重要的层面：对于经历着它的人来说，它是怎样的。在心灵哲学方面，最近有一个颇具影响的声音来自大卫·查尔默斯（David Chalmers，1966—　），他再一次地把注意力聚焦到"意识的硬问题"上：意识状态的现象属性或经验属性在最初是何以存在、如何存在的？像"拥有意识经验是怎样的体验"这种事情何以可能、如何可能？想必会有很多读者对查尔默斯怀有同情。看起来，功能主义、行为主义和同一性理论与其说是解决了这些意识的硬问题，倒不如说是把这些问题看成不值得思考的从而弃之不顾。

僵　尸

你肯定知道僵尸，对不？你确定吗？起码有三种僵尸，它们都长得像人，可是都在最重要的方面和人不同——意识，僵尸都没有意识。这一点使得僵尸对于有些哲学家来说非常有趣，尤其是那些研究心灵及其复杂运作的哲学家。但是，僵尸是缺乏意识、思想的虚拟生物，而哲学家关心的总归是思想，僵尸吸引哲学家的地方在哪里？好问题。

有一种僵尸出自好莱坞，它们在 B 级片中吃人肉。《行尸走肉》（The Walking Dead）系列剧中的僵尸就是好例子。你不想遇见这种僵尸，因为它们会吃了你。哲学家也不理会它们，不认为这种东西值得哲学来关注。还有一种是伏都教（Voodoo）传统中的海地僵尸。相传这种僵尸本来是人，被施以符咒后失去了灵魂或自由意志。它们基本上可以算是奴隶，根据主人的吩咐行动。当然，哲学家要讨论的也不是这种。

第三种被称为哲学僵尸（P-zombies），假如你阅读讨论意识、心灵的论文，那么你迟早会遇上它。哲学僵尸在身体和行为方面都和人类一样，但是它缺乏任何形式的意识心灵。假如你用针扎它一下，它会说"噢"，或许还会说"你知道你在干什么吗？"但是它不会有任何感官经历。这样的僵尸在不可能的领域中造就了令人着迷的可能性。上文提及的大卫·查尔默斯曾经与其他哲学家甚至心理学家、神经科学家合作，用哲学僵尸这个概念来质疑物理主义。如诸位所知，物理主义认为，原则上，我们完全无须涉及任何非物理的实体或过程就足以解释人的意识、心灵。查尔默斯用自己的"僵尸双胞胎"僵尸戴夫（Zombie Dave）来探讨这类问题。诸位懂得，这是哲学思想实验的一种。僵尸戴夫的环境、生理机能和历史都和查尔默斯的相同，但是僵尸戴夫缺乏意识经验。查尔默斯在他的著作《有意识的心灵》（The Conscious Mind）中说，在逻辑上僵尸是有可能存在的，即便从自然的角度看它们不可能存在。他说僵尸这一观念是内在一致的，所以起码在某个可能世界中僵尸存在。

在查尔默斯看来，僵尸存在这一"逻辑上的可能性"可以拿来对付物理主义（如上文所说，包括行为主义、同一性理论和功能主义）：假如存在一个可能世界，除了被僵尸占据以外，它与我们这个世界处处相同，那么由此可以推出在我们的世界中意识的存在对于我们来说是一个"进一步的、非物理的事实"。换句话说，假如僵尸在逻辑上是存在的，那么我们就不只是物理的自我。

以上就是对于心灵哲学——关注意识问题的哲学分支——的一个概览。这里的问题涉及的层面实在是纷繁多样，但归根结底就是：意识经验是否能与物理主义即只有物理实体存在的观点相容，以及如何相容。

慷慨的伦理：礼物问题[①]

多么贴心、多么珍贵的礼物啊，赠予者甚至连我们的感谢都不要，他给予的时候忘记了自己在给予。

——塞涅卡《论利益》

我们生活在一个礼物赠予者的文化中。大部分文化都是如此。我们喜欢赠予和接受礼物。在各种场合，我们都用赠送礼物这种仪式来庆祝，包括生日、结婚、毕业、圣诞节和光明节之类的宗教节日、迎婴聚会、周年纪念以及收到好的成绩单等等——人们享受着赠予或接受礼物。诸位或许会感到吃惊：这样一个简单的行为，几个世纪以来一直令哲学家以及其他各个学科的思想家们着迷。赠送和给予礼物可不像表面上看起来这么简单。比如你可以想一下这是不是个悖论：赠予某人礼物过多，以至于让接受者觉得欠了债。这真的是我们赠送礼物时想要达到的效果吗——送点东西而有所图？

假如有人在节日赠送你礼物，而你没想到送他，这时你有何感受？你会感到尴尬、愧疚吗？这是不是会减损礼物本身带来的乐趣？你是否感到有义务在将来回报这份好意，以此来平衡自己的人品账簿？你是否曾经感到这样的赠予与其说是乐趣，倒不如说是责任？"礼物"（gift）一词意味着"提供"，可是它还意味着"毒药"。什么是有毒的礼物？礼物交流中的这些小障碍是不是把礼物给毒化了？礼物的赠予只有正面意义而没有令人负债的负面意义，这是否可能？是否有不带动机的礼物，不期待回馈或感谢？换句话说，存在不存在真正的礼物、纯粹的礼物？让我们从自我和他者之间的空间中超越出来，把给予从社会性限制中解放出来，在这一过程中不丧失我们的自我感，这是否可能？时间是如何进入这一复杂的循环等式的？以上就是哲学家们思考礼物时探究的问题。

上述这些思量都是所谓责任循环的一部分，给予的行为创造了这样的责任循环：礼物意味着债务，接受者感到有责任以某种方式给予回报。

有什么能比赠送（或接受）礼物更快乐呢？但是，这样的快乐在道德上是否应得的？本小节将告诉你，这个问题很复杂。

---

①这部分的作者是安妮·达西（Anne D'Arcy）。

受限制的礼物现象的复杂性，已经被学术界做过面面俱到的考察；对于人类学、经济学、社会历史、伦理学、哲学、解构、性别研究等学科来说，它一直是个兴趣焦点。多年来，思想家们一直在就礼物交流这件事交换见解、建构理论，但尚未达到任何确定的结论。阿兰·喜福特（Alan Schift）在《礼物的逻辑》（*The Logic of the Gift*，1997）中说，这个话题是所有当代跨学科讨论都感兴趣的焦点之一。

我们将在此讨论几位重要的思想家，以此来展现历史语境。他们的思想深究起来都很迷人。首先是拉尔夫·沃尔多·爱默生（Ralph Waldo Emerson，1803—1882），美国著名的散文家、诗人。在他的散文《礼物》（*Gifts*，1844）中，爱默生提出这样一个根本问题：当我们讨论礼物赠予时，我们该关注的是赠予者、接受者、礼物本身、赠予者和接受者之间的关系，还是以上所有要素之间的交互联系？对于我们探索以下问题而言，先形成路径框架是出色的思路。礼物在我们的文化中以何种方式运作？赠予意味着什么？礼物是否改变赠予者和接受者之间的关系？如何改变？互惠这一隐含意义给赠予者和接受者造成了怎样的感受？爱默生认为，唯一真正的礼物当是赠予者自身的一部分，它是个牺牲，是怀着痛苦给出的；它对于接受者来说并非必须品，而是过剩的。此外他说，无论赠予还是接受，都有发生各种扭曲颠倒的危险。我们能接受来自爱人的任何东西，因为这就是换种方式接受来自我们自身的东西；不过我们永远不会原谅某些"授予"我们礼物的人。

马塞尔·莫斯（Marcel Mauss，1872—1950）是社会学家、人类学家。在《礼物》（*Essai Sur le don*，1925）一书中他说，礼物看上去是免费的，其实不然。他对货币尚未成为交换单位的古代社会、文化中的礼物赠予规则做了分析，考察了礼物赠予循环中的回报责任。他的发现指出了一条经济学人类学路径。有许多哲学家对莫斯的作品做了评论，有些人批评他没有问这样一个重要问题：赠送者为什么要给予？

在莫斯对于古代社会的人种志研究中，有个本质要素十分特别：hau。Hau 是存在于这些文化中的某种精神性纽带，这一纽带跨越个人，延伸至团体乃至更大的共同体；由此形成一个模式，使得整体在礼物的循环中大于其部分的总和。从这一观点看，这可谓是礼物的剩余价值，是系于礼物的某种无私，它甚至超越了礼物本身。这事属于集体给予，是社会现象，是共同体生活的产物。

不妨认为，是莫斯开辟了关于礼物与交换的对话。他的著作堪称礼物研究中的经典。

乔治·巴塔耶（Georges Bataille，1897—1962）是一位法国知识分子，他的作品横跨文学、人类学、哲学、经济学、社会学及艺术史等诸学科，常常被称为"罪的形而上学家"。他的作品旨在对公民社会看重的各种事物进行批判，所以对于文雅社会中不便讨论的任何东西他总会夸大其辞，将其推至极端以惊世骇俗。例如，他对于他眼中的中产阶级性爱嗤之以鼻，因此他的作品充斥着这样的题材：粪便、反常行为、死亡、性、堕落、暴力、血腥以及牺牲，无所不用其极，常常显得色情而令人反感。他拒斥用文本展示观念的传统方式，认为那是哲学家写给普通读者看的方式。他想要的是震撼读者，令读者看到他眼中的社会，而这就是他做这件事的激进方式。他为淫秽事物的潜在力量着迷。例如，他有篇文章题目就叫《太阳肛门》（*The Solar Anus*）。

巴塔耶描绘加速的"过剩"。他的角色痴迷于给予，陷入无穷尽的、非生产性的交换循环，无论这交换是荣耀的还是灾难性的。例如，他在《眼睛的故事》（*The Story of the Eye*）中描述了纠缠的性行为，包含暴力和重复的强奸、恋尸癖、粪便嗜好症、对眼球之类的恋物癖对象，以及不计其数的其他反常形态。

诸位是否觉得好奇，居然有人写这种东西并在此过程中以哲学家和社会评论家成名？请看 YouTube 上制作的唯一一个关于乔治·巴塔耶的电视采访，名为《乔治·巴塔耶：文学与罪》（*Georges Btaille: Literature and Evil*）。你或许会惊讶地看到一位气质和蔼、说话温和的男人，看上去就是典型的法国知识分子。尤其请注意他在采访将近结束时给出的理由——我们必须直面罪，为的是克服它。我们被教导说，有些行为来自人性的黑暗面，我们不该害怕去探索他们。

那么好吧，可是诸位或许会问，巴塔耶对淫秽、色情的嗜好与礼物的哲学有何相干？关键词就是过剩（excess）。巴塔耶书写的东西都具有过剩的性质，无论主题为何。那么什么是过剩呢？难道不是慷慨的一种反常形式吗？归根结底，礼物的动力何来？礼物也出自某些形式的慷慨。

在《查拉图斯特拉如是说》（*Thus Spake Zarathustra*，1891）中，我们在第八章中讨论过的重要的德国哲学家、文化批判家、诗人、语言学者弗里德里希·尼采反思了礼物赠予的必要性。他笔下的人物查拉图斯特拉对此理解得再透彻不过：当你给予的时候，礼物可以被视为 pharmakon（毒药）——接受者感到有义务回赠礼物然而却不能，因为他们拿不出等值的东西。查拉图斯特拉说，赠予礼物实在是门艺术，关键在于不要让接受者感到负了债。查拉图斯特拉还指出，他从来不会因为慷慨而令自己感到贫穷，他会继续把赠予礼物视为最高道德——如此他的论述就有了纵深感。在查拉图斯特拉看来，好的学生通过超越老师来回赠礼物；但是老师从来不知道这一点，所以礼物不会回到老师那里，因此这不是对等回报的礼物。

我们在第八章讨论过的著名德国哲学家马丁·海德格尔针对礼物概念采取的另一条路径。他对于"存在的礼物"的思考并不把礼物置于交换的循环中，而是从时间角度描述礼物。海德格尔把礼物重构为"对存在之礼物事件的遗忘"。"事件"这个词表示礼物在时间中发生。在海德格尔看来，在时间中的礼物是不可能的，礼物只发生于时间之外。

请把时间想象为不间断的、定向的推进，它永远向前运动。再把我们的存在视为这一运动的一部分。假如真正的礼物如海德格尔所说位于时间之外，那么它只能存在于这么个微小时间片段：时间方向被停止了或打断了。这时间运动的断点依然联结着时间但不是时间的实际组成部分——礼物只能在此存在。还不明白？想象一下篮球被抛向空中。它的轨迹是向上的。但是在某一点，重力止住了它的向上轨迹，方向扭转了。球往下落，直到它落地或被人接住。在方向扭转的那个时间片段，你可以想象成时间停止了。在这个微毫秒，礼物可以存在。

　　法国哲学家、社会学家、人类学家皮埃尔·布迪厄（Pierre Bourdieu，1930—2002）在《实践的逻辑》（*The Logic of Practice*，1980）中指出，要回答是否可能有纯粹的礼物这个问题，就不能不涉及我们的社会习俗，而这二者都预设了交换的经济。他认为，社会层面的慷慨善意的行为会造就持续的依赖性。比如我们的福利体系。没有收入的人需要吃饭，需要把钱花在衣服、交通及其他必需品上。我们的福利体系为他们提供粮票和津贴，可是在布迪厄看来，这样的慈善行为会造就一整代的依赖链条，整个地依赖于我们的社会福利体系。

　　布迪厄认为，礼物的问题归根结底是政治问题；而我们的政治经济在我们的货币、银行、投资、借贷、信用、税收和收益体系中早已确立下来。要回答礼物的问题，我们得有能力站到我们习以为常的政治经济之外。这有多难？布迪厄认为这简直不可能。我们的现实、交换习惯、社会条件、符号商品以及作为这一切之基础的政治哲学，都是需要我们去克服的东西。那是涵盖我们整个生活方式的容器，我们没法跳到它外边去思考。能做的只有把现有的经济换成全然不同的指涉体系，这将是一个发明，而非现实。

　　布迪厄把礼物交换视为"慷慨的伪币"。他的意思是说，无论在个人还是在集体基础上，我们的社会实践都在政治实践中得以确立。我们假装礼物是有德的，是慷慨行为；而实际上呢，它是我们经济交换体系的一部分。礼物是虚伪的，因为无论作为个人还是作为社会我们都假装它不是，我们说它是真的，它出自个人自由的兴趣，是理想憧憬的一部分；而事实上，礼物的本质是以对等礼物的形式收集符号资本。把礼物视为无私的慷慨，这样的观念是一种集体伪善，我们都入了股。作为例子，布迪厄讲了这么个故事。有个贵族给儿子一袋金币，让他到世界上去寻找自己的财富。过了段时间儿子回来了，那袋金币原封不动；他很开心因为自己没有花过一枚金币。可是他父亲勃然大怒把金币扔出窗外。这是怎么回事？因为他期待儿子回来时带着比原有的金币更加贵重的财富。换句话说，儿子应该做贸易、投资，用钱来生钱，可是他没有。他没有创造财富，他的使命失败了。在布迪厄看来，这个可以类比我们的处境。以我们这交换的政治经济为基础，我们的社会行为是受期待驱动的，礼物赠予也是这样的社会行为。赠予不可能外在于我们生活于其中的体系。礼物期待对等礼物。我们就是这样的人，所以不可能有纯粹的礼物。

　　我们在第十四章讨论过的法国/阿尔及利亚哲学家、文学家、剧作家埃伦娜·西苏在《新生的女人》（*The Newly Born Woman*，1986）中也表示不相信有纯粹的礼物这种东西。在她看来，慷慨的价值在于它本身，给予的行为本身就是快乐的。礼物被自由地赠予他者，他者也会自由地给予。她说给予出自对关系的渴望。这一关系由自我加他者、给予者和接受者组成。在这样的关系中，不期待回报的给予行为改变了给予者和接受者；他们成为一体。人通过给予他者的行为给自己快乐。给予是个无尽的循环，对于所有人都是充足的。

　　和其他人的礼物概念相比，西苏的概念有个独特之处：尽管她主张不存在纯粹的礼物，在拿礼物这方面还是有这可能性的。这是什么意思呢？这意味着西苏在礼物循环这个这个困境的周边想出了个办法，可以免于引起接受者的负债感。比如你拿了件东西，假如这是你偷来的，你不会把这看成礼物。但是，假如给予者允许你拿，那么这个允许对于你就是真正的礼物。西苏的理论改变了给予和礼物的性质。礼物不再是现成存在于那里的东西。它是偷来的礼物，然而是给予者允许我拿的。给予变成了拿取。所以她说，要给予的是"任你拿的礼物"。

举个例子吧。你想喂你院子里的鸽子。你投撒种子，观看它们进食，这令你感到快乐。但是鸟们会害羞。它们是野生动物，它们怕你。它们不会吃你用手提供给它们的东西。那么你该怎么做？你把种子放在喂食器里或干脆撒在院子里，在它们方便取食的地方。你的种子就是"任你拿的礼物"。

我们在第十四章讨论过的露丝·伊利格瑞是比利时女权主义哲学家、语言学家、文化理论家、社会学家和精神分析家，在她看来礼物没有对象。她说礼物的存在先于给予行为，先于赠送者和受赠者。在《基本的激情》（*Elemental Passions*）中她这样写道："礼物的给予先于任何分离的身份（如给予者和接受者），甚至先于礼物本身。"在她看来，礼物在交换的循环之外。给予，是把自己提供给他者这一过程的一部分。这一过程包含着生成，在其中爱改变了给予者和接受者之间的关系的性质，即"我"和"你"。在伊利格瑞的礼物模型中，"我"（给予者）并未固结为"非你"。它们并非截然分离，并非对立。"我"和"你"在爱的过程中成为一体。倘若礼物中不存在对立的双方，那也就不存在交换的循环，于是在给予中也没有自我的丧失。爱完全改变了礼物关系。

举个例子。请想象一位怀孕女子，她即将成为母亲，我们知道这是所有关系中最有爱的。在孩子出生前她就为孩子购物，怀着爱意挑选漂亮的衣服和玩具。它们是礼物吗？还不是呢——因为要接受它们的孩子还没出生呢！孩子出生后它们是不是礼物呢？孩子当然还什么都不知道，无论以何种方式。婴儿把自己看成母亲的一部分，直到他学会区分自己和母亲；一般来说，这还得过好几个月。出生前孩子是母亲的一部分，现在依然是；无论从母亲的角度看还是从孩子的角度看，出生后的孩子都是母亲的一部分。在伊利格瑞的礼物模型中，在为孩子挑选物质性的礼物之前，母亲那无所不包的爱已经存在了，它将继续存在下去。出自爱的礼物是真正的礼物。

关于礼物，还有许多哲学家的思想可供我们探讨（亚里士多德、康德、列维纳斯、马里翁［Marion］、德勒兹等等），而最有影响的当代大陆哲学家或许就是雅克·德里达，他是法国/阿尔及利亚人，我们在第八章讨论过他。在《给定时间：伪币》（*Given Time: Counterfeit Money*，1992）一书中，德里达在海德格尔和莫斯的基础上提出，不存在纯粹的礼物这种东西，真正的礼物不仅不可能，而且它就是不可能本身，理由将在下文展开。德里达说，真正的礼物不仅要求对等礼物（回报）的缺失，甚至要求礼物不能被给予者和接受者——"赠送者"和"受赠者"察觉为礼物。德里达认为最简单的礼物意向也包含着回报，给予者在"善或慷慨那令人满足的意象"和"自我认同"中得到了回报（《给定时间》，23页），而真正的礼物是无条件的、完全无端的。它在责任循环之外，在商品交换的循环之外。一旦礼物和思想发生联系，它就进入了循环。所以礼物必须是自发的。它还必须在慷慨的观念之外，因为慷慨这一给予的欲望包含有意识的思想。只要沾上一点点给予的意向礼物就没有了：它被取消了。而且一旦礼物被受赠者如此确认，它也就不再是礼物了。想想给你的朋友赠送礼物，现在就想。当你为此思考的时候，你就进入了礼物的恶性循环，无处可逃。

在《给定时间》中，德里达引用了夏尔·波德莱尔（Charles Baudelaire，1821—1867）讲的一个故事，名叫"伪币"：有一对朋友离开烟草店，遇上个乞丐。故事的叙述者给了乞丐一枚硬币。他同伴给了乞丐一枚更大面额的硬币，看起来这相当慷慨。但那位朋友说了，他给乞丐的是伪币！叙述者鄙视同伴，认为他"出于愚蠢而作了恶"。光是心胸狭窄或许尚可原谅，但是做事不考虑后果还自我感觉良好，就加倍地令叙述者厌恶。给予者给的是伪币——它究竟是礼物呢，还是有毒的礼物？我们来思考几种可能性：假如赠送者知道这是伪币，那么他知道自己根本没送礼物，而接受者如果试图花这硬币就会吃官司。或者接受者会花费它并在交换中得到比这伪币面额更多的钱，在这种情况下"礼物"增值了：这样一来它是不是礼物呢？要是叙述者的朋友说了谎，那硬币根本不是伪币呢？这会不会以某种方式改变了礼物的状态？当然你还可以想出其他剧本，足以令"这是不是个纯粹的礼物"这一问题加倍复杂化。

德里达花了大半本书的篇幅来研究这个小故事的衍生物。这如何做到？作为世界上最著名的解构主义者，德里达从每一个可能的角度切入观念，力图涵盖观念中的所有从属观念。德里达认为每一个文本都早已包含了潜台词。他鉴别它们、探索它们，当它们与别的观念发生碰撞、合并时，他就跟着观念指引的方向行进。显然，这样的检验是综合性的、无穷尽的过程。这一过程包括指涉其他思想家以及他们的文本，不放过磨人的细节、旁白、脚注，这些东西比文本本身篇幅更大；还要涉及他自己的其他作品。阅读德里达的文本令人殚思竭虑、精疲力尽。不过要理解德里达对礼物循环的研究，我们必须追随他的脚步走过他所发现的各种障碍、扭曲、转向；要足够耐心，不用在意他会在哪里停下——因为他从不止步。他在这部著作中提出的观念会再次出现在其他著作中，牵连着观念的线索；他会漫游到各个领域和学科，涉足只有专家学者才会擅长的领域。《给定时间》出版的时候，德里达承认，他已经在自己的多个文本中从各个路径研究礼物问题长达二十年。

德里达实践的这一写作风格，这一复写——书写、重写及重新评价——的开放循环，和礼物在交换循环中发生的事情颇为相似，不过在这一点上恰恰相反：在德里达看来，一旦进入循环——无论是因为带有动机的给予还是因为偿付礼物的"债务"——礼物自身就不再如是地存在了。实际上德里达就是把自己的写作从里到外来个翻转，以此来探究这一现象。最终，他提出三个标准来决定礼物是否纯粹：

·礼物必须不是交换的一部分。不能有受赠人的回报，甚至不能有谢意的表达。事实上，受赠人甚至不能对礼物之为礼物有所确认。

·赠送人必须没有和礼物的回报相关的动机，他必须对通过给予的行为来行善毫无意识。

事实上，赠送者必须不知道他或她给予过礼物。

· 礼物必须在交换的经济之外；换句话说，它不能是物质性的。

所以纯粹的礼物是无条件的。有了条件就没有礼物。不能有回报、偿还、交换、对等礼物或债务。甚至连一点点以结果回报自己的意向也取消了礼物。神学家彼得·莱特哈特（Peter Leithart，1932— ）建议我们用这样的实验彻底检验德里达的条件：梦游的哈里把花拿给昏睡的爱丽丝。礼物被赠送了吗？双方都对于给予和接受的行为没有意识。我们多半难以认为这里有礼物存在，因为我们的文化条件告诉我们给予的意向是给予中的必需要素。要让礼物得以可能，哈里必须清醒，爱丽丝也必须从昏睡中醒来。但是从德里达的条件来看，情况全然不同：一旦这么做，他们都认识到礼物被给予了，礼物就被毁了；礼物的条件同时就是礼物毁灭的条件。

诸位或许会认为，有了这三个条件，德里达当然会说礼物是不可能的。但德里达说的并非礼物是不可能的（可能的反面）；他说的是，礼物就是不可能本身（THE impossible）。这有何差别？噢，有的就是差别（differance，延异）！德里达所说的"不可能"的礼物并非意味着它会成为可能，而是说，不可能本身是可能的。这听上去像故弄玄虚，其实可以理解。他的意思是说，在我们的日常理解和分析中，它貌似可能；而实际上呢，只有当作为事件的礼物溢出了我们的理解，在这一意义上它才是可能的。请思考一下上帝、天堂、恩典、死亡；思考一下光年、平行宇宙、永世、无限、疯狂；请思考这些超越于我们的直接理解——无论我们作为个体还是作为人类——之上的事件或状态，这样你就能领会了。礼物的地平线令它超越了我们的理解力，这就是我们所讨论的交换循环碎裂的轨迹。这就是纯粹礼物所在的地方。

到这里我们开始理解了，德里达何以坚持说礼物是个难点（aporia），是个悖论。尽管纯粹的礼物位于交换经济之外，它依然需要这个交换循环，作为它的出离点——你愿意的话，可以称之为可能性的基地。他问我们，令礼物可能的条件难道不是令礼物不可能的条件吗？现在我们有望懂得这个问题了。我们甚至可以问，经历过探索德里达作品——以礼物为形式——的挑战与乐趣之后，德里达给予我们的是不是纯粹的礼物呢？我们是否欠了他的债？这债在交换循环的里边还是外边？这一关系所包含的是否不止于德里达和读者双方？在我们一起阅读和探索的过程中，是否有更多的东西诞生了？我们会希望开始——作答。

什么是艺术以及相关的美学问题[①]

哲学和大部分别的学科都不一样，它无法被限制在特定的主题领域中。历史学关注的是过去，生物学关注的是有机体，教育学关注的则是学习过程。从原则上讲，我们可以搞"某某"哲学，"某

[①]这部分的作者是多米尼克·麦基维尔·洛佩兹（Dominic McIver Lopes），不列颠哥伦比亚大学的哲学教授、杰出学者。最近他担任美国美学协会主席。

某"这个位置上可以代入你喜爱的任何东西。实际上呢，受到哲学家关注的主题总得有些重要性。艺术哲学，亦称美学（aesthetics），从两种意义上为以上观点提供了例证。

首先，对于有些人来说，艺术上的追求是他们一生的目标；而几乎所有人都觉得听音乐、跟着音乐跳舞、读故事、看图画这些事情很有意义。艺术的价值是显而易见的，但也是令人困惑的。这个问题可以这样抽象地来表达：生活在艺术自由的环境中的智慧生物能够从艺术中获取什么意义？比如说，关于跳舞的价值，你能对他们说什么？这个问题也有其实践层面：为什么我们应该运用公共资源——无论属于国家的还是属于私人基金——来支持艺术？尤其是，当别的需求也比较紧迫的时候？对于艺术的困惑是研究艺术哲学的一个原因。当你对艺术感兴趣的时候，你或许就会愿意研究这门学科。

第二，艺术令哲学家们感兴趣，因为关于艺术的哲学问题和哲学的一切核心领域都有关联。这里就是例子：什么是艺术（形而上学）？什么使艺术成为好的（价值理论）？我们如何判断艺术的好和坏（认识论）？人如何能够谈论不存在的事物的故事（语言哲学）？创造力是什么（精神哲学）？研究艺术哲学就是研究哲学的路径之一。当你看到有些艺术哲学家并非狂热的艺术爱好者时，你或许会吃惊；你想要研究美学，或许仅仅是因为你对某些最艰深的哲学问题感兴趣。

什么是艺术？

作为一位艺术哲学家，他首先要提出的大概就是这个问题。其实，无论面对何种研究，首先把视线集中于你想要理解的东西是什么，这都不失为小心谨慎的研究方式——头脑中时刻警惕着：你此刻的决定将对你回答后面问题的方式产生影响。艺术哲学家面临的任务尤为棘手，因为艺术和关于艺术的观念在过去的世纪中一直在变，而且变化的速度越来越快。"什么是艺术？这不光是哲学家的问题。每个画廊参观者，每个流行音乐爱好者，都得面对这个问题。

有段时间，艺术或好的艺术指的就是这样一些东西：陈列在艺术长廊里的图画，在音乐厅里演奏的音乐，还有在书店的"文学"专柜可以找到的小说。在过去的四十年中，哲学家们大大扩充了艺术的概念，使它包括了儿童的涂鸦、流行音乐、通俗小说、B级影片，还有本土建筑。这些东西都在扩充后的艺术概念中占有一席之地，它们都隶属于艺术这个术语。或许，哲学家和别的人都会注意到，漫画书和电视节目也包含那么些特质，使它们能够成为艺术。

有可能是某些特质构成了艺术的定义。定义就是包含了一系列特质的命题，这些特质对于艺术而言是必要的，而且是充足的。比如说，一篇文字，只有当它具备这些特质的时候，它才是艺术；并且只要它具备了这些特质，它就是艺术。哲学家们对于艺术的定义有好几种。柏拉图认为，艺术就是对对象和行动的模仿。托尔斯泰（Tolstoy）认为艺术是对某种情感的表达，这情感维系着人类共同体或文化。克里夫·贝尔（Clive Bell），一位重要的早期美术理论家，他认为视觉艺术通过形象和色彩的组合排列表达了特定的"审美情感"。这些观点都并非十分令人信服。并非所有艺术都是模仿（比如大部分使用乐器的音乐），也并非所有模仿都是艺术。

安迪·沃霍尔的作品，名为"Brillo 肥皂盒"（*The Brillo Boxes*）。

并非所有艺术都是表达（比如蒙德里安［Mondrian］的烙铁画），有许多感受的表达也不具有艺术性。

　　不过，你仍然会觉得艺术总归和模仿、表达有关。有些哲学家对此持同感。他们认为，对于"什么是艺术"这个问题的回答不见得要采取定义的形式（就是这样一个命题，包含了成为艺术所需的必要条件、充分条件）。艺术包含了一串对象。没有什么是一切艺术品的共同点，也没有什么能把一切艺术从一切非艺术中区分开。有些艺术是模仿，但并非表达；有些是表达，但并非模仿。

1964 年的一天，哥伦比亚大学的哲学家阿瑟·丹图（Arthur Danto）参观了纽约的斯德伯尔美术馆（Stable Gallery），他在那里看到了安迪·沃霍尔（Andy Warhol）的"雕塑"：一堆 Brillo 牌的肥皂盒子。此后丹图这样写道："沃霍尔的作品提出了一个引人入胜的问题，这是个哲学问题：他这些盒子和真正的装肥皂的盒子几乎完全没有区别，那它们为什么可以算是艺术作品？尽管可以发现些微小的差别，但这个不足以用来区分艺术和现实啊！"[①]沃霍尔表明了，艺术作品在表面上可以和日常的、非艺术的物品没有区别。

从这里我们可以学到的是，艺术不能用可以感知到的特性来定义——可是我们通常都认为，光凭"看"就能把艺术从非艺术当中区分出来。"肥皂盒"是艺术，但它们看上去就是肥皂盒。使之成为艺术的，是它们被解读的方式，或者是它们从中被制作出来的那个语境。只要解读得当或制作的条件适宜，任何东西都能成为艺术。在某些语境中艺术是模仿，在另一些语境中艺术是表达，在有的语境中则两者都不是。在丹图看来，艺术的定义应当是富于弹性的。用于定义艺术的那些特性同解读和创作过程都有关联。重要的是，怎样的解读、怎样的创作语境把非艺术变成了艺术——这是我们应当探索的主题。这就意味着，我们应当把艺术视为社会现象。丹图的工作给许多哲学家带来了灵感，关于这个他们要说的有很多。

小说的悖论

知道了什么是艺术以后，我们并不因此就明白了我们为何要关注艺术——或者说，艺术的价值何在。艺术作品能够唤起人的情感，这是许多作品的价值源泉之一。就电影而言，有些电影是好的，就因为它们能给人以强烈的震撼，引起人的敬畏感。还有些是催人泪下的悲剧片。奇怪的是，这样的悲剧片往往受到好评。亚里士多德注意到，他那个时代的那些催人泪下的悲剧必须是能够给人带来快感的。尽管悲剧引起的是悲伤、焦虑还有别的负面情感，这些和快感差得很远，但是我们花钱去消受的不是这样的情感。痛苦的艺术是可以快乐地经历的：这是个悖论，有许多哲学家——例如休谟、叔本华、尼采——都曾试图解释它。但是还有一个悖论更为根本，它涉及艺术作品所引起的情感反应；它让我们惊奇：许多艺术作品所引起的情感反应是如何可能的。

看起来，以下三个命题都是真的：

（1）虚构的人物以及他们的遭遇经常能唤起我们的情感，

（2）如果某些对象能够唤起我们的情感，那通常意味着我们相信那些对象是存在的，但

（3）我们并不相信虚构的对象是存在的。

第一个命题显然是正确的。安娜·卡列尼娜的命运让我们悲伤，而奔驰鸟用智慧战胜骗子狼的故事则令我们快乐。然而安娜、骗子狼、奔驰鸟都是虚构出来的，并且正如（3）所说，我

[①] Arthur Dantor, "art, philosophy, and the philosophy of art," *Humanities* 4(1983):1-2.

们并不相信这些虚构对象的存在。第二个命题需要做些解释。许多哲学家主张，情感不仅仅是肉体感觉。比如说，愤怒和挫折感在感觉上是一样的，因为它们都伴随着肾上腺素的大量分泌，还有心律的上升；但是它们并不相同，因为前者是面对不公或不正当的处境时人所具有的情感反应，而后者意味着人感到自己的努力受到了阻碍。类似地，害怕意味着人相信自己所处的环境是危险的，而愉快则意味着相信一切安好。当我们知道环境并非真的危险时，害怕就消失了；当奔驰鸟最终沦为骗子狼的猎物时，我们的快乐就消退了。正如当我们知道自己并未受到不公待遇的时候，怒火就熄灭了；知道了努力终究会成功，挫折感也就没有了。情感并不是没有理由的；它们是我们用以思考、评判自身处境的一种方式，它随着我们信念的改变而改变。

瑞秋·施坦纳（Rachel Steiner）：贪婪者（Vulture）

悖论在于，尽管（1）到（3）看上去都对，它们当中至少得有一个是错的。假设我们为某人感到悲伤就意味着我们相信她的存在，再假设我们不相信安娜的存在——这样我们就不可能为安娜感到悲伤，可见（1）错了。或者，假设我们确实为安娜感到悲伤，并且相信她是存在的。这就意味着，要么我们不知道她是虚构的，要么我们相信虚构对象的存在——即（3）是错的。还可以假设我们不相信安娜存在，但我们仍然为她感到悲伤。这意味着情感并不包含"相信对象存在"这个因素——即（2）是错的。就是说，如果这三项当中有两项是对的，那么剩下的一个就是错的。

怎样才能解决这个悖论呢？否认（3），这个颇有诱惑力。或许，当你读小说、看片子的时候，你暂时地相信故事中发生的都是真的，相信故事中的人物是真实的。故事唤起了一种幻想（讲故事的人就像笛卡尔说的那种恶的欺骗者）。然而这个观点有问题。当我们读故事的时候，我们并不像相信故事是真的、相信安娜是存在的那样去行动。比如说，我们很正当地从她的悲哀中获得了乐趣，但我们无法从真实人物的悲哀中正当地获取乐趣。享受肥皂剧是一回事，把你邻居的不幸遭遇当做乐趣来享受可是另一回事！

另一种解决方案出现在《作为虚构的模仿》（*Mimesis as Make-Believe*）中，这是最近的美学著作当中最重要的一部，作者是肯德尔·沃尔顿（Kendall Walton），密西根大学的一位哲学家。沃尔顿接受（2）和（3），但对它们都做了些微的修正。我们不相信虚构对象的存在，但我们想象它们。再者，情感反应通常是预设了对对象存在的信念的，但有时候想象会取代信念——尤其是对于虚构对象的存在的想象。当我们阅读托尔斯泰的时候，你想象安娜在受折磨，于是似乎就为她而悲伤了。你并没有真正地为她悲伤，因为真正的悲伤被这种信念驱走了：你悲伤的对象并不存在。你感受到的是准悲伤，它和真正的悲伤相似，但伴随着它的不是信念而是想象。由于准悲伤也是一种情感，所以（1）是正确的。

请注意，这个美学问题是如何地触及了认识论（关于我们应当相信什么）、形而上学（关于何物存在）和精神哲学（关于我们精神存在的本性）。与此同时，它还触及了人类日常生活当中的神秘：我们创造艺术，用它来呼唤情感反应。

音乐表达的困境

我们为安娜感到悲伤，因为在托尔斯泰写的故事中她被表现为绝望的、心神狂乱的。在小说中，她像一个绝望的、心神狂乱的人那样行动，小说就是这样表达了她的内心感觉。许多艺术作品，诸如小说、电影，都是通过表现对象和事件来表达情感的。那么音乐呢？许多音乐并不表现任何东西（除了有歌词的音乐和所谓的标题音乐），但它们确实表达了情感。这是如何可能的？无论如何，情感是精神状态；所以，设想某物在表达情感，就等于设想它是有感知力的；但音乐只是组合起来的声音而已——它并没有感知力，我们通常也不会认为它有感知力。

因此，我们似乎得找到一个有感知力的生物，使我们能够令人信服地把音乐所表达的情感依附到它的身上。有个古老的观点认为，音乐表达的就是作曲家在作曲时的情感。这个观点的

伯格斯的钞票

J. S. G. 伯格斯（J. S. G. Boggs）会绘制和真钞一样大小、惟妙惟肖的钞票。在每张作品的正面，他把本该是银行标记的地方绘制成了滑稽可笑的小装饰，比如在美国的 1 美元钞票上，他把 ONE 改成了 FUN。反面就是作画的记录，包括艺术家自己的签名。大部分艺术家出售自己的作品，而伯格斯"消费"自己的作品。在酒吧接到账单的时候，他会让侍者选择要现金还是要伯格斯钞票。伯格斯钞票是按"面值"支付的——如果一张 100 美元面值的伯格斯钞票被用来支付 60 美元的酒吧账单，伯格斯会要 40 美元的找头。不过，现在伯格斯钞票比它的面值更值钱。你可以在 www. jsgboggs.com 看到伯格斯钞票，你还可以把它们印出来，"花费"它们。

美国政府认为伯格斯是伪币制造者。伯格斯则认为自己是艺术家，关于艺术和价值，他提出了自己的问题。那么谁说得对？伯格斯？政府？都错了？还是都对？如果伯格斯是对的，那么他的艺术作品究竟是什么？是他那技艺精湛的画作，还是他对流通领域的文化干扰？你会根据 www. jsgboggs.com 的指点去印制、"花费"伯格斯钞票吗？你的理由是什么？

麻烦之处在于，有些感情，我们有理由相信它是属于作曲家的，但它却未必是乐曲所表达的情感。在写作欢快的乐曲时，作曲家可能是在为自己的创作天分感到骄傲，或者在为交稿的截止日期感到担心。另一个流行的观点是，音乐表达的情感就是它在听众身上唤起的情感（我们已经看到了，艺术作品是能够唤起情感反应的）。但这个观点也有其困难之处。有些听众永远是"冷漠的评判者"，大部分听众则在有些时候是"冷漠的评判者"。你可能处在阴郁的情绪中，但这时你仍有能力感受到乐曲中的欢快——确实，在忧郁的时候听到欢快的歌曲是令人烦恼的。

这些古老的和流行的观点都有困难，因此有些哲学家提出，我们可以把音乐表达的情感附属到一个虚构的人格上。当我们听到音乐中表达的欢快时，我们就想象这个虚构的主体在感受欢快。当面对一部篇幅较长的、严肃的古典音乐时，这个观点是颇有说服力的：仿佛一个情感叙事在乐曲中缓缓揭开（比如说，先是恐惧，然后是悲伤，接着是愤怒、顺从，最后是满怀希望），在这种时候，设想一个虚构的人物在经历着这个情感过程是很自然的。但是，是不是在听每一段小曲、歌谣的时候，你都在设想有个虚构的人物在经历着小调中表达的情感呢？

还有一些哲学家认为，我们无须假设音乐所表达的情感是属于什么人的。这个观点看起来也颇有道理，因为我们都能够表达自己所没有感受到的情感。我的职业性的的微笑掩饰了我的紧张——它并没有表达任何内在的快乐。同样，音乐也可以用声波来微笑，这样就表达了无人格的快乐。罗格斯大学的音乐哲学家彼得·凯维（Peter Kivy）很认真地对待了这个"声波微笑"的隐喻。在他看来，音调结构、韵律以及音乐的动态可以用来模拟表达人类的悲伤。比如说，某段乐曲之所以听上去悲伤，是因为它的节奏模仿了一个悲伤的人的缓慢的步态。这个观点看起来能够解释悲伤、喜悦、愤怒这样的普通情感，但是，音乐如何能够模拟出希望或决断这样的表达呢？音乐通常是表现情感的，对于我们来说，它的价值的一个重要因素就在这里。没有什么比这更清楚了。但是，以下这点仍旧难以理解：音乐如何能够起表达作用，就如同人的表情或手势能够起的表达作用那样？

结束语

艺术哲学家们感兴趣的问题有哪些？以上就提供了几个小例子：艺术理论、小说的悖论、音乐的表达。与艺术哲学中的大部分话题一样，它们都做了两件事：一、针对我们对于这一特殊的人类社会行为所具有的困惑，深入研究，达到了问题的中心；二、要求哲学提供的一切可取的资源和可行的手段。对图画而言，为什么完美的赝品的价值比不上真品？为什么我们对于艺术家生活经历的了解会影响到我们对于他作品的欣赏？雷妮·瑞芬斯丹（Leni Riefenstahl）的电影《意志的胜利》（*Triumph of the Will*）在 1936 年受到好评，但它是一部纳粹宣传片，这有关系吗？对于一部音乐作品来说，如果没有人演奏它也没有人听它，它还存在吗？如果你可以读乐谱，那为何还要听它呢？这些关于艺术的问题看起来是无穷无尽的，而这就是哲学的开始。

✈ 原著选读 17.1 《感知与大脑过程》[①]

J. J. C. 斯马特

J. J. C. 斯马特是一位颇有影响的同一性理论早期倡导者。在这里，他向我们展示了同一性理论，并对有些反驳做了驳斥。

随着科学的发展，我们已经越来越有理由把生物机体理解为物理－化学机制：或许会有这样一天，就连人类行为也可以用机械术语来解释。就现有的科学来看，似乎世间万物无非就是物理元素愈来愈复杂化的排列组合，仅有一个领域是例外：人的意识。倘若我们要对一个人做出完整的描述，那么光涉及他器官组织、腺体、神经系统中的物理过程还不够，他的意识状态也是必须描述的——这里面包括视觉、听觉、触觉，包括他的痛苦和欲念。我们固然可以认为这些意识知觉和大脑过程是相关联的，但这样的说法于事无补：因为说前者和后者相关联，就意味着前者是某种"外在和高于"后者的东西。你不能让一件东西和自身相关联。脚印和窃贼是相关联的，但这不是窃贼自己和自己的关联。因此，知觉、意识状态似乎确实是物理学图景之外的东西；然而由于种种原因，我无法认同这一点。既然世间万物都可以用物理学来解释（这里面当然包含了一系列的还原，生物学归根结底还原为物理学，正如无线电工程学属于电磁学），那么有什么理由把感知现象排斥在外呢？……

把感知现象等同于某种形态的大脑过程，这有何不可？当然，对于这一观点有许多哲学上的反驳，其中有的家喻户晓，有的则不太有名。以下我将试图表明，这些反驳并不像通常认为的那么有力。

首先，我们得把"感知就是大脑过程"这个命题表达得更确切些。它并不是说，像"残留影像"或"疼痛"这些词的意思就等同于"X 类型的大脑过程"（"X"处可以代入关于特定大脑过程的描述）。它说的是，倘若"残留影像"或"疼痛"是关于某一过程的描述，那么它所描述的恰巧就是某一大脑过程。也就是说，这个命题并不主张关于感知现象的描述可以被翻译成关于大脑过程的描述；它也并不主张感知命题的逻辑等同于大脑过程命题的逻辑。它所主张的无非就是：既然感知命题对某物有所言说，那么这个"某物"实际上就是大脑过程。感知并不是外在和高于大脑过程的东西。正如国家并非"外在和高于"公民，但这并不妨碍我们述说国家时的逻辑和述说公民时的逻辑大不相同；而且，关于国家的描述也未必能够翻译成关于公民的描述……

关于同一性。当我说感知就是大脑过程或闪电就是放电现象时，我是在严格同一的意义上使用这个"是"的。（举例来说，就如同这个命题"7 等同于比 5 大的最小质数"。）……

对于上述观点——感知描述所涉及的过程实际上就是大脑过程——可能有各种各样的反驳意见，以下我就要对这些反驳进行讨论。其中有那么些反驳意见，我们中的大部分

---

① From J. J. C. Smart, "Sensation and Brain Processes", *Philosophical Review* 68(1959), pp.141−156.

人在最初涉足哲学时就接触过；对于它们我们更有理由予以重新审视。然而另一些反驳则较为曲折微妙。

反驳 1：任何一个目不识丁的村夫都能够准确地谈论自己的残留影像、自己对于事物的主观感受以及自己的欲念和痛苦；然而他或许对于神经学一无所知……

回答：试想有那么个爱睡懒觉的民族，那些人从来没有见过晨星，也根本不知道它的存在，更不会用"晨星"这样的表达式；但是他们能够自如地运用"昏星"这个词，只是他们不知道"昏星"实际上指的就是我们说的"晨星"。……

再来拿闪电作个例子。现代物理科学告诉我们，闪电就是一种放电现象，它的起因是大气中水汽云团的电离作用。如今人们都相信，这就是闪电的实质。请注意：闪电和放电现象并不是两样东西。这里说的就是闪电，而现代科学将它描述为这样一种现象：一团电离的水分子将电释放到地面上……

总而言之，对于反驳 1 的回答是这样的：可能存在这种情况，即"A 等同于 B"这一命题成立，而有人知道 A 却不知道它就是 B。一个目不识丁的村夫不必知道自己的大脑过程就可以谈论自己的感知，正如他不必知道任何电的知识就可以谈论闪电。

反驳 2。当我们拥有某种感知时，就有某一过程在我们大脑中进行着——这只不过是个可能的事实（倘若它能算事实的话）。归根结底，这种情况也是可能的（尽管可能的程度未必是最高）：我们当前的心理学理论就像那种把意识过程和心灵内部状态相联系的古老理论一样，迟早也会过时。也就是说，当我们

描述某种感知时，我们指的东西不见得是大脑过程。

回答。以上反驳确实可以说明，当我们说"我看到一个残留影像"时，这话的意义无法被表达成"我拥有如此这般的大脑过程"这样的形式；但这并不能表明我们所说的东西（看到一个残留影像）实际上不是大脑过程……

还有一种反驳是这样的：感知既然能等同于大脑过程，那么它就得包含某些现象属性，因为大脑过程是以现象为条件的；而有些感知不包含现象属性，于是就有一半的等同关系不能成立。

对此，我的意见如下。当一个人说"我看到一个黄色桔子状的残留影像"时，他的意思是这样的："有某些事正在发生，这正在发生的事就如同下述情况下发生的事一样：我睁着眼，神志清醒，面前有一个桔子摆在良好的光线下——换句话说，现在发生的事就如同我真正看见一个桔子那样。"……

…………

反驳 4。残留影像并非发生在物理空间中，而大脑过程发生在物理空间中——因此残留影像不是大脑过程。

回答。这是文不对题（ignoratio elenchi）。我并没有说残留影像就是大脑过程，我说的是，"看到残留影像"这一经验是大脑过程。在经过自省后做出的描述中，被描述的是经验。类似的反驳也可以是这样的：残留影像是一个黄色的桔子，但探视你大脑的外科医生看不到什么黄色的桔子；我的回答则是：被描述的是你看到黄色桔子的经验，而这个经验并不是黄色桔子这样的东西。所以，大脑过程固然不能是黄色桔子，但这并不意味着你"看到黄色桔子

般的残留影像"这一经验实际上不能是大脑过程……

反驳5。说大脑中的分子运动是快还是慢、是呈直线还是呈曲线,这都是有意义的;然而,这些说法对于"看到黄色的某物"这种经验却毫无意义。

回答。迄今为止,我们并没有说谈论经验的快慢、曲直有任何意义。而我也并不认为"经验"和"大脑过程"意义相同,更不认为它们有相同的逻辑。"某人"和"那位医生"的逻辑是不同的,但我们不至于因此就认为,当我们谈论某人在打电话时,实际上涉及的是外在和高于那位医生的东西。

……

反驳6。感知是私人的,而大脑过程是公共的。如果我真诚地说:"我看到一个黄色桔子状的残留影像"并且没有犯字面上的错误,那么我不可能是错的。但是对于大脑过程,我可能犯错。探视我大脑的科学家看到的可能是幻觉。再说,我们可以说两个或更多的人在观察同样的大脑过程,这么说是有意义的;然而说两个或更多的人在描述同样的内在经验却毫无意义。

回答。以上现象表明,描述内省经验的语言和描述物质过程的语言有着不同的逻辑。很明显,在大脑过程的理论得到充分发展并且被广泛接受以前,对于"史密斯拥有如此这般的经验"这样的说法不存在别的评判标准,除了史密斯自己的内省描述。因此,在我们所采用的语言规则中,一般而言史密斯的说法是靠得住的。

反驳7。我可以想象自己转向一块石头,看到形象,感到痛苦,如此等等。

回答。……我可以想象昏星不是晨星,但它实际上是。所有反驳都表明,"经验"和"大脑过程"的意义是不同的;但这并不意味着一个经验实际上不是一个大脑过程。

➧ 原著选读 17.2 《自由意志》①   萨姆·哈里斯

在本选段中,萨姆·哈里斯讨论的是这个问题:我们的选择取决于我们自身没法控制的原因。哈里斯拥有认知神经科学的博士学位,他在哲学方面论著颇丰。

正如丹·丹内特(Dan Dennett)等人所说,人们常常把决定论和宿命论混淆起来。这样一来才有了下列问题,诸如"假如一切都是注定的,我为何要行动?何不坐等一切发生?"这就是彻底的混淆。坐等一切发生本身就是个选择,它也会导致特定的结果。再说你知道这有多难吗:试试看整天坐在床上等事情发生;你会发现起来做点什么的冲动会不断地来侵扰你,要抵抗这样的冲动,你没有非凡的英勇可

---

① Free Press A Division of Simon & Schuster, Inc. 1230 Avenue of the Americas New York, NY 10020 Copyright 2012.

不行。

我们的选择固然取决于先前的原因，但这一事实并不意味着我们的选择无关紧要。假如我没有决定写这本书，它是不会自己写出来的。毫无疑问，我的选择是它面世的主要原因。决定、意向、努力、目标、意志力——这些都是大脑的原因状态，它们可以导致特定的行为，行为在世间产生后果。所以，人的选择正如自由意志的拥护者所相信的那样重要。但是你的下一个选择将出自哪里？先于它的原因在黑暗中。你有意识地见证着自己的经验，可是你没法把原因摆到眼前。

说某人假如做了别样的选择，他就会做出别样的行为，这固然是对的；但由此并不能推出大部分人珍爱的自由意志。因为人的"选择"出现在头脑中，就如同产生自虚空。从有意识的觉知这一视角看，你没法为你下一步的所想（及所做）负责，正如你没法为你出生在这个世界负责。

请设想一下，你的人生脱轨了。曾经的你十分积极阳光，在机遇面前充满活力，身体健康；而现在的你懒惰，怯懦，身体超重。你怎么会落到这步？或许你可以讲讲你自己的故事，回顾一下人生从何时开始转折。但是你为何任其发生？你没法真正解释清楚这一点。现在你想脱离这条下坡路，用意志的力量改变自己。

你开始阅读自助读物。你开始节食并加入健身房。你决定回学校充电。可是努力了六个月之后，和先前相比你并没有离想要的生活更近。书本没有对你起作用；你的节食和健康计划没法坚持下去；你在学校觉得无聊透顶所以辍学了。为何你会在自己身上遇到如此之多

的障碍？对此你无话可说。你试图改变自己的习惯，但习惯比你更强大。我们大部分人都知道这类失败是怎样的——从这样的经历丝毫看不出意志的自由。

但是有天早晨你醒来，心怀更加重大的决定。够了够了！现在你的意志坚如钢铁。还没出被窝，你就有了一个关于网站的伟大构思——你发现一个域名只须花费 10 美元，于是你自信满满。你现在成了企业家！你和智慧的人分享你的主意，他们都认为这主意足够你致富。

你鼓起风扬起帆，你春风得意。你发现你有个朋友和蒂姆·费瑞斯——著名的健身教练、营养专家——很熟。费瑞斯给你提供了节食、健身的方案。你感到这次会面非常有帮助——你发现自己的身体里有个巨大的宝藏，之前你对此毫无知觉。四个月后你减掉了 20 磅脂肪，换来了 20 磅肌肉。你体重没变，可是你像变了个人。朋友们都对你的成就感到不可思议。连你的敌人都来向你讨教经验。

你感到人生变了个样。不可否认，训练、选择、努力都在你的复苏中发挥了作用。但是为什么你这回能努力而之前就不行呢？你能解释得清吗？网站的主意是从哪里来的？它只是出现在你头脑里。是你——作为有意识的中介，在你自己的感知中——创造出它的吗？（如果是这样，那何不再创造一个？）你能解释蒂姆·费瑞斯的建议对你的作用吗？你能解释你为何有能力照他说的做吗？

关注一下你的内心生活，你会看到选择、努力和意向的升起在根本上是个神秘的过程。确实，你可以决定节食——我们知道各种变量，它们都和你的坚持有关——但是你没法知

道，当你所有先前的尝试都失败了之后，为什么这一次你把整个训练坚持了下来。你可以讲你自己的故事，你说为什么这次事情变得不同；但这无非是对你无法控制的事件的事后确认。没错，你能做你想做的——但是你没法解释这个事实：你的"想做"在这件事上有效，而在另一件事上无效（而且，你当然没法预先选择自己想做什么）。你想减肥已多年了。然后你真的想做了。差别何在？无论如何，这差别不是你让它来它就来的。

你没法控制自己的心灵，因为你——作为有意识的中介——只是你心灵的一部分，在其他部分的关照下生活。你可以做你决定去做的——但你没法决定你将决定什么。当然，你可以自己造一个框架，让某些决定更可能成立。比如你可以把你房间里的糖果全弄走，这样你在晚上就很不容易吃甜食了；但是你没法知道为什么你今天能服从这个框架而昨天不能。

意志力并非不重要，它也并非注定要受制于生物性；意志力本身就是生物性现象。你可以通过努力和训练改变你的人生、改变你自己，但你在那一刻有多少能力，你就只能把多少能力投到努力和训练上，一点也不能多、不能少。你在这方面要么幸运，要么不幸运，而你没法造就你自己的幸运。

很多人认为，人的自由在于我们有能力根据反思做我们相信自己应该做的事——这通常意味着克服我们的短期欲望而遵循长期目标及更好的判断。人当然或多或少地拥有这种能力，其他动物或许没有；但无论如何，这样的心灵能力根源于无意识。

你没有建造你自己的心灵。在某些时刻你貌似建造了它，当时你努力要改变自己，去获取知识或完善技能；可你手头的工具全都是你在先前的时刻继承而来的。

选择、努力、意向和理智都会影响我们的行为，但它们都是原因链条的一部分，这链条先于意识的觉知，我们终究控制不了它。我的选择是有作用的——也有别的路通向更明智的选择——但我没法选择我的选择。有时候我貌似这么做了——比如，在两个选项当中来回摇摆——但我并未选择去选择我所选择的。这里会有个逆推，终点肯定在黑暗中。第一步或最后一步的理由注定神秘莫测。

很多人认为这逆推的问题是个谬误。有些兼容主义者说，意志自由的意义等同于这样的观念：人可以有别样的思想或行为。可是，所谓我可以做出另一种行为，无非是在做出什么的事实发生后去回想"我还可以那么做"。这是一个空洞的断言，它混淆了对未来的期望和对过去的诚实解释。我接下来将干什么，为什么那样干，这仍归于神秘——它完全由宇宙的先前状态及自然法则（其中包括机会因素）决定。号称我是"自由"的就相当于说，"我不知道我为什么这么做，我的倾向令我如此，我也不介意这样做"。

出自存在主义的最提神的观点（或许是唯一的一个）是，我们可以自由地解释和重新解释我们人生的意义。想象一下，你的第一次婚姻以离婚告终，它"失败"了；但你可以把它看成有利条件，令你成长并最终过上了幸福的人生。这种解释的自由需要自由意志吗？不。它只是表明，不同的思考方式会带来不同的结果。有些想法令人沮丧，使人无力，而有些则令人振奋。我们可以采用自己想要的思维方式，但我们的选择是先前事件的产物，其存在不取决于我们。

　　想想你的下一个决定从中产生的语境。你并未选择你的父母、你的出生时间和地点。你并未选择你的性别以及绝大部分人生经历。你也没法控制自己的基因及大脑的发育。如今，你的大脑在做决定，其基础是你的人生硬塞给你的偏好和信念——通过你的基因、你从出生以来的身体发育，以及你和其他人物、事件、观念的互动。其中有何自由可言？当然，你现在有做你想做的事情的自由。可是你的欲望从何而来？

■ 关键词

美学	难点	行为主义	因果决定论
决定论	功能主义	hau	同一性理论
交互二元论	神经科学决定论	小说的悖论	哲学上的行为主义
心灵哲学	心理学决定论	哲学僵尸	

■ 供讨论复习的问题

1. 你能通过直接的意志行为或间接的方式"重构"你的偏好（欲望及价值观）吗？为你的观点说出理由。

2. 你赞同谁的自由意志观？唐纳德·特朗普的还是阿尔伯特·爱因斯坦的（见本章开头的引文）？为你的观点说出理由。

3. 倘若人类无非是物理事物，那么人还能拥有自由意志吗？请解释。

4. "我的心灵状态可以通过反省来了解，但我的神经生理状态不能；所以我们精神状态并非大脑状态。"请评价这个观点。

5. 一切都说了、都做了之后，本章中讨论过的心灵理论那个最有力？为你的观点说出理由。

6. 艺术的定义是什么？为什么要定义？

7. 设想有一首歌表达了这样一种情感，而这首歌从未在听众身上唤起这种情感——我们一直是"冷漠的评判者"。这首歌是不是因此就失败了？再设想，有一首歌具有很强的情绪感染力，面对它不可能做一个冷漠的评判者。这是不是这首歌的失败呢？

请重读德里达分析过的"伪币"（波德莱尔）的故事梗概，并回答下面的问题。

8. 德里达认为给予的行为通过让接受者负有责任而创造了交换的循环，如此就否定了礼物本身。只有真正的礼物——在他的定义中，这看上去不可能——才能真正打破交换的循环。纯粹的礼物会打破交换的算计，于是交换就没有了。在"伪币"中，请解释这样的循环如何被/或没有被虚假的"礼物"这一事实打破。

9. 故事的叙述者是否该把他朋友说这硬币是伪币的话当真？假如他是个比叙述者所想的更大的伪造者，那又如何？如果他是把真钱当成伪币了呢？如果是这样，那么他这么做动机何在？假如他给了真钱却说这是伪币，这有没有改变礼物纯或不纯的状态？

10. 德里达说，一旦对方接受了，礼物就没有了——即便这礼物后来被拒绝了。承认的行为造成了礼物的毁灭。在这个故事中，请思考：乞丐接受硬币的行为有没有做到对礼物的取消，以及硬币是伪币这个事实有没有改变这个平衡？还有没有其他因素足以影响这硬币是否成其为礼物？

译后记

本版《思想的力量》是根据 *Philosophy: The Power of Ideas* （Ninth Edition） 对旧版（上海社会科学院出版社，2009）所做的增补和修订。增补和修订工作大体于 2014 年底完成。那一年的 11 月 30 日，围棋宗师吴清源在日本小田园逝世，享年 100 岁。写这篇译后记的时候已经是 2016 年 4 月。上个月 9—15 日，谷歌旗下 Deepmind 研发的围棋程序 AlphaGo 以 4：1 战胜了人类代表李世乭九段。身为哲学工作者，理应让时代在这部书中留下痕迹。

究竟何为"思想的力量"，抑或哲学的力量？在本版书第一章中作者举出的例子有：小布什轰炸伊拉克时援引自由民主的理念；美国南北战争起于"奴隶制是否可取"这样的价值观冲突；冷战的阵营以资本主义／共产主义信仰体系的差别为界——可见哲学不是无关紧要的事。这样的说法固然不无道理，但人若是坚持从另一角度看问题的话，上述观点恐怕不足以说服他。我就曾经讲过哲学可比拟为周星驰剧中的"太阳能手电筒"，得有光的时候它才会亮——只有当生活世界本身发生了变革，才会援引某个"哲学"作为自己的理论。由此看来，收拾伊拉克是为了巩固以美元为主导的世界金融秩序，南北战争起于工业化进程中的不同集团利益，"冷战"中彼此冲突的与其说是信仰体系倒不如说是由历史积淀而形成的社会组织形式–资源汲取模式。不过，我这比拟是为了对治不那么接地气的哲学观；若要说上述这般"唯物"的解释至矣尽矣，怕是也不尽然。那么更真切的理解何在？把两个视角"辩证"地结合起来？

在旧版《思想的力量》中，我的译后记以"想象力的枯竭，乃是万恶之源"作结。在那篇文章中我曾提到："每一条道路本身都既蕴涵着价值，也孕育着价值。重要的是批判的眼光，也就是说，践行一条道路的时候，不要对其余道路的可能性视而不见；同时要保持着对'混沌'的敬畏和警醒。"所以这里的"想象力"易于被解读为批判力，我也确实是这个意思。但"想象力"的内涵不仅限于此。

以上两个问题，就是我修订完本书新版之后心里犹有未惬之处；这两个问题彼此略有关联。所以在此稍做探讨。

当年读《史记·商君列传》时，吸引我的是这样一段，说商鞅为秦行新法之初，秦民"言初令之不便者以千数"；然而严刑峻法行之十年之后，国富民强，秦民大悦：

> 秦民初言令不便者有来言令便者，卫鞅曰"此皆乱化之民也"，尽迁之于边城。其后民莫敢议令。

秦民对法令的评价从负面转向正面，却被商鞅定为"乱化之民"并放逐。当时我的理解是，对于政策、法令，无论说它好还是说它不好，都是在对它进行价值判断；既然在作判断，那就必然自觉或不自觉地进入了对其根基即"政道"的反思。而在商鞅、韩非这一系的法家看来，这样的反思终究危险，有碍于政策通行。所以，即便是对新的政策、法令表示认可和赞同，也属于"乱化之民"，必须予以驱逐；直到"民莫敢议令"，才算是理想状态。

其实"莫敢"还不够理想，要是能够令人即使想表达异见也找不到合适的词语，那才是永绝后患。这令人想起希腊电影《狗牙》中的新语言学习："今天，我们要学习的新词包括大海、高速公路、远足旅行……大海是一种皮质沙发，当你累了，你可以说，我要坐在大海上休息。高速公路是一阵强烈的风。远足旅行则是一种坚硬的材料……"为什么要这样重新学习语言？《1984》中有解释："你难道不明白，新话的全部目的就是要缩小思想的范围？最后我们要使得大家在实际上不可能犯任何思想罪，因为将来不可能有任何语言来表达这些思想。"以上都是虚构的作品，现实中更不乏例子：提起"农民起义"就条件反射地冒出"可歌可泣"，说到"地主"就联想到"剥削"——这就是多年的政治历史教育指望留下的痕迹。

可见控制思想是统治技术的一部分，这不就反证了"思想的力量"吗？"想象力的枯竭"，不就是统治技术指望达到的效果吗？然而在我修订本书的时候，读到一位名叫"始安公士或"的网友写的文章《商鞅变法的节奏感》，顿觉自己当年的眼界还是偏于文艺小清新了。

这位作者借助《史记》的《秦本纪》和《商君列传》，梳理出长达二十年的整个商鞅变法历程。颁布于孝公三年的第一批新法中包含这样两项内容：一、分户政策，即家里有两个以上的儿子（成年）却不分家的，赋税翻倍；分门立户，就依法授予田宅。二、什伍连坐，即有人犯罪的话，同伍之人若知情不报就同罪，实名举报且非诬告者有奖。这是商鞅改革的一期工程，以改造乡村为中心，以建设新型基层行政组织和铺设法网为基本点。这就是商鞅变法导致秦国胜利的关键。

要理解这一点，需要先掌握必要的背景知识。西周春秋社会是邑社经济体，西周"王土"只是虚拟的概念，实则以相对独立性较强的农村邑社（老子的"小国寡民"）为统治根基。在此情况下，诸侯国的君主对于底层不可能有很强的动员力和汲取力，集权也就无从谈起。随着生产力发展，邑社经济体衰亡，才催生了战国官社经济体——于是加强集权的客观条件出现了，集权理念也就产生了。

包括秦国在内的战国诸侯都是官社经济体制。各国变法追求的都是直接由国家"制土分民"，然而六国没能彻底瓦解控制乡村经济命脉的宗族豪强，无论是王室还是封君，都不得不依赖乡村势力维持统治。而秦国变法却能彻底瓦解宗族势力，乡村经济命脉被乡政府牢牢掌握，故能实现由国家制土分民。

这是怎么做到的？且看上述新法中的两项内容：分户政策，把大宗族拆分为个体小家庭，打破基层组织天然的有机性；什伍连坐，把原子化的乡民重组为新的共同体，使人与人之间的关系成为赤裸裸的相互监察。这两者都便于集权政府对基层的直接管理。再看上面引用过的文字：秦民"言初令之不便者以千数"，当时是新法刚实行，数以千计的宗族豪强代表到国都上访。商鞅的反应是不为所动，搁置一旁冷处理。十年后，这些人享受到了国家集权奖励耕战的改革红利，又来称颂变法，却遭到商鞅以迅雷不及掩耳之势将这些豪强"乱化之民"尽迁于边城。冷处理是因为乡村改造刚刚开始，基层的统治基础还不牢固，没到收拾豪强的时机，这一点我当年读书时全然未曾注意。十年后，豪强已被架空，国家对于基层有了一定的动员力，当然就是时候把地方豪强势力清洗出局了。至此，传统宗族势力对乡村的控制，完全被国家直属的乡政势力所取代。至于我所看出的"控制思想"什么的，这效果或许是有，但并不是主宰局面的关键。

此后秦国变法的二期工程被提上日程。迁都咸阳，脱离老世族盘踞的旧都。全面实行县制。享受军功爵位的耕战之士控制军界，学室栽培的文法吏与外来名士共同把持政坛，老世族势力逐渐淡出秦国的历史舞台。当然这些都不在本文话下。

我们可以看到，商鞅变法用的并不是见效较快的那几招治标之法——反贪、减税、大赦天下、整肃吏治，而是从重组乡村社会开始，自下而上地修正整个"格局"。宏观地看，一旦格局奠定，思想往往就不在话下，即便人可以"自由思想"也多半扛不过格局。

此话怎样？何谓"格局"？我就用凯恩斯举过的例子来提示一下吧。在有众多美女参加的选美比赛中，倘若猜中了谁能得冠军你就能得大奖，那么你该怎么猜？凯恩斯会告诉你，别猜你认为最漂亮的美女能够拿冠军，而应该猜大家会选哪个美女做冠军。显然，如果你志在得大奖，那么这就是你会采用的策略。在这一局面中，你自己的审美口味根本无关紧要，因为"格局"决定了大家的判断标准是出自"技术面"而非"基本面"。《乌合之众》的主旨说，人在集体中会不擅判断而急于行动；这书的局限和当初的我是一样的：仅仅站在个体头脑、心理层面看问题，没有真正把历史格局纳入考虑。如果身在局中考虑博弈策略，那么看似盲目、从众的举动要么是出自理智判断，要么是出于无可奈何——这两者往往是一回事。从众的话固然未必能分一杯羹，但不从众的话当下肯定吃亏。反正如凯恩斯所说："In the long run, we will all die." 那么争夺短期利益并努力争取（或自以为能够）在可能的崩溃前脱身，何尝不是局中的最优策略呢？

其实，看破格局、跳出格局甚至重新塑造格局的可能性永远存在，而这才是"思想的力量"所在。但要做到这一点，即便是英雄豪杰也要依靠风云际会。不过，这样的要求对于哲学来说，却必须是当仁不让。

现在来谈谈 AlphaGo 吧，这是人类思想在最近做出的大事。

众所周知，棋类游戏理论上都存在"最优解"，对应于对弈双方都采用完美不失误走法的情况下该盘面的最终结果。但是围棋盘面合法状态的数量远远大于理论上的全宇宙粒子数量，这样的复杂度使得我们不可能通过穷举求出最优解。那么退而求其次，可不可以加入随机因素对整个可能性空间进行采样，然后通过统计求出概率的方法逼近这个最优解呢？简而言之，这相当于模拟两个棋手，用多个选点下出大量棋局然后分别得出胜率，最后选出胜率最高的点。这就是被称为蒙特卡洛树搜索（MCTS）的方法。2006 年，以 MCTS 为原理的围棋软件研究取得了突破，但这样的围棋软件依然不足以战胜业余强手。

真正让如今的"狗狗"变得强大的，是结合了 MCTS 的深层神经网络。其中"策略网络"筛选出可行的着法，而"价值网络"评估棋局。比如，"策略网络"通过对大量高手对局的分析，抽取出多种策略模式，凭借这个在特定局面中得出 ABC 三个可行的选点，如此就降低了蒙特卡洛树搜索的广度。"价值网络"所做的相当于"形势判断"，通过对局面进行估值，蒙特卡洛树搜索的深度也得以降低。形势判断向来是围棋中的难点，对同一局面往往职业棋手也难以达成一致判断。Alpha Go 在估值函数方面取得了一定的突破，但是其原理我尚未搞清。

深度和广度方面的成功"剪枝"使得必要的计算量得以缩减。于是在现有的物质前提下，MCTS 对于最优解的逼近程度大大提高了。

借助神经网络算法，狗狗可以通过自己和自己的对弈分析棋谱，并不断进步。于是蒙特卡洛树搜索、神经网络以及每天数以百万计的自我对弈"深度学习"，使得狗狗终于有了凌驾职业高手的实力。

以上所说的，只是我目前对于 AlphaGo 的粗浅了解。这次人机对弈令人印象深刻的地方很多，对此已经有了无数的相关讨论。这里我只谈一点吧。

通常我们会认为，计算机下围棋，它的优势肯定在于"计算"，无论是官子计算还是手段计算；至于大局、均衡、作战方向之类的"虚"的东西，应该就是人类占上风的地方了，因为理解"虚"

的东西需要靠直觉、想象力，机器是较难模拟的。然而实战表明，在"虚"的方面狗狗的表现近乎无可挑剔，连自称"前五十手天下第一"的聂卫平棋圣也表示要"脱帽致敬"；而在局部作战、官子收束这些在人类看来是纯计算的方面，狗狗的着法大有可商榷之处，甚至有明显的、可确认的失误。

当然，人类眼中的失误是否是真正意义上的失误？这个还需要结合 AlphaGo 算法的特点来理解。狗狗算法的实质是包含"剪枝"的蒙特卡洛树搜索，归根结底是基于"胜率"的；换句话说，它只求胜利，不求最优。在第一局中狗狗确实有人类意义上的局部失误，在人类看来，逻辑上 A 着点优于狗狗下的 B；但是狗狗可能认为两者胜率相似，甚至可能 A 之后的犯错概率高于 B，导致它认为 B 的胜率高于 A。所以，除非人类利用这样的失误击败了它，否则，从人工智能的视角看我们无法指责那是它的失误。

第一局，由于接近终盘时差距较大，狗狗处于"怎么下都能赢"的状态，所以"失误"较多。第二局，局面一直胶着，于是我们欣赏到了狗狗近乎完美的后半盘收束。第三局，李世乭开局就采用激烈攻杀的着法，而狗狗凌厉的应对在几十手内就锁定了胜局。可见蒙特卡洛树搜索是遇强则强的，在对手发挥得够强的情况下，它可能选择的具有胜算的点才够少；够少意味着够精确，亦即在人类的意义上更少失误。

不过我们也确实等到了狗狗真正意义上的失误，那就是在第四局，李世乭白 78 "神之一手"挖，使得狗狗在优势局面下忽然陷入紊乱，于是人类获得宝贵的一胜。其实白 78 在严格意义上并不成立，但是很可能这一手棋跳出了狗狗之前的搜索范围而引发了机器崩溃。在第五局，狗狗意欲在右下角出棋，但因走错次序而导致局部全体"阵亡"，这也疑似真正意义上的失误，只是后来狗狗凭借对大局的控制力重新夺回了优势。

狗狗在第四局的忽然崩溃与它的算法、权重、时间管理等方面可能都有关系，这里不作详细探讨。基于蒙特卡洛树搜索的算法是有盲点的，这盲点对于人类的计算能力而言很可能并不太难——由此可以看出机器的计算和人类的计算有着实质上的不同，这是我想探讨的问题。

机器通过分析、学习大量高手对局，抽取出策略模式；然后尝试运用于具体局面并进行估值，最后下出估值最高的一手。从一定程度上说，人类对于具体手段的学习、应用中也包含上述环节。但人类计算和机器计算的根本差别在于，人类对于自己的计算是有"理解"的。

究竟何为"理解"？这个问题实在很难。姑且可以描述"理解"的特征：我理解了某一类手段，意味着我能够把大量的策略模式统摄起来，借助这一统摄我可以在变化多端的图形中直接"看出"逻辑关联并用远远少于计算机的逻辑步骤组合出应对当下新局面的策略。不仅如此。我还可以用有限的语言和少量的示意图形把我所"理解"到的内容传达给别人，这是理解的可交流性。理解也包含不可交流性：我看大师的棋局和解说，我能够在一定程度上理解大师；但我理解的程度肯定不及大师自己，它反映的是我自己的程度；不过我完全理解大师的可能性总归是存在的。

"理解"或许是自我意识的一部分，自我意识可以理解为时间的机能化投影。可以用"时间性"来描述"理解"：统摄记忆中的内容，并对未来时间中可能的应用保持敞开，同时保持"当下化"的可能性，即语言上的可交流性——以上就是我所理解的人类"理解"能力。我愿意名之为"想象力"。

　　在一定程度上，机器能够对"想象力"的功能作出模拟。Alpha Go之所以具有强大的学习和"剪枝"能力，肯定是因为在这方面取得的突破。但"想象力"本身能否被模拟呢？我想，这是人类创造性和艺术性的根源，如果机器在这一层上取得了实质性突破，那就离自我意识不远了吧。

　　那么，AlphaGo在大局方面的出色发挥，又该如何理解呢？

　　在我看来，较之局部计算，人类对于大局、均衡、方向之类"虚"的内容的把握更依赖于大量训练和传承；而在这方面，机器的把握方式接近人类并且比人类更有优势。人类之所以说这些是"虚"的内容，是因为和局部手段相比，这方面的判断较难形诸"道理"，只能说"感觉如此"、"味道好"、"双方可战"，等等；这样的感觉得自对千年来前辈棋谱的学习以及在高手指导下的大量对局训练，在这过程中大量被经验证明为不可行的"格局"被淘汰，披沙拣金后留下的东西构成了人对于"虚"的棋道的把握。这有点像人类文明的进化史，原始丰饶的混沌中总是充满着无限可能，而进入文明以后，有史可查的"格局"类型就极其有限了。比如政治制度，大概至今跳不出亚里士多德《政治学》中六种大类的范围。要获得政治历史方面的"格局判断力"，就意味着把传统化入自己的生命，光靠"理解"形而上的道理是肯定不够的。

　　机器之于人类的优势，其实不在于"计算能力"，而在于它可以处理的数据量。它可以以吸纳、分析大量数据的方式直接消化吸收整个围棋传承，并且以每天百万计的自我对局训练来开发培养对人类来说难以言传的"感觉"。当然，要达到同样的"感觉"，人类需要的学习量和对局量肯定远远小于机器——职业棋手一辈子的对局数不可能超过百万——这是因为人类在传承和训练中也是时时借助"理解"的，"想象力"永远在起作用，所以人类消化传统的效率比电脑强得多。但电脑可以处理的数据量以人类的尺度而言近乎无限，由此它甚至可以在自我对局训练中预演人类技艺尚未发生的"进化"。凭借这样的"蛮力"，在"格局判断"方面，电脑可以凌驾人类并给予人类以指导。

　　有位职业棋手说过一句让我十分佩服的话："作为职业棋手，有时甚至要抵挡住妙手的诱惑。"在本文的语境中可以这样来理解："妙手"就是尚未经过"格局判断"检验的"局部理解"，它体现的是个人的才气，但才气的完成恰恰是融汇入传统。T. S. 艾略特在《传统与个人才能》中这样说：

　　　　假如我们研究一个诗人，撇开了偏见，我们却常常会看出：他的作品中，不仅最好的部分，就是最个人的部分，也是他的前辈诗人最有力地表明他们的不朽的地方。我并非指易接受影响的青年时期，乃指完全成熟的时期。

当然，只有经受人类"想象力"、人类才情的不断开采和锻造，传统才是活的传统。在李杜之前及李杜之后，我们对于《诗》传统的"理解"肯定有所不同。

所以在北大学习哲学的职业棋手李喆在《围棋的数与道》一文中说得很对：

将 AlphaGo 展现出的新世界以人类理性的方式来理解，这是作为棋士对围棋和人类理性最好的致意。

这部书的译文分工如下：

序言、第一章至第八章以及第十三章采用了倪佳女士的原有译文，第九章至第十二章、第十四章至第十七章采用了我的原有译文。由我根据第 9 版英文原著对原有译文做了增补、修订，并审阅、校对了全文。错误、不妥之处应当由我负责，敬请各位读者指正。

李宏昀
2016 年 4 月

出版后记

《思想的力量》（*Pilosophy: The Power of Ideas*）自 1990 年初版以来，不断修订再版，至今已出到第 9 版，这个中译本即依此版增补和修订而成。本书作者布鲁克·诺埃尔·穆尔（Brooke Noel Moore）和肯尼思·布鲁德（Kenneth Bruder），穆尔为美国加利福尼亚大学奇科分校教授，曾担任哲学与历史系主任，1996 年获得大学杰出教授称号，撰有《思想的力量》《批判性思维》《宇宙、上帝和哲学》《道德哲学导论》等哲学著作。布鲁德在哲学教学和教材撰写方面享有声誉。本书是两位作者在美国大学执教哲学史课程多年的成果，丰富的教学经验和简练的行文风格，使本书广受各类读者欢迎。

本书译者李宏昀和倪佳，均毕业于复旦大学。李宏昀译有《谈话疗法》《音乐哲学》《思想的力量》以及《天文学家》等作品，并著有通俗哲学读物《维特根斯坦：从挪威的小木屋开始》。两位译者依照最新版第 9 版，对全书进行了全面增补和修订。李宏昀对全书进行了总校统合，并结合对当前现实的思考，撰写了全新的"译后记"。

全书纵览了西方从古至今的几乎所有哲学理论流派，内容覆盖广泛全面，长期被美国各大高等院校用作哲学史课程的教学用书，对西方哲学中心问题及其演进脉络梳理非常系统。书中各章结尾附有该章关键词索引，以及"供讨论复习的问题"，提纲挈领，方便学生识记和复习。此外，作者还在每章附有重要哲学作品的原著选读，试图以此让读者能够循此真正进入哲学家的思想殿堂。尤为重要的是，作者常常将不同哲学家的观点相互勾连，对比阐述，以开放讨论而非罗列观点的方式，呈现出流动而非静止的哲学史全貌，引导读者对"思想及其力量"进行深入思考。

诚如书名所示，本书最大的特色在于阐述"思想的力量"。"思想的力量"到底是什么？读者如果带着这个问题进入本书，便会发现，作者笔下的哲学世界，与人类历史、日常生活存在着广泛的辩证互动关系。思想的力量并不在于给现实世界造成直接影响，而在于给人们提供更加开放的视野，让人们在做出选择时思考更多的可能性，使人们的生活更具反思性。这正是哲学的价值所在，也是哲学的魅力所在。

本书尤其适合作为哲学通识教育的教材使用。我们希望，无论是哲学专业的学生，还是其他热爱哲学的读者，都能从中感受到哲学的魅力，并有所受益。

服务热线：133-6631-2326　188-1142-1266

读者信箱：reader@hinabook.com

后浪出版公司

2017 年 1 月

图书在版编目（CIP）数据

思想的力量：第9版 /（美）布鲁克·诺埃尔·穆尔，（美）肯尼思·布鲁德著；李宏昀，倪佳译.
—北京：北京联合出版公司，2017.1（2021.6重印）
ISBN 978-7-5502-9471-4

Ⅰ.①思… Ⅱ.①布…②肯…③李…④倪… Ⅲ.①哲学史—西方国家 Ⅳ.①B5

中国版本图书馆CIP数据核字（2016）第313579号

思想的力量：第9版

著　　者：［美］布鲁克·诺埃尔·穆尔　　［美］肯尼思·布鲁德
译　　者：李宏昀　倪　佳
出 品 人：赵红仕
选题策划：后浪出版公司
出版统筹：吴兴元
责任编辑：张　萌
特约编辑：陆　炎
营销推广：ONEBOOK
装帧制造：墨白空间·王斑

北京联合出版公司出版
（北京市西城区德外大街83号楼9层　100088）
北京天宇万达印刷有限公司　新华书店经销
字数820千字　787毫米×1092毫米　1/16　38.5印张　插页4
2017年3月第1版　2021年6月第5次印刷
ISBN 978-7-5502-9471-4

定价：99.80元